Châteaux de la Loire

W0414292

Château de Blois, escalier monumental de l'aile François 1er.
B. Barbier / hemis.fr

Les microrégions du guide :
(voir la carte à l'intérieur de la couverture ci-contre)

SOMMAIRE

P. Escudero/hemis.fr

NOS INCONTOURNABLES

NOS COUPS DE CŒUR

NOS ITINÉRAIRES

DÉCOUVRIR LES CHÂTEAUX DE LA LOIRE

1 LE LOIRET

2 LA LOIRE AUTOUR DE BLOIS

3 LA SOLOGNE

4 LA TOURAINE CÔTÉ EST

5 LA TOURAINE CÔTÉ OUEST

6 L'ANJOU CÔTÉ EST

POUR CHAQUE SITE, RETROUVEZ NOS ADRESSES

NOS INCONTOURNABLES

★★★ Vaut le voyage ★★ Mérite le détour ★ Intéressant

★★★

Domaine de Chaumont-sur-Loire

Un Festival des jardins, un centre d'arts et de nature et un château qui hésite entre féodalité et Renaissance, le lieu résonne au diapason de l'esthétisme et de la création. **Voir p. 170.**

P. Escudero/hemis.fr

A. Chicurel/hemis.fr

★★★

Château de Valençay

Talleyrand en a fait l'outil de sa diplomatie en grisant de beautés architecturales ses invités. Laissez-vous séduire… **Voir p. 145.**

A. Chicurel/hemis.fr

★★★

Château de Chenonceau

De merveilleux jardins et une élégante galerie jetée au-dessus du Cher, tout n'est que beauté et raffinement dans ce château des Dames. **Voir p. 183**.

★★★

Château de Chambord

Cette gigantesque nef de pierre blanche, échouée entre Loire et Sologne, est l'un des plus grands chefs-d'œuvre de la Renaissance française. **Voir p. 92**.

Escudero/hemis.fr

Tuul et Bruno Morandi/hemis.fr

★★★

Angers

Une tenture d'exception et un château colossal ; si on y ajoute une ville d'art et histoire, le tableau est alléchant ! **Voir p. 362**.

★★★

Château royal de Blois

Résidence de sept rois et dix reines, il résonne des grands destins qui ont hanté ses couloirs. Prêts pour un plongeon dans la grande histoire ? **Voir p. 74.**

B. Rieger/hemis.fr

★★★

Jardins et Château de Villandry

Un jardin d'exception, un chef d'œuvre végétal de couleur délicates et d'espèces artistiquement conjuguées. Choisissez votre saison.
Voir p. 244

H. Lenain/hemis.fr

mageBROKER/hemis.fr

. Chicurel/hemis.fr

★★★

Château de Cheverny

Une merveille de classicisme du 17e s., qui inspira le dessinateur Hergé pour le château de Moulinsart. Vous pourrez y admirer sa décoration intérieure, magnifiquement préservée et vous promener dans son parc de 110 ha. **Voir p. 114**

★★★

Château d'Azay-le-Rideau

Gracieux joyau des bords de l'Indre, fraîchement restauré, c'est toute la beauté de la Renaissance qu'on ne se lasse pas de contempler. **Voir p. 266.**

J. A. Moreno/age fotostock

★★★

Château de Brissac

En 1621, c'était « *un château neuf à demi construit dans un château vieux à demi détruit* », aujourd'hui c'est une rareté architecturale, riche d'un enchevêtrement de galeries, salons et autres, au décor somptueux. **Voir p. 346.**

NOS COUPS DE CŒUR

Château de Chambord, ensemble de la lanterne du Grand Escalier.

M. Gaspar/Michelin

TOP 5 **Parcs et jardins**

1. Les jardins de Villandry (p. 244)
2. Les jardins de Chaumont-sur-Loire (p. 170)
3. Les jardins de Chenonceau (p. 183)
4. Le jardin du Plessis-Sasnières (p. 449)
5. Le parc floral de la Source, à Orléans (p. 38)

Jardin de Sasnières.
Jardin du Plessis Sasnières

❤ **Réviser ses classiques à Chambord** : une autre interprétation du château se fait jour sous de nouveaux éclairages architecturaux stupéfiants. Une visite guidée est hautement conseillée. **Voir p. 92**.

❤ **Pique-niquer à la pointe de Bouchemaine,** près d'Angers, pour jouir d'un fabuleux panorama sur la confluence de la Maine et de la Loire. Moment de sérénité assuré. **Voir p. 390**.

❤ **S'ébahir à Azay-le-Rideau,** lors d'une visite du château, devant l'excellence française en matière de restauration patrimoniale. **Voir p. 266**.

❤ **Goûter aux vins blancs réputés de Savennières** pour découvrir l'un des grands crus de la Loire. Le Chenin était aussi le cépage préféré de Rabelais. **Voir p. 391**.

❤ **Décrypter la tenture de l'Apocalypse** en compagnie d'un guide pour découvrir un imaginaire très singulier et une vision historique exceptionnelle sous le prisme de la guerre de cent ans. **Voir p. 368**.

❤ **Arpenter Tours** en évoluant entre ses bancs de sable et ses toits d'ardoise. De la place Plum' au CCCOD, en passant par le musée du Compagnonnage, un inventaire de traditions prises dans les rets de la contemporanéité. **Voir p. 220**.

Tours, promenade le long de la Loire.
Ph. Body/hemis.fr

Vendôme, vue sur la ville et l'abbaye depuis le jardin du château.
H. Lenain/hemis.fr

❤ **Déambuler dans Vendôme,** belle cité verdoyante, et marcher sur les traces de Balzac en fredonnant la comptine populaire : « Que reste-t-il à ce dauphin si gentil, de son royaume ? Orléans, Beaugency, Notre-Dame-de-Cléry, Vendôme, Vendôme… » **Voir p. 433**.

❤ **S'initier à l'alchimie au château du Plessis-Bourré,** dans l'une de ses salles les plus intrigantes. Détaillez son décor peint avec attention, jamais vous ne trouverez plafond aussi insolite… **Voir p. 415**.

Château du Plessis Bourré, plafond à caissons de la salle des gardes.

TOP 5 Lieux d'artistes

1. Le prieuré St-Cosme et Ronsard (p. 234)
2. Le château de Saché et Balzac (p. 274)
3. L'abbaye de Fleury, à St-Benoît-sur-Loire, et Max Jacob (p. 51)
4. Le musée du Compagnonnage à Tours (p. 228)
5. St-Florent-le-Vieil et Julien Gracq (p. 394)

Prieuré de Saint Cosme.
Ch. Boisvieux/hemis.fr

❤ **Levez les yeux jusqu'au vertige au château de Serrant,** dans l'une des plus belles bibliothèques de France, et tentez de déchiffrer les milliers de titres alignés sur ses étagères; après les nourritures spirituelles, vous pourrez vous rendre dans les cuisines, plutôt insolites, pour admirer d'autres trésors. **Voir p. 402**.

❤ **Participer à la fête de la courge** dans le merveilleux jardin du Plessis-Sasnières. Entre deux potirons, savourez la beauté du lieu, à l'aune des dernières journées automnales. **Voir p. 449**.

❤ **Allez à la rencontre de plus d'une centaine d'espèces** animales refugiées dans un site troglodytique de la Loire angevine, taillé dans une ancienne carrière de falun. Le bioparc de Doué-la-Fontaine est une expérience unique en France. **Voir p. 341**.

❤ **Dériver le long de la Loire à bord d'une toue,** pour observer la faune et la flore ligériennes. Et apprenez à reconnaître les différents spécimens grâce aux judicieux commentaires d'un guide naturaliste. **Voir p. 175**.

Doué-La-Fontaine, le zoo Bioparc, Touraco de Livingstone.
M. Denis-Huot/hemis.fr

Loches, la cité médiévale.
Ph. Michel/age fotostock

❤ Errer dans les rues tortueuses de la cité royale de Loches, ce n'est pas seulement remonter le temps mais prendre aussi, et surtout, beaucoup de plaisir au présent. **Voir p. 201**.

Chambre d'hôte troglodyte Troglododo
S. Lemaire/hemis.fr

❤ Dormir dans un ancien hameau troglodytique… Pourquoi pas ? C'est possible près d'Azay-le-Rideau ! Les enfants adoreront le charme de ce Troglododo, niché au creux des falaises de tuffeau, en balcon au-dessus de l'Indre. **Voir p. 271**.

❤ Consacrer une journée à Chaumont-sur-Loire, ce n'est pas trop. En plus des installations du centre d'art et de nature parsemées dans le parc et le château, on se régale chaque année avec les créations insolites de son festival des Jardins ; s'il y en a pour tous les goûts, c'est toujours au diapason d'un grand raffinement. **Voir p. 170**.

TOP 5 **Espaces d'art contemporain**

1. Le domaine de Chaumont-sur-Loire (p. 170)
2. Le CCCOD, à Tours (p. 227)
3. Le château d'Oiron (p. 337)
4. Musée Jean-Lurçat et de la Tapisserie contemporaine (p. 376)
5. La Fondation du doute, à Blois (p. 85)

Les jardins de Chaumont-sur-Loire, Sens dessus dessous.
P. Escudero/hemis.f/Par les paysagistes concepteurs Adrien Defosse, Damien Roidot et François Bosset (Troisième Paysage).

❤ **Attablez-vous au Café Lénin,** à Chalonnes-sur-Loire, pour découvrir un lieu et la passion qui le fait vivre. Une datcha-guinguette surréaliste où l'on boit un verre en toute convivialité. **Voir p. 399**.

❤ **Échappez-vous dans la maison de la Magie,** à Blois. Un parcours érudit et ludique qui intéressera autant les plus grands que les plus petits. **Voir p. 82**

❤ **Régalez-vous en toute quiétude** à la Maison d'à côté, à Montlivault. C'est le chef Christophe Hay qui est aux fourneaux… Humilité, passion, rigueur et inventivité sont les maîtres mots de cette table qu'il fait bon de partager avec des amis. **Voir p. 98**.

Blois, maison de la Magie.
K. George/age fotostock

Pont-Canal de Briare construit par Gustave Eiffel.

❤ Aimez vous l'histoire ?

Si oui, la découverte du château de Beauregard et de sa galerie des illustres sera pour vous un incontournable. 327 portraits de personnages historiques français à connaître ou reconnaître. **Voir p. 112**.

❤ Naviguer en bateau-mouche, à Briare-le-Canal…

Une balade d'autant plus plaisante que c'est l'occasion d'admirer une merveille architecturale dotée d'une grande ingéniosité. **Voir p. 66**.

❤ Innovez en découvrant un nouveau château,

à deux pas d'Amboise. Château-Gaillard vient d'ouvrir ses portes. La folie d'un jardinier napolitain a été ressuscitée par un couple féru de Renaissance. Un lieu au carrefour de deux histoires singulières. **Voir p. 166**

❤ Explorez

les souterrains du Château de Brézé qui, tel un iceberg de pierre, dissimule un ensemble troglodytique de plus d'1 km et un étonnant réseau de caves. **Voir p. 334**.

TOP 5 Découvertes insolites

Les Perrières, le Mystère des Faluns.
Ch. Goupi/age fotostock/Création scénographique LUCIE LOM - Réalisation FORMÄT

Château de Brézé, 16e s., tunnels et habitations troglodytiques.
Ph. Body/hemis.fr

Préparez votre voyage en retrouvant tous nos coups de cœur sur notre site internet ***voyages.michelin.fr***

Retrouvez-nous également sur Facebook® ***fr-fr.facebook.com/MichelinVoyage***

Les plus beaux sites de la Loire
en 7 jours

P. Escudero/hemis.fr

En bref : env. 370 km pour explorer l'essentiel.

• J-1 Blois
Le château royal et la vieille ville (**p. 74**), après-midi à Chambord (visite guidée conseillée) (**p. 92**).

• J-2 Cheverny
Découverte du château et d'une cave voisine (**p. 114**) ; puis traversée de la Sologne jusqu'au château de Valençay (**p. 145**).

• J-3 Chenonceau
Son château (**p. 183**) et les caves champignonnières des Roches, à Bourré (**p. 178**) ; pique nique sur la Loire à bord d'une toue (**p. 175**) ; domaine de Chaumont-sur-Loire (**p. 170**).

L'abbaye de Fontevraud.
WiktorD/iStock

• J-4 Amboise
Consacré à Amboise : le château (**p. 154**), le Clos-Lucé (**p. 164**), et/ou le Château Gaillard (**p. 166**) puis halte à la pagode de Chanteloup (**p. 168**).

• J-5 Azay-le-Rideau
Matinée à Villandry (**p. 244**) suivie de la découverte d'Azay-le-Rideau et des sites troglodytiques voisins (**p. 266**).

• J-6 Fontevraud
Visite de l'abbaye royale (**p. 318**), puis de Saumur (**p. 300**), du château aux vieux quartiers.

• J-7 Angers
Château et cité (**p. 362**) ; déjeuner à Bouchemaine, à la confluence de la Maine et de la Loire (**p. 390**) ; dégustation des crus de Savennières.

Un grand week-end autour de Blois
en 3 jours

CSP_Razvanjp/Fotosearch LBRF/age fotostock

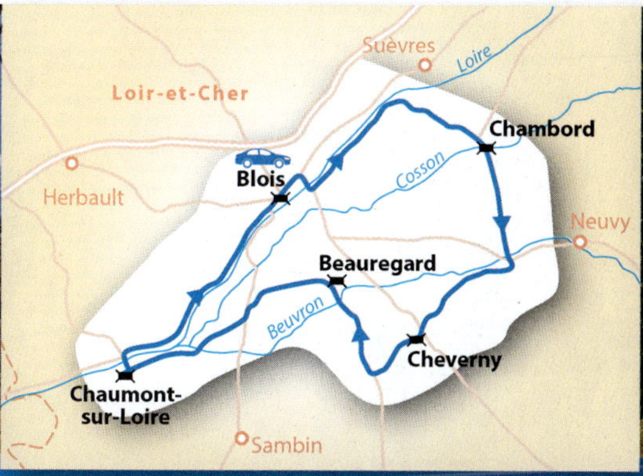

En bref : une escapade d'env. 70 km.

• J-1 Blois et Chambord
Visite de Blois, le château et la vieille ville (**p. 74**), puis découverte de Chambord (**p. 92**).

• J-2 Beauregard
Le château de Cheverny (**p. 114**), suivi d'une halte dans une cave (**p. 118**) ; puis destination le château de Beauregard (**p. 112**) ou, plus discret encore, celui de Villesavin (**p. 122**). Fin de soirée aux Douves d'Onzain (**p. 175**).

Conseil : possibilité de pique-niquer dans l'immense parc de Cheverny.

• J-3 Chaumont-sur-Loire
Le château de Chaumont-sur-Loire et le Festival des jardins (**p. 170**) avec ses magnifiques installations contemporaines (ne manquez surtout pas la chapelle). Découverte de la Loire en toue, dans la belle lumière d'une fin d'après-midi (**p. 175**).

Cellettes, le château de Beauregard.
A. Chicurel/hemis.fr

Balade en toue au pied du château de Chaumont-sur-Loire.
Ph. Renault/hemis.fr

La Loire Buissonnière
en 6 jours

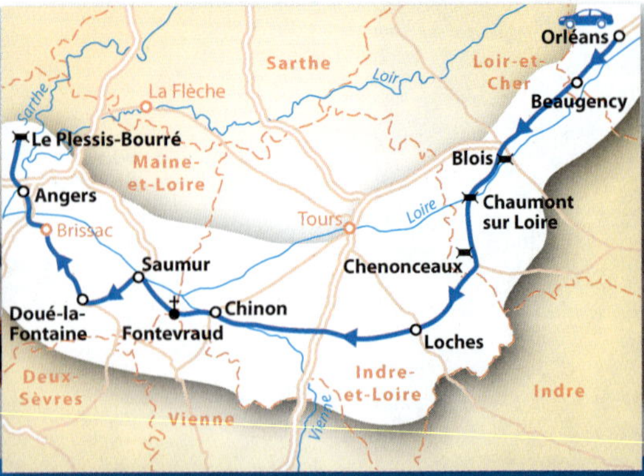

P. Escudero/hemis.fr

En bref : env. 340 km, entre châteaux et nature.

J-1 Orléans

Orléans, la vieille ville (**p. 28**), puis balade dans Beaugency (**p. 102**).

J-2 La Loire en toue

Après Blois et la Fondation du Doute (**p. 85**), embarquez en toue sur la Loire, à partir de Chaumont (**p. 175**).

J-3 Loches

Visite de Chenonceau (**p. 183**), la cité médiévale de Loches (**p. 201**) et le village-jardin de Chédigny (**p. 208**).

Vue de nuite sur la ville de Saumur.
B. Jannsen/age fotostock

J-4 Chinon

Explorez la forteresse royale de Chinon (**p. 276**), puis mini-croisière sur la Vienne (**p. 287**), le panorama de Candes-St-Martin (**p. 284**), et visite de l'abbaye royale de Fontevraud (**p. 318**).

Conseils : arrêtez-vous dans les nombreuses caves de la Loire. Nuitée originale à l'hôtel Rocaminori (p. 344), à Rochemenier.

J-5 Saumur

Matinée à Saumur (**p. 300**), suivie de la visite du bioparc de Doué-la-Fontaine (**p. 342**) ; ne pas manquer le Mystère des Faluns aux Perrières (**p. 343**) et le village troglodytique de Rochemenier (**p. 344**).

J-6 Les deux Plessis

Balade matinale à Angers (**p. 362**) puis escapade l'après-midi au château du Plessis-Bourré (**p. 415**) ou de Plessis-Macé (**p. 413**).

La Loire en famille
en 6 jours

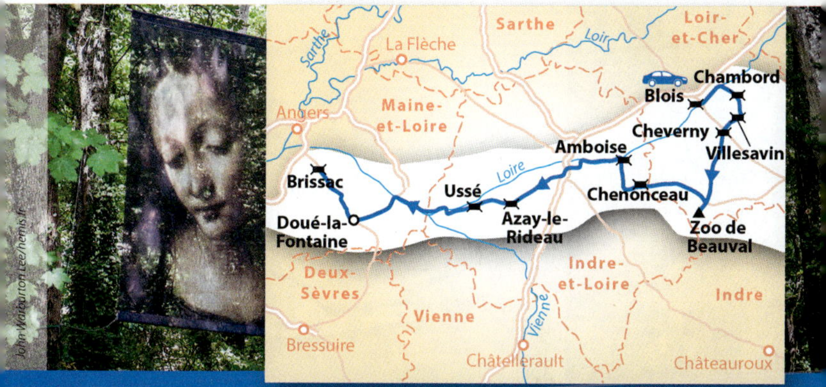

John Warburton Lee/hemis.fr

En bref : env. 316 km pour découvrir la Loire en famille.

Conseil : n'oubliez pas de prendre les livres-jeux édités par chacun des sites.

• J-1 Blois

Découverte de Blois, le château et la Maison de la magie (**p. 82**), puis parcours ludique et promenade en bateau à Chambord (**p. 92**).

• J-2 Moulinsart

Matinée à Cheverny pour découvrir les secrets de Moulinsart (**p. 114**), puis chasse aux fantômes au château de Villesavin (**p. 122**) et fin d'après-midi à la chocolaterie Max Vauché (**p. 99**).

• J-3 Zoo de Beauval

Une journée au ZooParc de Beauval (**p. 193**) et fin de journée aux caves champignonnières des Roches, à Bourré (**p. 178**).

• J-4 Léonard de Vinci

Le château de Chenonceau et son labyrinthe (**p. 183**), puis direction Amboise et les machines de Léonard de Vinci au Clos-Lucé (**p. 164**).

• J-5 Vallée troglodytique

Parcours de la Belle au bois dormant au château d'Ussé (**p. 262**), visite d'Azay-le-Rideau (**p. 266**), puis exploration de la vallée troglodytique des Goupillières (**p. 269**).

• J-6 Doué-la-Fontaine

Son bioparc (**p. 342**) et le Mystère des Faluns (**p. 343**) ou village troglodytique de Rochemenier ; après-midi au château de Brissac (**p. 346**).

Panda au Zoo, Parc de Beauval.
ZooParc-de-Beauval

Un grand week-end autour de Tours
en 3 jours

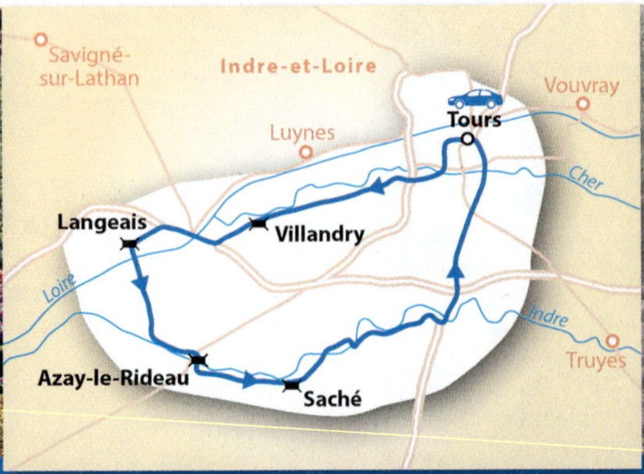

P. Escudero/hemis.fr

En bref : une balade d'env. 45 km.

• J-1 Tours

Découverte sous toutes ses facettes, de l'ancien au très contemporain avec la visite du CCCOD (**p. 227**), puis excursion à vélo au prieuré de St-Cosme (**p. 234**).

• J-2 Jardins de Villandry

Le château de Villandry et ses jardins (**p. 244**), les grottes pétrifiantes de Savonnières (**p. 239**) et le château de Langeais (**p. 249**).

• J-3 Azay-le-Rideau

Matinée au château d'Azay-le-Rideau (**p. 266**), après-midi au château de Saché et découverte des paysages de Balzac (**p. 274**).

Conseil : passez la nuit dans l'hôtel Troglododo (**p. 271**).

YL2-2140002
© Funkystock/age fotostock

De Loir en Loire
en 5 jours

Ph. Michel/age fotostock

En bref : env. 170 km de Vendôme à Angers, dans la vallée du Loir.

Conseil : vous pouvez combiner ce circuit avec le grand week-end autour de Tours.

• J-1 Vendôme

Une flânerie dans le vieux Vendôme (**p. 433**) et une halte apaisante au jardin du Plessis-Sasnières (**p. 449**).

• J-2 La Possonnière

Début de journée avec le château et l'église à fresques de Lavardin (**p. 447**), puis les églises de Montoire-sur-le-Loir (**p. 450**) et de Trôo (**p. 453**) ; et pour finir, Ronsard et le manoir de la Possonnière (**p. 442**).

• J-3 Château du Lude

Après St-Paterne-Racan (**p. 455**), cap sur le château du Lude (**p. 457**) et l'abbaye de la Boissière (**p. 460**).

• J-4 Baugé-en-Anjou

Baugé et ses hôtels particuliers (**p. 352**), et ensuite le château de Montgeoffroy (**p. 350**).

• J-5 Tenture de l'Apocalypse

Angers et son château, avec, en particulier, la tenture de l'Apocalypse (**p. 368**) ; excursion au château de Serrant dans l'après-midi (**p. 402**).

Conseil : prenez une visite guidée pour découvrir la tenture de l'Apocalypse et décrypter tous ses symboles.

Le château du Lude.
A. Chicurel/hemis.fr

DÉCOUVRIR LES CHÂTEAUX DE LA LOIRE

Chaumont-sur-Loire, le château et les jardins.
P. Escudero/hemis.fr

Le Loiret 1

Carte Michelin Départements 318 – Loiret (45)

Château de Sully-sur-Loire propriété du département du Loiret.
A. Chicurel/hemis.fr

LE LOIRET

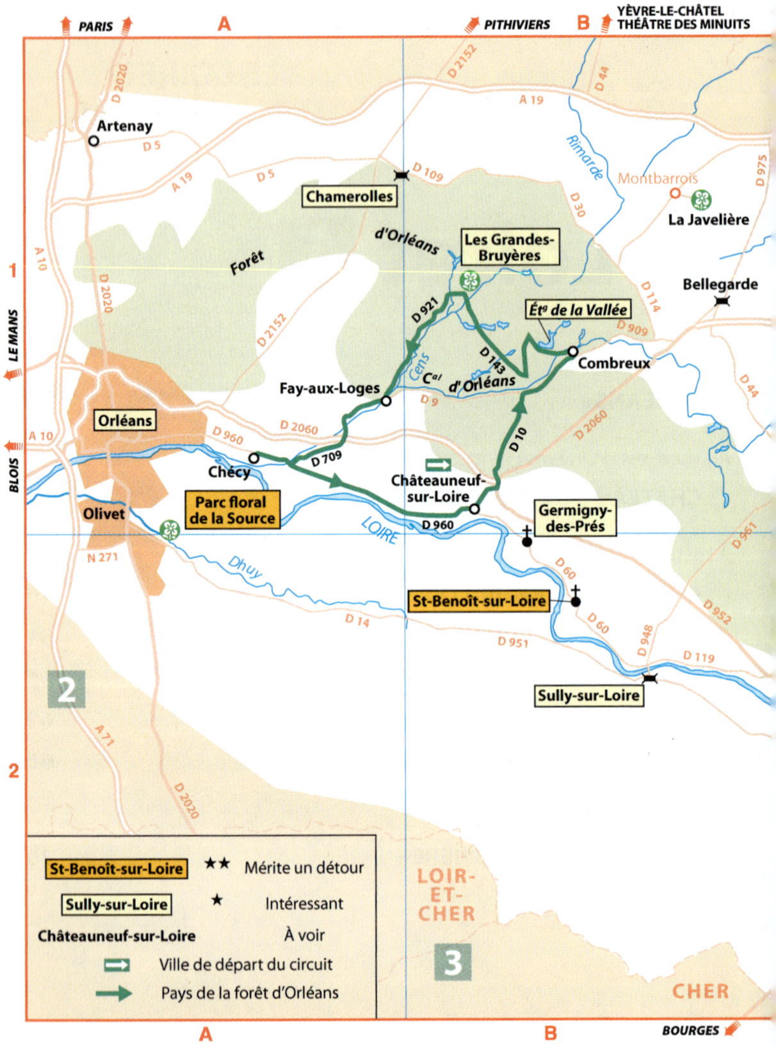
PARIS
A
PITHIVIERS
B
YÈVRE-LE-CHÂTEL
THÉÂTRE DES MINUITS
Artenay
Chamerolles
Forêt
d'Orléans
Les Grandes-Bruyères
Montbarrois
La Javelière
Bellegarde
Ét^g de la Vallée
Combreux
Fay-aux-Loges
C^al d'Orléans
Cens
Rimarde
Orléans
Chécy
Châteauneuf-sur-Loire
Germigny-des-Prés
Olivet
Parc floral de la Source
LOIRE
Dhuy
St-Benoît-sur-Loire
Sully-sur-Loire
LE MANS
BLOIS
1
2
LOIR-ET-CHER
3
CHER
BOURGES
A 10
A 19
A 71
D 2020
D 5
D 109
D 2152
D 44
D 30
D 975
D 114
D 909
D 921
D 143
D 9
D 2060
D 960
D 709
D 10
D 951
D 952
D 60
D 948
D 119
D 14
N 271
St-Benoît-sur-Loire ★★ Mérite un détour
Sully-sur-Loire ★ Intéressant
Châteauneuf-sur-Loire À voir
Ville de départ du circuit
Pays de la forêt d'Orléans

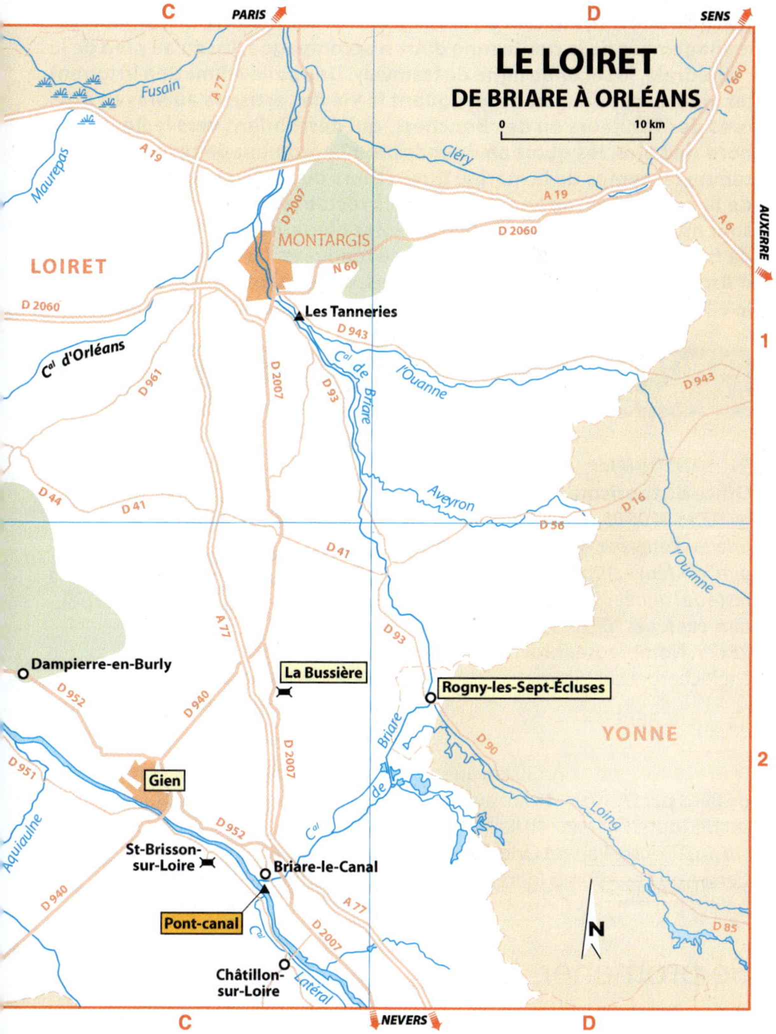
LE LOIRET
DE BRIARE À ORLÉANS
0
10 km
C
PARIS
D
SENS
AUXERRE
NEVERS
1
2
LOIRET
YONNE
MONTARGIS
Les Tanneries
Dampierre-en-Burly
La Bussière
Rogny-les-Sept-Écluses
Gien
St-Brisson-sur-Loire
Briare-le-Canal
Pont-canal
Châtillon-sur-Loire
Fusain
Maurepas
Cléry
Cal d'Orléans
Cal de Briare
l'Ouanne
Aveyron
Loing
Aquiaulne
Cal Latéral
A 77
A 19
A 6
D 660
D 2007
D 2060
N 60
D 943
D 961
D 93
D 44
D 41
D 16
D 56
D 952
D 940
D 951
D 90
D 85
N

Orléans

★

114 167 Orléanais (agglomération : 270 470) – Loiret (45)

Orléans poursuit sa mue… Après la renaissance des quais de Loire, la place du Martroi, au cœur de la ville, rendue aux piétons, un élégant réaménagement de la rue Jeanne d'Arc a accompagné, jusqu'au pied de la cathédrale, la seconde ligne de tramway. Une belle animation irriguent les vieilles rues aux noms évoquant la vie des artisans au Moyen Âge, rues des Tanneurs ou des Bouchers, qui descendent vers le fleuve. En bord de Loire, les quais aménagés pour la promenade revivent à l'automne les temps de la marine fluviale lors du Festival de Loire. Autour de la rue de Bourgogne, les bars, les restaurants et les boutiques se sont multipliés dans un dédale de voies piétonnes aux maisons à pans de bois dont plus de six cents ont été rénovées. Le souvenir de Jeanne d'Arc, héroïne de la guerre de Cent Ans, est aussi toujours présent dans la ville, qui chaque année célèbre la levée du siège d'Orléans en 1429.

NOS ADRESSES PAGE 39
Hébergement, restauration, achats, activités, etc.

S'INFORMER

Office de tourisme – *2 pl. de l'Étape - ✆ 02 38 24 05 05 - www.tourisme-orleans.com - avr.-sept. : 9h30-19h, dim. et j. fériés : 10h-12h30, 14h-17h ; reste de l'année : 10h-12h30, 14h-18h, dim. et j. fériés 10h-13h - fermé 1er janv., 25 déc.* Nombreuses brochures à télécharger sur Internet.

SE REPÉRER

Carte de microrégion A1 (p. 26-27) - Plan de ville (30-31). À 130 km au sud de Paris par l'A 10 et 115 km au nord-est de Tours. En train : 40 liaisons/j *(1h-1h20)* entre Paris et Orléans-Centre ou Les Aubrais (gares SNCF reliées par le tram). Entre Beauce et Sologne, les alentours offrent de larges étendues de forêts.

SE GARER

Plusieurs parkings souterrains en centre-ville, notamment autour de la cathédrale et de la place du Martroi.

À NE PAS MANQUER

Les boiseries de la cathédrale ; le musée des Beaux-Arts ; en saison, les iris et les rosiers du parc floral.

ORGANISER SON TEMPS

Comptez une journée pour la ville.

AVEC LES ENFANTS

Les loisirs de l'île Charlemagne ; le parc floral de la Source.

Se promener Plan de ville

Circuit tracé en vert sur le plan de la ville (p. 30-31) – Comptez une demi-journée.

LE CŒUR DE LA VILLE

★★ Cathédrale Ste-Croix C2

Pl. Ste-Croix - ✆ 02 38 77 87 50 - mai-sept. : 9h30-18h ; oct.-avr. : 9h30-12h, 14h-18h.
L'édifice, commencé à la fin du 13e s. et achevé au début du 16e s., fut en partie détruit par les protestants en 1586. Henri IV, en témoignage de gratitude

Orléans, la Loire, la cathédrale Sainte-Croix et le clocher de l'église Saint Donatien.
H. Lenain / hemis.fr

pour la ville qui s'était ralliée à lui, entreprit sa reconstruction dans un style gothique composite. Les travaux furent repris aux 18ᵉ et 19ᵉ s.

La **façade** compte trois grands porches surmontés de rosaces, elles-mêmes coiffées d'une galerie ajourée. La pierre y est travaillée avec une extrême finesse ; à la base des tours, des escaliers extérieurs en colimaçon, sculptés à jour, flanquent chaque angle. Le **porche**, de très vastes dimensions, abrite quatre statues gigantesques qui figurent les évangélistes. Dans la **chapelle** du centre de l'abside, magnifique Vierge en marbre de Michel Bourdin (début du 17ᵉ s.), sculpteur né à Orléans. De splendides **boiseries**★★ du début du 18ᵉ s. décorent le chœur et les stalles. Réalisées d'après Jacques V Gabriel, elles sont l'œuvre de Jules Degoullons, l'un des décorateurs de Versailles et l'auteur des stalles de Notre-Dame de Paris. *se rens. sur place ou à l'office de tourisme.*

Flanc nord – Au pignon du croisillon nord, grande rosace portant, au centre de ses rayons, la devise de Louis XIV. À ses pieds, des fouilles ont mis au jour la base de murailles gallo-romaines.

L'HISTOIRE EN MARCHE

Il y a plus de deux mille ans, la tribu gauloise des Carnutes accueillait chaque année une grande assemblée de druides sur son territoire, considéré par les Celtes comme le cœur de la Gaule. L'oppidum fortifié de Cenabum s'élève alors sur le site de l'actuelle Orléans. Après la conquête romaine, la petite agglomération prospère devient une brillante cité gallo-romaine qui suscite la convoitise des Huns. Elle est pillée par Attila en 451. Bien que celui-ci finisse par en être chassé, la ville est à nouveau conquise en 498 par le roi franc Clovis. Cinq siècles s'écoulent. La puissance d'Orléans devient telle que Robert le Pieux, fils d'Hugues Capet, y est sacré roi en 987 et que le comté est rattaché à la couronne. C'est ainsi qu'aux 10ᵉ et 11ᵉ s. Orléans devient, avec Paris et Chartres, l'un des trois grands pôles de la monarchie capétienne.

SE LOGER

Empreinte Hôtel 5
Hôtel de l'Abeille 4
Hôtel des Cèdres 7
Hôtel d'Orléans 10
Hôtel Marguerite 13

SE RESTAURER

Au bon marché 2
Chez Jules 1

ORLÉANS

La Dariole 7
La Parenthèse 17
L'Éclat des saveurs 13
Le Lièvre Gourmand 18
L'Hibiscus 3

La guerre de Cent Ans : Orléans dans la tourmente

LE SIÈGE D'ORLÉANS (1428-1429)

Après avoir conquis la Normandie en 1415 et le Bassin parisien en 1420, les Anglais mettent le siège devant Orléans en octobre 1428. Le contrôle de la ville-clef de la Loire ouvre l'accès à la France du Midi et à la Guyenne anglaise. La capture du dauphin Charles VII, le « petit roi de Bourges », qui a trouvé refuge entre Bourges, Chinon et Loches, est envisagée…

Les affrontements commencent le 17 octobre par un pilonnage. Le 24, les Anglais s'emparent du fort des Tourelles. Orléans est bientôt à peu près coupée du reste du royaume. Les deux camps s'installent dans une guerre d'usure ponctuée par des escarmouches devant les portes. En dépit de quelques faits d'armes qui remontent périodiquement le moral des assiégés, le ravitaillement commence à manquer dès février 1429, et une partie de la garnison quitte la place. Les Anglais sont bien près de la victoire.

L'ARRIVÉE PROVIDENTIELLE DE JEANNE D'ARC

Jeanne d'Arc quitte la Lorraine en février 1429 pour Chinon, où elle rencontre le « gentil Dauphin », qui deviendra Charles VII.

Le 21 avril, Jeanne rejoint Blois où sont rassemblés les renforts et les vivres pour Orléans. Le 29 avril 1429, elle entre dans la cité par la porte de Bourgogne, aux côtés du futur comte de Dunois, alors nommé le « Bâtard d'Orléans », qui défend la ville assiégée depuis le début des hostilités. Son arrivée réconforte la population et galvanise l'armée.

Les combats se succèdent du 4 au 7 mai, jour où les Français reprennent les Tourelles. Enfin, le 8 mai, les Anglais quittent la ville sans livrer bataille. Le siège est levé. Jeanne, victorieuse, reçoit un triomphe. La ville n'oubliera pas cette libération, qu'elle fête chaque année le 8 mai.

Peu de temps après la bataille, les troupes françaises remportent une nouvelle victoire à Patay. Les Français peuvent alors escorter Charles VII jusqu'à Reims où il est couronné roi de France.

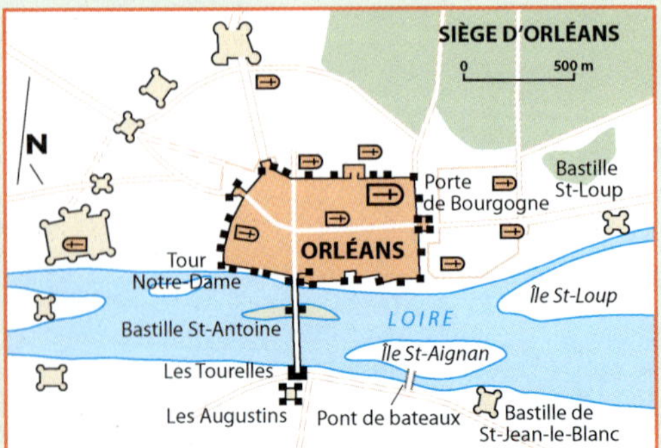

Du **chevet** rayonnent des arcs-boutants très ajourés ornés de pinacles, visibles du jardin de l'ancien évêché (17e s.) devenu bibliothèque municipale.
Regagnez le flanc sud de la cathédrale.

Place Ste-Croix C2

Bordée de demeures du 17e s., élevées en brique et pierre sur une rangée d'arcades, elle fut tracée vers 1840. Au sud de la place, une statue de bronze représente la Loire tenant dans les plis de sa robe de beaux fruits du Val.

Hôtel Groslot (actuel hôtel de ville) C2

Cette vaste demeure Renaissance en brique rouge et losanges contrastés fut bâtie en 1550 pour le bailli d'Orléans, Jacques Groslot (agrandissements et remaniements au 19e s.). Logis des rois de passage à Orléans (Charles IX, Henri III et Henri IV), il reçut le dernier soupir de François II lors de son décès en 1560. Le jeune roi, âgé de 16 ans, fut terrassé par la maladie avant d'ouvrir les états généraux réunis à Orléans. Admirez les délicats rinceaux des piliers de l'escalier et les deux portes entourées de cariatides. Les salons de style Renaissance sont en visite libre *(sauf samedi et réceptions du maire).*

★★ Musée des Beaux-Arts C2 M1

Pl. Ste-Croix - ✆ 02 38 79 21 83 - www.orleans-metropole.fr - 10h-18h, dim. 13h-18h - fermé lun., certains j. fériés - possibilité de visite guidée sur demande (1h30) - 4 € collection permanente; 6 € avec exposition temporaire, billet valable 1 j. pour tous les musées (-18 ans gratuit) - gratuit 1er dim. du mois.

1

Ce musée, fondé en 1797 par le collectionneur orléanais Aignan Thomas Desfriches à partir de saisies révolutionnaires, se développe dès le 19e s. grâce à une série de legs de mécènes locaux, puis au 20e s. par une politique soutenue d'achats et finalement par les dépôts du Louvre. Il en résulte une collection publique riche de peintures, sculptures et objets d'art européens, du 16e au 21e s. d'une étonnante diversité.

Depuis 2016, le musée se rénove, niveau par niveau *(fermetures par alternance).* En 2020, les salles seront toutes restaurées et le parcours revu dans une scénographie nouvelle. L'art des 16e et 17e s. met en avant de vastes compositions religieuses de la Contre-Réforme, œuvres de Louis Le Nain, Boucher, Hubert Robert, ainsi que des écoles italienne, flamande et hollandaise – Corrège, Tintoret, Van Dyck. Ne manquez pas le beau *Saint Thomas* par Vélasquez.

Les nombreuses pièces encore en réserve, en particulier les grands formats français du 19e s., seront présentées par roulement.

Mention spéciale pour les œuvres issues du château de Richelieu et de la collection constituée par le cardinal, ainsi que pour une série de portraits du 18e s., dont celui de Mme de Pompadour par François-Hubert Drouais. L'exceptionnel **cabinet des Pastels★** abrite des œuvres du 18e s. de Chardin (*Autoportrait aux bésicles*), Quentin de La Tour, Jean-Baptiste Perronneau (portrait d'Aignan-Thomas Desfriches).

Les salles dédiées au 19e s. se succèdent du néoclassicisme (Guérin, Gérard…) jusqu'à Gauguin, en passant par le romantisme (Delacroix, Dauzats…), le réalisme (l'Orléanais Antigna) et le pré-impressionnisme (Daubigny, Boudin).

Au sous-sol, la collection d'**art moderne** se distingue par l'importance de la sculpture : œuvres de Rodin, Maillol, Bourdelle, Malfray, Gaudier-Brzeska. Une salle est consacrée à Max Jacob et à ses amis Picasso et Marie Laurencin.

Campo Santo C2

À gauche de la moderne école des Beaux-Arts, gracieux portail Renaissance. Sur le flanc nord du même bâtiment, le jardin rectangulaire est bordé de galeries à arcades du 16e s. (expositions). Il s'agit d'un ancien cimetière, installé ici hors les murs dès le 12e s.

Cercil - Musée Mémorial des enfants du Vel d'Hiv C2

45 r. du Bourdon-Blanc - ☎ 02 38 42 03 91 - www.cercil.fr - 14h-18h, mar. 14h-20h, sam. sur demande préalable - fermé lun., de déb. à mi-août - 3 € (-18 ans gratuit).
Le Cercil-Musée Mémorial des enfants du Vel d'Hiv reconstitue l'histoire oubliée des camps de Beaune-la-Rolande et de Pithiviers pendant la Seconde Guerre mondiale. Proches de Paris, c'est dans ces camps que furent internées les 8 000 personnes, et parmi elles, plus de 4 000 enfants, victimes de la rafle du Vel d'Hiv de l'été 1942, avant d'être déportés à Auschwitz. Le Centre de recherche et de pédagogie existe depuis 1991, mais le musée Mémorial a ouvert en 2011, dans une ancienne école maternelle, pour présenter l'histoire de ces enfants. Un authentique fragment de baraque provenant de Beaune-la-Rolande est implanté dans la cour. L'exposition permanente donne la parole aux victimes et aux témoins, à travers des documents d'archives inédits, photographies, objets et journaux. 16 000 Juifs, dont 4 700 enfants, furent internés dans ces deux camps, certains pendant plus d'une année.
Regagnez la place de l'Étape et suivez la rue d'Escures jusqu'à la place du Martroi.

Rue d'Escures B-C2

Dans le **jardin public** sur votre gauche a été transportée la façade (15e s.) de la chapelle St-Jacques. En face de l'entrée du parc s'alignent les **pavillons d'Escures**, demeures bourgeoises du début du 17e s.

Place du Martroi B2

La place du Martroi, désormais piétonne et agrémentée de jets d'eau, accueille nombre de terrasses de café ; S'affirmant comme point central de la ville, elle donne à la statue équestre en bronze de *La Pucelle d'Orléans*, œuvre de Denis Foyatier (1793-1863), sa force symbolique. Par l'accès piétonnier du parking souterrain, on peut apercevoir les vestiges de la porte Bannier (15e s.) mise au jour en 1986. À l'angle ouest, côté rue Royale, le **pavillon de la Chancellerie** (E1 X) a été édifié en 1759 par le duc d'Orléans pour y abriter ses archives.

Rue Royale B2-3

Bordée d'arcades, cette belle voie fut percée vers 1755, en même temps que l'on construisait dans son prolongement le pont Royal, actuel **pont George-V**. Celui-ci remplaçait le pont médiéval qui, 100 m en amont, se trouvait dans l'axe de la rue Ste-Catherine, rue principale au Moyen Âge. Il joua un grand rôle lors du siège des Anglais en 1429.
Descendez la rue Royale, tournez à droite dans la rue Jeanne-d'Arc.

CHARLES PÉGUY (1873-1914)

Né à Orléans, Charles Péguy est un écrivain, un poète et un essayiste français. Son œuvre, multiple, comprend des pièces de théâtre et des recueils poétiques où il évoque, notamment, le personnage de Jeanne d'Arc auquel il consacra, entre autres, *Le Mystère de la charité de Jeanne d'Arc*, en 1910, qui rendra public son retour à la foi catholique. Intellectuel engagé, il fut d'abord un militant socialiste et dreyfusard ; il reste connu pour des essais où il exprime ses préoccupations sociales et son rejet du « monde moderne », notamment dans *L'Argent*, publié en 1913.
Charles Péguy mourut le 5 septembre 1914, tué au début de la Première Guerre mondiale lors des prémices de la bataille de la Marne.

Cette percée néoclassique (19e s.) ouvre une belle perspective sur la cathédrale. *Prenez à droite pour rejoindre la place du Général-de-Gaulle.*

Maison de Jeanne-d'Arc B2

3 pl. Charles-de-Gaulle - ✆ 02 38 68 32 63 - www.jeannedarc.com.fr - avr.-sept. : 10h-13h, 14h-18h ; reste de l'année : 14h-18h - fermé lun. et j. fériés - 6 €, billet combiné (valable 1 j.) avec musée des Beaux-Arts et Hôtel Cabu.

Sa haute façade à colombages contraste avec l'aspect du quartier rebâti après la Seconde Guerre mondiale. Pourtant cet édifice a lui aussi été reconstruit, durant les années 1960, en lieu et place de la demeure de Jacques Boucher, le trésorier du duc d'Orléans chez qui Jeanne fut logée en 1429. Au rez-de-chaussée, une salle multimédia propose un film d'animation *(15mn)* sur la vie de Jeanne d'Arc ainsi que des bornes interactives.

À l'étage, accessible uniquement sur rendez-vous, se trouve le **centre Jeanne-d'Arc** *(✆ 02 38 68 32 64 - fermé w.-end et j. fériés - gratuit)*, doté d'un important fonds documentaire regroupant tout ce qui a été dit, écrit ou filmé sur Jeanne et sur son époque.

Quartier St-Paul B2

À droite de la maison et des deux façades Renaissance qui lui font suite, passez sous une arche pour pénétrer dans le square Jacques-Boucher. Isolé dans le jardin, le **pavillon Colas-des-Francs**, gracieux bâtiment Renaissance et ancien « comptoir », abrite une salle d'archives.

Retournez devant la maison de Jeanne-d'Arc et descendez la rue du Tabour.

1

Centre Charles-Péguy B2

11 r. du Tabour - ✆ 02 38 53 20 23 - www.charlespeguy.fr - 14h-18h - fermé dim. lun. et j. fériés - gratuit.

Le centre occupe l'ancien **hôtel Euverte-Hatte** (restauré en 2013) qui fut élevé sous Louis XII. Remarquez ses fenêtres à meneaux, encadrées de frises gothiques, et, dans la cour, la galerie à arcades Renaissance.

Ce centre de documentation et de recherche présente, en plus d'expositions temporaires, une salle à la muséographie contemporaine consacrée à la vie et l'œuvre de l'écrivain orléanais Charles Péguy (1873-1914). La collection des *Cahiers de la quinzaine*, revue fondée et publiée par Péguy, est exposée au centre de la salle, comme elle fut au cœur de la vie de l'écrivain-éditeur.

On découvre dans ce parcours très intéressant un Péguy enfant de l'école républicaine qui rend hommage à ses « hussards noirs », un dreyfusard militant, socialiste, un homme ancré dans son temps et dans l'actualité. Le centre est riche de documents concernant les évènements de cette période, comme l'affaire Dreyfus et la Première Guerre mondiale.

Continuez rue du Tabour, traversez la rue Royale et empruntez la rue de Bourgogne jusqu'à la rue Ste-Catherine. Tournez à gauche.

Hôtel Cabu - Musée historique et archéologique de l'Orléanais B2 M2

Pl. de l'Abbé-Desnoyers - ✆ 02 38 79 25 60 - www.orleans.fr - avr.-oct. : 10h-13h, 14h-18h ; reste de l'année : 14h-18h - 6 € (-18 ans gratuit) - billet combiné (valable 1 j.) avec musée des Beaux-Arts et maison de Jeanne-d'Arc - gratuit 1er dim. du mois.

Le musée est installé dans l'**hôtel Cabu**, l'un des plus beaux monuments Renaissance de la ville. Lui aussi en rénovation, il propose deux salles réservées aux expositions temporaires au rez-de-chaussée.

Le joyau du musée, le célèbre **trésor** de Neuvy-en-Sullias★, est présenté au 2e étage. Découvert en 1861 dans une sablière à 30 km d'Orléans, il est constitué d'objets en bronze des époques gauloise et gallo-romaine. Cet extraordinaire ensemble comprend, notamment, un cheval de belle facture, un sanglier grandeur nature, les trois figurines mythologiques d'Esculape, Hercule et Mars, ainsi que la statuette d'une femme nue longiligne dont la grâce évoque une danseuse. Les autres salles sont consacrés au Moyen Âge, à la période classique et à la marine de Loire.

Hôtel des Créneaux B2

32 r. Ste-Catherine.

Il fut le premier hôtel de ville d'Orléans, du 16e s. à 1790 (façade de 1520, contemporaine de Chambord). Remarquez la rangée de coquilles à l'italienne et le décor au-dessus des portes. La salle du conseil se trouvait au premier étage, tandis que le rez-de-chaussée faisait office de grenier à sel.

★ LE VIEIL ORLÉANS

Habité au Moyen Âge par des mariniers et des artisans, le quartier portuaire s'est développé derrière les maisons de négoce et les entrepôts des bords de Loire. Au 19e s., lorsque le trafic fluvial disparut, la ville tourna le dos au fleuve, délaissant les vieux quartiers, et regarda vers le chemin de fer et la gare situés au nord. Ce n'est qu'à partir de 2002 et du classement du quartier en zone protégée qu'Orléans entama la rénovation de son centre ancien. En 2013, plus de six cents façades de maisons à pans de bois, construites entre la fin du 14e et le 19e s., avaient été restaurées.

Prenez la rue de Bourgogne que vous suivrez tout droit.

Rue de Bourgogne C2-3

Principal axe est-ouest de la cité gallo-romaine, situé en hauteur à l'abri des inondations, la rue compte d'anciennes façades, comme au n° 261, une maison du 15e s., en pierre, surmontée d'un pignon à colombages. On passe devant la **préfecture**, logée dans un couvent bénédictin du 17e s.

Prenez vers le sud par la rue de l'Université.

Salle des Thèses C2

Seul vestige de l'ancienne université d'Orléans, construite entre 1411 et 1421, la salle des Thèses servait de bibliothèque et de lieu de réunion des professeurs. On enseignait à l'université le droit romain, interdit à la Sorbonne, ce qui attirait de nombreux étudiants, y compris de l'étranger et en particulier d'Allemagne.

LE GRAND PORT D'ORLÉANS

Avant l'invention du chemin de fer et des camions, les voies d'eau ont été tout au long de l'histoire, et même de la préhistoire, le moyen le plus sûr pour transporter des matériaux d'un point à un autre. D'où l'importance de la navigation fluviale qui, durant les siècles passés, a fait la prospérité d'Orléans. En effet, située juste au point de rupture de charges entre navigation en amont et navigation en aval, la cité fut un grand port de transbordement d'où étaient acheminées vers Paris les marchandises venues de l'ensemble des pays de Loire, mais aussi du Massif central.

Aujourd'hui, le long des quais de Loire nouvellement aménagés, les rêveurs peuvent imaginer le va-et-vient des chalands chargés de vins qui, au 18e s., accostaient face à des négociants affairés, tandis que des portefaix s'activaient à décharger les cargaisons d'ardoises au milieu d'une foule de lavandières.

Orléans, l'Hôtel Groslot.
K. Amthor / imageBROKER / age fotostock

Au 16e s., lorsque les idées de la Réforme gagnèrent Orléans, **Jean Calvin**, venu d'Amiens en 1528 pour étudier le droit, y découvrit le protestantisme.

Collégiale St-Pierre-le-Puellier C3

Pl. du Cloître-St-Aignan - ✆ 02 38 79 24 85 - ♿ - 14h-18h - fermé dim.-lun. et j. fériés - gratuit.

Centre d'exposition permanent, la collégiale romane (12e s.) est la plus ancienne église d'Orléans.

Choisissez la rue des Tanneurs, vers la droite, puis la rue des Bouchers. Remontez la rue de la Charpenterie.

Quartier de la Charpenterie C3

Il abrite la plus ancienne maison du quartier identifiée à ce jour (fin du 14e s.) rue de la Charpenterie, au coin de la rue de la Poterne. Remarquez au n° 34 la maison de marinier, avec ses décors sculptés d'ancres, de cœurs et d'étoiles. Place de la Loire, bars, cinémas et boutiques créent une nouvelle animation.

Quai du Châtelet B-C3

Il étire au bord de la Loire sa longue promenade ombragée. Au n° 20, belle maison de négoce à façade en pierre.

Empruntez le pont George-V pour rejoindre la rive gauche du fleuve.

Quai Fort-des-Tourelles B3

Devant une petite place où se dresse une statue de Jeanne d'Arc, une croix commémorative et une inscription, sur la muraille qui borde la Loire, rappellent qu'à cet emplacement s'élevait au 15e s. le fort des Tourelles. À cet endroit débouchait alors le pont sur le fleuve. Belle **vue★** d'ensemble sur la ville.

Prenez le tram (au débouché du pont) pour, soit rallier le centre-ville et le Frac (dir. Jules Verne, arrêt République) ; soit poursuivre vers le parc de la Source (page suivante - dir. Hôpital de la Source, arrêt Parc floral).

DU CÔTÉ DES BOULEVARDS Plan de la ville

Frac Centre - Val de Loire A2

88 r. du Colombier - 02 38 62 52 00 - www.frac-centre.fr - ♿ - 14h-19h, 1er jeu. du mois 14h-20h - fermé lun.-mar., 1er janv., 1er Mai, 25 déc. - possibilité de visite guidée sur demande - 4 € (-18 ans gratuit) - gratuit 1er dim. du mois.

Le Frac Centre (Fonds régional d'art contemporain) s'est installé en 2013 sur l'ancien site des Subsistances Militaires, pour s'y consacrer à l'architecture expérimentale, de 1950 à nos jours. Les anciens bâtiments réaménagés ont vu se greffer sur eux de nouvelles structures, des « excroissances » appelées « Turbulences », revêtues de plaques d'aluminium, toutes uniques ; l'ensemble est dû à l'agence d'architecture Jakob+ MacFarlane (créateurs de la Cité de la mode et du design à Paris). L'intérieur, fait de bois, de verre et de métal, est chaleureux. Le Frac présente sa collection permanente, des expositions temporaires (deux par an), ainsi qu'une œuvre *in situ* d'un artiste en résidence. Visites insolites, ateliers, conférences, concerts, spectacles de danse s'y déroulent. C'est un lieu vivant qui interroge l'architecture.

MOBE - Muséum d'Orléans pour la Biodiversité et l'Environnement C1

6 r. Marcel-Proust - 02 38 54 61 05 - fermé pour travaux jusqu'à l'automne 2019.

À proximité Carte de microrégion

Sortez d'Orléans par l'avenue Dauphine (au sud du plan), ou prenez le tram : ligne A, dir. Hôpital de la Source, arrêt « Université-Parc floral » (20mn).

★★ Parc floral de la Source A1

Av. du Parc-Floral - 02 38 49 30 00 - www.parcfloraldelasource.fr - ♿ - de mi-mars à fin sept. : 10h-19h ; de fin sept. à déb. nov. : 10h-18h ; reste de l'année : 14h-17h - fermé 1er janv., 25 déc. - possibilité de visite guidée sur demande (1h) - 6 € (-16 ans 4 €) - gratuit de déb. nov. à mi-mars (sf serre aux papillons exotiques fermée).

Agencée sur une superficie de 35 ha, cette magnifique promenade constitue une vitrine de l'horticulture orléanaise, offrant au jardinier amateur une

Les Turbulences, FRAC Centre, par les architectes de l'agence Jakob + MacFarlane.
H. Lenain/hemis.fr

instructive variété de plantations : massifs symétriques, rocailles, bosquets, arbustes persistants, arbustes fleuris, potager et verger. Au printemps fleurissent les massifs de tulipes, de narcisses, puis les iris, les rhododendrons et les azalées ; un jardin contemporain a été créé pour mettre en valeur l'exceptionnelle ★**collection d'iris** (plus de 900 variétés, dont une partie plantée en dégradé de bleus, comme les flots de la mer). De mi-juin à mi-juillet, floraison des **rosiers** ; en juillet et août, c'est au tour des plantes estivales ; en septembre a lieu la seconde floraison des rosiers, avant celle des dahlias. Partout, culture biologique et biodiversité sont favorisées.

Le **miroir**★, bassin semi-circulaire, ménage une belle perspective sur le château et la délicate « broderie Louis XIII » qui orne sa pelouse. La ★**source du Loiret** se manifeste par un bouillonnement des eaux (on la surnomme d'ailleurs le « bouillon ») ; cette source est en fait la résurgence de pertes de la Loire qui se produisent près de St-Benoît-sur-Loire.

Terrains de jeux et Petit Train pour un tour du parc.

Parmi les hôtes du parc, des grues, des alpagas, ainsi que des flamants roses sur le Loiret. On voit aussi de petits échassiers (ibis, aigrettes…) dans la **grande volière**. La **serre aux papillons** présente dans un charmant jardin tropical de nombreux papillons exotiques aux couleurs éclatantes.

Olivet A1

En partant du parc floral de la Source, prenez la D 14.

Promenade des Moulins – *286 r. Paul-Genain - ✆ 02 38 78 04 04 - www.olivet.fr - circuit d'environ 13 km AR sur les rives du Loiret.* Treize vieux moulins jalonnent la rivière au long de cette charmante promenade ombragée ; barques et bancs attendent les promeneurs, cygnes et canards sillonnent les eaux tranquilles.

Artenay A1

À 20 km au nord d'Orléans, par la N 20.

Musée du Théâtre forain – *Quartier du Paradis - ✆ 02 38 80 09 73 - www.musee-theatre-forain.fr - ♿ - juil.-août : 14h-18h ; reste de l'année : 14h-17h - fermé lun.-mar., 2e et 4e w.-end du mois et j. fériés - possibilité de visite guidée sur demande (1h) - 3 € (-18 ans 2 €).*

Installé dans une ferme beauceronne, il évoque les théâtres démontables qui sillonnaient les petites villes et les villages au 19e s., et jusqu'au début des années 1970. Des décors, marionnettes, affiches, costumes reconstituent la vie familiale, professionnelle et sociale des comédiens ambulants. Une petite salle de spectacles accueille des troupes qui ont conservé l'esprit du théâtre forain. Dans la bergerie, deux salles sont consacrées à la paléontologie locale.

NOS ADRESSES À ORLÉANS

TRANSPORT

Bus et tramways – Un important réseau irrigue la ville. Tram : **ligne A** nord/sud, de la gare des Aubrais à Orléans-La Source ; **ligne B** est/ouest, de St-Jean-de-Braye à La Chapelle-St-Mesmin. Parcs relais le long de ces lignes.

Vélo + – *www.agglo-veloplus.fr.* Système de location de vélos en libre-service, sur Orléans, Fleury-les-Aubrais et St-Jean-le-Blanc.

HÉBERGEMENT

BUDGET MOYEN

Hôtel Marguerite – B3 - *14 pl. du Vieux-Marché - ✆ 02 38 53 74 32 - www.hotel-marguerite.fr - fermé 24 déc.-7 janv. - 25 ch. 65/165 € - ☕ 7 € - wifi gratuit.*

Joli décor contemporain. Insonorisation sans faille dans les chambres.

Hôtel des Cèdres – A1 - *17 r. du Mar.-Foch - ✆ 02 38 62 22 92 - www.hotelcedresorleans.com - fermé 20 déc.-6 janv. - 32 ch. 59/129 € - ☕ 10 € - wifi gratuit.* À l'écart du centre-ville, cet hôtel calme dispose de chambres confortables et spacieuses. Salon-véranda ouvert sur un jardin planté de cèdres.

Hôtel d'Orléans – B2 - *6 r. A.-Crespin - ✆ 02 38 53 35 34 - www.hoteldorleans.com - P 15/20 € - 20ch. 95/130 € - ☕ 14 € - wifi gratuit.* Dans une rue calme au cœur de la ville, à 5mn de la cathédrale et du musée des Beaux-Arts. Les deux bâtiments encadrant une cour s'articulent autour de la salle du petit-déjeuner. Rénové en 2014.

À proximité

La ferme de la patte d'oie – *443 r. du Parc Floral - 45590 St-Cyr-en-Val- ✆ 07 68 13 92 48 - www.gite-valdeloire.com - gîte pour 9 pers. (4 ch. 2 sdb) - 490/600 €/sem., 350 €/w.-end.* Tout près du parc Floral, une ferme installée sur une petite exploitation agricole bio a été rénovée en gîte confortable. Impeccable, literie de qualité, beau linge fourni. Convient particulièrement aux familles avec enfants.

POUR SE FAIRE PLAISIR

Hôtel de l'Abeille – B2 - *64 r. d'Alsace-Lorraine - ✆ 02 38 53 54 87 - www.hoteldelabeille.com - 24 ch. 68/145 € - ☕ 12,5 € - wifi gratuit.* Doté d'un jardin en terrasse au dernier étage, cet hôtel du centre-ville propose des petites chambres coquettes à la décoration personnalisée (meubles anciens chinés). Petit-déjeuner bio.

Empreinte Hôtel – B3 - *80 quai du Châtelet - ✆ 02 38 75 10 52 - www.empreinte-hotel.com - fermé 24 déc.-7 janv. - wifi gratuit - 31 ch. et 3 suites 130/305 € - ☕ 19 €.* Ce nouvel hôtel, installé dans une demeure ancienne au bord de la Loire, a été entièrement rénové. Décoration très contemporaine Spa de 70 m².

RESTAURATION

PREMIER PRIX

Au Bon Marché – B3 - *12 pl. du Châtelet - ✆ 02 38 53 04 35 - www.aubonmarche-orleans.com - formule 22,50 €, menu 36 € - réserv. conseillée.* Ambiance chaleureuse et service rapide. Bonne cuisine de bistrot avec andouille de Jargeau poêlée, filets de sardine ou, plus classiquement, de l'agneau ou du confit de canard. Cave à vins et épicerie fine sur place.

BUDGET MOYEN

Chez Jules – C2 - *136 r. de Bourgogne - ✆ 02 38 54 30 80 - fermé juil., 24 déc.-3 janv. et dim.-lun. - formule déj. 16,50/19,50 € - formule 24/34 €, menu 28 €.* Cette petite enseigne, rustique et économique, se distingue par son accueil très chaleureux et ses généreux plats traditionnels.

La Dariole – C2 - *25 r. Étienne-Dolet - ✆ 02 38 77 26 67 - fermé w.-end et soir (sf mar. et vend.) -formule déj. 22 € - 27 €.* Une savoureuse cuisine servie dans la pimpante salle à manger d'une maison à colombages du 15e s., ou bien sur la petite terrasse d'été qui ouvre sur une placette.

La Parenthèse – C3 - *26 pl. du Châtelet - ✆ 02 38 62 07 50 - www.restaurant-la-parenthese.com - fermé 1-22 août et dim.-lun. - formule déj. 18,50 € - 27/40 €.* Une bonne adresse dans le vieil Orléans : assiettes copieuses, produits frais et bien cuisinés. Belles saveurs portées par une jeune équipe.

L'Hibiscus – C2 - *175 r. de Bourgogne - ✆ 02 38 72 74 11 - fermé lun.-mar. - menu 26/46 €.* Des produits frais, des recettes originales mais simples : selle d'agneau, tourteau sur mousse d'avocat, grondin sur lit de fenouil émincé, mousse chocolat noir et sorbet poires. Bon rapport qualité-prix.

L'Éclat des Saveurs – C3 - *233 r. de Bourgogne - ✆ 02 38 53 12 21 - www.leclatdessaveurs.f - ♿ - fermé dim. soir et lun. midi - réserv. conseillée le soir - menu 27,90.* Une adresse incontournable que ce restaurant à la devanture bordeaux proposant une cuisine traditionnelle, crêpes et spécialités de galettes « gastronomiques ». Cadre cosy et produits très frais.

Les Plantes – Hors plan par B3 - *44 r. Tudelle - ✆ 02 38 56 65 55 - www.restaurantdesplantes.fr - fermé 10 j. en fév. et 3 sem. en août, sam. midi, dim. soir et lun. - formule déj. 19,90 € - 19,90/50 €.* Il faut savoir dénicher ce petit restaurant situé sur la rive gauche, à deux pas du pont George-V. Intérieur cosy aux tons jaune et saumon, cuisine ligérienne, spécialités de poisson.

POUR SE FAIRE PLAISIR

Le Lièvre Gourmand – C3 - *28 quai du Châtelet - ✆ 02 38 53 66 14 - www.lelievregourmand.com - ♿ - - fermé 4-20 sept. - menu déj. 39 € - menu soir 49/74 €.* Belles assiettes, inventives et très savoureuses. Une étoile au guide Michelin.

BOIRE UN VERRE

Plisson – B2 - *4 r. du Tabour - ✆ 02 38 53 59 25 - www.plisson-patissier.fr - 8h-19h30 - fermé 1 sem. en fév., 1 sem. à Pâques, 3 sem. en août et dim.* Monsieur Plisson propose des macarons aux saveurs originales : fraises déglacées au vinaigre d'Orléans, confit de pétales de rose ou compotée de poires et de gingembre. Quant au Loiret gourmand, il s'agit d'une dacquoise noisette fourré d'une compote de poires et de cerises entières d'Olivet, recouvert d'une crème légère à la noisette… À découvrir aussi : les viennoiseries et les énormes meringues !

Ver Di Vin – C3 - *2 r. des Trois-Maries - ✆ 02 38 54 47 42 - verdivin. com - tlj sf dim.-lun. 19h-0h - menu le midi sur réserv. 21 €, menu 35 €.* Sommelière et caviste, Sabine Brochard a lancé un bar à vins culturel dans une cave du 15e s. Elle propose une belle carte de vins, mais aussi de whiskys. Côté cuisine, Laurent présente une carte courte et de qualité, proposant des produits frais et maison, pour grignoter, dîner ou prendre un dessert. Ver Di Vin accueille concerts, expositions et dégustations.

EN SOIRÉE

La Chancellerie – B2 - *27 pl. du Martroi - ✆ 02 38 53 57 54 - tlj sf dim. soir 8h-0h - formule déj. en sem. 17,90 € - menu 35,90.* Dans ce café-restaurant de standing, spécialités de poissons et de crustacés accompagnées de bons vins. Grande terrasse, rendez-vous des Orléanais et bien connue des hommes d'affaires, sur la place.

ACHATS

Les Cafés d'Éric – *2 r. du Chariot - ✆ 02 38 54 87 36 - www.les-cafes-deric-orleans.fr - lun. 14h-19h, mar.-ven. 9h-13h, 14h-19h, sam. 8h30-19h15 - fermé dim.* Large choix de cafés et de thés. Torréfaction sur place ! Épicerie fine et douceurs.

Les Halles Châtelet – *Pl. du Châtelet*. Un caviste, deux fromagers, quatre bouchers, deux charcutiers, un traiteur, six marchands de primeurs, deux poissonniers, un épicier, deux boulangers, un torréfacteur, deux volaillers, un glacier et un spécialiste de la cuisine italienne officient toute l'année dans ces halles… De quoi remplir vos paniers de délicieuses victuailles.

Martin Pouret – *236 Fg Bannier - 45400 Fleury-les-Aubrais - ✆ 02 38 88 78 49 - www.martin-pouret.com - lun. 14h-19h, mar.-sam. 10h-19h - fermé dim.* Créée en 1797, Martin Pouret est la dernière maison en France à perpétuer la traditionnelle fabrication en tonneaux du vinaigre de vin d'Orléans et celle de la moutarde d'Orléans, graines broyées à la meule de pierre, selon une recette remontant à 1580.

Épicerie fine Rose & Léon – *6 pl. du Châtelet - ✆ 02 38 21 48 26 - www.rose-et-leon.fr - fermé dim.-lun. - merc. 14h-19h, jeu.-sam. 10h-19h.* Installé dans la très belle maison Jean Dalibert, cette boutique propose des spécialités du Centre-Val de Loire – vins, bières, vinaigres, confiserie, terrines, gourmandises – mais aussi des spécialités sucrées et salées de France – pains d'épice, fruits confits, négus, cuberdons, épices. Un délice pour l'œil et l'odorat.

ACTIVITÉS

Base de loisirs de l'île Charlemagne – *R. de la Levée - 45650 St-Jean-le-Blanc - ✆ 02 38 51 92 04 - de mi-mai à mi-sept.* La baignade, les locations de kayaks, le beach-ball, le water-polo et les circuits VTT raviront les enfants. De même, les plaines de jeux équipées, le basket, le minifoot ou les neuf parcours d'accrobranches. On peut se rafraîchir aux deux buvettes du site.

La Loire en bateau-Merci la Loire – *Le Girouet - 14 quai du Châtelet - ✆ 02 38 81 07 14 ou 06 78 53 03 86 - de mi-juin à mi-sept. : tlj sf lun.-mar. 16h - 15 €/h (avec 12 pers. à bord) - sur réserv. - autres formules tte l'année.* Un passionné vous fera découvrir la Loire, sa faune et l'histoire de sa marine sur sa toue sablière, en toute sécurité.

Location de vélos à assistance électrique – *Franck Bonneau-Wheel Free - 44 r. Gén.-de Gaulle - 45650 St-Jean-le-Blanc - ✆ 02 38 44 26 85 - www.wheel-free.fr - juin-août : 9h-12h30, 14h-19h ; reste de l'année : tlj sf dim.-lun. 9h-12h30, 13h45-18h30 - 12/35 €/j.* Livraison/rapatriement sur le parcours de La Loire à Vélo.

Parc floral de la Source, Orléans-Loiret – Jeux de croquet et de badminton ainsi que livres et revues sont mis à disposition gratuitement *(renseignements à la boutique).* Ateliers pédagogiques et spectacles pour les enfants.

AGENDA

Festival de Loire – *Tous les 2 ans, 5 j. en sept.* Le plus grand rendez-vous européen de la marine fluviale avec reconstitution du port d'Orléans du 19e s., animations, concerts, guinguettes…

Fêtes de Jeanne d'Arc – *29 avr.-8 mai.* Jeanne d'Arc en cuirasse et à cheval draîne tous les habitants de la ville dans son sillage.

Château de Chamerolles.
A. Chicurel / hemis.fr

Château de Chamerolles

★

Chilleurs-aux-Bois (45170) – Loiret (45)

Avec son pont-levis, son châtelet flanqué de tours et son plan en quadrilatère, Chamerolles ressemble à une forteresse médiévale. Pourtant aucune sévérité ne se dégage de son harmonieuse silhouette. C'est que l'édifice fut conçu à l'aube de la Renaissance pour servir de demeure à un seigneur au nom légendaire. D'où la poésie qui émane aujourd'hui des murs de brique et de pierre de ce joli château, cerné de douves et voué à l'univers délicat des parfums.

NOS ADRESSES PAGE 45
Hébergement, restauration, achats, activités, etc.

S'INFORMER

Office du tourisme de Pithiviers – *1 mail Ouest - Maison des Remparts - 45300 Pithiviers - ✆ 02 38 30 50 02 - www.pithiviers.fr - mar.-vend. : 10h-12h30, 14h-18h, sam. : 10h-12h30, 14h-16h30 - fermé dim. et j. fériés.*

SE REPÉRER

Carte de microrégion AB1 (p. 26-27).
À 100 km au sud de Paris, 15 km au sud-ouest de Pithiviers, 25 km au nord-est d'Orléans. Pas de gare SNCF ni de bus à proximité.

ORGANISER SON TEMPS

Comptez 2h pour le château et la promenade des Parfums.

★ CHÂTEAU

45170 Chilleurs-aux-Bois - ✆ 02 38 39 84 66 - www.chateauchamerolles.fr - juil.-août : 10h-19h ; mai-juin et sept. : tlj sf mar. 10h-18h ; reste de l'année : tlj sf mar. 13h30-17h30, w.-end 10h-12h, 13h30-17h30 - fermé janv., 25 déc. - possibilité de visite guidée (2h) - 8 € (-17 ans 5 €) - animations et visites pour enf. pdt vac. scol. (voir rubrique « jeune public » sur site Internet ou par tél.

Au début du 16e s., ce château médiéval, élégant et confortable, fut bâti sur les ruines d'un fort du 12e s. pour un chambellan de Louis XII portant le patronyme d'un héros légendaire : **Lancelot du Lac**. Après l'alliance de la famille du Lac avec Louise de Coligny, Chamerolles devint un haut lieu du protestantisme et resta le bien de la famille du Lac jusqu'à la fin du 17e s.

Désormais propriété du département, Chamerolles a été restauré, de 1987 à 1992, avec beaucoup de soin – vitraux, dallages, plafonds – d'après les archives existantes.

★ **Promenade des Parfums** – L'aile sud abrite une promenade chronologique, du 16e s. à nos jours, qui mène dans un univers de senteurs grâce à un envoûtant musée de la parfumerie. Les salles, meublées et décorées, reconstituent une chambre du 16e s. avec baignoire, tentures et lit à baldaquin, un cabinet de curiosités du 17e s., le bureau d'un explorateur du 18e s. ou la vitrine d'un parfumeur au 19e s. L'usage du parfum à travers les siècles est également explicité. Respirez à fond, et découvrez l'orgue à parfums.

Les dernières salles, aménagées dans les combles, présentent une collection de flacons du 20e s. aux noms prestigieux : Guerlain, Lancôme ou Chanel, ainsi que des flacons en cristal de Baccarat, de Bohême, ou encore des créations de Daum ou Salvador Dalí.

★ **Jardin** – Un petit pont enjambe les douves. Il prolonge le circuit aromatique vers des allées bordées de six parterres, reconstitués tels qu'ils devaient apparaître à la Renaissance, avec leurs banquettes de gazon et leurs broderies de buis. Le jardin compte aussi un labyrinthe, des potagers et, bien sûr, des arbres fruitiers. Après avoir contourné une jolie pièce d'eau, allez jusqu'au kiosque d'où la vue sur le château est superbe.

Le domaine accueille depuis 2016 le jardin de roses et la boutique *André Eve* spécialisée dans la vente de roses anciennes *(voir nos adresses page ci-contre)*.

À proximité Carte de région

Forteresse médiévale de Yèvre-le-Châtel B1

À 7 km de Pithiviers et 20 km de Chamerolles.

Pl. du Château - ✆ 02 38 34 25 91 - de déb. avr. à fin oct. : 14h-18h - 5 € (enf. 3 €).

Yèvre-le-Châtel fait partie des plus beaux villages de France et ses ruelles, fleuries en saison, sont pleines de charme.

Les vestiges de son château-fort, bâti au 13e s. pour Philippe Auguste, se visitent : tours, poterne, chemin de ronde et remparts ont résisté à l'ennemi pendant la guerre de Cent ans.

Jardin du Théâtre des Minuits Hors carte par B1

153, Grande rue - La Neuville-sur-Essonne - ✆ 02 38 39 18 11 - mai-oct. : dim. 14h-19h - visite guidée à 17h - 5 € (-12 ans gratuit).

Un étonnant lieu de création permanente a vu le jour ici en 2002, lorsque une troupe de théâtre s'y installa, entre un corps de ferme du 16e s. et les ruines d'un château des 13e et 15e s. La troupe y crée désormais des spectacles toute

l'année, accueille des artistes en résidence et s'occupe du **Grand jardin**, un parc contemporain d'1 ha.
La **Roseraie**, dessinée par le rosiériste passionné André Eve, est uniquement constituée des créations de ce dernier.

NOS ADRESSES PRÈS DE CHAMEROLLES

HÉBERGEMENT

PREMIER PRIX

Hôtel Le Relais de la Poste – *10 mail Ouest - 45300 Pithiviers - ✆ 02 38 30 40 30 - www.le-relais-de-la-poste. fr - 41 ch. 70 € - ☕ 8 € - rest. 18/35 €, 1/2 pension - wifi gratuit.* Jadis relais de poste, cette grande bâtisse du centre-ville de Pithiviers abrite des chambres de bonne ampleur, toutes lambrissées et garnies de meubles rustiques. Salle à manger chaleureuse et cuisine traditionnelle.

RESTAURATION

BUDGET MOYEN

Le Lancelot – *12 r. des Déportés - 45170 Chilleurs-aux-Bois - ✆ 02 38 32 91 15 - www.restaurantlelancelot.com - ♿ - fermé 2e quinz. fév., août, merc. soir, dim. soir et lun. - P - 19/78 €, menus bistros (mar.-vend. 19/29 €) ou gourmands (32/78 €).* Large gamme de menus bistros *(mar.-vend. - 19/24/29 €)* ou gourmands *(32 €-76 €).* Tout près du château, cette accueillante maison fleurie, avec terrasse et jardin (belle collection de rosiers), est un havre de tranquillité. La patronne propose ses créations personnelles dont une spécialité qui met l'eau à la bouche : œuf cocotte à la crème de foie gras et miettes de truffe *(réserv. conseillée).*

BOIRE UN VERRE

Au Péché Mignon – *29 pl. du Martroi - 45300 Pithiviers - ✆ 02 38 30 05 88 - mar.-vend. 9h30-12h30, 15h-19h, sam. 9h-13h, 15h-19h, dim. 8h30-12h30 - fermé lun.* Si vous n'avez jamais goûté le célèbre pithiviers avec sa pâte feuilletée à la crème d'amande, c'est ici qu'il faut venir le déguster.

ACHATS

André Eve – *Domaine du Château de Chamerolles - Gallerand - 45170 Chilleurs-aux-bois - ✆ 02 38 30 01 30 - www.roses-anciennes-eve.com - ♿ - 23 avr.-26 juin : 9h-18h ; reste de l'année : lun.-vend. 9h-18h -* P. L'entreprise André Eve a ouvert un nouveau jardin de roses. Près de 150 variétés de roses anciennes et nouvelles sont présentées dans plusieurs jardins thématiques, organisés autour d'une roseraie centrale. Boutique pour vous aider à jardiner, particulièrement axée sur les roses.

AGENDA

Rendez-vous aux jardins – *Juin.*
Journées des collectionneurs – *W.-end déb. oct.* Consacré aux flacons de parfum, anciens, modernes, géants ou miniatures.
Spectacle de Noël – *27-30 déc.*

Châteauneuf-sur-Loire

8 005 Castelneuviens – Loiret (45)

De l'antique « château neuf » construit par les premiers Capétiens, autrefois l'un des plus beaux édifices de la Loire, ne subsistent aujourd'hui que de maigres vestiges. Lot de consolation : une agréable promenade qui démarre par l'ancien parc du château et se poursuit le long des quais jusqu'au charmant canal d'Orléans, en partie ouvert à la navigation.

NOS ADRESSES PAGE 50
Hébergement, restauration, achats, activités, etc.

S'INFORMER

Office de tourisme – *3 pl. Aristide-Briand - ✆ 02 38 58 44 79 - www.tourisme45-loire-et-foret.fr - juil.-août : 10h-12h30, 14h-18h, dim. et j. fériés 10h-12h30 ; mai-juin et sept. : tlj sf dim. et j. fériés 10h-12h30, 14h-18h ; reste de l'année : merc.-sam. 10h-12h30, 14h-18h.*

SE REPÉRER

Carte de microrégion B1 (p. 26-27).
À 25 km à l'est d'Orléans, sur la rive droite de la Loire (prenez de préférence la petite route qui longe le fleuve, en rive gauche).

Par train : Les Aubrais ou Orléans *(1h-1h20 de Paris)*, puis en bus *(40mn, 5/j - www.ulys-loiret.com)*.

À NE PAS MANQUER

Le musée de la Marine de Loire ; le mausolée de l'église St-Martial ; l'arboretum des Grandes-Bruyères.

ORGANISER SON TEMPS

Comptez 1h30 pour la ville, 1h pour les alentours.

AVEC LES ENFANTS

Baignade et pêche à l'étang de la Vallée ou promenade sur les chemins de halage du canal.

Parc du château

À l'emplacement d'une forteresse construite par les Valois se tenait, depuis le 17e s., un château prestigieux qui appartenait au duc de Penthièvre, petit-fils de Louis XIV et de Mme de Montespan, quand survint la Révolution. Devenus Biens nationaux, les bâtiments furent démantelés et vendus. Il ne reste plus aujourd'hui que la rotonde, la galerie, les communs ainsi que les pavillons d'avant-cour, en partie occupés par la mairie.

Le parc, bordé de douves, dont la section ouest, en eau, est franchie par une gracieuse passerelle de pierre, est planté d'essences exotiques et de **rhododendrons** géants. Vous en goûterez d'autant mieux couleurs et parfums au moment de la floraison, fin mai ou début juin.

Musée de la Marine de Loire

1 pl. Aristide-Briand - ✆ 02 38 46 84 46 - www.musee-marinedeloire.fr - ♿ - avr.-oct. : 10h-18h ; reste de l'année : 14h-18h - fermé 1er janv., 1er Mai, 25 déc. - possibilité de visite guidée sur demande (1h) - 3,50 € (-18 ans 2 €).

Installé dans les anciennes écuries du château, cet intéressant petit musée met en valeur l'importance de la Loire au cours des siècles : techniques de la navigation ligérienne, entretien et aménagement du fleuve, transport des marchandises et des voyageurs, rôle économique du bassin. Les collections proviennent essentiellement de dons de descendants de « voituriers par eau » : objets, vêtements, bijoux, outils de charpente, et surtout

une très belle collection de faïences de Nevers. Une évocation de l'œuvre de Maurice Genevoix, qui passa toute son enfance à Châteauneuf-sur-Loire, conclut la visite.
Le long des quais, reconstitution des anciens bateaux (toue, gabare, fûtreau) qui naviguaient autrefois sur le fleuve.

Église St-Martial

Édifiée dans le style gothique à la fin du 16e s., elle perdit sa nef lors d'un incendie en 1940. L'intérieur abrite le **mausolée★** de marbre de Louis Phélypeaux de La Vrillière, conseiller de Louis XIV et propriétaire du château, décédé en 1681. Sculpté en Italie par un disciple du Bernin, cet imposant mausolée de style baroque est encadré de deux squelettes faisant office de cariatides.

Halle St-Pierre

Voisin de l'église, ce curieux bâtiment aux colonnes de bois est un ancien hangar à bateaux transformé en 1854 en marché aux grains.

À proximité

Château de Bellegarde

À 15 km au nord-est de Châteauneuf par la D 2060.
Cour d'Antin - ✆ 02 38 90 25 37 - www.bellegarde-45.fr - ne se visite pas; visible de l'extérieur seult.
Autour du vieux donjon cantonné d'échauguettes, l'ensemble original, bâti au 14e s. par Nicolas Braque, grand argentier de Charles V, se dresse solitaire sur sa plate-forme entourée de douves. Encadrant la cour d'honneur, les **pavillons** en brique soulignée de pierre étaient destinés aux officiers du château et aux invités du **duc d'Antin**, seigneur du lieu.
Fils légitime de Mme de Montespan et surintendant des Bâtiments du roi, le duc d'Antin (1655-1736) fut un courtisan modèle et un mécène réputé. À Bellegarde, où sa mère fit de fréquents séjours, il édifia, de 1717 à 1727, des bâtiments en brique. De gauche à droite : le pavillon de la Surintendance couronné d'un clocheton, la tour Capitaine, le pavillon des Cuisines, le pavillon de la Salamandre, occupé par l'**hôtel de ville**, qui renferme un salon aux belles boiseries Régence et, de l'autre côté des grilles, le pavillon d'Antin avec toits à la Mansart. Autour des douves s'étend un agréable **jardin public** planté de rosiers. Longeant la roseraie, une petite route conduit aux écuries ducales.
L'église – Le portail central de cet édifice roman présente une ornementation intéressante : les colonnes des piédroits, torsadées ou annelées, supportent des chapiteaux à décoration de végétaux et d'animaux fantastiques. La nef est ornée d'une collection de **tableaux** du 17e s. Sur le mur droit, un *Saint Sébastien* du Bolonais Annibal Carrache et *Saint Jean-Baptiste* sous les traits de Louis XIV enfant, peut-être de Mignard; dans la chapelle de droite, une *Descente de croix* attribuée à Le Brun.

LE CANAL D'ORLÉANS

Construit de 1677 à 1692, le canal d'Orléans relie la Loire au Loing en aval de Montargis, sur 78,65 km. Après une intense activité de près de 250 ans (bois et charbon vers Paris), il fut déclassé en 1954. Sa restauration progressive prévoit la remise en état d'une partie des écluses en vue de réhabiliter la navigation de plaisance. Jolies promenades à pied ou à VTT, de part et d'autre du canal, sur le chemin de halage.

Jardins de la Javelière

À 27 km de Châteauneuf-sur-Loire, au nord par la D 9.
10, rte de la Javelière - 45340 Montbarrois - 06 72 26 00 70 - www.lajaveliere.fr - mai-juin : vend.-dim. 14h-18h, juil.-août : sam. dim., 14h-18h.15h - visite guidée sur rv- 8 € (-12 ans gratuit).
Ce jardin remarquable, dessiné par son propriétaire Patrick Masure, se compose de deux espaces originaux et raffinés de 4 ha. Le premier, un parc à l'anglaise, propose un cheminement bucolique autour du manoir du 17e s. entre ruisseau japonais, jardin italien, roses, sequoias, érables et cèdres du Japon. Le second jardin, naturaliste, est propice à la rêverie. Vous pourrez flâner autour de l'étang, entouré de roses anciennes. Le *rosarium* présente une rare et riche collection de rosiers sauvages.

Centre d'art contemporain les Tanneries C1

À 48 km à l'est de Châteauneuf-sur-Loire par la D 88 et D 961.
234, r. des Ponts - 45200 Amilly - 02 38 85 28 50 - www.lestanneries.fr - merc.-dim. 14-18h - fermé 24-25 déc. et 1er janv. - entrée libre - visite guidée, ateliers familiaux (1er s. sam. du mois), rencontres et échanges ; se rens. sur la programmation du centre.
Ce nouveau centre d'art contemporain, créé en 2016 au sud de Montargis, a investi les anciennes tanneries construites en 1947 par l'industriel montargois André Grandclément. Autrefois dédiés au cuir d'équipement et d'ameublement, les volumes – habilement réhabilités par l'architecte Bruno Gaudin qui a su en préserver la mémoire – sont aujourd'hui consacrés à la diffusion et à la production d'art contemporain (résidences d'artistes). Une dizaine d'expositions temporaires se succèdent tout au long de l'année sur 2500 m² répartis en deux niveaux. Un parc arboré accueille de nombreuses sculptures.

Circuit conseillé Carte de microrégion

PAYS DE LA FORÊT D'ORLÉANS AB1

Circuit de 64 km tracé en vert sur la carte de microrégion (p. 26-27) – Comptez environ 3h. Quittez Châteauneuf vers le nord-est par la D 10. À Vitry-aux-Loges, prenez la D 9 en direction de Combreux.
C'est **la plus grande forêt domaniale de France** ; elle s'étend sur 60 km entre Gien et Orléans. Composée de 3 massifs (Lorris, Ingrannes et Orléans), elle a conservé de l'époque des chasses royales ses grandes allées forestières et abrite une flore et une faune exceptionnelles.
Parcourue par de nombreux sentiers, elle peut se découvrir à pied, à vélo ou à cheval, ou encore à rames puisque la partie du canal d'Orléans comprise entre Combreux et Fay-aux-Loges est navigable.

Combreux B1

Au bord du canal, Combreux se signale, à sa sortie nord sur la D 9, par un spectaculaire **château** de brique à chaînages de pierre (19e s.), entouré de douves.

★ Étang de la Vallée B1

À 2 km à l'ouest de Combreux.
L'étang-réservoir du canal d'Orléans, avec sa presqu'île plantée de sapins, campe en lisière de la forêt d'Orléans dans un site sauvage de bois profonds et d'herbes hautes, où poules d'eau et canards se livrent à de tranquilles ébats. Des zones sont aménagées pour la pêche et la baignade ; plus loin des canoës sillonnent l'étang dès les premiers beaux jours. *Minigolf et parc de loisirs.*

Combreux, étang de la Vallée en automne.
H. Lenain/hemis.fr

Découverte de la faune et de la flore en bateau-promenade : ✆ 02 38 46 82 91. Rejoignez la D 37 et empruntez-la vers le sud (à gauche). À Vitry-aux-Loges, tournez à droite sur la D 143 et poursuivez jusqu'à Ingrannes.

★ Arboretum des Grandes-Bruyères à Ingrannes B1

✆ 02 38 57 12 61 - www.arboretumdesgrandesbruyeres.fr - 10h-12h30, 14h-18h, dim. et j. fériés 10h-18h - fermé 1re sem. d'août et nov.-fév., dim. de Pâques - 10 € (-12 ans 5 €) - sonner la cloche à l'entrée.

Au cœur de la forêt d'Orléans, ce remarquable parc de 5 ha créé en 1972 réunit des plantes issues des trois climats tempérés des hémisphères Nord et Sud, et dispose ses arbres selon leur origine géographique. Pour préserver le milieu naturel, aucun herbicide, engrais ou moyen chimique n'est utilisé. Cornouillers, magnolias, roses anciennes et bruyères constituent les quatre grandes collections du lieu.

Après le jardin à la française, la visite se poursuit dans le vaste parc à l'anglaise aux allées gazonnées sinuant entre massifs, lac et étang, avant de conduire au labyrinthe, au jardin de roses et aux cultures biologiques du potager.

Prenez la D 921 vers le sud en direction de Fay-aux-Loges.

Fay-aux-Loges A1

Village au bord du canal d'Orléans avec une belle **église** trapue, aux lignes dépouillées (11e-13e s.). Derrière l'église, le presbytère occupe une maison forte.

Rejoignez la D 960 et tournez à droite.

Chécy A1

Les origines lointaines de ce village remontent aux Celtes de la tribu gauloise des Carnutes. Derrière l'église St-Pierre, qui accueillit Jeanne d'Arc à la veille du siège d'Orléans, se trouve le petit **musée de la Tonnellerie** – *Pl. du Cloître - ✆ 02 38 86 95 93 - www.checy.fr - juin.-sept. : tlj sf lun.-mar. 14h30-18h ; mai et oct. : w.-end et j. fériés 14h30-18h - fermé 1er Mai - visite guidée sur demande (45mn) - 3,30 € (-16 ans 1,70 €).*

NOS ADRESSES PRÈS DE CHÂTEAUNEUF

Voir aussi Orléans *(p. 39)*.

HÉBERGEMENT

PREMIER PRIX

Chambre d'hôte Les Saules – *18 r. des Jardins-du-Coulouis - 45460 Bray-en-Val - 02 38 29 08 90 - fermé 2 sem. en mars et 2 sem. en oct. - P - 4 ch. 57/69 €*. Accueil sympathique et ambiance conviviale dans cette ancienne fermette surplombant une propriété de 3 ha. Côté chambre, on optera volontiers pour celle de la petite maison en retrait. Billard, piano et bibliothèque. Chiens acceptés. Le petit-déjeuner est très consistant.

RESTAURATION

BUDGET MOYEN

La Bonne Étoile – *1 r. de la Poste - 45460 Les Bordes (15 km de Châteauneuf-sur-Loire) - 02 38 35 52 15 - www.restaurant-labonneetoile.fr - - fermé dim. soir et lun.-mar. - P - formule 15/25 €, menu 19/43 €.* Au bord d'une route passante, cette engageante petite auberge champêtre à la décoration moderne sert une cuisine traditionnelle.

Le Week-End – *1 pl. du Cloître - 45430 Chécy - 02 38 86 84 93 - www.restaurant-leweekend.com - - fermé dim. soir, lun.-mar. - formule déj. semaine 27 € - menu 27/65 €.* Viande de Sologne, légumes de maraîchers locaux, la maison propose des produits de qualité. Mention spéciale pour le plateau de fromages et la superbe carte des vins, notamment du Val de Loire (dégustation dans la cave).

ACTIVITÉS

Pour les canoës, l'accès au canal est facilité par les passes contournant les écluses.

Circuits pédestres – *À l'office de tourisme,10 fiches pour randonner sur 29 circuits.*

Circuits cyclo – Itinéraire de La Loire à vélo et plusieurs circuits en boucle autour de Châteauneuf.

Les Passeurs de Loire – *Lieu-dit La Tuilerie - 45110 Sigloy - 06 74 54 36 61 - www.passeursdeloire.fr - du w.-end de Pâques à la Toussaint : tlj sur réserv. - formule pique-nique 28 € (-12 ans 12 €), formule découverte (1h30) 18 € (-12 ans 10 €).* Balades en bateau traditionnel, avec pique-nique ou en nocturne.

Destination H2O – *Chemin du port - 45430 Chécy - 07 77 95 73 39 - www.destination-h2o.fr.* Poue explorer la Loire en canoë canadien : accompagnement, cours pour enfant et adulte, location de matériel, bivouac, randos libres ou accompagnées.

Basilique de Saint-Benoît

★★

St-Benoît-sur-Loire (45730) – Loiret (45)

Éblouissant témoignage d'art et de spiritualité, la basilique de St-Benoît, édifice principal de l'abbaye de Fleury, séduit par l'harmonie de ses proportions, la délicatesse de ses sculptures et la douce lumière qui habille ses voûtes et ses colonnes. Non loin de là, la charmante petite église de Germigny-des-Prés, rarissime joyau d'art carolingien, recèle une mosaïque dont l'or et l'argent évoquent l'antique Byzance.

NOS ADRESSES PAGE 55
Hébergement, restauration, achats, activités, etc.

S'INFORMER

44 r. Orléanaise - 45730 St-Benoît-sur-Loire - ✆ 02 38 35 79 00 - www.tourisme-loire-foret.com - juil.-août : 10h-12h30, 13h30-18h, dim. et j. fériés 10h-12h30 ; avr.-juin et sept. : 10h-12h30, 13h30-18h, j. fériés 10h-12h30 ; reste de l'année : tlj sf dim. et j. fériés 10h-12h30, 13h30-17h - fermé 24 déc.-1er janv.

SE REPÉRER

Carte de microrégion B2 (p. 26-27).
À 130 km au sud de Paris, entre Gien (32 km au sud-est) et Orléans (36 km à l'ouest). En voiture, par la jolie D 60, qui épouse la courbe du fleuve, ou en train (1h20 de Paris) jusqu'à Gien ou Orléans puis en bus (1h, 2-4/j. - www.ulys-loiret.com).

À NE PAS MANQUER

L'abbaye de Fleury, la basilique et son clocher-porche ; la mosaïque de l'église de Germigny-des-Prés.

ORGANISER SON TEMPS

Comptez 2h pour l'ensemble.

★★ BASILIQUE

1 av. de l'Abbaye - ✆ 02 38 35 72 43 - www.abbaye-fleury.com - ♿ - 9h-19h - fermé jeu.-sam. (Sem. sainte) - possibilité de visite guidée (1h) - gratuit.

★★ **Tour-porche** – Elle est considérée comme l'un des plus beaux monuments de l'art roman. Sur les chapiteaux corinthiens, admirez les plantes stylisées. De souples feuilles d'acanthe alternent avec des animaux fantastiques, des scènes tirées de l'Apocalypse ou encore des épisodes de la vie du Christ et de la Vierge. Sur la façade du porche *(2e pilier en partant de la gauche)*, l'un des chapiteaux porte la signature du sculpteur et maître d'œuvre Umbertus : *« Umbertus me fecit. »*. Allez ensuite admirer les sculptures du début du 13e s. sur le **portail latéral Nord★** qui sont également remarquables.

Nef – L'abside fut d'abord édifiée jusqu'aux transepts, entre 1060 et 1108, puis continuée à partir de 1160 par cette nef dont la couverture s'apparente au premier art gothique. Avec sa pierre blanche et ses hautes voûtes qui laissent largement pénétrer le jour, elle est inondée de lumière. Au revers de la façade, la tribune d'orgue fut ajoutée vers 1700.

Transept – Il fut terminé en 1107. La coupole construite sur trompes superposées porte le clocher central. À la croisée du transept, voyez les belles stalles datées de 1413, ainsi que les restes d'une clôture du chœur en bois sculpté, offerte en 1635 par Richelieu, abbé commendataire de St-Benoît.

Dans le croisillon nord se trouve la précieuse statue de N.-D.-de-Fleury (albâtre, 14e s.) ; Max Jacob y venait prier.

★★ **Chœur** – Le chœur roman fut édifié de 1065 à 1107 ; remarquez son décor d'arcatures aveugles à chapiteaux sculptés laissant un passage étroit aménagé dans l'épaisseur des murs : un triforium. Quant au déambulatoire à chapelles rayonnantes, conçu pour les foules et les processions, il est caractéristique de la plupart des églises bénédictines. Le sol est revêtu d'une belle mosaïque venue d'Italie, que le cardinal Duprat fit compléter en 1531. Le gisant de Philippe Ier (4e Capétien), mort en 1108, se trouve sous l'autel, dans l'axe de la nef.

★ **Crypte** – Puissant chef-d'œuvre de la seconde moitié du 11e s., elle a gardé sa physionomie primitive. Ses grosses piles rondes forment un double déambulatoire à chapelles rayonnantes autour du large pilier central contenant la châsse où sont conservées les reliques de saint Benoît. Selon la tradition écrite, celles-ci auraient été rapportées en France à la fin du 8e s. par des moines de Fleury, accompagnés par des chanoines de la cathédrale du Mans.

Un **Centre d'interprétation** de l'art roman est en projet et devrait ouvrir ses portes près de la basilique.

À proximité Carte de microrégion

★ Oratoire carolingien de Germigny-des-Prés B1-2

À 5,5 km au nord-ouest.

Rte de St-Martin-d'Abbat - 02 38 58 27 97 - www.tourisme-loire-foret.com - - avr.-sept. : 9h30-18h30 ; reste de l'année : 10h-17h - possibilité de visite guidée sur demande (1h) - gratuit - location d'audioguide et rens. à l'office de tourisme.

Rare et précieux témoin de l'époque carolingienne, cet oratoire est considéré comme l'une des églises les plus anciennes de France. Il est même comparé à la rotonde impériale d'Aix-la-Chapelle, également de plan centré.

L'édifice primitif aurait été bâti au 9e s. par Théodulphe, évêque d'Orléans et familier de Charlemagne, lequel possédait une villa près de St-Benoît. De cette résidence somptueusement décorée (murs peints et sols de marbre), seul subsiste l'oratoire précieux : l'église de Germigny. Son plan en croix grecque, rappelant entre autres la cathédrale arménienne d'Etchmiadzine, comportait quatre absides semi-circulaires distribuées sur les côtés d'un carré. Il faut imaginer l'ensemble orné de mosaïques et de stucs, le sol pavé de marbre et de porphyre.

Aujourd'hui, l'abside orientale est la seule qui soit d'origine. Elle a conservé sur sa voûte une remarquable **mosaïque**★★, exécutée vers 806. Celle-ci fut découverte en 1840 par des archéologues qui, voyant des enfants jouer avec de petits cubes de verre coloré trouvés dans l'église, mirent au jour le chef-d'œuvre jusque-là préservé par un épais badigeon. Composée de 130 000 cubes de verre assemblés, la mosaïque représente l'Arche d'alliance, surmontée de deux chérubins, et encadrée de deux archanges ; au centre apparaît la main de Dieu. L'emploi de tesselles d'or et d'argent dans le dessin des archanges relie cette œuvre à l'art byzantin de Ravenne.

MAX JACOB

Le poète (1876-1944) avait choisi l'abbaye de Fleury comme lieu de retraite, avant d'être arrêté par la Gestapo en 1944. Mort au camp de Drancy, il repose dans le cimetière du village. La Maison Max-Jacob présente une exposition permanente sur sa vie et son œuvre (*l'office de tourisme*).

Les arcatures de stucs et les chapiteaux qui la supportent dénotent les influences simultanées des arts omeyyade, mozarabe et lombard.
Au centre, une tour-lanterne carrée aux vitraux d'albâtre translucide (la technique des vitraux de verre n'était pas encore répandue) illumine l'autel.

NOS ADRESSES À SAINT-BENOÎT-SUR-LOIRE

Voir aussi à Châteauneuf-sur-Loire *(p. 50)*.

HÉBERGEMENT

PREMIER PRIX

Chambre d'hôte Ferme de la Borde – *6 chemin de la Borde - 02 38 35 70 53 - www.fermedelaborde.com - ♿ - P - 5 ch. 75 € ☕ - table d'hôte 23 € - wifi gratuit.* Dans cette ferme en activité, la table d'hôte, riche des saveurs du potager et des fruits du verger, fait une place de choix à la fameuse andouille de Jargeau et aux produits fermiers. Côté hébergement, confort et propreté dans toutes les chambres, dont une spécialement étudiée pour les personnes à mobilité réduite. Respect de l'environnement oblige, le chauffage de l'eau est assurée par l'énergie solaire.

BUDGET MOYEN

Hôtel du Labrador – *7 pl. de l'Abbaye - 02 38 35 74 38 - www.hotel-du-labrador.com - fermé déb. janv. - P - 24 ch. 74 € - ☕ 10 € - 1/2 P 130 €/2 pers.* Cet hôtel, doté d'un salon de thé, comporte plusieurs bâtiments de style régional situés face à la basilique romane. Les chambres de l'aile la plus récente bénéficient de la tranquillité du jardin.

À Germiny

Chambre d'hôte Cervina - Marie et Laurent Kopp – *28 rte de Châteauneuf - 45110 Germigny-des-Prés - 02 38 58 21 15 - www.kopp.fr - P - 5 ch. 49 €, 62 €/2 pers. ☕ - table d'hôte 23 € - wifi gratuit.* Bon accueil et convivialité comptent parmi les atouts de cette maison du 19e s. Pas de luxe inutile, ici l'accent est mis sur la propreté et le confort des chambres dotées de douches à l'italienne. Deux petites chambres mansardées à l'étage et trois autres en rez-de-jardin. En été, les repas sont servis sous la tonnelle. Table d'hôte, sauf le week-end, assurée en hiver. Cuisine à disposition toute l'année. Local à vélos fermé pour les voyageurs à bicyclette du GR 3.

RESTAURATION

BUDGET MOYEN

Le Grand-St-Benoît – *7 pl. St-André - 02 38 35 11 92 - www.restaurant-grand-saint-benoit.com - ♿ - fermé dim.-lun., sf dim.midi en saison - 12h-13h30, 19h30-20h30 - formule déj. sem. 18 € - formule 22/26 €, menu 32/65 €.* Une maison chaleureuse avec une jolie terrasse au cœur du village. Au menu, de délicieux petits plats joliment cuisinés avec de subtils mariages de saveurs.

ACHATS

Le Magasin de l'abbaye – On y trouve, outre les produits fabriqués par la communauté (confiserie, porcelaines, émaux, etc.), un grand choix de productions des monastères de France. Livres religieux et artistiques, disques et cartes, chapelets, médailles et crèches de toutes sortes.

1

Château de Sully-sur-Loire

★

Sully-sur-Loire (45600) – Loiret (45)

Sous une impressionnante toiture d'ardoise, un enchevêtrement de couloirs obscurs, d'escaliers incertains et de chemins de ronde mène à un vaste donjon et à des tours crénelées, ceintes de mâchicoulis. La forteresse du duc de Sully, ministre d'Henri IV, impose sa silhouette massive sur le cours paresseux de la Loire. Pourtant, loin d'être effrayant, le château de Sully dépose un doux reflet sur les eaux calmes de ses douves. Et il invite, le temps d'une halte, à se perdre dans un dédale où se dissimulent encore quelques trésors...

NOS ADRESSES PAGE 60
Hébergement, restauration, achats, activités, etc.

S'INFORMER

Office de tourisme – *Pl. du Gén.-de-Gaulle - ✆ 02 38 36 23 70 - www.sully-loire-sologne.fr - juil.-août : 9h30-18h30, mar. 10h30-18h30, dim. et j. fériés 10h-12h30 ; mai-juin et sept. : 9h30-12h30, 13h30-18h, mar. 10h30-12h30, 13h30-18h, dim. et j. fériés (sf sept.) 10h-12h30 ; reste de l'année : se rens. - fermé certains j. fériés.*

SE REPÉRER

Carte de microrégion B2 (p. 26-27).
À 150 km de Paris sur la rive gauche de la Loire, entre Gien (28 km au sud-est) et Orléans (50 km à l'ouest). En train (1h20 de Paris) jusqu'à Gien ou Orléans puis bus (1h-1h15, 2-4/j - www.ulys-loiret.com).

À NE PAS MANQUER

La charpente du château et les tapisseries de Psyché.

ORGANISER SON TEMPS

Comptez 1h pour la visite du château et plus pour découvrir le parc.

★ CHÂTEAU B1

Chemin de la Salle-Verte - ✆ 02 38 36 36 86 - www.chateau-sully.com - juil.-août : 10h-19h ; mai-juin et sept. : tlj sf lun. 10h-18h ; reste de l'année : tlj sf lun. 13h30-17h30 - fermé janv., 25 déc. - possibilité de visite guidée sur demande (1h30) - 8 € (-17 ans 5 €).
Si l'existence attestée d'un premier château à Sully remonte bien à l'an mil, il faut attendre le 14e s. pour que soit édifié le véritable donjon sur la Loire, apte à défendre ce carrefour commercial entre Sologne et Berry. Les travaux sont commandés par la famille de Guy de La Trémoïlle, le nouveau seigneur de Sully, à l'architecte Raymond du Temple. C'est en ce lieu que Jeanne d'Arc, en 1429, aurait décidé le roi Charles VII de se faire sacrer à Reims. En 1602, Maximilien de Béthune achète le château à Claude de La Trémoïlle et devient duc de Sully en 1606. Il transformera le château pour renforcer son aspect défensif – ajout d'une tour. La forteresse restera habitée par les comtes de Béthune jusqu'en 1962, date à laquelle le conseil général du Loiret en devient propriétaire ; celui-ci y effectue d'importantes restaurations et s'attache également à retrouver son mobilier. En complément de ce projet, le château bénéficie, depuis 2015, de 43 pièces de mobilier et objets d'art du mobilier national qui contribuent à recréer le plus fidèlement possible, le décor intérieur existant à l'époque des comtes de Béthune.

B. Rieger/hemis.fr

Château de Sully-sur-Loire, propriété du département du Loiret.

Y. Guichaoua/Guichaoua Photos/age fotostock

Charpente du château de Sully-sur-Loire.

A. Chicurel/hemis.fr

La chambre du roi au château de Sully-sur-Loire.

SULLY, BOURREAU DE TRAVAIL

Lorsque Henri IV érige en 1606 le domaine en duché-pairie, son propriétaire, Maximilien de Béthune, marquis de Rosny, devient duc de Sully. Grand homme de guerre, maître de l'artillerie, il est aussi un administrateur consommé dans tous les domaines : finances, agriculture, industrie, travaux publics. Bourreau de travail, il commence sa journée à trois heures du matin et surmène les quatre secrétaires qui rédigent ses Mémoires. Craignant les indiscrétions, il fait installer une presse dans une tour du château et son ouvrage *Sages et royales économies d'État* est imprimé sur place, bien que portant l'adresse d'un imprimeur d'Amsterdam. D'un caractère difficile, il est souvent en procès, notamment avec l'évêque d'Orléans. Ministre, duc et pair, protestant de surcroît, sa carrière prend fin avec l'assassinat d'Henri IV en 1610. Le ministre se retire, mais assure Louis XIII de sa fidélité et encourage ses coreligionnaires à faire de même. Richelieu le fera maréchal de France.

Donjon – Aujourd'hui encore, le donjon donne son allure de forteresse médiévale au château de Sully, avec ses grosses tours et ses larges douves alimentées en eau par la Sange. Les chemins de ronde, les mâchicoulis, les meurtrières et autres arbalétrières marquent l'évolution de l'art militaire au cours de la guerre de Cent Ans. Seul le petit château est postérieur à cette époque.

La salle du tombeau – Une copie en plâtre du tombeau de Sully et de sa seconde épouse Rachel de Cochefilet contient leurs ossements.

Autrefois compartimentée, la grande **salle basse** était réservée à l'accueil des visiteurs, aux cuisines et aux communs. Située au 1er étage, la **salle d'honneur** constituait au Moyen Âge la pièce principale du logis seigneurial. Dans cette immense salle était rendue la justice et se tenaient les festins.

Le grand Sully la transforme au 17e s. par l'ajout sur les murs de tissu rouge où seront accrochés les portraits des descendants du premier duc et de son frère Philippe. C'est dans cette salle que Voltaire fit jouer ses premières pièces *(voir encadré ci-contre)*. Dans les embrasures des fenêtres, les ancêtres du grand Sully sont peints en trompe l'œil.

Accessible depuis le fond de la salle d'honneur par une porte en fer, la **salle de manœuvres** permettait aux gardes d'actionner le pont-levis ou, en cas d'intrusion, de libérer la trappe de l'assommoir afin de neutraliser les assaillants.

De la salle d'honneur, on accède à la chambre du Roi, toujours prête à recevoir le souverain s'il venait à passer dans la région. Le château de Sully n'eut

LE SAVOIR-FAIRE DES CHARPENTIERS DU MOYEN ÂGE

L'excellent état de conservation des charpentes du château de Sully-sur-Loire tient aux précautions infinies que prirent les charpentiers du 14e s. pour traiter et mettre en œuvre le bois de chêne. Abattus en hiver au décours de la lune, les arbres étaient équarris afin d'en dégager l'aubier et taillés selon le fil du bois. Ils étaient ensuite immergés, des mois durant, pour purger le bois de sa sève. Puis commençait le séchage à l'air qui durait de longues années jusqu'aux opérations de fumage ou de salage garantissant l'imputrescibilité du matérIau. Enfin, le bois était badigeonné d'une solution à base d'alun (sulfate double d'aluminium et de potassium) généralement appliquée avant la teinture.

pas cet honneur, et cette pièce, est aujourd'hui meublée avec du mobilier Louis XIII dont le lit aux courtines bleu et or trône au centre, en souvenir de la venue du dauphin, futur Louis XIV, pendant la Fronde.

Une suite d'escaliers mène à un long chemin de ronde avec mâchicoulis qui, tout autour du château, est recouvert d'un toit d'ardoise.

★★ **Charpente** – Au 2e étage, la salle supérieure du donjon est couverte par l'une des plus belles **charpentes** que nous ait transmises le Moyen Âge. Construite à la fin du 14e s. par les compagnons charpentiers de l'Orléanais, longue de 35 m et haute de 15 m, elle ne comporte ni pièces de renfort verticales ni pièces de renfort horizontales. Au prix de prouesses techniques, les bâtisseurs sont parvenus, avec une hardiesse stupéfiante, à aligner des chevrons courbes formant un berceau brisé, à la manière d'une cathédrale gothique. L'ensemble est dans un état de conservation tel que 80 % des bois sont d'origine.

L'aile Louis XV – Incendiée en 1918 puis reconstruite, elle abrite plusieurs salles rénovées, ouvertes en 2007, dont les antichambres, la chambres et les cabinets sont ornés de boiseries, de dorures et de tentures caractéristiques du 18e s.

★ **Tapisseries de Psyché** – L'une des salles des appartements est ornée de tentures réalisées par les ateliers de Paris, prédécesseurs de la manufacture des Gobelins. Fabriquées au début du 17e s., elles illustrent des scènes tirées de *L'Âne d'or*, un conte de l'auteur latin Apulée (2e s.) : Psyché y apparaît d'une beauté si extraordinaire que le dieu Éros en tombe amoureux. Après un court moment de félicité, les deux amants sont séparés et Vénus, jalouse, pose comme condition de leurs retrouvailles une série de défis que la jeune femme devra surmonter. Chacune des six tapisseries évoque l'une de ces épreuves.

1

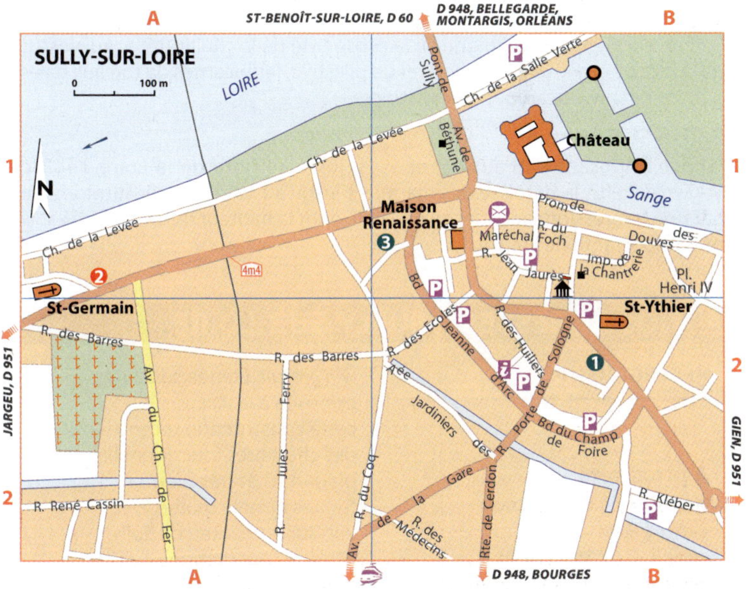

SE LOGER
Hôtel Burgevin 3
Hôtel la Closeraie 1

SE RESTAURER
Entre Loire et Sologne 2

LES AMOURS DE VOLTAIRE

Frappé d'exil en 1716 pour l'insolence de ses vers, le jeune François Marie Arouet, qui ne se nomme pas encore Voltaire, est contraint de trouver refuge chez son ami le duc de Sully. Voltaire n'a que 22 ans. Sa verve et son esprit font de lui le boute-en-train du château. À l'ombre du parc, dont il décrit les arbres « découpés par les polissons et les amants », le jeune Arouet noue des intrigues galantes qu'il porte à la scène. On installe pour lui une salle de théâtre où il fait jouer les *Nuits galantes, Artémise* ou encore sa pièce *Œdipe*. Deux ans après son départ, lorsqu'il est autorisé à regagner Paris, *Œdipe* obtient un immense succès à la Comédie-Française.

Petit château – Il ferme la cour au sud du donjon et comprend un logis et deux tours. Construit pour l'essentiel quelques années après le donjon, il abrite les appartements du duc de Sully, réaménagés au 19e s. Notez, dans sa chambre, le plafond à caissons peints qui est agrémenté de devises et de symboles, boulets de canon, boules de foudre, relatifs au titre de grand maître de l'artillerie du Grand Sully.

Autour du château Plan de ville

Collégiale de St-Ythier B2

Érigée en 1529, la chapelle N.-D.-de-Pitié s'agrandit en 1605 et devint collégiale de St-Ythier. Elle a conservé deux **vitraux** dans le bas-côté sud racontant une légende des pèlerins de St-Jacques ; dans l'abside centrale, un Arbre de Jessé où la Vierge trône avec l'Enfant Jésus sur un lys épanoui. Dans le bas-côté nord, au-dessus de l'autel, remarquez la pietà du 16e s.

Maison Renaissance B1

Édifiée en 1565, elle témoigne de la prospérité de la cité au 16e s. Au-dessus de la façade ornée de médaillons et de pilastres, les lucarnes du toit aux baies géminées sont encadrées de cariatides.

Église St-Germain

Édifice imposant bâti aux 15e et 16e s. juste au bord de la Loire, l'église St-Germain fut la paroisse des mariniers jusqu'au 17e s. Elle est surplombée par une impressionnante flèche de 38 m, dont la hauteur de charpente est la plus importante de France.

NOS ADRESSES À SULLY-SUR-LOIRE

HÉBERGEMENT

PREMIER PRIX

À proximité

Hostellerie du Château – *4 rte de Paris - 45600 St-Père-sur-Loire - ☏ 02 38 36 24 44 - www.hostellerie-du-chateau.fr - ♿ - P - 42 ch. 56/84 € - ☕ 8,90 € - ✕ 28/42 € - wifi gratuit.* Édifiée sur la rive opposée à la ville, cette construction récente abrite des chambres fonctionnelles plaisantes et très bien tenues dont la moitié avec vue sur le château de Sully. Atmosphère un brin « british » dans la confortable salle à manger habillée de boiseries. Table traditionnelle.

BUDGET MOYEN

Hôtel La Closeraie – B2 - *14 r. Porte-Berry - ☏ 02 38 05 10 90 - www.hotel-la-closeraie.com - 11 ch. 85 € - ☕ 10 € - wifi gratuit.* Dans cette maison du 19e s., on peut jouer sur le vieux piano ou paresser dans la bibliothèque en attendant le soir. Chambres décorées avec goût et simplicité.

POUR SE FAIRE PLAISIR

Hôtel Burgevin – B1 - *R. du Fg-St-Germain - ☏ 02 38 38 13 12 - www.hotelburgevin.com - ♿ - P - 16 ch. 110/165 € en été, 96/155 € en hiver - ☕ 15 € - fermé dim. de nov. à mars.* Installé à 200 m du château, cet hôtel familial existe depuis 1898. Idéal pour poser ses bagages : l'établissement est confortable et l'on s'y sent bien. Services aux petits soins et très bon petit-déjeuner complet (charcuterie et fromages régionaux).

RESTAURATION

BUDGET MOYEN

Entre Loire et Sologne – A1 - *2 pl. St-Germain - ☏ 02 38 38 25 82 - www.restaurant-traiteur-loiret45.fr - fermé dim. soir - formule midi (sem.) 12/14 € - formule 22 €, menu 28,70/44,80 €.* Au bord de la Loire, ce restaurant-traiteur propose une grande variété de formules, adaptées aux familles. On peut y goûter un étonnant pavé d'autruche, des rognons de veau ou de l'andouillette de Jargeau. Accueil aimable.

À proximité

Auberge du Faisan Doré – *5 rte de Sully - 45600 St-Florent (10 km au sud-est de Sully par D 951 puis D 63) - ☏ 02 38 36 93 83 - aubergedufaisandore@orange.fr - 14/36 € - 1/2 P 70/110 €- 5 ch. 70/110 € ☕ 7 € - wifi.* Colombages, poutres, cheminées et recoins multiples font le pittoresque de cette charmante auberge solognote. La cuisine de produits frais est appréciée des habitués tandis que les quelques chambres sobres mais coquettes jouxtent une boutique de brocante.

L'Abricotier– *106 r. de Gien - 45570 Ouzouer-sur-Loire (10 km de Sully par D 119 puis D 948) - ☏ 02 38 35 07 11 - fermé dim. soir, lun. et mer. - P - formule 17 € - menu 26/45 € - carte 42/50 €.* Dans cette auberge familiale, le chef concocte une appétissante cuisine traditionnelle : croustillant de ris de veau, escalope de sandre au sésame, parmentier de canard au porto… Une bonne adresse.

AGENDA

Festival de musique de Sully et du Loiret – *www.festival-sully.com - fin mai-déb. juin.* Pour les mélomanes. Il compte parmi les grands rendez-vous culturels de la région avec une multitude de styles musicaux, de la musique sacrée au baroque en passant par le tango.

Son et lumière – *4 soirs en août.*

1

Gien

★

14 684 Giennois – Loiret (45)

Sévère mais adouci par un subtil jeu de couleurs, le château d'Anne de Beaujeu, fille de Louis XI, s'impose au cœur de la cité. Entièrement rénové après plus de quatre ans de travaux, il a réouvert ses portes en 2017, donnant accès à un nouveau musée de la chasse qui a lui aussi fait peau neuve. N'oubliez pas pour autant d'aller admirer la fameuse faïence de Gien, bleue avec ses rehauts de jaune, au musée de la Faïencerie… avant de faire un tour au magasin d'usine.

NOS ADRESSES PAGE 65
Hébergement, restauration, achats, activités, etc.

S'INFORMER

Office de tourisme – *Pl. Jean-Jaurès - 02 38 67 25 28 - www.gien-tourisme.fr - juil.-août : 9h30-12h30, 13h30-18h, dim. et j. fériés 9h-13h ; mai-juin et sept. : tlj sf dim. 9h30-12h30, 13h30-18h ; reste de l'année : tlj sf dim. 10h-12h30, 13h30-17h, lun. 13h30-17h - fermé certains j. fériés.*

SE REPÉRER

Carte de microrégion C2 (p. 26-27).
À 150 km au sud de Paris, 67 km à l'est d'Orléans, 45 km au sud de Montargis et 76 km au nord-est de Bourges, en lisière de Sologne.
En train : liaison directe *(1h20)* entre Paris et la gare SNCF *(20mn à pied du centre-ville)*.

À NE PAS MANQUER

Le château-musée ; la faïence de Gien.

ORGANISER SON TEMPS

Comptez 2h à 3h pour la ville et plus pour les environs.

AVEC LES ENFANTS

Le musée du Cirque et de l'Illusion à Dampierre-en-Burly.

Se promener

Du Vieux Pont (18e s.), belle **vue★** sur les rives de la Loire, sur les maisons anciennes et sur le château situé en centre-ville, à flanc de colline.

★★ Château-musée de Gien - Chasse, histoire et nature en Val-de-Loire

Pl. du Château - 02 38 67 69 69 - www.chateaumuseegien.fr - ♿ - mai-sept. : 10h-18h ; reste de l'année : 13h30-17h30 - fermé mar., janv., 25 déc. - possibilité de visite guidée (1h30) - 8 € (-18 ans 5 €).

L'une des plus remarquables collections d'Europe des arts de la chasse est exposée dans le cadre du **château de Gien**.

Extérieur – Il s'agit d'un exemple rare d'une architecture pré-Renaissance sans influence italienne. En lieu et place d'une forteresse médiévale qui aurait accueilli Jeanne d'Arc, ce château de villégiature fut édifié de 1494 à 1500 pour Anne de Beaujeu, fille de Louis XI. Son ornementation de briques polychromes vernissées forme d'harmonieux motifs géométriques se détachant sur le rouge des murailles. L'ensemble est surmonté par un toit d'ardoise sobrement flanqué de quelques tourelles.

Le château musée de Gien.
Département du Loiret – D. Chauveau

Les terrasses bordant le château ont été réaménagées. On peut y admirer la **vue★** étendue sur la Loire, les toits de tuiles plates de la ville et les maisons anciennes.

Musée – Désormais recentré sur le Val-de-Loire et sa faune, il présente trois types de traques pratiquées au cours des siècles – la **chasse au vol**, **à courre** et **à tir** – à travers une muséographie complètement repensée s'appuyant sur les éclairages et les accompagnements sonores.

La chasse au vol ou **fauconnerie**, qui utilise des oiseaux de proie, est illustrée par des traités néerlandais, japonais… Et toute la symbolique des couleurs des **chaperons de faucons**, mystérieux petits bonnets ornés de plumes multicolores, nous est révélée.

Côté chasse à courre, ne manquez pas les collections de **boutons de vénerie** (uniques, environ 4 000 pièces) et de trompes de chasse. Codifiée par Louis XIV, la pratique traditionnelle de la trompe de chasse perdure jusque dans les différents sons du cor qui ont chacun une signification précise.

Pour la chasse à tir, des armes luxueusement ciselées ou incrustées de nacre sont exposées.

Des tableaux, dont ceux de **François Desportes** (1661-1743) et **Jean-Baptiste Oudry** (1686-1755), grands peintres animaliers attachés à Louis XIV, sont exposés, ainsi que des tapisseries du 16e s., des faïences, ou des sculptures animalières (Brigaud et de Fath). Une rotation des œuvres est mise en place afin de faire découvrir la richesse des collections graphiques du musée.

Église Ste-Jeanne-d'Arc

Victime des bombardements de juin 1940, elle fut rebâtie en brique dans le style roman en 1954. Elle a cependant conservé son clocher du 15e s., seul vestige de la collégiale fondée par Anne de Beaujeu. Les dix premiers chapiteaux de terre cuite de la nef, œuvre d'Henri Navarre, représentent la vie de Jeanne d'Arc. On remarquera, outre les vitraux dus à Max Ingrand, le Chemin de croix réalisé par la Faïencerie de Gien.

Musée de la Faïencerie - Magasin d'Usine

À la sortie ouest de la ville. ✆ 02 38 05 21 05 - www.gien.com - de mi-avr. à fin déc. : 10h-18h, j. fériés 11h-17h - fermé 1er janv., 1er Mai, 1er nov., 25 déc. - 5 € - 15 € visite des ateliers sur demande préalable.

Proche de gisements d'argile et de sable, le site de Gien fut choisi en 1821 pour fonder une faïencerie. Les fours se trouvaient ainsi à proximité des forêts indispensables pour extraire le bois de chauffage, et les marchandises pouvaient être expédiées par bateau sur la Loire. Connue surtout pour ses services de table et sa faïence d'art, la **manufacture de Gien** créa à la fin du 19e s. un décor original, le fameux « bleu de Gien », rehaussé de dessins jaune d'or. Le **musée**, dont une partie est aménagée dans une cave à pâte, rassemble 400 pièces, dont certaines, monumentales, ont été réalisées pour l'Exposition universelle de 1889. Ainsi le **vase au Paon**, d'un diamètre de 1,12 m, est haut de 3 m.

Dans le même bâtiment, la boutique d'usine propose des seconds choix et des fins de série de productions actuelles *(voir nos adresses)*. L'**usine** se visite exclusivement en groupe sur RV.

À proximité Carte de microrégion

Château de St-Brisson-sur-Loire C2

À 6 km au sud-est par la D 952.

9 r. du Château - ✆ 02 38 36 71 29 - www.chateau-saint-brisson.com - juil.-août : 10h-19h ; juin et sept. : tlj sf lun. 10h-18h ; reste de l'année : w.-end, j. fériés et vac. scol. 14h-18h - fermé de mi-nov. à fin mars - 8,50 € (-17 ans 5,50 €).

Comme à La Ferté St Aubin, qui appartient désormais aux mêmes propriétaires, le thème du jeu s'est imposé à St-Brisson, depuis sa réouverture en 2016. Dans les douves sont installées des copies grandeur nature de machines de guerre du Moyen Âge, pour reproduire un camp d'entraînement de chevaliers, ainsi que du tir à l'arc et un échiquier géant.

Un parcours ludique, *« Les mystères de St-Brisson »*, avec une énigme à résoudre dans chaque pièce est proposé aux familles *(2 € en sus/pers.)*.

Assis sur un promontoire, au pied duquel passait un bras de la Loire avant d'être asséché pour le canal de Briare, ce **château** du 12e s. était défendu par un donjon et une muraille crénelée dont subsistent quelques vestiges. Au 16e s., cette forteresse médiévale fut transformée en demeure par les nouveaux propriétaires, la famille Séguier, puis remaniée au 19e s. Les pièces meublées, ouvertes à la visite, présentent leurs souvenirs Elles témoignent ainsi de l'art de vivre en 1900 dans une maison de famille, des combles à la cuisine, en passant par le boudoir et la salle à manger (15 pièces environ)

Dampierre-en-Burly C2

13 km au nord-ouest par la D 952.

Sur la place se dresse encore l'un des pavillons d'entrée du château, élégante construction du début du 17e s., coiffée d'un toit en pyramide.

Musée du Cirque et de l'Illusion – *À la sortie de Dampierre-en-Burly, sur la D 952, à droite. La Croix-St-Jacques - ✆ 02 38 35 67 50 - www.museeducirqueetdelillusion.com - ♿ - juil.-août : 10h-18h ; reste de l'année : 10h-12h30, 13h30-18h - fermé janv., 24-25 et 31 déc. - 8 € (-13 ans 8,50 €) - attractions juil.-août : 15h et 17h ; vac. scol. : 15h30 ; reste de l'année : merc. et w.-end 15h30.*

Pour revivre l'étonnante histoire du cirque et découvrir les trucs et astuces des plus grands illusionnistes. Objets, maquettes, collections des étoiles du cirque et attractions variées.

Centre nucléaire de production d'électricité CNPE – *À 3 km au sud de Dampierre-en-Burly. Centrale nucléaire de Dampierre-en-Burly - centre d'information au public - 45570 Ouzouer-sur-Loire - ☏ 02 38 29 70 04 - www.edf.fr/dampierre - ♿ - 14h-17h30 - fermé w.-end et j. fériés - possibilité de visite guidée sur demande (1h) - gratuit - pièce d'identité exigée à l'entrée.*

Mise en service en 1980 et 1981, la centrale utilise l'eau du fleuve pour son circuit de refroidissement, comme à Chinon et à St-Laurent-des-Eaux. Vous ne pouvez pas manquer ses quatre gigantesques tours de réfrigération (165 m de haut, 135 m de diamètre à la base)…

NOS ADRESSES À GIEN

HÉBERGEMENT

PREMIER PRIX

Hôtel Le Rivage – *1, quai de Nice - ☏ 02 38 37 79 00 - www.hoteldurivage.com - P - 27 ch. 55/95 € - ☕ 12,50 € - wifi.* Cet établissement rénové en 2016, situé en front de Loire et tout près du centre historique, propose des chambres confortables.

RESTAURATION

PREMIER PRIX

L'Olivier – *22 quai Lenoir - ☏ 02 38 38 13 45 - fermé merc., jeu. soir et dim. soir (sept.-juin) et merc.-jeu. (juin-sept.) - formule midi (sem.) 15 € - menu 18/29 €.* Une adresse rafraîchissante menée par Céline, pour le salé, et Stéphane pour le sucré. Tout est fait minute et les recettes révèlent une belle générosité, aux saveurs méditerranéennes.

BUDGET MOYEN

Côté Jardin – *14 rte de Bourges - ☏ 02 38 38 24 67 - fermé de mi-avr. à déb. mai, du 20 août à déb. sept., dim. soir et mar.-merc. - menu 39/75 € - réserv.conseillée.* Sur la rive gauche de la Loire, Arnaud Billard signe une savoureuse cuisine du marché : saumon mi-cuit aux asperges blanches, suprême de poulet fermier, pommes confites. Une finesse aromatique et visuelle pour cet étoilé 2017 du Guide Michelin.

La Poularde – *13 quai de Nice - ☏ 02 38 67 10 13 - www.lapoularde.fr - fermé 22 déc.-2 janv., vend. midi, dim. soir et lun. - formule 21 €, menu 26/30 €.* En bordure de Loire, une maison bourgeoise qui honore la cuisine traditionnelle : croustillant d'escargots de Bourgogne, crème d'ail et son pistou, fricassée de rognons de veau sauce crémeuse aux trois moutardes. L'établissement possède 9 chambres bien tenues *(62/78 € - ☕ 11 €).*

Le P'tit Bouchon – *66 r. B.-Palissy - ☏ 02 38 67 84 40 - www.ptitbouchon.fr - fermé dim.-lun. - formule 17/19 € - menu 26/28,50 €.* Un vrai repaire bistronomique ! Le chef travaille de jolis produits de saison et n'hésite pas à les accompagner d'huiles bien parfumées (à la noisette par exemple) et de condiments ou d'épices : graines de moutarde, piment d'Espelette, etc.

ACHATS

Faïencerie de Gien – *78 pl. de la Victoire - ☏ 02 38 05 21 50 - www.gien.com - juin-sept. : lun.-sam. 10h-19h, dim. 11h-17h ; reste de l'année : 10h-18h - fermé 1er Mai, 25 déc. et 1er janv.* Vous trouverez dans le magasin d'usine plus de 60 services de table de fin de série à des prix attractifs ainsi qu'un grand choix de bougies.

Briare-le-Canal

5 710 Briarois – Loiret (45)

Bien qu'aucun vent du large ne souffle à Briare, son agréable port de plaisance lui donne des allures de bord de mer. Au cœur du Loiret, cette petite ville est le carrefour d'un extraordinaire réseau de canaux et de voies d'eau, dont le remarquable pont-canal, créé en 1896 par Gustave Eiffel. La particularité de cet ouvrage est de permettre à des bateaux de passer au-dessus d'autres bateaux. Non contente d'être le théâtre de cette prouesse, Briare-le-Canal a aussi acquis une notoriété internationale grâce à ses émaux.

NOS ADRESSES PAGE 68
Hébergement, restauration, achats, activités, etc.

S'INFORMER

Office de tourisme – *1 pl. Charles-de-Gaulle - ✆ 02 38 31 24 51 - www.tourisme-briare.com - juil.-août : 10h-12h, 14h-17h30, dim. et j. fériés 10h-12h ; mai-juin et sept. : tlj sf dim. et j. fériés 10h-12h, 14h-17h30 ; avr. : tlj sf dim. et j. fériés 10h-12h, 14h-17h ; reste de l'année : tlj sf dim.-lun. et j. fériés 10h-12h, 14h-17h.*

SE REPÉRER

Carte de microrégion C2 (p. 26-27).
À 160 km au sud de Paris, 80 km au sud-est d'Orléans et 10 km au sud-est de Gien par la D 952.
En train : liaison directe *(1h30)* avec Paris. Le pont-canal est à moins de 1 km au sud de Briare qu'il relie à St-Firmin-sur-Loire.

À NE PAS MANQUER

Le pont-canal ; les émaux de Briare.

ORGANISER SON TEMPS

Comptez 2h30 pour la ville et ses environs.

AVEC LES ENFANTS

Le circuit commenté de Briare en petit train et les activités nautiques.

Des bateaux-mouches proposent des circuits, tandis que les chemins de halage se prêtent merveilleusement à la promenade.

★★ Pont-canal

Inauguré en 1896 après six ans de travaux, cet ouvrage d'art remarquable permet au canal latéral à la Loire de franchir le fleuve pour s'unir au canal de Briare. Il s'agit donc d'un pont qui, enjambant la Loire, porte lui-même une voie navigable. Ce pont est rempli d'une eau contenue dans une gigantesque gouttière métallique constituée de plaques assemblées par des millions de rivets. Longue de 662 m, large de 11 m, son tirant d'eau est de 2,20 m. L'ensemble repose sur 15 piles en maçonnerie qui furent réalisées par la société Eiffel.
Quant au **canal de Briare**, entrepris en 1604 sur l'initiative de Sully et achevé en 1642, il est le premier canal de jonction construit en Europe. Avec ses 57 km de long, il unit le canal latéral à la Loire au canal du Loing.

Musée de la Mosaïque et des Émaux

4 r. des Vergers - ✆ 02 38 31 20 51 - www.emauxdebriare.com - ♿ - juin-sept. : 10h-18h30 ; mars-avr. et oct. : 10h-12h, 14h-18h ; reste de l'année : 14h-18h - fermé de déb. janv. à mi-fév. - 6 € (-14 ans 4,50 €) - 10 € billet combiné avec le musée des Deux-Marines.

Pont-Canal de Briare construit par Gustave Eiffel.
F. Guiziou/hemis.fr

Installé dans la maison de **Jean-Félix Bapterosses**, le musée retrace la vertigineuse carrière de ce mécanicien de formation, brillant entrepreneur. Après avoir acquis une manufacture de faïence à Briare et grâce à une machine de sa conception, brevetée en 1844, il met au point un mode de fabrication industrielle des **boutons** en émail, puis des **perles**. Ceux-ci se vendent et s'exportent bientôt partout. Les années 1880 voient l'apparition des mosaïques ou **émaux de Briare**, teintés et vitrifiés dans la masse, qui vont faire la renommée de l'entreprise et de la ville tout entière.
Le musée présente une étonnante collection de boutons et de perles mais aussi de décors muraux réalisés en mosaïque, dont des créations d'**Eugène Grasset** et de **Vasarely**. La résistance du matériau et ses qualités décoratives hissent l'entreprise Bapterosses parmi les premiers fabricants français. Les émaux entrent dans les bâtiments publics, les céramiques de Briare habillent les piscines, les aéroports d'Orly, de Roissy ou la mosquée d'Hassan II à Casablanca. Pour compléter la visite, voyez, dans le centre-ville, l'**église** dont la façade est décorée de mosaïques. À l'intérieur, les médaillons qui tapissent le sol illustrent les quatre âges de la vie, puis les cinq sens ; ils évoluent sur les volutes du long fleuve de vie, représenté en bleu : la Loire

Musée des Deux Marines et du Pont-Canal

58 bd Buyser - ✆ 02 38 31 28 27 - www.musee-2-marines.com - juin-sept. : 10h-12h30, 14h-18h30 ; reste de l'année : 14h-18h - fermé de mi-nov. à déb. mars - possibilité de visite guidée sur demande (1h15) - 5,50 € (-18 ans 4,50 €) - 10 € billet combiné avec le musée de la Mosaïque et des Émaux.

Animé par une équipe de bénévoles amoureux de la Loire et des canaux, ce musée privé est consacré à l'histoire, aux traditions, aux savoir-faire et aux techniques de deux types de marines : celle des canaux et celle de la Loire. Objets, maquettes et films retracent l'évolution de la batellerie et son rôle crucial dans le développement des échanges. Une exposition permanente est dédiée à la création du canal de Briare et à la construction du pont-canal. Un aquarium rassemble des spécimens de poissons de la Loire.

À proximité Carte de microrégion

Châtillon-sur-Loire C2

À 5 km au sud de Briare par la D 50.
Une promenade à pied dans cette ancienne place forte protestante révèle les belles façades de maisons du 15e au 18e s. et les ruines de Château-Gaillard (12e s.).
Écluse et gares d'eau de Mantelot – *Venant de Briare, tournez à gauche juste avant de traverser le pont.* Entre 1838 et 1896, l'écluse permettait aux bateaux naviguant sur l'ancien canal de franchir la Loire. Aujourd'hui ce site classé, doté d'aires de jeux et de pique-nique, est un agréable point de départ pour des promenades à pied, à vélo ou en gabare le long de la Loire.

★ Rogny-les-Sept-Écluses D2

À 20 km au nord-est de Briare.
La construction des écluses de Rogny, entreprise sur ordre d'Henri IV en 1605 pour faire passer les eaux du canal de Briare sur un dénivelé de 34 m du vallon de la Trézée à la vallée du Loing, s'inscrivait dans le vaste projet d'unir la Méditerranée à l'Atlantique et à la Manche. La réalisation de cet ouvrage d'art, considérable pour l'époque, mobilisa 12 000 ouvriers, sous la direction de l'architecte Hugues Cosnier. Livré à la navigation en 1642, il est désaffecté depuis 1887. Bien qu'aujourd'hui l'eau y coule rarement, le site bordé de sapins conserve un charme certain.

★ Château de La Bussière C2 (p. 70)

À 10 km au nord par la N 7.

NOS ADRESSES À BRIARE-LE-CANAL

VISITES

Le petit Train - *Pont-canal - quai Mazoyer - 02 38 37 11 94 - www.petit-train-briare.fr - juil.-août : 14h30, 15h30, 16h30 et 17h30 ; avr.-juin : seult dim. et j. fériés ; de déb. sept. à mi-oct. : dim. 14h30, 15h30 et 16h30 - 6 € (-12 ans 5 €).* Visite commentée *(45mn)* de Briare, des écluses et des déversoirs du canal, au départ du pont-canal.

HÉBERGEMENT

PREMIER PRIX

À proximité
Hôtel Le Nuage – *95 bis r. de Briare - 45230 La Bussière - 02 38 35 90 73 - www.lenuage.com - fermé de fin déc. à mi-janv. - - - 16 ch. 65 € - 8 € - 15 €, 1/2 P 105 €/2 pers.* Aux portes de la ville, établissement récent de type motel. Chambres pratiques et joliment aménagées. Salle de fitness, sauna et hammam. Plats classiques et grillades servis dans une salle à manger toute rose avec salon en mezzanine.

BUDGET MOYEN

Chambre d'hôte Mme François-Ducluzeau - Domaine de La Thiau – *La Grande Thiau - D 952, rte de Gien - 02 38 38 20 92 ou 06 62 43 20 92 - www.lathiau.fr - - 4 ch. 69/89 € - wifi.* Cette belle maison de maître du 18e s. se dresse au milieu d'un vaste parc arboré où vivent des paons. Les chambres, un peu surannées, sont meublées à l'ancienne et décorées de tapisseries. Petit-déjeuner sous une véranda ouvrant sur le parc.

UNE FOLIE

Le Domaine des Roches – *2 r. de la Plaine - ✆ 02 38 05 09 09 - www.domainedesroches.fr - ♿ - 🅿 - 13 ch. 150/320 € - ☕ 20 € - 1/2 P 50 €/pers.* Dans un beau parc de 18 ha, une superbe demeure bourgeoise du 19e s. : ambiance classique et feutrée, tons doux, confort contemporain… En sus des chambres, plusieurs cottages fonctionnels. Cuisine inventive au restaurant.

RESTAURATION

BUDGET MOYEN

Le Petit St-Trop – *5 r. Tissier - ✆ 02 38 37 00 31 - ♿ - fermé dim. soir et lun. - menu 20/32 €.* Tenu par un chef cuisinier ancien globe-trotter, ce restaurant propose une carte brasserie traditionnelle. Une jolie fresque représente le port de St-Tropez dans l'une des salles.

À proximité

Le Clos du Vigneron – *18 rte nationale 7 à Ousson-sur-Loire - 45250 - ✆ 02 38 31 43 11 - 🅿 - fermé 28 août-13 sept. et 18 déc.-15 janv., dim. soir, mar. soir, lun. midi et merc. - menu midi (sem.) 20/23 €, soir 33/42 € - 11 ch. 65 € - ☕ 10 € - 1/2 P 76 €.* Il règne une élégance simple et champêtre dans cette maison à colombages. On y apprécie une cuisine de saison et surtout de… fraîcheur, qui fait la part belle au poisson. Également des chambres, parfaitement tenues.

ACHATS

Chocolats et Chimères – *✆ 02 38 37 10 58 - tlj sf lun. 10h30-12h30, 14h30-18h30 - fermé 15 janv.-15 fév. et lun. en fév. et oct.* Au tout début du pont-canal, cette jolie boutique de confiseries propose, en été, des glaces à déguster, ainsi qu'une restauration en terrasse pour profiter de l'atmosphère paisible du canal.

ACTIVITÉS

Bateaux touristiques – *Port de Plaisance - ✆ 02 38 37 12 75 - www.bateaux-touristiques.com - juil.-août : 15h ; avr.-juin : dim. et j. fériés 15h ; sept.-oct. : dim. 15h - 8,50 € (enf. 5,50 €) - avec déj. ou dîner 43 € (-12 ans 25 €).* Des bateaux-mouches conçus pour les canaux de Briare. Circuits simples, ou croisières-repas, comprenant, bien entendu, un passage par le fameux pont-canal au-dessus de la Loire.

Location de bateaux - Les Canalous – *Port du pont-canal - ✆ 02 38 31 28 73 ou 03 85 53 76 70 - www.les canalous.fr.* Location de bateaux habitables, sans permis *(journée, sem. ou w.-end - pour 2 à 12 pers. - 1h formation sur place).* Pour aller à Sancerre, Rogny-les-Sept-Ecluses, ou même Nemours ou Nevers.

Centre aquatique de l'île-Verte – *R. des Prés-Gris - ✆ 02 38 31 26 87 - www.cabriare.fr - horaires, se rens. - 3,90 € (-14ans 3,25 €).* Bassin sportif avec toboggan et pataugeoire pour petits et grands. Activités variées dont leçons de natation, aquafitness, aquabike et bébés nageurs. Espace balnéo avec sauna, hammam et Jacuzzi.

Station Location Loisirs – *✆ 06 20 81 56 13 - fermé nov.-mars - 6/39 €.* En plus des traditionnels pédalos, canoës et autres kayaks, vous trouverez d'étranges engins flottants dont des vélos d'eau, des naviglisseurs et des cycloglisseurs. Balades de 30mn à 1h sur l'ancien canal latéral.

Château de La Bussière

★

La Bussière (45230) – Loiret (45)

Également connu sous le nom de château des Pêcheurs, La Bussière est une élégante demeure bâtie au 17e s. sur une forteresse préexistante. Derrière ses murs de brique se cache une extraordinaire collection de matériel ancien pour la pêche. Inutile cependant d'être pêcheur pour goûter au charme de cette demeure familiale joliment meublée, au fil de pièces grandes ouvertes sur le calme de l'étang qui l'environne.

NOS ADRESSES PAGES 65 ET 68
Hébergement, restauration, achats, activités, etc.

S'INFORMER

Château de La Bussière – *02 38 35 93 35 - www.chateau-de-la-bussiere.fr - juil.-août : 10h-18h ; avr. et .oct. : tlj sf mar. 14h-18h ; mai et sept. : tlj sf mar. 10h-12h, 14h-18h - possibilité de visite guidée (1h) - 9 € (-15 ans 5,50 €). Noël au château en déc.*

SE REPÉRER

Carte de microrégion C2 (p. 26-27).
À 140 km au sud de Paris, 13 km au nord de Briare, 14 km au nord-est de Gien, 75 km à l'est d'Orléans.
En train : jusqu'à Gien *(1h20 de Paris)*, puis 14 km à vélo ou en taxi.

À NE PAS MANQUER

Le jardin potager à l'ancienne, les cuisines.

ORGANISER SON TEMPS

Comptez 3h pour le château, le parc et le jardin potager.

AVEC LES ENFANTS

Le parcours des cabanes et les jeux. Pique-nique autorisé.

★ CHÂTEAU

Au 12e s., La Bussière compte parmi les places fortes d'un réseau de forteresses qui s'étend entre Île-de-France et Bourgogne. En 1518, le château devient propriété des seigneurs du Tillet. Après les désastres des guerres de Religion, il est transformé au 17e s., reconstruit en briques losangées et pierres tel qu'il apparaît aujourd'hui. Ses propriétaires font tomber les remparts, créent le parc et la forteresse devient une demeure de plaisance. La cour d'honneur s'enrichit de magnifiques écuries, ainsi que d'une orangerie et une sellerie.

NOS ANCÊTRES LES CŒLACANTHES

Longtemps on a cru que le cœlacanthe était un poisson fossile appartenant à une espèce disparue voici plusieurs millions d'années. Les ichtyologistes y voyaient un lointain ancêtre des mammifères vertébrés. Mais voici qu'en 1938 un pêcheur sud-africain sortit de son filet un cœlacanthe tout frétillant, en dépit du grand âge de sa lignée. Loin d'avoir été changé en pierre, il avait survécu, qui plus est en conservant une morphologie proche de celle qu'il avait à son apparition sur terre.
Aujourd'hui, le poisson préhistorique, qui fait le bonheur des paléontologues, est essentiellement représenté aux Comores et en Indonésie.

Château de La Bussière.
Ph. Blanchot/hemis.fr

Depuis 1814, la famille de Chasseval veille sur ce patrimoine d'exception. Agrandi et encore transformé au 19e s., le rez-de chaussée et le sous-sol se visitent. Certaines pièces ont conservé leur décor du 18e ou du 19e s.

Musée de la Pêche en eau douce – Lorsque le château s'ouvre à la visite en 1962, il est doté d'une collection d'objets faisant référence à la pêche. Tout au long de la visite, dans le petit salon, le grand salon, la cuisine ou le cellier, sont exposés des objets et des œuvres d'art en rapport avec pêche et poissons : peintures, sculptures, gravures et objets venus du monde entier.

Dans le bureau, vous remarquerez une série de bouchons de pêche ornés d'armoiries et, dans l'office situé au sous-sol, un spécimen très rare de cœlacanthe naturalisé *(voir encadré ci-contre)*.

Jardin potager – Aménagé au 18e s. sur une surface de 1,5 ha, il aligne des fleurs, fruits et légumes qui répondent à trois impératifs : nourrir, soigner, fleurir. Il compte donc des arbres fruitiers, des légumes, un jardin des simples, avec plantes médicinales et aromatiques, et des fleurs. Ses rosiers, spécialités du Loiret depuis le 19e s., font partie de la « route de la rose » *(www.aufildelarose.com)*. Dans le verger, les visiteurs peuvent cueillir et acheter des fruits rouges.

Parc – Il s'étend sur 60 ha et fut dessiné par Le Nôtre puis complété, au début du 20e s., par Édouard André. Une promenade au bord de l'étang mène au parc à l'anglaise où serpente le Vernisson.

Parcours des cabanes – Au début du parc, les jeux en bois géants, le labyrinthe de roseaux, le labyrinthe des senteurs et un autre jeu pédagogique permettront aux enfants de découvrir les douze cabanes qui sont à leur disposition. *Également de nombreuses animations saisonnières pour tous les âges, de Pâques avec la chasse aux œufs jusqu'à « Noël dans les châteaux » les week-end de décembre.*

Location de bâteau pour une promenade sur l'étang de 6 ha *(10 €/h, 6 €/30mn).*

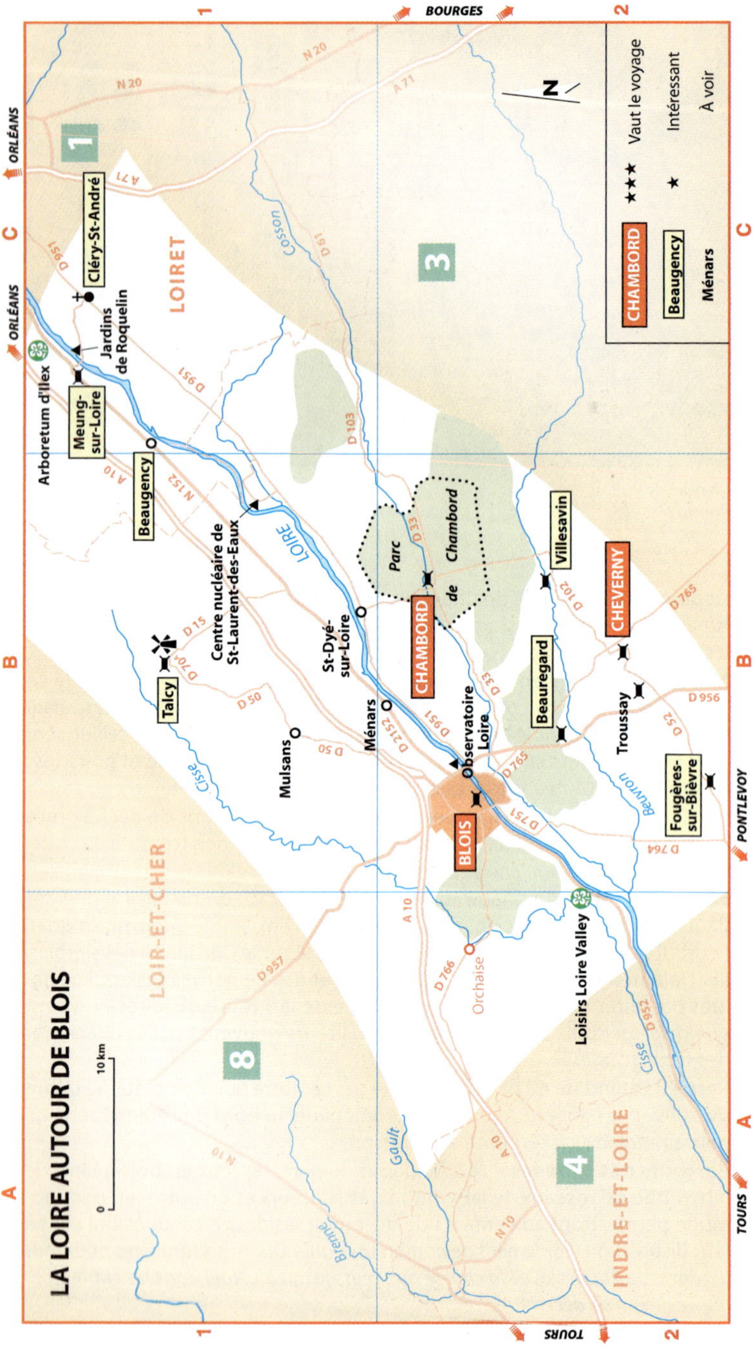
LA LOIRE AUTOUR DE BLOIS
0
10 km
ORLÉANS
ORLÉANS
BOURGES
TOURS
TOURS
PONTLEVOY
LOIRET
LOIR-ET-CHER
INDRE-ET-LOIRE
1
3
4
8
Cléry-St-André
Jardins de Roquelin
Arboretum d'Ilex
Meung-sur-Loire
Beaugency
Centre nucléaire de St-Laurent-des-Eaux
LOIRE
Talcy
St-Dyé-sur-Loire
Parc de Chambord
CHAMBORD
Villesavin
CHEVERNY
Ménars
Mulsans
Observatoire Loire
Beauregard
Troussay
Fougères-sur-Bièvre
BLOIS
Loisirs Loire Valley
Orchaise
Cosson
Cisse
Beuvron
Gault
Brenne
N 20
A 71
D 951
D 103
D 33
A 10
N 152
D 15
D 70
D 50
D 2152
D 765
D 751
D 764
D 956
D 52
D 102
D 957
D 766
D 952
N 10
D 61
CHAMBORD ★★★ Vaut le voyage
Beaugency ★ Intéressant
Ménars À voir

La Loire autour de Blois 2

Carte Michelin Départements 318 – Loir-et-Cher (41) - Loiret (45)

Château royal de Blois

★★★

46 492 Blaisois ou Blésois (agglomération : 67004) – Loir-et-Cher (41)

Enrichi par plusieurs mains royales et, au final, résidence de sept rois et dix reines, le château de Blois résonne des grands destins qui hantent encore ses couloirs. De leurs passages successifs témoigne la grande diversité de ses styles architecturaux. Avec ses multiples loges polychromes ou ses galeries ouvertes côté cour, le château a l'assurance de ces grands théâtres faussement ouverts sur la ville, trop occupés qu'ils sont par la comédie humaine qui se joue en leur sein. Il domine une cité attachante aux ruelles escarpées qui mènent jusqu'aux rives du fleuve.

NOS ADRESSES PAGE 88
Hébergement, restauration, achats, activités, etc.

S'INFORMER

Office du tourisme & Congrès de Blois|Chambord – *23 pl. du Château - 41006 Blois - ☎ 02 54 90 41 41 - www.bloischambord.com - avr.-sept. : 9h-19h ; reste de l'année : 10h-17h - fermé dim. (hors vac. scol. et j. fériés).*

SE REPÉRER

Carte de microrégion B2 (p. 72) - plan de ville (p. 81). À mi-chemin entre Orléans (62 km) et Tours (65 km), sur la rive droite de la Loire. En train : la gare SNCF est à 400 m du château *(1h45 de Paris).*

À NE PAS MANQUER

L'escalier, novateur, du château ; le cabinet de Catherine de Médicis ; les restaurations de Duban.

ORGANISER SON TEMPS

Comptez une journée pour la ville, autant pour les environs.

AVEC LES ENFANTS

La Maison de la magie ; le son et lumière du château ; la Fondation du Doute.

Découvrir

★★★ CHÂTEAU ROYAL DE BLOIS

6 pl. du Château - ☎ 02 54 90 33 33 - www.chateaudeblois.fr - juil.-août : 9h-19h ; avr.-juin et sept.-oct. : 9h-18h30 ; reste de l'année : 10h-17h - fermé 1er janv., 25 déc. - possibilité de visite guidée (1h) -10,50 € (-18 ans 5 €) ; 16 € billet combiné avec Maison de la magie ; 22 € billet combiné avec Maison de la magie et Son et Lumière (-18 ans 12 €). Voir Agenda p. 528

Place du Château

Dominant la Loire, cette vaste esplanade occupe l'ancienne basse-cour du château. Légèrement en contrebas, des jardins en terrasses offrent une large **vue** sur les toits (en arrière-plan, le pont et le fleuve). Au pied du haut mur de soutènement, sur la place Louis-XII, vers la droite pointent les flèches de l'église St-Nicolas, et à l'extrême gauche on aperçoit la cathédrale avec sa tour Renaissance. Côté place, la **façade** du château s'organise en deux parties :

Château de Blois, escalier monumental de l'aile François 1er.
B. Rieger/hemis.fr

à droite, le pignon pointu de la salle des États généraux (1), vestige du château féodal (13e s.) ; et le gracieux bâtiment gothique (5) construit en brique et pierre par Louis XII, avec ses galeries et ses lucarnes. Au 1er étage, deux fenêtres à balcon : celui de gauche desservait la chambre de Louis XII où le roi pouvait bavarder à son aise en prenant le frais avec son ministre, le cardinal d'Amboise, qui habitait un hôtel contigu (reconstruit après sa démolition en 1940). Le **grand portail** flamboyant est surmonté d'une niche abritant la **statue équestre de Louis XII★** (1857) par Seurre. Aux fenêtres, culs-de-lampe sculptés aux sujets quelque peu grivois *(1re et 4e fenêtres à gauche du portail).*

2

Cour intérieure

Il faut la traverser pour atteindre la terrasse (belle vue sur l'église St-Nicolas et la Loire) sur laquelle s'élève la **tour du Foix** (2) qui faisait partie de l'enceinte féodale. Revenez dans la cour entourée des constructions successives qui constituent le château. Ses quatre ailes forment un remarquable exemple de l'évolution de l'architecture française du 15e au 17e s.

Chapelle St-Calais (4) – De cette chapelle privée du roi, reconstruite par Louis XII à l'emplacement d'une plus ancienne, il ne subsiste que le chœur gothique, Mansart ayant détruit la nef quand il éleva l'aile Gaston-d'Orléans. Les vitraux (20e s.) de Max Ingrand relatent la vie du saint.

Galerie Charles-d'Orléans (3) – Elle daterait de l'époque de Louis XII. Deux fois plus longue jusqu'au 19e s., elle rejoignait les bâtiments du fond de la cour. Elle reste soutenue par des arcades en anse de panier très surbaissées.

Aile Louis-XII (5) – Elle comporte une galerie médiévale qui desservait les différentes salles du logis, progrès notable pour l'époque : jusqu'alors les pièces se commandaient l'une l'autre. À chaque extrémité, un escalier à vis, logé dans une tour, permet d'accéder à l'étage. Remarquez le riche décor gothique flamboyant, avec panneaux d'arabesques à la mode italienne sur les piliers.

Aile François-Ier (6) – Le bâtiment relie l'aile Gaston-d'Orléans (17e s.) à la salle des États généraux (13e s.). Douze ans seulement se sont écoulés entre la fin de l'aile Louis-XII et le commencement de l'aile François-Ier, mais l'étape franchie est importante : c'est le triomphe de la mode italienne. Cependant, la fantaisie française a conservé quelques droits : les fenêtres répondent à la disposition intérieure des pièces, sans souci de symétrie, tantôt serrées, tantôt écartées ; les pilastres montés sur piédestaux qui scandent la façade introduisent une régularité nouvelle dans le décor.

Le magnifique **escalier★★** (illustration p. 474), encore gothique dans sa structure **hors œuvre**, constitue le point d'orgue de l'architecture de cette période. Modèle de sculpture italianisante, cet escalier a une fonction d'apparat. La cage est évidée entre les contreforts et forme une série de balcons d'où la Cour assistait à l'arrivée des grands personnages. Son décor – candélabres, initiales, couronnes – glorifie le roi et la reine. Mansart ayant démoli une partie de l'aile pour loger le bâtiment de Gaston d'Orléans, il n'est plus au centre de la façade.

Salle des États généraux (1) – La salle seigneuriale du château des comtes de Blois est l'une des plus anciennes (1214) et des plus vastes de France – 30 m sur 18 m – C'est là que se réunirent les conseillers du Royaume et que se tinrent les états généraux en 1576 et en 1588. Au centre, une rangée de colonnes supporte les deux voûtes en berceau juxtaposées sous une superbe charpente en chêne au plafond scandé de fleurs de lys.

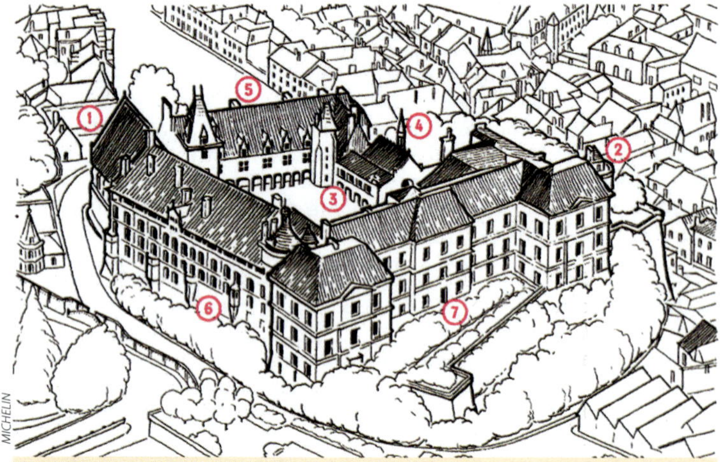

Différentes étapes de construction

Époque féodale

1 **Salle des États généraux** (13e s.)

2 **Tour du Foix** (13e s.)

Époque de transition gothique-Renaissance

3 **Galerie Charles-d'Orléans** (fin 15e-début 16e s.)

4 **Chapelle St-Calais** (1498-1508)

5 **Aile Louis-XII** (1498-1503)

Époque Renaissance

6 **Aile François-Ier** : façade des Loges (1515-1524)

Époque classique

7 **Aile Gaston-d'Orléans** (1635-1638)

LES COMTES DE BLOIS

Puissants féodaux, les comtes de Blois régnaient au Moyen Âge sur un vaste ensemble comprenant d'une part la région de Blois et de Chartres, d'autre part la Champagne. L'un d'eux épousa la fille de Guillaume le Conquérant, et leur fils, Étienne, devint roi d'Angleterre en 1135. La maison de Blois atteint alors son apogée avec **Thibaud IV**. À la mort de ce dernier, en 1152, elle privilégie la Champagne et délaisse les Pays de Loire et l'Angleterre, où les Plantagenêts la supplantent en 1154. En 1392, le dernier des comtes de Blois, Guy de Châtillon, vend ses domaines au duc Louis d'Orléans, frère de Charles VI. Désormais, la Cour se tient à Blois.
Quinze ans plus tard, Louis d'Orléans est assassiné à Paris sur ordre du duc de Bourgogne, Jean sans Peur. Valentine Visconti, sa veuve, se retire à Blois. **Charles d'Orléans**, l'aîné de Louis d'Orléans, hérite du château. Il épouse à 15 ans la fille de Charles VI qui meurt en couches. Remarié à 20 ans, il part combattre les Anglais, mais est fait prisonnier à Azincourt en 1415. Sa veine poétique lui permet de résister à 25 ans de captivité. Revenu en France en 1440 et veuf de nouveau, il épouse, à 50 ans, Marie de Clèves, âgée de 14 ans. Il s'entoure d'une cour d'artistes et de poètes, comme François Villon. Lui-même compose d'admirables rondeaux. À 71 ans, il a enfin un fils, le futur Louis XII, et meurt à Amboise en 1465.

Appartements et musées

Appartements de l'aile François-Ier (6)– De splendides cheminées, en particulier celle de la salle d'honneur, ainsi que des tapisseries, des bustes et des portraits ornent les pièces. Réalisée vers 1861, la restauration des décors est l'œuvre de Félix **Duban**.

Musée lapidaire – *Au rez-de-chaussée de l'aile François-Ier, à gauche du grand escalier.* Il réunit des sculptures déposées des façades ainsi que des études et des moulages réalisés au 19e s. par Félix Duban.

★ **Cabinet de Catherine de Médicis** – *1er étage.* Seule pièce du château à avoir gardé son décor d'origine et seul cabinet royal de la Renaissance conservé en France, le *studiolo* est la pièce la plus intéressante du château. Il est décoré de 237 panneaux de bois sculpté qui dissimulent des armoires secrètes… à poisons, selon Alexandre Dumas, en fait plutôt destinées à abriter des bijoux, des papiers d'État ou simplement installées par goût des placards muraux, fréquents dans les cabinets italiens. On les manœuvre en pressant du pied une pédale cachée dans la plinthe.

Appartements du 2e étage – Ces pièces ne peuvent se défaire de leur passé sanglant; la salle du Conseil regroupe plusieurs œuvres traitant des événements de 1588 : assassinat du duc de Guise, chambre d'Henri III… Pourtant les lieux ont été modifiés depuis : le cabinet du roi a été absorbé par l'aile Gaston-d'Orléans, des cloisons ont été supprimées, d'autres élevées. Il est donc assez difficile de suivre, sur place, les péripéties du meurtre, illustré par de nombreux tableaux.

Redescendez au 1er étage par le grand escalier et retraversez la salle des Gardes.

Aile Gaston-d'Orléans (7) – L'œuvre, inachevée, est un très bel exemple du style classique. Réalisée de 1635 à 1638 par François Mansart pour le duc Gaston d'Orléans, frère de Louis XIII, elle contraste avec le reste de l'édifice. Pour la juger équitablement, il faut la voir de l'extérieur de l'enceinte et imaginer dans son ensemble l'édifice projeté.

Complots et meurtre au château

RÉSIDENCE ROYALE

Né à Blois, **Louis XII** (1462-1515) succède à Charles VIII en 1498. Blois devient résidence royale au détriment d'Amboise. Le roi et sa femme, **Anne de Bretagne**, font procéder à d'importants aménagements : la construction d'une aile et l'établissement de vastes jardins en terrasses aujourd'hui disparus. En 1515, **François Ier** succède à Louis XII et s'installe à son tour à Blois sans quitter Amboise. Il fait reconstruire l'aile qui porte son nom, la plus belle partie de l'édifice.

LA GUERRE DES TROIS HENRI

En 1588, en pleines guerres de religion, le chef de la Ligue ultra-catholique, **Henri duc de Guise** (1550-1588), pousse les Parisiens à se soulever contre le roi **Henri III** (1551-1589). Considéré comme trop modéré avec les protestants, le roi est surtout sans descendance ; et son héritier légitime n'est-il pas son cousin, le protestant Henri, roi de Navarre (futur **Henri IV**, 1553-1610) ? Après la journée des Barricades (12 mai 1588), Henri III s'enfuit à Blois où il convoque les états généraux dans la salle seigneuriale : cinq cents députés acquis pour la plupart aux Guise. Henri III ne voit plus que l'assassinat pour éliminer son rival.

Conspiration et fatalité

Le 23 décembre 1588, **Henri, duc de Guise** est convoqué à un conseil matinal. Pour gagner le cabinet vieux, il faut traverser la chambre du roi où sont postés les Quarante-Cinq, la garde personnelle d'Henri III. Lorsque le duc entre dans la pièce, les gardes sortent poignards et épées. Après un combat acharné, la victime succombe. Le cardinal de Lorraine, frère du duc, est assassiné le lendemain. Les corps sont brûlés, leurs cendres peut-être jetées à la Loire. Huit mois plus tard, Henri III tombe sous le poignard de Jacques Clément.

TERRE DE REFUGE

Après la mort d'Henri IV (1610), **Marie de Médicis** assure la régence, avec Concini. En 1617, le jeune roi **Louis XIII** (1601-1643) se débarrasse de Concini et exile sa mère à Blois. Dans la nuit du 21 au 22 février 1619, celle-ci réussit à s'évader. Après cette prouesse, la mère et le fils se réconcilient…

Ambitions contrariées

Pour éloigner son frère **Gaston d'Orléans** (1608-1660), fils d'Henri IV en lutte contre le tout-puissant cardinal Richelieu, Louis XIII lui donne, en 1626, le comté de Blois, les duchés d'Orléans et de Chartres. Réconcilié avec son frère le roi en 1634, le duc d'Orléans peut enfin se consacrer à sa résidence de Blois : dans son ambition royale, il fait appel à **Mansart** et lui commande le plan d'un très vaste édifice qui ferait table rase de l'ancien. De 1635 à 1638, un nouveau corps de logis s'élève. Faute de subsides, les travaux doivent s'arrêter. Le conspirateur reprend alors du service ; il trempe, en 1642, dans le complot du duc de Bouillon et de Cinq-Mars. Il échappe à la condamnation mais est déchu de ses droits au trône. De 1650 à 1653, il prend une part active à la Fronde contre Mazarin. Définitivement exilé sur ses terres, il s'assagit enfin, habite l'aile François-Ier, enrichit ses collections, embellit les jardins et meurt, en 1660, au milieu de sa cour.

Après la mort de Gaston d'Orléans, le château est abandonné, saccagé pendant la Révolution, puis transformé par décret en caserne, ce qui le sauve de la destruction, mais entraîne des dégradations. En 1840, devant l'indignation de plusieurs écrivains et artistes, Prosper Mérimée classe le château Monument historique. Sa restauration est confiée à l'architecte Félix Duban (1798-1870), qui œuvre avec un grand souci de réalisme historique et dont on peut admirer études et dessins.

★ **Escalier d'honneur de l'aile Gaston-d'Orléans** – La coupole couronnant l'escalier apparaît à travers une galerie en encorbellement, qui accentue l'effet d'élévation. Elle présente, sauf dans les parties basses, un décor sculpté de trophées d'armes, de guirlandes et de mascarons. Au rez-de-chaussée, des plans illustrent les projets et transformations du château.

★ **Musée des Beaux-Arts** – *1er étage de l'aile Louis-XII. Entrée comprise dans le billet du château.* Les tableaux présentés privilégient désormais l'approche thématique à l'accrochage chronologique, plus classique. Exceptionnelle collection de tapisseries (16e-17e s.). **Le cabinet des Portraits** contient des tableaux (16e et 17e s.) provenant des châteaux de St-Germain-Beaupré (Creuse) et de Beauregard. Dans la salle des 17e et 18e s. est conservée une remarquable série de **médaillons** en terre cuite de Jean-Baptiste Nini.

Se promener dans Blois Plan de ville

★ VIEUX BLOIS

Visite guidée – *✆ 02 54 90 41 41 - www.bloispaysdechambord.com - selon les périodes, se rens. à l'office de tourisme - durée 2h - 5 €.*

Circuit tracé sur le plan de la ville (p. 141) – Comptez 2h.

Le château n'est pas tout à Blois, loin de là, et il faudra même de bonnes jambes aux promeneurs qui ne veulent rien manquer de la ville et de ses richesses, déployées à chaque coin de rue ou presque.

Visite par audioguide en 4 langues et circuits balisés par des clous de bronze avec notice en 5 langues.

Pavillon Anne-de-Bretagne A2

À l'origine belvédère des jardins royaux, ce gracieux édifice (16e s.) de pierre et de brique coiffé d'un haut toit d'ardoise héberge la **Maison des artisans d'art** du Loir-et-Cher. Sur la droite, le long de l'avenue Jean-Laigret, le pavillon se prolonge par une longue aile à pans de bois, construite sous Louis XII, et qui servit plus tard d'**orangerie** *(abrite un restaurant)*. Remarquez les cordelières qui soulignent les angles de l'édifice et la balustrade de pierre sculptée à jour où apparaissent les initiales de Louis XII et d'Anne de Bretagne.

Longez la place Victor-Hugo, bordée au sud par la belle **façade des Loges** du château et au nord par la façade de l'**église St-Vincent** (17e s.) – construite après la fondation d'un collège jésuite en 1581 et l'une des rares églises jésuites à subsister dans la région.

Jardin des simples et des fleurs royales A2

Ce jardin en terrasses est le seul vestige des vastes jardins du château. Près de la balustrade, belle **vue★**, à gauche, sur le pavillon Anne-de-Bretagne, l'église St-Vincent et la place Victor-Hugo ; à droite s'allonge la façade des Loges, ou aile François-Ier, et le retour de l'aile Gaston-d'Orléans. En contrebas apparaît le jardin (1992), créé par Gilles Clément dans l'esprit de la Renaissance.

VALENTINE ET LOUIS

Le duc Louis d'Orléans fut assassiné à Paris le 23 novembre 1407 sur ordre de Jean sans Peur. Un an plus tard, au château de Blois, son épouse, la duchesse Valentine Visconti, en serait morte de chagrin… Ce sujet avait de quoi séduire un romantique comme Philippe Coupin de La Couperie, peintre « troubadour », un genre en vogue dans la première moitié du 19e s. De ce drame, il tira un émouvant tableau, *Valentine pleurant sur le tombeau de son époux*, où la veuve éplorée se recueille devant le gisant de son mari. Sur la dalle figure la devise de l'infortunée : « Rien ne m'est plus, plus ne m'est rien. » Cette œuvre, qui fut exposée au Salon de 1822, connut un destin funeste en 1944. Exposée dans la chapelle du château de Blois, elle y fut littéralement éventrée lors d'un bombardement. D'abord remisée, elle fut confiée en 1990 au laboratoire de restauration des musées de France. Hélas, la tête du gisant manquait, découpée après les bombardements pour une raison inconnue. Sans cette partie essentielle, toute restauration était vaine… Or, quelques années plus tard, fouillant dans les combles du château, un employé trouva un vieux carré de toile parmi des déchets destinés à la benne à ordures. Il le déplia. Miracle, devant lui réapparaissait la tête du gisant ! Depuis, celle-ci est retournée à sa place et Valentine a retrouvé son Louis. Vous découvrirez la belle duchesse au bout de la grande galerie des tapisseries du musée des Beaux-Arts.

★ Façade des Loges A2

La partie intérieure de la première construction de François Ier s'adossait à l'enceinte féodale et n'offrait aucune vue vers l'extérieur. Le roi en souffrait et décida de plaquer contre le mur un second bâtiment abondamment percé d'ouvertures. Comme cette partie du château domine le ravin, il fallut étayer l'édifice par un soubassement de maçonnerie. Cette façade, inspirée de la cour du Belvédère au Vatican, montre la volonté royale de copier les loggias des modèles italiens les plus récents. Malheureusement, incompréhension ou maladresse de l'architecte, les loges sont réparties irrégulièrement et ne communiquent pas entre elles. Et la présence d'échauguettes leur donne un cachet quelque peu médiéval avec leurs belles gargouilles.
De retour sur la place des Lices, on embrasse du regard la majestueuse **façade Gaston-d'Orléans** qui domine les fossés.

★ Église St-Nicolas A2

Ce bel édifice (12e et 13e s.) appartenait à l'abbaye bénédictine St-Laumer dont les sobres bâtiments conventuels, de style classique, s'étendent jusqu'à la Loire. L'église est dotée d'un vaste chœur entouré d'un déambulatoire et de chapelles rayonnantes, avec de beaux chapiteaux historiés. À gauche du chœur, un curieux retable d'autel de sainte Marie l'Égyptienne (15e s.).

Couvent des Jacobins B2

R. Anne-de-Bretagne.
Musée d'Art religieux – *R. Anne-de-Bretagne - ☏ 02 54 78 17 14 - ♿ - merc. et w.-end 14h-17h - fermé j. fériés - possibilité de visite guidée sur demande (1h) - gratuit.* Belle collection d'objets liturgiques (calices, ciboires, habits sacerdotaux), de statues et de tableaux religieux.
Muséum d'histoire naturelle – *6 r. Anne-de-Bretagne - ☏ 02 54 90 21 00 - www.blois.fr/museum - ♿ - vac. scol. : tlj sf lun. 10h-12h, 14h-18h, dim. 14h-18h ;*

reste de l'année : merc. et sam. 10h-12h, 14h-18h, dim. 14h-18h - fermé 1er janv., 1er Mai, 1er nov., 25 déc. - 4 € (-17 ans gratuit).
Collections zoologiques, présentation de la faune régionale et sensibilisation au respect de l'environnement.

La maison de la BD B2

3 r. des Jacobins - 02 54 42 49 22 - www.maisondelabd.com - ♿ - 9h30-12h, 14h-17h30 - fermé dim.-lun. - gratuit.
Lancé par l'association BD Boum, organisatrice du très réputé festival éponyme, cet espace est moins un musée (il n'y a pas de collection permanente) qu'un lieu de rencontres et d'échanges pour tous ceux qui s'intéressent à l'univers du dessin. Centre de ressources, résidence d'auteurs, espace d'expositions temporaires, conférences, animations scolaires, maison d'édition, les propositions sont multiples et la plupart du temps en résonance avec l'actualité du monde. Où comment sortir de sa bulle en étant en son sein…

SE LOGER
Hôtel Anne de Bretagne 13
Hôtel Ibis Centre Château... 16
Hôtel Le Monarque 19
La Maison de Thomas 11

SE RESTAURER
Au Rendez-vous des Pêcheurs 4
Banquettes Rouges 19

Côté Loire - Auberge ligérienne....... 7
Le Denis Papin 1
Miss Goumard............. 2
La Trouvaille 3

ROBERT-HOUDIN, ABBÉ DE L'ATTRAPE

Fils d'un horloger blésois, Jean Eugène Robert, puis Robert-Houdin (1805-1871), fut un prodigieux manipulateur, un prestidigitateur hors pair, ainsi qu'un scientifique doublé d'un inventeur de talent. Tout en créant des tours d'illusionnistes et des automates, il aurait mis au point, quinze ans avant Edison, la lampe électrique à filament végétal, le compteur électrique et bien d'autres machines dont des appareils d'ophtalmologie.

Dans sa maison, le Prieuré, qu'il surnomma l'« abbaye de l'Attrape », il stupéfiait voisins ou invités par ses inventions. Il donnait libre cours à son imagination pour améliorer sa « domotique » avant l'heure : les portes s'ouvraient toutes seules, les sonnettes carillonnaient au passage, un robot jardinier ratissait le jardin ; et, tandis qu'un ermite électromécanique lisait la Bible, des manettes permettaient la télédistribution de l'avoine aux chevaux dans les écuries…

Du bord de Loire, jolie vue sur le pont Jacques-Gabriel et le quartier de Vienne.
Regagnez le square Augustin-Thierry par la rue St-Lubin (maisons 15e-16e s.) et la rue de la Voûte-du-Château.

Fontaine Louis-XII B2

De style gothique flamboyant, elle est la copie du monument érigé par le roi Louis XII ; l'original, très mutilé, est conservé au château.

★ Maison de la magie Robert-Houdin B2

1 pl. du Château - ✆ 02 54 90 33 33 - www.maisondelamagie.fr - ♿ - avr.-août et vac. de la Toussaint : 10h-12h30, 14h-18h30 ; de déb. à mi-sept. : 14h-18h30, w.-end 10h-12h30, 14h-18h30 - 9 € (-18 ans 5 €) - 16/22 € billet combiné avec le château royal et le son et lumière.

Installée dans un hôtel particulier du 19e s., en face du château, l'institution initie à l'histoire de la magie et sert de Conservatoire national aux arts de la magie et de l'illusion *(réservé aux chercheurs et professionnels de la prestidigitation)*. Le lieu est naturellement dédié à **Robert-Houdin** : des ateliers, des expositions temporaires bien construites (beaux objets originaux prêtés par des collectionneurs du monde entier), des spectacles de magie régulièrement organisés pour les enfants et les groupes scolaires. L'une des attractions majeures est le terrifiant dragon qui sort tête et queues par les fenêtres de la belle demeure de tuffeau et de briques vernissées - ♿ *- avr.-oct. : 10h12h30, 14h-18h30, dép. ttes les 30mn (sf en cas de pluie ou de vent).*

Le **parcours-découverte dans le monde de l'illusion** met en scène les grandes étapes de l'histoire de la magie. Suivent un kaléidoscope géant, la salle des illusions d'optique et l'espace Georges-Méliès (précurseur des trucages et effets spéciaux dans l'art cinématographique) dédié aux expositions

VICTOR HUGO PRÉFÉRAIT LA SEINE À LA LOIRE…

…mais il lui reconnaissait tout de même quelque beauté : « […] ce que la Loire a de plus pittoresque et de plus grandiose, c'est une immense muraille calcaire mêlée de grès, de pierre meulière et d'argile à potier, qui borde et encaisse la rive droite, et qui se développe au regard, de Blois à Tours, avec une variété et une gaieté inexprimables, tantôt roche sauvage, tantôt jardin anglais, couverte d'arbres et de fleurs […]. »
En voyage, 1843.

temporaires. Au 2e étage, le **cabinet fantastique Robert-Houdin** conserve affiches, gravures, manuscrits et accessoires rappelant ses tournées. Au dernier étage, l'**Hallucinoscope** présente « Le jardin secret de Robert-Houdin ». Le visiteur, les yeux chaussés d'un simple miroir, voit défiler un univers onirique dans lequel il progresse à petits pas, main sur la rampe, avec une vertigineuse sensation de flottement.

Enfin, le **théâtre des Magiciens★** (340 places), situé en deçà de la grande place du Château, tout entier conçu pour la « grande illusion », propose trente minutes d'un spectacle *(compris dans le prix d'entrée)* présenté par des prestidigitateurs de haut niveau, adapté autant aux adultes qu'aux enfants.

Hôtel de la Chancellerie A1

Au coin de la rue Chemonton, qui suit le trajet des anciens remparts, et de la rue du Lion-Ferré, cet hôtel de la fin du 16e s. servit de cour de justice. Il arbore une toiture en forme de carène renversée, dite à la Philibert Delorme.

Hôtel d'Alluye A1

8 r. St-Honoré. Ne se visite pas.

Bel édifice particulier, édifié en 1508 pour **Florimond Robertet**. Successivement trésorier de Charles VIII, Louis XII et François Ier, Florimond Robertet avait pris goût à l'art italien en accompagnant Charles VIII à Naples.

Derrière la façade aux délicates sculptures gothico-Renaissance s'ouvre une vaste **cour** avec **galeries★** à l'italienne purement Renaissance.

Tour Beauvoir A1

R. des Cordeliers - ✆ 06 88 15 62 64 - visite guidée sur demande préalable - chambre d'hôte.

Donjon carré (11e s.) d'un fief à l'origine distinct de celui du château, la tour fut plus tard englobée dans les défenses de la ville. Après une brève carrière militaire, elle fut aménagée en prison au 13e s. ; les cachots ont été utilisés jusqu'en 1945.

La terrasse panoramique, comme l'indique le nom « Beauvoir », offre une très belle vue sur Blois et ses environs.

De vieilles façades à colombages s'alignent rue Beauvoir *(nos 3, 15 et 21)*, entourant une maison de pierre du 15e s. *(no 19)*.

Escaliers Denis-Papin B1

Ils ouvrent une longue perspective vers le sud. Dominant les escaliers se dresse la statue de **Denis Papin**, dont les découvertes sont à l'origine de l'invention de la machine à vapeur.

DENIS PAPIN, LE BLÉSOIS INCOMPRIS

Né à Chitenay (12 km au sud de Blois) en 1647, assistant de Huygens à Paris, il publie en Angleterre un mémoire sur « la manière d'amollir les os et de faire cuire la viande en peu de temps et à peu de frais » et met au point son « digesteur », ou « marmite de Papin », ancêtre de nos cocotte-minute. Il doit quitter définitivement la France lors de la révocation de l'édit de Nantes. Nommé à la chaire de mathématiques à l'université de Marburg, Papin découvre « la nouvelle manière de lever l'eau par la force du feu » ; il effectue à Cassel, en 1706, des essais publics démontrant la force motrice de la vapeur d'eau. Mais à la mort de son protecteur, l'Électeur de Hesse-Cassel, il tombe dans la misère et meurt en 1712.

2

Maison des acrobates B1

3 pl. St-Louis.

Maison du 15e s., à façade à pans de bois, avec deux étages en encorbellement. Elle est décorée de consoles sculptées d'acrobates, jongleurs et autres personnages en costume de l'époque.

Hôtel de Villebresme (maison Denis-Papin) B1

13 r. Pierre-de-Blois.

Appelé tardivement, abusivement, maison Denis-Papin, l'hôtel de Villebresme fut bâti au 15e s. par la famille éponyme. Deux bâtiments à décor gothique sont reliés par une passerelle à pans de bois enjambant la ruelle qui descend vers la Loire. En contrebas de cette même rue se détache sur la gauche une jolie porte Renaissance dont l'inscription latine *Usu vetera nova* peut se traduire par « à l'usage, le neuf devient vieux » ou, au contraire, « le vieux redevient neuf ».

Cathédrale St-Louis B1

À l'emplacement d'une église carolingienne plusieurs fois remaniée est bâtie au début du 12e s. la collégiale St-Solenne, elle-même reconstruite au début du 16e s. En 1678, à la suite d'un ouragan dévastateur, un nouvel édifice est érigé dans un style gothique mêlé au classicisme naissant, grâce à l'intervention de Colbert dont la femme était blésoise. L'église est alors élevée au rang de cathédrale, siège d'un évêché créé sous les auspices de Louis XIV, dont les bienfaits sont rappelés par son nouveau nom, **St-Louis**. Les vitraux contemporains de la nef et des bas-côtés, créés par l'artiste hollandais **Jan Dibbets** et le maître-verrier français **Jean Mauret**, offrent un contraste saisissant par leur sobriété avec la richesse de ceux du chœur réalisés en 1860. L'étage inférieur du clocher (12e s.) est un vestige de la collégiale.

Selon la légende, saint Solenne, évêque de Chartres au 5e s., assista saint Remi au baptême de Clovis dont il fut catéchiste. Quelque temps après sa mort, son corps fut déposé dans l'église de Blois, où un certain nombre de prodiges eurent lieu. Avant d'être dispersées par les Huguenots, ses reliques firent l'objet d'un pélerinage. Souvenir de l'église carolingienne, la vaste **crypte St-Solenne** *(accès à droite du chœur)* du 10e s., agrandie au 11e s. devant l'affluence des pèlerins, abrite aujourd'hui les tombeaux des évêques de Blois.

Hôtel de ville et jardins de l'Évêché B1

Accès par la grille à gauche de la cathédrale.

Situé derrière la cathédrale, l'hôtel de ville occupe le bâtiment de l'évêché, édifié au début du 18e s. par Jacques Gabriel (1667-1742), père de l'architecte de la place de la Concorde à Paris.

Au-delà, vers l'est, les jardins de l'Évêché se composent aujourd'hui d'une roseraie *(en contrebas)*, d'un jardin des sens et d'un jardin aromatique. Ils forment une terrasse dominant la Loire et offrent une belle **vue★** *(quand on se place près de la statue de Jeanne d'Arc)* sur le fleuve, ses coteaux boisés et les toits de la ville : on découvre, au sud, le clocheton de l'église St-Saturnin et, à droite, sur la rive nord, les flèches pures de l'église St-Nicolas. Jolie vue sur le chevet de la cathédrale.

Rue des Papegaults B1

Elle tire son nom de *papegault* qui, en ancien français, signifiait le perroquet (en italien *papagallo*). Ce mot désignait aussi l'oiseau de bois placé en haut d'une perche qui servait de cible aux archers. Un bel ensemble de maisons Renaissance se trouve aux nos 15, 13, 10, 8 et 4.

Blois, la façade des Loges de l'aile François I du château de Blois.
A. Chicurel/hemis.fr

Rue du Puits-Châtel B1
Un portail entrebâillé ? N'hésitez pas à jeter un coup d'œil : au n° 3, l'escalier est garni d'un balcon à pans de bois (16e s.) ; au n° 5, une tourelle d'escalier en pierre et des galeries aux balcons sculptés desservent les étages (début 16e s.) ; au n° 7, dans l'hôtel Sardini, cour à arcades Renaissance ; au-dessus de la porte de la tourelle d'escalier, le porc-épic de Louis XII.

2

HORS CIRCUIT Plan de ville

★ Fondation du Doute A1
14 r. de la Paix - ✆ 02 54 55 37 40 - www.fondationdudoute.fr - ♿ - juil.-août : tlj sf lun. 14h-18h30 ; avr.-juin et sept.-oct. : tlj sf lun.-mar. 14h-18h30 ; reste de l'année : vend.-dim. 14h-18h30 - fermé de mi-déc. à fin janv. - possibilité de visite guidée (1h30) - 7,50 € (enfant 3,50 €) - 14 € billet combiné avec le château ou la Maison de la magie.
Plus qu'un musée, c'est un lieu vivant, un réservoir d'idées, un espace d'interrogation sur l'art et ses frontières que les fondateurs ont voulu ériger dans l'ancien couvent des Minimes de Blois. Fidèle à l'esprit **Fluxus**, qui depuis 1962 promeut le non-art avec humour et dérision, la fondation rassemble 1 500 œuvres autour d'un de ses concepteurs et derniers représentants, l'inusable Benjamin Vautier, dit **Ben**. Ses 300 tableaux-écritures interpellent le visiteur dès son entrée dans la cour du Doute. Une fois traversé le **mur des Mots**, on circule dans la seconde cour, un cloître du 19e s. où trône le pavillon d'exposition temporaire propice aux débats d'idées. On accède aux collections par le café Fluxus, « débit de boissons et de paroles inbitables ». Une fois gravi le grand escalier, conçu comme un espace d'exposition à part entière et confié tous les deux ans à un artiste, les salles d'exposition suivent sur deux étages. Elle présentent essentiellement des œuvres et des documents rassemblés par Ben et Gino Di Maggio. Parmi les points forts de ce « Fluxus » d'objets, qui entend mettre hors jeu par une pratique humoristique et iconoclaste toutes

les catégories de l'art, on remarque la magnifique série des treize **tableaux-pièges astro-gastronomiques★** de Daniel Spoerri ou l'installation monumentale **Fandango★** (1974) de Wolf Vostell (une trentaine de portières de voiture frappées par un marteau sur fond de toiles d'accidents de voiture). Au total, une cinquantaine d'artistes internationaux mettent en branle l'esprit Fluxus, parmi lesquels **Joseph Beuys**, John Cage, Robert Filliou, Nam June Paik ou Yoko Ono.

Chocolaterie Poulain Hors plan par A2

10, r. de la Chocolaterie - Ne se visite pas - www.chocolatpoulain.fr.

Après avoir été commis dans une prestigieuse confiserie parisienne, **Victor Auguste Poulain** (1825-1918) revient s'établir dans le Loir-et-Cher, sa région natale, et ouvre son magasin au n° 4 de la rue Porte-Chartraine à Blois. La première usine Poulain est lancée en 1862 entre la Loire et la gare, deux axes de communication importants. Elle comptera jusqu'à 1 200 ouvriers. Reconnaissable à son petit poulain dessiné par Leonetto Capiello en 1905, à ses images pour enfants et à la couleur orange de ses paquets de chocolat en poudre, la marque est rachetée en 1981 par le groupe Midial. L'usine déménage en 1991 au nord de Blois, à Villebarou, dans des locaux conçus par Jean Nouvel. Détenu un temps par l'Américain Kraft Foods, Poulain revient en 2017 dans le giron français en intégrant la société Carambar & Co.

L'ancienne usine dite « de La Villette » et le « château Poulain » ont été partiellement inscrits Monuments historiques en 1997. Les anciens ateliers sont aujourd'hui investis par l'Insa (école d'ingénieurs).

Aître St-Saturnin B2

2, r. Munier (face à l'église) - accès voiture signalé sur le quai Villebois-Mareuil - visite pdt Journées du Patrimoine ou sur RV (✆ 02 54 90 33 02).

Ce cimetière à galeries couvertes en charpente, élevé sous François Ier, abrite un dépôt lapidaire (fragments de sculptures provenant de maisons détruites en 1940).

Basilique N.-D.-de-la-Trinité Hors plan par B1

Au nord-est du plan par la rue du Prêche.

L'édifice en béton, réalisé par l'architecte Paul Rouvière de 1937 à 1949, abrite de beaux vitraux et un chemin de croix coffré dans le ciment par Lambert-Rucki. Avec ses 240 marches, le campanile, haut de 60 m, domine la région. Son **carillon**, composé de 48 cloches dont la plus grosse pèse 5 300 kg, compte parmi les meilleurs d'Europe.

À proximité Carte de microrégion

Loisirs Loire Valley A2

À 11 km au sud-ouest par la D 952.

Les Sables - 1 chemin du Sainfoin - 41150 Chouzy-sur-Cisse - ✆ 09 75 60 67 64 - www.loisirs-loirevalley.com - juil.-août : 9h30-18h30 ; avr.-juin. et sept : tlj sf lun. 10h-17h ; oct.-nov. : tlj sf dim.-mar. 14h-17h - fermé 1er janv., 25-26 déc. - seul. sur réserv. 2 ch. d'hôte et 1 suite (90/110 € - www.domaine-pepiniere.fr).

Ce vaste domaine arboré (acacias, charmes, chênes, frênes, ormes) propose de nombreuses activités sur 60 ha. Le tir à l'arc est la plus originale pour découvrir la propriété. Sur un parcours balisé de 3 km, une vingtaine de cibles animalières en mousse attendent les flèches de l'archer *(24 €/pers. avec matériel fourni et mini formation)*. ULM *(35 €/pers.)*, *quad (45/65 €/pers.)* également proposés.

Observatoire Loire B2

Au nord-est de Blois.

Parc des Mées - 916, levée de la Loire -41260 La Chaussée-St-Victor - 02 54 56 09 24 - www.observatoireloire.fr - -mai-juin et sept.-oct. : w.-end 14h30-18h - juil.-août : mar.-vend. et dim. 10h-12h30, 14h30-18h ; sam. 14h30-18h - 4 € (enf. 3 €) - balades 5-19 €, se rens.

Installée au bord de la Loire, cette association d'éducation à l'environnement privilégie l'enseignement sur le terrain : comprendre pour mieux préserver, découvrir le territoire, échanger. Diverses activités sont proposées sur place, dont l'observation des oiseaux. Des sorties nature *(1-2h)*, certaines sur le fleuve (5 bateaux – dont un futreau traditionnel) sont aussi organisées : balades nature, au crépuscule, œnologiques, à pied et à vélo, avec des animateurs nature. Vue exceptionnelle du riche patrimoine culturel et naturel blésois.

Ménars B2

À 6 km au nord-est de Blois. Quittez la ville par le sud et passez rive gauche pour apprécier la vue sur le château. Ne se visite pas, mais visible des grilles ou des bords de Loire.

Ménars dresse sa façade classique sur la rive droite de la Loire, au milieu de jardins bien conservés. La marquise de Pompadour acheta en 1760 ce château du 17e s. qu'elle fit agrandir de deux ailes par Ange-Jacques Gabriel. Quatre ans plus tard, à sa mort, le domaine passa à son frère, le marquis de Marigny, qui apporta d'autres améliorations à l'architecture et aménagea les jardins à la française.

Rejoignez ensuite Mulsans en rattrapant la D 50 à Villerbon.

2

Mulsans B1

À 14 km au nord de Blois par la D 50.

Petit village agricole à la lisière de la Beauce, comme le révèlent ses fermes à cour fermée. La charmante **église** aux baies flamboyantes est surmontée d'un beau clocher roman décoré d'arcatures et de baies géminées en plein cintre. Abritant largement le porche, une galerie Renaissance, dite « caquetoir » (fréquente dans la région), à colonnettes de bois sculpté, encadre tout le bas de la nef.

Pour passer sur l'autre rive, traversez le fleuve à Muides-sur-Loire (plus au nord).

St-Dyé-sur-Loire B1

À 15 km au nord-est de Blois, rive gauche.

La ville garde de son passé florissant un mur d'enceinte (13e s.) surplombant le quai de la Loire, des maisons basses dans la rue de **Chambord** et de belles demeures des 15e, 16e et 17e s. où résidaient les ouvriers et maîtres d'œuvre. La quantité considérable de matériaux destinés à la construction du château de Chambord transita par le port de St-Dyé.

L'association **Marins du Port de Chambord** organise une traversée du fleuve en bac (très utile pour les cyclistes) entre Cour-sur-Loire et Montlivault *(horaires sur http://marins-port-chambord.fr)* et propose également des balades sur la Loire *(voir Nos adresses)*.

L'**église** du 16e s., au puissant clocher-porche, conserve les tombeaux de saint Déodat (ou Dyé, ermite et fondateur de la cité au 6e s. selon la tradition) et de son compagnon, saint Beaudemir, ainsi que, dans le chœur, une inscription révolutionnaire.

La **Maison de la Loire du Loir-et-Cher**, installée dans l'hôtel Fontenau du 17e s., abrite l'office de tourisme, des expositions sur le milieu ligérien, dont l'exposition permanente « St-Dyé, port de Chambord ». *73 r. Nationale - 41500 St-Dyé-sur-Loire - ☏ 02 54 81 68 07 - www.maisondeloire41.fr - ♿ - juin-sept. : 10h-13h, 14h-18h ; reste de l'année : tlj sf dim.-lun. 10h-13h, 14h-17h30 - fermé 1er janv., 1er Mai, 26 déc. - visite guidée sur demande (1h30) - 6 € (-18 ans 4 €)*

Au loin se profile le **Centre nucléaire de production d'électricité de St-Laurent-des-Eaux** – *Rte de la Centrale - ☏ 02 54 45 84 11 - http://saint-laurent.edf.com - ♿ - vac. scol. : tlj sf dim.-lun. 9h-12h, 14h-17h, sam. 10h-12h, 14h-17h ; reste de l'année : merc. 14h-17h, sam. 10h-12h, 14h-17h.* La visite du centre d'information, dans un bâtiment situé à l'entrée principale du site, au pied d'un belvédère panoramique, permet de découvrir le nucléaire grâce à des panneaux, des maquettes et des films.

Par la D 112A, on pénètre dans le domaine de Chambord (p. 92). Vitesse réglementée.

NOS ADRESSES À BLOIS

VISITE

« Guideez » application ludo-pédagogique pour découvrir le château en 12 étapes. Téléchargeable gratuitement *(av. la visite)* sur smartphone ou tablette. *www.guideez.com.*

HÉBERGEMENT

PREMIER PRIX

Hôtel Anne de Bretagne – A2 - *31 av. J.-Laigret - ☏ 02 54 78 05 38 - www.hotelannedebretagne.com - fermé en fév. pdt vacances zone B, dernière sem. nov. et 1re sem. déc. - ♿ - wifi gratuit - 29 ch. 69/85 € - ☕ 8,50 € - ✕ 16,50/32 € et 1/2 P 64 €/pers. au Monarque.* Sur une place arborée, voisine du château, une adresse familiale où il fait bon s'arrêter : salon cosy, chambres simples et joliment colorées, petit-déjeuner servi dehors l'été.

Hôtel Ibis Centre Château – A1 - *3 r. Porte-Côté - ☏ 02 54 74 01 17 - www.ibishotels.com - 56 ch. 69/116 € - ☕ 9,90 € - wifi gratuit.* Adresse centrale, alliant le cachet d'un ancien hôtel particulier (mosaïque d'entrée, stucs, moulures) à la fonctionnalité de chambres rajeunies et bien insonorisées. Réductions Internet.

Hôtel Le Monarque – A1 - *61 r. Porte-Chartraine - ☏ 02 54 78 02 35 - www.hotel-lemonarque.com - fermé 21 déc.-06 janv. - P sur réser. 5 €/jr. - 29 ch. 62/72 € - ☕ 8,50 € - ✕ 16,5/32 €, 1/2 P 64 €/pers. en ch. double - wifi gratuit.* Non loin des rues piétonnes, une bâtisse du 19e s. dont les murs abritent un hôtel accueillant décoré sur le thème de la bande dessinée. Petites chambres sobres et bien tenues, toutes climatisées. Un puits de lumière central et quelques tableaux égaient le restaurant ; recettes actuelles.

Aux environs de Blois

PREMIER PRIX

Chambre d'hôte Les Salamandres – *1 r. de St-Dyé - 41350 Montlivault (12 km au nord-est, par D 951, rive gauche) - ☏ 02 54 20 69 55 - www.salamandres.fr - ♿ - P - ⊭ - 4 ch. 62/75 € ☕ - wifi gratuit.* Cette ancienne exploitation viticole a été restaurée avec beaucoup de goût : les styles ancien, rustique et contemporain se marient harmonieusement dans l'ensemble des pièces. Les anciennes granges abritent les chambres, coquettes et personnalisées. Prêt de vélos et tennis gratuit à 300 m.

BUDGET MOYEN

Chambre d'hôte La Maison de Thomas – A1 - *12 r. Beauvoir - ✆ 02 54 46 12 10 - www.lamaisondethomas.fr - ⊭ - 5 ch. 105/110 €* ☕. Idéalement située au centre de Blois, cette maison restaurée propose des chambres d'hôte impeccables. M. Thomas, qui n'est jamais à court d'idées, anime chaque mois une soirée dégustation de vins, accompagnée par des produits de bouche de grande qualité.

Aux environs de Blois

Chambre d'hôte La Villa Médicis – *1 r. Médicis - 41000 St-Denis-sur-Loire (7 km au nord-est, rive droite) - ✆ 02 54 74 46 38 - lavillamedicis.com - réserv. obligatoire (hiver) - ⊭ P - 4 ch. 68/98 € ☕ - ✕ 32 € - wifi gratuit.* Marie de Médicis venait prendre les eaux aux sources du parc dans lequel fut construite cette villa au 19e s., hôtel thermal pour les curistes de l'époque. Séjour au calme dans une des chambres ou dans la suite. Table d'hôte et, en été, petit-déjeuner dans le parc.

POUR SE FAIRE PLAISIR

Chambre d'hôte Le Clos Pasquier – Hors plan par A2 - *10-12 impasse de l'Orée-du-Bois - ✆ 02 52 58 84 08 - www.leclospasquier.fr - P - 4 ch. 120/190 € ☕ - wifi gratuit.* Après avoir été le relais de chasse de Catherine de Médicis, Le Clos Pasquier fut la résidence de Jack Lang lorsqu'il était maire de Blois. Situé au calme, « à l'orée du bois », il est décoré avec gout et possède un magnifique jardin-terrasse. Petit-déjeuner gargantuesque et quelques surprises architecturales en prime, comme des portes signées Wilmotte.

RESTAURATION

PREMIER PRIX

La Trouvaille – B2 - *5-7 r. de la Chaîne - ✆ 02 54 74 77 96 - www.brasserielatrouvaille.com - ♿ - formule déj. 11,50/16 € - carte bistronomique le soir 25/35 €.* Ce café-brasserie posé en bordure de Loire offre l'une des plus belles vues sur Blois. L'accueil sympathique et le service attentionné se conjuguent avec un menu-carte sélectionnant des plats selon le marché et les saisons : parmentier de queue de bœuf, coquilles St-Jacques et *clam chowder*, sorbets artisanaux… Belle carte des vins conseillée par un sommelier expérimenté. Mais que fait cette télévision au milieu de la salle ?

Le Denis Papin – B1 - *25 r. St-Honoré - ✆ 02 54 46 27 12 - 8h-20h - fermé dim. - plat du jour midi 10,90/18 € - le soir, apéritif seulement.* Sympathique adresse sans prétention. Carte restreinte centrée sur quelques plats maison (tourte au canard *10,50 €*). Le tout peut être servi en été sous les muriers sur une petite terrasse juste au-dessus du grand escalier ou trône la statue de Papin.

Miss Goumard – B1 - *20 r. du Palais - ✆ 02 54 58 96 99 - ♿ -11h30-18h30 - fermé dim.-lun. - plat du jour 8,50/12,50 € - réserv. conseillée.* Soupes fraîches, quiches, risottos, c'est simple et bon ; une cuisine de fourneau servie avec attention. Puis place au salon de thé avec d'impensables pâtisseries pour le goûter. Coin enfant et atelier crochet aux heures creuses.

BUDGET MOYEN

Côté Loire - Auberge ligérienne – B1 - *2 pl. de la Grève - ✆ 02 54 78 07 86 - www.coteloire.com - fermé dim.-lun. - formule déj.*

22/32 € - 8 ch. 62/105 € - ☕ 11 € - 1/2 P 40 €/pers. Poutres d'origine (16e s.), vaisselier ancien, tables en bois verni et menu unique a l'ardoise évoluant au gré du marché font tout le charme de cet hôtel-restaurant.

Les Banquettes Rouges – A2 - *16 r. des Trois-Marchands - ✆ 02 54 78 74 92 - www.lesbanquettesrouges.com - ♿ - fermé 10 j. en juin, 10 j. en août, vac. de Noël, dim. et lun. - menu 17,50/36 €.* D'entrée, on éprouve de la sympathie pour ce petit restaurant à la jolie devanture rouge. Le cadre est très chaleureux : chaises bistrot, tables au coude à coude et, bien sûr, banquettes rouges. Dans l'assiette, tout est fait maison. Cuisine élaborée, créative, inventive et pleine de saveur.

L'Embarcadère – Hors plan par A2 - *16 quai Ulysse-Besnard (1 km du centre-ville) - ✆ 02 54 78 31 41 - www.lembarcadere.fr - P - fermé j. fériés - formule 15,90 € - menu 19,50/29 €.* En bordure de Loire, en terrasse ou sur le tillac, on vous sert là une cuisine locale et de saison. La carte change tous les 3 mois mais conserve ses spécialités : la friture d'éperlans et l'effeuillé de bœuf. Vins locaux et bon accueil.

Assa – Hors plan par A2 - *189 quai Ulysse-Bernard - ✆ 02 54 78 09 01 - www.assarestaurant.com - ♿ - fermé 7 avr.-5 mai, 22-29 déc., dim. soir et lun.-mar. - formule 29 € - menu 47/80 € - sur réserv.* Chaque matin, le jeune chef Anthony Maubert et sa compagne Fumiko, réécrivent le menu du jour. Leur table est pleine de fraîcheur, de savoir-faire et de saveurs. Une étoile au guide Michelin en 2017.

POUR SE FAIRE PLAISIR

Au Rendez-Vous des Pêcheurs – A2 - *27 r. du Foix - ✆ 02 54 74 67 48 - www.rendezvousdespecheurs.com - fermé 2 sem. août, dim. et lun. - formule déj. 25 € - menu 37/68 €.* Hommage à l'épicerie et son bar de pêcheurs qui occupaient autrefois les lieux, sympathique salle aux murs peints et cuisine inventive naviguant avec brio entre terre et Loire.

Le Médicis – Hors plan par A2 - *2 allée François-Ier - ✆ 02 54 43 94 04 - www.le-medicis.com - fermé 2-28 janv., 26 oct.-2 nov., dim. soir et lun. - formule déj. 27 € - 37/54 € - 10 ch. 79/120 € - ☕ 12 € - 1/2 P 92 €/pers.* Maison 1900 proposant une belle cuisine actuelle dans une salle à manger-véranda cossue (moulures, mobilier Second Empire). Chambres modernisées, soignées et confortables.

PETITE PAUSE

Pâtissier-chocolatier Stéphane Buret – *20 r. du Commerce - ✆ 02 54 78 02 96 - patissier-chocolatier-blois.com - fermé 2 sem. fév., 2 sem. sept., 1er Mai, 1er nov. et lun. - 8h30-19h15.* En entrant dans cette grande et belle boutique, vous découvrirez d'appétissantes pâtisseries, dont la Feuillantine, le St-Michel, ainsi que de délicieuses verrines créations maison et une trentaine de sortes de bonbons au chocolat. Les pavés de Blois et les malices du loup y tiennent la vedette. Joli salon de thé climatisé, dans son nouveau décor habillé de coloris framboise et pistache. Terrasse d'été installée sur la rue piétonne.

Éric Saguez – *74 r. du Commerce - ✆ 02 54 78 20 73 - 8h30-19h, sam. 8h-19h, dim. 8h30-13h, 15h30-18h30 - fermé lun.* Ancien chef pâtissier du Ritz et Meilleur ouvrier de France, Éric Saguez est également glacier : goutez le chambord sorbet mûre et abricot. Patelins, Pavés du roi et Malice du loup sont quelques autres spécialités. Agréable salon de thé.

ACHATS

Dans la rue du Commerce et les rues adjacentes de cet agréable quartier piétonnier *(rue Rebrousse-Pénil, rue St-Martin).*

Brocante – *3e dim. de chaque mois.* Sur le mail et la rue Jeanne-d'Arc.

La Bourriche aux Appétits – *Le Lac-de-Loire - 41350 Vineuil - 5 km au sud-est de Blois par D 951 - 02 54 81 65 25 - www.bourriche.fr - juil.-août : 10h-12h30, 15h-19h ; reste de l'année : tlj sf dim.-lun. 10h-12h30, 15h-19h.* Installée près de l'ancien lac de Loire, dans une ancienne cabane de pêcheurs, cette entreprise artisanale de fabrication de produits stérilisés alimentaires valorise le poisson de Loire et d'eau douce, le gibier de Sologne et bien sûr tous les produits régionaux. Vente également de vins du Val de Loire (une quarantaine de références).

Vins – voir p. 526.

EN SOIRÉE

Son et lumière – *Château de Blois - 02 54 90 33 33 - http://www.coeur-val-de-loire.com/le-son-lumiere-du-chateau-royal-de-blois/- juin-août 22h30 ; avr.-mai et sept. : 22h - 8,50 € (-12 ans 5 €).* Un nouveau spectacle, lancé en avril 2018, est désormais projeté à 360° sur l'ensemble des quatre façades du château, avec des techniques video de dernière génération pour projections monumentales.

ACTIVITÉS

Traîneurs de Loire – *12 r. St-Lubin - 02 54 79 36 71 - www.traineurs-de-loire.com - tlj. en sais. : 10h-19h - location vélo 15 €/j.* Avec le cyclo-bus, partez à vélo vers les châteaux de Chambord ou Cheverny et revenez en bus *(8 pers. maxi).* Également location de vélos et bateaux.

Marins du port de Chambord – *122 quai de la Loire - 41500 St-Dyé-sur-Loire - 02 54 81 68 07 - http://marins-port-chambord.fr - plusieurs formules : au crépuscule, 20h, 21 € - pique-nique, 12h30, 228 €/12 pers. - journée, 10h-11h15, 15h-16h15, 10 €.* Balade sur un bateau identique à ceux qui acheminaient les matériaux de construction à Chambord.

La Safranière – *41150 Chouzy-sur-Cisse - 06 87 92 05 43 - www.safrancoeurvaldeloire.com - visite guidée sur demande (2h) - 1er Mai-30 nov. : 10h-12h - fermé merc., dim. et j. fériés - 8 € (-12 ans 4 €).* Découverte de la cuture du safran, conseils de plantation et dégustation.

AGENDA

Carnaval de Blois – *Mars.* Un thème défini chaque année.

Les Rendez-vous de l'Histoire – *Mi-oct. - 02 54 56 09 50 - www.rdv-histoire.com - pdt 3 j.* Rendez-vous incontournable des amoureux de l'histoire. Conférences, signatures, rencontres autour d'un thème.

Bd Boum – *3 j. fin nov. - 02 54 42 49 22 - www.bdboum.com.* Dédié au 9e art, ce festival (l'un des plus réputés après celui d'Angoulême) fête sa 35e édition en 2018.

Château de Chambord

★★★

Chambord (41 250) – Loir-et-Cher (41)

On ne sait si cette gigantesque nef de pierre blanche s'est échouée aux confins d'un océan de verdure ou si, telle une apparition féerique, elle flotte quelque part entre la Loire et la Sologne. Avec ses 77 escaliers, ses 156 m de façade, ses 282 cheminées, ses 426 pièces et ses 800 chapiteaux sculptés, Chambord est l'un des plus grands chefs-d'œuvre architecturaux de la Renaissance. Son harmonie et sa beauté portent l'empreinte de Léonard de Vinci, bien que le maître mourût en 1519, quelques mois avant le début d'un gigantesque chantier voulu par le roi François Ier.

NOS ADRESSES PAGE 98
Hébergement, restauration, achats, activités, etc.

S'INFORMER

Bureau d'information touristique – *Halle d'accueil de Chambord - 41250 Chambord - ✆ 02 54 33 39 16 - www.bloischambord.com - 9h-13h, 13h30-17h (16h oct.-mars) - fermé dim.-lun.*

SE REPÉRER

Carte de microrégion B2 (p. 72).

À 180 km au sud-ouest de Paris (par l'A 10, sortie Mer ou Blois), 16 km au nord-est de Blois et 25 km au sud-ouest de Beaugency. En train : gare SNCF de Blois *(1h45 de Paris)* puis navette jusqu'à Chambord *(avr.-août : dép. 9h30 et 11h30, retours 15h20, 17h20, 19h20 ; hors sais. : dép. 14h25, retour 17h10 - ✆ 02 54 58 55 44 - www.tlcinfo.net)*. Chambord se trouve sur l'itinéraire La Loire à vélo.

À NE PAS MANQUER

L'escalier à double révolution ; la vue sur les toits en montant sur les terrasses ; le décor des plafonds à caissons des salles du 2e étage ; le festival de musique en juillet ; le spectacle équestre ; le brame des cerfs en saison.

ORGANISER SON TEMPS

Comptez au minimum 2h pour le château et 2h pour une promenade pédestre, équestre ou à vélo ; et aussi visite des abords en calèche *(45mn)*, en barque ou bateau électrique, ou encore en rosalie.

AVEC LES ENFANTS

La visite ludique du château ; balade à vélo dans le parc, où vous aurez peut-être la chance d'apercevoir quelque grand animal de la forêt.

★★★ DOMAINE

Entrée par la porte Royale. Munissez-vous du plan détaillé remis à l'accueil - ✆ 02 54 50 40 00 - www.chambord.org - avr.-oct. : 9h-18h ; reste de l'année : 9h-17h - fermé 1er janv., 25 déc. - possibilité de visite guidée - 13 € (-18 ans gratuit) - 24 € billet combiné avec le spectacle (chevaux et rapaces) - audioguide disponible, HistoPad (avec tablette numérique).

D'inspiration encore féodale, le corps central du château est appelé **donjon** en dépit de son plan influencé par l'Italie et les villas toscanes : un carré parfait, flanqué à chaque angle d'une tour marquant un point cardinal, est traversé par un vestibule en croix grecque que dessert un escalier central, le fameux escalier à double révolution. Ce choix architectural illustre le passage des

F. Leroy/hemis.fr

Vue aérienne du château de Chambord, et ses jardins à la française.

P. Escudero/hemis.fr

La lanterne de l'escalier à double révolution attribué à Léonard de Vinci.

2

J. Arnold Images/hemis.fr

Les cheminées de Chambord.

UNE VIE DE CHÂTEAU…

Tandis que **François II** et **Charles IX** viennent souvent chasser dans la forêt, Henri III et Henri IV ne se montrent guère à Chambord, mais Louis XIII renoue la chaîne. **Louis XIV** y fait neuf séjours, entre 1660 et 1685, et ordonne d'importantes restaurations. **Molière** y crée avec succès *Le Bourgeois gentilhomme* en 1670.

Louis XV met le château à la disposition de son beau-père, Stanislas Leszczyński, roi détrôné de Pologne, entre 1730 et 1733. Des jardins à la française sont aménagés sur les parterres nord et est du château.

Pillé à la Révolution, puis laissé longtemps à l'abandon, le château est enfin classé Monument historique en 1840; il bénéficie de restaurations avec le **comte de Chambord** qui l'ouvre à la visite.

En 1930, l'État le rachète aux héritiers, moyennant 11 millions de francs.

forteresses défensives vers une architecture de plaisance. L'intérieur de ce donjon comporte cinq niveaux habitables. Chaque niveau comprend quatre quartiers d'appartements identiques, selon une symétrie rigoureuse.

Au donjon François Ier fait adjoindre une aile nord, dans laquelle il installe ses appartements, puis trois autres ailes fermant un grand quadrilatère.

Cour d'honneur

Elle offre une vue sur le donjon, relié aux tours d'angle par des galeries à deux étages et arcades. Une galerie a été plaquée sur la façade lorsque, à la fin du règne de François Ier, furent ajoutés les escaliers extérieurs situés dans les angles des cours.

★★★ Escalier à double révolution

Il occupe le centre de la croix formée par les quatre grandes salles de garde. Inspirée des croquis de recherche de Léonard de Vinci, sa conception est particulièrement originale. Son noyau central, ajouré, permettait aux hôtes du château de s'apercevoir d'une volée à l'autre.

Ayant grandi à Chambord, la Grande Mademoiselle, cousine de Louis XIV, aimait à raconter comment elle pouvait y jouer avec son père.

Appartements

Dans les pièces du rez-de-chaussée et du 1er étage, on découvre des décors et un ameublement des 17e et 18e s., ainsi qu'une superbe collection de tapisseries anciennes. La salle des Chasses expose quatre tableaux de scènes de chasse de Louis-Godefroy Jadin (1805-1882), rares œuvres ayant survécu à l'incendie des Tuileries.

Une présentation audiovisuelle en images de synthèse fournit les explications indispensables sur la construction du château et la conception modulaire de son architecture.

1er étage – François Ier fit aménager ses appartements dans la tour nord de l'enceinte. Ce serait sur l'un des vitraux de sa chambre que le roi aurait gravé les mots : « Souvent femme varie, bien fol est qui s'y fie ». La chambre de la Reine, dans la tour François-Ier, est ornée de tapisseries de la Manufacture de Paris, dont l'*Histoire de Constantin,* d'après des cartons de Rubens.

L'**appartement de Parade**, décoré de tapisseries et de portraits historiques, fut aménagé par Louis XIV. La chambre de Parade, habitée successivement par Louis XIV, Stanislas Leszczyński et le maréchal de Saxe, a conservé ses boiseries Régence. Dans l'appartement du dauphin, à l'angle est du château, sont rassemblés des souvenirs du comte de Chambord, dont le petit parc

Un écrin royal énigmatique

UNE RÉALISATION HORS NORMES

Sacré roi de France en 1515 à Reims, François Ier lance le chantier en 1529, une date symbolique selon MM. Fourrier et Parot, deux historiens qui donnent une nouvelle lecture de ce château hors norme. 1529 est en effet l'année des 25 ans de François Ier, l'âge de l'émancipation totale, celui qui permet à cette époque de s'affranchir de toutes tutelles. C'est donc loin de Romorantin et de Blois, fiefs respectifs de sa mère Louise de Savoie (1476-1531) et de sa femme Claude de France (1499-1524), que François Ier décide d'édifier son château : un défi de taille à la mesure de ses ambitions royales puisqu'il s'agit de faire sortir des terres marécageuses du Cosson un projet architectural insensé résumé en quelques chiffres : 440 pièces, 228 cheminées, 800 chapiteaux, 15 escaliers, 220 000 tonnes de pierres, 156 m de façades, 1 800 ouvriers pendant quarante ans… Si le nom du maître d'œuvre ne nous est pas connu avec certitude, il est admis que les différents architectes qui se suivirent travaillèrent sur une idée originale de **Léonard de Vinci**.

Un abrégé de l'industrie humaine

Le roi ne lésine pas. En 1529, dans son ardeur, il veut même faire dériver la Loire pour l'amener au pied du château, mais devant l'énormité de la tâche, on se contente du Cosson. Même quand le Trésor est à sec, les travaux continuent. Ils ne subissent qu'une interruption, en 1524-1526, lors d'une campagne en Italie soldée par la défaite de Pavie. En 1537, le gros œuvre est terminé. En 1538, le roi commande un logis relié au « donjon » par un bâtiment de deux étages (l'aile nord) et, sur le flanc ouest, une seconde aile symétrique du logis (l'aile de la Chapelle). L'ensemble mesure 117 m sur 156 m. Dès 1539, le roi, qui se plaisait à dire « Allons chez moi », peut y recevoir Charles Quint. Le visiteur, charmé par l'accueil, puis émerveillé par l'édifice, déclare à son hôte : « Chambord est un abrégé de l'industrie humaine. » En 1545, le logis royal est achevé, mais François Ier ne peut guère en profiter : il meurt deux ans plus tard. Henri II poursuit l'œuvre de son père en construisant l'aile ouest et la tour de la Chapelle, alors qu'on termine le mur d'enceinte. À sa mort, en 1559, le château reste inachevé. À la dynastie des Valois a succédé avec François Ier celle des Valois-Angoulême, qui s'éteindra en 1589 avec Henri III. Chambord n'est plus qu'un écrin vide. François Ier lui même n'y aura séjourné que 72 jours.

UNE RÉALISATION QUI INTRIGUE ENCORE

Ce projet si démesuré interroge sur sa destination ; ce ne peut être un pavillon de chasse comme on l'a souvent répété. Il faut chercher ailleurs, à l'aune d'une symbolique religieuse qui lit l'architecture de Chambord à la lumière de celle de la Cité céleste décrite dans l'*Apocalypse de saint Jean*, pointent les historiens, avec « son plan carré, le volume quasi-cubique du donjon, les douze portes, l'absence apparente de chapelle, la luminosité exceptionnelle »… en particulier celle qui irrigue l'époustouflante terrasse du château : organisée comme un village avec, en son centre, l'église signalée par un lanternon dressé au-dessus des toitures d'ardolses. Chambord émergeant de l'enfer terrestre livrerait une vision éclairée digne de la Jérusalem céleste dont l'étymologie est « vision de paix » : François Ier apportant la paix céleste à son peuple avec pour socle temporel cet écrin prestigieux que doit être Chambord pour porter les filiations les plus prometteuses…

d'artillerie offert au jeune prince (les balles des pièces-jouets pouvaient percer une muraille !).

2e étage – Les **plafonds** à caissons en pierre des salles autour de l'escalier, inhabituels à cette hauteur du bâtiment, sont conçus pour supporter le poids des terrasses. Leur structure est celle de voûtes en berceau en anse de panier. Le riche décor fait alterner l'initiale de François Ier (F) et la salamandre couronnée avalant des flammes ou crachant des gouttes d'eau, laquelle illustre sa devise, « *nutrisco et extingo* » (« je me nourris du bon feu, j'éteins le mauvais feu »).

★ **Chapelle** – Insérée dans une tour d'angle et donc invisible de l'extérieur, elle déploie ses proportions immenses sur la hauteur de deux étages. Elle est soutenue par des colonnes géminées inspirées de l'Antiquité romaine et ornées de chapiteaux portant des F et des salamandres, symboles de François Ier. Sur les chapiteaux ioniques figure un croissant, symbole d'Henri II. Quant à la marque de Louis XIV, un soleil rayonnant, vous pourrez la voir dans le chœur. Chacune de ces marques correspond aux phases successives de la construction.

★★★ Terrasses

Directement inspirées par des châteaux comme ceux de Mehun-sur-Yèvre ou de Saumur, elles offrent un spectacle unique : lanternes, cheminées, escaliers et lucarnes s'y entremêlent, tous fouillés par le ciseau du sculpteur. Les symboles royaux sont légion : initiale de François Ier, salamandre couronnée, candélabres enflammés, fleurs de lys, etc. La Cour passait le plus clair de son temps sur les terrasses, suivant le départ et l'arrivée des chasses, les revues militaires, les tournois, les fêtes. En outre, leurs mille coins et recoins favorisaient à merveille l'intrigue et les apartés galants, alors très en vogue… Notez un détail raffiné : le long des cheminées, des ardoises découpées en losanges, cercles ou carrés forment une sorte de mosaïque rappelant les placages de marbres italiens.

Au-dessus des terrasses, l'escalier continue en une seule hélice qui se déroule dans une magnifique **lanterne★** de 32 m.

Jardins à la Française

En 2017, Chambord a retrouvé ses jardins à la française. Après 16 années de recherches documentaires, historiques, archéologiques, botaniques, 7 mois de travaux d'un montant de 3,5 millions d'euros, le domaine de Chambord a précisément rétabli les tracés des jardins du 18e s. Les travaux ont été entièrement financés par le mécénat d'un philanthrope américain, M. Stephen Schwarzman.

Les jardins s'étendent désormais, devant la façade d'honneur, sur 6,5 ha, et présentent 618 arbres, 840 arbustes, plus de 15 000 plantes et 19 000 m2 de

LES FOSSES D'AISANCE ET LA POÉSIE

Des archéologues ont découvert en 2001, sous l'aile Royale, une cavité correspondant à l'ancienne fosse d'aisance royale du château de Chambord. Rectangulaire, voûtée en berceau, elle comporte des parois ornées de nombreux graffitis tracés au 19e s., sous forme de mystérieux poèmes naïfs signés « Defeings, valet de chambre du comte de Calonne ».

L'analyse des plans des fosses du donjon a permis de comprendre la volonté initiale du roi François Ier de créer un château dont chaque quartier aurait été décalé de 90° par rapport au précédent. Lors des travaux de réfection, en 2007, de la cour du château, une structure médiévale circulaire a été découverte à 4 m de profondeur par les archéologues de l'INRAP. Il s'agit, cette fois-ci, de la base du château médiéval, appartenant aux comtes de Blois, cité dans les textes à partir du 12e s.

CHASSES ROYALES

Le parc du château, dont les limites n'ont pas changé depuis 1650, offre un magnifique territoire de chasse. Les meutes royales font l'objet de soins constants. Les rois sont des chasseurs passionnés. Malgré sa faible constitution, Charles IX courre (en vénerie, poursuivre une bête) dix heures de suite, crève cinq chevaux, souffle du cor au point de rendre le sang et va jusqu'à forcer (épuiser par une longue poursuite) un cerf sans user de chiens.

pelouse. Imaginés sous Louis XIV, qui avait décidé d'aménager les abords du château, les travaux se poursuivirent sous Louis XV. Un jardin à la française fut planté selon un dessin de 1734. Souffrant peu à peu d'un manque d'entretien, ils disparurent dans l'entre-deux guerres. Les essences choisies l'ont été dans une volonté de restitution historique mais aussi dans une logique de préservation de l'environnement.

Salle des Carrosses

Accès par la cour.

Aménagée dans l'aile Royale, au rez-de-chaussée, elle abrite les dernières voitures royales commandées en 1873 par le comte de Chambord en prévision de son entrée à Paris. Une salle attenante fait office de dépôt lapidaire.

Vous pouvez faire une pause au **Café d'Orléans** *(ouv. durant les vac. scol. aux heures d'ouverture du château), un salon de thé situé dans la cour royale du château. En salle, au coin du feu, ou en terrasse : boissons, plats du terroir, quiches et desserts réalisés par des maîtres artisans de la région avec des produits locaux.*

2

Parc

✆ 02 54 50 40 00 - www.chambord.org - 1 000 ha ouverts à la visite à pied, à vélo ou à cheval - observatoires, pistes cyclables, sentiers de randonnée, activités autour du château (balades en calèches, etc.). (« Nos adresses »).

Aujourd'hui Parc national cynégétique, Réserve nationale de chasse et de faune sauvage depuis 1947, il est immense : 5 500 ha. Le plus long mur de France (32 km) en fait le tour. La forêt de chênes et de pins sylvestres est particulièrement giboyeuse. On dénombre, parmi les animaux adultes, environ 700 cerfs, 600 sangliers, 100 chevreuils, mais aussi 80 mouflons corses. Pour maintenir un équilibre, on y pratique treize battues de régulation par an pour les sangliers et le « panneautage », ou capture de cerfs vivants par des filets pour les réintroduire ailleurs.

Les promeneurs à pied peuvent emprunter l'un des quatre sentiers balisés dans la partie ouest du parc, ou encore le GR 3 ; des pistes sont réservées aux cavaliers. Cinq aires de vision sont dédiées à l'observation des hardes de cerfs ou des bandes de sangliers venant « au gagnage » chercher leur nourriture.

Écuries du maréchal de Saxe

En 1745, le poste de gouverneur général de Chambord à vie est offert au **maréchal de Saxe**, assorti de 40 000 livres de revenus en récompense de sa victoire à Fontenoy. Celui-ci fait achever les écuries pour y loger des régiments de cavalerie composés de Tartares, de Valaques et de Martiniquais.

Dans les vestiges des anciennes écuries, un **spectacle d'art équestre** retrace l'histoire du château, de la Renaissance au 19e s. En avant-spectacle sont proposées des animations qui font référence à la vénerie, la fauconnerie, les combats d'épée, la forge, l'harnachement d'un cheval (*« Nos adresses »*).

NOS ADRESSES PRÈS DE CHAMBORD

Voir aussi Blois *(p. 88)*.

HÉBERGEMENT

PREMIER PRIX

Orée des châteaux – *9 r. de Blois - 41250 Bracieux - ✆ 02 54 46 40 19 - www.oree-des-chateaux.com - ♿ - P - 16 ch. 64/73 € - ☕ 8,50 € - wifi.* Petit hôtel minimaliste, très prisé par les touristes en route pour les châteaux de la Loire. En plus des chambres confortables et accueillantes, on peut opter pour un petit appartement équipé..

RESTAURATION

PREMIER PRIX

Au Fil du Temps – *11 pl. de la Halle - 41250 Bracieux - ✆ 02 54 46 03 84 - fermé jeu. et merc. soir en hiver (oct.-mars) - menu déj. 18,50 € - menu 23/29,90 €.* Très agréable table qui conjugue de bons produits du terroir selon les saisons avec un service très attentionné. La salle étant petite, il est prudent de réserver pour savourer une salade gourmande ou un pavé de selle d'agneau a la crème d'ail. Menu particulièrement attractif.

BUDGET MOYEN

Auberge du Bon Terroir – *20 r. du 8-Mai - 41500 Muides-sur-Loire - ✆ 02 54 87 59 24 - www.auberge-bon-terroir.fr - P - fermé dim. soir et lun.-mar. - menu déj. (sf w.-end et j. fériés) 23 € - menu 33,50/58,50 €.* Répertoire traditionnel et spécialités du Val de Loire à savourer dans l'une des salles à manger, ou sur la terrasse à l'ombre d'un tilleul. Le ris de veau, poêlé ou cuit au four aux saveurs de Sauternes, est l'une des spécialités.

POUR SE FAIRE PLAISIR

Le Rendez-Vous des Gourmets – *20 r. Roger-Brun - 41250 Bracieux - ✆ 02 54 46 03 87 - ♿ - fermé dim. soir, sam. midi et merc. - P - déj 17/21 € - soir 27/65 €.* Auberge familiale et campagnarde ; le repaire du chef Didier Doreau qui aime travailler de beaux produits en respectant la tradition (lièvre à la royale, agneau confit aux herbes potagères, etc.). Excellent accueil et service soigné.

La Maison d'à Côté – *25 rte de Chambord - 41350 Montlivault - ✆ 02 54 20 62 30 - www.lamaisondacote.fr - ♿ - fermé janv., mar.-mer. (mai-août seult mer.) - P - menu déj. 42 € - menu soir 70/131 € (menu mets et vins en 7 verres)- 12 ch. 85/199 € - ☕ 10 €.* À 5mn de Chambord, cette auberge reprise par Christophe Hay en 2014 est un bonheur gourmand (1 étoile au guide Michelin en 2017). Servie dans un décor contemporain et chaleureux, sa cuisine est créative, toute en subtilité. Dans le respect des saisons, il propose mulet ou brochet de Loire, anguille caramélisée, servis avec les légumes du jardin, puis pintade fermière aux girolles et aubergines. Certaines formules proposent des accords mets et vins, en 5 ou 7 services (98/131 €). La vaste carte des vins est particulièrement riche en vins de Loire (Cheverny, Cour-Cheverny, Orléans, Touraine…), mais pas seulement, à l'image de « L'Infidèle », Terrasses du Larzac, Mas Cal Demoura. Pour un déjeuner plus simple, **Côté bistrot**, tenu par le second de Christophe Hay, Nicolas Aubry. Celui-ci revisite avec beaucoup de talent les classiques de la cuisine de bistro. *(☏ 02 54 33 53 06 - fermé dim. soir et lun., aussi mar. midi sept.-avr. - 14/22/28 €.*

DÉGUSTATION/VISITE

Chocolaterie Max Vauché – *22 Les Jardins-du-Moulin - 41250 Bracieux - ☏ 02 54 46 07 96 - www.maxvauche-chocolatier.com - visite guidée sur demande préalable (1h) : 10h30, 15h30 et 16h30, dim. et j. fériés 15h30 et 16h30 - fermé lun. sf juil.-août, dim.-lun. en janv., 1er janv. et 25 déc. - 4,50 € (-12 ans 3,60 €).* Une visite instructive pour comprendre les étapes de transformation de la fève de cacao en chocolat, assurée par ce maître-chocolatier, régulièrement distingué. Dégustation en fin de visite *(atelier enf., se rens.).*

ACTIVITÉS

Location de barques – *Embarcadère - 41251 Chambord - ☏ 02 54 50 50 40 - avr.-sept. : 10h-19h.* Au fil de l'eau sur le Cosson en barque à rame *(12 €/h)* ou en bateau électrique *(16 €/30mn).*

Spectacle équestre – *☏ 02 54 20 31 01 - www.chambord.org - juil.-août : 11h45 et 16h (sf lun. 1re quinz. juil. et 2e quinz. août) ; mai-juin et sept. : tlj sf lun. 11h45, w.-end 11h45 et 16h - 14,50 €, 24 € pour spectacle/château.* Sont abordés la vénerie, la fauconnerie, les duels, l'atelier du maréchal-ferrant et la vie quotidienne.

Balade en calèche – *☏ 02 54 50 50 40 - avr.-sept. - 11 € (17-5 ans 8 €, -6 ans gratuit).* Des calèches avec cocher vous emmènent dans la partie privée du domaine à la rencontre de la faune et la flore et de points de vue exceptionnels sur le château.

L'Intimité du brame – *☏ 02 54 50 50 40 - de mi-sept. à mi-oct. - durée 3h - 35 € - sur demande préalable.* Le brame est un moment propice a l'observation du cerf. Prestation accessible à partir d'un mirador dans la zone fermée au public.

Visite de la réserve en 4x4 – *☏ 02 54 50 50 40 - 2 fév.-31 déc. - (1h30) - 18 € (17-5 ans 12 €, -6 ans gratuit).* Un guide initie en petit groupe à la découverte d'un milieu naturel préservé.

Aux abords du château

Baignade – *407 r. de la Martinière - 41250 Mont-près-Chambord - ☏ 02 54 79 01 81 - www.baignadenaturelle-grandchambord.fr - juil.-août : 11h-20h ; juin : 16h-20h - 5,50 €.* À deux pas de Chambord, un immense espace de baignade naturelle en pleine nature. Accueil sympathique.

AGENDA

Festival de Chambord – *Juil.* Une vingtaine de concerts de musique classique, populaire (jazz, accordéon…) et contemporaine sont organisés dans la cour du château. *☏ 02 54 50 40 00.*

Grand concert de trompes – *Une fois par an, se rens.* Entre tradition cynégétique et pratique culturelle.

Les **Terrasses** en musiques du monde, *de mi-juil. à mi-août.*

Marché du terroir, sur la place St-Louis. *Plusieurs fois par an, notamment w.-ends prolongés et Journées du patrimoine.*

Brocante – *1er Mai.* Pour les chineurs, des centaines d'exposants installent leurs stands sur les pelouses face à l'entrée du château.

2

Château de Talcy

★

Talcy (41370) – Loir-et-Cher (41)

Au sein des vieilles pierres de Talcy ont résonné les murmures du poète Ronsard et les soupirs de la belle Cassandre qui les lui inspira. Malgré sa silhouette médiévale, cette gracieuse demeure Renaissance fut pourtant bien peu guerrière ; en témoigne la « maison des champs » qu'elle est devenue à partir du 18e s.

NOS ADRESSES PAGE CI-CONTRE
Hébergement, restauration, achats, activités, etc.

S'INFORMER

Office du tourisme & Congrès de Blois|Chambord – *23 pl. du Château - 41006 Blois - ☏ 02 54 90 41 41 - www.bloischambord.com - avr.-sept. : 9h-19h ; reste de l'année : 10h-17h - fermé dim. (hors vac. scol. et j. fériés).*

SE REPÉRER

Carte de microrégion B1 (p. 72).
À 165 km de Paris, 42 km d'Orléans et 26 km de Blois, Talcy se trouve entre Beaugency (18 km à l'est) et Vendôme (36 km à l'ouest). En train : la gare de Mer *(1h30 de Paris)* est à 12 km de Talcy.

À NE PAS MANQUER

La salle à manger et les extérieurs dont le colombier et le pressoir.

ORGANISER SON TEMPS

Comptez 1h30 pour la visite libre du château et des jardins, davantage pour les visites théâtralisées en été.

AVEC LES ENFANTS

Visites ludiques sur les thèmes de l'architecture et de la vie quotidienne.

★ CHÂTEAU

18 r. du Château - ☏ 02 54 81 03 01 - www.talcy.monuments-nationaux.fr - mai-août : 9h30-12h30, 14h-18h ; avr. et sept. : 10h-12h30, 14h-17h ; reste de l'année : tlj sf mar. 10h-12h30, 14h-17h - fermé 1er janv., 1er Mai, 25 déc. - possibilité de visite guidée (1h) - 6 € (-25 ans gratuit).

La seigneurie de Talcy fut achetée en 1517 par le marchand florentin Bernard Salviati qui y fit édifier une maison forte. Le château accueillit successivement deux poètes qui, chacun à leur tour, furent amoureux d'une femme de la maison : d'abord **Ronsard**, qui consacra de célèbres sonnets à Cassandre Salviati, puis **Agrippa d'Aubigné**, qui tira des vers de ses amours déçues avec Diane Salviati, nièce de Cassandre. Quant à la fille de Cassandre, mariée à Guillaume de Musset, elle comptera dans sa descendance directe **Alfred de Musset**.

Au 19e s., l'ambiance change : le général Chanzy fait du château de Talcy son QG pendant la guerre de 1870 face aux Prussiens…

Extérieur – Mi-donjon, mi-ouvrage d'entrée, la grosse tour qui commande l'ensemble comporte deux tourelles d'angle et une galerie de défense crénelée, d'aspect très médiéval pour le 16e s. S'agit-il d'un archaïsme architectural ou d'une reprise d'un bâtiment existant ? Le doute subsiste.

La cour d'honneur séduit par sa gracieuse galerie et son puits coiffé d'un dôme que fleurit un rosier. Les communs conservent un grand **colombier** du 16e s. et un **pressoir** tricentenaire en état de marche.

Château de Talcy.
A. J. Cassaigne / Photononstop

Intérieur – La demeure a conservé quelques exemples de son arrangement et son mobilier des 17e et 18e s., principalement dans la charmante salle à manger mise en scène pour un dîner mondain. Belles **tapisseries** dans la chambre Charles IX, boiseries et lambris du 18e s., meubles estampillés Louis XIV et Louis XV. Dans le grand salon, décoré au 18e s. par Jérémie Burgeat, le sol en terre cuite contraste avec le raffinement d'une commode à panneaux couverts d'un vernis imitant les laques japonais, attribuée à l'ébéniste parisien du 18e s. Jean Demoulin.

2

Jardins – Divisés en carrés de buis, ils comportent un potager et un beau **verger conservatoire** où sont cultivées des variétés anciennes.

NOS ADRESSES PRÈS DE TALCY

HÉBERGEMENT

PREMIER PRIX

Chambre d'hôte La Ferme Peschard – *10 chemin de Paris - 41500 Séris - ✆ 02 54 81 07 83 - http://fermepeschard.free.fr - - wifi gratuit - 5 ch. 64 € - ✕ 22 €.* Au calme dans une ferme céréalière à 4 km de Talcy, un bâtiment indépendant regroupe cinq belles chambres dotées de salles d'eau impeccables. Le salon est aménagé dans une pièce voutée du sous-sol. Table d'hôte à base de produits de l'exploitation.

Chambre d'hôte Le Clos – *9 r. Jean-et-Guy-Dutems - 41500 Mer - ✆ 06 21 83 67 81 - www.chambres-gites-chambord.com - P - fermé nov.-mars - 5 ch. 75/80 € - wifi.* Derrière sa façade sur rue, cette maison dissimule le charme de son petit parc intérieur. La décoration des chambres est le fruit d'une passion pour les brocantes. Disponible aussi : une superbe maisonnette indépendante.

Beaugency

★

7 659 Balgentiens – Loiret (45)

Aux marges du domaine royal dont elle contestait les ambitions territoriales, Beaugency s'était dotée d'une puissante forteresse. Ce n'est qu'en 1292 qu'elle fut rattachée à la Couronne. De ce temps, elle a conservé nombre de vestiges. Leur découverte se fait au gré d'une promenade qui serpente entre anciens monuments et demeures médiévales et mène le long d'un ruisseau fleuri où la petite ville révéle tous ses charmes.

NOS ADRESSES PAGE 105
Hébergement, restauration, achats, activités, etc.

S'INFORMER

Office de tourisme – *3 pl. du Dr-Hyvernaud - ✆ 02 38 44 54 42 - http://tourisme-beaugency.fr - de déb. juin à mi-août : 10h-12h30, 14h-18h30, dim. et j. fériés 10h-13h ; mai et de mi-août à fin sept. : tlj sf dim. et j. fériés 10h-12h30, 14h-18h30 ; reste de l'année : tlj sf dim. et j. fériés 9h30-12h30, 14h-17h30.*

SE REPÉRER

Carte de microrégion C1 (p. 72) - plan de ville (p. 104). À 145 km de Paris, 20 km au sud d'Orléans et 29 km au nord de Blois, Beaugency s'étend sur la rive droite de la Loire. En train : la gare *(1h30 de Paris)* est à 10mn à pied du centre-ville.

Beaugency se trouve sur l'itinéraire La Loire à vélo.

À NE PAS MANQUER

Le château ; la façade de l'hôtel de ville et l'église N.-D. ; les maisons médiévales du centre ; le fleurissement du quartier du Rû.

ORGANISER SON TEMPS

Comptez 1h pour la visite de la ville. Prenez rendez-vous auprès de l'office de tourisme pour admirer les tentures brodées de l'hôtel de ville.

AVEC LES ENFANTS

Les animations au château. En été, randonnées, sports nautiques, équitation, bassin pataugeoire et jeux de sable *(Office de tourisme)*.

Se promener Plan de ville

En franchissant le vieux **pont**, dont les parties les plus anciennes remontent au 14e s., on aperçoit déjà, surplombant les toits d'ardoise, le vieux donjon.

★ Tour César

Haut de 36 m, ce donjon rectangulaire, soutenu de contreforts, est un spécimen de l'art militaire du 11e s. L'intérieur, qui comptait cinq étages, est ruiné.

UNE VILLE BIEN DISPUTÉE

Beaugency commandait l'un des rares ponts qui, jusqu'aux Temps modernes, traversaient la Loire entre Blois et Orléans. Pendant la guerre de Cent Ans, la ville tomba quatre fois aux mains des Anglais puis, en 1429, fut délivrée par Jeanne d'Arc. Elle entra ensuite dans le tourbillon des guerres de Religion, lorsque ligueurs et protestants se la disputèrent tour à tour.

Tour César.
ARCO/B Bönsch/Arco Images/age fotostock

Château de Beaugency

2 pl. Dunois - ✆ 02 38 44 36 47 - www.chateau-de-beaugency.com - juil.-août : 10h-19h ; reste de l'année : tlj sf lun. 14h-18h (seult w.-end de mi-fév. à mars) - fermé de nov. à mi-fév. - visite guidée sur demande (1h15) - tablette tactile ou en réalité augmentée - 9 € (-15 ans 5,50 €) - 15,50 € billet combiné avec château de Meung.
Animations l'été et pdt vac. scol. : Pâques, Halloween, récits, énigmes, ateliers.
Successivement propriété des seigneurs de Beaugency, de la couronne de France puis des ducs d'Orléans du 14e s. à la Révolution française, il est transformé en résidence au 15e s. par Jean de Dunois dit le « Bâtard d'Orléans », compagnon d'armes de Jeanne d'Arc. Ce logis seigneurial est ensuite complété au 16e s., par l'aile Renaissance, l'escalier à vis et l'oratoire. La visite mène de la salle des Gardes à la cuisine, de la chapelle à la chambre et de l'oratoire, et sa fresque murale, jusqu'aux combles en coque de bateau renversée.
La **voûte St-Georges**, autrefois « porte de la Barrière » constituait l'unique accès de la 1re enceinte de la cité, comprenant le château et l'abbatiale.

2

LES DEUX CONCILES DE BEAUGENCY (12e s.)

Ils eurent à arbitrer des conflits conjugaux royaux : celui de Philippe Ier (1053-1108) qui, ayant séduit la comtesse Bertrade, répudia la reine Berthe et invoqua une lointaine consanguinité afin de faire annuler son mariage. Mal lui en prit ; le pape Urbain II le débouta et l'excommunia (1095). Mais en **1104**, le concile de Beaugency leva l'excommunication. Quatre ans plus tard, le roi mourut et put être inhumé à St-Benoît-sur-Loire. Bien plus lourd de conséquences fut le cas de Louis VII et Aliénor d'Aquitaine ; leur mariage fut déclaré nul au bout de dix ans, à la requête des époux, par le second concile de Beaugency en **1152**, pour cause de consanguinité, tous deux descendant de Robert le Pieux (972-1031). Puis Aliénor se remaria avec Henri Plantagenêt, futur roi d'Angleterre, emportant avec elle tout le sud-ouest de la France. S'ensuivirent des siècles de conflits franco-anglais.

SE LOGER		**SE RESTAURER**	
L'Écu de Bretagne	6	Chez Henri	4
Grand hôtel de l'Abbaye	4	Le Petit Bateau	1

★ Église Notre-Dame

Cette abbatiale du 12e s. fut restaurée au 17e s., après avoir souffert des guerres de Religion. Dans le chœur, les arcades géminées s'intercalent entre fenêtres et grandes arcades. À voir, l'*Assomption* de Michel Corneille. À côté de l'église subsistent les bâtiments (18e s.) de l'ancienne abbaye Notre-Dame.

Tour du Diable

Au bas de la rue de l'Abbaye, la tour du Diable faisait partie des fortifications défendant la tête du pont qui, selon la légende, fut construit par le diable. À son pied, la place de la Motte, ancien port de la cité. De là, on acheminait les marchandises vers le centre-ville par la rue de l'Évêché. Remarquez sur votre gauche la jolie rue Ravelin, autrefois rue des Pêcheurs.

Petit mail

Planté de grands arbres, il domine la Loire, offrant une belle vue sur la vallée. La **porte Tavers** (12e s.) faisait partie de la troisième enceinte de la ville.

Clocher St-Firmin

Vestige d'une église du 15e s. détruite à la Révolution. Aux heures de l'angélus *(8h, 12h et 19h)*, le carillon sonne la vieille complainte des bords de Loire qui, de raillerie du parti bourguignon contre le roi Charles VII, devint une chanson populaire : « Que reste-t-il, à ce dauphin si gentil, De son royaume ? Orléans, Beaugency, Notre-Dame-de-Cléry, Vendôme, Vendôme… »

Maison des Templiers

Observez les baies romanes de cette maison du 12e s. à l'angle de la rue du Puits-de-l'Ange et de la rue du Traîneau.

Tour de l'Horloge

Ancienne tour du Change, porte de la ville au 12e s.

Hôtel de ville

3 pl. du Dr-Hyvernaud - ✆ 02 38 44 54 42 - http://tourisme-beaugency.fr - visite guidée sur RV (30mn) 10h-12h30, 14h-18h30 - fermé dim. et j. fériés - 3 € (-16 ans 2 €). Édifiée en 1526, sa façade assemble éléments d'architecture médiévale et décors Renaissance. Dans la salle d'honneur, au 1er étage, huit belles **tentures★** brodées au point passé empiétant sont d'une finesse incomparable. Quatre d'entre elles représentent les continents reconnus au 17e s.

Dans l'axe du pont médiéval, la charmante **rue du Pont** incite à flâner le long du Rû, ruisseau fleuri qui s'écoule jusqu'à la Loire.

NOS ADRESSES À BEAUGENCY

HÉBERGEMENT

BUDGET MOYEN

L'Écu de Bretagne – A2 - *5 r. de la maille d'or - ✆ 02 38 44 67 60 - www.ecudebretagne.fr - ♿ - P - 33 ch. 68/155 € - ☕ 12,50 € - ✕ midi 9,90/17,90 €, soir 23/34 € - wifi.* L'hôtel a investi un relais de poste rénové, aux chambres calmes et agréables. Jardin et piscine chauffée. Possibilité de louer des vélos. Bonne table, mais le soir les prix grimpent rapidement…

Grand Hôtel de l'Abbaye – B2 - *2 quai de l'Abbaye - ✆ 02 38 45 10 10 - www.grandhoteldelabbaye.com - fermé 13-26 nov. - 19 ch. 89/229 € - ☕ 16 € - wifi gratuit.* En bord de Loire, avec vue sur le pont, une véritable demeure historique, ancienne abbaye des 12e-17e s. : escalier monumental et chambres aménagées dans les anciennes cellules des moines. Petit déjeuner exquis avec miel, pain d'épices et confitures des monastères alentour.

À proximité

PREMIER PRIX

Chambre d'hôte Le Clos de la vigneronne – *119 r. de Villeneuve - 45190 Messas - ✆ 02 34 50 01 70 - www.leclosdelavigneronne.com - P - 3ch. 70/95 € et 1 gîte ☕ - wifi gratuit.* Entre Meung-sur-Loire et Beaugency, une authentique maison vigneronne est devenue maison d'hôte. Agréable jardin et piscine l'été. Exposition d'œuvres d'artistes et d'artisans de la région.

RESTAURATION

BUDGET MOYEN

Chez Henri – B1 - *43 r. du Pont - ✆ 02 38 44 16 65 - fermé dim.-lun. - déj. 13,50 € - soir 19,90/50 €.* Entre brasserie et restaurant, une cuisine variée avec des pointes exotiques (magret de canard, sauce au soja et gingembre) servie dans une belle salle voutée ou en terrasse.

POUR SE FAIRE PLAISIR

Le Petit Bateau – B1 - *54 r. du Pont - ✆ 02 38 44 56 38 - fermé lun.-mar. - 35 €, menu 42/75 €.* Une salle au cadre rustique soigné avec poutres et cheminée ; l'autre, ouverte sur un sympathique patio pour un repas à l'air libre. Cuisine gastronomique.

AGENDA

Beaugency plage – *De mi-juil. au 15 août, sur les berges de la Loire.*

Château de Meung-sur-Loire

★

Meung-sur-Loire (45130) – Loiret (45)

La forteresse de Meung, l'une des plus anciennes de la Loire, dresse ses tours pesantes, ses toits d'ardoise et ses pierres grises au cœur de la ville. Pourtant, malgré sa vocation originelle, son histoire ne fut nullement militaire puisqu'elle fut le siège des évêques d'Orléans. Amateurs de jardins, ces derniers lui apportèrent au 18e s. de somptueux aménagements, à l'exemple de Versailles.

NOS ADRESSES PAGE 108
Hébergement, restauration, achats, activités, etc.

S'INFORMER

Office de tourisme – *1 r. Emmanuel-Troulet - ✆ 02 38 44 32 28 - www.tourisme-valdesmauves.fr - de mi-mai à fin août : 9h30-12h30, 13h30-18h ; du dim. de Pâques à mi-mai et de déb. sept. à mi-nov. : 9h30-12h30, 14h-17h30, dim. 10h-13h ; reste de l'année : tlj sf dim. 9h30-12h30, 14h-17h30 - fermé lun. et j. fériés.* ✆

SE REPÉRER

Carte de microrégion C1 (p. 72).

À 135 km au sud de Paris, 100 km au nord-est de Tours, en aval d'Orléans (14 km) et en amont de Blois (43 km), le bourg s'étend sur un coteau, entre la Loire et la N 152. La gare *(1h15 de Paris)* n'est qu'à 400 m du château. Meung se trouve sur l'itinéraire La Loire à vélo.

À NE PAS MANQUER

Les souterrains du château.

ORGANISER SON TEMPS

Comptez 1h pour le château, 30mn pour le parc.

AVEC LES ENFANTS

Le parcours pour enfants avec Walter le robot.

★ CHÂTEAU

16 pl. du Martroi - ✆ 02 38 44 36 47 - www.chateau-de-meung.com - juil.-août : 10h-19h ; reste de l'année : tlj sf lun. 14h-18h (seult w.-end de mi-fév. à mars) - fermé de déb. nov. à mi-fév. - possibilité de visite guidée sur demande (1h30) - 9 € (-15 ans 5,50 €) - 15 € billet combiné avec château de Beaugency - visites en odorama, Boitakois et show vidéo tte l'année ; animations historiques été et vac. scol.

Face aux derniers vestiges d'une forteresse du 12e s. se dresse le château, vaste édifice, édifié au début du 13e s., qui, jusqu'à la Révolution, fut la résidence des évêques d'Orléans. Doté de solides systèmes défensifs, il joua un rôle stratégique durant la guerre de Cent Ans : quartier général du comte anglais de Salisbury qui menait le siège d'Orléans, il accueillit **Jeanne d'Arc** après la défaite anglaise. Par la suite, il reçut la visite des rois Louis XI, Charles VII et François Ier ainsi que, dans un autre registre, celle bien involontaire de **François Villon** (1431-1463 ?). Incarcéré à Meung, le poète y fut soumis à la question et ne dut son salut qu'à l'intervention du roi Louis XI, qui vint le délivrer le 2 octobre 1461. Les souterrains du château retracent cet épisode.

Château de Meung-sur-Loire.
Ph. Hirsch / Château de Meung-sur-Loire

Quant aux éléments classiques, ils sont le fruit des grands travaux entrepris à la veille de la Révolution par l'évêque d'Orléans, Jarente de La Bruyère, qui voulut faire de Meung un petit Versailles, avec sa copie du pavillon de Musique du Petit Trianon.

Extérieur – Avec ses vestiges de pont-levis, la façade puissante affiche l'austérité d'une forteresse médiévale. À l'inverse, côté jardins se révèle une belle demeure du 18e s., grande ouverte sur un immense parc.

Intérieur – Riche de vingt pièces meublées et ornées de boiseries, le parcours de visite traverse la **salle des Gardes**, voûtée de croisées d'ogives d'une hauteur de 10 m ; à ses côtés, une chapelle circulaire de style néoclassique. L'**herboristerie**, parfaitement conservée, présente les onguents, potions et remèdes jadis utilisés par les évêques, dont un bocal à sangsues.

★ **Salle de bains de l'évêque** – Ce remarquable « appartement des bains » du 18e s. est l'un des rares exemples parvenus jusqu'à nous d'un type de petits cabinets intimes et luxueux qui s'inspiraient alors de l'Antiquité.

Souterrains – Très vastes, ils comportent une impressionnante salle voûtée du 13e s., où une vidéo présente aux visiteurs l'histoire du château.

ESCAPADE EN VILLE

★ Collégiale St-Liphard

Élevé entre le 11e et le 13e s., ce sobre édifice comporte un puissant clocher à flèche de pierre, un chevet semi-circulaire et un transept original, aux extrémités arrondies formant un trèfle. Derrière le chevet, vue sur l'église et le château.

Musée La Monnaye

22 r. des Remparts - ✆ 02 38 22 53 36 - http://meung-sur-loire.com - ♿ - merc. et vend. 14h30-18h30, sam. 9h30-12h30, dim. 15h-18h - fermé j. fériés - possibilité de visite guidée sur demande (45mn) - gratuit.

Il occupe l'emplacement d'une « Maison de la monnaie » où l'on frappait, au 17e s., des pièces en cuivre : les liards. Il présente des ouvrages rares, comme des livres de François Villon et de Jehan de Meung, ainsi qu'un fac-similé du *Roman de la Rose*. Un autre espace est consacré à l'archéologie, la paléontologie et la numismatique. Vous découvrirez l'œuvre du poète-chansonnier libertaire Gaston Couté (1880-1911), enfant du pays, qui fit carrière à Montmartre.

À proximité Carte de microrégion

Jardins de Roquelin C1

Du centre de Meung, en dir. de Cléry-St-André, traversez le pont et, immédiatement à gauche, suivez le fléchage (sur 500 m). 06 70 95 37 70 - www.lesjardinsderoquelin.com - de déb. mai. à mi-oct. : 10h-18h - fermé mar., Vend. saint, dim. et lun. de Pâques - 6 € (-18 ans gratuit).

Sur 1 ha, cette pépinière réunit pergolas couvertes de roses anciennes, potager, bassin de plantes aquatiques, plessis d'inspiration médiévale et jardin à l'anglaise.

Jardin Arboretum d'Ilex– Conservatoire national d'Ilex C1

À env. 2 km de Meung-sur-Loire en dir. d'Orléans/La Nivelle, derrière le moulin. 06 70 95 37 70 - www.jardinarboretumdilex.com - mai-sept. : 14h-18h - fermé mar. - 7 €.

Reconnu Jardin remarquable en 2004, l'arboretum est un havre de paix, entre raffinement japonais et douceur à l'anglaise. Les cours d'eau de la rivière des Mauves découpent des îlots arborés abritant **400 variétés de houx** (*ilex* en latin). Leur port gracieux et leur joli feuillage, étoilé et piquant, à longues feuilles dentées de châtaignier, à feuilles lisses de camélia ou de laurier-palme, s'étagent au milieu des érables, conifères et autres plantes aquatiques. Le créateur du jardin fournit des explications passionnantes sur l'espèce, objet de tous ses soins. Également, clématites et hydrangeas.

NOS ADRESSES À MEUNG-SUR-LOIRE

HÉBERGEMENT

BUDGET MOYEN

Chambre d'hôtes La Mouche Abeille – *D 152, à la sortie de Meung dir. Orléans - 02 38 44 34 36 - www.chambres-hotes-loire.com - P - 3 ch. 100 € (80 € dès 3 nuitées) - wifi.* Au bord de la Loire, cette belle propriété est agrémentée d'un verger, d'un potager et d'une pièce d'eau. Les chambres spacieuses sont joliment décorées. Barbecue et réfrigérateur a disposition.

POUR SE FAIRE PLAISIR

Chambres d'hôte La Feuillaie – *4 r. Basse - 45130 St-Ay - 5 km de Meung - 06 16 75 71 27 - www.lafeuillaie.com - P - 5 ch. 160/180 € - table d'hôte le soir 38/55 € - wifi gratuit.* Dans une maison du 18e s., chambres rénovées et confortables. Grand parc et calme garanti.

HÉBERGEMENT/RESTAURATION

Le Relais Louis XI – *quai Jeanne d'Arc - 02 38 44 27 71 - louis11.com - P - 16 ch. 75/110 € - hors saison fermé dim. soir et sam. midi - déj. (sf w.-end et j. fériés) 17 € - menu 36/41 €.* Un hôtel chargé d'histoire et plein de charme, situé au bord de la Loire, relais pour les voyageurs depuis le 17e s. Restaurant plaisant, avec petite terrasse sur la Loire, l'été.

Cléry-Saint-André, la basilique Notre-Dame-de-Cléry, la sépulture de Louis XI.
F. Guiziou / hemis.fr

Basilique de Cléry-Saint-André

★

Cléry-St-André (45370) – Loiret (45)

L'élégante silhouette de Notre-Dame de Cléry se découpe à l'horizon, sur la rive gauche de la Loire. Reconstruite sous les auspices de Louis XI, après que les Anglais l'eurent incendiée, la basilique abrite la tombe du roi valois et de sa femme Charlotte de Savoie, ainsi qu'une chapelle gothique destinée à accueillir les pèlerins à destination de St-Jacques-de-Compostelle.

NOS ADRESSES PAGE 111
Hébergement, restauration, achats, activités, etc.

S'INFORMER

Office de tourisme – *111 r. du Mar.-Foch - 45370 Cléry-St-André - ☎ 02 38 45 94 33 - www.ccvaldardoux.fr - avr.-sept. : tlj sf dim.-lun. 9h30-12h30, 14h-18h, mar. et jeu. 14h-18h, reste de l'année mer. et ven. 13h30-17h30 - fermé j. fériés.*

SE REPÉRER

Carte de microrégion C1 (p. 72).
À 13 km d'Orléans, par la rive gauche de la Loire (D 951). Meung et sa gare SNCF ne sont qu'à 4 km. Cléry est sur l'itinéraire La Loire à vélo.

À NE PAS MANQUER

Le décor gothique de la chapelle St-Jacques.

ORGANISER SON TEMPS

Comptez 45mn.

★ BASILIQUE

1 r. du Cloître - ✆ 02 38 45 94 33 - www.clery-saint-andre.com - ♿ - 9h-18h - fermé j. fériés - possibilité de visite guidée sur demande (1h).

N.-D. de Cléry fut édifiée au 15e s., sauf la tour-clocher (14e s.) accolée au flanc gauche de l'église qui, seule, a échappé à la destruction anglaise.

Entrez par le transept.

L'intérieur est sobre, parfaitement homogène, d'une extrême clarté et d'une élégance un peu froide : grandes arcades, haut mur nu qu'il faut imaginer paré de ses tapisseries de l'époque. Au plafond, notez l'ogive centrale en Y que l'on ne retrouve qu'à deux autres endroits en France.

Cénotaphe de Louis XI

Sur la gauche de la nef, il est orienté vers l'autel de la Vierge, en oblique par rapport à l'axe de l'édifice. Il fut commandé du vivant de Louis XI à un orfèvre de Tours. La statue du roi (en marbre), œuvre du sculpteur orléanais Bourdin (1622), remplace la statue primitive en bronze, fondue par les huguenots.

Caveau de Louis XI

✆ 02 38 45 94 33 - sur RV uniquement.

Les ossements de Louis XI et ceux de sa femme, Charlotte de Savoie, sont encore dans le caveau qui ouvre sur la nef près du cénotaphe. Les deux crânes, sciés pour l'embaumement, sont déposés dans une vitrine. Remarquez la litre (ornement funèbre) qui fait le tour.

À côté, sous une dalle, est enterré Tanguy du Châtel, tué au cours d'un siège en préservant la vie de Louis XI. À droite de la nef, une dalle recouvre l'urne qui contient le cœur de Charles VIII.

★ Chapelle St-Jacques

Bas-côté droit.

Élevée pour servir de tombeau à Gilles de Pontbriand, doyen de l'église, et à son frère. Sa riche décoration gothique rappelle la vocation jacquaire de Cléry : voûte semée de cordelières, de bourdons et de besaces. Notez les deux superbes statues en bois : *Saint Jacques en costume de pèlerin* (16e s.), *Saint Sébastien* (17e s.) et une belle Vierge en pierre (16e s.). La grille de bois qui ferme la chapelle, de style breton, fut offerte par Louis XIII en 1622.

Chapelle de Dunois

2e porte à gauche de la chapelle St-Jacques.

Bâtie en 1464 sur le flanc méridional de l'église. Dunois et sa famille y reposent. Notez le tableau représentant la mort de Joseph.

LE VŒU DE Louis XI

En 1280, des laboureurs placent dans une chapelle une statue de la Vierge trouvée dans un buisson. Le culte s'étend bientôt dans toute la région, et l'édifice, trop petit pour contenir la foule des pèlerins, devient église. Mais elle est détruite en 1428 par l'Anglais Salisbury en marche vers Orléans. Charles VII et Dunois donnent les premiers fonds pour sa reconstruction. Cependant, la basilique doit l'essentiel de sa splendeur à **Louis XI**. Alors qu'il est dauphin, il fait un vœu au siège de Dieppe : s'il est victorieux, il offrira à N.-D. de Cléry son pesant d'argent. Exaucé, Louis XI tient sa promesse. Devenu roi, il se voue à la Vierge et s'attache Cléry, lieu qu'il choisira pour abriter sa sépulture.

VINGT ANNÉES D'EFFORT

Les vins de l'Orléanais ont rejoint le « club » des Appellations d'origine contrôlée (2007) et s'intitulent désormais « orléans » et « orléans-cléry ». Ayant pour terroir les plateaux bordant la Loire, ils ont acquis au fil des ans une solide réputation grâce à des viticulteurs passionnés. Frais et désaltérants, ces crus issus de cépages pinot noir et gris meunier affichent une belle robe au rosé profond et un bouquet de groseille et cassis qui s'accorde avec bonheur avec le gibier de Sologne et les charcuteries.

Chœur

Sur le maître-autel du 19e s., statue en bois de N.-D. de Cléry. À la fenêtre haute centrale, un beau vitrail, seul vestige du 16e s., représente Henri III instituant l'ordre du Saint-Esprit.

Les sièges des stalles offertes par Henri II sont sculptés de masques humains très variés et, plus étonnant encore dans un tel lieu, les initiales entrelacées du donateur et de sa favorite, Diane de Poitiers *(sur les jouées de la 2e rangée des stalles de droite).*

Sacristie et oratoire de Louis XI

Dans la 2e travée du déambulatoire, à droite, belle porte de la sacristie, de style gothique flamboyant. Au-dessus, une ouverture donne sur un oratoire d'où Louis XI suivait l'office ; on y accède par un splendide escalier à vis depuis la sacristie.

La **maison** qu'habitait Louis XI pendant ses séjours à Cléry se trouve au sud de l'église, face à l'entrée du transept.

Route du vignoble d'Orléans

Entre St-Hilaire-St-Mesmin et Cléry-St-André, un parcours fléché permet de découvrir le vignoble d'Orléans-Cléry en sillonnant des routes bordées de vignes et d'arbres fruitiers.

NOS ADRESSES À CLÉRY-SAINT-ANDRÉ

Voir Orléans *(p. 103)*, Beaugency *(p. 165)* et Meung-sur-Loire *(p. 168)*.

HÉBERGEMENT/RESTAURATION

BUDGET MOYEN

Villa des Bordes – *9 r. des Bordes - 02 38 46 94 60 - www.villadesbordes.fr - P - 12h-13h15, 19h30-20h45 - fermé 2-25 janv., 22 mars-2 avr. et 19 oct.-3 nov.- 9 ch - 75/110 € - 9,50 € - soirée étape 78 € - formule déj. (sem.) 17 € - menu 31/45 € - 12h.* Une demeure du 19e s. sise à l'orée du village. Entièrement rénovées en 2014, les chambres sont fonctionnelles, avec des tonalités douces. Cuisine traditionnelle au restaurant. On peut louer des vélos pour se promener au bord de la Loire toute proche

Château de Beauregard

★

Cellettes (41120) – Loir-et-Cher (41)

En lisière de la forêt de Russy, ce château domine une vallée depuis son joli parc agrémenté d'un jardin coloré. En 1617, Paul Ardier, ministre retiré à Beauregard, entreprit de constituer une galerie de portraits retraçant trois siècles de l'histoire politique française. Durant soixante ans, trois générations de sa famille se sont consacrées à cette œuvre. Miraculeusement, celle-ci nous est parvenue intacte et les 327 portraits continuent de nous conter 315 ans d'histoire de France.

NOS ADRESSES PAGES 88 ET 117
Hébergement, restauration, achats, activités, etc.

S'INFORMER

Office du tourisme & Congrès de Blois|Chambord – *23 pl. du Château - 41006 Blois - 02 54 90x41 41 - www.bloischambord.com - avr.-sept. : 9h-19h ; reste de l'année : 10h-17h - fermé dim. (hors vac. scol. et j. fériés).*

SE REPÉRER

Carte de microrégion B2 (p. 72).
À 185 km de Paris, Cellettes se situe entre Blois *(9 km)* et Cour-Cheverny *(7 km)*. En train : gare SNCF de Blois *(1h45 de Paris)* puis bus ligne 5, dir. Cormeray, arrêt Cellettes *(avr.-oct. : navette des châteaux n° 41 Blois-Chambord-Cheverny-Beauregard - 6 € AR - www.tlcinfo.net).*

À NE PAS MANQUER

La collection de portraits de l'exceptionnelle galerie des Illustres, son pendant végétal dans le jardin, le décor du cabinet des Grelots.

ORGANISER SON TEMPS

Comptez 2h pour l'ensemble du site.

AVEC LES ENFANTS

Le questionnaire de visite, les jeux de piste dans le parc.

★ Château

12 chemin de la Fontaine - 41120 Cellettes - 02 54 70 41 65 - www.beauregard-loire.com - juil.-août : 10h-19h ; avr.-juin et sept. : 10h30-18h30 ; sept. : 10h-18h ; reste de l'année : 13h30-17h - fermé nov.-fév. - possibilité de visite guidée (1h) - 12,50 € (-14 ans 5 €) - 28 € billet famille (2 adultes, 2 enf.).

L'ancien pavillon d'entrée a été aménagé en gîte très confortable *(4/5 pers. 390 €/w.-end, 600 €/sem.).*

Ancien relais de chasse de Chambord, Beauregard fut agrandi entre 1553 et 1555 par Jean du Thier, secrétaire d'État aux Finances d'Henri II. Depuis 1925, le château appartient à la famille du Pavillon.

Après l'antichambre, où trône une magnifique statue en bois polychrome de saint Michel (17e s.), l'escalier conduit à la galerie sud, autrefois aménagée en bibliothèque (les noms des poètes de la Pléiade figurent sur les solives) et encore dotée d'un beau mobilier des 16e et 17e s.

★★ **Galerie des Illustres** – Décorée pour Paul Ardier, châtelain de Beauregard au début du 17e s. et trésorier de l'Épargne sous Louis XIII, cette salle de vingt-six mètres de long a gardé son magnifique **carrelage bleu et blanc de Delft** représentant toute une armée en marche. Les boiseries des murs et le plafond ont conservé les peintures de Pierre Mosnier, dont quelques superbes

Le château de Beauregard.
S. Lemaire / hemis.fr

paysages en camaïeu bleu. Le **plafond**, daté de 1624, est peint en poudre de lapis-lazuli, cette pierre bleu azur qui, au 17e s., coûtait bien plus cher que l'or. L'intérêt majeur de cette salle réside dans son extraordinaire collection de **327 portraits de personnages historiques**, unique en son genre. *(Dans l'ordre chronologique, partez du fond de la salle, à gauche du grand portrait de Louis XIII, et faites le tour en sens inverse des aiguilles d'une montre.)* La fonction de cette galerie était de retracer une **histoire politique française** au travers des portraits d'hommes et de femmes dont le rôle fut prépondérant. Ordonnée en travées consacrées chacune à un règne, la galerie représente la succession complète des rois de France de 1328 à 1643, soit du premier Valois, Philippe VI, jusqu'à Louis XIII, dernier roi alors en exercice. Autour de chaque roi de France figurent les portraits de la reine, des principales figures de la Cour et des grands personnages étrangers contemporains.

2

★ **Cabinet des Grelots** – Œuvre de Scibec de Carpi, qui travailla à Anet et à Fontainebleau, ce charmant *studiolo* fut aménagé au milieu du 16e s. pour Jean du Thier. Son écu, « d'azur à trois grillets (ou grelots) d'or, posés deux en un », orne le plafond à caissons, tandis que les grelots se répètent en motif décoratif sur les boiseries de chêne qui couvrent entièrement les murs, masquant les placards où sont déposées les archives du château. Des natures mortes représentant diverses activités humaines témoignent des disciplines que se devait de maîtriser tout honnête homme de la Renaissance.
Au retour n'oubliez pas la magnifique **cuisine** et sa batterie de cuivres.

★ Jardin des Portraits et Parc

Sur une idée du paysagiste contemporain Gilles Clément *(p. 479)*, ce jardin de 5 000 m², réalisé au milieu d'un beau parc à l'anglaise, offre une habile et poétique évocation végétale de la galerie des Illustres. Un chemin serpente à travers douze « chambres », petits jardins fleuris, chacun selon une couleur, et entourés de charmilles. Tout autour de cet ensemble s'épanouissent rosiers et plantes grimpantes. La **glacière** (17e s.) mérite un détour.
Un petit parcours avec Messire Hibou est proposé aux enfants pour mieux découvrir le parc du château.

Château de Cheverny

★★★

Cheverny (41700) – Loir-et-Cher (41)

Remarquable exemple de classicisme du 17e s., Cheverny émerveille par son intérieur tout en lambris polychromes, dorures et meubles précieux. Si l'on arrive par la route de Contres, on aperçoit le château de très loin, sur fond de rideaux de feuillage. Une fois sur place, il faut remonter une large allée et gravir les marches d'un perron situé au beau milieu d'une large façade symétrique. Si celle-ci vous paraît familière, c'est que vous avez pratiqué dans votre vie les aventures de Tintin. En effet, c'est bien Cheverny qui a inspiré le dessinateur Hergé (1907-1983) pour le château de Moulinsart, mille sabords !

NOS ADRESSES PAGE 117
Hébergement, restauration, achats, activités, etc.

S'INFORMER

Office du tourisme & Congrès de Blois|Chambord – *12 r. du Chêne-des-Dames - ✆ 02 54 79 95 63 - www.bloischambord.com - avr.-sept. : 9h-13h, 14h-19h ; reste de l'année : tlj sf dim.-lun. 10h30-16h - fermé vac. Noël.*

SE REPÉRER

Carte de microrégion B2 (p. 72).
À 185 km de Paris, 17 km au sud de Blois par D 765, Cheverny borde la Sologne. En train : gare SNCF de Blois *(1h45 de Paris)* puis bus ligne n° 4 *(✆ 02 54 58 55 44 - www.tlcinfo.net).*

À NE PAS MANQUER

La chambre du Roi ; les portraits du Grand Salon ; l'horloge Louis XV.

ORGANISER SON TEMPS

Comptez 1h30 pour le château et ses dépendances. Par beau temps, prévoyez promenade et pique-nique dans le très beau parc.

AVEC LES ENFANTS

L'exposition des aventures de Tintin « Les secrets de Moulinsart » ; le repas des chiens de meute.

★★★ CHÂTEAU

✆ 02 54 79 96 29 - www.chateau-cheverny.fr - avr.-sept. : 9h15-18h30 ; reste de l'année : 10h-17h - 11 € (-14 ans 8 €) - 15,50 € billet combiné avec les jardins et l'exposition « Les secrets de Moulinsart ».

Extérieur – Bâti d'un seul jet de 1624 à 1634 par le comte Hurault de Cheverny, le château présente une rare unité de style, dans son architecture comme dans sa décoration. L'ordonnance symétrique et l'harmonie de la façade (en pierre de Bourré) sont caractéristiques du style classique Louis XIII : deux parties médianes flanquent l'étroit corps central et sont cantonnées de gros pavillons à dômes carrés que surmontent des campaniles ajourés. À l'étage, entre les fenêtres, des niches ovales abritent des bustes d'empereurs

LONGÉVITÉ

Présente dès 1338, la famille Hurault de Vibraye, propriétaire de Cheverny, n'a pratiquement pas quitté les lieux depuis la construction de l'actuel château.

Château de Cheverny.
Hoffmann Photography/age fotostock

romains ; au-dessus de la porte d'entrée, le blason des Hurault est entouré des colliers de l'ordre du St-Esprit et de l'ordre de St-Michel.

Intérieur – Merveilleusement conservée, la décoration intérieure est l'œuvre du Blésois Jean Mosnier (1600-1656). Après avoir bénéficié de l'appui de Marie de Médicis, qui l'envoya en Italie, il travailla au palais du Luxembourg, avant de revenir à Blois, sa ville natale. Il fut alors appelé à Cheverny.

Salle à manger – À droite du vestibule, elle a conservé son plafond à la française décoré par Mosnier (également auteur des petits panneaux muraux contant l'histoire de Don Quichotte) et ses tentures murales en cuir de Cordoue marquées aux armes des Hurault.

Appartements privés de l'aile ouest – On y accède par le grand escalier d'honneur, à rampe droite richement sculptée. Les appartements comprennent une suite de huit chambres et salons, magnifiquement meublés.

★ **Salle d'armes** – C'est la plus vaste pièce du château : le plafond à la française, les lambris bas à motifs floraux, les volets intérieurs sont peints par Mosnier, comme le tableau de la cheminée de bois doré figurant la mort d'Adonis. En face de celle-ci, la superbe tapisserie des Gobelins (17e s.), l'**Enlèvement d'Hélène★★**, surprend par la fraîcheur de ses coloris. Les armes de la collection datent des 15e, 16e et 17e s.

★★ **Chambre du Roi** – Il s'agit de la pièce la plus éclatante. Le plafond, divisé en caissons à l'italienne, fut peint par Mosnier et rehaussé d'or, comme la cheminée Renaissance ornée d'atlantes, d'angelots et de motifs végétaux ; au mur, des tapisseries des ateliers de Paris, de 1640, d'après Simon Vouet (sur le thème d'Ulysse) ; lambris bas décorés de tableautins. Contre le mur, remarquez le lit somptueux recouvert de soieries persanes brodées de fleurs, de 1550.

★★ **Grand Salon** – *Retour au rez-de-chaussée.* Dans l'antichambre, remarquable tapisserie aux tonalités rouge et bleu : *Le Retour des pêcheurs*, d'après Teniers (la suite est exposée dans le salon des Tapisseries). Le Grand Salon, garni de meubles des 17e et 18e s. et orné de tableaux, présente un plafond entièrement revêtu, comme les lambris des murs, d'un décor peint rehaussé de dorures.

De part et d'autre du miroir, le portrait de Cosme de Médicis attribué à Titien, celui de Jeanne d'Aragon (atelier de Raphaël) et, sur la cheminée, une bien gracieuse Marie-Johanne de Saumery, comtesse de Cheverny, par Mignard.
Galerie, salon des Portraits, bibliothèque – La **galerie** contient de nombreux tableaux (portrait par Miguel Oñate, autoportrait de Rigaud) et de très beaux fauteuils Régence : arrêtez-vous devant les trois **portraits de François Clouet★★** qui sont de vrais chefs-d'œuvre. Des peintures des 16e, 17e et 18e s. ornent également le **salon des Portraits**. La **bibliothèque**, remarquable pour ses boiseries et son superbe parquet, renferme de belles reliures.
Salon des Tapisseries – Dans le Petit Salon, cinq tapisseries des Flandres du 17e s., scènes de jeux au village, d'après Teniers. Comme la précédente, cette pièce a un mobilier d'époque Louis XIV et Louis XV, dont une commode Boulle en marqueterie d'écaille et de laiton.
De style Louis XV, l'extraordinaire **régulateur★★** (une horloge) est orné de bronzes ciselés par Caffieri. Depuis plus de deux siècles, il marque sans faillir la date, le jour, l'heure, les minutes, les secondes et les phases de Lune.
Perchée sous les combles au deuxième étage, un peu à l'écart des visites, la **chapelle** est désormais ouverte aux regards des visiteurs. Enclave sacrée dans un lieu profane, elle permettait « d'inviter Dieu à domicile ». Particulièrement insolites, les deux principales clefs de voûte à pendentif et ce sur trois niveaux.

PARC

Avr.-sept. : 9h15-18h30 ; oct.-mars : 10h-17h. Possibilité de visite en voiture ou bateau électrique - 30mn - pouvant être compris dans le forfait de 20,50 €/16 €. (7/14 ans).
Le domaine dispose d'un vaste parc de 110 ha très bien entretenu agrémenté d'une belle pièce d'eau. Plantés entre 1820 et 1860 par Paul de Vibraye, de magnifiques spécimens en constituent les essences boisées : séquoias, cyprès chauves, pins et cèdres (du Liban et de l'Atlas) plusieurs fois centenaires et même un liquidambar d'Amazonie, planté par le cacique Raoni (l'un des grands chefs du peuple Kayapo, figure emblématique de la lutte pour la préservation de la forêt amazonienne) lors sa visite en France en septembre 2011
À l'arrière du château, un **jardin contemporain** fleurit jusqu'à l'orangerie. Depuis mars 2015, un **gigantesque massif de tulipes** (120 000 bulbes, sur 10 m par 140 m) s'épanouit de mars à avril éclairant le flanc ouest du château.
L'orangerie – À 200 m en sortant du château par le perron nord, magnifique bâtiment du 18e s. dédié aux réceptions ; l'été, salon de thé et expositions.
Les secrets de Moulinsart – Près de la grille d'entrée du château, l'**ancienne forge** accueille une exposition permanente où Cheverny est revisité par Hergé à travers les aventures de **Tintin**. Les « tintinophiles » y retrouveront le sous-marin du professeur Tournesol, la chambre de Tintin et le lavabo du capitaine Haddock.
★ **Chenil** – À quelque distance du château, il abrite la plus grande meute privée de France : une centaine de chiens, issus du croisement du fox hound britannique et du poitevin français, participent à des chasses à courre depuis 150 ans. Les soins de la meute occupent trois personnes à temps plein. L'heure du repas qui révèle la hierarchie de la meute est toujours un grand moment. ♿ *- de déb. avr. à mi-sept. : 11h30 ; reste de l'année : tlj sf w.-end, mar. et j. fériés 11h30).* Veillez à ne pas exciter les chiens.
Jardin bouquetier (potager) – Dans les anciens jardins ouvriers de 2 000 m², arbres fruitiers, légumes et rangs de vigne disputent l'espace aux fleurs, destinées à la décoration du château.
Salle de chasse – Elle est ornée de bois de cerf et de tableaux de vénerie.

NOS ADRESSES PRÈS DE CHEVERNY

HÉBERGEMENT

PREMIER PRIX

Chambre d'hôte Le Béguinage – *R. Denet - 41700 Cour-Cheverny - ✆ 02 54 79 29 92 - www.lebeguinage.fr - fermé janv. - P - 5 ch. 77/95 € ☕ - wifi gratuit.* Le joli parc arboré et son étang ne sont pas les seuls trésors de cette belle maison basse : chambres spacieuses, élégantes, avec parquet ou tomettes, poutres apparentes, cheminée et grands lits. Possibilité de vol en montgolfière et location de vélos.

BUDGET MOYEN

Auberge du Centre – *34 Grande-Rue - 41120 Chitenay - 8 km de Cheverny - ✆ 02 54 70 42 11 - www.auberge-du-centre.com - ♿ - fermé fév. - P - 25 ch. 80/120 € - ☕13,50 €- 1/2 P 93 €.* Idéale pour découvrir les châteaux environnants, une jolie auberge familiale, fondée en 1951. Entièrement rénovées, certaines chambres ont une baignoire avec balnéo. Piscine, jardin, vélos à disposition et surtout un accueil très chaleureux. Le **restaurant** *(formule déj. 16/20 €, menu 26/34/55 €)* sert une cuisine traditionnelle savoureuse à base de produits locaux : tournedos aux girolles, tarte tatin de joue de bœuf, sans oublier les desserts. Très belle carte des vins avec grand choix de vins de Loire.

Chambre d'hôte La Rabouillère – *Le petit Marçon - 41700 Contres - ✆ 02 54 79 05 14 - www.larabouillere.com - fermé 12. nov.-fév. - P - 5 ch. dont 2 suites 90/110 € ☕ - wifi gratuit.* Cette belle longère solognote abrite des chambres sobrement meublées, deux avec rideaux en toile de Jouy et bergère Louis XVI. Petit-déjeuner servi près du feu en hiver ou au jardin l'été. Promenade à l'ombre des chênes autour de l'étang. Pingpong. Location vélos.

Chambre d'hôte Le Clos Bigot – *41120 Chitenay - ✆ 02 54 44 21 28 - www.gites-cheverny.com - P - 4 ch. 95/120 € ☕.* Très calme. Chambres sous les combles d'une maison du 17e s. et un appartement doté d'un pigeonnier du 16e s. superbement aménagé en salle de bains. Salon avec cheminée et meubles anciens.

POUR SE FAIRE PLAISIR

Domaine de La Blonnerie – *1 La Blonnerie - 41120 Feings - 6 km de Cheverny - ✆ 02 54 44 22 48 - www.domainedelablonnerie.fr - P - 5 ch. 125/167 € ☕- wifi.* Cette magnifique gentilhommière du 16e s. est dotée d'un immense parc, d'une piscine chauffée et de chambres somptueuses.

Relais des Trois-Châteaux – *1 pl. Victor-Hugo - 41700 Cour-Cheverny - ✆ 02 54 79 96 44 - www.relaisdestroischateaux.com - ♿ - P - 36 ch. 120/255 € ☕16 € - ✕ Les Trois Marchands - 24/42 € - wifi.* Un relais bien placé pour visiter les châteaux. Chambres cosy et décorées avec goût.

RESTAURATION

PREMIER PRIX

La Rousselière – *41700 Cour-Cheverny - ✆ 02 54 79 23 02 - www.golf-cheverny.com - ♿ - fermé 25 déc.-1er janv.- P - dîner seult jeu.-sam. juin-sept. - formule déj. 15,50 € - 25,50 €.* En bordure de *fairway*, un restaurant bien connu des golfeurs. Tonalités douces, crème et orangé, dans la salle a manger sous charpente apparente. Cuisine traditionnelle. Terrasse face à un étang.

BUDGET MOYEN

La Botte d'asperges – *52 r. P.-H.-Mauger - 41700 Contres - ✆ 02 54 79 50 49 - www.labottedasperges.*

com - fermé 2-16 janv. et 17-31 août, dim. soir, lun. et merc. soir (hiver) - 24,50/46 €. La façade vitrée, rythmée de colombages, de ce restaurant abrite deux salles lumineuses, décorées de fresques, où est servie une cuisine gastronomique et de saison.

La Vieille Tour – *7 r. Nationale - 41120 Cellettes (800 m château de Beauregard) - ✆ 02 54 74 67 15 - www.restaurant-la-vieille-tourblois.com - fermé dim. soir, lun. soir, merc. - déj. 19,50 € - menu 38,50/40,50 €.* Cette tour du 15e s. abrite une étape gourmande. Cuisine contemporaine avec quelques influences asiatiques : salade aux épices thaïs, lieu jaune avec sa sauce yaourt-curry, onglet de veau poêlé et ratatouille confite au miel.

POUR SE FAIRE PLAISIR

Le Manoir de Contres – *23 r. des Combattants-d'Afrique-du-Nord - 41700 Contres - ✆ 02 54 78 45 39 - www.manoirdecontres.com - ♿ - fermé dim. (sf midi 1er dim. de chaque mois) et j. fériés - 🅿 - 28/38 €.* Servie dans un beau manoir 19e s., une cuisine traditionnelle bien faite à base de produits frais : ris de veau poêlé, filet de canard à la moutarde *(8 ch., à partir de 140 €).*

ŒNOTOURISME

Domaine Le Portail – *1 rte de Fougères - ✆ 02 54 79 91 25 - www.cadoux.fr.* Sur 35 ha situé à 600 m du château. Installés dans un ancien monastère, Michel Cadoux et son épouse produisent des vins blancs, rouges et rosés AOC cour-cheverny, cheverny et crémant de Loire. Ces passionnés reçoivent tous les jours et avec le sourire.

Terra Laura - Domaine de Montcy – *32 rte de Fougères - ✆ 02 54 44 20 00 - www.domaine-de-montcy.com - lun.-sam. 10h30-12h30, 14h-18h (sf sam. nov.-mars).* Cette propriété familiale de 20 ha produit trois AOC différentes (cheverny, cour-cheverny et crémant de Loire), toutes en agriculture biologique. Ici le bio est moins un concept qu'un vrai respect de la nature. Laura propose une croisière sensorielle au cœur du vignoble, à bord d'un gîte tout en bois appareillé aussi bien pour le sauna, le bain nordique que pour l'observation des vignes.

Domaine Philippe Tessier – *3 voie de La Rue-Colin (4 km Cheverny) - ✆ 02 54 44 23 82 - www.philippetessier.fr- fermé dim. et j. fériés - sur RV.* Sur 20 ha. Philippe Tessier y produit un surprenant cour-cheverny blanc à l'arôme discret et fin, issu du cépage romorantin, des chevernys blancs, rouges et rosés ainsi qu'un délicat crémant de Loire.

Maison des Vins de Cheverny – voir p. 526.

GOURMANDISES

L'Atelier St-Michel – *4 bd de l'Industrie - 41700 Contres - ✆ 02 54 79 79 39 - www.atelierstmichel.fr - visite atelier lun.-vend. 14h (et 10h30 juil.-août), sam. 15h30 - 3 € (-12 ans 2 €, livret-jeux).* Découverte de la fabrication des gâteaux de l'illustre marque St-Michel.

ACTIVITÉS

Jazzin'Cheverny – *3 j. fin juin.* Sur les pelouses du château.

Vélo – *www.chateauxavelo.com.* Circuits *(fête du Vélo - ✆ 02 54 79 95 63 - fin août - 5 €/pers.).*

Les ânes de Madame – *Chemin de l'Oudrière - 41700 Contres - ✆ 06 84 25 71 69 - www.le-monde-dossyane.com - réserv. obligatoire - 2-77 ans ; de 2h à la journée (30/50 €) ; pique-nique possible.* Randonner avec un âne de Sabrina, c'est l'assurance de passer un très bon moment. Aussi camping nature *(Se rens.).*

Château de Troussay

Cheverny (41700) – Loir-et-Cher (41)

En dépit de sa modeste taille, Troussay présente une architecture pleine de charme et d'authenticité. Édifiée en 1450, cette belle gentilhommière est restaurée avec goût au 19e s. sous la houlette de son propriétaire, l'historien Louis de La Saussaye, de l'Institut, ami de Prosper Mérimée. Enrichi d'éléments de décor anciens provenant de monuments démantelés de la région, le domaine se mue bientôt en château…

NOS ADRESSES PAGE 117
Hébergement, restauration, achats, activités, etc.

S'INFORMER

Office de tourisme – *12 r. du Chêne-des-Dames - 41700 Cheverny - ✆ 02 54 79 95 63 - www.bloischambord.com - avr.-sept. : 9h-13h, 14h-19h ; reste de l'année : tlj sf dim.-lun. 10h30-16h - fermé vac. de Noël.*

SE REPÉRER

Carte de microrégion B2 (p. 72).
À 185 km de Paris et 3,5 km à l'ouest de Cheverny en longeant le parc jusqu'à la D 52, puis à gauche et première route à droite.

2

CHÂTEAU

✆ 02 54 44 29 07 - www.chateaudetroussay.com - visite guidée (40mn) du dim. de Pâques à fin sept. : 14h-18h - 8 € (-18 ans 6 €).

Il s'inscrit dans la tradition des petits châteaux solognots de la fin du Moyen Âge, avec ses trois bâtiments regroupant logis et dépendances implantés en U autour d'une cour fermée par un muret.

Extérieur – De style François Ier, la façade avant est marquée par l'influence de Chambord. La façade arrière, de style Louis XII, est ornée de l'emblème sculpté du roi, le **porc-épic**.

Intérieur – La belle **porte★** qui mène à la chapelle est ornée de rinceaux. Au rez-de-chaussée, remarquez le carrelage rouge et jaune d'époque Louis XII, les vitraux Renaissance provenant de l'hôtel de Guise à Blois et, au plafond du Petit Salon, les grisailles représentant des sarabandes d'amours, attribuées au peintre Jean Mosnier. La demeure, toujours habitée, présente un caractère intime et authentique avec ses beaux meubles des 16e, 17e et 18e s.

Dépendances – Encadrant la cour d'honneur, elles abritent un petit **musée** de la vie domestique et agricole en Sologne. La basse-cour présente une sélection d'espèces rares de poules. À l'étage est exposée une collection privée originale de 300 bénitiers. **Parc et potager** sont ouverts au public.

L'ensemble du château, avec les dépendances et le parc, est inscrit à l'Inventaire supplémentaire des Monuments historiques.

Château de Fougères-sur-Bièvre

★

Fougères-sur-Bièvre (41120) – Loir-et-Cher (41)

En 1212, Eudes de Déols se maria à Fougères avec Agnès de Lusignan, dont la famille pensait avoir pour ancêtre la célèbre fée Mélusine, laquelle serait venue hanter le château par la suite. La légende est belle mais le château est vide…, ce qui ne l'empêche pas de présenter une puissante architecture de style féodal avec son donjon, sa poterne fortifiée, sa courtine à mâchicoulis et sa belle charpente. Ces éléments, d'aspect sévère, s'harmonisent avec une élégante galerie à arcades et une cour intérieure Renaissance.

NOS ADRESSES PAGE 117 ET 88
Hébergement, restauration, achats, activités, etc.

S'INFORMER

Office du tourisme & Congrès de Blois|Chambord – *23 pl. du Château - 41006 Blois - 02 54 90 41 41 - www.bloischambord.com - avr.-sept. : 9h-19h ; reste de l'année : 10h-17h - fermé dim. (hors vac. scol. et j. fériés).*

SE REPÉRER

Carte de microrégion B2 (p. 72).
À 195 km de Paris, 21 km au sud de Blois, sur la D 52 entre Pontlevoy (10 km) et Cheverny (12 km) ; plus au nord, la Bièvre se jette dans le Beuvron, affluent de la Loire. En train : la gare de Blois (1h45 de Paris) est à 21 km.

À NE PAS MANQUER

La galerie à arcades dans la cour d'honneur.

ORGANISER SON TEMPS

Comptez 45mn.

AVEC LES ENFANTS

Le petit jardin d'inspiration médiévale, le parcours découverte proposé à l'accueil, la boutique et ses jeux pour enfants.

UN CHÂTEAU FÉODAL À L'ÉPOQUE RENAISSANCE

L'édifice actuel aurait été commencé en 1450 par les deux corps de logis sur la cour, selon le souhait de Jeanne de Faverois, qui avait épousé Jean de Refuge, originaire de Blois. Vers 1475, Pierre de Refuge, son fils, obtient du roi l'autorisation de fortifier son château et élève peu après l'aile nord, dont l'aspect défensif n'a guère qu'une valeur symbolique en cette période de paix. Néanmoins, Pierre de Refuge, trésorier de Louis XI, s'attacha ostensiblement à faire de sa demeure un château puissant et défensif, en terrain plat, à une époque où l'on ne construisait plus de châteaux forts.
Son petit-fils, Jean de Villebresme, essaya au contraire de lui donner un aspect agréable et confortable.
Transformé en **filature** en 1812 grâce au **détournement du cours de la Bièvre** sous la chapelle, le château fut ensuite acquis par l'État en 1932.

Château de Fougères-sur-Bièvre.
A. Chicurel / hemis.fr

★ CHÂTEAU

1 r. Henri-Goyer - ✆ 02 54 20 27 18 - http://fougeres-sur-bievre.monuments-nationaux.fr - de déb. mai à mi-sept. : 9h30-12h30, 14h-18h30 ; reste de l'année : tlj sf mar. 10h-12h30, 14h-17h - fermé 1er janv., 1er Mai, 1er et 11 Nov., 25 déc. - possibilité de visite guidée (1h30) - 6 € (-26 ans gratuit).

Cour d'honneur – Remarquez la jolie tourelle d'escalier de l'angle nord-ouest, avec ses fenêtres décorées de pilastres aux motifs Renaissance ; également, tranchant avec l'ardoise bleutée des toits, le subtil mélange de moellons de calcaire dur de Beauce et de tuffeau qui blanchit les murs.

L'aile est, édifiée par Jean de Villebresme au début du 16e s., comporte une élégante **galerie à arcades★** qui s'apparente à celle de Louis XII au château de Blois. Elle conduit à la chapelle, abîmée par l'installation d'une filature en 1812.

Intérieurs – Ils comprennent trois étages et permettent d'admirer, entre autres, la **charpente en carène de bateau** du logis seigneurial et celle, conique, des tours. La grande unité de style et la qualité architecturale de l'ensemble mettent en valeur la présentation, dans les salles vides de meubles, d'expositions thématiques qui expliquent l'art de bâtir et les différents métiers du bâtiment.

Jardin

Contre la partie est du château, un joli petit **jardin d'inspiration médiévale** a été créé avec ses plantes aromatiques, médicinales et tinctoriales.

De là s'offre un point de vue sur le château et l'**église St-Éloi** toute proche qui abrite un chœur du 12e s. à la voûte en cul-de-four et huit belles stalles sculptées du 16e s.

Au fond du jardin, on aperçoit le château de la Boulas *(privé, ne se visite pas)* construit en 1857 par le directeur de la filature installée au château de Fougères.

Château de Villesavin

★

Tour-en-Sologne (41250) – Loir-et-Cher (41)

Non loin de Blois, de Chambord et de Cheverny, mais pourtant à l'écart des grands chemins touristiques, ce petit château se niche, au milieu d'un beau paysage de campagne, entre la rivière Beuvron et la forêt de Boulogne. Édifié au 16e s. dans la foulée du château de Chambord, il séduit par la subtilité de son style Renaissance proche du classicisme et par la douceur et la simplicité de son caractère rural avec, notamment, son grand colombier du 16e s. Son musée du Mariage célèbre les noces d'antan, de la préparation du trousseau à la couronne de la mariée.

NOS ADRESSES PAGE 117
Hébergement, restauration, achats, activités, etc.

S'INFORMER

Office du tourisme & Congrès de Blois|Chambord – *23 pl. du Château - 41006 Blois - ✆ 02 54 90 41 41 - www.bloischambord.com - avr.-sept. : 9h-19h ; reste de l'année : 10h-17h - fermé dim. (hors vac. scol. et j. fériés).*

SE REPÉRER

Carte de microrégion B2 (p. 72).
À 185 km au sud-ouest de Paris, 80 km de Tours, 17 km de Blois, 6 km au nord-est de Cheverny et 10 km au sud de Chambord, Villesavin se trouve à la lisière sud de la forêt de Boulogne. En train : gare de Blois *(1h45 de Paris)* à 17 km. À proximité de l'itinéraire La Loire à vélo.

À NE PAS MANQUER

L'étonnant musée du Mariage, l'aménagement intérieur et le colombier.

ORGANISER SON TEMPS

Comptez 1h30 entre la visite guidée des intérieurs, la visite libre du musée du Mariage, les dépendances et le parc.

AVEC LES ENFANTS

La collection hippomobile, l'élevage de baudets du Poitou, le Rallye du fantôme.

★ CHÂTEAU

✆ 02 54 46 42 88 - www.chateau-de-villesavin.fr - juin-sept. : 10h-19h ; mars-mai : tlj sf jeu. 10h-12h, 14h-19h ; de déb. oct. à mi-nov. : tlj sf jeu. 10h-12h, 14h-18h - possibilité de visite guidée sur demande (45mn) - 9 € (enfant 7,50 €) - livret Rallye du fantôme disponible ; chasse au trésor en été.

Le nom de Villesavin vient d'une villa (villa Savini), bâtie le long de la voie romaine d'Adrien que suit la route actuelle d'Arian (Adrien). Sur le site d'une seigneurie ayant appartenu au 14e s. au comte de Blois, Guy de Châtillon, ce château fut édifié entre 1527 et 1537 pour **Jean Le Breton**, seigneur de Villandry, surintendant des travaux de Chambord. De style Renaissance, il annonce déjà le classicisme : de superbes lucarnes italianisantes alignées sur les baies rythment une façade toute simple qui séduit par sa grâce et son harmonie.

Le domaine comprend le château avec ses communs, une chapelle, un potager et une mini-ferme où les enfants peuvent approcher l'élevage de baudets du Poitou *(de Pâques à la Toussaint).*

Château de Villesavin.
B. Rieger / hemis.fr

Cour d'honneur – Parfait quadrilatère, elle est ornée en son centre d'une belle vasque du 16e s. en marbre blanc de Carrare, laquelle fut offerte aux châtelains par des artistes florentins. Cet espace parfaitement symétrique est fermé au sud par le logis seigneurial flanqué de deux pavillons carrés. 2

Intérieur – On découvre d'abord deux cuisines Renaissance, à savoir une rôtisserie et une pâtisserie. Les autres pièces ont été meublées aux 18e et 19e s. Remarquez le bureau ovale et, dans le petit salon de musique, une table de trictrac, jeu de société très en vogue aux 17e et 18e s.

★ **Musée du Mariage** – Dans une salle attenante au logis, une importante collection de plus de 1 500 objets, dont 350 globes de mariés (un ensemble rarissime), forme un musée des traditions liées au mariage entre 1850 et 1950. Des mannequins, mis en situation devant le bureau de Monsieur le Maire ou dans l'église, reconstituent une journée de noces de ces époques qui, si proches, peuvent cependant sembler si lointaines.

Remarquez l'étonnante salle des Miroirs et l'impressionnante collection de couronnes de mariée.

Chapelle – Entièrement peints, ses murs sont ornés, entre autres, d'une scène de la Flagellation du 16e s., et son plafond, d'attributs de la Passion. La chapelle a fait l'objet d'une importante restauration.

Collection hippomobile – Parmi les voitures anciennes, remarquez des voitures d'enfant, jadis attelées à des chèvres.

Grand colombier – Construit au 16e s. et admirablement conservé, il comporte 1 500 boulins (alvéole où niche un couple de pigeons).

Au Moyen Âge et durant la Renaissance, la possession d'un colombier séparé du corps de logis était un privilège des seigneurs hauts justiciers. Ce droit était apporté en proportion de l'importance de la propriété, chaque boulin représentant un arpent de terre, soit un demi-hectare. Mets apprécié sur les tables de la noblesse, les pigeons produisaient en outre la « colombine » (issue des fientes), un engrais efficace dans les potagers, les vergers et les vignes.

La Sologne 3

Carte Michelin Départements 318 – Cher (18), Indre (36), Loir-et-Cher (41), Loiret (45)

Chevreuils en forêt de Sologne.

Ch. Rouffio/hemis.fr

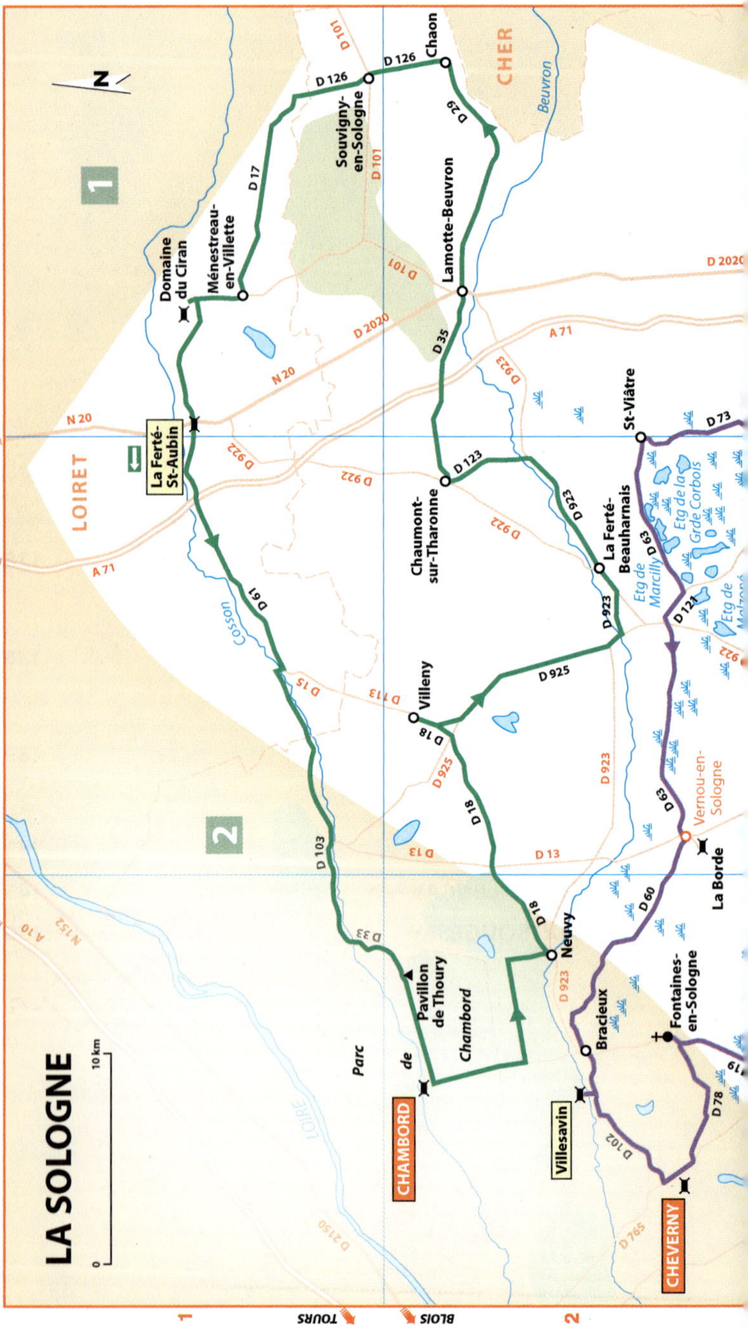
LA SOLOGNE
0
10 km
LOIRET
CHER
Domaine du Ciran
Ménestreau-en-Villette
Souvigny-en-Sologne
Chaon
Lamotte-Beuvron
La Ferté-St-Aubin
Chaumont-sur-Tharonne
La Ferté-Beauharnais
St-Viâtre
Villeny
Neuvy
Vernou-en-Sologne
La Borde
Bracieux
Fontaines-en-Sologne
Villesavin
CHEVERNY
CHAMBORD
Parc de Chambord
Pavillon de Thoury
Etg de Marcilly
Etg de la Grde Corbois
Beuvron
Cosson
LOIRE
ORLÉANS
TOURS
BLOIS
D 126
D 17
D 29
D 101
D 2020
N 20
A 71
D 35
D 923
D 922
D 123
D 61
D 15
D 113
D 18
D 925
D 13
D 103
D 33
D 63
D 121
D 60
D 73
D 78
D 102
D 765
D 2150
N 152
A 10
A
B
C
1
2

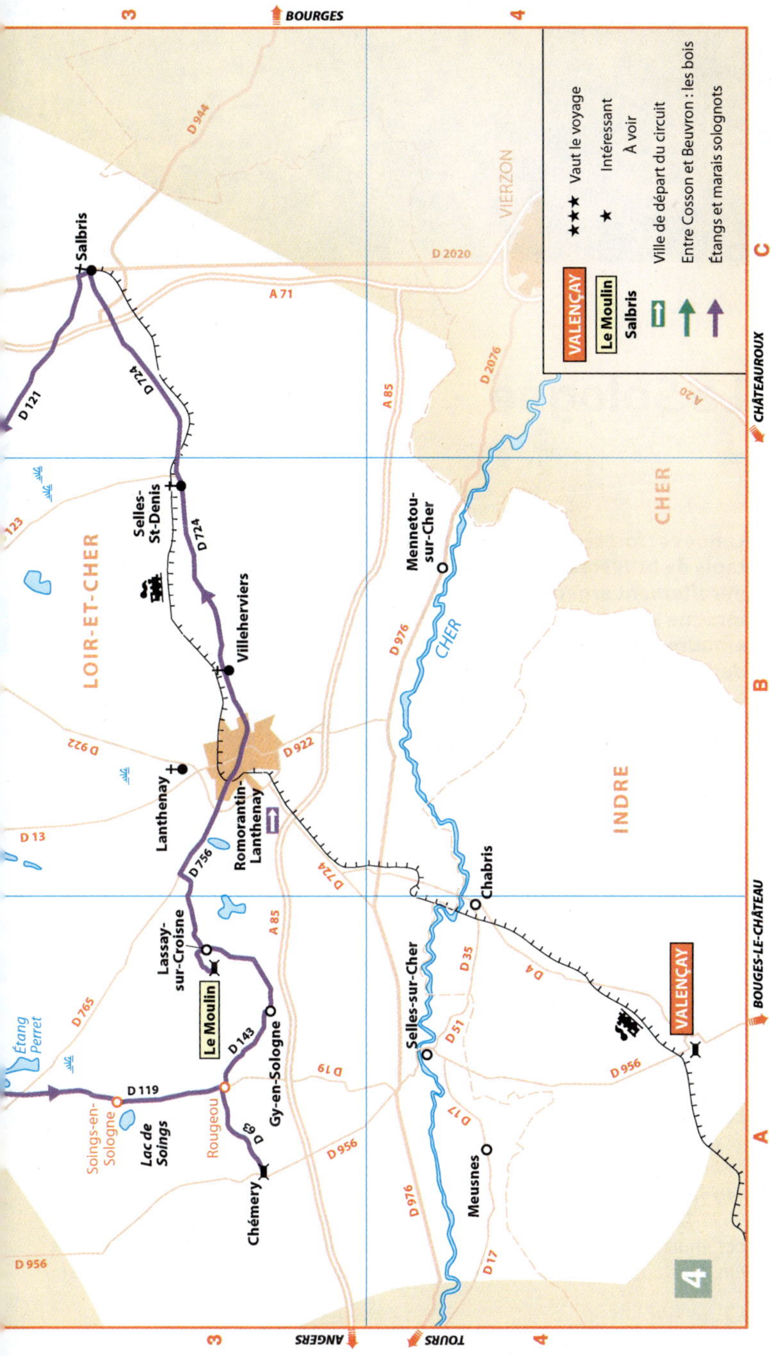
BOURGES
ANGERS
TOURS
CHÂTEAUROUX
BOUGES-LE-CHÂTEAU
LOIR-ET-CHER
INDRE
CHER
VIERZON
Salbris
Selles-St-Denis
Villeherviers
Lanthenay
Romorantin-Lanthenay
Lassay-sur-Croisne
Le Moulin
Gy-en-Sologne
Rougeou
Chémery
Soings-en-Sologne
Lac de Soings
Étang Perret
Mennetou-sur-Cher
Chabris
Selles-sur-Cher
Meusnes
VALENÇAY
CHER
D 121
D 724
D 944
D 2020
A 71
A 85
D 2076
A 20
D 976
D 922
D 13
D 756
D 765
D 143
D 119
D 19
D 63
D 956
D 35
D 4
D 51
D 17
123
A
B
C
3
4
★★★ Vaut le voyage
★ Intéressant
À voir
Ville de départ du circuit
Entre Cosson et Beuvron : les bois
Étangs et marais solognots

La Sologne

★

Loir-et-Cher (41), Loiret (45), Cher (18)

Landes et forêts peuplées de grands cerfs, de chevreuils et de sangliers, tapis de bruyères vert tendre ou rose éclatant quand vient l'automne, miroitement argenté des feuilles de bouleau, éclats dorés des étangs lorsque s'écartent les rideaux des roseaux… La Sologne réserve aux amoureux de la nature, de la randonnée à pied ou à vélo et de la pêche des jardins secrets où trônent de mystérieux châteaux.

NOS ADRESSES PAGE 134
Hébergement, restauration, achats, activités, etc.

S'INFORMER

Office du tourisme de La Ferté-St-Aubin – *R. des Jardins - ✆ 02 38 64 67 93 - www.tourisme-en-sologne.fr - juil.-août : 9h-12h, 14h-18h, dim. et j. fériés 10h-12h30 ; avr.-juin et sept. : tlj sf dim. et j. fériés 9h-12h, 14h-18h ; oct.-mars : tlj sf dim. et j. fériés 9h-12h, 14h-18h, merc. et vend. 14h-18h - fermé lun.*

Office du tourisme de Romorantin-Lanthenay – *32 pl. de la Paix - ✆ 02 54 76 43 89 - www.sologne-tourisme.fr - juil.-août : 9h-13h, 14h-18h30 ; avr.-juin et sept. : 9h30-12h30, 14h-18h30, lun. 14h-18h30 ; oct.-mars : 9h-12h30, 14h-18h, lun. 14h-18h - fermé dim. et j. fériés.*

SE REPÉRER

Carte de microrégion (p. 126-127).
Entre Cher et Loire, la Sologne est limitée à l'est par les collines du Sancerrois, à l'ouest par une ligne reliant Selles-sur-Cher à Cheverny en passant par Chémery. Outre ses 3 000 étangs, les rivières Cosson, Beuvron, Petite et Grande Sauldre sillonnent son territoire.

À NE PAS MANQUER

Les bois, les étangs et les marais ; les châteaux du Moulin, de La Ferté-St-Aubin et de Valençay.

ORGANISER SON TEMPS

Comptez 3 jours. Au début de l'automne, la Sologne charme par les teintes variées de sa végétation, mais attention, c'est aussi la période de la chasse, restez sur les sentiers !.

AVEC LES ENFANTS

Le château de La Ferté-St-Aubin ; la Maison des étangs de St-Viâtre.

Forêt de Sologne.
P. Escudero / hemis.fr

Circuits conseillés Carte de microrégion

★ ENTRE COSSON ET BEUVRON : LES BOIS AC1-2

Circuit de 131 km, au départ de La Ferté-St-Aubin, tracé en vert sur la carte de microrégion (p. 126-127) – Comptez une journée.
Pour mieux apprécier la nature, la balade à pied s'impose. Mais les nombreuses clôtures, interdictions d'accès et installations de pièges encouragent à rester sur les sentiers balisés, comme le GR 31 et le GR 3c.

La Ferté-St-Aubin C1 (*p. 136*)

Quittez La Ferté au nord-ouest par l'agréable D 61 en direction de Chambord. Après Ligny-le-Ribault, la D 61 devient la D 103 ; après La Ferté-St-Cyr, à Crouy-sur-Cosson, prenez à gauche la D 33.
Au **pavillon de Thoury**, on pénètre dans le domaine de Chambord.
Randonneurs et promeneurs sont les bienvenus sur les chemins et layons ouverts à la balade pédestre. À l'intention des chasseurs d'images désireux d'observer les hardes de cerfs ou les bandes de sangliers venant « au gagnage » chercher leur nourriture, une aire de vision a été aménagée.

★★★ Château de Chambord A2 (*p. 92*)

Prenez au sud la D 112. Au carrefour de Chambord, tournez à gauche, puis, à celui du Roi-Stanislas, empruntez à droite la route forestière en direction de Neuvy.

Neuvy A2

À l'orée de la forêt de Boulogne, sur la rive droite du Beuvron.
Son **église** solitaire, sur la rive opposée, fut partiellement reconstruite en 1525. Elle est entourée d'un cimetière, dans un site agréable près d'une vieille ferme de brique à pans de bois. Dans la nef, la poutre de gloire supporte des statues du 15e s. Un tableau du 17e s. représente le Christ mort soutenu par deux anges.

Villeny B2

La **Maison du cerf** dévoile les secrets de ce superbe animal couronné « Roi de la forêt ». *Pl. de l'Église - 02 54 98 23 10 - http://lamaisonducerf.e-monsite.com - - de mi-juin à mi-sept. : 13h30-18h30 ; reste de l'année : se rens. - fermé déc.-janv. - possibilité de visite guidée (45mn) - 5 € (-16 ans 3 €).*
Prenez au sud, vers La Marolle et la D 925. À Neung, empruntez la D 923.

3

LA TARTE TATIN

Les demoiselles Tatin, aubergistes à Lamotte-Beuvron au 19e s., ont inventé ce succulent et célèbre dessert : enduire l'intérieur d'un grand plat d'une belle couche de beurre et d'une couche non moins épaisse de sucre en poudre. Éplucher et couper en quartiers de belles pommes reinettes. Remplir le plat en serrant bien les fruits. Les arroser de beurre fondu. Sucrer un peu et recouvrir le tout d'une couche de pâte brisée, un peu molle et pas trop épaisse. Cuire à four chaud pendant 20 à 25mn. Démouler en retournant le plat de façon à avoir les pommes en haut, parfaitement caramélisées. Bon appétit !

La Ferté-Beauharnais B2

À l'intérieur de la petite église du 16e s., intéressantes stalles sculptées. Dans le bourg, plusieurs demeures anciennes : la maison du Carroir, la cour à l'Écu et le relais du Dauphin.

Continuez vers l'est par la D 923, puis à gauche la D 123.

Chaumont-sur-Tharonne B2

Cette cité conserve, dans son plan, le témoignage des remparts qui l'entouraient autrefois. Elle occupe un lieu privilégié, sur une butte que couronne une église des 15e et 16e s.

Lamotte-Beuvron C2

Grâce à l'acquisition du château en 1852 par Napoléon III, ce simple hameau s'est rapidement métamorphosé en véritable capitale de la chasse. Tous les bâtiments en brique datent de la période 1860-1870.

Chaon C2

Maison du Braconnage – *Rte de Vouzon - ✆ 02 54 88 68 68 - www.maisondubraconnage.com - ♿ - juil.-août : tlj sf mar. 13h-18h30 ; de mi- à fin juin et de déb. à mi-sept. : tlj sf mar. 14h-18h ; reste de l'année : merc., w.-end et j. fériés 14h-18h - fermé 11 Nov.-1er avr. - possibilité de visite guidée (1h30) - 5 € (-6 ans gratuit).*

Souvigny-en-Sologne C1

Sympathique village, typiquement solognot. Devant une église des 12e et 16e s., remarquez le **caquetoir**, ce grand porche en charpente qui longe deux façades de l'édifice et qui abrite, à la sortie des offices, les « caquetages » ou conversations des paroissiens. Maisons à colombages, dont l'ancien presbytère transformé en gîte rural.

Eugène Labiche (1815-1888), auteur de nombreux vaudevilles à succès *(Le Voyage de M. Perrichon, Un chapeau de paille d'Italie)*, fut le maire, énergique et entreprenant, de Souvigny de 1868 à 1878.

80 km de chemins ruraux sont balisés aux alentours de la commune *(plan détaillé disponible chez les commerçants).*

Ménestreau-en-Villette C1

Dans ce village, le **domaine du Ciran** (Conservatoire de la faune sauvage de Sologne - *✆ 02 38 76 90 93 - www.domaineduciran.com - juil.-août : 10h-12h30, 14h-19h ; avr.-juin et sept.-oct. : 10h-12h, 14h-18h ; nov. : 10h-12h, 14h-17h ; reste de l'année : se rens. - fermé certains mar. (oct.-fév., se rens.) - 5 € (-12 ans 3,20 €)*), consacré à la région et à ses habitants d'autrefois, propose un parcours de découverte et une multitude de sentiers à travers les forêts et les taillis, tout au long des ruisseaux et des étangs ; des observatoires ont été aménagés pour

Le destin des marais

Deux hypothèses s'affrontent sur l'origine du nom Sologne : l'une le rattache au latin *secale*, seigle, qui a donné *Secalonia*, puis Sauloigne. L'autre thèse retient une origine préceltique où *sec* désigne l'eau (comme dans *Sequana*, la Seine) et donne *Sec-alonia*, puis Salogne, lieu marécageux.

LE TEMPS DES SEIGNEURS

Déjà occupée par l'homme au paléolithique, la Sologne fut sans doute traversée par les armées de Jules César. On a retrouvé des vestiges de routes romaines et des traces de vie gallo-romaine dans la région. Accompagnant la christianisation qui s'étend à partir du 4e s., des moines s'installent (fondation de St-Aignan au 9e s.), sous la protection des comtes de Blois, dont la puissance ne cesse de grandir. Les forteresses (les « fertés », comme La Ferté-Norbert qui deviendra La Ferté-St-Aubin) construites au 10e s. en témoignent, ce qui conduira les Capétiens à chercher l'alliance avec ces puissants seigneurs. Profitant de courtes périodes de paix, les villes se développent.

LA RENAISSANCE DES ROIS

Sous la Renaissance, la Sologne connaît son heure de gloire grâce à la présence de Jean d'Angoulême, frère de Charles d'Orléans, puis à celle de son neveu, Louis XII, et de son petit-fils, François Ier. Sous ce patronage éclairé, la Sologne s'enrichit : de grands travaux sont entrepris à Romorantin, les marchés et les foires gagnent en renommée, les châteaux se construisent, les forêts sont éclaircies et les étangs aménagés afin de drainer la région et de faciliter l'agriculture (vigne).

MARÉCAGES ET NOUVEAU VISAGE

Après les guerres de Religion, des troubles économiques et sociaux entraînent le déclin de la Sologne, qui connaît une période d'abandon à partir du 17e s. Bientôt considérée comme un des pays les plus pauvres de France, la région dévastée par les fièvres change à nouveau de visage dès 1830 puis sous Napoléon III. Un Comité central de Sologne fait planter des pins sylvestres et des bouleaux, creuser des canaux, construire des routes, curer et assécher les étangs, amender les terres. Les fièvres disparaissent et la population s'accroît : la Sologne prend à peu de chose près son aspect actuel. Elle est appréciée par les propriétaires fonciers, amateurs de chasse, qui se font construire des demeures de villégiature.

LA NATURE DOMESTIQUÉE

La culture du maïs, qui permet de nourrir les troupeaux tout en offrant un excellent « couvert » au gibier, réconcilie l'agriculteur, l'éleveur et le chasseur. La protection forestière, la tranquillité et la présence de l'eau attirent une faune très diverse, dont la régulation par la chasse reste essentielle pour préserver la forêt des prédations des grands cervidés et des lapins. L'abondance des oiseaux migrateurs fait de la Sologne une région naturelle d'une grande richesse biologique. La culture de l'asperge fournit une part importante de la production française, et celle de la fraise voit augmenter ses rendements. L'amélioration récente de la gestion piscicole des étangs permet l'élevage traditionnel de poissons. Brochets, sandres, anguilles, carpes… et, plus récemment, silures font la joie des pêcheurs et des gastronomes.

permettre de faire des photos à l'affût de cerfs, chevreuils, sangliers, renards ou martres qui, si l'on fait preuve de patience, peuvent se montrer, surtout au lever ou au coucher du soleil.
La ferme, spécialisée dans l'élevage, produit un excellent fromage. L'exploitation agricole présente un double intérêt économique et écologique : le maintien d'une vie paysanne traditionnelle et la sensibilisation des visiteurs à la fragilité du patrimoine rural. Le domaine du Ciran organise des stages de plusieurs jours *(avec hébergement)* pour découvrir les richesses de la faune et de la flore solognotes.

★ ÉTANGS ET MARAIS SOLOGNOTS AC2-3

Circuit de 177 km, au départ de Romorantin-Lanthenay, tracé en violet sur la carte de microrégion (p. 126-127) – Comptez une journée et demie.

Romorantin-Lanthenay B3 (*p. 139*)

Quittez Romorantin par la D 724 à l'est.

Villeherviers B3

Dans la vallée de la Sauldre, plantée d'asperges, Villeherviers possède une **église** du 13e s. à voûtes Plantagenêt.

Selles-St-Denis B3

La **chapelle** St-Genoulph (12e-15e s.), à chapelles latérales et abside de style flamboyant, abrite des peintures murales du 14e s. retraçant la vie du saint.

Salbris C3

L'**église** St-Georges, en pierre et brique, date des 15e et 16e s. Une pietà du 16e s. occupe le centre du retable du maître-autel. Remarquez, dans les chapelles du transept, les clefs de voûte aux armes des donateurs et de très jolies sculptures en cul-de-lampe représentant, au sud, les Rois mages et la Vierge à l'Enfant et, au nord, les symboles des quatre évangélistes.
À la sortie nord, sur la D 2020, prenez à gauche la D 121 sur 10 km, avant de tourner à droite en direction de St-Viâtre par la D 73.

St-Viâtre BC2

Cette jolie bourgade était le but d'un pèlerinage aux reliques de saint Viâtre, ermite qui se retira ici au 6e s. et qui aurait, selon la légende, creusé son cercueil dans le tronc d'un peuplier tremble.
L'**église** présente un remarquable pignon du transept (15e s.), bâti en brique à décor de losanges noirs, bordé de choux rampants. Un puissant clocher-porche abrite l'entrée de l'édifice et son portail du 14e s. À l'entrée du chœur, un beau lutrin en bois sculpté, du 18e s., surprend par ses dimensions. Dans le bras droit du transept sont exposés quatre **panneaux peints★** du début du 16e s. : ils évoquent avec réalisme la vie du Christ et celle de saint Viâtre.
Maison des étangs - *02 54 88 23 00 - www.maison-des-etangs.com - - avr.-oct. : 10h-12h, 14h-18h ; reste de l'année : merc., w.-end et j. fériés 14h-18h - fermé 1er janv., 25 déc. - possibilité de visite guidée (1h30) - 5 € (-16 ans 3 €).* Le site, réparti sur deux maisons, est consacré à l'écologie, à la faune et à la pisciculture en Sologne, ainsi qu'aux vieux métiers.
Reposoir St-Viâtre – Petit édifice en brique du 15e s., élevé à l'entrée nord du bourg.
Par la D 63 à l'ouest, gagnez Vernou-en-Sologne.
Au sud du bourg, le beau château de **La Borde** *(fermé à la visite)* est doté de baies avec incrustations d'ardoise.
Par Bauzy et la D 60, gagnez Bracieux.

Bracieux A2
Dans la vallée du Beuvron, à la limite de la Sologne et du Blésois ; à voir pour sa halle du 16e s. et son joli pont.

★ **Château de Villesavin** A2 *(p. 122)*
À 2 km de Bracieux, par la D 102.

★★★ **Château de Cheverny** A2 *(p. 114)*
À la sortie de Cheverny, prenez la D 765, puis à gauche la D 78.

Fontaines-en-Sologne A2
Datant en majeure partie du 12e s., l'**église** de Fontaines témoigne de la diffusion du style angevin : chevet plat et nef unique à remarquables voûtes bombées. Elle fut fortifiée au 17e s. À quelques pas, belles maisons à pans de bois et toits de petites tuiles plates, fréquentes dans la région.
La D 119, au sud, longe l'étang Perret, puis, après Soings-en-Sologne, le lac du même nom.

Lac de Soings A3
Seul lac naturel de Sologne, ses brusques variations de niveau, soudaines et inexpliquées, ont suscité maintes sombres légendes locales. *Domaine privé.*
Continuez sur la D 119. Juste avant Rougeou, prenez la D 63 à droite.

Château de Chémery A3
R. du Château - ✆ 02 54 71 82 77 - www.chateaudechemery.fr - avr.-oct. : tlj sf dim. mat. 11h30-18h ; reste de l'année : sur demande préalable - 8,50 € (-14 ans gratuit) - 10 € billet combiné avec la tour Beauvoir. Chambres d'hôte et festival en été.
Typique de la transition entre le Moyen Âge et la Renaissance, ce château des 15e et 16e s. fut édifié sur l'emplacement d'une forteresse du 12e s. À l'intérieur de l'enceinte s'élève un colombier de 1 200 boulins. Après des années d'abandon, le site, restauré, a retrouvé ses douves.
Revenez sur vos pas jusqu'à Rougeou. Dans le village, prenez la D 143 à droite.

Gy-en-Sologne A3
Visitez la **locature de la Straize** (16e s.), maison d'ouvriers solognots. *✆ 02 54 83 81 03 - http://lastraize.pagesperso-orange.fr - visite guidée sur demande préalable - de déb. avr. à mi-sept. : w.-end et j. fériés 10h-11h30, 15h-17h, sem. sur demande préalable - 5 € (-15 ans 3 €).*

Lassay-sur-Croisne A3
Perdu au beau milieu d'une région de bois et de grands étangs, ce village abrite plusieurs demeures en brique et pierre aux longs toits d'ardoise.
Église St-Denis – Charmante église du 15e s. ornée d'une belle rosace et coiffée d'une flèche aiguë. Dans le bras gauche du transept, au-dessus du gisant de Philippe du Moulin, une jolie **fresque** du début du 16e s. figure saint Christophe encadré par l'église de Lassay et le château du Moulin.
Empruntez un chemin longeant la Croisne sur 1,5 km vers l'ouest.

★ **Château du Moulin** A3 *(p. 143)*
De Lassay-sur-Croisne, regagnez Romorantin par la D 756.

NOS ADRESSES EN SOLOGNE

HÉBERGEMENT

Parc des Alicourts - *41300 Pierrefitte-sur-Sauldre - ✆ 02 54 88 63 34 - www.lesalicourts.com.* Location de cabanes perchées dans les arbres, dépendant du camping-club.

PREMIER PRIX

Chaumont-sur-Tharonne

Chambre d'hôte Le Petit Clos – *6 r. de la Folie - ✆ 02 54 88 28 17 - www.lepetitclos.com - P - 4 ch. 80 €, 1 ch. 4 pers. 160 € ☕ - wifi.* Cette maison de village en brique ouvre sur un jardin clos fleuri où se savoure le petit-déjeuner. Les meubles des cinq chambres, habillées de tissus colorés, sont l'œuvre du propriétaire ébéniste. Accueil sympathique au doux accent québécois.

BUDGET MOYEN

Nouan-le-Fuzelier

Le Moulin de Villiers – *R. du Château - ✆ 02 54 88 78 87 - www.lemoulindevilliers.com - P - 15 ch. 95/159 € - ☕ 13 € - wifi.* Dans un très joli cadre, un ancien moulin à grains du 19e s. transformé en hôtel, des chambres rénovées en 2013. Piscine chauffée *(mai-sept.)*.

Salbris

Domaine de Valaudran – *Av. de Romorantin-Lanthenay - 41300 Salbris - 1,5 km au sud-ouest par rte Romorantin (proche sortie A 71) - ✆ 02 54 97 20 00 - www.hotelvalaudran.com - ♿ - fermé 19 déc.-6 janv. - P - 31 ch. 98/118 € - ☕ 12,50/13,50 € - ✕ 23,50/52 € - wifi.* Gentilhommière du 19e s. dans un vaste parc avec piscine. Chambres au décor contemporain. Au restaurant, spécialités solognotes et produits du potager.

Hôtel Le Parc – *8 av. d'Orléans - 41300 Salbris - 14 km au nord-ouest par D 944 - ✆ 02 54 97 18 53 - www.leparcsalbris.com - fermé 21 déc.-6 janv. - 26 ch. 95/130 € - ☕ 9,80/13,50 € - ✕ 23/39,50 € - wifi.* Grande demeure bourgeoise entourée d'un jardin arboré. Chambres sobres, bien rénovées, dont trois sont au décor contemporain. Au restaurant, spécialités solognotes et produits du potager.

POUR SE FAIRE PLAISIR

La Ferté-Beauharnais

Château de Beauharnais – *172 r. du Prince-Eugène - ✆ 02 54 83 72 18 - www.chateaudebeauharnais.com - P - 3 ch. 145/245 € ☕ - wifi.* Chambres d'hôte de style, aménagées dans un château qui fut la résidence des Beauharnais. Grand parc où il fait bon se promener..

UNE FOLIE

Chaumont-sur-Tharonne

Demeure Le Mousseau – *Mousseau - 3 km par D 922 et rte secondaire - ✆ 02 54 88 53 92 - www.chateaudebeauharnais.com - P - 4 ch. 210/250 € ☕ - 1 ch. pour 4 pers. 270 € avec ☕ 15 € - wifi.* Magnifique gentilhommière du 19e s. dans un immense parc au cœur de la Sologne. Chambres cosy et soigneusement décorées : tissus choisis, mobilier de style… Une belle adresse.

RESTAURATION

PREMIER PRIX

Salbris

Les Copains d'abord – *52 av. d'Orléans - ✆ 02 54 97 24 24 - www.auxcopains.com - ♿ - fermé dim., de fin déc. à début janv. et de fin juil. à mi-août - P - formule*

12,50 € - menu 14,50/29,50 €. Bistrot chaleureux où les gens du coin se retrouvent autour d'une table traditionnelle honnête, tandis qu'un groupe de jazz ou de chanson française vient animer le repas en fin de semaine.

BUDGET MOYEN

Lamotte-Beuvron

Hôtel-Restaurant Tatin – *5 av. de Vierzon - ✆ 02 54 88 00 03 - www.hotel-tatin.fr - fermé vac. de fév., de fin juil. à mi-août, 19 déc.-4 janv., dim. soir, lun. et mar. (mat.) - formule déj. 28 € - 35/62 €.* C'est ici que les sœurs Tatin inventèrent leur tarte (le fourneau d'époque est exposé au bar). Tradition toujours vivante!

Ménestreau-en-Villette

Le Relais de Sologne – *63 pl. du 8-Mai-1944 - ✆ 02 38 76 97 40 - www.lerelaisdesologne.com - fermé soir dim.-mar., merc. - menu 29/52 €.* Au cœur du village, le maître restaurateur mitonne une cuisine gastronomique avec des produits du terroir, servie dans un décor rustique ou en terrasse. À 2 km du domaine du Ciran.

ACHATS

Bergeries de Sologne – *Ferme de Jaugeny - ✆ 02 54 46 45 61 - http://bergerie-de-sologne.pagespersoorange.fr - visite juil.-août le mardi à 10h45 - 8 € (-12 ans 4,50 €) - ferme 10h-19h lun.ven. - boutique de Chambord 10h-19h mar. sam.* Cette ferme solognote, qui élève des moutons et des volailles, propose des journées « Découverte et Gastronomie » (visite, déjeuner, démonstration de chiens de berger et de tonte de moutons). Vente de plats cuisinés en conserve, à base d'agneau de l'élevage.

Charcuterie Fresnel – *54 av. de l'Hôtel-de-Ville - 41600 Lamotte-Beuvron - ✆ 02 54 88 08 81 - www.fresnel-traiteur.fr - lun. jeu. ven. sam. 8h-13h, 15h19h - mar. et dim. 8h-12h.* Ce boucher élabore, en saison, des terrines à base de gibier. Le reste de l'année, il propose du boudin noir aux cèpes, du boudin blanc campagnard, des andouillettes, du saucisson à cuire, du foie gras maison, des rillettes et des rillons régulièrement primés.

AGENDA

Generali Open de France – *Juil. - opendefrance.ffe.com.* Au parc équestre de Lamotte-Beuvron se déroulent les championnats de France de poney, le plus grand rassemblement équestre d'Europe.

3

Château de La Ferté-Saint-Aubin

★

La Ferté-St-Aubin (45240) – Loiret (45)

Majestueusement dressée sur la rive du Cosson, cette ancienne résidence de maréchaux de France aurait de quoi intimider. Pourtant les portes de ce château à la belle architecture classique sont largement ouvertes aux visiteurs et à leurs enfants. Si les salons richement meublés et les chambres n'ont guère changé depuis les siècles passés, certaines salles sont le fruit d'une restitution pour laquelle la rigueur historique s'est alliée au rêve pour recréer la magie de la « vie de château ». De belles cuisines et un grenier des jouets anciens viennent compléter le décor d'un étonnant voyage vers le passé.

NOS ADRESSES PAGE 138
Hébergement, restauration, achats, activités, etc.

S'INFORMER

Office de tourisme – *R. des Jardins - 45240 La Ferté-St-Aubin - ✆ 02 38 64 67 93 - www.otsilafertesaintaubin.com - juil.-août : 9h-12h, 14h-18h, dim. et j. fériés 10h-12h30 ; avr.-juin et sept. : tlj sf dim. et j. fériés 9h-12h, 14h-18h ; reste de l'année : tlj sf dim. et j. fériés 9h-12h, 14h-18h, merc. et vend. 14h-18h - fermé lun.*

SE REPÉRER

Carte de microrégion C1 (p. 126-127). À 155 km au sud de Paris, 20 km au sud d'Orléans, 35 km au nord-est de Chambord. En train : gare SNCF La Ferté-St-Aubin *(1 km du château)*Comptez 2h au départ de Paris *via* Les Aubrais-Orléans, 1h de Tours.

ORGANISER SON TEMPS

Comptez 4h pour la découverte du château et ses nombreuses annexes.

AVEC LES ENFANTS

Le musée des jouets anciens, les cuisines et les jeux dans le parc.

★ CHÂTEAU

1 r. du Gén.-Leclerc - ✆ 06 78 02 34 70 - www.chateau-ferte-st-aubin.com - juin-août : 10h-19h ; mai-sept. : 10h-18h ; fév.-avr., de déb. oct. à mi-nov. et vac. de Noël : 14h-18h ; déc. : w.-end 14h-18h - fermé 24-25 déc. - possibilité de visite guidée sur demande (45mn) - 9 € (-7 ans 6 €).

D'architecture classique, ce château, édifié aux 16e et 17e s. sur des plans de l'architecte Théodore Lefebvre, fut la propriété d'un ministre d'État puis de trois maréchaux. En effet, il fut tour à tour acheté par la famille de La Ferté-Senneterre, par celle du maréchal Woldemar de Lowendal puis par François Victor Masséna, le fils du maréchal d'Empire. Enfin, il a repris vie à la fin du 20e s. sous l'initiative de la famille Guyot, son actuel propriétaire, qui l'a ouvert au public.

Cour d'honneur – Elle est entourée par deux bâtiments identiques de la fin du 17e s. À droite l'orangerie, à gauche les écuries, toujours en activité avec leur collection de harnais et de selles.

Vue aérienne du château de La Ferté Saint-Aubin.
A. Chicurel / hemis.fr

Le grenier de l'orangerie abrite un **musée des Jouets anciens**. Vous y trouverez notamment des poupées de collection de l'artiste contemporaine Ruth Treffeisen.

Intérieur – Vous pourrez déambuler librement à travers les salons de réception, la salle à manger et la magnifique bibliothèque-billard où aucun meuble ne semble avoir bougé depuis le 18e s. De même pour le portrait de Louis XV, à l'âge de 54 ans.

Premier étage – ♿. C'est là que se trouvent les chambres d'apparat, avec leurs alcôves et leurs lits à baldaquin, dont la chambre Lowendal du 18e s. La salle des gardes est couverte d'un beau plafond à la française.

LA RÈGLE DU JEU

L'image du château de La Ferté-St-Aubin est connue dans le monde entier, sous le nom de La Colinière, le luxueux pavillon de chasse où se déroule l'action du chef-d'œuvre du cinéaste Jean Renoir, *La Règle du jeu*, réalisé en 1939.

Grenier – Dans les combles au-dessus du logis, ce grenier accueille une collection d'outillage des vieux métiers de Sologne. Au programme également : une salle de classe à l'ancienne.

Cuisines – *Sous-sol.* Des archives et un état des lieux du 18e s. miraculeusement retrouvés ont facilité la restitution fidèle des cuisines. Le four à bois et le grand tourne-broche, entraîné par un savant jeu d'engrenages et de contrepoids, sont en parfait état de fonctionnement. *(Démonstration et dégustation de madeleines l'apr.-midi dim. et vac. scol.)*

Poursuivez la promenade en empruntant la passerelle qui enjambe les douves, à droite du château.

PARC

Pique-nique possible.

On parcourt ce parc de 40 ha jusqu'à l'ancienne bergerie. Vous pourrez également pratiquer une série de jeux en vogue aux 17e et 18e s., mis en scène dans le château et le parc (quatre coins, jeu d'échecs et jeu de l'oie grandeur nature…). Aussi, une série de jeux anciens en bois, jeux de quilles, mini-golf et mini-manège pour les tout-petits.

Le parcours des Poisons – Nouveauté 2018 ! Basé sur la véritable histoire de la Maréchale de Ferté Sennetère qui fut mélée à la fameuse affaire des poisons sous Louis XIV. Un parcours mystérieux, sensoriel et aventurier, se déroulant sur 15 ha, au sein de l'île, au cours duquel on doit créer son propre poison, avec énigmes à résoudre, obstacles à franchir, le tout en temps limité…

NOS ADRESSES À LA FERTÉ-SAINT-AUBIN

Voir aussi Orléans *(p. 39).*

HÉBERGEMENT

POUR SE FAIRE PLAISIR

Gîtes au château de La Ferté-St-Aubin – *02 38 76 52 72 - www.chateau-ferte-st-aubin.com - 2 gîtes familiaux (15 pers.) - 450 € la nuit.* Au choix, le pavillon des Cerfs qui donne sur la cour d'honneur ou l'Ermitage dans le parc.

RESTAURATION

BUDGET MOYEN

La Sauvagine – *53 r. du Gén.-Leclerc - 02 38 76 62 23 - www.restaurant-la-sauvagine.com - fermé dim. soir, lun. et mar. soir - 25/33 € - réserv. conseillée.* Bonne adresse en plein centre-ville, décorée de gravures animalières. Cuisine à base de produits frais.

Dans les environs

POUR SE FAIRE PLAISIR

L'Orée des Chênes – *rte de Marcilly-en-Villette - 02 38 64 84 00 - www.loreedeschenes.com - - 43/60 €.* Cachet et caractère pour cette table qui cultive avec élégance son atmosphère champêtre. Le chef concocte une cuisine de saison très joliment présentée.

Auberge de Vienne - *2 rte d'Orléans - 45510 Vienne-en-Val - 02 38 58 85 47 - www.aubergedevienne.com - - soir sur réserv. - fermé dim. soir, lun.-mar., 16 fév.-10 mars - - formule 19,50 € - menu sem. 29 € - carte 50/70 €.* Dans cet ancien relais de poste du 19e s., on se régale d'une bonne cuisine classique ; ne pas manquer le feuilleté de poires flambées… Ambiance feutrée avec feu de cheminée l'hiver.

AGENDA

Jeux au château – *Juil.-août.* 42 jeux de jardin pour tous les âges, dont un minigolf 15 pistes.

Grande brocante – *Dern. w.-end de sept.* 100 exposants.

Noël au château –*W.-ends et vac. scol. de déc.* Noël des Animaux, visite aux chandelles, animations pour petits et grands.

Pâques au Château – *W.-end de Pâques.* Grandes chasses aux œufs pour enfants et adultes.

Cuisine au Château – *Vac. scol. de Toussaint.* Animations culinaires pour petits et grands.

Romorantin-Lanthenay

17 027 Romorantinais – Loir-et-Cher (41)

Au cœur de l'ancienne cité, la Sauldre glisse paresseusement les méandres de ses bras et de ses biefs, tendant un miroir aux demeures Renaissance, églises et hôtels particuliers qui distinguent la ville. C'est que le roi François Ier avait conçu pour celle-ci un très grand projet. Attaché à Romorantin où il avait passé une partie de sa jeunesse, il avait confié en 1516 à l'illustre Léonard de Vinci la mission d'édifier un palais pour sa mère, Louise de Savoie, et de percer un canal. Hélas, Léonard mourut trois ans plus tard, trop tôt pour qu'aucun de ces édifices ne voie le jour.

NOS ADRESSES PAGE 142
Hébergement, restauration, achats, activités, etc.

S'INFORMER
Office de tourisme – *32 pl. de la Paix - ☎ 02 54 76 43 89 - www.sologne-tourisme.fr - juil.-août : 9h-13h, 14h-18h30 ; avr.-juin et sept. : 9h30-12h30, 14h-18h30, lun. 14h-18h30 ; reste de l'année : 9h-12h30, 14h-18h, lun. 14h-18h - fermé dim. et j. fériés.*

SE REPÉRER
Carte de microrégion B3 (p. 126-127). À 40 km au sud-est de Blois et 40 km à l'est de St-Aignan, toutes les routes (ou presque !) de Sologne convergent vers Romorantin. En train : moins de 3h de Paris *via* Vierzon (ou *via* Salbris avec le TER).

À NE PAS MANQUER
Le musée de Sologne, les maisons anciennes ; et les spécialités gastronomiques : routie au vin, daguettes et pâté au potiron.

ORGANISER SON TEMPS
Comptez 1h30.

AVEC LES ENFANTS
Les saynètes du musée de Sologne ou les bolides du musée Matra.

3

Se promener Plan de ville

Maisons anciennes
Jolies promenades entre les vieux murs, les ponts et les jardins de l'ancienne ville. À l'angle de la rue de la Résistance et de la rue du Milieu, l'hôtel de la **Chancellerie**, maison Renaissance à encorbellement, est bâti en brique et pans de bois ; il abritait les sceaux lorsque le roi résidait à Romorantin.

En face, l'**hôtel St-Pol**, en pierre et brique vernissée, est percé de ravissantes baies moulurées. À l'angle des rues du Milieu et de la Pierre, la jolie maison dite du **Carroir doré** présente de remarquables poteaux corniers sculptés : à gauche, une Annonciation et, à droite, un Saint Michel terrassant le dragon.

Vues des ponts
Sur le bras nord de la Sauldre, belle **vue** sur l'ensemble du musée de Sologne et sur l'ancien **château royal** des 15e et 16e s., qui abrite la sous-préfecture.

★ Musée de Sologne
Moulin du Chapître - ☎ 02 54 95 33 66 - www.museedesologne.com - ♿ - Actuellement fermé suite à la crue de juin 2016.

Le musée est situé au cœur de la ville, à cheval sur la rivière Sauldre. Il est installé dans un cadre magnifique : trois anciens moulins, reliés entre eux par des passerelles.
Vous y découvrirez l'histoire de la Sologne, le patrimoine naturel et l'importance des étangs dans l'identité du territoire, les coutumes de ses habitants – croyances, habitats – son histoire économique, lorsqu'elle devient lieu de villégiature avec l'implantation de châteaux et le développement de la chasse *(voir ci-dessous)*. Maquettes, et reconstitutions d'intérieurs campent le cadre de vie des solognots d'autrefois. Les métiers d'antan sont expliqués à travers l'exposition d'outils anciens.
Le musée présente enfin le projet oublié de **Léonard de Vinci** pour Romorantin, à travers dessins, plans et maquettes issus de récentes recherches. François Ier, qui a passé dans cette ville, chez sa mère Louise de Savoie, une partie de son enfance, fait venir Léonard de Vinci en France pour qu'il crée à Romorantin un palais royal et une ville nouvelle pour la Cour. Un réseau de canaux, nécessaire pour ces constructions et pour le développement de la cité était également prévu. Le talent d'urbaniste de Léonard et son intérêt pour les techniques hydrauliques allaient transformer Romorantin. Ce « grand dessein » est abandonné en 1519, lorsque Léonard s'éteint le 2 mai de la même année et que démarre le chantier de Chambord, à 38 km de là.

Église St-Étienne

Pl. Jeanne-d'Arc.
À la croisée de son transept se dresse le clocher roman aux sculptures délicates. Les voûtes angevines de la nef se prolongent dans un chœur aux puissants piliers romans ; dans l'abside, à chacune des nervures de la voûte s'appuie la statue d'un évangéliste.
Au-delà du bras sud de la Sauldre, jolies maisons à pans de bois.

CHASSE ET CHÂTEAUX

Territoire longtemps considéré comme l'un des plus misérables du territoire français jusqu'à l'aube du 19e s., la Sologne va devenir, entre 1860 et 1914, une terre de châteaux, portée par l'essor d'une nouvelle passion de Parisiens fortunés : la chasse ! L'essor du chemin de fer n'y est pas étranger ; de même qu'il contribue, à partir du milieu du 19e s., à propager la mode des bains de mer, venue d'Angleterre, en ouvrant le chemin de Deauville (1863) à l'aristocratie, il met, en 1847, la Sologne, déjà terrain de chasse de prédilection des rois de France, à quelques heures de Paris. L'engouement cynégétique qui va s'ensuivre génère un nouvel équilibre économique en touchant toutes les classes sociales. Plus de 300 luxueux pavillons de chasse sortent de terre. Après les nombreux ouvriers et artisans nécessaires aux chantiers de construction, les nouveaux propriétaires embauchent des bataillons de domestiques pour « tenir » leur rang, recevoir leurs relations et organiser de grandes chasses à la (dé)mesure de leurs moyens ; près de 200 personnes pouvaient alors être amenées à travailler au château. L'entretien du domaine nécessite également fermiers, métayers et journaliers divers…
Bientôt, ce sont de véritables villages qui se structurent en marge de ces terrains de chasse, dominés par la figure du nouveau châtelain, omnipotent. Même les conflits mondiaux du 20e s. ne feront pas tarir cette passion qui perdurera jusque dans les années 1960 *(voir, ou revoir, le film* La Règle du Jeu, *p. 136)*.

ROMORANTIN-LANTHENAY

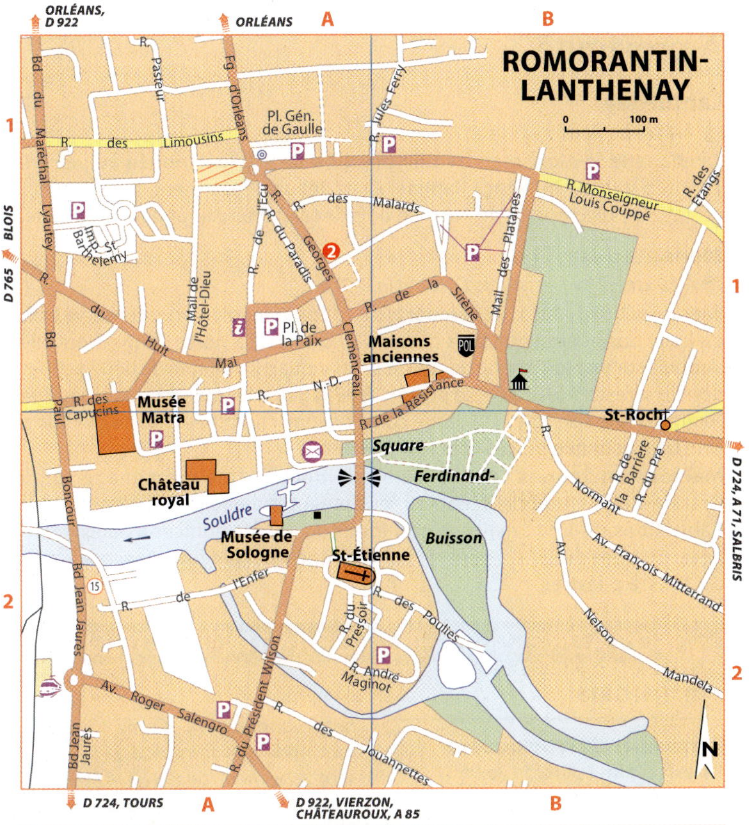

SE RESTAURER
Grand Hôtel du Lion d'Or 2

Square Ferdinand-Buisson

Agréable jardin public à l'ombre de grands arbres, où des passerelles enjambent les bras et biefs de la Sauldre ; très belle vue sur les rives, en particulier sur le Moulin-foulon.

Chapelle St-Roch

Ne se visite pas.

À l'entrée du faubourg St-Roch s'élève ce bel édifice à la façade encadrée de tourelles avec baies en plein cintre typiques de la Renaissance.

Musée Espace automobiles Matra

17 r. des Capucins - ✆ 02 54 94 55 58 - www.museematra.com - ♿ - juil.-août : 9h-12h30, 13h30-18h ; reste de l'année : tlj sf mar. 9h-12h, 14h-18h, w.-end et j. fériés 10h-12h, 14h-18h - fermé 1er janv., 1er Mai, 25 déc. - 6 € (-16 ans 4 €) - 9 € billet combiné avec le musée de la Sologne.

Dans une usine désaffectée, sur plus de 3 000 m², se tient le musée de Matra. La saga automobile de la marque, de 1964 à 2003, est retracée à travers une cinquantaine de véhicules. La salle des moteurs et des prototypes évoque les différentes phases de la construction automobile, notamment celle des voitures de course, dont la formule 1 championne du monde en 1969.

À proximité Carte de microrégion

Lanthenay B3

À 4 km au nord.

La chapelle St-Aignan abrite une peinture de 1523, attribuée au peintre Timoteo Viti, qui influença Raphaël à ses débuts. Également, toile du 17e s. et statues polychromes du 16e s. en bois de saint François et de sainte Claire.

Mennetou-sur-Cher B4

À 20 km au sud-est par la D 922 et la D 976.

Bâtis au début du 13e s., les **remparts** de ce bourg médiéval ont conservé trois de leurs portes ainsi que trois de leurs cinq tours. La porte Bonne-Nouvelle s'appuie sur une tour ronde qui, autrefois, flanquait un prieuré de bénédictines dont il ne reste que l'église. La porte d'En-Bas garde le souvenir du passage de Jeanne d'Arc; son corps de garde conserve une cheminée à hotte d'origine. Une baie géminée perce la porte d'En-Haut.

Maisons anciennes – Sinueuse et accidentée, une promenade sur la Grande-Rue permet de découvrir les demeures anciennes de Mennetou : habitations du 13e s., maisons gothiques ou encore édifices à baies géminées, maisons du 15e s. à pans de bois et à encorbellement ou encore hôtels du 16e s. à pilastres.

NOS ADRESSES À ROMORANTIN-LANTHENAY

TRANSPORTS

Traversée de la Sologne en petit train – *✆ 02 54 76 06 51 - 20 €/2 pers. AR - horaires, se rens. à la compagnie Le Blanc-Argent - gare de Romorantin-Lanthenay.*

HÉBERGEMENT

PREMIER PRIX

Hôtel La Pyramide – Hors plan par A1 - *R. de la Pyramide - ✆ 02 54 76 26 34 - www.hotel-pyramide.fr - ♿ P - 66 ch. 60/88 € - ☕ 8,80 € - ✕ 18/48 € - wifi gratuit.* Construction moderne voisine d'un complexe culturel. Chambres fonctionnelles et homogènes. Les repas traditionnels peuvent être pris en salle ou en terrasse.

RESTAURATION

POUR SE FAIRE PLAISIR

Grand Hôtel du Lion d'Or– A1 - *69 r. Georges-Clemenceau - ✆ 02 54 94 15 15 - www.hotel-liondor.fr - ♿ - fermé mar. midi - P - formule déj. sem. 49 €, menu 64 € -110/145 € - carte 125-175 € - réserv. conseillée.* Une cuisine très joliment ciselée, pleine de saveurs et de subtilités; un vrai travail au service du produit toujours très frais et relevé de quelques notes d'ailleurs (variation d'asperges blanches de Sologne, pigeon farci façon babylonienne, brioche caramélisée à l'angélique fraîche); et une superbe carte de vins de Loire… Une étoile au Guide Michelin.

ACTIVITÉS

La situation de la ville au cœur d'une région très boisée en fait un point de départ idéal pour de nombreuses randonnées pédestres ou équestres. *Rens. à l'office de tourisme.*

Château du Moulin.
Richard Semik/easyFotostock/age fotostock

Château du Moulin

★

Lassay-sur-Croisne (41230) – Loir-et-Cher (41)

Comme un jardin secret niché au fond d'une forêt lointaine, la silhouette découpée du château du Moulin se reflète sur le miroir paisible de ses douves. Parée de fenêtres à meneaux, de pinacles et de lucarnes ouvragées, cette belle forteresse médiévale a renoncé à la rudesse des temps féodaux pour annoncer la Renaissance. Le temps ayant fait son œuvre, la belle architecture de pierre a perdu son intégrité menaçante au profit d'une élégance nostalgique.

3

SE REPÉRER
Carte de microrégion A3 (p. 126-127).
À 200 km au sud de Paris, 90 km à l'est de Tours, 35 km au sud-est de Blois, 28 km au nord de Valençay. Pas de gare SNCF.

À NE PAS MANQUER
Le tour du château et du jardin ; la visite guidée du château, pour les amateurs de mobilier 15e-17e s.

ORGANISER SON TEMPS
Comptez 2h pour la découverte du château et du jardin.

AVEC LES ENFANTS
Le Conservatoire de la fraise.

★ CHÂTEAU

Lassay-sur-Croisne - ✆ 02 54 83 90 64 - www.chateau-moulin-fraise.com - visite guidée (50mn) avr.-sept. : 10h-12h30, 14h-18h30, dép. 10h30, 11h30, 14h30, 15h30, 16h30 et 17h30 - 9,50 € (-18 ans 7 €).

Le château du Moulin fut construit entre la fin du 15e s. et le début du siècle suivant pour **Philippe du Moulin**. Cet ami de jeunesse du roi Charles VIII lui avait sauvé la vie au cours de la bataille de Fornoue, en Italie, en 1495, ce qui lui valut d'être fait chevalier sur-le-champ.

Le château fort était doté d'un système défensif perfectionné, propre à l'époque médiévale. Cependant, édifié au sortir du Moyen Âge, à une époque où les menaces de guerres féodales étaient moindres, ces défenses servaient essentiellement à afficher le prestige du rang auquel le nouveau propriétaire venait d'être promu. Le château est resté entre les mains de la famille du Moulin jusqu'au début du 20e s. Très abîmé, il fut racheté en 1901 et sauvé par la famille de Marchéville.

Construit sur le plan du donjon de Vincennes, ce bel édifice de brique losangée soulignée de chaînages de pierre s'inscrivait dans un plan carré dont les quatre coins étaient flanqués de tours. Celles-ci étaient reliées entre elles par des bâtiments sur trois côtés, l'entrée du château se trouvant sur le côté restant. Cette voie d'accès était défendue par un **châtelet★** formé de deux tours et d'un double pont-levis, aujourd'hui pont dormant, face auquel se refermaient de lourdes portes de bois ferrées, toujours en place. Ce solide système défensif est de nos jours encore entouré de douves en eau. Quant au **logis**, qui s'appuie aujourd'hui sur un côté non fortifié, il est constitué par un bâtiment central auquel sont accolées deux tours et une chapelle.

Si tous ces éléments ne nous sont pas parvenus intacts, le château du Moulin, avec son châtelet, son donjon et ses courtines, conserve une fière allure. Un cachet qui lui valut, durant les années 1960, de servir de décor au célèbre feuilleton télévisé *Thierry la Fronde.*

Intérieur – Lieu de résidence, le donjon, qui était le logis seigneurial, est percé de fenêtres par lesquelles la lumière du jour éclaire un ensemble de pièces meublées avec soin : des tapisseries des 15e et 16e s., dont la **Noce de Gombault et Macé** censée représenter le mariage de Charles VIII avec Anne de Bretagne, un dressoir solognot du 15e s., une Sainte Catherine en pierre polychrome de l'école de Michel Colombe (15e s.), un lit Louis XIII aux courtines d'origine, une imposante malouinière (armoire), un vase japonais Imari, etc. Près de l'entrée du château, à gauche du pont-levis, la belle **salle des Gardes** transformée en cuisine a conservé dans l'énorme cheminée son tourne-broche qui était, jadis, actionné par une roue dans laquelle un « chien de cuisine » courait à la façon d'un hamster.

À LASSAY...

Auberge du Prieuré – *5 rte de Romorantin - ☎ 02 54 83 91 91 - www.auberge-du-prieure.com - ♿ - fermé dim. soir et lun.-mar. - P - déj. 18 €; menu 23/30 €.* Ce restaurant établi dans l'ancien presbytère jouxte la charmante église de Lassay. Poutres, belle cheminée composent le plaisant décor de la salle à manger. Cuisine traditionnelle.

Jardin à la française et Conservatoire de la fraise

Dessiné par le Dr Joachim Carvallo, qui avait conçu les jardins de Villandry, il aligne des massifs dont les dimensions décroissantes accentuent la perspective en créant une illusion de profondeur. Dans le potager, une quarantaine de variétés de fraise sont cultivées, parfois rares et anciennes. *Vous trouverez des confitures dans la petite boutique située à l'entrée du domaine.*

Château de Valençay

★★★

Valençay (36600) – Indre (36)

Construit à la même époque que Chambord, le château de Valençay à l'architecture majestueuse, dans un parc aux tracés harmonieux, est un lieu unique et prestigieux. Le prince de Talleyrand l'avait bien compris lorsqu'au 19e s., il avait fait de ses réceptions et de ses fêtes à Valençay l'outil de sa diplomatie. Comme les invités choisis du politicien de génie, laissez-vous séduire par la splendeur des lieux…

NOS ADRESSES PAGE 149
Hébergement, restauration, achats, activités, etc.

S'INFORMER

Office de tourisme – *2 av. de la Résistance - 36600 Valençay - ✆ 02 54 00 04 42 - www.valencay-tourisme.fr - juil.-août : 9h30-19h ; juin : 9h30-12h30, 14h-18h30 ; mars-mai et sept. : 9h30-12h30, 14h-18h ; reste de l'année : se rens. - fermé 1er janv., 25 déc.*

SE REPÉRER

Carte de microrégion A4 (p. 126-127). À 56 km au sud de Blois par D 956 et 28 km au sud de Romorantin. Il se trouve à 1h15 de Tours via l'A 85 et 3h de Paris via Orléans.

À NE PAS MANQUER

Les salons au somptueux mobilier Empire et les galeries.

ORGANISER SON TEMPS

Comptez 3h à 4h pour le château et son splendide parc.

AVEC LES ENFANTS

Le parc et les activités ludiques.

3

★★★ CHÂTEAU

2 r. de Blois - ✆ 02 54 00 10 66 - www.chateau-valencay.fr - juil.-août : 9h30-19h ; de fin mars à fin avr. et de déb. oct. à mi-nov. : 10h30-17h ; mai et sept. : 10h-18h ; juin : 9h30-18h30 ; vac. de Noël : 11h-18h30 - fermé de déb. janv. à fin mars, 25 déc. - 13 € (7-17 ans 10 €) - visite guidée des collections (1h, + 4,50 €) merc. et w.-end 14h30 ; visite guidée du théâtre (30mn, + 4,50 €) 16h - billet combiné avec musée de l'Automobile 17 € (7-17 ans 13 € - audioguide et livret-jeu enf. disponibles.

Un film *(10mn)* de présentation du château et de son histoire est diffusé dans une salle, à l'entrée du domaine.

Château Renaissance – La merveille de Valençay est sans conteste son **pavillon d'entrée**, traité comme un donjon « de plaisance » que trouent de nombreuses fenêtres et qu'agrémentent des tourelles inoffensives et une couronne de mâchicoulis soigneusement ouvragée. Les combles sont ajourés de hautes lucarnes et surmontés de cheminées monumentales.

Sur une architecture caractéristique des châteaux Renaissance du Val de Loire apparaissent les premières touches de classicisme : pilastres superposés, chapiteaux doriques au rez-de-chaussée, ioniques au 1er étage et corinthiens au 2e étage du pavillon d'entrée. Ce style prend toute sa mesure dans les toitures des tours d'angle dont les dômes remplacent les toits en poivrière qui sont la règle au 16e s. sur les bords de la Loire.

FINANCE ET DIPLOMATIE : UN BEAU MARIAGE

Valençay émerge des brumes de l'histoire à l'époque gallo-romaine. Autour de l'an mille, un simple donjon s'y dresse jusqu'à ce qu'en 1220 un seigneur de Valençay y construise, semble-t-il, un premier château féodal. Au 16e s. son nouveau propriétaire, Jacques d'Estampes, enrichi par son mariage, décide de le remplacer par une demeure digne de sa nouvelle fortune ; ce sera l'actuel château de Valençay. Son histoire comptera, parmi les propriétaires successifs, le fameux banquier écossais John Law (1671-1729) et surtout **Charles Maurice de Talleyrand-Périgord** (1754-1838), qui l'acquiert en 1803. Talleyrand y organisera de nombreuses réceptions princières et en fera la cage dorée, solidement gardée, du prince déchu Ferdinand VII d'Espagne, de son frère Carlos et de son oncle Antoine.

Par le donjon, on accède, au 1er étage, à la **salle Renaissance**, l'une des réalisations de Jacques Ier d'Estampes et de son épouse, Jeanne Bernard, dame d'Éstiaux dont les portraits ornent toujours le dessus de cheminée. Les fenêtres à meneaux, la grande cheminée, le parquet en bois et les plafonds à la française témoignent du luxe de cette pièce.

Aile ouest – Elle fut ajoutée au 17e s. puis remaniée au 18e s. comme l'atteste son toit à la Mansart où alternent mansardes et œils-de-bœuf.

Au rez-de-chaussée, après le grand vestibule Louis XVI, la **galerie des Portraits de famille** Talleyrand-Périgord. Dans le **salon Ble**u, où fut signé, en 1813, le traité de Valençay qui reconnaissait Ferdinand comme roi d'Espagne, un bureau Louis XVI, un meuble Boulle, un paravent importé de Chine, voisinent avec le portrait de Frédéric-Auguste Ier. Le **Grand Salon**, quant à lui, est doté d'un somptueux **mobilier Empire★★** dont la table dite « du Congrès de Vienne » et de nombreux objets d'art.

Au 1er étage, après le cabinet de travail de Talleyrand, on parcourt les **appartements** qu'occupa, de 1808 à 1814, Ferdinand, prince des Asturies puis roi d'Espagne, et ceux de Mme de Bénévent, épouse de Talleyrand (notez son portrait, copie d'un original de Mme Vigée-Lebrun) et de la duchesse de Dino. Puis s'ouvre la **grande galerie**, longue de 70 m, ornée d'une *Diane chasseresse* (copie de celle de Houdon).

Enfin, l'escalier d'honneur, orné d'une tapisserie de la manufacture des Gobelins, ramène au rez-de-chaussée, à la salle à manger et sa magnifique table d'acajou qui pouvait accueillir jusqu'à 36 convives.

QUELQUES MOTS SUR TALLEYRAND

« Il était noble comme Machiavel, prêtre comme Gondi, défroqué comme Fouché, spirituel comme Voltaire et boiteux comme le diable. [...] Cet homme avait pourtant la grandeur [...] Pendant trente ans, du fond de son palais, du fond de sa pensée, il avait à peu près mené l'Europe. [...] Il avait approché, connu, observé, pénétré, remué, retourné, approfondi, raillé, fécondé, tous les hommes de son temps, toutes les idées de son siècle, et il y avait eu dans sa vie des minutes où, tenant en sa main les quatre ou cinq fils formidables qui faisaient mouvoir l'univers civilisé, il avait pour pantin Napoléon Ier, empereur des Français, roi d'Italie, protecteur de la confédération du Rhin, médiateur de la Confédération suisse. Voilà à quoi jouait cet homme. »

Victor Hugo, *Choses vues*, 1887.

Le château de Valencay.
A. Chicurel/hemis.fr

La visite se termine par la grande cave à vin et les **cuisines** au sous-sol. Elles permettent d'imaginer d'imaginer le faste des réceptions offertes par Talleyrand et orchestrées par son chef de bouche, **Antonin Carême**.

Sous la cour d'honneur se cache une grande salle basse datant du 13e s., voûtée en berceau brisé, seul vestige de l'ancien château fort.

Théâtre –*Visite guidée*. Joyau de style Empire, orné de nombreuses fresques, il a été aménagé en 1809 dans les communs à la demande de Napoléon Ier, afin de divertir les infants d'Espagne exilés à Valençay. Ce petit théâtre à l'italienne a conservé une partie de sa machinerie et de ses décors d'origine et peut accueillir 90 personnes (des spectacles y sont donnés régulièrement).

Parc et jardins – Le beau jardin à la française, dessiné par Édouard André, précède le château. Sur le parterre de l'aile ouest, la paysagiste Noémie Malet s'est inspirée d'un dessin du 18e s., premier document iconographique sur le parc, pour créer un nouvel espace, la **Grande Perspective**. Dans le parc du château qui s'étend sur 53 ha, plusieurs activités sont destinées aux enfants : le **grand labyrinthe de Napoléon**, véritable jeu de pistes, une aire de jeu, une mini-ferme ainsi que le parc aux daims et la forêt des Princes.

Des voitures électriques (4 pl. : 13 €/30mn) permettent de suivre sans fatigue un parcours de 4 km dans la forêt des Princes. Aire de pique-nique près du labyrinthe.

3

MUSÉE DE L'AUTOMOBILE

Rte de Blois - 02 54 00 07 74 - www.musee-auto-valencay.fr - - juil.-août : 10h-12h30, 13h30-19h ; juin : 10h-12h30, 14h-18h30 (18h reste de l'année) - fermé de mi-nov. à fin mars - 5,50 € (-17 ans 3,50 €) ; 6,50 € billet combiné avec château.

La collection des frères Guignard, petits-fils d'un carrossier de l'Indre, regroupe plus de 60 voitures anciennes, dont la doyenne date de 1898. Toutes sont parfaitement entretenues et en état de marche. Vous découvrirez la limousine Renault 1908 des présidents Poincaré et Millerand, des Panhard, des Delage, des cartes routières de tous âges et mêmes des guides Michelin d'avant 1914 !

À proximité Carte de microrégion

Selles-sur-Cher A4

À 15 km au nord de Valençay par la D 956.

Avec les pelouses de ses larges rives coincées dans une boucle du Cher, la ville offre un cadre paisible propice à la promenade. Elle est connue pour son doux fromage de chèvre à la saveur noisette, son église et son château.

Château – *☏ 02 54 97 76 50 - www.chateau-selles-sur-cher.com - juil.-août : 10h-19h ; avr.-juin et sept.-oct. : 10h-12h, 14h-18h ; reste de l'année : tlj sf lun.-mar. 13h30-17h30 - possibilité de visite guidée (1h30) - 8 € (-16 ans 5 €) - 13 € avec tablette et lunettes 3D - pique-nique autorisé dans le parc.* Philippe de Béthune, frère de Sully, diplomate au service d'Henri IV, puis de Louis XIII, acquiert en 1604 une austère forteresse du 13e s. qui cache sur une rive du Cher son enceinte rectangulaire baignée de larges douves en eau. Contrastant avec elle et encadrant l'actuel pont d'accès, côté est, deux autres édifices sont ensuite élevés par Philippe de Béthune, les **pavillons Henri IV**, que réunit un long mur à arcades. À l'intérieur du pavillon de Béthune *(à dr., restauré au 19e s.)*, on détaille l'escalier, les grandes cuisines, la chambre de la Reine et le Grand Salon. Le pavillon de Sully *(à g.)*, resté inachevé, a été transformé en 1848 en salle de classe. Dans la partie féodale, les **Pavillons dorés** *(derrière le mur qui sépare la cour d'honneur des communs)* furent aménagés vers 1620 pendant les travaux du nouveau château. Au 1er étage, l'appartement du comte comprend un cabinet d'étude, une chambre et un oratoire, ornés de **décors★** d'une grande qualité : plafonds à caissons, peintures murales et cheminées sculptées. Cinq autres pièces étaient destinées aux intendants. Ne manquez pas pour finir la porte du Parc et la **tour du Coq**, vestige du bâtiment du 13e s.

Dans la cour, les enfants peuvent jouer avec les animaux de la **petite ferme**.

Église St-Eusice – Bâtie aux 12e et 15e s., brûlée par Coligny en 1562, elle fut partiellement restaurée aux 17e et 19e s. La façade, presque entièrement romane, réutilise colonnes et chapiteaux d'une église antérieure. Son chevet s'orne de deux frises romanes : l'une, sous les baies, présente des scènes du Nouveau Testament, de facture naïve ; l'autre, plus fine, relate la vie du saint. Le mur nord, construit à la fin du 13e s., est percé d'une charmante porte aux chapiteaux sculptés, avec cordon de fleurs et de feuilles d'églantier. Dans la crypte, tombeau de saint Eusice, du 6e s.

Chabris A4

À 14 km au nord-est de Valençay par la D 4.

Église – *En cours de restauration.* Dédiée à l'ermite du 5e s. saint Phalier qui mourut à Chabris, elle est l'objet d'une dévotion fort ancienne. Autour du chevet, de curieuses sculptures, primitives, d'animaux fantastiques, de l'Annonciation, et des sections en appareil losangé proviennent d'un édifice plus ancien. L'église actuelle date du 15e s. : derrière le porche à double arcade et à tribune, admirez le portail gothique aux vantaux sculptés. Dans le chœur, deux panneaux naïfs sur la vie et les miracles de saint Phalier, qui aurait eu le pouvoir de donner la fécondité aux femmes. La **crypte** (11e s.) abrite son sarcophage.

Meusnes A4

À 7 km à l'ouest de Selles-sur-Cher par la D 17.

Église – De style roman très pur, elle possède un transept, arc triomphal surmonté de trois charmantes arcades et de belles statues des 15e et 16e s.

Musée de la Pierre à fusil – Il évoque l'industrie florissante de la région sur trois siècles. *Mairie, pl. Marguerite-Jourdin - ☏ 02 54 71 33 74 - 2 € (-10 ans gratuit).*

NOS ADRESSES À VALENÇAY

HÉBERGEMENT

PREMIER PRIX

Hôtel Le Relais du Moulin – *94 r. Nationale - ✆ 02 54 00 38 00 - www.hotel-lerelaisdumoulin.com - avr.-nov. - P - 54 ch. 75/95 € - ☕ 9 € (enf. 5,80 €) - ✕ 12/31 €, 1/2 P 71,50/91,50 €/pers. - wifi.* Hôtel accolé à une filature datant de Talleyrand. Chambres fonctionnelles et insonorisées. Bar, salle à manger et terrasse sur jardin. Cuisine traditionnelle.

Hôtel Le Grand Chêne – *ZA Le Grand-Chêne - 41130 Gièvres - ✆ 02 54 98 61 70 - P ♿ - 21 ch. 48,90/71,90 € - ☕7,90 € - wifi.* Chambres bien insonorisées avec sdb et mobilier contemporain. Bonne adresse à petit prix.

BUDGET MOYEN

Chambre d'hôte Courjumelle – *1 sq. du Centenaire - 41130 Selles-sur-Cher - ✆ 02 54 97 46 00 - www.courjumelle.com - 2 ch., 1 gîte 90/100 € ☕ - wifi.* Maison d'hôte de charme au bord du Cher. Donnant sur un jardin fleuri et une petite piscine, les chambres confortables sont meublées avec goût par les propriétaires antiquaires. Excellent petit-déjeuner, sous la tonnelle en été.

RESTAURATION

PREMIER PRIX

Restaurant de l'Orangerie – *Château de Valençay - ✆ 02 54 00 15 69 - mêmes h que le château - 13,90/21 €.* Des plats de style brasserie servis dans la salle de l'ancienne orangerie (18e s.) ou en terrasse, dans la cour du château.

BUDGET MOYEN

Auberge St-Fiacre – *55 r. de la Fontaine - 36600 Veuil - 6 km au sud-est par D 15 et D 15A - ✆ 02 54 40 32 78 - www.aubergesaintfiacre.com - fermé 3 sem. sept., janv. et mar. sept.-juin, dim. soir et lun. - 23/47 €.* Cette maison basse du 17e s. a installé sa terrasse sous les marronniers, au bord d'un ruisseau. Par temps frais, on apprécie la chaleur de l'âtre campagnard et la salle à manger aux grosses poutres. Belle cuisine gastronomique. Une très bonne adresse à prix raisonnables.

ACHATS

La Fromagerie – *2 r. du Dr-Massacré - 41130 Selles-sur-Cher - ✆ 02 54 88 57 60 - 9h-12h30, 15h-19h - fermé lun. et dim. après-midi.* La maison Jacquin maîtrise ses fromages de chèvre de la production à l'affinage : selles-sur-cher, pyramides de Valençay, et un étonnant bleu de chèvre, le Pouligny-St-pierre. Vins de Loire.

Les Cabris de la Bondice – *R. des Acacias-de-la-Bondice - 41130 Selles-sur-Cher - ✆ 02 54 97 40 99 - 9h-12h, 14h30-19h, dim. 9h-12h - fermé apr.-midi j. fériés.* Éleveur et producteur, la Bondice propose 250 fromages AOP de fabrication artisanale, dont selles-sur-cher et pyramides de Valençay.

Domaine Morand – *63 Gde R. Champcol - 41130 Selles-Sur-Cher - ✆ 02 54 97 49 23 - 9h-12h, 14h-18h (16h sam.) - fermé dim.* Producteur de vin : AOP Valençay, cépages gamay, pinot noir et côt.

ACTIVITÉS

Théâtre – Spectacles de mai à sept. *www.chateau-valencay.fr.*

Soirées aux chandelles – *Août et déc.* Soirée à spectacles sur le thème de l'Espagne *(20 €).*

Festival Talleyrand – *Sept.-oct.* Concerts de musique classique et conférences.

3

Château de Bouges

★★

Bouges-le-Château (36110) – Indre (36)

Cette élégante demeure apparaît, totalement inattendue, perdue dans la campagne. Par l'ordonnance de ses frontons et de ses façades, elle rappelle étrangement le Petit Trianon. Bouges, avec son mobilier précieux et sa gracieuse architecture, a de quoi séduire...

NOS ADRESSES PAGE 149
Hébergement, restauration, achats, activités, etc.

SE REPÉRER

Carte de microrégion Hors plan par A4 (p. 126-127). À 15 km au sud-est de Valençay par D 956, D 926 et D 37.

À NE PAS MANQUER

Le hall d'honneur, décoré en trompe l'œil, le parc et les jardins.

ORGANISER SON TEMPS

Le château et les jardins sont fermés le midi. Comptez 1h pour le château, 45mn pour le parc.

★★ CHÂTEAU

15 r. du Château - ✆ 02 54 35 88 26 - www.chateau-bouges.fr - seult visite guidée (45mn) juil.-août : 11h, 11h45, 15h15, 16h15 et 17h15 ; mars et nov. : w.-end 11h, 15h et 16h ; avr.-juin et sept.-oct. : 11h, 15h15 et 16h15 - accès libre parc et jardin juil.-août : 10h-12h30, 14h-18h45 ; avr.-juin et sept.-oct. : tlj sf mar. 10h-12h, 14h-18h ; reste de l'année : w.-end 10h-12h, 14h-17h - fermé 1er janv., 1er Mai, 25 déc. - 8 € (-18 ans gratuit).

D'abord motte castrale puis château féodal, Bouges est vendu en 1759 au **comte de Marnaval**, maître des forges de Clavières et directeur de la Manufacture royale de draps de Châteauroux, qui le fait raser pour édifier une belle « maison à l'italienne ». Le château passe ensuite entre de nombreuses mains, dont celles de l'illustre **Talleyrand,** qui en sera propriétaire de 1818 à 1826. Henri Dufour en hérite en 1870 et pendant plus de 40 ans, remanie et aménage la demeure et fait appel aux paysagistes **Henri Duchêne** et à son fils Achille qui restructurent le parc à l'anglaise et créent de nouveaux jardins. Si le château possède aujourd'hui un ravissant **mobilier★** reconstitué dans l'esprit du 18e s., et portant de célèbres estampilles, c'est grâce aux efforts soutenus d'**Henri Viguier**, directeur du Bazar de l'Hôtel-de-Ville, à Paris, qui l'acquit en 1917. Avec son épouse **Renée**, ce couple d'amateurs éclairés va acheter plus de 1 600 pièces pour redonner vie au château.

Intérieur – Au rez-de-chaussée se succèdent le hall d'honneur décoré en trompe l'œil, le salon-bibliothèque aux tons bleus, orné de chinoiseries, et le **Grand Salon** inondé de lumière par un savant jeu de miroirs et de lustres à pendeloques. Éclairé par une verrière, un escalier mène à l'étage où se trouvent la **chambre Mariotti**, avec son secrétaire et sa commode marquetés, et les appartements de Madame (chambre ornée de toile de coton peinte à l'indienne).

Dépendances

Les bâtiments aux toits à la Mansart regroupent l'**écurie** et deux **selleries**. L'aile en retour abrite une collection de voitures hippomobiles (début 20e s.).

Château de Bouges.
N. Thibaut/Photononstop

★ PARC ET JARDINS

Devant le château s'étendent les **jardins à la française★**, labellisés « Jardin remarquable » (parterres soulignés de bordures de buis et d'ifs taillés en cône, entourés de rangs de lauriers). Derrière les écuries se trouve le **jardin bouquetier**, destiné au fleurissement du château, ainsi qu'une serre exotique. La promenade peut se poursuivre dans le très beau **parc à l'anglaise★** (80 ha), planté d'essences les plus diverses et agrémenté d'un étang.

Location de vélos à la boutique du château de juin à oct.

3

UNE DEMEURE PRINCIÈRE BOUDÉE

Le plus illustre propriétaire du château de Bouges, **Charles Maurice de Talleyrand-Périgord**, n'y résida jamais. Peu de temps après l'avoir acquise en 1818, il mit cette somptueuse demeure à la disposition de sa nièce, la **duchesse de Dino**, à laquelle il était fort lié. Née en 1793 à Berlin sous le nom de Dorothée, princesse de Courlande, cette riche héritière avait été mariée à l'âge de 16 ans à Edmond de Périgord, neveu de Talleyrand. Le mari négligeant sa jolie épouse, Talleyrand eut l'occasion d'apprécier les grandes qualités de cette femme d'esprit qui savait briller dans le monde tant par son intelligence que par son charme. Voyant le parti qu'il pourrait tirer de sa nièce, le fin diplomate lui demanda de l'accompagner en 1814 au congrès de Vienne où les vainqueurs de Napoléon décidaient du sort de la France. Elle s'y révéla une précieuse alliée et, dès lors, Talleyrand la sollicita dans les missions les plus délicates. Une grande complicité s'installa bientôt entre eux, malgré un écart d'âge de 39 ans, si bien que Talleyrand est considéré comme le père de sa troisième fille, Pauline. Cadeau princier de Talleyrand, Bouges ne fut guère apprécié par sa jeune propriétaire, habituée aux fastes des cours d'Europe, qui s'y sentait à l'étroit et n'y séjourna que peu. Bouges fut remis en vente dès 1826.

LA TOURAINE CÔTÉ EST

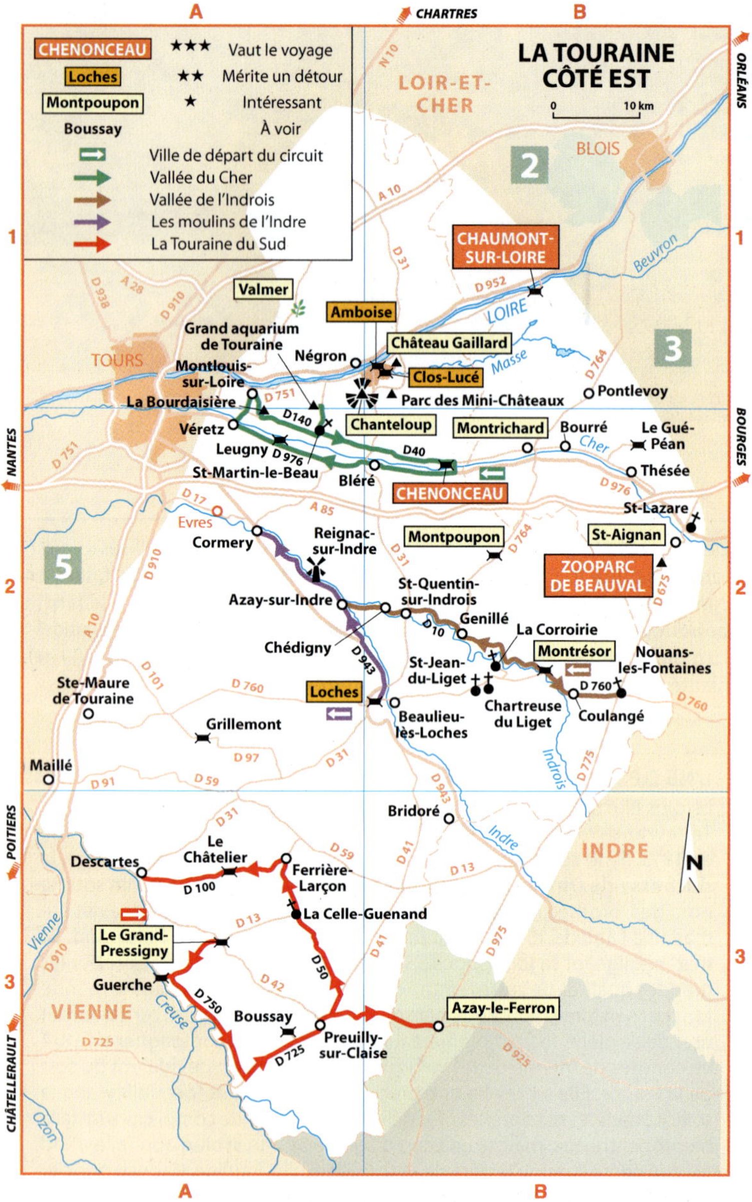

La Touraine côté est 4

Carte Michelin Départements 317 – Indre-et-Loire (37), Loir-et-Cher (41)

Château royal d'Amboise

★★

Amboise (37400) – Indre-et-Loire (37)

Élégant édifice posé sur un éperon rocheux toisant la ville, le château d'Amboise contrôlait l'un des sept ponts qui traversaient la Loire de Gien à Angers. Château royal dès son entrée dans les possessions de Charles VII en 1471, il allie avec bonheur une puissance toute médiévale aux délicatesses de la Renaissance dont Amboise fut le berceau. C'est d'ailleurs pendant cette période que la cité accueillit Léonard de Vinci qui vécut au Clos-Lucé, à trois cent mètres du château. Et dans ses parages vient d'être exhumé de sa tourbe d'oublis Château-Gaillard, un tout nouveau domaine… vieux de cinq siècles ! La ville d'Amboise sait aussi séduire pour ses bords de Loire, ses maisons anciennes et ses petites rues tortueuses.

NOS ADRESSES PAGE 161
Hébergement, restauration, achats, activités, etc.

S'INFORMER

Office de tourisme – *Quai du Gén.-de-Gaulle - ✆ 02 47 57 09 28 - www.amboise-valdeloire.com - juil.-août : 9h-19h, dim. et j. fériés 10h-18h ; juin et sept. : 9h30-18h, dim. 10h-13h, 14h-17h ; avr.-mai et oct. : 10h-18h, dim. 10h-12h30 ; nov.-mars : tlj sf dim. et j. fériés 10h-12h30, 14h-17h - fermé 1er Mai.*

SE REPÉRER

Carte de microrégion B1 (p. 152) - plan de ville (p. 158). À 215 km de Paris, entre Blois (36 km à l'est) et Tours (27 km à l'ouest), à 10 km au nord de Chenonceau. En train : la gare d'Amboise *(1 km du château)* est à 2h15 de Paris (1h30 en TGV, *via* St-Pierre-des-Corps). Amboise se trouve sur l'itinéraire La Loire à vélo.

À NE PAS MANQUER

La terrasse, dominant la Loire, et les souterrains du château *(avr.-sept.)*.

ORGANISER SON TEMPS

Comptez une demi-journée pour le château et la ville, 1 journée en allant visiter le Clos-Lucé et la pagode de Chanteloup.

AVEC LES ENFANTS

Le son et lumière ; le parcours enfant et l'audioguide junior. À proximité, le parc des Mini-Châteaux.

★★ CHÂTEAU ROYAL

Montée de l'Émir-Abd-el-Kader - ✆ 0 820 20 50 50 - www.chateau-amboise.com - juil.-août : 9h-19h ; avr.-juin : 9h-18h30 ; sept.-oct. : 9h-18h ; mars et 1re quinz. nov. : 9h-17h30 ; de mi-nov. à fin janv. : 9h-12h30, 14h-16h45 ; fév. : 9h-12h30, 13h30-17h - fermé 1er janv., 25 déc. - possibilité de visite guidée (1h) - 11,50 € (-18 ans 7,70 €) - 15,40 € billet combiné avec les souterrains en visite libre - 15,50 € (-18 ans 10,70 €) avec audioguide. Spectacle nocturne, voir p.163.

On rentre désormais par les écuries, aménagées au 19e s. par Louis-Philippe dans les cuisines du logis de la reine ; le lieu était autrefois connu sous le nom de logis des Sept Vertus. Les écuries ont été transformées en espace d'accueil incluant boutique et information touristique. Un nouvel espace numérique

Château d'Amboise.
A. Jocard / AFP Creative / Photononstop

interactif s'est installé dans l'ancienne orangerie. Bornes et écrans projettent des reconstitutions 3D du château, fruit d'un important travail de recherche.

Terrasse

Sur cette position géographique exceptionnelle, le castrum romain a cédé la place à un palais gothique. De la vaste terrasse se dégage une très belle **vue★★** sur la Loire, sa vallée verdoyante et la cité : des toits pointus émergent la **tour de l'Horloge** (beffroi du 15e s.), plus loin vers l'ouest la silhouette massive de l'**église St-Denis** et, au sud-est, le manoir de brique du Clos-Lucé. Au temps de Charles VIII, la terrasse, cernée de bâtiments, formait une cour où se déroulaient les fêtes. Des centaines de tapisseries ornaient les murs, tandis qu'un grand dais couleur d'azur, où étaient peints le Soleil, la Lune et les planètes, protégeait des intempéries.

Jardins

D'inspiration méditerranéenne, réaménagés au siècle dernier pour Louis-Philippe, ils remplacent, à l'intérieur de l'enceinte, les bâtiments disparus et

LE DERNIER DES VALOIS DIRECTS

Au château d'Amboise, le 7 avril 1498, alors qu'avec son épouse Anne de Bretagne il se hâte pour aller assister à une partie de jeu de paume, le roi se cogne violemment la tête contre un linteau de porte. Quelques heures plus tard, Charles VIII meurt à l'âge de 28 ans. Aucun de ses quatre enfants n'ayant survécu, le trône échoit à son cousin, le duc d'Orléans, qui, sous le nom de Louis XII, épouse la veuve de son prédécesseur. Pour conforter les alliances avec le duché de Bretagne, le contrat de mariage stipulait en effet que la duchesse épouserait le successeur de son époux, au cas où celui-ci viendrait à disparaître le premier, sans héritier direct. Le nouveau couple royal quitte alors Amboise pour Blois. De cette union naquit Claude de France, future épouse de François Ier.

Un passé glorieux

LES FASTES DE CHARLES VIII

C'est au 15e s. qu'Amboise connaît son âge d'or. Charles VIII, qui est né et a passé son enfance dans le vieux château, songe dès 1489 à le rénover et à l'agrandir pour le transformer en une luxueuse résidence. En 1492, le chantier est ouvert et cinq ans plus tard, deux corps de bâtiment viennent prolonger les constructions anciennes.

Voyage en Italie

La première guerre d'Italie (1494-1497) marque un tournant dans l'art français. Revenu ébloui par le raffinement artistique de la péninsule, le roi rapporte à Amboise du mobilier, des œuvres d'art et des étoffes. En outre, il ramène à son service une équipe d'architectes, de sculpteurs, d'ornemanistes, de jardiniers, de tailleurs d'habits… Parmi les architectes se trouvent Fra Giocondo et le Boccador, qui collaborera aux chantiers de Blois et de Chambord. Les jardins italiens surtout l'ont émerveillé : « Il semble qu'il ne manque qu'Adam et Ève pour en faire un paradis terrestre. » Dès son retour, il fait tracer, par Pacello, un jardin d'ornement sur la terrasse, appelé le Jardin de Naples.

SOUS FRANÇOIS Ier

L'influence italienne rayonne alors sur l'art français. Encore peu sensible à Amboise, elle s'accentue sous Louis XII et triomphe sous François Ier. Comme Louis XI et Charles VIII, François Ier et sa mère occupent la résidence royale. Passionné par les arts, le roi appelle Léonard de Vinci et l'installe au Clos-Lucé. En décembre 1539, il reçoit en grande pompe son vieil adversaire Charles Quint à Amboise.

LE DÉMANTÈLEMENT

Passé en même temps que celui de Blois aux mains de Gaston d'Orléans, frère de Louis XIII et grand conspirateur, le château d'Amboise est pris par les troupes royales au cours d'une rébellion. Les fortifications extérieures sont rasées en 1631. Revenu à la Couronne, le château sert de prison d'État : Louis XIV y envoie le surintendant Fouquet puis le duc de Lauzun.

Plus tard, Napoléon l'accorde à Roger Ducos, ancien membre du Directoire. Faute de moyens pour l'entretenir, ce nouveau propriétaire fait abattre une partie du château. Aujourd'hui, il appartient à la Fondation St-Louis, qui œuvre pour la conservation du patrimoine historique.

Le château d'Amboise au 16e s. s'étendait bien au-delà des vestiges actuels, dessinés en noir.

font depuis quelque temps l'objet d'importants travaux de réaménagement. À l'ombre des tilleuls, la terrasse de Naples domine la Loire. Cyprès, chênes verts, lauriers nobles, charmes et boules de buis jalonnent la promenade. Un buste de Léonard de Vinci se dresse en lieu et place de la collégiale où il fut enterré, laquelle fut détruite pendant la Révolution. Les restes présumés de l'artiste furent alors transférés dans la chapelle St-Hubert. Derrière un cèdre du Liban, un cimetière musulman rappelle que l'émir **Abd El-Kader** fut mis en résidence surveillée en 1848 à Amboise avec sa famille et sa suite, laquelle comptait près de cent personnes, dont certaines furent inhumées sur place. En 2017, un jardin contemporain, reminiscence lointaine du **jardin de Naples** conçu par **Dom Pacello da Mercogliano** pour cette même terrasse à la fin du 15e s. *(voir page ci-contre)*, a investi le tertre nord avec ses larges carrés tracés au cordeau ; il s'étend jusqu'au moutonnement de boules de buis qui a pris d'assaut l'amphithéâtre de verdure. Complété par le jardin du midi, la terrasse de la chapelle et le jardin d'Orient, conçu par l'artiste plasticien Rachid Koraichi, l'ensemble a été labelisé « Jardin remarquable ».

Chapelle St-Hubert

Bâtie en 1491 en porte-à-faux sur la muraille, la chapelle de style gothique flamboyant – magnifiques **frises sculptées** – demeure le seul vestige des bâtiments qui longeaient le rempart.

Dans le transept se trouve la tombe où sont ensevelis les restes présumés de Léonard de Vinci, mort à Amboise ; un médaillon à son effigie signale l'emplacement. Les **vitraux**, réalisés en 1952 par l'atelier de Max Ingrand, évoquent la vie du roi Louis IX.

À l'extérieur, admirables vantaux de style gothique flamboyant et linteau de porte finement sculpté. Dans la partie droite du linteau figure la légende de saint Hubert et, à gauche, l'histoire de saint Christophe.

Logis du roi

C'est la seule partie du château qui ait échappé aux démolitions ordonnées entre 1806 et 1810. L'aile gothique fut construite par Charles VIII, comme la tour des Minimes qui s'y adosse. L'aile Renaissance en équerre, due à Louis XII, fut surélevée par François Ier.

La **salle des Gardes nobles**, où se tenait la garde rapprochée du roi, s'articule autour d'un pilier central, ou « palmier gothique », soutenant l'ensemble. Un escalier à vis mène à la **salle des Tambourineurs**, du nom des musiciens accompagnant le roi dans ses déplacements. Les murs sont ornés d'une **tapisserie** de Bruxelles du 16e s. et le sol de beaux carreaux de terre cuite à fleur de lys. Une **statue de Saint Louis** (Louis IX) en calcaire, datant du 14e s., est disposée en encorbellement sur un mur de la salle.

Salle du Conseil (ou salle des États) – Située dans le prolongement de la précédente, elle s'ouvre sous deux vaisseaux de voûte portés par une file de colonnes. Elle est ornée de la fleur de lys du royaume de France et de la queue d'hermine du duché de Bretagne. Au plafond : monogrammes de Charles VIII et Anne de Bretagne (A et C). Belle chaire d'apparat fleurdelisée (16e s.).

Les meubles de la deuxième aile (début 16e s.) évoquent la première Renaissance française. Dans la **chambre Henri II**, remarquez les décors en trompe l'œil.

Étage supérieur – Trois salons se succèdent en enfilade : le **cabinet Penthièvre** conserve notamment une belle gravure de Jacques Rigaud représentant le château au 18e s. ; la **chambre Orléans** remet en perspective chronologique la succession des Orléans, de Louis-Philippe (1773-1850) à la mort

4

tragique du duc d'Orléans (1810-1842) ; le **salon de musique** contient, entre autres, une magnifique harpe Érard, un piano à queue de 1842, une superbe maquette de la frégate *Belle Poule*, des fauteuils estampillés Jacob, et des portraits d'Adélaïde de Bourbon-Penthièvre par Élisabeth Vigée-Lebrun (1789). Notez le portrait de l'émir Abd El-Kader, signé **Gustave Le Gray**.

★★ Tour des Minimes (ou Cavalière)

Contiguë au logis du roi, elle recèle une large rampe que pouvaient gravir aisément cavaliers et attelages, pour l'approvisionnement du château. Celle-ci s'enroule autour d'un noyau central évidé qui apporte aération et éclairage. L'ouvrage est saisissant. Observez les nombreux graffitis des prisonniers laissés au fil des siècles sur les murs de la rampe cavalière.
Du toit, à 40 m de haut, **vue** sur la Loire.

Tour Heurtault

Comportant une montée en spirale, comme dans la tour des Minimes dont elle forme le pendant sur la muraille sud, cette tour voûtée d'ogives donne directement accès à la ville.

Souterrains

✆ 0 820 20 50 50 - www.chateau-amboise.com - visite guidée sur demande préalable (1h) juil.-août : 17h ; avr.-juin : vend.-dim. 17h ; sept. : vend.-dim. 16h30 - 16 € (-18 ans 12,20 €) - billet donnant accès au château.
On chemine de la tour Garçonnet (15e s.) à celle des Minimes.

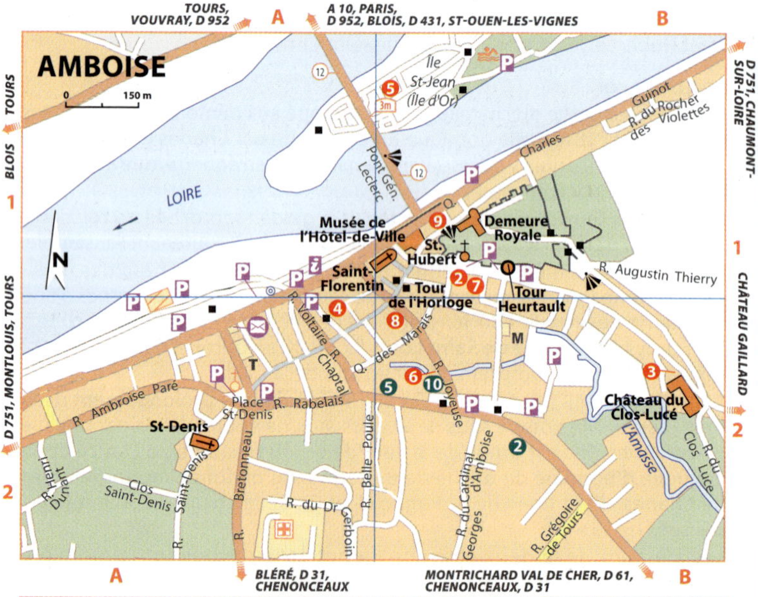

SE LOGER		SE RESTAURER			
Au Charme Rabelaisien	5	L'Alliance	6	L'Épicerie	7
Hôtel Le Blason	10	Auberge du Prieuré	3	La Fourchette	4
Manoir du Parc	2	Chez Bruno	2	Le Lion d'Or	9
		L'Échanson	8	La Salamandre	5

Le puits central de la tour des Minimes.
B. Rieger / hemis.fr

Se promener Plan de ville

Musée de l'Hôtel-de-Ville B

R. François-Ier - ✆ 02 47 23 47 42 - www.ville-amboise.fr - de mi-juin à mi-sept. : 10h-12h30, 14h-18h - fermé mar. - gratuit.

Installé dans l'hôtel de ville bâti au début du 16e s. pour Pierre Morin, trésorier du roi, il retrace l'histoire d'Amboise et abrite des signatures royales, une Vierge sculptée du 14e s., des tapisseries d'Aubusson…

Sur les remparts s'élève l'**église St-Florentin**, édifiée sur l'ordre de Louis XI.

Tour de l'Horloge B

Également appelée beffroi d'Amboise, cette tour fut construite au 15e s., aux frais des habitants, sur une ancienne porte, dite de l'Amasse.

4

Église St-Denis A

En majeure partie du 12e s., l'église vaut le détour surtout pour ses belles voûtes angevines et ses chapiteaux romans. Le bas-côté droit recèle aussi une Mise au tombeau du 16e s., le gisant de la « Femme noyée » et un intéressant tableau du 17e s., *Charles VIII accueillant à Amboise saint François de Paule*.

★★ Château du Clos-Lucé (*p. 164*)

★ Château Gaillard (*p. 166*)

À proximité Carte de microrégion

Parc des Mini-Châteaux B1

Accès au sud par la rte de Chenonceau (D 81).

Bd St-Denis-Hors - ✆ 02 47 23 44 44 - www.parcminichateaux.com - juil.-août : 9h30-19h ; avr.-juin : 10h-18h30 ; reste de l'année : 10h30-18h - fermé lun.-mar. (sept.), de déb. à mi-oct. et de mi-nov. à fin mars - 14 € (-4 ans 10,50 €) - 17 € billet combiné avec le grand aquarium de Touraine.

Dans un parc de 2 ha, au long d'un parcours d'un kilomètre et demi, se découvrent 44 maquettes au 1/25e représentant grands châteaux, belles demeures ou petits manoirs de la vallée de la Loire dans leur environnement actuel. S'étant dégradées au fil du temps, elles font aujourd'hui l'objet d'un programme de restauration.

Grand aquarium de Touraine A1

À 8 km à l'ouest par la D 751. Après Lussault-sur-Loire, prenez la D 283 et suivez le fléchage.

Lieu-dit Les Hauts-Bœufs - 02 47 23 44 57 - www.grandaquariumdetouraine.com - - juil.-août : 10h-19h ; avr.-juin : 10h-18h30 ; reste de l'année : tlj sf lun.-mar. 10h30-18h - fermé 2e quinz. nov., 25 déc., 1er janv. et 30-31 janv. - possibilité de visite guidée sur demande (1h30) - 14 € (-12 ans 10,50 €) - 17 € billet combiné avec le parc des Mini-Châteaux.

De la Loire à l'Australie, cet aquarium rassemble 250 espèces réparties dans une soixantaine de bassins, à ciel ouvert pour certains, où sont reconstitués leurs milieux naturels : carpes à portée de main, silures (le plus gros mesure 2,20 m et pèse près de 90 kg), esturgeons, brochets, sandres, mais aussi requins et crocodiles à lunettes (depuis 2013). L'aquarium souffre cependant d'une muséographie désuète et d'un entretien irrégulier.

★ Jardins du château de Valmer A1

37210 Chançay - 02 47 52 93 12 - www.chateaudevalmer.com - juil.-août : tlj sf lun. (sf j. fériés) 10h-20h ; mai-sept. : tlj sf lun. (sf j. fériés) 10h-12h, 14h-20h ; reste de l'année : tlj sf w.-end et j. fériés 10h-12h30, 14h-16h30 - fermé de fin déc. à déb. janv. - possibilité de visite guidée sur demande (2h) - 10 € (-10 ans gratuit). Parking ombragé. Le château est aussi producteur de vouvray.

Dans un site remarquable dominant la vallée de la Brenne se déploient le parc (80 ha) et les jardins de Valmer. Le château a disparu, à la suite d'un incendie, en 1948, mais le parc clos de murs a gardé les terrasses et le dessin de ses beaux **jardins à l'italienne★**.

Les fontaines florentines, les *putti* (angelots), la rare chapelle troglodytique (16e s.) et le plan du château matérialisé par des ifs rappellent la vocation initiale du parc. Du plan haut, où s'entrelacent les rameaux d'une charmille du 18e s., s'étagent, en contrebas, les terrasses du vase de Lorraine, de Léda, au sobre dessin classique, et des vases d'Anduze, puis le **potager-conservatoire★★** ; celui-ci réunit sur 1 ha un millier de variétés de légumes d'hier et d'aujourd'hui… à sentir, toucher, voire goûter quand on vous y invite !

Terminez par la fraîcheur ombragée des **douves★** où fleurit toute une collection d'hydrangeas (famille des hortensias). L'accès se fait par un escalier à vis du 15e s. caché dans le gros if taillé de la terrasse de Léda !

Issu du domaine vinicole qui s'étend sur 29 ha, le vouvray demi-sec (100 % chenin) est particulièrement couru.

NOS ADRESSES À AMBOISE

HÉBERGEMENT

PREMIER PRIX

Hôtel Le Blason – B2 - *1 pl. Richelieu - ☎ 02 47 23 22 41 - www.leblason.fr - ♿ - fermé 12-16 fév. - P couvert et fermé 3 €/nuitée - wifi gratuit - 27 ch. 63/68 € - ☕ 8 €.* Une engageante façade à colombages du 15e s. fait le charme de cet hôtel situé sur une placette légèrement en retrait du centre-ville. Chambres pratiques et entièrement rénovées.

À proximité

Chambre d'hôte Chante Merle – *1 imp. du Colombier - 37530 Chargé - 5 km d'Amboise - ☎ 02 47 57 06 33 - www.chante-merle.com - fermé de mi-nov. à fin mars (sf vac. Noël et fév.) - P - 5 ch. dont 1 suite 55/65 € ☕ - wifi gratuit.* Sur une hauteur, une maison récente abrite des chambres confortables de plain-pied, avec salon d'été privatif et accès direct sur un jardin fleuri. Kitchenette à disposition. Adresse agréable à prix très intéressant.

POUR SE FAIRE PLAISIR

Au Charme Rabelaisien – B2 - *25 r. Rabelais - ☎ 02 47 57 53 84 - www.au-charme-rabelaisien.com - P - 10 ch. 150/250 € - ☕ 14 € - wifi gratuit.* Cette demeure bourgeoise, à quelques minutes à pied du château royal, s'est muée en hôtel de charme. Les chambres sont confortables et l'accueil familial. Petit jardin avec piscine et agréable espace bien-être.

Chambre d'hôte Manoir du Parc – *8 av. Léonard-de-Vinci - ☎ 02 47 30 13 96 - www.manoirparc.com - P fermé la nuit - 4 ch. 130/180 € ☕ - wifi gratuit.* Des chambres avec baignoire qui donnent sur le château ; mais aussi, dans le magnifique parc, 4 cabanes en bois sur pilotis avec Jacuzzi extérieur, 2 gîtes et 3 studios. Piscine chauffée et Jacuzzi privatif.

À proximité

POUR SE FAIRE PLAISIR

Hôtel Le Vinci Loire Valley – *12 av. E.-Gounin - 1 km au sud d'Amboise - ☎ 02 47 57 10 90 - www.vinciloirevalley.com - ♿ - P fermé la nuit - 26 ch. 90/130 € - ☕ 13 € - wifi gratuit.* Hôtel de la chaîne Best Western, rénové avec des chambres confortables et bien équipées. Décoration contemporaine.

L'Aubinière – *29 r. Jules-Gautier - 37530 St-Ouen-les-Vignes - ☎ 02 47 30 15 29 - www.aubiniere.com - ♿ - P - fermé 2 janv.-12 fév., dim. soir-mar. soir - 12 ch. 138/315 € - ☕ 18 € - ✕ 20 € - 37/75 €.* Accueil amical, cadre soigné et très contemporain pour cet hôtel-restaurant 4 étoiles entièrement rénové. Bel espace détente autour de la piscine.

RESTAURATION

PREMIER PRIX

Chez Bruno – B1 - *38-40 pl. Michel-Debré - ☎ 02 47 57 73 49 - www.bistrotchezbruno.com - ♿ - fermé 2 sem. janv., 2 sem. déc. et dim.-lun. (sf dim. juil.-sept.) - menu midi 13/16 € - carte (soir) 27 €.* Pour déguster un verre de vin issu de son domaine, La Closerie de Chanteloup, et savourer une cuisine simple mais riche, à base de produits locaux, dans une petite salle.

La Fourchette – A2 - *9 r. Malebranche - ☎ 06 11 78 16 98 - juil.-sept. : mar.-dim. midi ; oct.-mai. : mar.-sam. - 15/25 €.* Le choix est restreint (2 plats du jour), mais propose une cuisine maison consciencieusement préparée qui suit les saisons. Pensez à réserver car l'espace est exigü, mais ne manque pas de caractère.

La Salamandre – B1 - *1 bis quai du Mar.-Foch - ✆ 02 47 57 69 95 - fermé lun. soir été, mar. soir et merc. hiver - 🅿 - 12,70/28 €.* Sur l'île d'Or, face au château, un endroit simple pour une cuisine qui l'est tout autant : crêpes, pizzas, salades et grillades. Un endroit sympathique.

L'Épicerie – B1 - *46 pl. Michel Debré - ✆ 02 47 57 08 94 - www.lepicerie-amboise.com - fermé 1er déc.-21 janv., lun.-mer. (sf juil.-sept.) - 🅿 - déj. 14,80 € - carte 20/30 €.* Maison à colombages datée de 1338. Belle terrasse face au château, ou une salle à l'ambiance tamisée, où l'on savoure au coude-à-coude une cuisine traditionnelle.

BUDGET MOYEN

Le Lion d'Or – B1 - *17 quai Charles-Guinot - ✆ 02 47 57 00 23 - www.liondor-amboise.com - ♿ - fermé 13 mars-4 avr., 13 nov.-6 déc., jeu. soir, dim. soir et lun. - formules midi 17/21 € - menu 32/55 €.* Au pied du château, un coup de cœur pour ce restaurant contemporain, au bon rapport qualité-prix, installé dans une maison du 19e s. Les assiettes sont dans l'air du temps, parfumées et colorées, et les beaux produits y sont légion.

La Cave aux Fouées – Hors plan par B1 - *476 quai des Violettes - ✆ 02 47 30 56 80 - www.lacaveauxfouees.com - ♿ - à partir de 12h (j. se rens.) - 🅿 - formule 13 € - menu 26 € vin et café compris.* Cave troglodytique ornée de vieux outils, où déguster rillauds, rillettes et spécialités régionales accompagnées des fameuses fouées, petits pains minute cuits au feu de bois, fourrés aux rillettes, au lard et aux mogettes. Bar musical attenant avec DJ, le samedi soir.

L'Alliance – B2 - *14 r. Joyeuse - ✆ 02 47 30 52 13 - http://restaurantalliance.fr - fermé lun.-mar. et sam. midi - déj. 18 €, menu 21 € - 31/55 €.* Les nouveaux propriétaires ont repris cette belle adresse avec un franc succès. Produits frais, cuisine de qualité composée de plats originaux : lotte rôtie, boulgour façon paëlla ou encore ris de veau, morilles et petit pois.

L'Échanson – B2 - *5 r. d'Orange - ✆ 02 36 20 92 44 - http://echanson-amboise.fr - ♿ - fermé dim. soir-lun. midi et merc. - 28/50,50 € à la carte.* Ce nouveau restaurant-cave à vin dispose d'un espace de dégustation dans un cadre très agréable, et aussi d'une belle terrasse ombragée. Cuisine bien faite concoctée à base de bons produits tourangeaux : filet de bœuf, burger ligérien, etc. Ne manquez pas de goûter le Troo, un fromage roti. Très belle carte de vins de la Loire.

Au Clos-Lucé

Auberge du Prieuré – B2 - *47 av. Léonard-de-Vinci - ✆ 02 47 57 69 01 - www.sieursausin-cuisinehistorique.fr - juil.-sept. : 12h-18h ; vac. scol. : 12h-14h - 18/25 € - fermé reste de l'année.* Dans le prieuré du Clos-Lucé, sieur Sausin, consultant en cuisine historique, vous fait découvrir la gastronomie de la Renaissance. Le menu, apéritif compris, est un régal pour les papilles. Service en costume d'époque. Excellente adresse. Sieur Sausin a lancé un second restaurant à Loches, près des remparts.

BOIRE UN VERRE

La boulangerie de l'Horloge – *18-20 r. Nationale - ✆ 02 47 57 21 07 - www.horloge-amboise.fr - mai-sept. : 7h-19h ; oct.-avr. : mar.-sam. 7h-19h, dim. 7h-15h.* Pâtisserie-salon de thé servant de bonnes spécialités, dont le soleillon, sablé aux amandes, aux pommes et au miel, et le croquet tourangeau.

Bigot – *Pl. M.-Debré (face au château) - ✆ 02 47 57 04 46 - www.maisonbigot-amboise.com - de Pâques à la Toussaint et vac. scol. : 9h-19h30 (8h30-19h30 sam.) - fermé lun. nov.-mars.* Fondée en 1913, cette excellente pâtisserie-chocolaterie fait aussi salon de thé, en face du château. Goûtez les truffes Pouchkine, chocolats parfumés à la vodka et à l'orange.

ACHATS

Deballon-Bonnet – *9 quai des Marais - ✆ 02 47 57 10 17 - www.huilerieamboise.com - ♿ - janv.-juil. : vend.-sam. 9h-12h, ou sur rv.* Depuis quatre générations (1834), cette huilerie artisanale à la meule de pierre (1785) produit de l'huile extraite à partir de 7 à 10 t de noix et de noisettes, soit 3 500 à 5 000 l d'huile par an. Grâce au talent de la dernière génération, Samuel et Pierre Cuny, on découvre les étapes de ce travail à façon (les gens apportent leurs cerneaux de noix) et on se familiarise avec son vocabulaire spécifique : première pression à chaud (100° obtenus au feu de bois), scourtin, presse Mabille… Unique !

EN SOIRÉE

Animation Renaissance Amboise – *9 rampe du Château - ✆ 02 47 57 14 47 - www.renaissance-amboise.com - spectacle (1h) 1er juil.-26 août : juil. 22h30, août : 22h - 22 € (- 12 ans 11 €).* « La prophétie d'Amboise », nouveau spectacle historique, créé par le scénographe Damien Fontaine, fait revivre, en projection videographique accompagnée de 250 figurants, fastes et intrigues de la cour de Charles VIII.

ACTIVITÉS

Jet Systems Hélicoptères Val-de-Loire – *Aérodrome d'Amboise-Dierre - ✆ 02 47 30 20 21 - www.jet-systems.fr - survol des châteaux de la Loire - de 89 € les 12mn à 369 €/h - haltes gastronomiques.* Pour admirer Amboise et faire de belles prises de vue. Circuits aériens jusqu'à 2h de vol, les prix augmentent en conséquence.

Les Ailes Tourangelles – *Aérodrome d'Amboise-Dierre - 37150 Dierre - ✆ 02 47 57 93 91 - www.ailestourangelles.fr - 8h-20h sur réserv. - 65 €.* Vol à moteur.

AGENDA

www.amboise-valdeloire.com. Actualité des manifestations.

Foire aux vins – *W.-ends de Pâques et du 15 août.* Dans le tunnel du château.

Brass-bands – *Mi-juin.* En ville.

Les Courants – *www.lescourants.com - de fin juin à déb. juil.* Musique contemporaine sur l'île d'Or, entre les deux ponts.

Festival de musique classique – *Juil.-août.* Église St-Denis.

Marché – *Juil.-août.* Artisanat, produits régionaux, animations à la belle étoile.

Festival européen de musique Renaissance – *Dern. w.-end sept.* Au Clos-Lucé.

Fête de la St-Hubert – *1er dim. nov.* Au château.

Fête du touraine primeur – *3e vend. de nov.*

Noël au pays des châteaux – *De déb. déc. à déb. janv. - www.noelaupaysdeschateaux.com.* Des animations de Noël relient cinq grands châteaux de la Loire (Chenonceau, Amboise, Langeais, Azay-le-Rideau et Chinon) dans l'atmosphère festive de l'avent.

Château du Clos-Lucé

★★

Amboise (37400) – Indre-et-Loire (37)

« Tu seras libre, ici, de rêver, de penser et de travailler. » C'est par cette invitation, dit-on, que François Ier aurait appelé Léonard de Vinci à s'installer au Clos-Lucé en 1516. Le maître y vécut trois ans, avant de s'éteindre en 1519. Derrière la façade rose et blanc du joli château Renaissance, son esprit plane encore, et dans le parc des maquettes nous racontent son génie inventif…

NOS ADRESSES PAGE 161
Hébergement, restauration, achats, activités, etc.

S'INFORMER

Office de tourisme – *Quai du Gén.-de-Gaulle - 37400 Amboise - ☎ 02 47 57 09 28 - www.amboise-valdeloire.com - juil.-août : 9h-19h, dim. et j. fériés 10h-18h ; juin et sept. : 9h30-18h, dim. 10h-13h, 14h-17h ; avr.-mai et oct. : 10h-18h, dim. 10h-12h30 ; reste de l'année : tlj sf dim. et j. fériés 10h-12h30, 14h-17h - fermé 1er Mai.*

SE REPÉRER

Carte de microrégion B1 (p. 152).
À 750 m du château d'Amboise (10mn à pied). À 225 km de Paris, entre Blois (36 km à l'est) et Tours (27 km à l'ouest). En train : la gare d'Amboise (2 km du Clos-Lucé) est à 2h15 de Paris *(1h30 en TGV, via St-Pierre-des-Corps).*

Amboise est sur l'itinéraire La Loire à vélo.

À NE PAS MANQUER

La chambre de Léonard, les salles des maquettes et la promenade initiatique du parc Leonardo-da-Vinci.

ORGANISER SON TEMPS

Comptez 45mn pour le château, 1h30 pour le parc et les jardins. Groupez votre visite avec celle du château d'Amboise, tout proche, et de Château-Gaillard, à 700 m. Pour la pause déjeuner, le parc dispose de trois restaurants *(« Nos adresses »).*

AVEC LES ENFANTS

Les machines géantes de Léonard de Vinci dans le parc.

★★ CHÂTEAU

2 r. du Clos-Lucé - ☎ 02 47 57 00 73 - www.vinci-closluce.com - juil.-août : 9h-20h ; fév.-juin et sept.-oct. : 9h-19h ; nov.-déc. : 9h-18h ; janv. : 10h-18h - fermé 1er janv., 25 déc. - possibilité de visite guidée (1h) - 15,50 € (-18 ans 11 €).

De la construction médiévale bâtie sous Louis XI ne subsiste que le corps de logis, ravissant édifice de brique rose soulignée de tuffeau. Acquis par Charles VIII pour Anne de Bretagne, il accueille ensuite François Ier, sa sœur Marguerite de Navarre et sa mère, Louise de Savoie. En 1516, François Ier installe Léonard de Vinci au Clos-Lucé, où l'artiste organise les fêtes de la Cour.

★ **Chambre de Léonard de Vinci** – À l'étage, on visite la chambre restaurée et meublée où mourut le maître, le 2 mai 1519, à l'âge de 67 ans. Elle jouxte le cabinet de travail où il aurait tracé les plans d'un palais pour Louise de Savoie à **Romorantin** et étudié un projet d'assèchement de la Sologne.

Amboise, le château du Clos Lucé, la dernière demeure de Léonard de Vinci.
P. Ducept / hemis.fr

Oratoire d'Anne de Bretagne – Situé au rez-de-chaussée, commandé par Charles VIII pour son épouse, il abrite trois belles fresques de l'atelier de Léonard.

Salles des maquettes – Au sous-sol, elles sont consacrées aux **fabuleuses machines** de Léonard de Vinci, avec pas moins de quarante maquettes, réalisées par la société IBM d'après les dessins originaux du peintre. Six animations 3D en montrent le fonctionnement.

Vidéos – Au 1er étage, deux films projetés en boucle relatent le chemin à travers les Alpes que Léonard de Vinci a parcouru à dos de mulet pour arriver au Clos-Lucé. Ils expliquent la nature de son travail aux côtés de François Ier, ainsi que ses dessins, ses peintures et ses inventions.

4

★ Parc Leonardo-da-Vinci et jardins

Afin de saisir le génie éclectique de l'artiste-ingénieur-architecte, ses créations et inventions sont mises en scène au long d'une promenade initiatique visuelle et sonore à travers le parc. Vous pourrez faire fonctionner 20 **machines** grandeur nature inventées par Léonard de Vinci, écouter les réflexions du maître et de son disciple grâce à 8 bornes sonores et regarder 40 toiles translucides présentant des croquis et des détails de ses tableaux *(mars-nov.)*.

Jardin de Léonard – Il reproduit un paysage marécageux tel que le génie aimait à étudier, avec un grand pont de chêne à double travée dont la structure a été reconstituée.

Jardin Renaissance – Il couvre la terrasse à l'italienne, parsemée de roses et de buis autour d'un bassin bordé de cyprès, de pins et d'ifs.

Halle Eiffel – *Exposition permanente (sf avr.-mai) consacrée aux relations que Léonard noua avec la France..*

Pigeonnier – Construit au 15e s., de forme carrée à l'extérieur et octogonale à l'intérieur, il présente une architecture unique en Touraine.

Château Gaillard

★

Amboise (37400) – Indre-et-Loire (37)

Aussi incroyable que cela puisse paraître, un nouveau château du 16e s. vient de sortir des limbes depuis 2015 ; au cœur d'un parc de 15 ha en plein centre d'Amboise. Oublié, négligé au fil d'héritages successifs, le domaine avait progressivement disparu, enfoui sous une végétation luxuriante. L'œuvre de Dom Pacello de Mercogliano, maître jardinier du pouvoir royal, est enfin dévoilée...

S'INFORMER

Office du tourisme d'Amboise – *Quai du Gén.-de-Gaulle - ✆ 02 47 57 09 28 - www.amboise-valdeloire.com - juil.-août : 9h-19h, dim. et j. fériés 10h-18h ; juin et sept. : 9h30-18h, dim. 10h-13h, 14h-17h ; avr.-mai et oct. : 10h-18h, dim. 10h-12h30 ; reste de l'année : tlj sf dim. et j. fériés 10h-12h30, 14h-17h - fermé 1er Mai.*

SE REPÉRER

Carte de microrégion B1 (p. 152).
Dans le centre d'Amboise, à 700 m à l'est du Clos-Lucé.
En train : la gare d'Amboise est à 2h15 de Paris *(1h30 en TGV,* via *St-Pierre-des-Corps).* Amboise se trouve sur l'itinéraire La Loire à vélo.

Malgré une inscription tardive au titre des Monuments historiques (1963), il faut attendre sa vente par une agence immobilière, en 2010, à un couple d'acquéreurs passionné pour que le domaine retrouve, année après année, sa singulière histoire. C'est aussi celle de son illustre propriétaire, **Dom Pacello da Mercogliano** (1455-1534), maître jardinier pendant presque 40 ans auprès de trois rois de France successifs.

Ce fut avec le jeune roi **Charles VIII** *(voir p. 156)* qu'elle commença, lors de la première campagne d'Italie que celui-ci mena en 1494 pour faire valoir ses droits familiaux sur le Royaume de Naples. Ébahi par tant de beautés, dont les jardins de la Villa napolitaine Poggio Reale, le roi demanda à une vingtaine d'artistes italiens de revenir avec lui en France. Parmi eux le moine napolitain, l'inventeur de l'*Arte del verde*, le Léonard des jardins : Dom Pacello. Charles lui assigna la mission de créer, à deux pas de son château d'Amboise, ses jardins napolitains qui l'avaient enchanté, avec un préalable à la mesure de ce défi : repérer un microclimat propice à ces cultures méridionales. Le site de Château-Gaillard fut retenu et son propriétaire évincé pour indélicatesse fiscale. Idéalement situé – face au sud et protégé des vents du Nord par le puissant éperon des Châteliers qui le surplombe, et supporte aussi le château royal –, le domaine fut progressivement aménagé, consacrant avant l'heure l'un des tous premiers jardins d'acclimatation de France. Dans ce laboratoire à ciel ouvert, savamment irrigué par une ancienne source d'eau gauloise (toujours présente) et les eaux de l'Amasse, Pacello allait importer et développer les premières orangeries en France (innovation des cassettes à orangers et de la serriculture), introduire les premiers pêchers et créer la fameuse reine-claude, en l'honneur de la reine Claude de France, épouse de François Ier, qui trouvait la prune française bien trop amère. En 1515, François Ier offrit à Dom Pacello le domaine ; ce présent royal inhabituel récompensait ainsi les travaux inestimables de ce moine napolitain, trop méconnu aujourd'hui.

Château Gaillard.
Marc Lelandais/Château Gaillard

Le château

29 allée du Pont-Moulin (accès piéton uniquement) - ✆ 02 47 30 33 29 - www.chateau-gaillard-amboise.fr - d'avr. à déb. nov. : 13h-19h - 11 € (7-18 ans 7 €).
Après cinq années de travaux de restauration titanesques qui ont nécessité l'expertise d'une cinquantaine de métiers d'art et la collaboration de plus de 300 artisans, le château est ouvert au public depuis 2015.
La **façade★**, d'inspiration italienne avec ses hautes fenêtres à meneaux (double traverse) et ses décors sculptés (corniche à quadruple frises), semble avoir été taillée en haut-relief dans le fond de tuf auquel elle s'adosse. À l'intérieur, chaque détail a été pensé, travaillé avec un constant souci d'exactitude historique (pigments naturels, chaux d'ocre jaune, etc.). Ainsi, pas moins de **8 000 vitraux** ont été exécutés en verre de St-Just, soufflés à la bouche selon les techniques de l'époque, en se basant sur des archives (dessins, miniatures du 16e s., …) relatives à l'histoire du château. Quant au mobilier, il est en grande partie d'époque (acheté en salles des ventes) sauf pour les pièces rarissimes qui ont été refaites à l'identique par les meilleurs artisans.

4

★ Les jardins

Le domaine compte aujourd'hui **170 orangers et citronniers** (une soixantaine de variétés) répartis dans les serres, l'orangerie et sur les terrasses. Main de Bouddha, citronniers Combava, pomme d'Adam, cedrat, orangers Moro, Caviar rose donnent une idée de cet éclectisme. Côté jardins, les **Carrés Pacelliens**, plantés de trèfles, de roses et de simples (avec 2 aromatiques et un médicinal) s'appuient sur les techniques de la permaculture (cohabitation vertueuse des plantes), fidèles aux principes avant-gardistes de Pacello qui n'entendait pas dominer, mais apprivoiser la nature. Terre cuite concassée, marbre blanc, bris d'ardoise de Trélazé, tuffeau pilé,… marquettent cette composition géométrique que cernent plus de 3 000 petits houx faisant bordure, comme au Moyen Âge avant l'utilisation du buis. Enfin, les **Grands parterres royaux** : ils annonceraient, dans cette perspective axée sur l'entrée du château à l'aune d'une géométrie parfaite, l'ordonnancement des futurs jardins à la Française.

Pagode de Chanteloup

★

Amboise (37400) – Indre-et-Loire (37)

Au 18e s., contraint à un exil doré sur ses propres terres, le duc de Choiseul fait ériger, face à son château, une pagode chinoise au centre d'un somptueux jardin agrémenté de folies. En dépit de l'admiration qu'il souleva en Europe, le domaine ne put échapper aux marchands de biens, qui le démantelèrent au 19e s. Aujourd'hui, ce chef-d'œuvre apparaît comme l'élément le plus inattendu du patrimoine architectural des châteaux de la Loire.

NOS ADRESSES PAGE 161
Hébergement, restauration, achats, activités, etc.

S'INFORMER

Office de tourisme – *Quai du Gén.-de-Gaulle - 37400 Amboise - ✆ 02 47 57 09 28 - www.amboise-valdeloire.com - juil.-août : 9h-19h, dim. et j. fériés 10h-18h ; juin et sept. : 9h30-18h, dim. 10h-13h, 14h-17h ; avr.-mai et oct. : 10h-18h, dim. 10h-12h30 ; reste de l'année : tlj sf dim. et j. fériés 10h-12h30, 14h-17h - fermé 1er Mai.*

SE REPÉRER

Carte de microrégion AB1 (p. 152).
À 215 km de Paris, entre Blois (36 km à l'est) et Tours (27 km à l'ouest). Chanteloup se trouve à 4 km au sud d'Amboise par la D 431 qui longe l'hôpital Robert-Debré, non loin de l'itinéraire La Loire à vélo. À 10 km au nord de Chenonceau et 50 km au sud de Chambord,

À NE PAS MANQUER

La restitution du château disparu, le point de vue du haut de la pagode.

ORGANISER SON TEMPS

Comptez 30mn pour la pagode, 1h pour le domaine. Le pique-nique est autorisé dans le parc. Si vous oubliez votre panier-repas, goûtez aux petits paniers de Chanteloup vendus à l'accueil *(12 €, juniors 6,50 €).*

AVEC LES ENFANTS

Le jardin anglo-chinois, les 40 jeux de plein air en bois « à l'ancienne », mis à la disposition des petits et des grands ; un tour en barque.

★ PAGODE

Rte de Bléré - ✆ 02 47 57 20 97 - www.pagode-chanteloup.com - avr.-sept. : 10h-18h ; reste de l'année : 14h-17h - fermé de mi-nov. à mi-mars - 9,70 € (-15 ans 7,70 €)..

À l'orée de la forêt d'Amboise, cette surprenante pagode est l'un des principaux vestiges du splendide domaine de Chanteloup, édifié en 1713 par Jean d'Aubigny pour la princesse des Ursins et racheté en 1761 par le **duc de Choiseul**, ministre de Louis XV. Lorsque, à l'instigation de Mme du Barry, Choiseul est exilé sur ses terres, il fait de Chanteloup un centre intellectuel et artistique et commande la construction de la pagode qui est édifiée entre 1775 et 1778 par l'architecte Louis-Denis Le Camus.

À cette époque, cela fait presque un siècle que des échanges culturels et scientifiques de haut niveau ont été établis, par l'intermédiaire des jésuites, entre le roi de France et l'empereur de Chine, en particulier Kangxi

Pagode de Chanteloup.
F. Cormon/hemis.fr

(1654-1722). Parallèlement, les « chinoiseries » sont devenues à la mode dans les cours d'Europe. C'est ainsi qu'une pagode voit le jour sur les bords de la Loire…

★ **Architecture** – Avec sa succession d'étages superposés, cette construction est inspirée de la pagode des Fleurs du temple des Six-Banians de Canton. Elle ne présente cependant que peu de correspondance avec son modèle chinois, construit en bois, lequel bénéficiait d'une souplesse que n'autorise pas le tuffeau. Haute de 44 m, la pagode de Chanteloup est supportée par un péristyle de 16 colonnes et 16 piliers de chêne qui s'enfoncent à 20 m sous terre. Les sept étages sont tous construits en coupole, chacune étant coupée par un escalier d'accès à l'étage supérieur. L'ensemble présente un profil conique coiffé d'une toiture pointue surmontée par un globe doré.

Escalier – Jusqu'au premier étage, il est de pierre. Aux étages suivants, c'est un escalier en bois d'acajou, gardé par une rampe en fer forgé ornée d'initiales de bronze doré en double C entrelacées pour *Choiseul* et son épouse *Crozat*. La décoration, de pur style Louis XVI, est agrémentée de notes orientales.

Du sommet, beau **panorama**★ sur le site du château évanoui et la forêt d'Amboise.

Bien que l'ascension de ses 149 marches ne présente pas de difficulté particulière, soyez prudent, surtout avec des enfants, car l'escalier devient de plus en plus étroit et l'on peut vite basculer depuis les balconnets. Évitez de monter aux moments d'affluence.

Parc – Ses 14 ha permettent d'imaginer la somptuosité de la résidence d'exil de Choiseul. Des allées tracées en éventail rayonnent autour d'un large bassin en demi-lune où, comme au 18e s., il est possible de faire un tour en **barque** *(5 €/h)*. Il a fallu excaver 60 000 t de vase et pomper l'eau depuis un champ voisin pour réussir à entretenir un tel bassin.

Dans le **musée** du Pavillon du concierge, une vidéo présente l'histoire du château disparu et de sa pagode.

Domaine de Chaumont-sur-Loire

★★★

Chaumont-sur-Loire (41150) – Loir-et-Cher (41)

Le domaine de Chaumont doit sa renommée à son superbe Festival des jardins qui investit le parc chaque année au printemps. Grâce aussi au Centre d'arts et de nature, un nouveau champ artistique se développe au diapason de l'esthétisme et de l'écologie; le tout emporté avec rigueur et poésie. On reste souvent coi devant tant de simplicité et d'inventivité. Derrière les chambres de verdure se dessine le château féodal, illuminé par la blancheur du tuffeau. Avec ses grands balcons sculptés, son élégante tour d'escalier et sa somptueuse salle du Conseil, son architecture se pare en même temps des attraits de la Renaissance. Chaumont est peut-être l'une des plus belles expériences sensorielles qui nous soit aujourd'hui donné à vivre.

NOS ADRESSES PAGE 175
Hébergement, restauration, achats, activités, etc.

S'INFORMER

Office de tourisme – *R. du Mar.-Leclerc - ✆ 02 54 20 91 73 - www.bloischambord.com - avr.-sept. : 9h-13h, 14h-19h ; reste de l'année : tlj sf dim.-lun. 9h-16h - fermé vac. de Noël.*

SE REPÉRER

Carte de microrégion B1 (p. 152).
À 195 km de Paris, entre Blois (17 km au nord) et Tours (44 km à l'ouest). En train : gare SNCF d'Onzain (1h45 direct de Paris). Chaumont se trouve sur l'itinéraire La Loire à vélo.

ACCÈS ET PARKING

L'entrée du haut permet aux visiteurs à mobilité réduite d'accéder de plain-pied au site. Dans Chaumont, au feu tricolore, suivez Montrichard, à droite au 1er carrefour, en direction de l'école et du stade. L'autre accès, situé dans le village, impose une montée à pied de 10mn.

À NE PAS MANQUER

Le Festival des jardins et le parc ; l'architecture du château, le sol de la salle du Conseil et les belles écuries.

ORGANISER SON TEMPS

Comptez une demie journée rien que pour les créations du Festival, pour y errer à votre rythme ; 2h pour le château, les communs, le parc.

AVEC LES ENFANTS

Le Festival des jardins ; les cuisines odorantes et « vivantes » du château.

★★ CHÂTEAU

✆ 02 54 20 99 22 - www.domaine-chaumont.fr - juil.-août : 10h-19h ; avr.-juin et sept.-oct. : 10h-18h ; reste de l'année : 10h-17h - fermé 1er janv., 25 déc. - 12 € (-12 ans 7 €) - 18 € billet combiné avec les expositions et le Festival des jardins - guide multimédia pour malvoyants et malentendants.

Dotée d'un sévère appareil militaire, la façade extérieure ouest, la plus ancienne, contraste avec les deux autres façades, adoucies par l'influence de la Renaissance. Une frise des C entrelacés de Charles de Chaumont-Amboise

Château de Chaumont-sur-Loire.
A. Chicurel / hemis.fr

court sur les façades, associée à des armoiries représentant une montagne qui brûle, symbole de « chaud mont ». Devant les mâchicoulis du châtelet et de l'aile est, remarquez l'emblème sculpté de Diane de Poitiers : deux D entrelacés, ou bien le cor, l'arc et le carquois, attributs de Diane chasseresse. Au-dessus de la porte d'entrée sont sculptées les armes de France avec les initiales de Louis XII et d'Anne de Bretagne, sur un champ de fleurs de lys et d'hermines.

Appartements

Ils comprennent, entre autres, les chambres des deux rivales, Catherine de Médicis et Diane de Poitiers, celle de Côme Ruggieri, et la **salle du Conseil**. Celle-ci est pavée de fabuleuses faïences **majoliques★**, tandis qu'aux murs des scènes de chasse jouxtent des céramiques espagnoles du 17ᵉ s. achetées à Palerme par le prince de Broglie. Remarquez la série de sept tapisseries de Bruxelles du 16ᵉ s., dites « aux Planètes », une pour chaque jour de la semaine.

Bibliothèque – Belle collection de **médaillons★** en terre cuite exécutés au 18ᵉ s. par Jean-Baptiste Nini, artiste italien, graveur sur verre et céramiste, dont l'atelier se trouvait dans les écuries.

Cabinet de Ruggieri – Cette salle est dédiée à l'astrologue de Catherine de Médicis, **Côme Ruggieri**. C'est à Chaumont que, selon la légende, la reine aurait lu dans l'avenir le sombre destin qui attendait ses trois fils, François II, Charles IX et Henri III, ainsi que l'avènement des Bourbons avec Henri IV.

L'art contemporain s'invite aussi depuis plusieurs années à l'intérieur du château. On le rencontre dans les **combles du château** – les anciennes chambres de bonnes – où les fenêtres s'égaient des couleurs et lumières diffusées par les vitraux de **Sarkis** (*Ailleurs, Ici*, 12 vitraux au château sur les 72 commandés par la région).

Au sous-sol du château, on visite les rutilantes **cuisines** du 19ᵉ s. prises dans une étreinte de poutres et de cloches, une installation signée Kounellis, le grand maître de l'arte Povera.

En revenant dans la cour, dirigez vous vers la **chapelle**.

Sous le signe de l'art…

L'étymologie de Chaumont viendrait du latin *cavus mons*, qui signifie « mont chauve ». Ce terme correspond à la situation élevée de la première forteresse, édifiée par les comtes de Blois en haut d'une colline à la fin du 10e s.

UNE FORTERESSE STRATÉGIQUE

Situé aux avant-postes, ce fort doit assurer l'équilibre défensif de la cité de Blois face aux menaces du turbulent comte d'Anjou, Foulques Nerra, qui à cette époque fait bâtir une véritable ceinture de donjons tout autour de la région. Le château devient ensuite la propriété de la **famille d'Amboise** pour cinq siècles. En 1465, Louis XI, reprochant à Pierre d'Amboise de s'être rallié à la Ligue, ordonne sa destruction. Cependant, bientôt réhabilitée, la famille d'Amboise est autorisée à reconstruire le château.

LES GRÂCES DE LA RENAISSANCE

Entre 1473 et 1475, Pierre et Charles Ier élèvent les ailes ouest et nord (disparue). Quant à celles du sud et de l'est, elles sont reconstruites par **Charles II d'Amboise** entre 1498 et 1510. D'Italie, où ils se sont illustrés lors des guerres, les Amboise ont rapporté le goût des arts et introduisent avec précocité les premiers éléments de la Renaissance à Chaumont.

JOUTES FÉMININES

En 1560, Catherine de Médicis, veuve d'Henri II, acquiert le château. Pour se venger de **Diane de Poitiers**, la favorite du défunt roi, elle l'oblige à lui céder Chenonceau, offert par son amant, en échange de Chaumont. Diane obtempère et s'attache bientôt à achever les parties hautes du châtelet d'entrée. Pourtant elle ne séjournera jamais à Chaumont, préférant terminer ses jours dans son château d'Anet.

En 1750, le nouveau propriétaire, **Jacques Donatien Le Ray**, intendant des Invalides, crée une terrasse sur la Loire en abattant l'aile nord, et réussit pendant la Révolution à protéger le château. En 1810, exilée par Napoléon, **Mme de Staël** passe quelque temps à Chaumont. Elle y travaille, entourée de sa « cour », où l'on compte Benjamin Constant et Mme Récamier. À ses hôtes qui lui vantent le paysage de la Loire, Mme de Staël répond, mélancolique : « Oui, ce spectacle est admirable, mais combien je lui préfère mon ruisseau de la rue du Bac. »

JARDINS SUSPENDUS

En 1875, Chaumont est racheté par **Mlle Say**, héritière des sucriers du même nom, qui épouse le prince Amédée de Broglie. Pendant vingt-cinq ans, le couple restaure Chaumont, le meuble et le décore d'objets d'art. Le prince confie la création du parc au paysagiste **Henri Duchêne**, fait construire de somptueuses écuries et réalise une « ferme modèle ». La princesse donne des fêtes éblouissantes, avant de se retirer, ruinée, à Paris et de céder le château à l'État en 1938. En 2008, la région Centre devient propriétaire du domaine. Depuis 1992, le **Festival des jardins** fait découvrir au grand public des créations contemporaines, introduisant parmi les végétaux des matières minérales, synthétiques ou recyclées, inaugurant des techniques de culture audacieuses. Chaque année, un lieu unique, esthétisant, éphémère, où s'exprime une créativité débridée dans l'art des jardins, de l'horticulture et des paysages.

… à l'art contemporain

Souvent décalé, voire provocateur, l'art contemporain est pour nombre de châteaux un nouvel atout touristique, parfois opportun, quand il rend son relief à un passé auquel le visiteur ne s'intéresse plus.

NATURE ET CULTURE

Premier Centre d'arts et de nature, le domaine de **Chaumont-sur-Loire** a inscrit dès 2008 la création artistique au cœur de son écrin naturel. Avec des combinaisons originales, souvent inédites mais toujours en osmose avec le patrimoine naturel et architectural du domaine. C'est là sa signature. Ses modes d'expression, expositions, installations, souvent à base de matériaux naturels, s'additionnent d'année en année pour former une végétation culturelle qui se fond jusqu'à se dissoudre selon la nature des matériaux utilisés, dans les lieux qui les reçoivent. Certaines réalisations sont pérennes (tant que leurs matériaux résistent aux intempéries) : on pense à la forêt de poutres et de cloches installée dans les cuisines du château par **Jannis Kounellis**, à *L'Arbre aux échelles* de **François Méchain**, au magnifique écheveau de cabanes végétales de **Patrick Dougherty** dispersées dans le parc historique, ou au promontoire de **Tadashi Kawamata**, qui, depuis 2011, offre une vue plongeante sur la Loire. D'autres réalisations sont plus éphémères comme les récents dômes exécutés avec des rondins de bois d'**Armin Schubert**.

Chambord accueille également des expositions dans le bel espace de 600 m^2 situé sous les voûtes à caissons du donjon, ou aux abords et dans la cour du château. En 2011, le peintre français **Djamel Tatah** a présenté ses grandes figures où se mêlent tradition et techniques contemporaines. Habitué des lieux où il a travaillé pendant plus de vingt ans, le peintre **Jean-Gilles Badaire** a exposé en 2012 ses toiles à la sensibilité toute baudelairienne.

VISIONS D'ARTISTES

Au **château du Rivau** une muséographie décalée met en regard des collections d'art décoratif des 15e et 16e s. avec des œuvres d'artistes contemporains, telle celles de la Chinoise **Xue Sun** qui se réapproprie quelques mythes médiévaux. Dans les jardins, des **œuvres surdimensionnées** donnent des allures de conte de fées à la promenade : arrosoir géant et bottes de jardinier de Lilian Bourgeat, personnages en forme de brouette de Pierre Ardouvin, collier pour arbre de Céline Turpin, piercing du chêne tricentenaire de Philippe Ramette ou l'inévitable pot rouge de Jean-Pierre Raynaud. Parcourir ici les jardins c'est égrener dans sa tête de multiples souvenirs d'enfance.

Au **château d'Oiron**, des cabinets de curiosités offrent leurs visions singulières au visiteur. L'art et la science se conjuguent dans le cadre de créations originales : on pense au cabinet des Monstres de **Thomas Grünfeld**, avec ses animaux-montages empaillés, ou à la salle à manger de **Raoul Marek** où sont conviés à dîner le 30 juin de chaque année les cent cinquante Oironnais identifiés sur les assiettes (Manufacture nationale de Sèvres), les verres et les serviettes. Disposés non loin des douze *Corps en morceaux* de **Daniel Spoerri** qui sont en parfaite harmonie avec le plafond polychrome de la salle du Roi.

On retrouve Spoerri dans la toute récente **Fondation du Doute** créée à Blois en 2013, et qui accueille 300 œuvres liées au mouvement Fluxus, à l'origine de ces formes d'expression aujourd'hui très populaires que sont le *happening*, la performance ou les installations multimédias. Un musée à voir, sans aucun doute !

Dotée d'un décor sculpté gothique flamboyant du début du 16e s., elle est aujourd'hui sublimée par l'**œuvre** onirique et spectaculaire, *Les pierres et le printemps*, de **Gerda Steiner et Jorg Lenzlinger**. Le lieu, envahi de fleurs séchées, de feuilles et d'objets trouvés dans le parc, se mue en une ode à la nature par la nature, pleine et brouillonne, bruissante comme un chœur.

★ Écuries

Leurs dimensions et leur luxe donnent une idée de la place que tenait le cheval dans les familles princières. Construites en 1877 par le prince de Broglie, elles furent éclairées à l'électricité dès 1906. Dans la deuxième cour, où est installé un petit centre équestre, on recevait les chevaux et les équipages des invités, soigneusement séparés des « résidents » pour des raisons prophylactiques.

Dans un angle s'élève une curieuse tour à double toit. Il s'agit du four du céramiste Nini transformé en manège pour les enfants du château.

★★ Parc historique

www.domaine-chaumont.fr - ♿ - juil.-août : 10h-19h ; avr.-juin et sept. : 10h-18h30 ; reste de l'année : se rens. - fermé 1er janv., 25 déc. - possibilité de visite guidée (1h30) - 11 € (-18 ans 6,50 €) - 15 € billet combiné avec le Festival des jardins, 12 € billet combiné château, écuries, expositions, parc, 18 € billet combiné domaine entier.

Le parc et son Festival des jardins ont reçu le label Jardins remarquables. De la terrasse s'ouvre une **vue★** superbe sur le grand fleuve, ses berges sauvages et ses eaux lumineuses. Une agréable promenade, ponctuée de surprises (le vallon des brumes, le jardin expérimental, le sentier des fers sauvages), traverse le beau parc paysager conçu par Henri Duchêne à la fin du 19e s. Les allées serpentent parmi les séquoias, les tilleuls et des cèdres exceptionnels qui valent à Chaumont le label Arbres remarquables.

★★★ FESTIVAL INTERNATIONAL DES JARDINS

☎ 02 54 20 99 22 - www.domaine-chaumont.fr - de mi-avr. à fin août : 10h-20h ; sept. : 10h-19h30 - 15 € (-12 ans 9,50 €) - 30 € billet combiné avec Pass 2 j. avec nocturnes (château, expositions et Festival des jardins).

Tous les ans, depuis 1992, trente paysagistes internationaux sont sélectionnés sur concours pour réaliser, en lien avec un thème défini, des créations paysagères dans des chambres de verdure. Outre le charme de la promenade qu'ils procurent, ces prototypes des jardins de demain constituent une mine d'idées, tant du point de vue des fleurissements que de celui des matériaux. Par son approche novatrice qui redynamise l'art des jardins, le Festival est devenu un rendez-vous incontournable qui séduit tous les publics, du professionnel exigeant au flâneur curieux.

Nocturnes – *Juil.-août. Jardins de lumière (Festival, tlj sf vend. 22h-0h).*

CENTRE D'ARTS ET DE NATURE

Dans le château, la ferme et le parc.

Devenu Centre culturel de rencontre en 2008, le domaine de Chaumont-sur-Loire se voue « à la relation de la nature et de la culture, de la création artistique et de l'invention paysagère, du patrimoine et du contemporain ». Chaque année, une quinzaine d'artistes (plasticiens, photographes) sont invités à transformer la nature des lieux en lieu de culture. Un partage du sensible qui achoppe sur des réflexions esthétiques aux résonances écologiques.
(voir « Nature et culture » page précédente).

NOS ADRESSES À CHAUMONT-SUR-LOIRE

Voir aussi Amboise *(p. 161).*

HÉBERGEMENT

BUDGET MOYEN

Hostellerie du Château – *2 r. du Mar.-de-Lattre-de-Tassigny - 02 54 20 98 04 - www.hostellerie-du-chateau.com - 18 mars-15 nov. - P - 15 ch. 87/95 € dont 3 familiales 101/123 € - 8,50/12,50 € - 1/2 P 74/78,50 € - wifi.* Au pied du château, une maison, dont l'élégance tient dans la simplicité du décor et la gentillesse des propriétaires. Chambres bien entretenues, certaines donnant sur la Loire, ou sur la piscine, à l'arrière. Restaurant traditionnel.

UNE FOLIE

Les Douves – *7 r. de l'Écrevissière - 41150 Onzain - 02 54 20 82 66 - www.lesdouvesonzain.fr - sur réserv. - P - 2 ch. dont 1 suite familiale 180/280 € - wifi.* Chambre de la tour d'Hélion ou vaste suite de quatre pièces avec terrasse privative, située à l'étage de l'aile historique d'un bel ensemble cerné de douves. Ce cadre exceptionnel est un lieu de rencontres artistiques, musicales et champêtres (animaux de ferme). Musée-galerie, installé dans une belle rotonde.

RESTAURATION

Dans le domaine, pour un rapide encas : **Le Café du Parc** et **L'Estaminet** ; pour des pâtes à volonté : **Le Comptoir Méditerranéen** ; pour une cuisine gastronomique : **Le Grand Velum**.

PREMIER PRIX

La Détente Gourmande – *61 r. du Mar.-de-Lattre-de-Tassigny - 02 54 33 94 65 - www.restaurant-chaumont-sur-loire.fr - à partir de 10h30 - fermé de mi-oct. à mi.-mars. et lun.-mar. - carte 15/21 € - réserv. conseillé. (groupe 5 pers. maxi).* Salon de thé convivial, qui propose aussi une restauration simple et savoureuse. Mais les prix peuvent grimper rapidement !

BUDGET MOYEN

La Charbonnette – *13 pl. de l'Église - 41150 Onzain - 02 54 20 79 51 - - fermé merc.-jeu. - P - déj. (sf dim. et j. fériés) 18 € - 25/29 €.* Dans l'ambiance conviviale et rustique d'une ancienne quincaillerie, des produits locaux à l'honneur. L'adresse d'Onzain.

UNE FOLIE

Domaine des Hauts de Loire – *79 r. Gilbert-Navard - rte de Mesland - 41150 Onzain - 3 km au nord-ouest par D 1 et voie privée - 02 54 20 72 57 - www.domainehautsloire.com - - mai-oct. : 12h30-13h45, 19h-21h30 - P - déj. 49 € - 75/165 €.* Dans cet élégant pavillon de chasse du 19e s., du gibier *(automne-hiver)*, des poissons de la Loire, de beaux légumes… D'excellents produits et une exécution très fine, avec comme but ultime le goût. Deux étoiles au Guide Michelin en 2017, le seul de la région, et doté d'un magnifique hôtel qui cultive le savoir-vivre à la ligérienne.

ACTIVITÉS

Millière Raboton, homme de Loire – *06 88 76 57 14 - www.milliere-raboton.net - fermé vac. Noël - promenade-découverte (1h30) sur réserv. (12 pers. maxi) - 20 € (enf. 12 €).* Une expérience intime, au fil de la Loire, menée sur l'une des huit toues de l'association. Aussi des soirées, lectures, parties de pêche, affûts animaliers, bivouacs, randonnées, pique-niques. À chaque fois une belle initiation aux mondes

botanique (jussies, salicaires) halieutique (gardons, brochets, sandres…) et ornithologique (hérons, sterns, cormorans) qui peuplent la Loire.
Activités culturelles –
Les Douves *(voir Hébergement).*

Aérocom – *36 rte de Chouzy - 41150 Onzain - 02 54 33 55 00 - www.aerocom.fr - à partir de 15 €/pers. (survol de Chaumont).* Vols en montgolfière, à partir d'Amboise, Blois, Chaumont-sur-Loire ou Chenonceaux.

Montrichard

★

3 427 Montrichardais – Loir-et-Cher (41)

Dominée par un donjon, Montrichard s'étend le long du Cher, en lisière d'une forêt sillonnée de nombreux circuits de randonnée. Cette charmante petite cité médiévale aux maisons de tuffeau serrées contre l'église s'apprécie aussi pour ses caves et les richesses archéologiques alentour.

NOS ADRESSES PAGE 182
Hébergement, restauration, achats, activités, etc.

S'INFORMER

Office de tourisme – *1 r. du Pont - 02 54 32 05 10 - www.ducheralaloire.com - juil.-août : 10h-18h ; avr.-juin et sept. : tlj sf dim. 10h-12h, 14h-17h ; reste de l'année : tlj sf w.-end et j. fériés 10h-12h, 14h-17h.*

SE REPÉRER

Carte de microrégion B2 (p. 152).
À 35 km au sud de Blois, 45 km à l'est de Tours et 32 km au nord-est de Loches. Si possible, abordez la ville par sa rive gauche et la jolie D 17.
En train : gare SNCF de Montrichard (à 1h30/2h40 de Paris, *via* St-Pierre-des-Corps). Montrichard est proche de l'itinéraire La Loire à vélo.

À NE PAS MANQUER

La vue du haut du donjon ; la ville souterraine, à Bourré.

ORGANISER SON TEMPS

Comptez 1h à 1h30 pour la ville, 2h pour les environs.

AVEC LES ENFANTS

Le parc-plage de Montrichard ; la reconstitution d'une ville miniature creusée dans la roche à Bourré ; le parcours enfant à Montpoupon.

Se promener

★ Donjon

Montée Grand-Degré-de-Ste-Croix - 02 54 32 05 10 - www.team-montrichard.fr - juil.-août : 10h-18h ; reste de l'année : 10h-12h, 14h-18h - fermé lun., oct.-mars - 5 € (-12 ans 3 €).
Comme nombre de donjons, il fut élevé sous l'égide de Foulques Nerra, vers 1010, pour protéger la vallée du Cher de l'armée des comtes de Blois. Rebâti en pierre et renforcé d'une deuxième enceinte en 1109, puis d'une troisième en 1250, le donjon est rasé à « hauteur d'infamie » (c'est-à-dire abaissé de 4 m env.) par Henri IV en 1589 pour être resté un temps entre les mains des Ligueurs.

Montrichard, pont sur le Cher.
Tuul et Bruno Morandi/hemis.fr

Le **musée archéologique du Donjon** présente sur trois niveaux, dans un cadre muséographique rénové, la paléontologie, la molinologie (étude des moulins), ainsi que différents vestiges gallo-romains de provenance régionale. Très beau **panorama★★** sur la ville et la vallée du Cher.

Église Ste-Croix

✆ 02 54 32 05 10 - juil.-août : 10h-18h ; reste de l'année : 10h-12h, 14h-18h - fermé lun., oct.-mars.

Chapelle seigneuriale bâtie au pied du donjon, au sommet des Grands Degrés Ste-Croix, dont la façade est ornée de belles arcatures romanes. Ici fut célébré en 1476 le mariage de **Jeanne de France**, fille de Louis XI.

Maisons anciennes

Les alentours du donjon et de l'église Ste-Croix invitent à la promenade, entre maisons médiévales et demeures Renaissance. L'**hôtel d'Effiat** (fin 15e-début 16e s.), rue Porte-au-Roi, présente un décor gothique et des éléments Renaissance. Il abrita au 16e s. Jacques de Beaune, baron de Semblançay, trésorier d'Anne de Bretagne, puis de Louise de Savoie, mère de François Ier.

4

UN MARIAGE MACHIAVÉLIQUE

C'est à Montrichard que Louis XI marie sa fille, **Jeanne de France**, avec Louis d'Orléans. La fiancée a 12 ans, elle est laide et contrefaite, et n'inspire guère le fiancé, que le roi a contraint à ce mariage. Conscient que sa fille ne pourrait avoir d'enfant, Louis XI voulait ainsi éteindre la descendance de la branche d'Orléans, qui avait toujours difficilement accepté l'autorité royale. Mais, ironie de l'histoire, lorsque le fils de Louis XI, Charles VIII, meurt accidentellement sans héritier en 1498 (*encadré p. 155*), c'est à Louis d'Orléans, le plus proche parent du roi, qu'incombe le devoir d'épouser la veuve, la belle et encore jeune Anne de Bretagne. Aussitôt répudiée, Jeanne se retire à Bourges où elle fonde l'ordre de l'Annonciade.

Son dernier propriétaire, le marquis d'Effiat, en fit don (1719) à la ville pour y installer un hospice.
À l'angle de la rue du Pont et de la rue Nationale, notez les poutres finement sculptées de la **maison de l'Ave-Maria** ou « maison à trois pignons » (16e s.). En face, les Petits Degrés Ste-Croix mènent à des demeures troglodytiques. Un peu plus loin, à l'angle de la rue du Prêche, s'élève la façade de pierre de la **maison du Prêche**, du 12e s.

Caves Monmousseau

71 rte de Vierzon - ✆ 02 54 32 35 15 - www.monmousseau.com - juil.-août : 10h-18h30 ; avr.-juin et sept.-oct. : 10h-12h30, 13h30-18h ; reste de l'année : 10h-12h, 14h-17h30 - possibilité de visite guidée sur demande (1h30) - 3 € (-12 ans gratuit) - 4,50 €.
Sur 15 km de galeries souterraines sont présentées les techniques ancestrales d'élaboration de vins effervescents.

Église N.-D.-de-Nanteuil

Sur la route d'Amboise.
Haute église gothique au portail flamboyant, elle a gardé ses absides romanes ornées de chapiteaux sculptés. La nef, étroite et haute, est couverte de voûtes angevines. Notez, à gauche de la façade, l'escalier droit qui monte à la chapelle curieusement bâtie par Louis XI à l'étage. La Vierge de Nanteuil fait l'objet d'un pèlerinage le lundi de Pentecôte.970.

À proximité Carte de microrégion

Depuis l'époque romaine, l'homme a creusé ici d'impressionnantes galeries souterraines, dont la pierre (le tuffeau, aussi appelé pierre de Bourré) a été utilisée dans bien des constructions. Les carrières peu à peu abandonnées sont exploitées soit en caves à vin, soit en **champignonnières**.

Bourré B2

À 4 km à l'est.
La route serpente entre la rive droite du Cher et la falaise.
★ **Caves champignonnières des Roches et ville souterraine** – *40 rte des Roches - ✆ 02 54 32 95 33 - www.le-champignon.com - ♿ - visite guidée (1h) de déb. avr. à fin sept. : 10h, 11h, 14h, 15h, 16h et 17h ; de déb. oct. à mi-nov. et vac. sco. : 11h, 15h et 16h - 12 € (-12 ans 7,50 €) - prévoir un vêtement chaud.* On descend à 50 m sous terre dans le labyrinthe des caves de tuffeau, qui court sur des kilomètres et qui fut même un dépôt de munitions en temps de guerre. On visite les **caves champignonnières** à la lueur de lampes de mineur, guidé par de passionnantes accompagnatrices, telle Elvire qui connaît le site comme sa poche. Elle y cueille les champignons depuis 28 ans ! On découvre le monde étrange et silencieux de la culture des champignons : les pieds-bleus représentent la plus grosse production, près d'une tonne par semaine, que l'on cueille entre 7h30 et 17h ; les pleurotes gris et jaunes, vénérés par les grands chefs ; enfin les shiitakés et les champignons de Paris.
Le parcours s'étend sur près de 1 km et intègre la **ville souterraine★**, reproduction d'une place de village avec l'église, la mairie, l'école : un chien pousse une porte, une femme guette à sa fenêtre, un paire de sabots attend le promeneur… Le tout figé dans la pierre et le temps !
Site Troglodytique de La Magnanerie – *4 chemin de la Croix-Bardin - ✆ 02 54 75 50 79 - www.magnanerie-troglo.fr - visite guidée (1h15) avr.-sept. et de mi-oct. à déb. nov. : horaires, se rens. - fermé dim. mat. et mar. - 8 € (-13 ans 6 €).* Ce site troglodytique (sur trois niveaux) tient son nom de l'**élevage du ver à soie** qui se pratique ici depuis le 17e s. Le mot « magnanerie » viendrait du

Au pays des troglodytes

HABITAT ORIGINEL

Énonçant les nombreux talents de la reine Cléopâtre, dernier pharaon d'Égypte, l'historien grec Plutarque (46-125) avait écrit que la souveraine, polyglotte, pouvait s'exprimer dans de nombreuses langues barbares, dont celle des troglodytes, un peuple mystérieux vivant dans des anfractuosités de roche au bord de la mer Rouge. Cette habitude de vivre sous terre est ancienne. De nombreux objets préhistoriques, souvent vieux de plus de 20 000 ans, sont régulièrement retrouvés de par le monde dans des abris-sous-roche ou des grottes ornées. Chaud durant les périodes glaciaires, frais durant les périodes caniculaires, l'abri-sous-roche est aussi un refuge efficace pour se protéger des animaux sauvages et des assaillants.

AUX QUATRE COINS DU MONDE

C'est pourquoi, sous toutes les latitudes et à toutes les époques, des populations ont développé un mode d'habitat troglodytique en aménageant des sousterrains ou en creusant à flanc de montagne, dans des roches sédimentaires tendres, calcaire, mollasse fossilifère ou grès. Le troglodytisme se retrouve ainsi sur le plateau de Loess de la Chine du Nord, dans la région de Cappadoce en Turquie, au Mali, en Tunisie, en Espagne, en Italie, aux Pays-Bas et en France, plus particulièrement en Touraine et en Anjou.

DES TROUS DANS LE VAL DE LOIRE

L'une des raisons de cette concentration dans le Val de Loire tient à la nature d'un sous-sol riche en calcaire, formé il y a plus de 10 millions d'années lorsque cette région se trouvait sous la mer. On y trouve ainsi du tuffeau, roche sableuse à laquelle les châteaux de la Loire doivent leur blancheur, ou encore du falun, pierre formée de dépôts calcaires coquilliers d'origine marine. Tendres, faciles à extraire et à tailler, ces pierres ont permis de bâtir sans longs et coûteux transports. L'extraction a laissé de nombreuses cavités et de longues galeries souterraines, peu profondes ou à flanc de colline. La constance de leur température, aux environs de 12 °C, la facilité avec laquelle elles se laissaient tailler pour être aménagées en ont fait des lieux idéaux pour y vivre. C'est ainsi que les campagnes regorgent aujourd'hui d'habitats troglodytiques. Bien que, par nature, ceux-ci n'apparaissent que peu dans le paysage, ils se devinent, notamment à Trôo (*p. 453*) où, derrière chaque maison ou presque, des portes voûtées et des courettes sont creusées dans le rocher. Il peut s'agir d'habitations troglodytiques isolées, mais aussi parfois de villages entiers, comme à Rochemenier qui, outre ses habitations souterraines, comptait une ferme, des ateliers et une église. Il peut même s'agir d'une véritable forteresse creusée, comme à Brézé, sous le château.

LES TROGLODYTES AUJOURD'HUI

Si, dans les années 1960, 25 000 habitants de maisons troglodytiques avaient été recensés en France, il semble qu'aujourd'hui ceux-ci ne soient plus que quelques milliers, voire quelques centaines. En effet, nombre de sites ont été reconvertis en chais pour la viticulture, en magasins, en restaurants, et même en zoo où, comme à Doué-la-Fontaine, ils constituent un décor extraordinaire.

vénitien *magnare* (manger), occupation principale du ver à soie… Présentation de trois pièces d'une habitation troglodytique, démonstration des techniques d'extraction de la pierre de tuffeau. Le pressoir au rez-de-chaussée montre le métier de vigneron. Depuis la terrasse, belle **vue** sur la vallée du Cher.

Troglo Degusto – *Domaine des Tabourelles - 63 rte des vallées - ✆ 02 54 32 07 58 - www.troglodegusto.fr - visite guidée juil.-août : 10h30, 14h30 et 17h30, merc. 11h et 15h, dim. 10h30 et 14h30 ; avr.-juin et sept.-oct. : tlj sf merc. 10h30, 14h30 et 17h30, dim. 10h30 ; reste de l'année : se rens. - 6,50/9,50 € (-10 ans gratuit) selon la formule de visite-dégustation.* Balade au fil des galeries de ce beau site troglodytique qui héberge aussi de magnifiques dessins historiques. Certains auraient été faits sous Napoléon III.

★ Château de Montpoupon B2

À 12 km au sud par la D 764 - ✆ 02 47 94 21 15 - www.chateau-loire-montpoupon.com - ♿ - avr.-sept. : 10h-19h ; oct. : 10h-18h ; reste de l'année : w.-end et j. fériés 10h-13h, 14h-17h - fermé janv.-déc. - possibilité de visite guidée sur demande (50mn) - 9,50 € (-14 ans 5 €) - animations et visites thématiques avr.-août.

De la forteresse du 13e s., il ne reste que les tours ; le corps de logis, à fenêtres à meneaux et gâbles de style gothique flamboyant, fut bâti au 15e s. L'ensemble, vu de la route, a fière allure. On visite quelques pièces du logis, dont la belle « chambre du Maréchal », les appartements privés de la famille La Motte St Pierre, ainsi que l'intérieur du châtelet.

Le **musée du Veneur** retrace la vie quotidienne du gentilhomme-chasseur et détaille tout ce que nécessite la vénerie : l'entretien de la forêt, l'élevage, les métiers d'art liés à la chasse (facteurs de trompes de chasse, sellerie, maréchalerie, tenues d'équipages, fabrication de boutons de livrée…). L'histoire du Rallye Montpoupon, qui chassa de 1873 à 1949, est largement évoquée.

Les **communs★** offrent un précieux témoignage sur la vie dans un château il y a un siècle. Plusieurs appartements sont reconstitués. La cuisine, avec son fourneau et sa batterie de cuivres, servait encore en 1978 ; ne manquez pas la **lingerie** avec ses vêtements délicats (19e s.), ornés de dentelles et de fins plissés, ainsi que les **écuries** (voitures à cheval et harnachements anciens).

Le château de Montpoupon.
Ph. Michel/age fotostock

LE PRIX D'UN CHÂTEAU FORT

Les chantiers pharaoniques que supposait la construction des châteaux forts étaient-ils le fruit du travail forcé ? S'il est vrai qu'au Moyen Âge des paysans, et même des citadins, pouvaient être soumis à un service de quarante jours au titre de la corvée due au seigneur, ces gens ne constituaient qu'une main-d'œuvre d'appoint (pour creuser des fossés, par exemple), car il importait que ces corvées ne portent pas de concurrence au travail rémunéré. En effet, au 13e s., les corporations étaient suffisamment puissantes pour ne pas autoriser le travail gratuit. Un seigneur prenait donc soin de ménager les artisans, d'autant plus qu'à cette époque on construisait partout en Europe et qu'au moindre différend ces derniers risquaient d'aller chercher fortune sur un autre chantier. Les seigneurs veillaient donc à payer leurs employés en bonne et due forme. C'est ainsi que pour construire Château-Gaillard en 1196, son commanditaire, Richard Cœur de Lion, avait dû débourser un total de 45 702 livres, dont plus de 80 % représentaient la part des salaires.

Thésée B2

À 10 km à l'est par la D 976.

Un peu avant le bourg se dressent, en bordure de route, les importants vestiges de l'antique *Tasciaca*. Située sur la voie romaine de Bourges à Tours, elle tira sa prospérité de la fabrication et du commerce de céramiques entre le 1er et le 3e s. L'ensemble, dit « des Maselles », s'étendait sur les communes actuelles de Thésée et de Pouillé. Construit en calcaire tendre du pays, il présente un appareillage de moellons disposés horizontalement ou en arêtes de poisson, ainsi que des arases et des chaînages d'angle en brique.

Musée archéologique – *Parc du Vaulx-St-Georges - ✆ 02 54 71 40 20 - www.tasciaca.com - juil.-août : tlj sf lun.-mar. 11h15 et 16h ; avr.-juin et sept. : w.-end et j. fériés 11h15 et 16h - possibilité de visite guidée (45mn) - 3,50 € (-12 ans 2 €) - 5 € billet combiné avec le site archéologique.* Aménagé au 1er étage de la mairie, une ancienne propriété viticole du 18e s. sise au cœur du magnifique parc du Vaulx-St-Georges (7 ha, *ouv. au public*), le musée rassemble le produit des fouilles effectuées sur le sanctuaire *(fanum)* et les nombreux fours de potier mis au jour de part et d'autre du Cher. Ex-voto, statuettes, monnaies, bijoux, fibules, céramiques sigillées… renseignent sur les coutumes religieuses et domestiques des anciens riverains.

Château du Gué-Péan B2

Rte du Château - ✆ 02 54 71 37 10 - www.guepean.com - de mi-juil. à mi-août et J. du patrimoine : 10h30-12h30, 14h-18h30 - 7,50 € (-12 ans 5 €).

Retirée dans le cadre champêtre d'un vallon aux pentes boisées, cette demeure de plaisance (une maison de famille habitée) bâtie à la Renaissance a gardé les bases carrées d'un camp romain puis d'une forteresse du Moyen Âge : trois corps de bâtiment et quatre tours rondes encadrent une cour fermée. Des douves sèches, franchies par un pont de pierre, entourent l'ensemble. L'architecture est recherchée, comme celle de la plus haute tour, dite à l'impériale, coiffée d'une cloche d'ardoise : mâchicoulis délicatement sculptés, arcades et élégantes baies encadrées de pilastres. Les ailes et les pavillons sont couronnés de toits à la française.

À l'intérieur, on visite la chapelle, le chemin de ronde, la bibliothèque et ses salons dont l'un d'eux bénéficie d'une imposante cheminée sculptée par Germain Pilon. Une vidéo retrace l'histoire du château, des origines à nos jours.

NOS ADRESSES À MONTRICHARD

Voir aussi Chenonceaux *(p. 247)*.

HÉBERGEMENT/RESTAURATION

BUDGET MOYEN

Le Bellevue – *24 quai de la République - ✆ 02 54 32 06 17 - www.hotel-le-bellevue41.com - fermé 24-25 déc. - P 7 €/nuit - 30 ch. 70/100 € - ☕ 12,50 € - ✕ formule 18/22 € - 30/55 € - wifi.* La plupart des chambres, meublées en wengé et poirier, offrent une vue panoramique sur le Cher. Trois suites sont aménagées dans une villa juste à côté. Au restaurant, belles boiseries, baies vitrées sur la vallée et carte traditionnelle. Belle localisation en contrepoint de chambres un peu vieillottes qui mériteraient une vraie rénovation.

ŒNOLOGIE

Distillerie Girardot-Fraise-Or – *62 rte de Tours - 41400 Chissay-en-Touraine - ✆ 02 54 32 32 05 - www.distillerie-girardot.fr - visite guidée (45mn) du w.-end de Pâques à fin sept. : 15h-18h - boutique 9h-12h, 14h-19h, dim. et j. fériés 10h-12h, 15h-19h - fermé 1er janv.* Dans cette distillerie de père en fils sont produites près d'une vingtaine de crèmes, liqueurs et eaux-de-vie à déguster sur place. À la belle saison, visite des caves de tuffeau.

Le Clos Roussely – *11 rte du Château - 41400 Angé-sur-Cher (6 km à l'est de Montrichard par D 976 - ✆ 02 54 32 86 46 - www.domaineduclosroussely.fr - lun.-sam. 10h-18h30 - visite 5 € (45mn).* De retour du Nouveau Monde, Vincent Roussely, vigneron œnologue, a acheté 8 ha cultivés par son grand-père vingt ans plus tôt, certifié aujourd'hui en agriculture biologique. Le chai prend place dans les caves de tuffeau creusées sous le vignoble. Touraine sauvignon en blanc, cabernet et côt en rouge.

ACTIVITÉS

France Montgolfières – *24 r. Nationale - ✆ 02 54 32 20 48 - www.france-montgolfiere.com - avr.-sept. - sur réserv.* De Chenonceaux, Amboise et Loches, vols à l'aube et au crépuscule. Collation et remise de diplôme.

Parc-plage de Montrichard – *✆ 02 54 71 49 48 -* La seule plage de sable sur le Cher avec baignade autorisée (et surveillée) propose toute une série d'activités aquatiques : bateaux à pédales, canoës,... et un yachting-club.

AGENDA

Les Estivales – *✆ 02 54 32 05 10 - www.team-montrichard.fr - 14-15 août.* Festival du goût et du terroir à Montrichard. Dégustations et ateliers du goût.

Festival de musique classique de Pontlevoy – *✆ 02 54 71 60 77 (14h-18h) - www.pontlevoyfestival.com juil.-août.* Sa qualité ne démérite pas depuis un quart de siècle. Dans l'église St-Pierre de Pontlevoy, concerts de musique classique par des interprètes de renommée internationale.

Château de Chenonceau

★★★

Chenonceaux (37150) – Indre-et-Loire (37)

De merveilleux jardins et une longue galerie dont les reflets animent les eaux tranquilles du Cher composent un tableau de toute beauté. Le délicat édifice porte l'empreinte d'une bâtisseuse, Katherine Bohier, et de deux femmes hors du commun, Catherine de Médicis et sa rivale Diane de Poitiers. Préservé des tourmentes de la Révolution grâce à l'habileté politique de Mme Claude Dupin, Chenonceau n'a pas usurpé son beau surnom de château des Dames.

NOS ADRESSES PAGE 247
Hébergement, restauration, achats, activités, etc.

S'INFORMER

Office de tourisme – *1 r. du Dr-Bretonneau - ✆ 02 47 23 94 45 - www.chenonceaux-blere-tourisme.com - juil.-août : 9h30-13h, 14h30-19h, dim. et j. fériés 10h-12h30 ; juin et sept. : 9h30-12h30, 14h-18h30, dim. et j. fériés 10h-12h30 ; avr.-mai et oct. : 9h30-12h30, 14h-18h, dim. et j. fériés de mai : 10h-12h30 ; reste de l'année : tlj sf dim. et j. fériés 9h30-12h30, 14h-17h30 - fermé 1er janv., 25 déc.*

SE REPÉRER

Carte de microrégion B2 (p. 152)

À 225 km au sud-ouest de Paris, 32 km à l'est de Tours, 40 km au sud-ouest de Blois, Chenonceau enjambe le Cher. En train : 1h30 de Paris en TGV *via* St-Pierre-des-Corps, ou 25mn de Tours *(gare à 200 m)*. Étape de La Loire à vélo.

À NE PAS MANQUER

L'exceptionnelle visite des jardins illuminés la nuit ; les appartements des dames du château ; le cabinet Vert de Catherine de Médicis ; la Grande Galerie, les bouquets composés pour chaque salle.

ORGANISER SON TEMPS

Comptez 1h30 pour le château, autant pour les jardins.

AVEC LES ENFANTS

Le labyrinthe, le parc aux ânes ou l'aire de jeux pour les plus jeunes, la découverte du château avec l'audioguide « Philémon le Marmiton » pour les 7-13 ans.

4

★★★ CHÂTEAU

D 40 - ✆ 0 820 20 90 90 - www.chenonceau.com - juil.-août : 9h-20h ; w.-end de Pâques, 1er et 8 Mai, de l'Ascension, juin et sept. : 9h-19h30 ; avr.-mai : 9h-19h ; reste de l'année : se rens. - 13 € (-18 ans 10 €) - 17,50 € (-18 ans 14 €) avec audioguide - nocturne juil.-août : 21h30-23h30 - aires de pique-nique le long des douves (dont une couverte). Privilégiez heures creuses du déj. ou fin de journée pour éviter les groupes.

Après l'entrée apparaissent, à droite, les communs élevés sur les plans de Philibert Delorme et, à gauche, le labyrinthe. Puis on traverse un pont pour rejoindre une terrasse entourée de douves. À gauche s'étend le jardin de Diane de Poitiers ; à droite, celui de Catherine de Médicis, bordé par de grands arbres. Sur la plate-forme se dresse le **donjon** du château de la famille Marques, qui possédait la seigneurie au 15e s.

Sur la porte du château se lisent les initiales de ses bâtisseurs, « TBK » (Thomas Bohier et Katherine), et la devise « S'il vient à point, me souviendra ». Peut-être doit-on comprendre que si l'édifice est mené à bien, il gardera le souvenir de celui qui l'a bâti. Le château fut achevé en 1521, mais Bohier et son épouse n'eurent guère le temps d'en profiter puisqu'ils disparurent en 1524 et 1526. Quelques années plus tard, il apparut que Bohier était redevable de fortes sommes au Trésor. Pour payer la dette de son père, en 1535, Antoine Bohier céda le château à François Ier, qui l'utilisa comme rendez-vous de chasse.

Le château se compose d'un corps de logis carré, avec des tourelles aux angles. Du côté de la façade est (à gauche), en saillie, se trouvent la librairie de la reine et la chapelle. Sur le pont du Cher s'élève la galerie à deux étages de Catherine de Médicis, dont la masse, d'une sobriété déjà classique, contraste avec la partie plus ancienne.

On entre au rez-de-chaussée par le **vestibule**, couvert d'une voûte d'ogives à clés décalées. À gauche, la salle des Gardes écossais d'Henri II est pavée de majoliques et ornée de tapisseries flamandes du 16e s. (Vierge à l'Enfant du 16e s. dans la chapelle contiguë).

Chambre de Diane de Poitiers – Une cheminée sculptée par Jean Goujon accueille le visiteur. Mécène, Diane s'est entourée de sculpteurs, de peintres, et aimait se faire représenter sous les traits de son homonyme, la déesse Diane chasseresse, comme sur le célèbre tableau de l'école de Fontainebleau (Louvre). Remarquez l'émouvante *Vierge à l'Enfant*, attribuée à Murillo.

★★ **Cabinet vert de Catherine de Médicis** – Le plafond du 16e s. est un exemple unique au château de peinture à tonalité verte appliquée sur des feuilles d'étain. Le cabinet conserve une tapisserie de Bruxelles (16e s.) et des œuvres de Jordaens et de Tintoret. La petite pièce voisine donne sur le Cher. Elle abritait la **librairie de la reine**, et a conservé son magnifique plafond à caissons de chêne sculpté (1525).

★★ **Grande Galerie** – C'est Diane de Poitiers qui demande à **Philibert Delorme** de construire un pont entre son château et les jardins situés sur l'autre rive du Cher. Catherine de Médicis, elle, demande à **Jean Bullant** de réaliser des plans pour doter le pont d'une galerie à double étage. De grandes fêtes s'y succèdent, comme celle célébrée lors de l'entrée du roi de France François II et de son épouse la reine d'Écosse Marie Stuart, ou encore en l'honneur de Charles IX. Repas, danses, mascarades, feux d'artifice, combats navals sur le Cher : rien ne manque aux réjouissances.

Toutefois, la galerie ne servit pas toujours à cette fin puisqu'elle fut transformée en **infirmerie militaire** pendant la Première Guerre mondiale et coupée par la ligne de démarcation entre 1940 et 1942. Longue de 60 m, elle conserve un dallage en damiers noir et blanc. À son extrémité, un pont-levis, relevé chaque soir, donne accès aux espaces boisés de la rive gauche du Cher et au tombeau de Mme Dupin.

★ **Cuisines** – Aménagées dans les deux piles creuses du château, dans le lit même de la rivière, elles conservent de rutilants instruments en cuivre, une boucherie impressionnante et un remarquable triple tourne-broche mécanique. Du haut du pont qui donne accès aux cuisines, jetez un coup d'œil sur le petit port qui servait à approvisionner le château. Il aurait aussi servi de cadre aux bains de Diane de Poitiers.

Salon François Ier – Outre l'imposante cheminée, *Les Trois Grâces* de Van Loo et *Diane de Poitiers en chasseresse* du Primatice, le salon abrite un superbe meuble italien (16e s.) incrusté de nacre et d'ivoire.

Salon Louix XIV – Nommé ainsi en souvenir du souverain qui fit une visite à Chenonceau lorsqu'il était enfant, ce salon recèle, sous un plafond à la

Château de Chenonceau et son jardin à la française au bord du Cher.
A. Chicurel/hemis.fr

française, des œuvres de Rubens *(Jésus et saint Jean-Baptiste)*, de Nattier *(Madame Dupin)* et un portrait de Louis XIV, par Rigaud, dans un cadre somptueux.

1er étage – On y accède par un superbe **escalier à rampe droite**, perpendiculaire au vestibule, qui fut, en France, l'un des premiers du genre. Du vestibule orné de scènes de chasse, on pénètre dans diverses chambres, dont celle des **Cinq Reines★** qui comprend *L'Adoration des Mages* de Pierre Paul Rubens et une suite de tapisseries des Flandres du 16e s.

2e étage – Dans la **chambre de Louise de Lorraine**, veuve inconsolable d'Henri III, les meubles sont tendus de velours noir les rideaux sont en damas noir ; le plafond, d'origine, porte des couronnes d'épines et des cordelières peintes en blanc sur fond noir. Louise porta le deuil onze ans, priant souvent dans sa chambre au décor funèbre. Sous les combles était installé le petit couvent des Capucines, isolé, le soir, par son pont-levis pour séparer les nonnes des hôtes du château.

« Seul pont entre Montrichard et Bléré », le château échappa aux foudres révolutionnaires grâce à l'intervention, dit-on, de l'abbé Lecomte, curé de Chenonceau et président du Comité de salut public d'Amboise.

En 1863, Chenonceau fut entièrement restauré par son nouveau propriétaire, mais souffrit à nouveau lors des bombardements de la Seconde Guerre mondiale. Il est actuellement la propriété de la **famille Menier**. En 1988, il fut fermé au public durant une journée à l'occasion de la visite du prince Charles et d'une autre Diane : son épouse lady Diana.

Galerie des Dômes

juil.-août : 9h-20h ; w.-end de Pâques, du 1er et du 8 Mai, de l'Ascension, juin et sept. : 9h-19h30 ; avr.-mai : 9h-19h ; reste de l'année : se rens.

C'est le bâtiment des communs, ainsi nommé en référence à sa toiture. Depuis 2014, l'espace est, pour l'essentiel, dédié à l'hôpital militaire installé dans le monument, de 1914 à 1918.

★★ JARDINS

Les bords du Cher et les jardins offrent un décor de rêve et d'excellents points de vue sur le château. La majestueuse allée de platanes qui débouche sur l'esplanade concrétise l'axe qui sépare en deux les élégants jardins à la française, innovation de Diane de Poitiers et parfaite illustration de ceux de la Renaissance (*p. 478*).

Jardin de Diane de Poitiers – Formés par le croisement d'allées perpendiculaires et en diagonale, huit triangles de gazon accueillent le dessin sinueux de santolines au feuillage gris. La structure de ce parterre est demeurée inchangée depuis sa création. En 1551, Diane de Poitiers décida la réalisation d'un véritable jardin. On dut alors surélever le sol et constituer une terrasse à l'abri des crues du Cher, maçonnée, entourée de fossés profonds et accessible au nord-ouest par une passerelle. Inspiré des jardins italiens et de leurs agencements hydrauliques, ce carré présentait en son centre une fontaine d'où s'échappait un jet de 6 m de haut. Des fleurs, rosiers, lys et violettes, mais aussi des légumes, oignons, poireaux, choux ou artichauts tout juste arrivés en France, composaient des motifs géométriques auxquels contribuaient aussi des arbres fruitiers et des fraisiers. Aujourd'hui, au printemps et à l'automne, les plates-bandes reçoivent plus de 30 000 plants de fleurs.

Jardin de Catherine de Médicis – Sur 5 500 m^2, cinq panneaux de gazon bordés de lavande et de rosiers-tiges entourent un bassin circulaire. Les boules de buis rythment les allées. Deux fois par an, les plates-bandes accueillent environ 10 000 plants de fleurs.

Jardin vert – Situé devant l'orangerie et conçu par Bernard Palissy pour Catherine de Médicis, il déroule sa pelouse au pied de grands arbres.

Labyrinthe – Sur plus de 1 ha, des ifs taillés à 1,30 m de haut dessinent un labyrinthe circulaire, tels ceux usités par Catherine de Médicis. Cinq entrées sont proposées, mais deux chemins seulement mènent à la gloriette centrale.

Potager des Fleurs – Aménagé derrière la ferme du 16e s., le potager produit aussi beaucoup de fleurs, soigneusement étiquetées, et fournit chaque semaine jusqu'à 150 remarquables bouquets pour le château que l'on retrouve dans chaque salle, soigneusement agencés par deux professionnels de la décoration florale.

Circuit conseillé

VALLÉE DU CHER AB1-2

Circuit de 60 km tracé en vert sur la carte de microrégion (p. 152) – Comptez 2h. Prenez direction Montrichard pour franchir le Cher, puis à droite la D 976 vers Tours.

Bléré

À l'entrée de la ville, place de la République, s'élève un élégant monument au décor sculpté à l'italienne avec un soin particulier, la **chapelle funéraire** de Guillaume de Saigne, trésorier de l'artillerie royale sous François Ier. Érigée en 1526, elle est le seul vestige du cimetière qui s'élevait jadis à cet endroit.

Poursuivez sur la D 976 ; à 1 km environ avant Azay-sur-Cher, tournez à droite.

Château de Leugny

02 47 50 41 10 - juil.-août : 10h-12h, 14h-18h - fermé lun. - 3 € (-12 ans gratuit).

Dominant le Cher, cet élégant bâtiment aurait été construit par André Portier, élève de Gabriel, pour son usage personnel.

Reprenez la D 976 en direction de Tours.

Le château des Dames

CATHERINE BRIÇONNET, LA BÂTISSEUSE

En 1512, Thomas Bohier, intendant des Finances de François Ier, achète Chenonceau pour 12400 livres. Il fait immédiatement raser les bâtiments anciens, manoir et moulin, à l'exception du donjon. Très absorbé par sa charge et souvent à la suite des armées dans le Milanais, il ne peut diriger les travaux de construction de sa nouvelle résidence. C'est donc sa femme, Catherine, qui les surveille et en devient l'âme. On sent d'ailleurs, dans le site choisi pour l'édifice et dans sa conception, cette influence féminine qui le singularise.

DIANE DE POITIERS, GESTIONNAIRE ET MÉCÈNE

En 1547, quand Henri II monte sur le trône, il offre Chenonceau à Diane de Poitiers. Veuve de Louis de Brézé, pour lequel elle a fait élever un splendide tombeau dans la cathédrale de Rouen, Diane porte toujours les couleurs de deuil : noir et blanc. Son emprise sur le jeune Henri II est telle qu'elle les lui fait adopter, au grand dam de la reine, reléguée et humiliée. Habile gestionnaire, Diane entend rentabiliser son domaine et sa châtellenie : elle s'intéresse aux travaux agricoles, à la vente du vin, aux revenus fiscaux et à tout ce qui peut rapporter. Elle trouve d'abondantes ressources dans l'impôt de 20 livres par cloche, dont elle reçoit une bonne part, ce qui fait dire à Rabelais ce mot : « Le roi a pendu toutes les cloches du royaume au col de sa jument. »

CATHERINE DE MÉDICIS, LA REVANCHE

La mort d'Henri II, tué en 1559 lors d'un tournoi, entraîne la chute de la favorite. Catherine de Médicis, reine patiente et dissimulée, avait accepté le « partage »; régente, elle savoure sa vengeance. Sachant Diane très attachée à Chenonceau, elle frappe au point sensible en l'obligeant à le lui céder en échange de Chaumont. L'ex-favorite doit se soumettre : elle quitte les rives du Cher, mais elle se retire au château d'Anet, où elle meurt sept ans plus tard. Avec le goût des arts, Catherine de Médicis a celui du faste : Chenonceau satisfera l'un et l'autre.

LOUISE DE LORRAINE, LA DAME BLANCHE

Catherine a légué Chenonceau à sa belle-fille, Louise de Lorraine, femme d'Henri III. Après l'assassinat du roi par Jacques Clément, Louise se retire au château, prend le deuil en blanc selon l'étiquette royale et le garde jusqu'à la fin de sa vie, d'où le nom de « reine blanche », ou « dame blanche », qui lui fut donné. Après Louise de Lorraine, Chenonceau échoit à sa nièce, Françoise de Lorraine, épouse de César de Vendôme, le fils d'Henri IV et de Gabrielle d'Estrées, qui avaient eux-mêmes séjourné au château en 1598.

Mme DUPIN, L'AMIE DES LETTRES

En 1733, le fermier général Dupin acquiert la propriété. Son épouse y tient un salon où défilent toutes les célébrités de l'époque. **Jean-Jacques Rousseau** est nommé précepteur du fils de Mme Dupin. Le fameux traité d'éducation *Émile* est justement rédigé à son usage. Entourée de l'affection des villageois, Mme Dupin vieillit ici et, selon son vœu, est enterrée dans le parc.

TOURAINE CHENONCEAUX : UNE NOUVELLE AOC

Depuis 2011, la région peut s'enorgueillir d'une nouvelle AOC. Un fait assez rare, les services de l'INAO (Institut national des appellations d'origine) n'accordant de nouvelle appellation en Val de Loire que tous les cinq ans en moyenne. Si le touraine chenonceaux, en blanc, est constitué exclusivement de sauvignon, le cépage emblématique du Val de Cher, il repose en revanche, côté rouge, sur un assemblage majoritaire de côt, – cépage de la vallée du Cher – et de cabernet franc, cépage du Val de Loire connu déjà de François Ier. Mais comment le côt, appelé malbec dans le Sud-Ouest (composant essentiel de l'AOC Cahors), peut-il résister à ces climats septentrionaux qui balaient le Val de Loire ? Grâce à ses sols chargés de silex, une roche siliceuse dure qui, par concentration de fer, capte et retient la chaleur dont le cépage a besoin (*www.vinsvaldeloire.fr*).

Véretz

Sur les terrasses du parc du château se promenèrent l'abbé de Rancé (1626-1700), futur réformateur de la Trappe, l'abbé d'Effiat et Mme de Sévigné, la princesse de Conti et le badin poète qu'était l'abbé de Grécourt. Sur la place du village se dresse un monument à la mémoire de **Paul-Louis Courier**. Originaire de Luynes, cet officier (1772-1825) servit sous l'Empire. En 1816, il acheta, près de Véretz, une maison de vigneron, la Chavonnière. De là, il harcelait le gouvernement de pamphlets mordants et spirituels, parmi lesquels le fameux *Un tyranneau de village sous la Restauration*. Bourré de talent, mais détesté à cause de son tempérament emporté, il fut assassiné en 1825 dans la forêt de Larçay, dans des conditions mystérieuses.

Prenez la D 85 à droite jusqu'à Montlouis.

Montlouis-sur-Loire

4 pl. Abraham-Courtemanche - 37270 Montlouis-sur-Loire - 02 47 45 85 10 - www.tourisme-montlouis-loire.fr - de fin juin à mi-sept. : 9h-13h, 14h-18h30, dim. 9h-12h ; reste de l'année : tlj sf dim. 9h-12h30, 14h-17h30 - fermé 1er janv., 1er et 8 Mai, lun. de Pentecôte, 25 déc.

Entre Loire et Cher, Montlouis s'étage sur des pentes de tuffeau creusées de caves. Ses vignes, bien exposées au sud, produisent un vin blanc fruité – sec, effervescent ou pétillant – issu du seul chenin, ou pineau de la Loire.

À côté de son église couronnée de modillons aux figures grotesques, voyez l'hôtel Renaissance (aujourd'hui presbytère) aux lucarnes ornées de coquilles.

GALANTES BABOU

Au 16e s. régnaient sur Montlouis les Babou de La Bourdaisière, turbulente famille dont la résidence principale se trouvait sur le coteau du Cher au château de la Bourdaisière, édifié vers 1520 par Philibert Babou, grand argentier de François Ier. Là vécut **Marie Babou**, femme de Philibert, dite « la belle Babou » : d'humeur fort galante, elle se vantait d'avoir « connu », au sens biblique du mot, François Ier, Charles Quint et bien d'autres. La ravissante **Gabrielle**, fille d'Antoine d'Estrées et de Françoise Babou, née en 1573, bénéficia aussi des faveurs royales : elle fut aimée d'Henri IV et, quand elle trépassa, la consolatrice du Vert Galant fut encore une Babou !

Maison de la Loire – *60 quai Albert-Baillet - ✆ 02 47 50 97 52 - www.maisondelaloire37.fr - 9h-12h, 13h-17h - fermé j. fériés - tarif, se rens.* Expositions sur la faune et la flore ligériennes, mais aussi animations et sorties-découverte.
Quittez Montlouis en direction d'Amboise, puis tournez à droite vers La Bourdaisière.

La Bourdaisière
25 r. de la Bourdaisière - ✆ 02 47 45 16 31 - www.chateaulabourdaisiere.com - mai-sept. : 10h-19h ; reste de l'année : 11h-18h - 7,50 € (-10 ans gratuit) - tarif, se rens.
Le château, voué à l'activité hôtelière, ne se visite plus. Cependant, vous pourrez admirer les jardins, les communs et le **potager★**, où les gourmets ne manqueront pas le Conservatoire de la tomate qui cultive plus de 400 espèces.
Par la D 140 dirigez-vous vers St-Martin-le-Beau.

St-Martin-le-Beau
L'**église** présente un beau portail roman finement sculpté.
Prenez la direction de Lussault-sur-Loire par la D 283 et suivez le fléchage.

Grand aquarium de Touraine (Amboise, *p. 154*)
Regagnez St-Martin-le-Beau, puis Chenonceaux par la D 40.

NOS ADRESSES À CHENONCEAUX

Voir aussi Blois *(p. 148)* et Amboise *(p. 220)*.

HÉBERGEMENT

PREMIER PRIX

À proximité

Chambre d'hôte La Marmittière – *22 vallée de Mesvres - 37150 Civray - ✆ 02 47 23 51 04 - marmittiere.chez-alice.fr - fermé de mi-nov. à mi-mars - P - 3 ch. 73/79 € - wifi - ✗ lun., merc. et vend. soir. sur réserv. 32 €.* Belle demeure en tuffeau du 17e s. Chambres aménagées dans une dépendance en pierre, décoration colorée et design. À table, produits biologiques.

BUDGET MOYEN

Hôtel La Roseraie – *7 r. du Dr-Bretonneau - ✆ 02 47 23 90 09 - www.hotel-chenonceau.com - 18 mars-20 nov. - P ♿ -wifi gratuit - 22 ch. 75/138 € - ☕ 12 € - ✗ tlj sf mar. soir mars-nov. 29/37 €.* Long bâtiment tapissé de vigne vierge, doté de grandes chambres climatisées. Cadre rustique et contemporain, ambiance familiale, jardin, bar, piscine chauffée.

À proximité

Chambre d'hôte Prieuré de la Chaise – *8 r. du Prieuré - 41400 St-Georges-sur-Cher - ✆ 02 54 32 59 77 - www.prieuredelachaise.com - P - 5 ch. 95/150 € ☕ - wifi.* Magnifique prieuré du 16e s. et chapelle du 12e s. au milieu des vignes. Les chambres sont d'un raffinement extrême : tuffeau, tomettes, cheminée, tapisseries et meubles anciens. Petit-déjeuner devant un feu de cheminée aux heures froides. Musée du vigneron dans une dépendance.

Château de la Menaudière – *144 rte d'Amboise - 41400 Chissay - ✆ 02 54 71 23 45 - www.chateau-menaudiere.com - P - 25 ch. 90/160 € - ☕ 15 €.* Les chambres confortables et spacieuses se répartissent entre le château, la porterie et la tour : trois corps de bâtiments situés autour de la cour intérieure qui reflètent l'évolution architecturale du domaine depuis près de cinq siècles ; l'ensemble

4

a du cachet. Piscine et court de tennis ont depuis poussé au milieu du parc.

Le Château de Fontenay – *5 Fontenay - 37150 Bléré - ✆ 02 47 57 12 74 - www. lechateaudefontenay.fr* - P - *4 ch. (prix dégressif selon nombre de nuitées) 98/169 € - wifi gratuit.* Quatre chambres de goût, au cœur même du château, dont l'arrière donne sur le Cher. Nathalie s'occupe de la décoration, des serres et du jardin, Philippe du vignoble. Piscine, court de tennis, salle de dégustation, immense domaine, et à 1h de vélo de Chenonceau par les berges du Cher.

RESTAURATION

BUDGET MOYEN

La Renaudière – *24 r. du Dr-Bretonneau - ✆ 02 47 23 90 04 - www.renaudiere.com -* P *- soir (tlj sf merc.)- fermé 11 Nov.-15 fév. - 19h15-20h30 - 20,50 € - 29,50/37,50 €.* Cuisine traditionnelle à base de produits frais, en salle ou en terrasse face à une jolie prairie. L'hôtel du même nom propose des chambres *(65/85 € - 8 €).*

L'Orangerie – *Château - ✆ 02 47 23 91 97 - www. chenonceau.com - - 12h-15h et le soir du 15 juil. au 12 août, sur réserv. (dîner mets/vins et dîner au champagne) - fermé de mi-nov. à mi.-mars -* P *- menu : 32/39,50 € (-12 ans 15 €).* Dans l'enceinte du château, carte traditionnelle et menus variés, originaux, servis en terrasse ou dans la superbe salle. Salon de thé l'après-midi.

EN SOIRÉE

Dégustation sous les étoiles – *✆ 02 54 75 22 85 - mi-juil. - 6 €.* Les producteurs de vins de l'AOC touraine chenonceaux proposent aux visiteurs une soirée dégustation dans les jardins illuminés du château de Chenonceau. Une visite singulière.

Promenade nocturne – *✆ 02 47 23 90 07 - www. chenonceau.com - w.-ends 14 juil. et 15 août - 21h30-23h30 - 6 € (-7 ans gratuit).* Profitez-en pour flâner dans les jardins et le domaine mis en lumière sur une musique de Corelli.

ACTIVITÉS

Croisières – *R. de la Plage - 37150 Chisseaux - ✆ 02 47 23 98 64 - www.labelandre.com - avr.-oct. : horaires, se rens. - 10 € (-12 ans 7 €) - croisière simple (1h) sur réserv. - dép. de l'embarcadère de Chisseaux.* Croisière commentée *(avec ou sans restauration)* sur le Cher en gabare, bateau traditionnel *(65 pl.)*, ou à bord de l'*Ambacia*, un bateau de 75 places aménagé et protégé, avec passage sous les arches de Chenonceau.

Touraine Montgolfière – *37530 Nazelles-Négron - ✆ 02 47 56 42 05 - www.touraine-montgolfiere.fr - avr.-oct. - 189/209 €.* Vols au dép. de Chenonceaux.

AGENDA

Art contemporain – Chaque été, la galerie Médicis abrite une exposition thématique.

Noël au pays des châteaux – *De déb. déc. à déb. janv. - www.noelaupaysdeschateaux.com.* Des animations de Noël relient cinq grands châteaux de la Loire (Chenonceau, Amboise, Langeais, Azay-le-Rideau et Chinon) dans l'atmosphère festive de l'avent.

Saint-Aignan

★

3 166 Saint-Aignanais – Loir-et-Cher (41)

Porte d'entrée du ZooParc de Beauval, St-Aignan abrite une faune plus fantastique encore qui s'agrippe aux chapiteaux ciselés de la collégiale romane. Son église basse abrite en outre des fresques remarquables. De la terrasse du château, la vue sur le Cher et les maisons de la cité médiévale donnent la mesure d'une ville pleine de charme qui mérite largement une halte.

NOS ADRESSES PAGE 192
Hébergement, restauration, achats, activités, etc.

S'INFORMER

Office de tourisme – *60 r. Constant-Ragot - ✆ 02 54 75 22 85 - www.tourisme-valdecher-staignan.com - juil.-août : 9h30-12h30, 14h-19h, dim. et j. fériés 10h-12h30, 14h-17h ; juin et sept. : 9h30-12h30, 14h-18h30, dim. et j. fériés 10h-13h ; mars-mai et oct. : tlj sf dim. 9h30-12h30, 14h-18h, j. fériés 10h-13h ; reste de l'année : tlj sf dim. et j. fériés 10h-12h30, 14h-17h30.*

SE REPÉRER

Carte de microrégion B2 (p. 152).
À 215 km de Paris, 40 km au sud de Blois, 65 km à l'est de Tours, 17 km à l'est de Montrichard. Pour une meilleure vue d'ensemble, abordez la ville par la D 675 au nord.
En train : 1h45 de Paris en TGV, *via* St-Pierre-des-Corps. La gare St-Aignan-Noyers est à 2 km du centre-ville.

Se promener

Château

Par l'escalier monumental qui s'amorce face au porche de l'église, on accède à la cour du château *(l'intérieur ne se visite pas)* ; belle vue sur les toits de la ville, où l'orange des tuiles domine, mêlé de quelques ardoises. Deux bâtiments en équerre (16e s.) s'adossent en partie aux vestiges des fortifications médiévales et ferment la cour à l'est. Le gracieux logis Renaissance, décoré de croisillons de brique, rythmé de pilastres et lucarnes à pignons sculptés, renferme un bel escalier, caché dans une tourelle octogonale en forme de lanternon.

De la terrasse, on domine le Cher et ses eaux tumultueuses.

Maison de la Prévôté

En quittant l'église, traversez la rue principale Constant-Ragot.

R. de la Raquette - ✆ 02 54 71 22 22 - www.ville-staignan.fr - avr.-oct. et vac. Noël : 15h-18h, sam. 10h-12h - gratuit - expositions temporaires dans l'édifice du 15e s.

La rue Constant-Ragot conserve deux maisons gothiques et offre le meilleur point de vue sur le chevet de l'église. Glissez-vous dans les ruelles bordées de maisons du 15e s., à pans de bois ou en pierre sculptée.

★ Église St-Aignan

La collégiale romane date des 11e et 12e s. Une tour imposante surplombe le transept. Passé la tour-porche, on pénètre dans une nef haute et claire aux chapiteaux ciselés de feuilles d'acanthe et d'animaux fantastiques. Parmi les motifs, la Fuite en Égypte, le Sacrifice d'Abraham et le roi David.

★★ **Église basse** – *Entrée dans le transept gauche.* Autrefois appelée église St-Jean, ou église des Grottes, elle fut utilisée comme étable et cellier durant la Révolution. De même plan que le chœur, elle possède un ensemble de **fresques** remarquables des 12e-15e s. Dans le déambulatoire, celle de la chapelle axiale figure saint Jean l'Évangéliste (15e s.), celle de la chapelle sud illustre la légende de saint Gilles. Un grand Christ en majesté dans une double mandorle (1200), répandant ses grâces sur des infirmes par l'entremise de saint Pierre et saint Jacques, occupe le cul-de-four du chœur. La voûte du carré du transept est orné d'un Christ du Jugement dernier reposant sur un arc-en-ciel.

NOS ADRESSES À SAINT-AIGNAN

HÉBERGEMENT

PREMIER PRIX

Chambre d'hôte Le Sousmont – *66 r. Maurice-Berteaux - ✆ 06 66 87 40 13 - www.lesousmont.com - ⊭ - 4 ch. 68/123 € ☕ - wifi.* Cette maison bourgeoise du 19e s. possède un ravissant petit parc ménageant une belle vue sur le château de St-Aignan. Plaisantes chambres personnalisées (non-fumeur), dont une installée dans un pavillon au fond du jardin. Salon-bibliothèque et jolie salle du petit-déjeuner. Accueil très sympathique.

L'éclusière – *1 r. de Trevety - 41130 Châtillon-sur-Cher - 11 km à l'est de St-Aignan par D 976 - ✆ 06 63 60 14 99 - www.gitesologne.fr - ⊭ P - 3 ch. 45/55 € ☕ - wifi.* Dans cette petite et ancienne maison de passeur (19e s.) jouxtant le beau canal du Berry, vous serez seulement dérangé par les plaisanciers. Situation idéale pour faire des randonnées pédestres ou à vélo.

RESTAURATION

PREMIER PRIX/BUDGET MOYEN

Le Mange-Grenouille – *10 r. Paul-Boncourt - ✆ 02 54 71 74 91 - www.lemangegrenouille.fr - fermé sam. midi, dim. soir et lun. - formule 12/14/16 € - 33/38 €.* Cet ancien relais de poste mérite un détour. Cuisine traditionnelle servie dans une décoration baroque qui ne manque pas non plus de caractère. Les papilles sont aux anges : tartare de crevettes royales aux mangues, guacamole et pop-corns ; cuisse de grenouilles fraîches en croustillant d'ail nouveau et parmesan ; filet de lapin en croûte de citron confit et mini-chou farci de homard. Plats renouvelés tous les 3 mois.

ŒNOTOURISME

Domaine de la Chapinière – *4 chemin de la Chapinière - 41110 Châteauvieux - ✆ 02 54 75 43 00 - www.lachapiniere.com.* Florence Veilex, vigneronne, vous accueille toute l'année dans son domaine de 20 ha situé sur les coteaux sud du Cher (et à 6 km du zoo de Beauval). Dégustation et vente au caveau, mais aussi parcours de la vigne au vin, séjours et diverses activités pour découvrir le vin. Mathieu Vincent, professionnel de l'équitation, gère sur le même domaine une écurie de propriétaire. Entre l'univers de la vigne et celui du cheval, ils ont installé le Pavillon des arts, un bel espace de rencontres et d'exposition, où vous pourrez aussi prendre un thé.

Koalas au ZooParc de Beauval.
Mathilde Arnold / ZooParc-de-Beauval

ZooParc de Beauval

★★★

Saint-Aignan (41110) – Loir-et-Cher (41)

Lorsque Françoise Delord, passionnée d'oiseaux exotiques, créa une première volière en 1980, elle ne pouvait imaginer que Beauval deviendrait non seulement un zoo mais, quelque trente ans plus tard, le site le plus couru de la région, accueillant chaque année près d'un million de visiteurs. Au cœur d'un immense parc, plus de 4600 animaux se côtoient, dont de rarissimes tigres blancs, de superbes grands singes et d'étonnants lamantins, mais aussi koalas, okapis, otaries et les fameux pandas géants Huan Huan et Yuanzi, les seuls visibles en France, et, plus rare encore, le petit panda Yuan Meng qui a vu le jour en août 2017.

NOS ADRESSES PAGE 196
Hébergement, restauration, achats, activités, etc.

S'INFORMER

Office de tourisme – *60 r. Constant-Ragot - 41110 St-Aignan-sur-Cher. Voir « Saint-Aignan », page précédente.*

SE REPÉRER

Carte de microrégion B2 (p. 152).
À 4 km au sud de St-Aignan par la D 675. Lors des week-ends d'affluence, l'accès au zoo peut être embouteillé. En train : 1h45, TGV de Paris *via* St-Pierre-des-Corps. La gare St-Aignan-Noyers est à 8 km du site.

À NE PAS MANQUER

Les pandas géants, les tigres blancs, le bassin des manchots, les craintifs okapis, les koalas, les lamantins et la magnifique volière.

Se promener

02 54 75 50 00 - www.zoobeauval.com - juil.-août : 9h-20h ; avr.-juin et sept. : 9h-19h ; mars et oct. : 9h-18h ; reste de l'année : 9h-17h30 - 29 € (-10 ans 23 €) - 43 € (-10 ans 34,50 €) pour 2 j. - nouveautés : des lions d'Afrique, des guépards et des loups artiques.

Belles vues sur le vignoble avant d'aborder le parc de Beauval, aménagé sur 26 ha en partie boisés, vallonnés et agrémentés de cours d'eau. À la fois roseraie, avec 2000 plants, et forêt amazonienne dans sa partie la plus ancienne, le parc est un véritable paradis de fleurs et d'animaux. Ceux-ci sont environ 4600 (dont plus de 350 jeunes naissent ici chaque année). Le zoo est également associé à de nombreux programmes de conservation (replantation de la mangrove au Sénégal, recensement de la faune et de la flore à Djibouti) et œuvre à sensibiliser public et scolaires (recyclage des piles, problèmes de déforestation, parrainage d'animaux, etc.).

★ **Serre tropicale aux oiseaux** – Ses 2000 m² vous plongent dans l'atmosphère envoûtante d'une forêt équatoriale luxuriante où 600 oiseaux exotiques volent en semi-liberté. Près de 2000 oiseaux sont rassemblés sur l'ensemble du site en compagnie d'un couple de paresseux à deux doigts récemment arrivé. Le soir, la **baie des manchots** s'anime au moment du nourrissage. Depuis 2007, la colonie de 70 manchots évolue derrière la façade d'une piscine de 300 m².

En quittant les oiseaux, obliquez à droite.

Savane africaine – Ses 3 ha accueillent de grands herbivores comme les girafes, rhinocéros, antilopes, zèbres, gnous, et également des autruches.

Retournez-vous et descendez quelques marches.

★★ **Fauves** – Rarissimes tigres blancs de Sibérie aux yeux bleus – qui ont récemment donné naissance à de nouveaux petits –, lions blancs, panthères noires, pumas, jaguars, hyènes, lycaons (chiens sauvages africains) et un couple de tigres de Sumatra. Et maintenant des guépards, arrivés en 2018, observables d'une passerelle surplombant leur nouveau territoire.

★ **Spectacles** – *Mars-nov. - quinzaine d'animations, spectacles otaries, oiseaux : rapaces, cigognes… (1h).* Longez les îles aux singes, puis la piscine à otaries où se déroulent plusieurs fois par jour les spectacles : une trentaine de rapaces,

Panda au ZooParc de Beauval.
ZooParc-de-Beauval

FOUS DE BAMBOU
Huan Huan (la femelle) et Yuanzi (le mâle) se sont installés à Beauval dans le cadre d'un projet de reproduction, de conservation et de recherche en milieu naturel en coopération avec la ville de Chengdu. Leur venue a été l'objet d'intenses négociations entre la France et la Chine. Afin d'accueillir dignement ce « trésor national vivant » – il n'en existe plus que 1 600 vivant en milieu naturel –, le ZooParc a planté près d'une quinzaine d'espèces de bambous. Précisons qu'un panda s'alimente près de 14 heures par jour et peut ingérer jusqu'à 20 kg de bambou.

impressionnants par leur taille (certains approchent 3 m d'envergure) ou leurs acrobaties, effleurent vos têtes. Puis les otaries effectuent des glissades, des plongeons et nagent pour le plaisir de tous.
À proximité, depuis 2016, il est possible de voir évoluer les **hippopotames** en vision sous-marine, au sein d'un vaste et nouvel enclos unique au monde.
★★ **Serre tropicale des gorilles et des lamantins** – Plantes, oiseaux, mais aussi piranhas et rarissimes lamantins évoluant dans leur piscine-aquarium. C'est également là que se trouve toute la famille d'Asato, magnifique gorille de 250 kg à la tête d'une famille nombreuse. Il faut dire que ce mâle dominant, polygame, possède le meilleur taux de reproduction d'Europe…
Éléphants – Gagnez, par une passerelle, la partie plus récente du zoo où évoluent sur 5 ha, entre rochers, prairies, plan d'eau et arbres encore jeunes, six pachydermes, dont un jeune éléphanteau né en 2012 d'une insémination artificielle, une première en France.
Okapis – Juste en face des éléphants, vous pourrez admirer les okapis. Cet animal craintif, qui appartient à la famille des girafes, est en voie de disparition.
Mini-ferme – On peut approcher les petites chèvres, avides de biscuits.
Serre australienne – Retour au calme dans la serre où somnolent les koalas face à un aquarium de poissons et de coraux très colorés. Au début de l'été 2009, et pour la première fois en France, est né le bébé **koala** Alkoomie, dont le nom signifie « très jolie » en langue aborigène.
★★ **Sur les hauteurs de Chine** – Depuis janvier 2012, Beauval est le seul zoo de France à héberger des **pandas**. Pour l'occasion, un nouvel espace dédié à la Chine a été aménagé tout au sud du parc. On y accède par un pont sur pilotis, puis en passant sous un flamboyant porche traditionnel. Pagodes aux tuiles vernissées, animaux légendaires, tout est fait ici pour rappeler au visiteur que Huan Huan et Yuanzi viennent de l'empire du Milieu. Accompagnés de quelques congénères chinois, comme les takins (cousins montagnards des chèvres), les aigles de Steller et les pandas roux, ils profitent surtout de leur bébé, « **Yuan Meng** », né à Beauval en août 2017.
★ **Serre tropicale des grands singes** – Par la passerelle rejoignez le **vivarium**, puis gagnez la spacieuse serre où les orangs-outans et les gibbons côtoient des ouistitis de 100 g. Au total, plus de 250 singes vivent et se reproduisent au zoo.
Ne manquez pas non plus les 400 variétés de **perroquets**, dont les aras, loris, calaos et cacatoès, pionniers du zoo.
Et aussi les derniers ânes sauvages de Somalie, des tortues géantes, des panthères des neiges, des wallabys et l'**île à lémuriens,** dont le zoo présente une collection importante, sans oublier les loups artiques, débarqués en 2018.
Quant aux **tamanoirs,** avec leur long nez de fourmiliers géants et leur queue préhensile, ils se meuvent dans un décor de pampa sud-américaine.

NOS ADRESSES PRÈS DU ZOOPARC DE BEAUVAL

HÉBERGEMENT

BUDGET MOYEN

Chambre d'hôte Les Aulnaies – *2 r. des Aulnaies - 41110 Mareuil-sur-Cher - à 4 km au nord-ouest de Beauval - 02 54 75 43 89 - www.lesaulnaies.com - - 5 ch. 83 € - 28 €.* Entre vignoble et forêt, cette bergerie du 19e s. fort bien restaurée abrite cinq chambres entièrement refaites, toutes à l'étage. Excellente table d'hôte, exaltant les saveurs du terroir, à base de gibier et de produits de saison, servie dans la magnifique salle à manger rustique. Piscine. Stages de cuisine en 1/2 P *(3 j. mini, 375 €/pers. 600 €/2 pers.).* Pour apprendre à faire du foie gras, des terrines, gibiers, etc.

Chambre d'hôte de Beauval – *15 r. de Charèze - 41110 Seigy - à 800 m de Beauval - 02 54 32 88 86 - www.chambredhotesbeauval.fr - 1 ch. 105 € - pack détente avec massage et table d'hotes, 249 €.* Dans une maison vigneronne de tuffeau semi-troglodytique, deux amoureux des arts et du palais ont aménagé une chambre à l'étage avec terrasse privative et fleurie. Accueil délicieux.

Hostellerie Le Clos du Cher – *2 r. Paul-Boncour - 41110 Noyers-sur-Cher - à 1 km au nord de St-Aignan, par D 675 - 02 54 75 00 03 - www.closducher.com - - 10 ch. 85/116 € - 9,50/12 € - menu 25 €, à la carte 16/20 € - wifi gratuit.* Dans un parc arboré, cette maison de maître du 19e s. abrite des chambres d'esprit classique et propose des week-ends à thème (découverte du vin, St-Valentin, etc.). Ambiance familiale et cuisine traditionnelle.

Hôtel Les Jardins de Beauval – *Parc de Beauval - 41110 St-Aignan - à 4 km par D 675 - 02 54 75 60 00 - www.lesjardinsdebeauval.com - - 112 ch. 115/262 € - 14 € (-10 ans 8 €) - 1/2 P 39 € - forfait avec zoo possible - wifi.* Au milieu d'un jardin exotique doté d'une piscine chauffée, cinq pavillons d'inspiration indonésienne sont disséminés dans un décor issu de Java et Bali (meubles en teck, tableaux d'Ubud). Également un Spa, un bar et un restaurant familial très convivial.

RESTAURATION

BUDGET MOYEN

Le Tegallalang – *Hôtel Les Jardins de Beauval (voir ci-dessus) 02 54 75 60 00 - www.lesjardinsdebeauval.com - - - déj. 19,50/32 € - menu soir 30 €.* Le restaurant des *Jardins de Beauval* propose un buffet de qualité qui privilégie aussi les produits respectueux de l'environnement, comme la crème Nut & bon du petit-déjeuner, produite sans huile de palme, source importante de déforestation *(www.noiseraieproductions.fr).*

Le Pont de Sauldre – *2 r. Nationale - 41130 Billy - 02 54 96 21 65 - www.lepontdesauldre.fr - -fermé dim. soir et lun. - menu (sem.) 18,50 €, w.-end 27/44 € - carte 39/46 €.* Dans ce restaurant aux murs d'un rouge éclatant, on savoure une cuisine de tradition avec de beaux produits : galantine, jambon de pays, fromages de chèvre de la région, tarte au citron… Le chef fait même son pain ! Une bonne adresse pour se régaler à prix raisonnables.

Château de Montrésor

★

Montrésor (37460) – Indre-et-Loire (37)

L'élégant château Renaissance de Montrésor doit sa résurrection à un aventurier polonais, le comte Branicki. À la tête d'une immense fortune, ce dernier dota sa nouvelle résidence de meubles précieux et de trésors artistiques, au milieu d'un parc romantique. Or, depuis le 19e s., rien n'a changé et le château apparaît tel qu'il était à l'époque du comte, non loin du bourg qui figure parmi les plus beaux villages de France.

NOS ADRESSES PAGES 209
Hébergement, restauration, achats, activités, etc.

S'INFORMER

Office de tourisme – *43 Grande-Rue - 37460 Montrésor - ☎ 02 47 92 70 71 - www.loches-valdeloire.com - de déb. juil. à mi-sept. : 10h-12h30, 14h-18h ; reste de l'année : tlj sf dim. 10h-12h30, 14h-18h - fermé 1er janv., 1er et 11 Nov., 25 déc.*

SE REPÉRER

Carte de microrégion B2 (p. 152).
À 240 km de Paris, 33 km au sud de Chenonceaux, 25 km à l'est de Loches (gare SNCF la plus proche). La route de Loches (rive gauche) offre le plus beau point de vue sur le site. Jolie route aussi venant de Nouans-les-Fontaines (D 760).

À NE PAS MANQUER

Les trésors artistiques du château ; la *Pietà* de Jean Fouquet, à Nouans-les-Fontaines.

ORGANISER SON TEMPS

Comptez 1h pour le château et le parc, 2h pour la vallée de l'Indrois.

AVEC LES ENFANTS

Les activités du lac de Chemillé.

4

★ CHÂTEAU

☎ 02 47 92 60 04 - www.chateaudemontresor.fr - de déb. avr. à mi-nov. : 10h-19h ; reste de l'année : w.-end 10h-18h - possibilité de visite guidée sur demande - 8 € (-17 ans 4 €) - 3 € parc seul. (10h-18h).

De la forteresse du 11e s. ne subsiste que l'enceinte, dont il reste de puissants murs jalonnés de tours ruinées. Au-delà des murailles se dresse, intact, entouré d'un petit parc romantique, le château résidentiel élevé au début du 16e s.

CHASSE AU TRÉSOR

L'origine d'un nom tel que Montrésor ne pouvait que susciter des interprétations plus ou moins fantaisistes. On raconte, par exemple, qu'un preux chevalier et son écuyer auraient vu un petit lézard couvert de poussière d'or trottiner sur les rochers. Intrigués, les deux hommes auraient fouillé le coteau et découvert, dans une grotte, un trésor fabuleux… La réalité historique est plus terre à terre, on s'en doute. L'un des premiers seigneurs du lieu avait la charge de trésorier du chapitre de la cathédrale de Tours. Tout naturellement, l'endroit prit le nom de *mons thesauri*, c'est-à-dire « mont du Trésorier », et avec le temps ce nom s'est mué en Montrésor. Les candidats à la chasse au trésor peuvent donc ranger leurs pioches…

Sur la façade sud, fenêtres à meneaux, lucarnes à gâbles et deux tours à mâchicoulis dominent l'Indrois. Le haut de l'enceinte qui surplombe cette rivière offre une jolie **vue** sur la vallée et les maisons du bourg.

Intérieur – Depuis le 19e s., l'ameublement est resté tel que l'a laissé le comte Branicki. Après une grande salle à manger, ornée de trophées, où trône une immense table Empire, s'ouvre le **petit salon★** dont l'un des tableaux du 16e s., un épisode biblique, est l'œuvre du peintre **Véronèse**. Dans cette même pièce, remarquez le petit **escalier en colimaçon★**, en acajou massif de Cuba et en bronze doré. Parfaitement équilibré, il ne prend appui que sur sa première et sa dernière marche. La maquette de ce chef-d'œuvre technique fut exposée à Paris en 1867, lors de la deuxième Exposition universelle.

Les autres pièces, boudoir italien, salle de billard et salons, abritent des collections comprenant, notamment, des tableaux hollandais du 17e s.

★ **Bibliothèque** – Elle est coiffée d'un plafond copié sur celui de l'Opéra de Paris et recèle des livres rares, dont des atlas hollandais du 16e s.

Se promener

Dans le bourg, remarquez la **halle des Cardeux** (18e s.) qui abritait autrefois le marché de la laine et accueille aujourd'hui des expositions temporaires. Le long de la rue principale, le beau **logis du Chancelier** (16e s.), à échauguettes d'angle, est occupé par la mairie. La rue Branicki, qui passe le pont menant du château à l'église, est bordée de plusieurs vieilles demeures, dont certaines troglodytiques. De la route de Beaumont-Village, vue plongeante sur le château.

Église

Bâtie de 1519 à 1541 dans le style gothique (portail Renaissance) par Imbert de Bastarnay, cette collégiale abrite le **tombeau des Bastarnay★** : au bas de la nef reposent trois gisants de marbre blanc, le seigneur, son épouse et leur fils, gardés par les statues des douze apôtres. Deux vitraux du 16e s. et des stalles Renaissance, décorées de médaillons et miséricordes sculptés. Ne manquez pas dans la chapelle du chœur, à gauche, *L'Annonciation* (17e s.) de Philippe de Champaigne.

UN COMTE ROMANESQUE

Le nom du château de Montrésor paraît aussi romanesque que celui du comte de Monte-Cristo. La comparaison ne s'arrête pas là, car son dernier acquéreur, le **comte Xavier Branicki**, dont les descendants habitent toujours le château, fut un grand aventurier du 19e s. Né en Pologne vers 1815, membre d'un mouvement pour la liberté des peuples, il fut condamné par le tsar Nicolas Ier à la confiscation de ses biens et à la déportation en Sibérie. Or, il parvint à s'évader et se réfugia à Paris où il créa le journal **La Tribune des Peuples** avant de rejoindre les armées du prince Louis-Napoléon, futur Napoléon III, à Constantinople. Puis il fonda le **Crédit foncier de France**, accumula une immense fortune, finança le canal de Suez et les chemins de fer d'Algérie, tout en se distinguant par sa générosité. Naturalisé français, il devint maire de Montrésor et acquit le château en ruine en 1849. Il le restaura entièrement et y constitua un véritable musée comprenant, notamment, des trésors de la **Renaissance italienne**. Ayant donné tout son sens au nom de Montrésor, il mourut en Égypte en 1879, après un parcours digne de celui d'Edmond Dantès.

Le château de Montrésor.
Ph. Michel/age fotostock

À proximité Carte de microrégion

La Corroirie B2

À 5 km sur la D 760 en direction de Loches.

06 80 43 38 75 - www.corroirie.com - avr.-oct. : 10h-19h - possibilité de visite guidée sur demande (50mn) - 3 € (-12 ans gratuit).

Au creux d'un vallon apparaît sur la droite, derrière un rideau d'arbres, la silhouette de cette dépendance de l'abbaye du Liget, fortifiée au 15e s. Vers l'ouest, on distingue nettement sa porte, tour carrée à pont-levis garnie de mâchicoulis.

4

Chartreuse du Liget B2

À 6 km sur la D 760.

06 48 16 23 92 - www.lachartreuseduliget.fr - 9h-12h30, 14h-19h - 2 € (-12 ans gratuit).

À l'orée de la forêt de Loches se dresse, sur la gauche de la route, le grand mur de la **chartreuse du Liget** ; son majestueux **portail★** du 18e s. est encadré de communs. L'ampleur impressionnante des bâtiments et la disposition des vestiges donnent une idée de la richesse de l'abbaye avant la Révolution. Fondée à la fin du 12e s. par Henri II Plantagenêt, roi d'Angleterre – en expiation, dit-on, du meurtre de l'archevêque Thomas Becket –, elle fut vendue comme bien national à la fin du 18e s. et démantelée.

Descendez l'allée centrale.

Devant la maison, sur la gauche, se dressent les ruines de l'église (12e s.) de style angevin, derrière laquelle subsiste un côté du grand cloître (1787) : dans le mur des cellules, remarquez les guichets par où les religieux recevaient leurs repas.

Chapelle St-Jean-du-Liget B2

À 7 km sur la D 760, prenez le 1er chemin à gauche après la chartreuse. demandez la clé à l'office du tourisme de Loches au 02 47 91 82 82.

Curieuse petite chapelle circulaire (12e s.), isolée en plein champ, où se seraient installés les premiers religieux à la fondation de la chartreuse.
À l'intérieur subsistent de belles fresques romanes, qui font office de catéchèse : de l'apparition de Jésus (Arbre de Jessé, la généalogie de Jésus) grâce à une femme (Nativité, Présentation au Temple) jusqu'à sa mort (Crucifixion) et sa résurrection (Saintes Femmes au tombeau). La Dormition associe la Vierge au dessein divin. Appréciez les couleurs douces et la sérénité des visages.

Circuit conseillé

★ VALLÉE DE L'INDROIS AB2

Circuit de 33 km tracé en marron sur la carte de microrégion (p. 152) – Comptez environ 2h. Quittez Montrésor par la D 760 vers Nouans-les-Fontaines.
L'Indrois, affluent de l'Indre, a creusé son lit sinueux dans l'argile et la craie de la gâtine de Montrésor. Arbres fruitiers et vignobles jalonnent les coteaux de cette vallée aux rives verdoyantes et remarquablement préservées.

Nouans-les-Fontaines
Dans l'église (13e s.) de ce village se dresse derrière le maître-autel un chef-d'œuvre de l'art primitif : une **Descente de Croix★★**, appelée aussi *Pietà de Nouans*. Œuvre de **Jean Fouquet** *(p. 231)*, cette grande peinture sur bois (2,36 m sur 1,47 m) est l'un des plus beaux exemples de l'art français de la fin du 15e s. : les couleurs volontairement neutres, les expressions résignées des personnages et la majesté de leurs attitudes lui confèrent une résonance intemporelle.
Un intéressant commentaire enregistré *(payant)* peut enrichir votre visite.

Coulangé
De retour vers Montrésor, à l'entrée du hameau s'élève le clocher de l'ancienne église paroissiale (12e s.). Un peu plus loin, de l'autre côté de la rivière, tour ronde et muraille ruinée.
Dépassez Montrésor et poursuivez sur la D 10 qui offre de jolies vues, notamment sur le lac de Chemillé () où il est possible de se baigner, faire du pédalo ou pêcher.

Genillé
Le bourg s'étage entre la rivière et son château (fin 15e s.) à tours d'angle et colombier. Dans l'église, élégant chœur gothique du 16e s.

St-Quentin-sur-Indrois
À la sortie de ce village magnifiquement situé, une très belle vue se dégage, à gauche, sur la forêt de Loches. La D 10 rejoint ensuite la vallée de l'Indre à Azay-sur-Indre.

Chédigny *(p. 208)*

Azay-sur-Indre *(p. 208)*

Cité royale de Loches

★★

7 129 Lochois – Indre-et-Loire (37)

Sur un promontoire escarpé qu'un pont de roche attache à un vaste plateau se dressent les 36 m d'un colossal donjon où l'obscurité dissimule cachots et salles de torture, ainsi que l'une des célèbres cages du roi Louis XI. Cette sévérité médiévale est adoucie par le sourire d'Agnès Sorel, dont l'émouvant gisant occupe la collégiale St-Ours et dont le souvenir habite encore les rues tortueuses de la belle cité médiévale, serrée entre ses remparts qui la ceinturent sur deux kilomètres. Une nouvelle scénographie, mise en place en 2018 dans la Cité royale, invite à une plongée dans l'histoire de France.

NOS ADRESSES PAGE 209
Hébergement, restauration, achats, activités, etc.

S'INFORMER

Office de tourisme – *Pl. de la Marne - 37600 Loches - ✆ 02 47 91 82 82 - www.loches-valdeloire.com - mai-sept. : 9h30-12h30, 14h-18h, w.-end 10h-12h30, 14h30-18h ; reste de l'année : tlj sf dim. 10h-12h, 14h-17h30, lun. 14h-17h30, sam. 9h30-12h30 - fermé certains j. fériés.*

SE REPÉRER

Carte de microrégion B2 (p. 152) - plan de ville (p. 205).
À 250 km au sud-ouest de Paris, 44 km au sud-est de Tours par la D 943, au sud d'Amboise (36 km) et de Chenonceaux (26 km). En train : à 2h de Paris en TGV avec navettes à Tours et St-Pierre-des-Corps, la gare est à 500 m du château.

ACCÈS ET PARKING

Laissez la voiture sur le mail Droulin. L'enceinte de la cité médiévale (12e s.) mesure plus d'un kilomètre et n'est percée que de deux portes.

À NE PAS MANQUER

Le gisant d'Agnès Sorel ; le logis royal ; le donjon et la tour Louis XI. Le village-jardin de Chédigny.

ORGANISER SON TEMPS

Comptez 1 journée entière.

AVEC LES ENFANTS

La cité médiévale ; les ateliers pédagogiques (6-12 ans) pendant les vacances scolaires.

Dans le **centre de Loches**, inutile de chercher le moindre bâtiment moderne. Tout ici ou presque est resté figé aux temps du 15e s. et de la Renaissance, sauf les commerces bien sûr, et les étals qui animent le bas de la ville les jours de marché..

★★ CITÉ ROYALE Plan de ville

Comptez 3h

Elle est structurée par deux monuments majeurs, le donjon sur le front sud et le logis royal au nord. Leur construction s'est étalée du 11e au 16e s.

Histoire de la Cité royale- La position stratégique naturelle de Loches est utilisée depuis au moins le 6e s. : Grégoire de Tours mentionne déjà dans son *Histoire des Francs* la présence d'une place forte dominant un monastère et une bourgade. Du 10e au 13e s., le site appartient aux comtes d'Anjou, qui installent un palais résidentiel et un château à motte à l'extrémité du promontoire. Henri II Plantagenêt, héritier de la maison d'Anjou, en renforce encore les défenses. Le donjon connaîtra alors plusieurs sièges, au cours des luttes que Plantagenêt et Capétiens se livrèrent aux 12e et 13es. À la mort d'Henri II, en 1189, son fils Richard Cœur de Lion prend possession des lieux avant de partir en croisade, accompagné de Philippe Auguste. Mais ce dernier abandonne Richard en Orient, lors de la 3e croisade en 1191, et intrigue avec Jean sans Terre, qui accepte de lui livrer la forteresse en 1193. L'année suivante, Richard revient et enlève la place en moins de trois heures. Après la mort de son rival, Philippe Auguste prend sa revanche, mais avec moins de brio : le siège dure un an (1205). Donné à Dreu V, Loches est racheté en 1249 par Saint Louis et devient résidence royale.

★ Porte Royale 2

La porte Royale, puissamment fortifiée, a été flanquée de deux tours au 13e s. On y voit encore les saignées servant au pont-levis et les mâchicoulis.
Passez la porte Royale et prenez à gauche la rue Lansyer.
Au n° 1, la **maison-musée Lansyer**, demeure familiale du peintre Emmanuel Lansyer (1835-1893), semble accrochée aux remparts en plein cœur de la cité royale. Ami du poète José Maria de Heredia, élève de Viollet-le-Duc et de Gustave Courbet, Lansyer fut influencé par les paysagistes de l'école de Barbizon. Outre les tableaux du peintre (paysages, portraits), le musée conserve ses intéressantes collections d'**art japonais** et de gravures (Canaletto, Millet, Hugo, Corot…) et les présente en alternance avec des expositions temporaires. *✆ 02 47 59 05 45 - www.loches-tourainecotesud.com - juil.-août : 10h-12h30, 14h-18h ; reste de l'année : tlj sf mar. 10h-12h30, 14h-18h - 5 € (enfant 3,50 €).*

★ Collégiale St-Ours 2

La collégiale Notre-Dame, devenue église paroissiale en 1802, est dédiée à saint Ours, évangélisateur du Lochois au 5e s. Le porche de type angevin

DESTINS DE FEMME

On sait l'intervention heureuse de **Jeanne d'Arc** en 1429, alors que le royaume de France se trouve dans une position critique. Sa victoire à Orléans renverse une situation désespérée pour Charles VII (1422-1461), qu'elle rejoint à Loches quelques jours plus tard afin de le décider à prendre la route de Reims et du sacre.
Vingt ans plus tard, c'est au tour d'**Agnès Sorel** de marquer l'histoire de Loches, aux côtés de Charles VII, dont le trône s'est raffermi. Née au château de Fromenteau en Touraine vers 1420, la jeune femme devient la favorite royale en 1444, année où elle se fait octroyer le fief de Beauté-sur-Marne. Extravagante et dispendieuse, elle est détestée par le dauphin, futur Louis XI (1461-1483), et doit fuir Chinon, où est installée la Cour, pour Loches en 1449. Elle meurt le 9 février 1450 à Jumièges, où elle a rejoint Charles VII en campagne. La rancune du dauphin l'a-t-elle poursuivie jusque dans sa fuite ? Ses restes ont fait l'objet d'analyses récentes, lesquelles ont révélé son âge lors de son décès (28 ans environ), mais n'ont pas soulevé le voile sur le mystère de sa mort : un ver parasite et une dose mortelle de mercure étaient présents dans ses intestins. Le mercure étant à l'époque utilisé comme médicament, la question devient : erreur de dosage médical ou empoisonnement volontaire ? *p. 487).*

Loches le château.
Ph. Michel/age fotostock

abrite un **portail roman** richement orné, sculpté d'animaux étranges, dont la partie haute, très mutilée, est consacrée à l'Adoration des Mages. À l'entrée, le bénitier est creusé dans la colonne d'un temple gallo-romain. La nef est couverte par les célèbres **dubes**, édifiées par le prieur Thomas Pactius au 12e s. Ces deux pyramides octogonales, dressées entre les tours, sont d'un type habituellement employé pour les clochers, les cuisines ou les lavabos monastiques. Les « dubes » sont l'appellation ancienne des couvercles de fonts baptismaux de forme conique.

★ **Gisant d'Agnès Sorel** – Sculpté dans l'albâtre, paisible et émouvant, il irradie d'une grâce intérieure. Deux anges soutiennent la tête d'Agnès qu'un timide sourire illumine, tandis que deux agneaux, rappel de l'étymologie latine de son prénom (*agnus* = agneau), se blottissent à ses pieds. Du gisant émanent douceur et paix, tant par l'expression du visage et la grâce de la posture que par le remarquable traitement de détail des chevelures et des drapés.

Pendant la Révolution, des soldats prirent la favorite pour une sainte, tailladèrent la statue, profanèrent son tombeau et dispersèrent sa dépouille. Le gisant fut restauré à Paris sous le Premier Empire et certains restes, dont la tête, furent à nouveau inhumés sous le monument.

En sortant de l'église, gagnez le Logis royal à droite.

4

★ Logis royal 1

5 pl. Charles-VII - ✆ 02 47 59 01 32 - www.chateau-loches.fr - 1er mai-30 sept. : 9h30-19h ; mars-avr. et sept.-oct. : 9h30-18h ; nov.-fév. : 9h30-17h - fermé 1er janv., 25 déc. - visite guidée sur demande (1h) - 9 € (-19 ans 7 €) - billet donnant accès au donjon.

Une nouvelle scénographie, mise en place en 2018, évoque les hommes et les femmes qui ont marqué la cité royale. Signalétique, animations sonores, vidéos, personnages fictifs (un page et une suivante) accompagnent désormais le visiteur à travers les lieux et les siècles.

Extérieur – Depuis la terrasse donnant sur la vallée, admirez la **vue** sur Loches et la vallée de l'Indre, ainsi que la belle façade du logis royal avec ses fenêtres

LES CAGES DE LOUIS XI

Les cages étaient constituées d'un treillis de bois couvert de fer. Les plus « confortables » mesuraient 2 m dans toutes les dimensions. Selon la légende, les prisonniers n'en sortaient jamais ; il semble en fait que ces cages étaient utilisées surtout la nuit, ou pour le transport des prisonniers. Contrairement à ce qui est souvent affirmé, le cardinal **Jean Balue** (ou La Balue), à qui est attribuée l'invention de ces cages, n'eut pas à en pâtir. Mais pour avoir comploté contre son roi, Louis XI, au profit du duc de Bourgogne, il fut cependant emprisonné onze années à Loches jusqu'en 1480.

à meneaux, lucarnes, tourelles, gargouilles et chiens de chasse, qui évoquent le loisir préféré de ses occupants.
L'édifice comprend deux parties. À gauche, la **tour Agnès-Sorel** et le vieux logis datent de la fin du 14e s. : quatre tourelles sont engagées dans le mur et un chemin de ronde les relie, à la base du toit. Ce logis central a été prolongé sous Charles VIII et Louis XII par une demeure de plaisance, le logis neuf, où se manifeste l'art gothique flamboyant.
Intérieur – La chambre du roi. Une projection vidéo simule la rencontre, en mai 1429, entre Jeanne d'Arc et le dauphin Charles VII (1403-1461). C'est ici qu'elle le pressa de se rendre à Reims afin d'y recevoir sa couronne. Dans la **Grande salle**, le roi recevait les membres de sa cour et se tenait aux côtés de sa favorite, **Agnès Sorel.** Une copie d'un célèbre portrait révélant sa beauté légendaire y est exposé : elle y est représentée en Vierge à l'Enfant entourée d'anges bleus et rouges, dont l'original peint par **Jean Fouquet** (15e s.) se trouve à Anvers. Suivant une mode venue de Venise, sa coiffure s'obtenait par une épilation des cheveux jusqu'à mi-crâne.
★**Oratoire d'Anne de Bretagne** – Restaurée en 2008, cette pièce minuscule est finement ornée de mouchetures d'hermine et de la cordelière de saint François, emblème adopté par Anne de Bretagne (1477-1514) qui appréciait le logis royal de Loches. Cette œuvre de pur style gothique flamboyant était à l'origine polychrome : hermines noires sur fond argenté.
Gagnez le donjon à travers les rues de la cité médiévale.

★★ Donjon 2

7 mail du Donjon - ✆ 02 47 59 07 86 - www.chateau-loches.fr - 1er mai-30 sept. : 9h30-19h ; mars-avr. et sept-oct. : 9h30-18h ; nov.-fév. : 9h30-17h - fermé 1er janv., 25 déc. - visite guidée sur demande (1h) - 9 € (-19 ans 7 €) - billet donnant accès au logis royal.
Comme de nombreux **donjons**, celui de Loches fut élevé entre 1013 et 1035 par Foulques Nerra, comte d'Anjou, pour défendre la face sud vulnérable de la forteresse. Puissante construction carrée, celle-ci forme avec ses annexes, la tour Louis XI et le Martelet, un ensemble imposant, l'un des plus anciens d'Europe. À l'intérieur, les planchers des trois étages ont disparu, mais on distingue encore, sur les murailles, trois séries de cheminées et de baies. Avant de monter l'escalier *(160 marches)*, remarquez sur la gauche le **pavillon d'entrée** abritant une reconstitution de la tristement célèbre « cage de Louis XI », où fut enfermé Philippe de Commines. Du sommet, haut de 36 m, on découvre un large **panorama**★ sur la ville, la vallée de l'Indre et la forêt de Loches.
À l'extérieur, ne manquez pas le **jardin d'inspiration médiévale**, jardin d'agrément réunissant plantes médicinales et potagères, fleurs et fruits anciens.
Logis du gouverneur (14e s.) – Plusieurs fois remanié au cours des siècles, il héberge aujourd'hui l'accueil et la boutique.

Tour Louis XI (tour ronde) – Cette tour fut construite au 15e s. afin de compléter les fortifications. Il faut gravir 102 marches pour accéder à la terrasse à feux et aux mâchicoulis, avec **vue** sur les douves et les alentours. Plusieurs cellules se trouvent dans la tour, dont celle dite « du cardinal Balue », une salle ronde qui a probablement servi de réserve à grain. En réalité, ce cardinal aurait plutôt été emprisonné dans les salles hautes de la tour, où sont présentées désormais des expositions temporaires.

Salle de la question – C'est dans cette salle de torture qu'étaient appliquées la « question préparatoire » et la « question préalable », reconnues alors par le droit français. Cette salle comporte des inscriptions, situées haut sur les murs, qui montrent l'existence possible de lits superposés.

Salle de la maquette – Vous pourrez y apprécier l'étendue de l'édifice et visualiser les différentes phases de sa réalisation.

★ **Salle des graffitis** – À travers ses bas-reliefs, elle fait revivre des scènes de la fin du 16e s. grâce aux commentaires audio et aux jeux de lumière qui illuminent les personnages au fil de l'histoire.

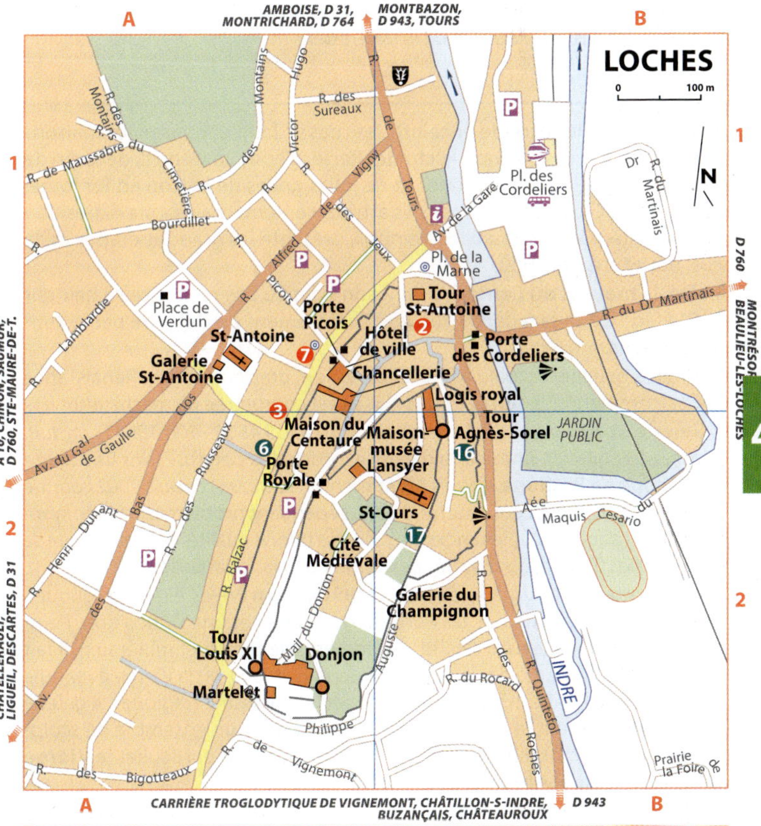

SE LOGER

Chambre d'hôte La Closerie St-Jacques 6

La Maison de l'Argentier du Roy 16

Le Presbytère.............. 17

SE RESTAURER

Le Café des Arts 7

La Galerie B 2

La Gerbe d'Or 3

Martelet – Cet édifice de 27 m de hauteur, constitué d'un réseau de souterrains et de carrières du 11e s., renferme sur quatre niveaux les cachots les plus impressionnants. Le premier est celui de **Sforza**, dit le Maure, duc de Milan, fait prisonnier par Louis XII en 1500. Enfermé de 1504 à 1508, Ludovic Sforza disposait d'un certain nombre d'avantages : chauffage, mobilier et visites dans sa cellule ainsi que des promenades dans la cour. C'est ainsi que celui qui fut l'un des protecteurs de Léonard de Vinci a pu couvrir son cachot de peintures et d'inscriptions. Au-dessous, éclairé par un rai de lumière, se trouve le cachot où les évêques d'Autun et du Puy, compromis dans la rébellion du connétable de Bourbon contre François Ier, auraient eu, dit-on, tout loisir de creuser dans la muraille un petit autel et un chemin de croix symbolique. À la base du Martelet s'ouvrent des galeries souterraines, creusées au 11e s. pour l'extraction du tuffeau (exposition dans la galerie) ayant servi à la construction du donjon. Au 16e s., elles desservaient les caponnières, petits ouvrages fortifiés flanquant les remparts. À la sortie des galeries, vous pouvez vous reposer dans le **jardin médiéval** et poursuivre en direction de la barbacane, ouvrage de défense avancé bâti au 15e s.

Rejoignez la porte Royale et prenez la rue du Château pour flâner dans la vieille ville qui s'est constituée au pied de la forteresse.

★ VIEILLE VILLE

À l'intérieur de la seconde enceinte, les rues se faufilent parmi les maisons de tuffeau. On passe devant la **chancellerie**, d'époque Henri II, décorée de colonnes cannelées, de pilastres et de jolies grilles de balcon en fer forgé. La galerie du Chancelier expose des artistes contemporains. Une exposition permanente, « Loches au fil du temps », présente les grandes étapes de la ville, du 16e s. à l'an 2000.

À côté, la **maison du Centaure** tient son nom du bas-relief situé à hauteur du 2e étage de sa façade, où l'on voit l'enlèvement de Déjanire par le centaure Nessus.

Plus loin à gauche, accolée à l'**hôtel de ville★**, gracieux édifice Renaissance aux balcons fleuris, la **porte Picois** (15e s.) est couronnée de mâchicoulis.

★ **Galerie St-Antoine** – *Pl. Mazerolles - ✆ 02 47 59 48 21 - 10h-18h45 - gratuit.* Adossée à l'église St-Antoine, la galerie expose deux peintures, les **Caravage de Philippe de Béthune**, classés Monuments historiques depuis 2002 comme « d'après Caravage ». Leur paternité pose cependant problème. Pour nombre d'experts, il s'agit de copies anciennes, de très bonne qualité, de *L'Incrédulité de saint Thomas* (Potsdam) et du *Souper à Emmaüs* (National Gallery de Londres). À côté, le **retable du Liget★**, réalisé en 1485 par **Jean Poyer**, élève de Fouquet, représente une Crucifixion, un Portement de croix et une Déposition. Peint *a tempera* (à base d'eau, d'œuf et de pigments végétaux et minéraux), il fait éclater une symphonie de verts, de rouges et de bleus, où la Vierge évanouie et le Christ crachant son sang stupéfient par leur réalisme tragique. La galerie conserve également le **trésor religieux de Loches**, un ensemble de sculptures, objets et mobilier, qui mérite un coup d'œil, en particulier la **Vierge des bouchers**, polychrome, des 14e et 15e s.

De là, gagnez la **tour St-Antoine**, l'un des rares beffrois du centre de la France datant du 16e s.

Au bout de la Grande-Rue, la **porte des Cordeliers★** (fin du 15e s.), seule conservée avec la porte Picois des quatre portes de l'enceinte de la ville, était la principale entrée de la cité, où arrivait la route d'Espagne.

Franchissez la porte pour voir sa façade côté rivière, flanquée d'échauguettes et bordée de mâchicoulis, puis traversez le pont et promenez-vous dans le jardin public, en bordure de l'Indre, d'où la vue★ sur la Cité royale est splendide avec la forteresse, l'église St-Ours, la façade sud du château, son logis neuf et son logis vieux.

Galerie du Champignon 2

45 r. des Lilas - ✆ 02 47 59 23 82 - www.galerieduchampignon.fr - visite guidée sur demande préalable - 7 € (-18 ans 5 €).

De l'invention du mycélium à la production et mise en conserve industrielle du champignon, rien n'échappe à la curiosité de la famille Gillard, champignonniste depuis 1850. C'est donc avec une vraie légitimité que Philippe, l'arrière-petit-fils du fondateur, Charles Gillard, créateur de la fameuse marque Royal Champignon, a ouvert un musée dédié aux champignons. Au fil des galeries, on découvre tous les aspects du métier de champignonniste dans cette belle et immense cave. Parmi les surprises que réserve le parcours, reproductions de fresques d'une cave voisine, exécutées par Pierre Joinville.

Carrière troglodytique de Vignemont Hors plan dir. 2

✆ 02 47 91 54 54 - http://carriere-de-vignemont.fr - ♿ - juil.-août : 10h-19h ; du dim. de Pâques à fin juin, de déb. sept. à mi-nov. et vac. scol. : 10h-12h, 14h-18h - 13,50 € (-13 ans 10,50 €) - prenez de bonnes chaussures et couvrez-vous car la température intérieure est de 13°.

Sur 750 m de galeries, le parcours explique l'extraction et l'utilisation du tuffeau, cette pierre blanche qui donne tant d'éclat aux villages et châteaux du Val de Loire. L'exposition permanente « Résonances minérales » révèle les sculptures sonores de Will Menter.

À proximité Carte de microrégion

Beaulieu-lès-Loches B2

À 1 km à l'est, sur la rive droite de l'Indre.

Ce village abrite les ruines d'une abbaye que Foulques Nerra fonda vers l'an 1000 et où il se fit enterrer. L'**église abbatiale** a gardé son majestueux clocher roman. Hormis les croisillons du transept, romans, la nef et le chœur ont été rebâtis au 15e s., après leur destruction par les Anglais en 1412. À voir : la Pietà du 15e s., les statues de terre cuite du 18e s. dans le chœur et, dans la sacristie, les portraits et le bas-relief de la Cène (17e s.). À droite de l'église, sur la place aménagée à l'emplacement du cloître, l'ancien **logis abbatial** est flanqué d'une curieuse chaire extérieure. Dans l'**église St-Laurent** (13e s.), trois belles nefs à voûtes bombées angevines et un beau clocher roman ont résisté au temps.

4

Bridoré B3

À 14 km au sud-est par la D 943 et la D 241 à droite.

Église (fin 15e s.) – Dédiée à saint Roch, dont une statue du 15e s. se dresse à droite, dans la nef. Un bas-relief du 16e s. relate la légende de saint Hubert.

Château – *✆ 02 47 94 72 63 - juil.-août : 13h-19h - 7 € (-16 ans 5 €).* Propriété du maréchal Boucicaut au 14e s., le château fut remanié au 15e s. par Imbert de Bastarnay, secrétaire de Louis XI. Dans cette intéressante forteresse féodale très bien conservée, notez le porche d'entrée, flanqué d'une tour à mâchicoulis, et le donjon-porche à lucarne et échauguettes latérales coiffées de poivrières. Le logis seigneurial est accolé au donjon.

Chédigny B2

À 11 km au nord de Loches - www.chedigny.fr.
Cette commune de 550 habitants est aujourd'hui l'un des plus beaux villages jardins de Touraine. Sous l'impulsion d'une mairie innovante, qui souhaitait rendre la rue à ses habitants, un projet a fleuri. Et si les vivaces ont remplacé les trottoirs, près de 600 rosiers (230 variétés) arpentent désormais les façades des maisons. Point d'orgue de cette réalisation, le **Festival des roses de Chédigny**, orchestré chaque année depuis 2006 pour le week-end de la fête des Mères, attire plus de 10000 visiteurs. L'ancien « jardin de curé » vient d'être restauré et rassemble plantes vivaces et arbres fruitiers.

Circuit conseillé Carte de microrégion

★ LES MOULINS DE L'INDRE AB2

Circuit de 27 km tracé en violet sur la carte de microrégion (p. 152) – Comptez environ 1h. Partez au nord-ouest par la D 943 ; prenez à droite la D 17 à l'entrée de Chambourg-sur-Indre.
De Chambourg-sur-Indre à Esvres, la D 17 longe l'Indre bordée de moulins, de vieilles églises, de villages paresseusement endormis sous les tilleuls ou les saules, où quelques barques sont amarrées çà et là parmi les joncs.

Azay-sur-Indre

Au confluent de l'Indre et de l'Indrois, Azay se blottit au pied du parc de son château, dont La Fayette fut propriétaire.

Reignac-sur-Indre

Du pont sur l'Indre, sur la route de Cigogné, on aperçoit le moulin de Reignac, au centre d'un bassin semé de bosquets.

Cormery

Réputée pour ses macarons, Cormery aligne les auberges sur ses rives pittoresques *(Aux Veritables Macarons – 16 r. de Montrésor ; Aux Vrais Macarons de Cormery – 8 r. Nationale)*. Près du pont, un **moulin** se cache sous de grands saules pleureurs, tandis qu'en aval la rivière baigne le vieux lavoir.
Ancienne abbaye – Fondée en 791, cette abbaye bénédictine fut dissoute mille ans plus tard, pendant la Révolution, et ses bâtiments, vendus comme biens nationaux, furent en grande partie détruits. Une maquette représentant l'édifice aux 14e et 15e s. et les vestiges, épars dans le village bâti sur le site abandonné par les moines, laissent imaginer l'ampleur de l'édifice.
La rue de l'Abbaye passe sous une haute tour ruinée, la **tour St-Paul**, massif clocher-porche du 11e s. orné, sous ses baies supérieures, d'un curieux appareil en écailles et en losanges, et de bas-reliefs romans. La tour marquait l'entrée de l'église dont la rue occupe aujourd'hui l'axe. À son pied, le **logis du prieur** (15e s.) est desservi par une élégante tour d'escalier. La petite rue à gauche mène aux restes du cloître, d'où l'on aperçoit les belles arcades du **réfectoire** (13e s.). Sur la gauche, la gracieuse chapelle gothique de l'Abbé constitue un des seuls vestiges de l'église ; elle était autrefois reliée au **logis abbatial** visible sur la place, avec son appentis à colombages et sa tourelle.
Église N.-D.-du-Fougeray – Dominant la vallée, cet édifice roman (12e s.) à influences poitevines recèle une majestueuse abside à trois absidioles épaulées par des contreforts-colonnes. Dans le cimetière, en face de l'église, se trouvent un autel et une lanterne des morts du 12e s.
Retour à Loches par la D 943.

NOS ADRESSES À LOCHES ET AUX ENVIRONS

HÉBERGEMENT

PREMIER PRIX

Luccotel – *12 r. des Lézards - 1 km - ✆ 02 47 91 30 30 - www.luccotel.com - P ♿ - 69 ch. 64/83 € - ☕ 10 € - ✕ 17/44 €, déj. 17/21 € - 1/2 P 112/132 € (2 nuitées mini) - wifi dans le bâtiment principal.* Construction récente flanquée de deux annexes dominant la cité médiévale et son château, visibles depuis certaines chambres, avant tout fonctionnelles et économiques. Évitez le motel et préférez le bâtiment principal.

À proximité

Chambre d'hôte La Bihourderie – *lieu dit, rte de Bergeresse - 37310 Azay - ✆ 02 47 92 58 58 - www.labihourderie.com - fermé déc.-janv. - P - 5 ch. 65/78 € ☕ - wifi.* Malgré la relative proximité de la D 943, cette maison typique du Lochois bénéficie du calme de sa situation au milieu des champs. La terrasse richement fleurie dispose d'un salon d'été en teck. Belles chambres personnalisées, arrangées avec goût. Table d'hôte *(lun.-mar. et jeu.-vend. soir - 22 €).*

Chambre d'hôte Le Clos du Petit Marray – *30 rte de Marray - 37310 Chambourg-sur-Indre - ✆ 02 47 92 50 67 - www.petit-marray.fr - 🚭 P - wifi - 2 ch. 66/70 € ☕.* Cette grande maison d'hôte située en pleine campagne abrite des chambres spacieuses et joliment décorées. Petit-déjeuner à base de produits bio ou naturels servi dans une salle lumineuse donnant sur le jardin.

Le Clos aux Roses – *2 r. du Lavoir - 37310 Chédigny - 11 km au nord de Loches - ✆ 02 47 92 20 29 - www.leclosauxroses.fr - fermé 2 sem. oct., vac. Noël et lun.-mar. - P - 5 ch. 60/75 € ☕ - wifi.* Entièrement rénové, l'établissement abrite des chambres sobres et fonctionnelles. Idéales pour ceux qui veulent festoyer – excellent restaurant – sans être obligés de reprendre leur voiture après.

BUDGET MOYEN

La Maison de l'Argentier du Roy – B2 - *21 r. St-Ours - ✆ 02 47 91 62 86 - www.argentier-du-roy.com - P - 5 ch. 112/185 € ☕ - wifi.* Une maison en tuffeau, restaurée et confortable, dans la partie médiévale de la ville pour un voyage hors du temps.

Le Presbytère – B2 - *Jardin collégiale Ste-Ours - 1 r. Thomas-Pactius - ✆ 02 47 59 62 25 - P - 3 ch. 110 € ☕ - wifi.* Occupant l'ancien presbytère de la collégiale, situé dans la Cité royale *(accès possible en voiture),* des chambres d'hôte raffinées, au sein d'un site exceptionnel.

POUR SE FAIRE PLAISIR

Chambre d'hôte La Closerie St-Jacques – A2 - *37 r. Balzac - ✆ 02 47 91 63 12 - www.lacloseriesaintjacques.com - 🚭 - 3 ch. 130 € ☕.* Situé sur l'antique route de St-Jacques, au pied des remparts de la cité, ce relais de poste du 17e s. est un hâvre de raffinement et de sérénité. La chambre stendhalienne, en rouge et noir bien sûr, est propice aux rêveries littéraires. Petit jardin très coquet à l'arrière, sans oublier l'immense bibliothèque et ses nombreux livres régionaux en accès libre.

RESTAURATION

PREMIER PRIX

Le Café des Arts – A1 - *4 pl. au Blé - ✆ 02 47 59 00 04 - fermé lun. - 8h-20h - ♿ - formule 10 €.* Idéal pour prendre le pouls de la cité les jours de marché, ce café-brasserie propose une cuisine simple et copieuse à des prix abordables. Terrasse bondée en été. Intérieur agréable.

À proximité

L'Estaminet – *14 r. de l'Abbaye - 37600 Beaulieu-lès-Loches - ✆ 02 47 59 35 47 - tlj sf dim.-lun. (hiver) - ♿ - plat du jour 9 €, menu 12,50/23 €.* Sur une jolie place arborée, au pied d'une abbaye du 11e s., ce troquet de campagne vous accueille dans un coquet décor rétro. Pour savourer dans la petite salle ou en terrasse une cuisine de brasserie adaptée au terroir (coq au vin de Chinon.

BUDGET MOYEN

La Gerbe d'Or – A1 - *22 r. Balzac - ✆ 02 47 91 67 63 - www.restaurantlagerbedor.fr - fermé lun. et mar. soir - menu déj. (sf dim. et j. fériés) 14/16 € - 23,50/37,50 €.* La Gerbe d'Or est une adresse historique de Loches. Cuisine traditionnelle, de saison, du « fait maison » apprécié des Lochois.

La Galerie B – B1 - *26-28 Grde r. - ✆ 02 36 05 45 32 - www.restaurant-lagalerieb.fr - fermé 15 oct.-15 nov., lun. soir nov.-avr. et mar.-merc. - menu déj. du marché (sf dim. et j. fériés) 17 € - 33 € - réserv. conseillée.* Installé dans une ancienne galerie d'art, David Béguin propose des produits frais, une carte qui change à chaque saison, une cuisine contemporaine et un accueil chaleureux.

À Chedigny

Le Clos aux Roses – *2 r. du Lavoir - 37310 Chédigny - ✆ 02 47 92 20 29 - www.leclosauxroses.fr - ♿ - fermé lun.-mar. et dim. soir - menu déj. sem. 14 € - 30/40 €.* Ce restaurant semi-gastronomique s'adresse à tous les budgets. Présentation originale, service chaleureux et professionnel, plats savoureux concoctés à base de produits régionaux : beuchelle tourangelle (ragoût de rognons et de ris de veau), etc. Bon rapport qualité-prix et carte des vins à l'avenant.

À Cormery

L'Auberge du Mail – *2 pl. du Mail - 37320 Cormery - ✆ 02 47 43 40 32 - www.aubergedumail-cormery.com - ♿ - fermé merc.-jeu. - P - formules (sf dim.) 22/29 € - menus : 26,50 € (sf dim. et j. fériés) 38/52 €.* Dans cette maison de pays, proche de l'abbaye, on déguste une cuisine de tradition avec de beaux produits frais. Mention spéciale pour la décoration, cossue et élégante, qui ne manque pas de cachet ! L'été, on s'installe sur la terrasse à l'ombre des tilleuls et de la glycine…

ACHATS

Les Flaveurs de la terre – *7 r. Balzac - ✆ 02 47 59 08 91 - www.lesflaveursdelaterre.com - 9h30-13h, 15h-19h30 - fermé dim.-lun.* Tenue par Jean-Christophe Laplanche, cette cave est incontournable pour les amoureux du vin travaillé dans le respect du sol. Casse-croûte semi-gastronomiques accompagnent dégustations et partages œnologiques. Aux beaux jours, les découvertes se font « à ciel ouvert », sous le rempart du château. Une très belle adresse.

Marchés – *Merc. et sam. matin.*

Marchés nocturnes – *1er jeu. de juil. et 2e jeu. d'août : 18h-0h.*

AGENDA

Fête des fous – *Le 1er dim. suivant le 14 Juil.* Fête médiévale.

L'Épopée médiévale – *Mi-août.* Pendant cinq jours, la cité vit au rythme du Moyen Âge.

Château du Grand-Pressigny, vue aérienne.
F. Leroy/hemis.fr

Château du Grand-Pressigny

★

Le Grand-Pressigny (37350) – Indre-et-Loire (37)

De l'édifice qui fut l'un des plus beaux châteaux de Touraine ne reste aujourd'hui que d'impressionnants vestiges, à l'écart des routes touristiques. La présence d'hommes de Néandertal, juchés jadis au cœur d'un paysage grandiose, explique la judicieuse reconversion du château en musée de la Préhistoire.

4

NOS ADRESSES PAGE 215
Hébergement, restauration, achats, activités, etc.

S'INFORMER

Office de tourisme – *Pl. Savoie-Villars - 37350 Le Grand-Pressigny - 02 47 94 96 82 - www.loches-valdeloire.com - mai-sept. : 9h30-12h30, 14h-18h, w.-end 10h-12h30, 14h30-18h ; reste de l'année : tlj sf dim. 10h-12h, 14h-17h30, lun. 14h-17h30, sam. 9h30-12h30 - fermé 1er janv., 1er et 11 Nov., 25 déc.*

SE REPÉRER

Carte de microrégion A3 (p. 152). À 285 km de Paris et 33 km au sud-ouest de Loches. En train : gare de Châtellerault à 29 km.

ORGANISER SON TEMPS

Comptez 1h30 ou plus pour le musée ; 2h pour les alentours.

AVEC LES ENFANTS

Jeu-livret « Petit Silex », ateliers-découverte *(sur réserv.)*.

★ CHÂTEAU ET MUSÉE DE LA PRÉHISTOIRE

02 47 94 90 20 - www.prehistoiregrandpressigny.fr - ♿ - juil.-août : 10h-19h ; avr.-juin et sept. : 10h-18h ; reste de l'année : tlj sf mar. 10h-12h30, 14h-17h - fermé 1er janv., 25 déc. - possibilité de visite guidée (1h30) - 5,50 € (-18 ans 4,50 €) - animations w.-end et vac. scol.

Une petite rue bien en pente, à travers les maisons anciennes du bourg, mène droit au château. Quatre animaux de la préhistoire vous accueillent dans la cour d'Honneur, dont un mammouth et un bison des steppes.

Château – Les vestiges de la forteresse médiévale de Guillaume de Pressigny, enceinte flanquée de tours, porte fortifiée et donjon de la fin du 12e s., abritent une élégante galerie Renaissance due aux travaux d'embellissement d'Honorat de Savoie. Destinée à desservir le corps de logis et un grand pavillon détruit au 19e s., la **tour Vironne** est l'un des derniers témoins de la luxueuse demeure Renaissance d'Honorat de Savoie, marquis de Villars. Depuis la terrasse, vous découvrirez un beau **panorama★** sur le site environnant et toute la vallée. Dans l'enceinte de la forteresse, les bâtiments contemporains du musée se juxtaposent aux constructions anciennes.

★ Musée

La région du Grand-Pressigny est riche en silex de très grande qualité. On y pratiquait en particulier la taille de grandes lames à partir de nucléus nommés « livres de beurre », qui firent la renommée du Grand-Pressigny jusqu'en Hollande. Ces silex furent exploités par les hommes durant une grande partie de la préhistoire, et de nombreux sites archéologiques ont été mis au jour, aussi bien sur le territoire de la commune que dans les environs. Aussi l'une des formes de cette activité préhistorique est-elle appelée **industrie pressignienne**. Particulièrement pédagogique, le musée se caractérise par sa belle muséographie, la clarté de ses panneaux explicatifs et la qualité de son audioguide. Que vous soyez néophyte ou non, cette visite peut être l'occasion de structurer et d'enrichir vos connaissances en matière de préhistoire.

Rez-de-chaussée – Les salles se répartissent dans un vaste espace où sont proposés des expositions temporaires ainsi que des ateliers pédagogiques.

Premier étage – Histoire illustrée du château, dans le bâtiment neuf ; approches de l'archéologie et de l'évolution de l'homme. Exposition d'objets trouvés lors de fouilles récentes.

Galerie Renaissance – Elle accueille un panorama de l'archéologie dans la région – « 100 000 ans de Préhistoire en Touraine » – et une présentation pédagogique des différentes méthodes d'investigation sur le terrain.

Caves du château – Ne manquez pas ces caves qui sont magnifiques. Elles sont consacrées à la géologie et à la paléontologie de la Touraine et, plus particulièrement, au fameux silex du Grand-Pressigny et à son utilisation par les hommes de la préhistoire. Ce mode de taille fut exporté dans toute l'Europe à la fin du néolithique. Une intéressante vidéo explique le travail des maîtres-tailleurs.

Nymphée – *À 1 km du château (se renseigner à l'office de tourisme).* Allez voir ensuite cet étonnant **nymphée**, exceptionnel vestige d'un lieu d'agrément de la Renaissance, inspiré du monde grec ; dans l'Antiquité, de tels sanctuaires, aménagés dans des grottes naturelles ou artificielles, étaient dédiés aux nymphes, créatures mythologiques associées aux sources et à la forêt.

LA TOURAINE DU SUD Carte de microrégion

Circuit de 97 km tracé en rouge sur la carte de microrégion (p. 152).
À l'écart des itinéraires touristiques, des villages charmants, des demeures anciennes, de petits châteaux – la plupart ne se visitent pas – et des églises romanes sont à découvrir dans des paysages verdoyants, entre Creuse et Indre.
Quittez le Grand-Pressigny par la D 13.

Château de La Guerche A3

4 pl. de la Mairie - 37350 La Guerche - 02 47 91 02 39 - www.chateaudelaguerche.com - de mi-juin à mi-sept. - visite guidée (1h) 10h, 11h30, 14h30, 16h30 et 18h; parc en visite libre: 10h-13h, 14h-19h, dim. 14h-19h - 7 € (-12 ans 5 €).
Au milieu d'un parc à l'anglaise surgit cet imposant édifice aux longues courtines jalonnées de tours (15e s.). Ce fut André de Villequier, vassal de Charles VII, qui entreprit la construction de cette forteresse sur un site stratégique en 1454. Son fils Artus poursuivit l'édification du corps de logis à partir de 1495. À cette époque furent aussi édifiées les caves, beaux témoignages d'architecture militaire du 15e s.: les casemates pour l'artillerie, le **grenier à grains** et une ancienne prison. Certaines pièces du rez-de-chaussée, transformées au 19e s., se distinguent par une ornementation de style troubadour.
Suivez la D 750 vers le sud, puis tournez à gauche dans la D 725.
Un peu avant Preuilly-sur-Claise apparaît sur la gauche le **château de Boussay** *(ne se visite pas).* Flanqué de tours à mâchicoulis (15e s.), il compte une aile à la Mansart (17e s.) et une façade du 18e s. Beau parc à la française.

Preuilly-sur-Claise A3

Dans ce petit village de charme, l'église St-Pierre, abbatiale bénédictine romane fondée vers l'an 1000, associe les influences poitevine et tourangelle. Alors qu'elle avait été remarquablement reparée en 1846 par l'architecte Phidias Vestier, elle a subi des restaurations abusives en 1873, date à laquelle fut élevée la tour. Près de l'église, hôtels du 17e s.
Poursuivez la D 725, puis D 925 dans le département de l'Indre.

★ Château d'Azay-le-Ferron B3

À 24 km au sud-est du Grand-Pressigny par la D 42.
31-33 r. Hersent-Luzarche - 02 54 39 20 06 - www.chateau-azay-le-ferron.com - visite guidée (45mn) juil.-août: 10h-18h30; avr.-juin et sept.: 10h-18h; reste de l'année: 10h-17h30 - fermé de mi-nov. à fin mars - 8 € (-6 ans 4,50 €)..
Bon à savoir – Le bureau d'informations touristiques propose des vélos à louer. Un espace pique-nique est aménagé dans le jardin.
Animations en saison; visites théâtralisées. Circuit dans le parc, avec un **parcours végétal** en forme de labyrinthe et sentier des traces.
Aux confins de la Touraine et du Berry, en bordure de la Brenne et de la forêt de Preuilly, Azay-le-Ferron est dominé par la silhouette de son château composé de quatre corps de bâtiments (15e-17e s.), dont le pavillon François-Ier, au centre. À l'intérieur: meubles, objets d'art et tapisseries (15e-19e s.). Quinze pièces se visitent, dans lesquelles vivaient la famille Hersent-Luzarche, propriétaire depuis 1852 mais qui a légué Azay-le-Ferron à la ville de Tours en 1951.
Le **parc** et les **jardins** s'étendent sur 26 ha. Dans le **jardin à la française**, les broderies de buis et les topiaires d'ifs évoquent les pièces d'un jeu d'échec. Un jardin de fleurs, une roseraie (qui contient plus de 300 rosiers) et un jardin des senteurs le prolongent. Dans le parc, un verger conservatoire.
Retournez vers la D 725 et prenez à droite la D 41, puis à gauche sur D 50.

La Celle-Guenand A3

Voir l'harmonieuse église et son portail roman aux voussures finement sculptées de masques et de figures fantastiques. Le château du 15e s. fut remanié au 17e et 18es. *Ne se visite pas.*

Ferrière-Larçon A3

Émergeant des toits de tuile disséminés dans le vallon, l'**église** à l'intéressante architecture allie une étroite nef romane (12e s.) à un large chœur gothique (13e s.), haut et lumineux. À la jonction des deux, beau clocher roman flanqué de quatre clochetons d'angle.

Prenez la D 100 en direction de Descartes.

Château du Châtelier A3

Imposant bâtiment barrant la vallée du Brignon, l'austère château a gardé de ses fortifications médiévales ses belles douves à pont-levis et, à l'est de l'enceinte, un impressionnant donjon à bec. *Ne se visite pas.*

Descartes

Maisons à colombages, grenier à sel, ancien quartier des papeteries du 19e s., jardin médiéval et roseraie, sont à découvrir dans la ville natale du grand philosophe français, située au bord de la Creuse.

Maison-musée de Descartes – *29 r. Descartes - 37160 Descartes - ✆ 02 47 59 79 19 - www.ville-descartes - ♿ - juin-août : 10h-12h, 14h-18h ; avr.-mai et sept.-oct. : tlj sf mar. 14h-18h - fermé 1er Mai - 5 € (-16 ans gratuit) - 3 € audioguide.*

La maison natale de **Descartes** (1596-1650) a été aménagée en musée. Une muséographie moderne et originale retrace la vie, l'œuvre et la pensée du philosophe.

Empruntez la D 750, vers le nord, pour rejoindre Ste-Maure-de-Touraine.

LE PLATEAU DE STE-MAURE

Ste-Maure-de-Touraine

▶ *À 20 km au nord de Descartes, sur la D 910*

Au marché du vendredi matin, sur la place ou sous les **halles**, Ste-Maure est le lieu idéal pour savourer de fameux fromages de chèvre (AOC Sainte-Maure-de-Touraine), frais ou sec, cendré et roulé autour d'une paille ou en pyramide…

Halles – En haut du bourg, les belles halles furent édifiées en 1672 par Anne de Rohan, de la famille des Rohan-Montbazon seigneurs des lieux jusqu'à la Révolution. Divisées en trois nefs, elles couvrent 1 200 m². La nef principale, centrale, a été aménagée en salle polyvalente.

Église – Datée du 11e s., mais restaurée en 1866, elle abrite dans l'abside deux panneaux peints, dont l'un du 16e s. et dans la chapelle à droite du chœur, une exquise Vierge du 16e s. en marbre blanc, de l'école italienne.

Musée lapidaire dans la **crypte★** (9e-11e s.) aux curieuses arcatures romanes.

Maison du souvenir à Maillé

À droite en entrant dans le bourg. ✆ 02 47 65 24 89 - www.maisondusouvenir.fr - dim.-lun. 14h-18h, merc.-sam. 10h30-13h et 14h-18h - fermé mar., 25 déc. et 1er janv.

Le 25 août 1944, tandis que Paris était libéré, 124 habitants de Maillé, femmes, enfants et vieillards pour la plupart, étaient massacrés par l'armée allemande, le village pilonné et incendié. La Maison du souvenir – aussi lieu de recherche – rend un témoignage sobre et émouvant aux victimes du village martyr, à travers objets, photos, documents et film.

NOS ADRESSES EN TOURAINE DU SUD

Voir aussi Loches *(p. 209)*.

HEBERGEMENT/RESTAURATION

À Descartes

PREMIER PRIX

Domaine de La Roche Bellin – *Lieu-dit - 09 73 57 36 46 - www.hebergement-insolite-touraine.com - P - 69 ch. 64/83 € - 10 € - 27 €.* Une série d'hébergements insolites est proposée dans un beau domaine de 6 ha, vallonné et entouré d'arbres. Les enfants pourront regarder les animaux (moutons, ânes, oies, etc.) Huttes végétalisées (de hobbit !), cabanes dans les arbres, yourte mongole, roulotte tzigane, lodge… Insolites certes, mais confortables. Les salles de bains sont bien équipées, et bien chauffées. Petit déjeuner et dîner avec les produits du jardin ou de la région (œufs, fromages, légumes). Servis au pied de l'hébergement. Idéal pour se ressourcer dans la nature.

BUDGET MOYEN

Relais de La Mothe – *1 pl. du 11-Novembre - 37290 Yzeures-sur-Creuse - 02 47 91 49 00 - www.lrelaisdelamothe.com - - fermé 1er-25 janv. - 22 ch. 78/110 € - 10 € - 1/2 P - wifi - formule 14 €, menu 27/37 €; fermé dim. soir.* Nouveau départ pour ce relais de poste de 1880. Les chambres sont spacieuses et confortables. Espace détente et cheminée dans le salon. Au restaurant, ambiance familiale et chaleureuse, et tout est fait maison.

RESTAURATION

Au Petit-Pressigny

POUR SE FAIRE PLAISIR

La Promenade – *111 r. du Savoureulx - 37350 Le Petit-Pressigny - 02 47 94 93 52 - www.restaurantdallaislapromenade.com - - fermé dim. soir, lun.-mar. (sf mar. soir en juil.-août) - 43/92 €.* Une des meilleures tables de la région : derrière les fourneaux, père et fils jouent à quatre mains une partition gourmande. Sur des bases classiques, le chef crée des accords originaux et des saveurs bien marquées. Goûtez à la poulette de Racan, au bouillon de carotte aux fèves, au lièvre à la royale *(de mi-oct. à fin déc.)* et au sorbet au cacao. Près de 600 bouteilles référencées. (1 étoile au Guide Michelin 2017).

À Preuilly-sur-Claise

BUDGET MOYEN

La Claise – *4 av. Léon-Berthier - 02 47 92 08 50 - - fermé soirs dim.-vend. et sam. midi - 13,90/25/31 €.* Le chef Christophe Cadieu s'est installé à La Claise et propose le midi un menu à petit prix, simple mais excellent, avec des produits frais. Il faut réserver.

À Ste-Maure-de-Touraine

BUDGET MOYEN

La Ciboulette – *78 rte de Chinon (face à l'échangeur A 10, sortie n° 25) - 02 47 65 84 64 - www.laciboulette.fr - fermé le soir en hiver, sf vend.-sam., vac. scol. et fériés - formule 25 €, menu 32/67 €.* Dans cette grande maison couverte de vigne vierge, de bonnes recettes servies dans un intérieur chaleureux, ou sur la terrasse. L'île flottante de la maison est un délice.

La Touraine côté ouest 5

Carte Michelin Départements 317 – Indre-et-Loire (37), Loir-et-Cher (41)

Le château de Chinon et le vignoble.

L. Marolleau/age fotostock

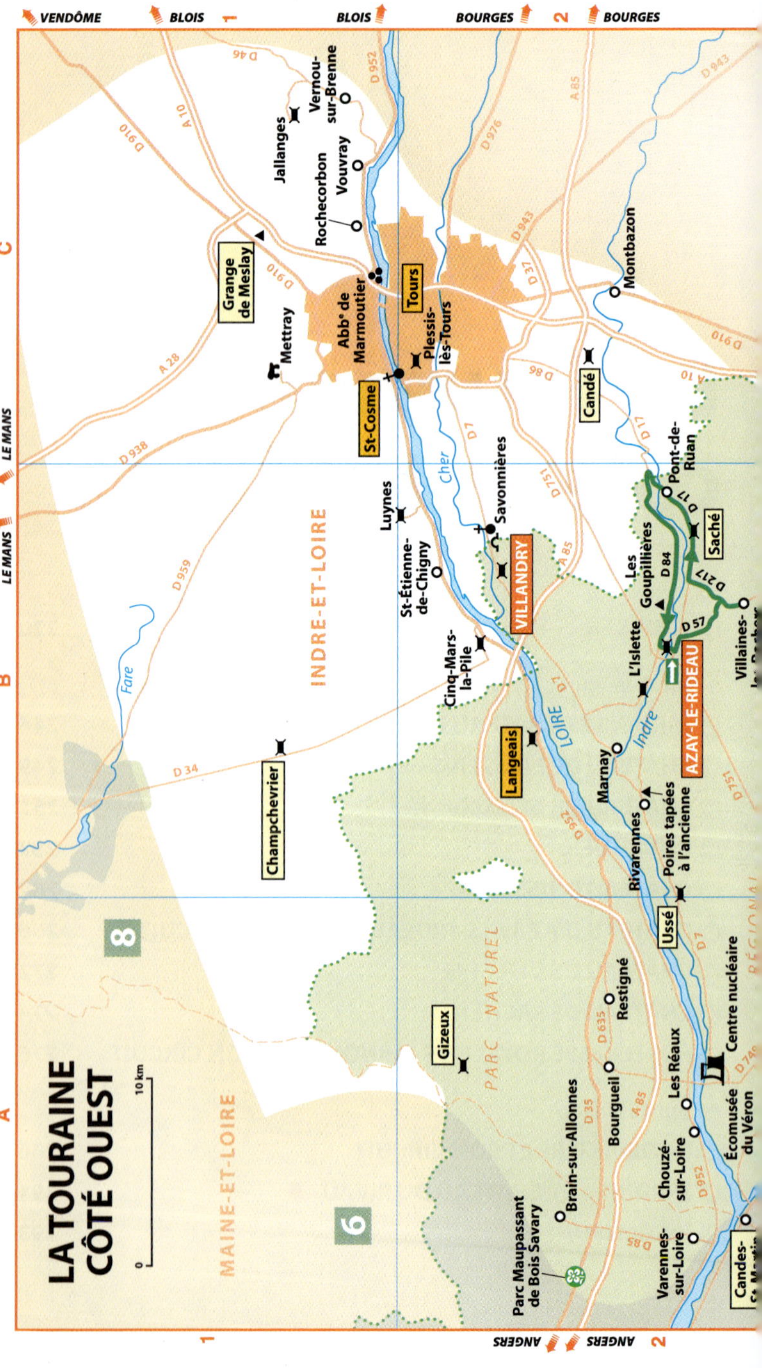
LA TOURAINE CÔTÉ OUEST
0
10 km
VENDÔME
BLOIS
BLOIS
BOURGES
BOURGES
LE MANS
LE MANS
ANGERS
ANGERS
A
B
C
1
2
MAINE-ET-LOIRE
INDRE-ET-LOIRE
PARC NATUREL
RÉGIONAL
8
6
Grange de Meslay
Mettray
Jallanges
Vernou-sur-Brenne
Vouvray
Rochecorbon
Abbe de Marmoutier
Tours
Plessis-lès-Tours
St-Cosme
Montbazon
Candé
Pont-de-Ruan
Saché
Savonnières
Luynes
VILLANDRY
St-Étienne-de-Chigny
Cinq-Mars-la-Pile
Les Goupillières
L'Islette
AZAY-LE-RIDEAU
Villaines-les-Rochers
Langeais
Marnay
Poires tapées à l'ancienne
Rivarennes
Ussé
Champchevrier
Gizeux
Restigné
Bourgueil
Brain-sur-Allonnes
Centre nucléaire
Les Réaux
Écomusée du Véron
Chouzé-sur-Loire
Varennes-sur-Loire
Candes-St-Martin
Parc Maupassant de Bois Savary
Fare
Loire
Cher
Indre
D 46
D 910
A 10
D 952
D 976
A 85
D 943
D 37
D 86
D 17
A 28
D 938
D 7
D 751
D 959
D 84
D 217
D 57
D 34
D 635
D 35
D 749
D 85

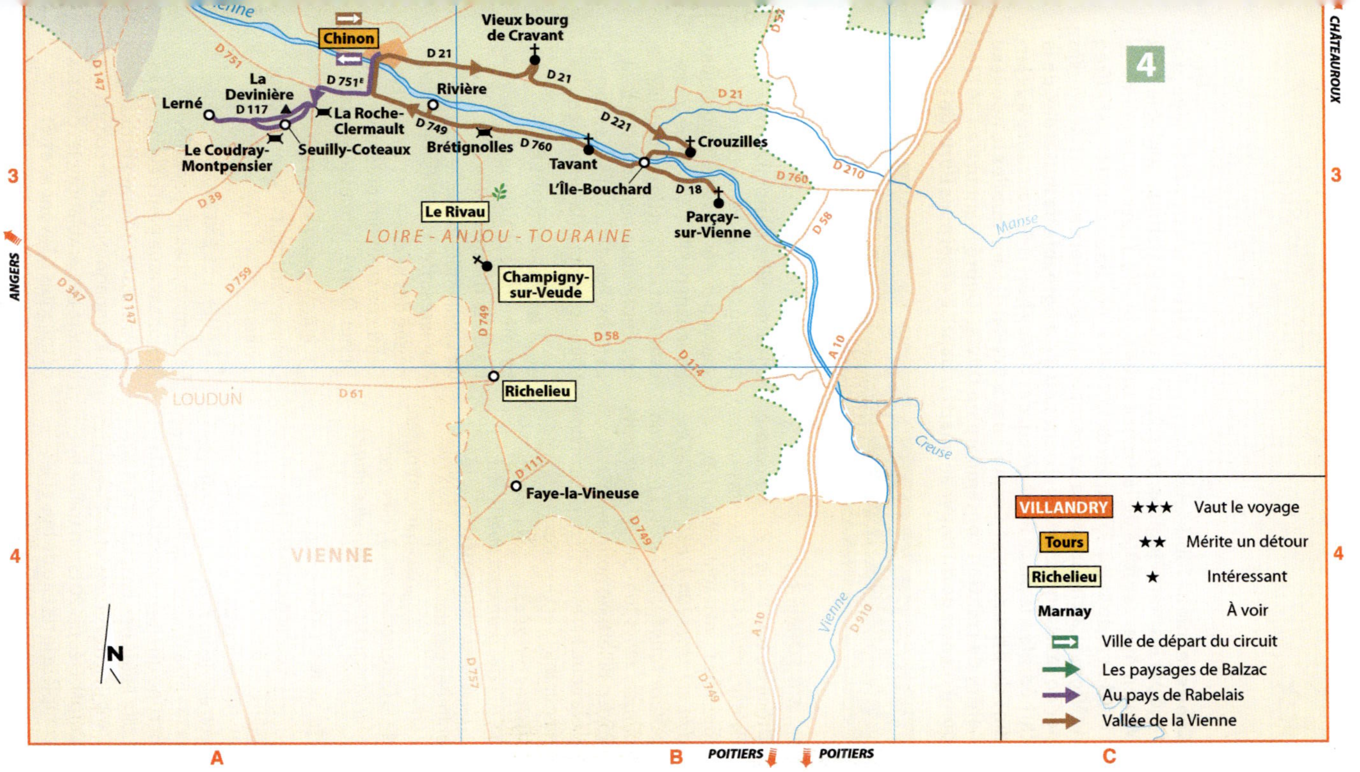
4
Chinon
Vieux bourg de Cravant
Rivière
La Devinière
Lerné
La Roche-Clermault
Le Coudray-Montpensier
Seuilly-Coteaux
Brétignolles
Tavant
L'Île-Bouchard
Crouzilles
Parçay-sur-Vienne
Le Rivau
LOIRE-ANJOU-TOURAINE
Champigny-sur-Veude
Richelieu
LOUDUN
Faye-la-Vineuse
VIENNE
D 21
D 221
D 751
D 751E
D 117
D 749
D 760
D 18
D 39
D 759
D 347
D 147
D 58
D 114
D 61
D 111
D 757
D 210
D 910
A 10
Manse
Creuse
Vienne
ANGERS
CHÂTEAUROUX
POITIERS
POITIERS
A
B
C
3
3
4
4
N
VILLANDRY ★★★ Vaut le voyage
Tours ★★ Mérite un détour
Richelieu ★ Intéressant
Marnay À voir
Ville de départ du circuit
Les paysages de Balzac
Au pays de Rabelais
Vallée de la Vienne

Tours

★★

134817 Tourangeaux (aire urbaine : 397 000) – Indre-et-Loire (37)

Centre religieux fondé au 4e s. par saint Martin, lieu de pèlerinage protégé par les Mérovingiens, foyer intellectuel et artistique durant le haut Moyen Âge, capitale de la France sous Louis XI, Tours est la première ville du Val de Loire, le fleuron de la « belle Touraine » chantée par Alfred de Vigny. La cité inspirée a conservé ses quartiers anciens, traversés par de ravissantes rues piétonnes où il est agréable de musarder, de la cathédrale à la place Plumereau, des beaux hôtels Renaissance aux jardins du prieuré de St-Cosme, cher à Ronsard. Sans oublier le nouveau Centre de création contemporaine Olivier-Debré inauguré en 2017 et point d'ancrage du nouveau quartier baptisé désormais Porte de Loire.

NOS ADRESSES PAGE 239
Hébergement, restauration, achats, activités, etc.

S'INFORMER

Office de tourisme – *78 r. Bernard-Palissy - ☎ 02 47 70 37 37 - www.tours-tourisme.fr - avr.-sept. : 8h30-19h, dim. et j. fériés 10h-12h30, 14h30-17h ; reste de l'année : 9h-12h30, 13h30-18h, dim. et j. fériés 10h-13h - fermé 1er janv., 25 déc.* Billetterie pour les châteaux de la Loire et réservation d'excursion en minibus vers les sites.

Visites guidées – *3 € (-11 ans gratuit) - Label Ville d'art et d'histoire.* Visites-découverte animées par des guides-conférenciers agréés par le ministère de la Culture. *Se rens. à l'office de tourisme ou sur www.vpah.culture.fr.*

SE REPÉRER

Carte de microrégion C1-2 (p. 218-219), plan de ville (p. 224-225). À 240 km au sud-ouest de Paris, à mi-chemin entre Orléans (116 km) et Angers (128 km) à l'ouest. La ville historique occupe un site privilégié entre la Loire et le Cher. En train : à 1h10 de Paris par TGV (Tours et St-Pierre-des-Corps). Depuis 2013, un tramway complète le réseau de bus et les itinéraires cyclables (*www.filbleu.fr et http://mobilite.agglo-tours.fr*).

SE GARER

En centre-ville, de nombreux parkings fléchés permettent de stationner près des sites touristiques. En venant par l'A 10, la sortie Tours-centre est à 800 m du centre-ville. Le périphérique nord-ouest reliant La Riche, Fondettes et St-Cyr-sur-Loire est ouvert à la circulation.

À NE PAS MANQUER

La cathédrale et alentour ; les chefs-d'œuvre du musée du Compagnonnage ; le quartier Plumereau ; les primitifs italiens au musée des Beaux-Arts ; le nouveau Centre de création contemporaine Olivier-Debré ; le prieuré Ronsard.

ORGANISER SON TEMPS

Comptez au moins 1 journée pour la ville.

AVEC LES ENFANTS

Le tramway habillé par Buren. Sa signalétique peut devenir un jeu de piste assez ludique. Le musée du Compagnonnage, le son et lumière de Semblançay, les grottes pétrifiantes à Savonnières. Et une balade à vélo pour découvrir le magnifique prieuré de Ronsard.

Les vitraux du chœur de la cathédrale Saint-Gatien à Tours.
J. Elliott / robertharding / age fotostock

Se promener Plan de ville

En arrivant de Paris, on surplombe la Loire, ses ponts, ses bancs de sable, tandis que se dessinent les tours de la cathédrale et les toits d'ardoise.

★★ QUARTIER DE LA CATHÉDRALE

Calme et serein, il déploie sur un maillage rectiligne des façades blanches et harmonieuses entre les boulevards et la cathédrale.

★★ Cathédrale St-Gatien C1

Commencée au milieu du 13e s. et terminée au 16e s., St-Gatien décline toute la gamme du style gothique ; le chevet en montre l'origine, le transept et la nef, l'épanouissement, la façade flamboyante, l'apothéose *(voir illustration p. 61)*. La façade s'élance de façon très harmonieuse ; une légère asymétrie évite toute monotonie. Assise sur une muraille gallo-romaine, la base des tours est romane, ses puissants contreforts latéraux l'attestent.

RÉMINISCENCES GAULOISES

Installée dès le 5e s. av. J.-C. sur les rives et les îles de la Loire, la tribu gauloise des **Turones** développe une cité prospère durant la période gallo-romaine : sous le nom de *Cæsarodunum,* ou « colline de César », elle bénéficie alors d'un statut de cité libre et s'étend sur environ 40 ha. À la fin du 3e s., les invasions poussent les habitants à se réfugier dans l'actuel quartier de la cathédrale, où se trouvaient les arènes. Comme à Lutèce, la cité se munit d'une muraille, dont d'importants vestiges sont encore visibles près du château et, non loin de là, dans la rue des Ursulines. En 375, elle devient, sous le nom de Turones, siège de la IIIe Lyonnaise, province incluant la Touraine, le Maine, l'Anjou et l'Armorique. Ainsi Tours doit son nom à une tribu gauloise, comme nombre de villes françaises, dont Paris et Brive.

Le riche décor de la façade a été ajouté au 15e s. : tympans ajourés, archivoltes en feston, gâbles ornementés de feuillages aux portails. La partie supérieure de la tour nord, du 15e s., est prolongée par un élégant dôme à lanternon de la première Renaissance, tout comme le clocher sud, construit au 16e s. directement sur la tour romane.

L'**intérieur** de la cathédrale frappe par la pureté de ses lignes. La nef (14e-15e s.) s'harmonise parfaitement avec le **chœur★★** ; ce dernier, rappelant la Sainte-Chapelle de Paris, est l'une des plus belles réalisations du 13e s.

Les **verrières★★★** sont l'orgueil de St-Gatien : celles du chœur, aux chauds coloris, du 13e s. ; la rose sud du transept, légèrement losangée, et la rose nord, coupée d'une épine de soutènement, du 14e s. ; les vitraux de la 3e chapelle latérale sud et la grande rose de la nef, du 15e s. Leurs iconographies se réfèrent à la Genèse, l'Alliance, l'Enfance et la Passion du Christ, la fuite en Égypte… et comme il se doit, un cycle de plusieurs verrières est consacré au saint patron de la ville, saint Martin (évêque de 371 à 397). Elles ont bénéficié d'une récente restauration dans le cadre du « plan cathédrales » lancé en 2009. Cette opération a été l'occasion d'intégrer un programme de création de vitraux, sur concours, pour les quatre baies monumentales du bras nord du transept. L'artiste Gérard Collin-Thiébaut, associé à l'atelier Parot, a illustré le thème de saint Martin en superposant des thématiques ou des personnages de l'histoire contemporaine à des représentations d'œuvres anciennes. Réalisé dans des tonalités douces, l'ensemble complète la riche palette des vitraux anciens de l'édifice ; des panneaux explicatifs accompagnent chacune des scènes. Les passionnés se muniront de jumelles ! Dans la chapelle qui donne sur le croisillon sud, **tombeau★** des enfants de Charles VIII, œuvre gracieuse de l'école de Michel Colombe (16e s.), édifiée sur un socle finement ouvragé de Jérôme de Fiesole. Le décor de peintures médiévales a été restauré. Notez une fresque représentant saint Martin coupant son manteau en deux.

★ Psalette (cloître St-Gatien) C1

7 r. de la Psalette - ✆ 02 47 47 05 19 - www.cloitre-de-la-psalette.fr - mai-août : 9h30-12h30, 14h-18h, dim. 14h-18h ; sept.-oct. : 10h-12h30, 14h-17h30, dim. 14h-17h30 ; mars-avr. : 10h-12h30, 14h-17h30, dim. 10h-17h30 ; reste de l'année : 9h30-12h30, 14h-17h, dim. 14h-17h - fermé lun.-mar. (oct.-mars), 1er janv., 1er Mai, 25 déc. - possibilité de visite guidée (45mn) - 3,50 € (-26 ans gratuit) - gratuit 1er dim. du mois (nov.-mai). Accès par l'intérieur de la cathédrale.

Dans cet élégant édifice gothico-Renaissance se retrouvaient les chanoines et la chorale de la cathédrale, la « psalette ». Le cloître comporte trois ailes, appuyées au mur nord de la cathédrale : celle de l'ouest (1460) est surmontée à l'étage d'une salle de bibliothèque, alors que les ailes nord et est (1508-1524) sont presque totalement couvertes en terrasse. Un gracieux escalier à vis Renaissance mène au scriptorium (1520) précédant la bibliothèque, ou « librairie », belle salle voûtée d'ogives qui accueille des expositions temporaires.

★ Place Grégoire-de-Tours D1

Belle vue sur le chevet de la cathédrale et ses arcs-boutants gothiques. À gauche se dresse le pignon médiéval du **palais des Archevêques** (musée des Beaux-Arts) : de la tribune Renaissance, on donnait lecture des jugements du tribunal ecclésiastique. Remarquez, rue Manceau, une maison canoniale (15e s.) surmontée de deux lucarnes à gâbles et, à l'entrée de la rue Racine, une maison de tuffeau à toit pointu (15e s.), qui abritait la Justice-des-Bains (siège de la juridiction du chapitre métropolitain). Elle est édifiée sur les vestiges d'un amphithéâtre gallo-romain, considérés à tort, à la Renaissance, comme des thermes.

★★ **Musée des Beaux-Arts** C1

18 pl. François-Sicard - ✆ 02 47 05 68 73 - www.mba.tours.fr - ♿ - 9h-12h45, 14h-18h - fermé mar., certains j. fériés - possibilité de visite guidée sur demande (1h) - 6 € (-12 ans gratuit) - gratuit 1er dim. du mois.

L'ancien **archevêché** (17e-18e s.) à la belle façade classique abrite les collections du musée. Du jardin à la française, la **vue**★ est ravissante sur la façade du musée et la cathédrale. Dans la cour d'honneur de l'archevêché, admirez le magnifique et gigantesque cèdre du Liban, planté vers 1804, et « arbre remarquable de France » depuis 2011. Haut de 31 m, il présente une envergure de 33 m. Derrière sa vitrine, Fritz l'éléphant naturalisé du cirque Barnum, mort en 1902, contemple cette merveille de la nature…

Les salons, garnis de boiseries Louis XVI et de soieries de Tours, exposent des œuvres d'art provenant en partie des châteaux détruits de Richelieu et de Chanteloup, ainsi que des grandes abbayes tourangelles.

Le **1er étage** présente un ensemble de toiles d'artistes des 17e et 18e s., parmi lesquels Champaigne, Nattier et Boucher. Dans la salle Richelieu★ sont présentées trois grands tableaux provenant de la galerie des Batailles du palais détruit (son histoire est présentée par un petit film) ainsi que quelques belles sculptures antiques romaines dont l'Apollon Richelieu.

Aux murs, dans la salle Louis XIII, remarquez la suite très colorée *Les Cinq Sens*, tableaux anonymes exécutés d'après des gravures du Tourangeau **Abraham Bosse** (1602-1676). Une sélection d'œuvres de ce maître de la gravure à l'eau-forte, qui adopta la technique de Jacques Callot, est présentée dans la salle Abraham-Bosse. Véritables petites mises en scène sociales, elles fournissent un précieux témoignage de la vie quotidienne au milieu du 17e s.

L'accès au **rez-de-chaussée** se fait par le 1er étage en empruntant l'escalier Louis XV. On y découvre une magnifique collection de **primitifs italiens**★ (en particulier Ceccarelli et Veneziano) issue notamment d'un legs du peintre et collectionneur Octave Linet en 1963. Parmi les œuvres du Quattrocento méritent une attention particulière les superbes *Christ au jardin des Oliviers* et *La Résurrection* de **Mantegna**, provenant de la prédelle (partie basse) du retable de la basilique San Zeno à Vérone. En face, la salle Touraine rassemble scuptures et Vierges à l'Enfant provenant des églises de la région.

Le **2e étage**, entièrement restauré en 2014, est consacré aux 19e et 20e s. dont les tableaux sont mis en valeur par le nouvel accrochage : Delacroix, Chassériau, Monet, un portrait de Balzac par Boulanger, et une riche collection d'œuvres orientalistes, dominée par les envoûtantes *Femmes d'Alger* d'Eugène Giraud. Une salle est consacrée au peintre contemporain Olivier Debré. Grâce à une dation du musée national d'Art moderne de Paris, son œuvre *Rouge de Loire, Touraine* (1984) est désormais présentée dans l'escalier d'honneur. À voir également, des **céramiques** du Tourangeau Avisseau (19e s.), plats décorés de motifs en relief dans le style des productions du 16e s. de Bernard Palissy. Les faïences de Langeais, appréciées dans toute l'Europe au 19e s., se caractérisent par une grande souplesse des formes due à la finesse de l'argile locale additionnée de kaolin, et par la distinction du décor au platine.

Au bout de la rue des Ursulines, le **jardin des archives départementales d'Indre-et-Loire** (D1, *accès à l'angle de la rue du Petit-Cupidon, en passant sous une voûte d'immeubles*) recèle la partie la mieux conservée de l'**enceinte gallo-romaine** de l'antique *Cæsarodunum* (*voir encadré, p. 277*), avec l'une de ses tours de défense, dite « tour du Petit-Cupidon », et sa poterne sud creusée dans la muraille qui devait permettre le passage d'une voie romaine.

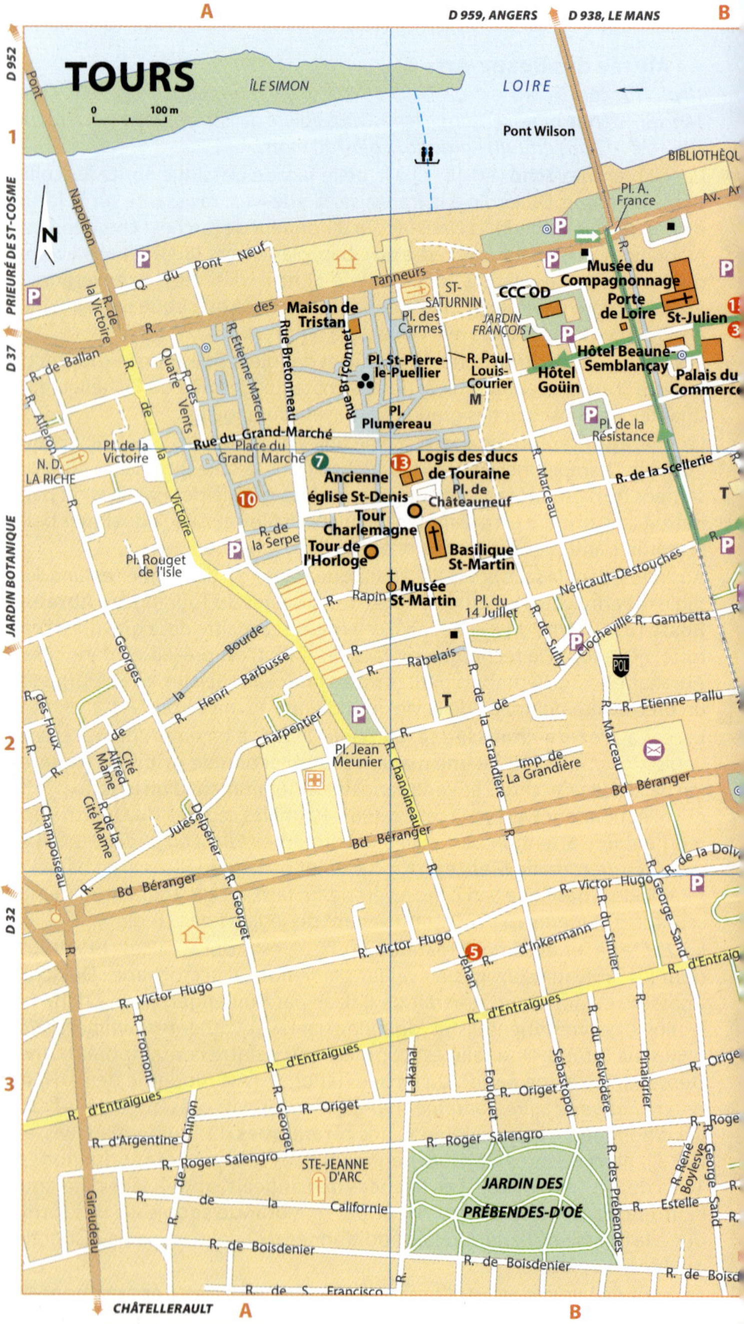

SE LOGER

Hôtel du Théâtre 13
Hôtel L'Adresse 7
Hôtel Mirabeau 10
Hôtel Ronsard 3
La Maison Jules 4

SE RESTAURER

L'Arôme 3
L'Atelier Gourmand 10
Au Lapin qui Fume 17

225

TOURS

- Le Casse-Cailloux 5
- La Chope 6
- La Deuvalière 13
- L'Évidence 15
- Nobuki 11
- Le Petit Patrimoine 22

Château C1

25 av. André-Malraux - ✆ 02 47 61 02 95 - durant les expositions 14h-18h - fermé lun., 1er janv., 14 Juil., 1er et 11 Nov., 25 déc. - 4 € (-18 ans 2 €).

Longé par la promenade ombragée du bord de Loire, le château présente des vestiges hétérogènes. Construit au 11e s. sur les restes de thermes gallo-romains le château des comtes d'Anjou se métamorphose en forteresse défensive sous l'impulsion de Philippe Auguste, une fois la Touraine englobée dans son royaume, au 13e s. De cette transformation subsiste principalement la **tour de Guise**, couronnée de mâchicoulis et d'un toit en poivrière ; ce nom elle le doit au jeune duc de Guise, enfermé dans le château après l'assassinat de son père et qui s'en évada. Adossé à la tour, le **pavillon de Mars**, construit sous Louis XVI. L'ensemble abrite sur plusieurs niveaux des expositions temporaires qui embrassent aussi bien la peinture que la poterie, la sculpture, l'archéologie ou la photographie, en synergie avec le musée parisien du Jeu de Paume. *✆ 02 47 21 61 95 - durant les expositions 14h-18h - fermé lun., 1er janv., 1er Mai, 14 Juil., 1er et 11 Nov., 25 déc. - 4 € (-12 ans gratuit).*

Le long du quai, le **logis des Gouverneurs** (15e s.) est surmonté de lucarnes à gâbles. À sa base et dans son prolongement vers la tour de Guise, la muraille gallo-romaine réapparaît. Au 2e étage du bâtiment, une **exposition permanente** sur l'évolution urbaine retrace, par le truchement de documents archéologiques et historiques, de maquettes et de montages audiovisuels, le passé de la ville. *Merc. et sam. 14h-18h - gratuit.*

★★ PORTE DE LOIRE : LE NOUVEAU TOURS Plan de ville

Circuit tracé en vert sur le plan de la ville (p. 224-225) – Comptez 2h30.

Les bords de Loire B1

Au niveau du pont Wilson, un escalier permet de descendre sur les bords de la Loire. Une belle promenade y a été aménagée (à faire à pied ou à vélo). Une guinguette, animée en été, s'y est installée, ainsi qu'un espace pour les enfants, et des promenades en bateau sur le fleuve *(voir « Nos adresses »).*

Porte de Loire

www.tours-nationale.fr.

C'est le nouveau nom qui désigne le haut de la rue Nationale dans le prolongement du pont Wilson. La ville renoue avec son passé puisque cette porte consacrait au 18e s. l'axe principal qui permettait d'entrer dans la ville, après la construction du pont (1765-1779) reliant les deux rives de la Loire. Un nouveau quartier s'étendant sur plus de 11 000 m², (composé de commerces, deux hôtels Hilton et 79 logements) sort progressivement de terre. Il borde les premiers kilomètres de la perspective tracée par le nouveau tramway de Tours carossé par l'artiste Daniel Buren – connu depuis 1986 pour ses colonnes bi-colores quadrillant la cour du Palais Royal, à Paris. Sur les 15 km de ligne qui traversent la ville du nord au sud, *(voir encadré ci-contre)* près de 40 ha d'espace public ont été réaménagés et redessinés par Buren. À l'image de ces totems de neuf mètres

LE TRAMWAY

Habillé par Buren (tout comme l'aménagement urbain qui l'environne), le tramway émane du dernier trait de crayon esquissé par le pionnier du design industriel **Roger Tallon** (1929-2011). Designer, en 1974, du célèbre train Corail (contraction de « confort sur rail ») il dessina la ligne 14 du métro parisien (Meteor) ainsi que le célèbre TGV Duplex ; son chef d'œuvre, disait-il.

de hauteur (peints en vert sur leur face nord, en rouge côté sud) qui signalent les stations, ou de ces attrapes-soleil (grands disques colorés devant refléter la lumière du soleil) qui jalonnent la ligne. Sans oublier les multiples bandes noires et blanches, emblématiques de son travail, qui marquent les wagons. Plus consensuel, le premier édifice finalisé de ce nouvel ensemble urbain est le CCCOB, qui a été inauguré en 2017.

★Centre de Création Contemporaine Olivier Debré B1

Jardin François-Ier - ✆ 02 47 66 50 00 - www.cccod.fr - 11h30-19h (18h en hiver) sf lun.14h-19h et jeu.11h30-21h (20h en hiver). - 6 € (3 € tarif réduit).

Il prend place dans l'ancienne structure d'un bâtiment classé des années 1950 ; c'est un tour de force d'avoir inscrit ces nouveaux volumes dans ce patrimoine architectural assez massif, issu du vaste programme de reconstruction orchestré, après guerre, par l'architecte et urbaniste en chef Pierre Patout (1879-1965) dans la ville dévastée par les bombardements *(voir encadré ci-dessous)*. Partisan de la ville-jardin, chantre du style paquebot, comme en témoignent nombre d'immeubles parisiens – ainsi que le réaménagement des Galeries Lafayette au début des années 1930 –, l'architecte a su insuffler la modernité (la grande nef de Patout a été conservée) qui a servi d'ancrage à l'actuelle contemporanéité du CCCOD. Conçu par l'agence portugaise Aires Mateus et balisé par une signalétique graphique signée par l'atelier André Baldinger & Toan Vu-Huu, ce parallélépipède blanc, alignant près de 4500 m² de planchers, abrite des volumes doués d'un minimalisme paradoxalement des plus chaleureux. Sa géométrie a été façonnée avec la pierre de taille locale (pierre de Tercé) chaude, lumineuse et presque aérienne car semblant flotter au-dessus d'une margelle en verre (niveau rez-de-chaussée). À l'intérieur, trois espaces se répondent : la **nef** qui, évidée au premier étage, développe désormais son volume sur 11 mètres de hauteur ; la **salle noire** *(black box)* dédiée à la projection des vidéos ; la grande **salle blanche** *(white cube)*, au premier étage, criblée d'*occuli* pour laisser passer la lumière naturelle. Un écrin sur mesure pour exposer les œuvres d'Olivier Debré (1920-1999) que le centre lui avait commandées : cinq grandes huiles sur toile de 4 m par 9 m. Ces dimensions exceptionnelles inscrites dans ce cadre très épuré (façon Le Corbusier) plongent les visiteurs dans une lecture intimiste et quasi sensorielle de la toile. La donation comprend 150 dessins ainsi qu'un prêt permanent de 140 autres œuvres.

Le fonds historique est complété par des expositions temporaires audacieuses, à l'image de cette *Chambre d'huile* (ce qui change des huiles sur toile) aux miroitements abyssaux et répétitifs que l'artiste norvégien Per Barclay a fait courir sous la nef en 2017.

De l'ancien Centre de création contemporaine *(55 r. Marcel-Tribut)* reste néanmoins « **19h04** », la façade en lames de plexiglas et diodes lumineuses conçue par l'architecte Philippe Chiambarreta en 2007.

★ Hôtel Goüin B1

105 r. du Commerce - ✆ 02 47 66 22 32 - 14h-18h - fermé lun.-merc.

L'hôtel Goüin, l'un des rares exemples d'architecture Renaissance à Tours, sort d'une longue campagne de restauration qui s'est en particulier attardée sur les sculptures de la façade,

DESTRUCTIONS

Les bombardements de la Seconde Guerre mondiale ont touché Tours sévèrement : 1 543 immeubles détruits et 7 960 autres endommagés, en majorité dans les quartiers du centre et des bords de Loire.

sérieusement dégradées notamment par le salpêtre. Certaines d'entre elles ont même été traitées avec des compresses d'eau déminéralisée avant d'être consolidées à l'aide de silicate d'éthyle pour les préserver de la pluie et du gel. L'édifice, incendié en juin 1940, a retrouvé son éblouissante **façade sud★**, sculptée de fins rinceaux Renaissance, et, au nord, sa belle tour d'escalier. Il abritait le **musée** de la Société archéologique de Touraine.
Pour l'heure il accueille des expositions temporaires innovantes, renouvelées régulièrement.
Traversez la rue Nationale et ne manquez pas d'observer le fameux tramway qui est autant un moyen de locomotion qu'une expérience artistique selon les mots de ses concepteurs.

★★ Musée du Compagnonnage B1

8 r. Nationale - ✆ 02 47 21 62 20 - www.museecompagnonnage.fr - de mi-juin à mi-sept. : 9h-12h30, 14h-18h ; reste de l'année : tlj sf mar. 9h-12h30, 14h-18h - fermé certains j. fériés - 5,80 € (-18 ans 4 €).

Aménagé dans la salle de l'Hospitalité (11e s.) et dans le **dortoir des moines** (16e s.), au-dessus de la salle capitulaire de l'abbaye St-Julien, ce musée dédié à la « belle ouvrage » des compagnons du tour de France retrace l'histoire, les coutumes et les techniques de ces associations de formation et de défense des artisans. Il présente des métiers actuels ou disparus du compagnonnage, parmi lesquels les tisseurs, les cordiers et les tourneurs sur bois, ainsi que leurs outils et quelque 400 **chefs-d'œuvre**. Ceux-ci sont dits « de réception » quand ils apportent la preuve que le candidat au titre de compagnon maîtrise les techniques de son métier. Certaines œuvres collectives, de grandes dimensions, consacrent le savoir-faire d'une association. D'autres encore résultent de défis entre sociétés rivales ou bien de défis à soi-même, à la recherche de la difficulté et de la perfection. La qualité des œuvres et les documents historiques exposés sont absolument remarquables. Rappelons que le but du compagnonnage est d'assurer la formation professionnelle et morale des jeunes, après l'apprentissage par le voyage. Au cours de ce tour de France, qui dure de trois à sept ans, voire plus, le **compagnon** travaille de ville en ville, dans différentes entreprises. Il est hébergé à la Maison des compagnons. Le mot compagnon est issu du latin *cum* (avec) et *panis* (pain), soit, littéralement : « Celui avec qui l'on partage le pain ».

Église St-Julien B1

ouvert pour certaines manifestations - possibilité de visite guidée, se rens. à l'office de tourisme.
L'église St-Julien (11e-13e s.) était jadis entourée d'un cloître, transformé en petit jardin, et de bâtiments monastiques.

★ Hôtel Beaune-Semblançay B1

Accès par le porche au n° 28 de la rue Nationale.
Il a appartenu au malheureux Jacques de Beaune, baron de Semblançay et surintendant des Finances de François Ier, qui fut pendu à Montfaucon. De cet hôtel Renaissance ont échappé aux destructions une galerie à arcades surmontée d'une chapelle, une belle façade décorée de pilastres, isolée dans la verdure, et la ravissante **fontaine de Beaune**, finement sculptée. Autour, les buis du petit jardin à la française sont taillés pour former les armes des Beaune.
Dans la rue Jules-Favre se dresse la façade sobre et élégante du **palais du Commerce** B1, construit au 18e s. pour les marchands de Tours. Pénétrez dans la cour du 18e s. finement décorée et voyez au passage, par une porte vitrée, l'escalier et sa belle balustrade de fer forgé.

Tours, la place Plumereau.
N. Thibaut / Photononstop

Rue Colbert C1

Avant la construction du pont Wilson, elle formait avec son prolongement, la rue du Commerce, l'axe principal de la ville. Notez au n° 25 les curieux personnages en bois sculpté au rez-de-chaussée d'une vaste demeure à colombages. Au n° 41, une autre maison à colombages porte l'enseigne « À la Pucelle Armée ». C'est ici, en avril 1429, que Jeanne d'Arc aurait fait fabriquer son armure. Ce qui ne l'empêchera pas, le 7 mai au siège d'Orléans, de prendre un carreau d'arbalète dans l'épaule.

Sur la gauche, empruntez le dernier passage médiéval de Tours, si joliment nommé **passage du Cœur-Navré** (15e s.). C'est parce qu'elles se sont affaissées que les maisons du bout du passage se rejoignent en hauteur.

Place Foire-le-Roi C1

Là se tenaient les grandes foires franches établies par François Ier ; on y jouait aussi des mystères lors de l'entrée des rois à Tours. La place est bordée au nord de maisons à pignons du 15e s.

Au n° 8 se trouve un bel hôtel Renaissance ayant appartenu à Philibert Babou de La Bourdaisière. Au fond de la place, aux nos 1 et 3, au-dessus de garages, façades à colombages croisés de la fin du 15e s.

Retournez vers la rue Colbert et rejoignez le quartier des antiquaires de la rue de la Scellerie.

Rue de la Scellerie C1

Elle constitue l'épicentre du quartier des antiquaires et des libraires anciens, on y trouve de nombreuses boutiques de mode également. Les amateurs verront notamment la librairie Thureau, spécialisée dans les ouvrages du 17e s.

Au bout de la rue se dresse le **Grand Théâtre** de Tours construit de 1869 à 1875 dans un style grandiloquent très Second Empire ; il occupe le site de l'ancien couvent des Cordeliers, dont subsistent des vestiges à l'angle de la rue Voltaire.

Empruntez la rue Corneille pour atteindre la rue Émile-Zola.

5

La cité inspirée

LA VILLE DE SAINT MARTIN (4e S.)

Le plus grand évêque des Gaules est d'abord légionnaire dans l'armée romaine. Après avoir coupé son manteau en deux pour en donner la moitié à un pauvre homme, un jeune soldat voit en songe le Christ couvert de la moitié de son manteau. Le futur saint Martin se fait alors baptiser et commence son apostolat. Il fonde à Ligugé, en Poitou, le premier monastère sur le sol gaulois, puis, aux portes de Tours, celui de Marmoutier, et devient évêque en 372. Saint Martin meurt à Candes en 397.

Un pèlerinage très fréquenté – Vers 496, **Clovis** vient se recueillir dans la basilique St-Martin et promet de se faire baptiser s'il remporte la victoire sur les Alamans. De retour en 507 lors de la guerre contre les Wisigoths, il ordonne à son armée de ne pas souiller le territoire de Tours, par respect pour saint Martin. Après sa victoire à Vouillé, il se rend à la basilique et la comble de présents en remerciement. De cette époque dateront protections et privilèges accordés par les Mérovingiens au prestigieux sanctuaire.

Depuis longtemps déjà, les foules viennent chercher ici guérison ou aide. Aux pèlerins ordinaires se mêlent les princes et les puissants. Le succès du culte martinien enrichit considérablement l'abbaye, dont les possessions foncières, fruits de multiples donations, s'étendent jusqu'en Berry et en Bordelais. Bénéficiant de la faveur royale, elle reçoit également le droit de battre monnaie.

Grégoire de Tours, premier historien des Francs

En 563, un diacre de santé précaire, héritier d'une grande famille gallo-romaine arverne, Grégoire, se rend au tombeau de saint Martin. Guéri, il se fixe à Tours, où sa piété et sa probité, alliées à la notoriété de sa parenté (petit-neveu de saint Nizier de Lyon), lui valent d'être élu évêque en 573. Grégoire de Tours écrit beaucoup, notamment une *Histoire des Francs* qui est restée la principale source de connaissance des temps mérovingiens. Il meurt en 594.

LE SAVANT ALCUIN

À la fin du 8e s., la cité, tout en restant un grand centre religieux, devient, sous l'impulsion d'Alcuin, un foyer intellectuel et artistique. Ce moine, d'origine anglo-saxonne, a été ramené d'Italie par Charlemagne, qui veut relever le niveau des études dans ses États; il s'entoure d'un groupe d'érudits dominé par la figure d'Alcuin, animateur de la « renaissance carolingienne ».

Lorsque Alcuin décide de se retirer, Charles lui offre l'abbaye de St-Martin de Tours (796). Celle-ci compte plus de 200 moines mais elle est un peu en somnolence. Le maître entreprend de la relever. Il s'occupe activement de l'école abbatiale, créant deux cycles : l'un élémentaire, l'autre d'étude des sept arts libéraux (grammaire, rhétorique, logique, arithmétique, géométrie, musique et astronomie). Les étudiants accourent de toute l'Europe.

Alcuin anime également le **scriptorium**, qui travaille au renouveau de la calligraphie et à la décoration des manuscrits. Par ailleurs, il établit une version révisée de la Vulgate qui s'imposera dans tout le royaume. Il s'éteint en l'an 804, le jour de la Pentecôte, âgé sans doute de 75 ans.

Dans le sillage d'Alcuin, Tours reste pendant la première moitié du 9e s. un brillant foyer culturel. En 813, un concile s'y réunit et prescrit aux prêtres de commenter les Écritures en langue romane et non en latin. Le scriptorium de St-Martin produit de son côté, dans les années 840, de splendides chefs-d'œuvre : la Bible dite d'Alcuin, la Bible dite de Moutier-Grandval et la fameuse

Bible de Charles le Chauve. Des artistes venus d'Aix puis de Reims renouvellent et enrichissent la technique picturale de l'atelier abbatial.

LES PREMIERS CAPÉTIENS

Les invasions normandes atteignent Tours dès 853 : la cathédrale, les abbayes, les églises sont incendiées et détruites. Les reliques de saint Martin doivent être emportées et cachées jusqu'en Auvergne. L'abbaye entre en décadence et passe sous le contrôle des robertiens, abbés laïques au pouvoir temporel immense : parmi les 200 chanoines de l'abbaye sont choisis archevêques, évêques et abbés. L'un des grands vassaux d'**Hugues Capet**, Eudes Ier, comte de Blois et de Tours, obtient de celui-ci, vers 984, l'abbaye voisine de Marmoutier, appelée à prendre un grand essor au 11e s. Le surnom même de « Capet » viendrait d'une allusion à la *cappa* (manteau) de saint Martin ; le succès de la nouvelle dynastie royale devrait donc beaucoup au nombre d'abbayes qu'elle coiffe (dont celle de St-Martin de Tours).

DE LA MAISON D'ANJOU À CELLE DE FRANCE

En 997, un gigantesque incendie détruit Châteauneuf (cité de pélerinage développée autour du tombeau de saint Martin) et l'abbaye St-Martin elle-même, qui doit être entièrement reconstruite, notamment la basilique de 471. En 1163, la Touraine appartient à l'empire Plantagenêt. Mais, en 1205, **Philippe Auguste** s'empare de la ville, qui restera définitivement française. Le 13e s. coïncide avec une période heureuse et prospère, marquée par l'adoption de la monnaie d'argent royale, frappée à Tours, puis dans d'autres villes du royaume, le **denier tournois**, préféré peu à peu au denier parisis. En 1308, Tours accueille les états généraux du royaume, convoqués par Philippe le Bel pour condamner l'ordre du Temple. Bientôt s'ouvre une période difficile avec l'arrivée de la **peste noire** (1351) et de la guerre de Cent Ans.

La capitale de Louis XI

Sous **Louis XI**, Tours fait figure de capitale du royaume et se voit dotée d'un maire en 1462. Le roi aime la région et réside au château de Plessis. De nouveau, on y mène une vie facile, tandis que la présence de la Cour attire de nombreux artistes, dont le peintre **Jean Fouquet** (né vers 1420 et mort à Tours entre 1477 et 1481). Il est l'auteur, parmi d'autres chefs-d'œuvre, de la *Pietà* de Nouans-les-Fontaines, de la *Vierge à l'Enfant* du château de Loches et des magnifiques miniatures des *Grandes Chroniques de France* ou des *Antiquités judaïques*. Après la mort de Louis XI en 1483 au château de Plessis, la Cour émigre à Amboise.

Les Temps modernes

Les ouvriers et autres métiers de la soie composent un monde d'artisans, d'intellectuels et d'artistes où la **Réforme** trouve ses premiers adeptes. Tours devient un des centres les plus actifs de la nouvelle religion. En 1562, les calvinistes saccagent l'abbaye St-Martin. Les catholiques se vengent : dix ans avant la St-Barthélemy, 200 à 300 huguenots sont jetés à la Loire.

En mai 1589, Henri III et le parlement de Paris se replient à Tours qui, en la circonstance, retrouve son rôle de capitale du royaume.

De même, Tours est très brièvement choisie en septembre 1870 comme **siège du gouvernement de la Défense nationale**, ainsi qu'en juin 1940… juste avant que le gouvernement ne fuie à Bordeaux.

Depuis le 30 novembre 2000, le Val de Loire, dont Tours est l'une des 6 villes-portes, est inscrit sur la Liste du Patrimoine mondial de l'Unesco.

LE DERNIER ÉTÉ DE SAINT MARTIN

À la mort de saint Martin, évêque de Tours, en l'an 397, les moines de Ligugé et ceux de Marmoutier se disputent sa dépouille. Profitant du sommeil des Poitevins, les Tourangeaux s'emparent alors du cadavre qu'ils portent dans une barque pour regagner leur ville à toutes rames. La légende veut qu'un miracle se soit produit sur le passage du corps : les fleurs se seraient mises à éclore en plein novembre, les arbres à verdir et les oiseaux à chanter. Ce phénomène donnera naissance à l'expression « l'été de la St-Martin », employée lorsque la chaleur revient en automne.

Hôtel Mame C1

19 r. Émile-Zola - visite lors des Journées du patrimoine; cour ouverte en sem.
Cet hôtel particulier de style classique a été édifié de 1768 à 1770 par l'architecte Pierre Meusnier pour Gilles Lefebvre, marchand tourangeau.
Poursuivez jusqu'à la rue Nationale que vous traversez pour rejoindre le vieux Tours.

★★ VIEUX TOURS

La vaste opération de restauration entreprise vers 1970 autour de la place Plumereau, ainsi que l'installation de la faculté des lettres au bord de la Loire ont fait revivre ce vieux quartier; ses rues étroites, souvent piétonnes et très commerçantes, en ont fait l'un des principaux centres d'animation de la ville.

★ Place Plumereau AB 1

Aménagée en zone piétonne, la place « Plum'», l'ancien « carroi aux chapeaux », est bordée de belles maisons du 15e s. à pans de bois qui alternent avec des façades de pierre. Terrasses de café et de restaurant débordent sur la place dès les premiers beaux jours, attirant touristes et étudiants. Avancez jusqu'à l'angle de la rue de la Rôtisserie, marqué d'une vieille façade à croisillons de bois.

Au nord, un passage voûté ouvre sur la charmante **place St-Pierre-le-Puellier** agrémentée de jardins; des fouilles y ont mis au jour, entre autres, un édifice public gallo-romain du 1er s., des cimetières des 11e et 13e s., ainsi que les fondations de l'église qui a donné son nom à la place. Au nord, un grand porche ogival donne accès à une autre placette.

Rue du Grand-Marché A1

C'est l'une des plus intéressantes du vieux Tours, avec ses nombreuses façades à colombages garnies de brique ou d'ardoise. Depuis la place du Grand-Marché, on rejoint aussi les **halles** qui s'animent les mercredis, samedis et dimanches matin et comptent nombre de commerces de bouche.

Rue Bretonneau A1

Au n° 33, un hôtel du 16e s. présente un beau décor de rinceaux Renaissance; l'aile nord fut ajoutée vers 1875.

LES BASILIQUES DE SAINT MARTIN

Un premier édifice fut élevé en 471 autour de la sépulture de saint Martin. Elle mesurait 53 m sur 20 m, comptait 120 colonnes, 32 fenêtres dans l'abside et 20 dans la nef. Après un incendie dévastateur, une nouvelle basilique fut édifiée au 11e s.; victime des vicissitudes de l'histoire, elle dut être intégralement rebâtie au cours du 19e s..

Rue Briçonnet A1

Elle rassemble tous les styles de maisons tourangelles, depuis la façade romane jusqu'à l'hôtel 18e s. Au no 35, une maison présente, sur l'étroite rue du Poirier, une façade romane; au no 31, façade gothique de la fin du 13e s.; en face, au no 32, maison Renaissance aux jolies statuettes en bois. Non loin, une belle **tour d'escalier** marque l'entrée de la place St-Pierre-le-Puellier. Plus au nord, sur la gauche, façade classique au no 23.

Au no 16 se trouve la **maison de Tristan**, belle construction de brique et de pierre, au pignon dentelé, de la fin du 15e s.; dans la cour, un des linteaux de fenêtre porte l'inscription « Prie Dieu pur », belle anagramme de Pierre Dupui, qui fit construire l'hôtel.

Rue Paul-Louis-Courier B1

Au no 10 *(dans la cour intérieure)*, une élégante galerie en bois, desservie par deux escaliers en spirale, surplombe le portail de l'hôtel Binet (15e-16e s.). En face, au no 15, se distingue la façade Renaissance de l'hôtel Robin Quantin.

Place du Grand-Marché A1

La **rue de la Rôtisserie** qui y mène charme par son alternance de demeures en pierre et maisons à colombages.

Tout en longueur et arborée, la place se signale par une sculpture originale de Xavier Veilhan (2004) figurant un personnage fantastique… *Le Monstre*! Aux nos 54-56 (côté Halles), notez le portail gothique de l'hôtel du trésorier de St-Martin surmonté de fenêtres et niches richement ouvragées.

Place de Châteauneuf B1

Belle vue sur la tour Charlemagne, vestige de la **basilique St-Martin**, élevée du 11e au 13e s. sur le tombeau du grand évêque de Tours, après la destruction par les Normands du sanctuaire du 5e s. Saccagé en 1562 par les huguenots, l'édifice fut laissé à l'abandon pendant la Révolution et ses voûtes s'écroulèrent. La nef fut rasée en 1802 pour tracer la rue des Halles. La **tour Charlemagne** (15e s.), isolée depuis cette époque et en partie effondrée en 1928, est aujourd'hui restaurée; depuis 2016, une visite guidée permet d'accéder à son sommet : du haut de ses 48 mètres, sa terrasse sommitale offre un panorama exceptionnel sur l'agglomération et le cours de la Loire. Une excellente base pour comprendre l'histoire et le développement de la ville.

En face, l'ancien **logis des ducs de Touraine** (14e s.) B1 **N** abrite la Maison des combattants, tandis que l'**église St-Denis** (fin 15e s.) B1 **B** a été aménagée en centre musical. Plus loin, dans la rue des Halles s'élève la **tour de l'Horloge** AB1-2; complétée d'un dôme au 19e s., elle marquait la façade de la basilique.

Basilique St-Martin B1-2

R. Descartes - t 02 47 05 63 87.

Construite à la fin du 19e s. dans le style néobyzantin, elle est l'œuvre de **Victor Laloux**, architecte tourangeau (1850-1937). La colonnade de marbre rend la nef imposante. La crypte renferme le tombeau de saint Martin, qui fait encore l'objet de pèlerinages importants, notamment le 11 Novembre ainsi que le dimanche suivant.

VERS LES BOULEVARDS Plan de ville

Place Jean-Jaurès C2

Centre névralgique de la cité, cette vaste place est dominée par l'hôtel de ville (1898-1904) réalisé par Victor Laloux, à droite, et le palais de justice à gauche (1840). Elle ouvre les perspectives arborées des grands boulevards de Tours, ainsi que celle très commerçante de la rue Nationale. Celle-ci a gardé, dans sa première partie, les constructions très régulières et symétriques de 1840. L'artère a été remise en valeur avec la création du tramway.

Jardins historiques Hors plan

♿ *- juin-août : 7h45-21h ; mars-mai et sept.-oct. : 7h45-19h30 ; reste de l'année : 7h45-17h30 - gratuit.* En plein cœur de la ville, plusieurs très beaux jardins incitent à la flânerie et à la détente.

Jardin botanique (5,8 ha) Hors plan – *35 bd Tonnellé.* Excentré vers l'ouest, le jardin le plus ancien de Tours est conçu comme un jardin d'acclimatation. Il compte un arboretum, un bassin de nénuphars et de lotus, une zone méditerranéenne, un jardin de l'évolution végétale, un parc animalier, une miniferme *(♿ - juin-août : 7h45-21h ; mars-mai et sept.-oct. : 7h45-19h30 ; reste de l'année : 7h45-17h30 - gratuit).* Une orangerie et des serres d'exposition séparent le jardin des serres de multiplication (cour technique). Des travaux ont permis de créer un nouvel accès et une extension du jardin.

Jardin des Prébendes d'Oé (5 ha) Hors plan – *R. Roger-Salengro.* De style paysager, créé par Eugène Bühler en 1874, il recèle de beaux arbres d'ornement groupés par essence *(éclairé jusqu'à 22h en été).*

À proximité du centre Vinci, le **square de la Préfecture** (1 ha) C2 est de style composite.

Centre international de congrès Vinci C2

Ne se visite pas.

Réalisation de l'architecte Jean Nouvel (1993). Jouxtant gares routière et ferroviaire, sa proue de verre s'inscrit dans un geste architectural dynamique répondant à son implantation très urbaine. À l'intérieur, trois auditoriums, de 350, 700 et 2 000 places, suspendus dans le vide, côtoient plus de 3 500 m² d'espace d'exposition et 22 salles de réunion. Cette prouesse technique est une première en France.

Gare de Tours

Son imposante façade de pierre, dessinée par Victor Laloux (futur architecte de la gare d'Orsay en 1898), est rythmée par quatre colonnes massives portant les statues allégoriques des grandes villes du réseau : Limoges et Nantes aux angles, Bordeaux et Toulouse au centre. L'édifice construit de 1896 à 1898 se développe sous deux vastes halles métalliques couvertes.

À proximité Carte de microrégion

★★ Demeure de Ronsard au prieuré de St-Cosme C1

A 3 km de Tours, vers l'ouest. Bus 3A de la gare de Tours (20mn, arrêt La Pléiade). À vélo une piste mène jusqu'au prieuré. Se rens. à l'office de tourisme.

R. Ronsard - ✆ 02 47 37 32 70 - www.prieure-ronsard.fr - ♿ - juin-août : 10h-19h ; avr.-mai et sept. : 10h-18h ; reste de l'année : 10h-12h30, 14h-17h - fermé 1er janv., 25 déc. - possibilité de visite guidée (1h15) - 6 € (-7 ans gratuit).

À moins d'une heure de marche de Tours, le prieuré St-Cosme, bâti à l'origine sur une île de la Loire aujourd'hui rattachée à la terre ferme, était, pour les chanoines du 12e s., de par son isolement « un paradis sur terre permettant d'atteindre plus facilement le vrai paradis ». Fondé en 1092 par l'abbaye de St-Martin-de-Tours autour de cinq chanoines soucieux de vivre selon la règle de saint Augustin, il accueillit les pèlerins en route pour St-Jacques-de-Compostelle jusqu'à sa fermeture en 1741 et son progressif démantèlement au 18e s. L'église et les bâtiments du cloître étant livrés aux démolisseurs avant d'être vendus comme biens nationaux. Ce n'est qu'à partir de 1924 que le prieuré – alors éparpillé en 17 lots – commence à sortir de son purgatoire grâce à l'intervention de la salvatrice association de La Sauvegarde de l'Art Français. Parmi les prieurs commendataires (nommés par le roi) qui vinrent à St-Cosme, le plus célèbre fut bien sûr **Pierre de Ronsard**. En 1565 l'écrivain a 41 ans et il est au faîte de sa gloire. Il vient de publier les *Discours des misères de ce temps* très favorables au parti du jeune roi Charles IX – fils de Catherine de Médicis – dont il est le poète officiel dans le conflit des guerres de religion. C'est donc sans surprise qu'il est choisi par le roi pour succèder à son propre frère à la tête du prieuré. Ronsard y restera pendant vingt ans jusqu'à sa mort en 1585, à l'âge de 61 ans. Inhumé dans le prieuré, son corps, plus précisément son tombeau, sera découvert en 1931 dans le chœur de l'**église** réduite à des vestiges. La visite commence par un très intelligent **dispositif interactif.** Il nous fait découvrir, sous forme de plans et volumes virtuels, l'évolution architecturale du prieuré au fil des siècles.

Logis du Prieur★ – C'est dans cette charmante petite maison du 14e s. que vécut et mourut le « prince des poètes ». En son temps, un escalier extérieur menait au 1er étage, qui abritait sa chambre et son cabinet de travail. Une collection de dessins, photos et gravures, du mobilier Renaissance, ainsi que de nombreux objets (éditions originales des œuvres du poète) évoquent la vie de Ronsard. Pupitres audio et surprises sonores ponctuent la visite. Dans les jardins, un parcours sensoriel mêle dispositifs sonores, parfums des plantes et variétes florales.

Jardins★ – Au nombre de douze, ces nouveaux espaces végétalisés, fruits d'une création contemporaine, sont déclinés chacun autour d'une thématique : potager, verger (le figuier était l'arbre du Paradis), jardin de simples, jardin cimetière, jardin de roses ou des parfums… Le public redécouvre le prieuré tel qu'il était jusqu'à la fin du 16e s.

Dans le **réfectoire des chanoines**, seul rescapé des bâtiments du 12e s. (avec une partie de l'hôtelier), remarquez la **chaire romane**, ornée de colonnes et de chapiteaux sculptés. Inaugurés en 2010, les **quatorze « vitraux »★★** fermant les

L'abbaye de Saint Cosme.
L. Marolleau/age fotostock

5

LOUIS XI AU PLESSIS-LÈS-TOURS

Fils de Charles VII et de Marie d'Anjou, **Louis XI** naquit à Bourges en 1423 et accéda au trône en 1461. Soucieux de favoriser l'essor de son royaume après les ravages de la guerre de Cent Ans, il développa les manufactures et le commerce. De tempérament inquiet, et plus politique que militaire, il sut imposer son autorité au pays, achever la guerre et régénérer la vie économique. Ses luttes avec le duc de Bourgogne, Charles le Téméraire, se soldèrent par la défaite et la mort du duc, en 1477, et l'annexion d'une partie du duché, en 1482. Les sites d'Amboise, de Loches et de Chinon ne lui plaisant guère, le roi acheta en 1463 à son chambellan de Maillé la terre de Montils. Rebaptisée Plessis, Louis XI y fit édifier un château simple et sévère, qui aurait été plus digne d'un bourgeois aisé que d'un roi de France. Le monarque y passa pourtant la majeure partie de sa vie.

baies du réfectoire du prieuré sont l'œuvre de Zao Wou-Ki. Le peintre a choisi une série d'encres de Chine réalisées en 2005 pour un ouvrage de bibliophilie de Dominique de Villepin (jamais diffusé). Trois d'entre elles, celles destinées à la chaire du lecteur, ont été réhaussées de rouge à partir du monotype qui avait été utilisé pour le livre. Si les encres de Chine semblent aussi fluides, c'est parce qu'elles n'ont pas été corsetées par les fameuses résilles de plomb grâce à la technique dite du « verre décoré » : sur un film de polyester protégé de feuilles de buthyl les œuvres sont sérigraphiées, puis serties entre deux verres avant que l'ensemble ne soit autoclavé.

La collection des **livres pauvres★★** présente des petits livres d'artistes manuscrits, fruits d'une collaboration entre des écrivains (Fernando Arrabal, Michel Butor, Yves Bonnefoy, etc.) et des plasticiens (Pierre Alechinsky, Claude Viallat, Joël Leick, etc.). Ces deux mille ouvrages font, depuis mars 2008, l'objet d'un dépôt au sein de la nouvelle bibliothèque poétique de la demeure de Ronsard. Présentés de façon thématique tous les 4 mois.

Château de Plessis-lès-Tours C2

À 1 km du prieuré de St-Cosme par l'av. du Prieuré. Fermé à la visite.

Ce modeste bâtiment ne constitue qu'une petite partie de l'édifice bâti pour Louis XI au 15e s. Les dernières années du roi furent difficiles : redoutant un attentat, s'imaginant avoir la lèpre, Louis XI vécut, dit-on, rongé par la méfiance et réfugié dans la superstition. C'est dans ce contexte que se serait échafaudée la trahison du cardinal La Balue, son protégé, lequel aurait comploté secrètement avec le duc de Bourgogne. Démasqué en 1469, le cardinal fut emprisonné à Loches jusqu'en 1480. Louis XI mourut au château de Plessis le 30 août 1483, après vingt-deux ans de règne *(voir encadré ci-dessus)*. Pour l'étymologie de Plessis voir encadré p. 414.

★ Domaine de Candé C2

20 km au sud de Tours par la N 10 ; sur la D 87 à Monts.

02 47 34 03 70 - www.domainecande.fr - juil.-août : 10h30-19h ; avr.-juin et sept. : tlj sf lun.-mar. 10h30-12h30, 13h30-18h ; reste de l'année : 13h30-18h - fermé de mi-nov. à mi-mars - possibilité de visite guidée (1h) - 6,50 € (-7 ans gratuit) - animations vac. scol. : sur réserv.

Depuis l'entrée, une petite route goudronnée monte doucement à travers le parc et le bois, pour rejoindre le château qui les surplombe.

Château – Au début du 16e s., à la place de la forteresse primitive, François Briçonnet fait édifier un pavillon de plaisance de style Renaissance. Puis, au milieu du 19e s., Santiago Drake del Castillo (héritier d'une riche famille

BALZAC, DE TOURS À VOUVRAY
« Le village de Vouvray se trouve comme niché dans les gorges et les éboulements [...] Les effrayantes anfractuosités de cette colline déchirée sont habitées par une population de vignerons. En plus d'un endroit il existe trois étages de maisons, creusées dans le roc [...], la fumée d'une cheminée s'élève entre les sarments et le pampre naissant d'une vigne. Des closiers labourent des champs perpendiculaires. » C'est ainsi que Balzac décrit Vouvray dans *La Femme de trente ans*. Né à Tours en 1799, l'auteur de la *Comédie humaine* avait plusieurs fois parcouru la route jusqu'au village où s'élève aujourd'hui une statue de son « illustre Gaudissart ». Elle rend hommage à celui auquel « les séduisantes rives de la Loire » ont inspiré quelques-unes des plus belles pages de la littérature française.

anglo-cubaine) fait tripler la superficie du pavillon dans un style néogothique par l'architecte tourangeau Jacques-Aimé Meffre. En 1927, Charles Bedaux, riche industriel franco-américain, achète et pare le château de toute la modernité et du confort possible à l'époque (chauffage central, central téléphonique). Dix ans plus tard, le château accueille le mariage le plus controversé de la décennie : celui de Wallis Simpson et du duc de Windsor (ex-Édouard VIII), qui, par cette union, renonce au trône. Amie très proche de Wallis Simpson, Fern Bedaux a permis que le mariage soit célébré en ces lieux, dans la plus grande intimité. En 1951, elle fait don de Candé à la présidence de la République, qui le rétrocède au conseil général d'Indre-et-Loire en 1974.
Intérieur – La découverte des décors des années 1930 débute dans le salon Rouge par un film d'époque sur le fameux mariage. Quinze salles sont ouvertes à la visite, dont le salon de musique où l'union fut célébrée. Remarquez dans les différentes pièces les cachettes des téléphones.
Dans la bibliothèque, **l'orgue Skinner★★**, conservé ici depuis 1930, a la particularité d'être réparti sur trois niveaux, la soufflerie électropneumatique étant dans les combles. Notez que la partie instrumentale (au premier étage), classée Monument historique, a fait l'objet d'une restauration complète de 2004 à 2012. Au rez-de-chaussée, dans la bibliothèque, se trouve la console composée de trois claviers et d'un pédalier.
La **salle de bains de Fern Bedaux★**, de style Art déco (mosaïque de pâte de verre bleue ou verte réalisées par Novello), bénéficie d'une installation ultramoderne : chauffe-serviette et système de remplissage et vidage de la baignoire en trente secondes ! Dans la salle de bains de son mari, une astuce permet, en dépit de la petite taille de la pièce, d'avoir une baignoire de taille normale grâce à un banc-coffre qui dépasse dans la chambre voisine.
Parc – S'étendant sur 200 ha, il constitue une réserve importante pour la faune et la flore locales. Environ 60 chevreuils gambadent en liberté et de nombreuses espèces d'oiseaux nichent dans des arbres remarquables tels que séquoias, ginkgos biloba, cèdres et platanes. Jeux de plein air et sculptures ludiques.
Verger et potager – Diverses variétés anciennes de fruits, plantes aromatiques, plantes médicinales et fleurs comestibles.
Sous-sols – Ils concluent la visite par la découverte de la salle de gymnastique.

Montbazon C2

14 km au sud de Tours par la D 910.
Montbazon compte parmi les vingt forteresses édifiées aux alentours de l'an mil sous l'égide du comte d'Anjou, Foulques Nerra. Les amateurs de panoramas

pourront monter à pied jusqu'au **donjon du Faucon noir** *(propriété privée),* dont les vestiges démantelés dominent le bourg. *Près de l'hôtel de ville, empruntez la rue des Moulins et, après une porte, un sentier à droite - 12-14 r. du Château - 12-14 r. du Château - ✆ 02 47 34 34 10 - www.forteressedufauconnoir.com - juil.-août : 10h-19h ; avr.-juin : w.-end et j. fériés 10h-19h - possibilité de visite guidée (1h15) - 11,50 € (-12 ans 7 €) - visites nocturnes juil.-août : jeu.-vend.*

Dolmen de Mettray C1

À 10 km au nord-ouest de Tours, par la D 938 et, à droite, la D 76 vers Mettray. Situé à St-Antoine-du-Rocher, au nord de Mettray, sur la rive droite de la Choisille, entouré d'un boqueteau *(accès signalé),* le beau dolmen de la « grotte aux Fées » est l'un des monuments mégalithiques les mieux travaillés qui nous soient parvenus. Long de 11 m et haut de 3,70 m, il est composé de trois tables d'environ 6 m sur 5 m, formant un ensemble de douze pierres taillées avec régularité.

★ Grange de Meslay C1

Rte de Meslay - ✆ 02 47 29 19 29 - www.meslay.com - ♿ - avr.-oct. : w.-end et j. fériés 15h-18h - possibilité de visite guidée (25mn) - 4 € (-7 ans 3 €).
Autrefois exploitée par les moines de Marmoutier, la ferme fortifiée de Meslay est un bel exemple d'architecture civile du 13e s. Ouvrant par une porte d'entrée en plein cintre ornée d'un gâble aigu, l'exceptionnelle grange est couverte d'une **charpente** du 15e s. reposant sur une quadruple rangée de piliers en cœur de chêne. Elle sert régulièrement d'auditorium, en particulier à l'occasion du **Festival de la grange de Meslay** (*« Nos adresses »*), qui fut longtemps parrainé par le grand pianiste russe Sviatoslav Richter. La grange de Meslay accueille, en outre, des expositions artistiques.

Château de Jallanges C1

*9 km à l'est de la grange de Meslay par la D 76 - ✆ 02 47 52 06 66 - www.jallanges.com - ♿ - de mi-mars à mi-oct. : 10h-12h, 14h-18h - 8 € (-12 ans 6 €).*Cette construction Renaissance en brique et pierre se dresse en haut d'une petite crête émergeant du vignoble. Elle est entourée d'un très beau parc aux cèdres tricentenaires. La chapelle date du 17e s.
Continuez sur la D 76 et, après la ligne du TGV, prenez à droite la D 46.

Vernou-sur-Brenne C1

De nombreuses caves sont creusées dans le coteau auquel s'adosse ce village doté de charmantes maisons anciennes, au cœur du vignoble de Vouvray.

Vouvray C1

4 km à l'ouest de Vernou, par la D 46.
Riche d'un vignoble réputé, Vouvray s'étage sur les coteaux qui dominent la rive droite de la Loire, en amont de Tours. La cité conserve des maisons troglodytiques. Ses vins blancs, qu'ils soient tranquilles ou effervescents, comptent parmi les plus fameux de Touraine. On peut visiter des **caves** de propriétaires viticulteurs et négociants en vins.
Prenez la direction de Tours et rejoignez la D 952, le long de la Loire.
Sur la crête du coteau précédant **Rochecorbon**, se dresse une fine tour de guet, la **Lanterne**.
Petit bourg collé au pied de falaises abritant des maisons troglodytiques assez spectaculaires, Rochecorbon mérite qu'on s'y attarde.En particulier pour la **chapelle St-Georges sur-Loire★**, un modeste édifice roman du 11e s. qui révèle progressivement de bien précieux atours : plusieurs peintures

murales (dont une fresque du 12e s.) et une charpente datée de 1028, soit peut-être la plus ancienne charpente romane de France connue à ce jour. *(Pour plus d'info Patrick Leloup : ☏ 02 47 52 51 96).*
Un peu plus loin, après un long mur, apparaît à droite un imposant portail du 13e s., vestige de l'**abbaye de Marmoutier** fondée en 372 par saint Martin et fortifiée aux 13e et 14e s. *(pour les visites, contacter l'office du tourisme de Tours).*

Savonnières B2

À 15 km de Tours, sur la rive gauche du Cher, juste avant Villandry.
Cette agréable ville abrite une église au beau portail roman à décor d'animaux affrontés et de colombes.
Grottes pétrifiantes – *À la sortie de Savonnières, vers Villandry - 61 rte des Grottes-Pétrifiantes - ☏ 02 47 50 00 09 - www.grottes-savonnieres.com - visite guidée avr.-sept. : 10h-19h ; fév.-mars et oct.-nov. : 10h-12h, 14h-18h ; reste de l'année : tlj sf jeu. 14h-18h - fermé de mi-déc. à déb. fév. - 7,40 € (-16 ans 5,30 €).*
Formées à l'ère secondaire, elles étaient exploitées comme carrière au 12e s. Partiellement envahies par un lac, elles sont encore actives et l'infiltration d'eau saturée de calcaire donne lentement forme à des stalactites, des gours et quelques draperies. Y sont installés une reconstitution de la faune préhistorique et un musée de la Pétrification, avec des pierres lithographiques et des matrices en cuivre du 19e s. Une dégustation de vins a lieu au fond des grottes.

NOS ADRESSES À TOURS ET ENVIRONS

VISITES

Musées – Une carte donne accès aux quatre musées municipaux (Compagnonnage, Beaux-Arts, Histoire naturelle et château) *(en vente dans les musées - 8 €, valable 1 an à compter de la date d'achat).*
Petit train touristique – *Dép. face au Centre international de congrès Vinci - ☏ 06 63 18 45 68 - juil.-août : 10h, 11h, 12h, 14h, 15h, 16h, 17h et 18h ; avr.-juin et sept.-oct. : 11h, 12h, 14h, 15h, 16h et 17h - 6,50 € (-12 ans 4,50 €).* Parcours commenté à travers la ville en petit train *(40mn).*
Greeters de Tours – *www.tours-greeters.fr.* Ces habitants passionnés par leur ville la font découvrir bénévolement en partageant leurs endroits préférés, leurs coups de cœur et leurs anecdotes lors de rencontres conviviales et gratuites.

HÉBERGEMENT

PREMIER PRIX

Hôtel Ronsard – C1 - *2 r. Pimbert - ☏ 02 47 05 25 36 - www.hotelronsard.com - ♿ - P 8,50 €/24h - wifi - 20 ch. 73/85 € - ☕ 9 €.* Au cœur du quartier des antiquaires, en plein centre, un hôtel confortable et des hôtes on ne peut plus accueillants.
Hôtel du Théâtre – C1 - *57 r. de la Scellerie - ☏ 02 47 05 31 29 - www.hotel-du-theatre37.com - wifi - 14 ch. 75/94 € - ☕ 8 €.* Cette maison romantique du 15e s. est intimiste avec ses petites chambres chaleureuses bien tenues, ses vieilles poutres et ses colombages. Le côté cour est plus calme.
Hôtel Castel Fleuri – Hors plan par B1 - *10-12 r. Groison - ☏ 02 47 54 50 99 - www.castel-fleuri-tours.com - P - wifi - 15 ch. 65/95 € - ☕ 8 €.* Dans un quartier

résidentiel, hôtel familial tout simple, calme, à prix raisonnable et doté d'un parking. Petites chambres sobres, optez pour les plus récentes.

BUDGET MOYEN

Hôtel L'Adresse – A2 - *12 r. de la Rôtisserie - ✆ 02 47 20 85 76 - www.hotel-ladresse.com - wifi - 17 ch. 78/120 € - ☕ 10 €.* Dans le quartier Plumereau, hôtel particulier de charme du 18e s. Décoration moderne; tons gris, blanc cassé et bordeaux; pierres en tuffeau et poutres apparentes. Salles de bains très tendance. Petit-déjeuner succulent.

Hôtel Mirabeau – D2 - *89 bis bd Heurteloup - ✆ 02 47 05 24 60 - www.hotel-mirabeau.fr - 24 ch. 77/110 € (4 pers.) ☕.* Très bien situé à 5mn à pied de la gare SNCF, cet hôtel possède de belles chambres spacieuses entièrement rénovées dont un appartement familial. Possibilité de déjeuner en terrasse aux beaux jours.

POUR SE FAIRE PLAISIR

La Maison Jules – C2 - *45 r. Jules-Simon - ✆ 06 83 84 71 22 - www.lamaisonjules.fr - 5 ch. 127/165 € ☕ - wifi.* Au centre de Tours, cet hôtel particulier du 19e s. déroule sur deux étages cinq magnifiques chambres d'hôte qui donnent au calme sur un jardin-terrasse. Le salon-cheminée et la bibliothèque donnent à l'ensemble un air de pension de famille.

Aux environs de Tours

BUDGET MOYEN

Le Moulin de Bacchus – Hors plan par D1 - *37210 Chançay - près de Vouvray - ✆ 02 47 77 96 39 - www.moulin-de-bacchus.com - 💳 🅿 - 5 ch. 88/98 € ☕.* Dans une propriété verdoyante de 4 ha, les propriétaires vous accueillent avec beaucoup de gentillesse. Dans la chambre Saumur, vous apprécierez les poutres anciennes apparentes, la vue sur l'étang et le bruit de la chute d'eau. Piscine chauffée à votre disposition.

POUR SE FAIRE PLAISIR

Chambre d'hôte Le Château du Vau – Hors plan par A2 - *Face au golf - 37510 Ballan-Miré - ✆ 02 47 67 84 04 - www.chateau-du-vau.com - 🅿 - 5 ch. et 2 cabanes 140 € ☕.* Un chemin en terre, parfois cahoteux, mène à ce château de 1760 planté au milieu d'un parc de 100 ha aux arbres séculaires. Les chambres, au charme raffiné, ouvrent leurs fenêtres sur les prés. On peut aussi dormir dans une cabane accrochée à 5 ou 10 m au-dessus du sol dans un chêne ou un cèdre du Liban bicentenaire. Petit-déjeuner livré au pied de l'arbre.

RESTAURATION

PREMIER PRIX

Le Petit Patrimoine – C1 - *58 r. Colbert - ✆ 02 47 66 05 81 - www.lepetitpatrimoine.fr - fermé dim.-lun. - déj. : formule 13,50 €, menu 15,50 € - 19,80/22,80 €.* Intérieur rustique, plats du terroir de nos grands-mères, accueil sympathique : une adresse à inscrire au « petit patrimoine » tourangeau.

Au Lapin qui Fume – C1 - *90 r. Colbert - ✆ 02 47 66 95 49 - www.aulapinquifume.fr - fermé dim.-lun. - plat du jour 12,40 €, formule 15,40 €, menu 18,40 € (déj. sem.), 20,90 € sur ardoise le soir.* À cheval entre le bistrot parisien et le bouchon lyonnais cette nouvelle adresse fait le bonheur des gourmets : couscous de lapin ou en fricassée aux pruneaux, paté de lapin, salade de chèvres chauds panés au miel de Vouvray. Service efficace et d'une grande courtoisie.

L'Arôme – B1 - *26 r. Colbert - ✆ 02 47 05 99 81 - fermé dim.-lun. - déj. : formule 11,50/14,50 €, menu 16,50 € - 26/36 €.* Encore une petite table tenue par de grands chefs, qui garantit un rapport qualité-prix exceptionnel à base d'une belle cuisine de marché. Et l'on vient de loin pour son marbré de cèpes ou sa poire pochée au vin épicé !

L'Atelier Gourmand – A2 - *37 r. Étienne-Marcel - ✆ 02 47 38 59 87 - www.lateliergourmand.fr - 12h-14h, 19h30-22h30 (23h vend.-sam.) - fermé dim. - formule déj. 15 € - menu 26 €.* Dans une maison (15e s.) du vieux Tours, charmante salle mariant poutres et cheminée à un décor plutôt design. Plaisante terrasse dressée dans une cour intérieure.

Bistrot de la Tranchée – Hors plan par A2 - *103 av. de la Tranchée - ✆ 02 47 41 09 08 - fermé 24-25 et 31 déc. soir., 1er janv. - formule déj. 12,50/17,50 € - 25/40 €.* Belle façade en bois, décor simple et chaleureux, vue sur les cuisines, plats soignés et ardoise du jour : ce sympathique bistrot fait souvent salle comble. À deux pas *(101 av. de la Tranchée)* se trouve le restaurant **Charles Barrier**, une référence gastronomique régionale *(déj. 37 € - 59/109 €).*

BUDGET MOYEN

La Chope – C3 - *25 bis av. de Grammont - ✆ 02 47 20 15 15 - www.lachope.info - ♿ - fermé 16 juil.-7 août - formule déj. - 19,95/26,50 €.* L'écailler de Tours depuis 1902. Une institution et un monument historique avec son décor Belle époque : banquettes en velours rouge, comptoir en zinc pour déguster un grand choix d'huîtres (Gillardeau, Cancale), de poissons et de fruits de mer. Une excellente adresse.

La Deuvalière – B2 - *18 r. de la Monnaie - ✆ 02 47 64 01 57 - www.restaurant-ladeuvaliere.com - fermé sam.-dim. - formule déj. 15,50/21,50 € - 31/34 €.* Heureux mariage entre les vieilles pierres d'une maison tourangelle du 15e s. et un style contemporain (bois sombre, tons orange). Appétissante carte traditionnelle actualisée.

Le Casse-Cailloux – B3 - *26 r. Jehan-Fouquet - ✆ 02 47 61 60 64 - www.casse-cailloux.fr - 12h-13h30, 19h30-21h30 - fermé w.-end. - formule déj. 24 € - 21/32 €.* Ce bistrot gourmand s'est vite imposé comme l'Adresse des Tourangeaux initiés. Le chef, Hervé Chardonneau, est un ancien de chez Jean Bardet. La décoration reste simple mais l'essentiel est dans l'assiette.

Nobuki – C2 - *3 r. de Buffon - ✆ 02 47 05 79 79 - ♿ - lun.-ven 12h-14h, (19h-22h ven.soir) - fermé sam.-dim. - formule déj. 19,50/25,50 €, soir 38/52 €.* Cadre épuré, qualité et fraîcheur des produits merveilleusement présentés dans l'assiette et expliqués sur une carte restreinte mais très inhabituelle ; excellente collection de sakés, attention et gentillesse du personnel, un *made in Japan* parfaitement maîtrisé par son propriétaire franco-japonais Jean-Nobuki Rémon.

POUR SE FAIRE PLAISIR

L'Évidence – B1 - *33 r. Colbert - ✆ 02 47 66 33 08 - www.restaurant-levidence.com - fermé dim.-lun. - déj. formule 21 €, menu 25 € - 38/78 €.* Près de la cathédrale, ce nouveau restaurant dirigé par Gaétan Evrard sert une cuisine originale à base d'associations comme ce merlu de ligne aux condiments thaïs ou cette canette du sud-ouest laquée au vin de Chinon.

Auberge de Port Vallières – hors plan par A1 - *195 quai des Bateliers - 37230 Fondettes - ☎ 02 47 42 24 04 - www.auberge-de-port-vallieres.fr - ♿ - juin-août : tlj sf dim. soir et lun. ; reste de l'année : tlj sf dim. soir et lun.-mar. - fermé 2 sem. janv., dernière sem. août et 1re sem. sept. - formule déj. 20/22 € - 32/65 €.* Sur la D 952, cette vieille guinguette transformée en auberge et décorée d'objets chinés sert une cuisine d'inspiration tourangelle. Tables d'hôte pour repas de famille et d'affaires.

ŒNOTOURISME

Voir aussi p. 526.

Domaine du Clos de l'Épinay – *L'Épinay - 37210 Vouvray - ☎ 02 47 52 61 90 - www.vinvouvray.com - visite sur RV 6,50 €.* Ce domaine, tenu par la famille Dumange depuis trois générations, produit du Vouvray (AOC à base exclusive du cépage chenin). La cuvée Marcus, un demi-sec « tendre », constitue le grand succès de la maison, riche d'une vingtaine de références. Deux spacieuses chambres d'hôte au milieu des vignes *(70 € - ☎ 06 82 12 28 88).*

ACHATS

La Chocolatière – B2 - *6 r. de la Scellerie - ☎ 02 47 05 66 75 - www.la-chocolatiere.com - lun.-sam. 9h30-19h, dim. 9h30-13h.* Le pavé de Tours est l'une des plus emblématiques spécialités de cette maison d'exception. Les pâtisseries et bonbons au chocolat haut de gamme sont joliment mis en valeur dans un cadre très soigné de miroirs, boiseries et meubles luxueux.

La Balade gourmande – A1 - *26 pl. du Grand-Marché - ☎ 02 47 75 11 65 - 10h-13h, 14h-19h - fermé dim.-lun.* L'adresse incontournable pour les produits du terroir et les spécialités régionales.

Une autre cave – Hors plan par B3 - *29 bd Marchant-Duplessis - ☎ 06 66 70 17 29 - http://uneautrecave.com - horaires se rens.* Excellent caviste fort de 1 200 références de vin, champagne, eau de vie, whisky.

EN SOIRÉE

Le Vieux Mûrier – *11 pl. Plumereau - ☎ 02 47 61 04 77 - levieuxmurier.fr - mar.-dim. 10h-2h - fermé lun.* Ce café, l'un des plus vieux de la place Plum', possède ce petit supplément d'âme qui manque à tant d'établissements modernes. Belle terrasse dressée sur la place aux beaux jours. Planchette de charcuterie, etc.

Tours sur Loire – *En contrebas du pont Wilson - de mi-mai à mi-sept.* Lieu de rendez-vous incontournable pour les amateurs d'esprit guinguette : bar, restaurant, concerts, sport, animations et jeux pour enfants, cinéma en plein air…

Le Paddy Bar – *15 r. du Grand-Marché - ☎ 02 47 31 93 50.* Près de 130 bouteilles de whiskys différents ! Animation garantie.

ACTIVITÉS

Détours de Loire – *335 r. Charles-Gille - ☎ 02 47 61 22 23 - www.detoursdeloire.com - d'avr. à fin oct. : 9h-13h, 14h-19h, dim. et j. fériés 9h30-12h30, 18h-19h ; reste de l'année : tlj sf dim. et j. fériés 9h30-13h, 14h-18h30 - 16 €/j. (-12 ans 13 €).* Location de vélos *(VTC, VTT, tandems, vélos enfants, remorques, vélos électriques)* et circuits dans la région : vélo en liberté, à la carte, dans la vallée de la Loire et même excursions en minibus. Également réparation et vente de vélos neufs. À deux pas de la gare.

Tours-plage – Nouvel espace complémentaire de la guinguette de « Tours-sur-Loire ». Situé sur la berge d'en face, il est orienté plus « nature » *(chaises longues, hamacs, point de restauration avec grillades, etc.).*

Croisière sur la Loire - le St-Martin-de-Tours – *56 quai de la Loire - 37210 Rochecorbon - ✆ 06 37 49 92 61 - www.naviloire.com - en sais., dép. fréquents (voir site internet ou téléphoner) - fermé déc.-fév. - durée 50mn - 10,50 € (-12 ans 7 €).* Le *St-Martin-de-Tours* est le plus ancien des bateaux à passagers circulant sur la Loire.

Maison de la Loire d'Indre-et-Loire – *60 quai Albert-Baillet - ✆ 02 47 50 97 52 - www.maisondelaloire37.fr - 14h-17h - fermé dim.-lun. et j. fériés - tarif, se rens.* Expositions, animations, sorties-découverte.

NaviLoire – *56 quai de la Loire - 37210 Rochecorbon - ✆ 02 47 52 68 88 - www.naviloire.com - ♿ - visite guidée (50mn) en sais. : horaires, se rens.- 10,50 € (-12ans 7 €).* Croisière sur la Loire à bord du *St-Martin-de-Tours*. Le parcours « Entrez dans la Cour des Grands » fait découvrir, par la navigation, le dialogue de l'homme avec la nature et ce qu'est un paysage culturel. Un chantier de castor, un cep de vigne, un cocon de soie… touchez du doigt les merveilles naturelles !

La Rabouilleuse – *Rochecorbon - www.larabouilleuse-ecoledeloire.com.* Sorties sur la Loire avec des bateaux traditionnels.

Air Touraine hélicoptère et montgolfière – *Héliport de Belleville - 37370 Neuvy-le-Roi - ✆ 02 47 24 81 44 - www.airtouraine.fr - 80/390 €.*

Air Ouest Pilotage – *Aérodrome de Tours-Sorigny - 37250 Sorigny - ✆ 02 47 26 27 50 - www.air-ouest-pilotage.com - 80/120 €.* École de pilotage d'ULM pendulaires, paramoteurs et autogires. Baptêmes de l'air en ULM.

AGENDA

La ville édite un agenda culturel mensuel des manifestations.

Les Illusions de la cathédrale – *Tous les soirs de déb. juil. à fin sept. - 2 séances de 20mn/soir.* Projection videographique sur la façade de la cathédrale St-Gatien, signée Damien Fontaine, qui retrace l'histoire de la ville de Tours et celle de saint Martin.

Florilège vocal international – *Fin mai.* Concours international de chant choral, nombreux concerts, gratuits pour la plupart, à Tours et dans les environs. *Mairie de Tours, 1-3 r. des Minimes - ✆ 02 47 05 82 76 - www.florilegevocal.com.*

Aucard de Tours – *Juin - www.radiobeton.com/aucard/.* Festival de rock.

Scénoféerie de Semblançay – *À 5 km au nord de Tours - ✆ 02 47 56 66 77 - www.scenofeerie.com - ♿ (accueil et prise en charge) - de fin juin à mi-août : vend. et sam. soir et le 14 août à la tombée de la nuit (1h45) - ouv. des portes 21h - 18 € (4-12 ans 7 €) - restauration sur place ou buffet-sandwich.* Grande fresque historique de la Touraine.

Fêtes musicales de Touraine – *En été - www.francefestivals.com/touraine/edito.html.* Festival de la grange de Meslay, complété par deux rendez-vous à l'hôtel de ville *(fév. et nov.).*

Floralies du Val de l'Indre – *En sept. - http://floralies.val.indre.free.fr.* Compositions florales, espaces paysagers et horticulture sont les trois pôles de ce rendez-vous des amateurs de fleurs et de jardins, qui tourne dans les châteaux de la région.

Jardins et château de Villandry

★★★

Villandry (37510) – Indre-et-Loire (37)

Les jardins de Villandry sont un chef-d'œuvre végétal tout de couleurs délicates, d'espèces artistiquement conjuguées, de haies taillées, de tilleuls alignés et de tonnelles embaumées par les rosiers. L'agencement rigoureux du jardinier commande ici la nature tout en magnifiant sa beauté. Si Villandry est d'abord un jardin d'exception, c'est aussi un joli château, qui restitue avec sensibilité l'atmosphère des siècles passés.

NOS ADRESSES PAGE 247
Hébergement, restauration, achats, activités, etc.

S'INFORMER

Office de tourisme – *Le Potager - 37350 Villandry - ✆ 02 47 50 12 66 - www.villandry-tourisme.com - fermé pour travaux, réouv. prévue juil. 2017 - horaires non communiqués.*

SE REPÉRER

Carte de microrégion B2 (p. 218-219).
À 250 km au sud-ouest de Paris et à 15 km à l'ouest de Tours, Villandry se situe en aval du confluent du Cher et de la Loire. Accès direct par l'A 85 : sortie n° 8 (Villandry). En train : 1h10 en TGV jusqu'à Tours puis 45mn bus Fil vert avec compart. à vélos *(3/j. - www.filbleu.fr)*. Villandry se trouve sur l'itinéraire La Loire à vélo.

À NE PAS MANQUER

Les jardins et ses broderies végétales de buis, fleurs et légumes colorés ; le point de vue depuis le donjon et le belvédère ; la promenade dans les bois ; le plafond mudéjar du château.

ORGANISER SON TEMPS

Comptez 1h pour le château et 1h pour les jardins. Visitez de préférence entre le mois de mars, alors qu'éclatent les couleurs des tulipes, et la fin de l'automne, quand s'épanouissent les nuances orangées des cucurbitacées.

AVEC LES ENFANTS

La visite active et ludique des jardins ; l'aire de jeux ; le labyrinthe de charmilles et la chambre des Enfants.

★★★ JARDINS

3 r. Principale - ✆ 02 47 50 02 09 - www.chateauvillandry.com - ♿ - juil.-août : 9h-19h30 ; mars-juin et sept. : 9h-19h ; oct. : 9h-18h30 ; fév. et 1re quinz. de nov. : 9h-17h30 ; reste de l'année : 9h-17h - 6,50 € (-5 ans gratuit) - 10 € billet combiné avec le château - 4,50 € (-18 ans 3,50 €) hors sais.

Les jardins de Villandry restituent somptueusement l'esprit et la lettre de l'ordonnance architecturale adoptée à la Renaissance, sous l'influence des jardiniers italiens emmenés en France par Charles VIII.

Ils se développent sur **quatre terrasses** superposées *(voir illustration p. 475)*.

Châteaux et jardins de Villandry.
H. Lenain / hemis.fr

Potager Renaissance – Au niveau le plus bas, il constitue la section la plus originale du domaine, formant sur près d'un hectare un damier multicolore avec ses neuf carrés plantés géométriquement de légumes et d'arbres fruitiers.
Jardin d'ornement – Au niveau intermédiaire, les salons d'ornement (massifs de hauts buis plantés de fleurs annuelles) sont pensés comme des lieux de réception extérieure prolongeant le salon du château : l'un représente les allégories de l'Amour, avec des massifs figurant les croix de Malte, du Languedoc et du Pays basque, l'autre symbolise la Musique.
Jardin des simples – Au troisième niveau, installé entre le potager et l'église, il est consacré comme nombre de jardins médiévaux aux herbes aromatiques, médicinales ou condimentaires. Ici, une trentaine de variétés.

Canaux, fontaines, cascatelles, cloître de vigne, ainsi que la vieille église romane de Villandry, en arrière-plan, fournissent un ravissant fond de décor à ce spectacle toujours changeant.
Jardin d'eau – Avec son beau miroir Louis XV dans lequel se reflète le ciel, il forme dans un vaste cloître de tilleuls une réserve d'eau.
Tout proche, le **labyrinthe** symbolise l'homme qui progresse.
Jardin du Soleil – Au dernier niveau, situé sur la terrasse la plus élevée, il domine l'ensemble du domaine et a remplacé une prairie bordée de tilleuls. Dernier né des jardins, il forme un cloître de verdure, planté de tilleuls et de charmes, divisé en trois chambres. La paisible chambre des Nuages est constituée de petites allées en herbe formant des triangles d'arbustes et de vivaces bleutées et blanches. Dans les tons orange et jaune, la chambre du Soleil abrite un bassin en forme de soleil, réalisé d'après des dessins de Joachim Carvallo.
Enfin, la chambre des Enfants, plantée de pommiers décoratifs, abrite des jeux de plein air qui raviront les plus jeunes.

Meilleurs **points de vue★** à partir des terrasses situées derrière le château ou du haut du donjon. Essayez aussi la « promenade dans les bois » : le chemin surplombe de 30 m l'ensemble des jardins, ainsi que le village. En continuant, faites le tour du jardin d'eau par le sud. Magnifique au couchant !

LE POTAGER À L'HONNEUR

Durant la Renaissance, l'apparition de légumes provenant des Amériques intensifia l'intérêt pour les potagers. Celui de Villandry a été reconstitué au début du 20e s. par Joachim Carvallo à partir de documents du 16e s. Il conjugue la tradition monastique du potager au dessin géométrique à celle des jardins d'ornement italiens. Depuis 2009, sous l'impulsion du chef jardinier Laurent Portuguez, les méthodes de travail ont été entièrement repensées pour éviter tout traitement chimique. Et ce, désormais, pour l'ensemble des jardins. Le potager est également à l'honneur à la Bourdaisière avec sa collection de quelque 400 tomates, à Valmer avec ses fruits et légumes oubliés, à Montriou avec ses courges, citrouilles et autres cucurbitacées, ainsi qu'au château du Rivau qui, en hommage à Rabelais, a réalisé le potager de Gargantua.

★★ CHÂTEAU

3 r. Principale - ✆ 02 47 50 02 09 - www.chateauvillandry.com - juil.-août : 9h-18h30 ; avr.-juin et sept.-oct. : 9h-18h ; mars : 9h-17h30 ; vac. de Noël : 9h30-16h30 ; reste de l'année : 9h-17h - fermé de mi-nov. à déb. fév. - possibilité de visite guidée (1h15) - 10,50 € (-18 ans 7 €) - 6,50 € (-18 ans 5 €) jardin seul.

Forteresse primitive – Il n'en reste que le donjon carré, englobé dans l'édifice actuel, bâti au 16e s. Trois corps de logis entourent une cour d'honneur ouverte sur la vallée où coulent le Cher et la Loire. Édifié à la fin de la Renaissance, Villandry annonce l'harmonie rigoureuse du style classique. L'Espagnol **Joachim Carvallo** a décoré Villandry de meubles de son pays d'origine et d'une intéressante collection de tableaux (écoles espagnoles des 16e, 17e et 18e s.).

Grand Salon – Après avoir traversé le vestibule et la salle de la maquette, qui explique l'évolution architecturale du château (*♿ - un spectacle audiovisuel d'une dizaine de minutes destiné surtout aux personnes à mobilité réduite présente Villandry au fil des saisons.)*, on pénètre dans le Grand Salon orné d'un beau mobilier du 18e s., de fauteuils et de bergères recouverts de soie.

Salle à manger – Avec ses teintes rose saumoné et ses couleurs provençales, cette pièce au goût du 18e s. est ornée de boiseries Louis XV offrant un contraste avec le sol tout de carreaux de marbre.

Cuisine – Sol en tomettes et casseroles de cuivre.

Grand escalier Louis XV – Avec sa rampe de fer forgé, il conduit au 1er étage où l'on visite une très belle chambre Empire aux couleurs éclatantes, la chambre du prince Jérôme, frère de Napoléon. Au fond du couloir, la chambre de Mme Carvallo offre une magnifique vue sur les jardins avec, en arrière-plan, l'église et le village ; remarquez dans cette pièce et dans la suivante les parquets d'essences variées dont sont également pourvues la belle bibliothèque et la chambre magnifiquement austère de Joachim Carvallo.

LES FRUITS DE LA PERSÉVÉRANCE

En 1536, **Jean Le Breton**, ministre de François Ier, construit le château. En 1906, le docteur **Joachim Carvallo** (1869-1936), fondateur de l'association de propriétaires de monuments, « La Demeure historique », rachète le domaine. Travaillant à partir de documents du 16e s., il s'emploie patiemment à lui redonner son aspect primitif. Aujourd'hui, son arrière-petit-fils, Henri Carvallo, prolonge avec une belle ténacité les efforts de son aïeul.

LES JARDINS EN CHIFFRES

9 ha de jardins et de bois, 1,2 ha de jardin potager, 52 km de buis taillés une fois par an, 115 000 plants de fleurs et légumes, 40 espèces de légumes, rotation triennale des plantations, 1 200 charmes, 1 016 tilleuls taillés par 4 hommes pendant 2 mois, 162 ifs en topiaire taillés une fois par an, 10 jardiniers à l'année.

Galerie de peinture – On y accède en gagnant l'autre aile. Peintures religieuses espagnoles (17e s.). Parmi les pièces majeures, une émouvante *Déploration* de Martin de Vos.

★ **Salon oriental** – Son plafond est l'un de ceux du palais des ducs de Maqueda, édifié à Tolède au 15e s. par des artisans maures pour des commanditaires espagnols. Il fut rapporté à Villandry après le démantèlement du palais en 1906. Pas moins de 3 600 pièces de bois polychrome composent ce **plafond de style mudejar★** où s'harmonisent avec bonheur arts chrétien et mauresque. Quatre tableaux représentent le marquis de Castellane et des drogmans (interprètes officiels) en habit, en ambassade auprès de la Porte ottomane.

Chambre des enfants – Au second étage, elle contient des jouets anciens et des vêtements brodés. Accédez ensuite à la terrasse du donjon qui offre une large **vue★** sur les jardins étagés, le Cher et la Loire.

Située également dans le donjon, la nouvelle **salle François Ier** (inaugurée en 2015, année de la commémoration des 500 ans du couronnement de François Ier) présente différents témoignages historiques et artistiques de la Renaissance. Le plus important d'entre eux est la fameuse tapisserie, dite du Camp du Drap d'or, qui relate l'entrevue entre François Ier et son rival Henri VIII d'Angleterre. Ce 7 juin 1520, les deux rois devaient conclure un traité d'amitié pour combattre l'offensive de Charles Quint. Mais il n'en fut rien, malgré ce bivouac de luxe qui coûta dit-on très cher aux finances publiques.

NOS ADRESSES À VILLANDRY

Voir aussi Langeais *(p. 253)* et Azay-le-Rideau *(p. 270)*.

HÉBERGEMENT

BUDGET MOYEN

Hôtel Le Haut des Lys – *Les Barrières Blanches - ☎ 02 47 21 90 90 - lehautdeslys.com - ♿ P -20 ch. 95/160 € - ☕ 12 € - wifi.* Autrefois propriété des religieuses, cette belle bâtisse du 19e s. a été entièrement rénovée pour ouvrir ses portes tout récemment en catégorie 3 étoiles. Les tarifs s'échelonnent selon les prestations fournies. Les chambres les plus chères sont dotées d'une terrasse privative et d'un spa, en bordure d'un parc magnifique. Petit-déjeuner copieux.

Le Chat Courant – *Villandry (7 km le long du Cher pour rejoindre une île face au château) - ☎ 02 47 50 06 94 - www.le-chat-courant.com - P - 2 ch., 1 suite 85/110 € ☕.* Dans une maison tourangelle du 19e s., petites chambres d'hôte agréables, avec jardin et piscine. Un train rompt parfois le silence, sans troubler le sommeil…

Le Petit Villandry – *21 r. de la Mairie - ☎ 02 47 50 04 47 - www.petitvillandry.com - du w.-end de Pâques à la Toussaint - P - 2 ch. 100 € ☕ (prix dégrerssifs).* Idéalement placée au cœur

5

du village, à deux pas du château, cette belle maison d'hôte est une enclave de sérénité. De son jardin, vue plongeante sur ceux de Villandry. Petit-déjeuner mémorable si le temps s'y prête.

RESTAURATION

PREMIER PRIX

L'Épicerie Gourmande – *6 r. de la Mairie - ✆ 02 47 43 57 49 - juil.-aout : tlj à partir de 10h, le soir sur réserv. - basse saison : fermé jeu.* Agréable maison qui fourmille de produits régionaux. Crêperie, tapas, assiette de charcuterie *(formule à 12 €)*, vinothèque, salon de thé, il y en a pour tous les goûts. Propose aussi 2 chambres d'hôte *(70/110 €)*.

BUDGET MOYEN

La Doulce Terrasse – *Restaurant, salon de thé du château - ✆ 02 47 50 02 10 - ♿ - 9h-19h ou 20h - fermé de mi-nov. à mi-fév. - formule 17/18 €, menu 21/24 €, à la carte 11/18 €.* En terrasse, le restaurant du château sert une cuisine traditionnelle et soignée. Goûtez la coupe gourmande (bouchées salées accompagnées de vouvray). Sandwicherie de très bonne qualité. Service professionnel et souriant.

L'Étape Gourmande – *La Giraudière - 1 km au sud de Villandry par la D 121 dir. Druye - ✆ 02 47 50 08 60 - www.letapegourmande.com - fermé de mi-nov. à mi-mars - réserv. recommandée w.-end - P ♿ - 12h-14h30, 19h30-21h - menu déj. 19,20 € - 20,90/41,40 € (-12 ans 10,90 €)- 1 gîte 4 épis 520 €/w.-end, 1 072 €/sem. (haute sais.), pour 7 pers.* Couvent, puis métairie, La Giraudière est devenue une table réputée pour ses saveurs du terroir. Une bonne adresse.

ACHATS

La boutique du château et la boutique du jardinier – *✆ 02 47 50 02 09* - Livres, cadeaux, plantes, outils et objets décoratifs pour le jardin et la maison.

AGENDA

Rendez-vous aux jardins – *1er w.-end de juin.* Le jardin et ses créateurs.

La Nuit des mille feux – *1er w.-end de juil. - 9,50 € (3 € pour ceux qui ont visité Villandry dans la journée).* Illuminations des jardins aux chandelles et spectacle pyrotechnique.

Les Journées du potager – *Dern. w.-end de sept.* Rencontre du public avec les jardiniers de Villandry.

Château de Langeais

★★

Langeais (37130) – Indre-et-Loire (37)

Forteresse massive et austère, dressant ses murailles entre de grosses tours pointues reliées par un chemin de ronde à mâchicoulis, Langeais semble tout droit sorti du Moyen Âge ou de nos rêves d'enfance. Miraculeusement resté intact, le château a connu des épisodes cruciaux de l'histoire, dont le mariage secret d'Anne de Bretagne et Charles VIII. Il suffit d'une visite à l'intérieur pour s'en convaincre : trésors artistiques et tapisseries somptueusement colorées ornent l'un des châteaux les mieux meublés du Val de Loire.

NOS ADRESSES PAGE 253
Hébergement, restauration, achats, activités, etc.

S'INFORMER

Office de tourisme – *19 r. Thiers - 37130 Langeais - ✆ 02 47 96 58 22 - www.tourainenature.com - juil.-août : 9h-19h, dim. et j. fériés 9h-14h ; avr.-juin et sept. : 9h30-18h30, w.-end et j. fériés 9h30-10h30 ; reste de l'année : tlj sf dim.-lun. 9h30-13h - fermé 1er janv., 1er Mai, 1er et 11 Nov., 25 déc.*

SE REPÉRER

Carte de microrégion B2 (p. 218-219). Située le long de la Loire sur la D 952, à 250 km au sud-ouest de Paris, entre Tours (30 km à l'est) et Saumur (43 km à l'ouest), et serrée au pied de la forêt, la ville est blottie autour de son château. En train : gare SNCF de Langeais en centre-ville (1h40 en TGV au départ de Paris *via* St-Pierre-des-Corps). Langeais se trouve sur l'itinéraire La Loire à vélo.

À NE PAS MANQUER

Le mobilier et les tapisseries du château ; l'agréable parc.

ORGANISER SON TEMPS

Comptez 2h.

AVEC LES ENFANTS

Grimper dans la cabane du parc et sur l'échafaudage ; le parcours découverte pour enfants.

5

★★ CHÂTEAU

Pl. Pierre-de-Brosse - ✆ 02 47 96 72 60 - www.chateau-de-langeais.com - juil.-août : 9h-19h ; avr.-juin et 1er sept.-11 Nov. : 9h30-18h30 ; fév.-mars : 9h30-17h30 ; reste de l'année : 10h-17h - possibilité de visite guidée sur demande (50mn) - 9 € (-18 ans 5 €) - animations enf. vac. scol., se rens.

Vite construit et miraculeusement exempté de remaniements postérieurs, Langeais apparaît comme l'un des plus remarquables châteaux du Val de Loire, en particulier grâce au travail patient de son dernier propriétaire, l'entrepreneur et collectionneur Jacques Siegfried, qui chercha à en reconstituer le mobilier d'origine jusqu'au moindre détail.

En plein centre-ville, cette forteresse féodale semble écrasante avec ses hautes murailles, ses tours, ses chemins de ronde à créneaux et mâchicoulis et son pont-levis (à contrepoids) enjambant les anciennes douves. Pourtant sa façade intérieure évoque davantage un beau manoir, avec ses fenêtres à meneaux et ses lucarnes au gâble décoré de « choux rampants », de vigne ou de feuilles de chêne. Les bâtiments formant deux ailes en équerre bordent les jardins et le parc, étagé en terrasses jusqu'au donjon.

★★★ Appartements

Un bel éclairage met chaque salle en valeur. Richement meublés, ils comptent certains éléments de décor, panneaux et tapisseries de la fin du Moyen Âge, parmi les plus beaux d'Europe. Langeais nous replonge dans l'atmosphère de la vie seigneuriale au début de la Renaissance, et montre à quel point s'affirme la spécialisation des espaces au 15e s.

Salle du Banquet – *Au rez-de-chaussée.* Une **cheminée** monumentale de la fin du 15e s. arbore un décor exceptionnel. Son manteau de pierre est taillé en forme de château, avec tours et chemin de ronde où apparaissent des personnages. Remarquez la belle **crédence**, sur le plateau de laquelle étaient déposés les plats, une fois vérifiée la qualité des aliments par l'officier de bouche. Les plats étaient ensuite couverts d'une serviette, d'où l'expression « mettre le couvert ».

Chambre de Parement – *1er étage.* Elle conserve l'un des premiers lits à colonnettes, une remarquable tapisserie du Christ en croix entre saint Jean et la Vierge (Bruxelles, fin 15e s.), une crédence sculptée et un bahut gothiques.

Chambre de Retrait – Dans cette chambre privée, destinée à accueillir les amis proches, grand coffre de noyer sculpté (copie du 19e s.) et trois tapisseries du 16e s. dont deux verdures qui présentent des animaux fantastiques ou exotiques et la troisième qui a pour thème l'astrologie.

★ **Salle du Mariage** – Elle abrite le coffre d'Anne de Bretagne. Une belle scénographie alliant vidéo, musique ancienne et des statues de cire costumées restitue la célébration de son mariage secret avec Charles VIII.

Chambre de la Dame – *2e étage.* Tapisseries mille-fleurs (fin du 15e s.) et une des premières armoires Renaissance.

Chambre des Enfants – Elle contient, entre autres, l'émail représentant Charles Orland, premier fils de Charles VIII et d'Anne de Bretagne et deux tapisseries du 16e s. Au fond se trouve la garde-robe où un film, très bien documenté, détaille les divers parements de dames, c'est-à-dire les costumes féminins, à la fin du Moyen Âge.

Cabinet d'art sacré – *3e étage.* Il réunit des œuvres d'art religieux, dont une **châsse reliquaire**. Il abrite également deux rares tapisseries, dites du Saint-Sacrement, du début du 16e s.

★★ **Grande salle des Preux** – Tout de rouge vêtue et ornée d'une voûte en carène aux ogives de chêne, elle tient son nom de la suite des *Neuf Preux*,

MARIAGE ET RAISON D'ÉTAT

En 1465, Louis XI commande à Jean Bourré, son contrôleur des Finances, l'édification du château actuel. La forteresse médiévale doit affirmer la présence du roi à proximité de Tours.

C'est ici que le mariage d'Anne de Bretagne et de Charles VIII scellera définitivement le rattachement de la Bretagne au royaume de France. En 1490, à peine âgée de 14 ans, Anne a été mariée par procuration à Maximilien d'Autriche. Pour valider l'union, le représentant du souverain a passé symboliquement la jambe sous les draps du lit de la jeune fille. Mais cette première union est déclarée nulle, au profit du roi de France Charles VIII. Ce dernier épouse secrètement l'héritière la plus convoitée d'Europe, le 6 décembre 1491, à Langeais. Le contrat de mariage prévoit que si le roi meurt sans héritier direct, Anne devra épouser son successeur. Ce qui advient six ans plus tard à l'avènement de Louis XII.

Château de Langeais, vue aérienne.
A. Chicurel/hemis.fr

ensemble unique en France de sept tapisseries réalisées entre 1520 et 1540. Au 14e s., le poète Jacques de Longuyon avait établi une liste regroupant neuf héros guerriers légendaires ou historiques, païens, juifs et chrétiens, incarnant l'idéal de la chevalerie : Hector, Alexandre, César, Josué, Judas Macchabée, David, Charlemagne, le roi Arthur et enfin Godefroy de Bouillon.

Chemin de ronde – De ce chemin couvert, longeant la façade sur 130 m, on surplombe la Loire et les toits de la petite ville.

Salle de Luini – La **fresque de la Nativité** (1522) de Bernardino Luini laisse apparaître l'influence de Léonard de Vinci.

Petit cabinet des Faïences – Nombreux exemples de faïences de Langeais du 19e s.

En sortant du château, dirigez-vous vers le donjon.

Donjon

Un échafaudage médiéval a été reconstitué sur toute la hauteur et permet de se mettre dans la peau des assaillants. Il offre également un splendide panorama sur le château et la ville.

Parc de l'An mil

Bien aménagé et magnifiquement arboré, ce superbe parc invite à la promenade. Lieu de détente, il s'adresse aussi aux enfants : les jeux en bois et la cabane dans l'arbre les raviront.

De la chapelle St-Sauveur (11e s.) subsistent encore quelques vestiges qui marquent son emplacement.

Du belvédère **vue** sur la Loire, le pont de Langeais et au loin, la forêt de Chinon.

À proximité Carte de microrégion

Église St-Jean-Baptiste

À Langeais.

Avant de quitter la ville, passez par l'une des premières églises rurales de Touraine puisque sa fondation, par saint Martin, remonte au 4e s. Remarquez dans une chapelle nord une **Vierge à l'Enfant★** bourguignonne en terre cuite (17e s.).

Cinq-Mars-la-Pile B2

À 5 km à l'est par la D 952.

Le village tire son nom d'un curieux monument de brique en forme de tour, ou de **pile**, qui se trouve sur le coteau un peu à l'est de la localité. Cette construction carrée de 5 m de côté, haute de 30 m, est terminée par quatre petites pyramides. Selon toute vraisemblance, il s'agit d'un mausolée gallo-romain du milieu du 2e s. apr. J.-C.

Château – *R. du Château - ✆ 02 47 96 40 49 - www.chateau-cinq-mars.com - de déb. juil. à mi-sept. : tlj sf mar. 11h-20h ; reste de l'année : w.-end et j. fériés 11h-18h - fermé nov.-mars - possibilité de visite guidée sur demande (1h) - 6 € (-16 ans 3 €) - gratuit RV aux jardins (juin).* Deux tours rondes signalent sur le coteau les vestiges du château féodal où naquit Henri d'Effiat, marquis de Cinq-Mars. Accusé d'avoir conspiré contre Richelieu, le célèbre favori de Louis XIII fut décapité à Lyon en 1642 à l'âge de 22 ans, et son château fut démantelé. Les tours (13e s.) comprennent chacune trois salles superposées voûtées sur huit branches d'ogives. Du sommet, vue étendue sur la vallée de la Loire. Profitez du **parc★**, très romantique. Plantés sur la rocaille et luttant contre la sécheresse, les grands résineux composent avec les sentiers sinueux un labyrinthe échappant à la taille. Ruines et douves sèches, où poussent des jasmins d'hiver, composent un paysage de gravure ancienne.

St-Étienne-de-Chigny B2

À 8,5 km au nord-est par la D 952, puis à gauche la D 76 et, encore à gauche, la D 126 vers Vieux-Bourg.

À l'écart du village qui borde la levée de la Loire, Vieux-Bourg regroupe dans la vallée de la Bresme quelques maisons anciennes aux pignons aigus.

L'**église★** a été construite en 1542 sous les auspices de Jean Binet, maître d'hôtel de François Ier et maire de Tours. Ses armes figurent à l'extérieur et à l'intérieur, formant litre. La nef est couverte d'une remarquable **charpente** à entraits sculptés d'énormes masques grotesques et, dans le chœur, d'un Jonas dans le ventre de la baleine. Au chevet, une **verrière** du 16e s. représente la

Château de Champchevrier.
S. Grandadam/age fotostock

Crucifixion entre les donateurs, Jean Binet et Jeanne de La Lande, son épouse. Dans le bras nord du transept : Vierge à l'Enfant, peinture de l'école française du 16e s., et peinture murale représentant le pape saint Clément, patron des bateliers. Fonts baptismaux du 16e s. avec bénitier. *02 47 55 52 15 - actuellement fermé pour travaux.*

Château de Luynes B1

Ne se visite pas.

Proche de Tours mais loin des tumultes de la ville, le château des ducs de Luynes est perché sur une éminence rocheuse, qui lui confère des allures de nid d'aigle. Il a conservé intacte sa lourde silhouette de forteresse médiévale avec ses murs d'enceinte percés d'archères et de meurtrières, et flanqués de tours rondes. Au 15e s., il lui est ajouté un corps de logis doté d'une façade gothique de pierre et de brique qui contraste fortement avec la pâleur du tuffeau et des moellons qui lui sont adjoints lors de son remaniement au 17e s., dans un style classique.

★ Château de Champchevrier B1

À 12 km au nord par la D 15, puis la D 34 ; à droite à la sortie de Cléré-les-Pins. 02 47 24 93 93 - www.champchevrier.com - visite guidée (45mn) de mi-juin à mi-sept. : 10h-18h, dim. et j. fériés 14h-18h - 9,50 € (-16 ans 7 €) - 30 € billet famille (2 adultes + 2 enf.).

Occupant un site très anciennement connu comme fortifié, l'édifice actuel, qui a succédé au 16e s. à la forteresse primitive, a été remanié aux 17e et 18e s. Des douves de la fin du 17e s. entourent le château. La même famille habite depuis 1728 ce singulier exemple d'enracinement géographique et social.

À **l'intérieur**, beaux meubles d'époque Régence, dont certains sont encore recouverts de leurs tapisseries d'origine tissées à Beauvais, aux couleurs bien conservées. Les **boiseries du grand escalier**, à caissons polychromes, proviennent du château de Richelieu, démoli en 1805. Des pièces de service, comme la lingerie ou la cuisine, apportent un éclairage intéressant sur la vie de tous les jours dans une grande demeure familiale. La suite de **tapisseries★**, dite des *Amours des dieux*, fut exécutée d'après des cartons de Simon Vouet par la Manufacture royale d'Amiens. Ses tons très variés ont une rare fraîcheur.

Champchevrier, placé au cœur d'un pays forestier jadis hanté par les loups, abrite le plus vieil équipage de France (1804). À travers trophées et collections, il entretient cette tradition de vénerie et conserve un chenil où s'ébattent près de 70 solides chiens de meute anglo-français, spécialisés dans la chasse au cerf.

NOS ADRESSES À LANGEAIS

HÉBERGEMENT

PREMIER PRIX

À proximité

Chambre d'hôte La Meulière – *10 r. du Breuil - 37130 Cinq-Mars-la-Pile - 02 47 96 53 63 - lameuliere.free.fr - - 3 ch. 52/60 € - wifi.* Cette belle demeure du 19e s. est située tout près de la gare sans en subir les désagréments. Ses chambres, colorées, sont bien insonorisées et garnies de meubles de style. Le petit-déjeuner est servi dans une plaisante salle à manger bourgeoise. Agréable jardin.

Chambre d'hôte Le Moulin Hodoux – *Le Moulin Hodoux - 02 47 55 76 27 - www.moulinhodoux.com - - wifi - 5 ch. 60/70 €.* Havre de verdure à proximité du château de Luynes, ce moulin à eau des 18e et 19e s. dispose de chambres sous les toits, confortables et bien équipées. Dans le joli jardin, salon d'été avec barbecue et piscine.

BUDGET MOYEN

L'Ange est Rêveur – *5 pl. Pierre-de-Brosse (au pied du château) - 02 47 96 55 97 - www.langeaisreveur.fr - fermé 2e quinz. de janv. et 1re sem. de fév. - wifi - 5 ch. 75/95 €.* Cette maison d'hôte, qui fait également office de boutique de décoration, conjugue raffinement et convivialité en toute simplicité. Petit-déjeuner gargantuesque.

Domaine du Château de Hommes – *Rte de Gizeux - 37340 Hommes - 02 47 24 95 13 - www.le-vieux-chateau-de-hommes.com - fermé de mi-nov. à mi-fév. - - wifi - 5 ch. 90/109 €.* Petit château du 15e s. implanté en pleine campagne dans un vaste domaine. Plusieurs chambres au beau mobilier, aménagées dans l'ancienne grange à dîme, et une autre installée dans une petite tour, très romantique. Jacuzzi, piscine chauffée, randonnées et pêche sur place. Vélos à disposition.

RESTAURATION

BUDGET MOYEN

Au Coin des Halles – *9 r. Gambetta - 02 47 96 37 25 - www.aucoindeshalles.com - tlj sf merc.-jeu. - 12h15-13h45, 19h15-20h15 - menu 17/55 €, à la carte 45/50 €.* Mi-bistrot, mi-gastronomique, ce restaurant récemment créé par Pascal Bouvier, un ancien chef étoilé, sert une cuisine de marché qui privilégie les produits du terroir : mulet et sandre de Loire, volaille fermière…

Le XII de Luynes – *12 r. de la République - 02 47 26 07 41 - www.le-12.com - fermé dim. soir et lun.-mar. (midi) - formule déj. (sem.) 15,50 € - 27,50/43,50 €.* Salle troglodytique et terrasse avec vue sur le château pour une cuisine personnelle et légère faisant la part belle au poisson. Jolies chambres à l'étage *(95/125 €)*.

ACTIVITÉS

Association Endremage – *Port de Langeais - 06 78 39 93 02 - http://endremage.com - à partir de 10 €/h, sur réserv.* Pour embarquer sur un bateau traditionnel de Loire à fond plat : toue, coche d'eau ou fûtreau.

AGENDA

Noël au pays des châteaux – *De déb. déc. à déb. janv. - www.noelaupaysdeschateaux.com.* Des animations de Noël relient cinq grands châteaux de la Loire (Chenonceau, Amboise, Langeais, Azay-le-Rideau et Chinon) dans l'atmosphère festive de l'avent.

La façade du château de Gizeux.
A. J. Cassaigne / Photononstop

Château de Gizeux

★

Gizeux (37340) – Indre-et-Loire (37)

Cerné de pins et d'étangs, le modeste village mène par une majestueuse avenue bordée de platanes à un domaine encadrant une jolie demeure qui a su garder l'empreinte de son histoire. Toujours habité, ce château familial conserve de belles collections de peintures et de mobilier, ainsi qu'une rarissime galerie des Châteaux de France réalisée au cours du 17e s. À deux pas, une église abrite de magnifiques sculptures de marbre blanc.

NOS ADRESSES PAGES 253 ET 260
Hébergement, restauration, achats, activités, etc.

5

S'INFORMER

Office de tourisme – *16 pl. de l'Église - 37140 Bourgueil - ✆ 02 47 97 91 39 - www.tourainenature.com - juil.-août : 9h30-19h, dim. et 14 juil. 10h-13h, 15 août 10h-18h ; avr.-juin et sept. : tlj sf dim. et j. fériés 9h30-18h, sam. 9h30-13h30 ; reste de l'année : mar. et sam. 9h30-13h.*

SE REPÉRER

Carte de microrégion A2 (p. 218-219).
À 45 km à l'ouest de Tours, 12 km au nord de Bourgueil. En train : gare SNCF Port-Boulet (1h50 de Paris *via* St-Pierre-des-Corps) et 18 km en taxi.

À NE PAS MANQUER

La salle François Ier, les plafonds ornés, la galerie des Châteaux.

ORGANISER SON TEMPS

Comptez 1h30 pour le château (seult visite guidée) et le parc. Chambres d'hôte au château (*p. 514*).

AVEC LES ENFANTS

Chaque salle est dotée de panneaux explicatifs très pédagogiques.

FONTAINEBLEAU À GIZEUX

Veuve fortunée, Anne de Frézeau se retire à la campagne avec son fils unique dont elle veut faire l'éducation artistique. Installée à Gizeux, cette généreuse mécène invite, vers 1680, des élèves de l'école de peinture de Fontainebleau à séjourner au château où une vaste galerie est mise à leur disposition.

Plus de trois siècles ont passé et Gizeux peut toujours s'enorgueillir de l'étonnant résultat de leurs travaux : une rarissime série de grandes peintures murales sur le thème des châteaux de France. La maladresse des élèves et la patte du maître s'y juxtaposent sous la patine du temps, pour un résultat coloré et émouvant.

★CHÂTEAU

✆ 02 47 96 45 18 - www.chateaudegizeux.com - juil.-août : 9h30-19h ; avr.-juin et de déb. sept. à déb.-nov. : 10h30-18h - possibilité de visite guidée (1h25) - 9 € (-18 ans 4,50 €) - 2 € audioguide.

Bien qu'une charte trouvée à l'abbaye de Bourgueil et datée de 1070 indique la présence d'un premier château, aucune trace archéologique ne demeure de cet édifice en bois. Vers 1560, un corps de logis principal, avec deux ailes en retour d'équerre, est construit. Il remplace une forteresse du 14e s. dont une tour à mâchicoulis reste le seul vestige. De 1315 à 1660, la famille du poète **Joachim du Bellay** (vers 1522-1560) possède la seigneurie de Gizeux, laquelle passe ensuite à la famille Contades dont un des descendants, le marquis Louis Gabriel (1759-1825), opposant à la Révolution, se réfugie à St-Domingue jusqu'en 1801.

Intérieur – Le circuit de visite traverse un ensemble de pièces richement meublées, dont la **salle François Ier**, décorée de peintures sur bois exécutées par des artistes italiens. L'une des pièces possède un bel ensemble de mobilier Louis XV demeuré au château depuis l'origine. Au 1er étage s'étendent les 400 m² de la **galerie des Châteaux★** ornée d'une importante série de peintures murales.

Église

En quittant le château, à la sortie est du village.

Dans la chapelle du château, de remarquables **orants★** sculptés dans le marbre blanc par Nicolas Guillain en 1630 représentent des membres de la famille du Bellay agenouillés en prière : à droite, René du Bellay, le cousin du poète Joachim du Bellay, mort en 1611, est montré en armure aux côtés de son épouse Marie, vêtue d'une robe à col ouvert avec bonnet, à la mode sous Catherine de Médicis. À gauche, Martin du Bellay, fils du précédent, et son épouse portent le grand col plissé appelé fraise.

Bourgueil

3 898 Bourgueillois – Indre-et-Loire (37)

Vous y trouverez des caves dédiées au célèbre vin de Bourgueil, dont Rabelais vantait déjà les mérites, mais aussi une fort belle abbaye et un paysage de coteaux parfois escarpés, couverts de vignes, de landes et de forêts. Enfant du pays, l'acteur Jean Carmet appréciait particulièrement la douceur de vivre attachée au climat de la région. Sa maison natale du 15e s. abrite la Maison des vins de Bourgueil.

NOS ADRESSES PAGE 260
Hébergement, restauration, achats, activités, etc.

S'INFORMER

Office de tourisme –
16 pl. de l'Église - 37140 Bourgueil - 02 47 97 91 39 - www.tourainenature.com - juil.-août : 9h30-19h, dim. et 14 juil. 10h-13h, 15 août 10h-18h ; avr.-juin et sept. : tlj sf dim. et j. fériés 9h30-18h, sam. 9h30-13h30 ; reste de l'année : mar. et sam. 9h30-13h.

SE REPÉRER

Carte de microrégion A2 (p. 218-219).
À 275 km de Paris, Bourgueil s'écarte de la Loire au carrefour de Langeais (22 km à l'est), Saumur (30 km à l'ouest) et Chinon (16 km au sud).

À NE PAS MANQUER

L'escalier de l'abbaye St-Pierre.

ORGANISER SON TEMPS

Comptez 1h pour la visite de l'abbaye.

Se promener

Église

Un large chœur gothique (13e s.), formé de neuf voûtes bombées à nervures, contraste avec la simplicité de la nef romane.

Halles

En face de l'église, belles halles aux arcades de pierre.

Abbaye St-Pierre

À la sortie est de la ville, sur la route de Restigné.
4 av. Le-Jouteux - 02 47 97 72 04 - www.bourgueil.fr - visite guidée sur demande préalable (1h10) juil.-août : tlj sf mar. 14h-18h, w.-end et j. fériés 10h-18h ; sept. : vend. et w.-end 14h-18h ; avr.-juin et oct. : w.-end et j. fériés 14h-18h - fermé 1er janv., 25 déc. - 5,90 € (-18 ans 4,10 €).

Abbaye de bénédictins fondée à la fin du 10e s., elle fut l'une des plus riches d'Anjou. Son vignoble s'étendait sur tout le coteau, sa forêt jusqu'à la Loire. Aux 13e et 14e s., elle fut fortifiée et ceinte de douves. De cette époque subsiste l'élégant bâtiment des celliers et des grands greniers. Dans le bâtiment construit en 1730 : salle à manger ornée de lambris du 18e s., monumental **escalier suspendu★** à rampe de fer forgé, vaste salle voûtée du réfectoire.

Au 1er étage, les cellules des moines ont été transformées en **musée des Arts et Traditions populaires** : collections de coiffes, vieux outils, vaisselle, cartes postales.

5

La Loire et les mariniers

LE FLEUVE DE LA MARINE DE LOIRE

Longtemps la Loire fut la principale voie de communication du pays. Entre Nantes et Roanne, puis par des affluents et des canaux vers Paris, le Rhône et la Méditerranée, toutes sortes d'embarcations, gabares, salembardes et chalands, la sillonnaient. Le vin, le bois, les couteaux d'Auvergne, les faïences de Nevers, le charbon du Forez, les livres imprimés à Lyon ou à Genève venaient de l'amont. Depuis Nantes, le sucre des Antilles, le sel, les huîtres de la baie de Bourgneuf remontaient le courant.

LES MARINIERS

Vêtus de bleu, munis d'un foulard et d'une ceinture rouges, des anneaux d'or aux oreilles, les **chalandoux** avaient une lourde responsabilité : manœuvrer les bateaux d'une part, entretenir le fleuve, ses berges et s'assurer que les droits de passage étaient acquittés d'autre part. Pour ce qui est des matelots, garants de la sécurité du transport de marchandises qui engageaient des sommes énormes, ils étaient payés à la mesure de leur responsabilité : grassement.

BATEAUX D'AVALAISON ET DE REMONTE

Deux sortes d'embarcations naviguaient sur la Loire : les bateaux d'avalaison (descente vers l'estuaire et la mer) et ceux de remonte. Bâtis pour un voyage unique, les **bateaux d'avalaison** étaient démembrés à leur arrivée, leurs planches et membrures revendues notamment pour la charpente des maisons riveraines. D'une vingtaine de mètres de long sur 3,50 m de large, ils demandaient pour leur construction le travail de sept hommes pendant deux jours avec une dizaine d'arbres. Les **bateaux de remonte** suivaient le fleuve, par voilage ou halage, impressionnants lorsqu'une procession de navires amarrés les uns aux autres passaient sous un pont « à la volée », descendant et remontant successivement leurs mâts.

LA FIN D'UN MONDE

Cependant, le train arrive en 1848 à Saumur, en 1849 à Angers, en 1851 à Nantes. Le fleuve est supplanté. C'est la fin d'un monde, celui de tout un petit peuple de l'eau, qui vivait de la Loire et qui lui donnait vie. On dénombrait 15 000 mariniers dans l'ensemble du bassin du fleuve à la fin de l'Ancien Régime. De cette civilisation ligérienne, il ne reste plus que des objets exposés dans les musées, des quais plus ou moins entretenus, des vestiges de péages comme celui de Montsoreau, à la limite de la Touraine et de l'Anjou, où l'on prélevait sur les cargaisons de poissons une lamproie sur douze, plus douze sols « pour la sauce ».

VERS UNE RENAISSANCE

Pourtant, depuis une trentaine d'années, des passionnés sauvent de la ruine ou reconstruisent de toutes pièces des embarcations traditionnelles, telle *La Montjeannaise*, entre Chalonnes et St-Florent-le Vieil. Des rassemblements de vieux gréements accueillent ces navires à dates régulières. Subsistent aussi quelques pêcheurs professionnels qui traquent les poissons sauvages de Loire (anguille, silure, mulet, alose, sandre, lamproie, etc.) et organisent, pour certains, des promenades en bateau pour les touristes. *p. 50, 69, 91 et 253.*

UN BRETON AU BORD DE LA LOIRE

Bourgueil associe son nom à de généreux vins rouges produits avec du « breton », nom donné au cabernet franc dans la vallée de la Loire. Un nom qui n'a rien à voir avec la Bretagne, comme le rappelle Rabelais. Car le breton « poinct ne croist en Bretagne, mais en bon pays de Véron », soit à la confluence de la Loire et de la Vienne. On retrouve le cabernet franc à 100 % dans les appellations de bourgueil, saint-nicolas-de-bourgueil, saumur-champigny et chinon.

Moulin bleu

À 2 km au nord, sur le coteau.

Ce moulin **cavier**, du même type que celui de la Herpinière, à Turquant, est constitué d'une hucherolle juchée sur un cône en pierre de taille reposant lui-même sur un soubassement voûté. Le tanin obtenu par le broyage de l'écorce de châtaignier alimentait les tanneries de Bourgueil.

De la terrasse, très beau **point de vue** sur la vallée de la Loire et, au premier plan, sur le vignoble de Bourgueil.

À proximité Carte de microrégion

Restigné A2

À 5 km à l'est.

Village vigneron à l'écart de la route, son **église** présente une façade à appareil losangé et un portail sud orné, entre autres, de bêtes fantastiques. À l'intérieur, la nef romane est couverte d'une belle charpente du début du 16e s. à poutres décorées de gueules de monstres.

Les Réaux A2

À 4 km au sud.

Construit à la fin du 15e s., ce charmant **château** *(ne se visite pas)*, entouré de douves alimentées par la Loire, appartint à Gédéon Tallemant des Réaux (1619-1692), auteur des *Historiettes*, chronique de la société française de son temps. Remarquez le pavillon d'entrée flanqué de deux tours à mâchicoulis, où le souci décoratif l'emporte : appareil à damiers de brique et de pierre et multiples ornements sculptés avec grâce (lucarnes à coquilles, salamandre au-dessus de la porte d'entrée, soldats-girouettes…).

Chouzé-sur-Loire A2

À 7 km au sud-ouest.

Sur la levée de la Loire, ce joli village était jadis un port actif : de vastes quais déserts où rouillent quelques anneaux d'amarrage, ainsi qu'un petit **musée des Mariniers**, en ravivent le souvenir - *4 r. de la Pompe - ✆ 02 47 95 18 47 - www.chouze.fr - vac. de Pâques, de mi-juin à mi-sept. et vac. de la Toussaint : jeu.-dim. 14h-18h - fermé j. fériés - possibilité de visite guidée sur demande (45mn) - 7 € (-12 ans gratuit) - 9 € billet combiné avec une balade en toue cabanée sur la Loire - 11 € billet famille.*

Dans la rue de l'Église, voyez le charmant **manoir** du 15e s. où mourut Marie d'Harcourt, épouse de Dunois, le célèbre Bâtard d'Orléans.

Varennes-sur-Loire A2

À 15 km au sud-ouest.

De l'ancien quai sur les bords de Loire, très beau **point de vue** sur le château de Montsoreau en face, et, en amont, sur le confluent avec la Vienne.

Le chemin de halage offre une belle occasion de promenade.

Brain-sur-Allonnes A2

À 10 km au nord-ouest.

Des fouilles entreprises sous une maison des 13e-14e s. ont permis d'exhumer le **site médiéval de la Chevalerie de Sacé**. Jouxtant le lieu de mise au jour, un jardin médiéval présente plus de 700 espèces anciennes, avec étiquetage précis et utilisation au Moyen Âge - *Lieu-dit La Cave-Peinte - 02 41 38 61 50 - www.chevaleriedesace.org - - avr.-oct. : 14h-18h - fermé lun. - possibilité de visite guidée sur demande (2h) - 6 € (-10 ans 4 €).*

De superbes carreaux de faïence vernissée sont exposés dans le **musée d'Histoire et d'Archéologie** attenant - *12 pl. du Commerce - 1 r. du Vieux-Logis - 02 41 52 87 40 - www.chevaleriedesace.org - avr.-oct. : 14h-18h - fermé lun. - possibilité de visite guidée sur demande (1h) - 3 € (-10 ans 2 €).*

NOS ADRESSES À BOURGUEIL

HÉBERGEMENT

À proximité

PREMIER PRIX

Logis de la Croix des Pierres – *15 r. Croix-des-Pierres - 37140 Restigné - 02 47 97 33 49 - http://la.croix.des.pierres.pagesperso-orange.fr - - 3 ch. 55/57 €* . Dans une exploitation viticole, ces chambres bénéficient d'une entrée indépendante et d'une agréable salle de séjour. Équipement sanitaire et tenue d'ensemble très corrects.

POUR SE FAIRE PLAISIR

La Dixmeresse – *12 Grand Rue - 37140 Restigné - 02 47 93 90 34 - www.la-dixmeresseen-touraine.fr - - 5 ch. 110/145 € - table d'hôte, sur réserv. 27 €.* Très belles chambres d'hôtes rénovées avec soin dans une demeure de 1830. Petit-déjeuner avec vue sur jardin. Cuisine équipée. Gîtes en cours de rénovation dans une longère typique du 18e s. Très bon accueil.

RESTAURATION

BUDGET MOYEN

La Rose de Pindare – *4 pl. Hublin - 02 47 97 70 50 - www.larosedepindare.com - 12h-13h45, 19h-21h - - 21/43 €. fermé merc.* Anagramme de Pierre Ronsard, la Rose de Pindare offre un décor simple et fleuri avec poutres apparentes. Cuisine au goût du jour (marbré de lapereau aux carottes et herbes fraîches…) servie en été sur une très agréable terrasse.

À proximité

BUDGET MOYEN

Le Moulin Bleu – *7 rte du Moulin Bleu - 2 km au nord par rte de Courléon - 02 47 97 73 13 - www.lemoulinbleu.com - - fermé dim. soir, mar. soir et merc. - menu déj.22 € - 28/38 €.* Dans ce moulin à cavier de style angevin (15e s.) qui donne sur le vignoble de Bourgueil, s'échappent les fumets d'une cuisine traditionnelle, goûteuse et généreuse. Oeufs en meurette, beuchelle à la tourangelle, sandre braisé au vin de Bourgueil… sans oublier la confiture d'oignons au vin de Bourgueil.

Vincent, cuisinier de Campagne – *19 r. de la Galottière - 37140 Ingrandes-de-Touraine - 9 km à l'est par D35 - 02 47 96 17 21 - http://vincentcuisinierdecampagne.blogspot.com - - fermé dim. soir - menu déj. 20 €, 26/32 € - réserv. conseillé.* Cuisine savoureuse à base de produits locaux (poulailler et potager à deux pas) dans une propriété magnifique où l'on vous accueille avec chaleur. Prudent de réserver car il n'y a que cinq tables. Joli moment !

BOIRE UN VERRE

Café de la Promenade – *1 av. du Gén.-de-Gaulle - ✆ 02 47 95 10 87 - www.cafedelapromenade.com - P ♿ - fermé dim. (sf juil.-août) - formule déj. semaine 15 € - à la carte 8/22 €.* Au cœur du vignoble, sur la route des vins de Loire, cette belle bâtisse en pierre de tuffeau (usine à gaz au 19e s.) est une étape incontournable pour qui veut découvrir les vins de Loire de façon (très) décontractée et amicale. Outre une sélection quotidienne de vins proposés à la dégustation *(2,90/6,90 € le verre de 12 cl)*, on peut choisir directement sa bouteille de vin dans la cave *(ajouter 8 € de droit au bouchon)* et le déguster avec une ardoise de poissons fumés, de cochonnaille maison. Le hambourgueil, un foie gras frais poêlé, oignons déglacés au bourgueil, steak boucher, pain brun, donne un aperçu de la gourmandise de cette maison par ailleurs adepte de la « Bourgueillothérapie » *(www.bourgueillotherapie.com)*, un *happening* qui aurait fait la joie des hydropathes. L'établissement possède aussi 5 chambres *(75 € - ☕ 6 €)* qui peuvent dépanner…

ACHATS

Maison des Vins de Bourgueil – Voir p. 527.

Maison Audebert et Fils – *20 av. Jean-Causeret - ✆ 02 47 97 70 06 - www.audebert.fr - 8h-12h, 14h-18h, w.-end sur demande préalable - fermé 1er janv., 25 déc. -* P. Depuis 1839, cette maison familiale exploite ses vignes (aujourd'hui 42 ha), réparties sur les trois appellations, bourgueil, saint-nicolas-de-bourgueil et chinon. Différents crus AOC issus du seul cépage cabernet franc : la cuvée Sur le fruit, élaborée à partir de vignes de moins de 15 ans, les Perruches, vignoble de la Contrie, le Domaine du Grand Clos, ou les vins de garde Les Marquises et Clos Sénéchal.

Domaine Olivier – *La Forcine - 37140 St-Nicolas-de-Bourgueil - ✆ 02 47 97 75 32 - www.domaineolivier.com - 8h-12h, 14h-19h, dim. et j. fériés sur demande préalable -* P. Le propriétaire de cette exploitation (1959) cultive ses 56 ha (cabernet franc à 100 %) en agriculture raisonnée (démarche Terra Vitis) et produit trois crus d'Appellation contrôlée, entre autres en saint-nicolas-debourgueil : le Domaine Olivier élevé en cuve, le Clos Lourioux vieilli en fûts de chêne, la cuvée du Mont des Oliviers élaborée avec la récolte de vignes plantées en forêt. Bourgueil, crémant de Loire et anjou blanc sont aussi produits.

Château d'Ussé

★

Rigny-Ussé (37420) – Indre-et-Loire (37)

Comme dans un rêve, la silhouette blanche et irréelle d'Ussé apparaît à flanc de colline. S'agit-il d'une forteresse médiévale ou bien d'un château de la Renaissance ? Son donjon et les tours dont il est hérissé apportent une réponse. Ses façades ouvragées, la délicatesse de ses intérieurs et ses beaux jardins en terrasses prétendent le contraire. C'est qu'Ussé n'est pas un domaine comme les autres ; un air de légende murmure que son cadre aurait inspiré Charles Perrault pour son château de la Belle au bois dormant.

NOS ADRESSES PAGE 265
Hébergement, restauration, achats, activités, etc.

S'INFORMER

Office de tourisme – *4 r. du Château - 37190 Azay-le-Rideau - ✆ 02 47 45 44 40 - www.azaylerideau-tourisme.com - mai-sept. : 9h30-13h, 14h-18h (19h juil.-août), dim. et j. fériés 10h-13h, 14h-17h (18h juil.-août) ; reste de l'année : tlj sf dim. et certains j. fériés 10h-12h30, 14h30-18h.*

SE REPÉRER

Carte de microrégion AB2 (p. 218-219).
À 270 km au sud-ouest de Paris, 38 km au sud-ouest de Tours. Venant d'Azay (14 km à l'ouest), longez l'Indre par la jolie D 17 ou gagnez Bréhémont, puis la levée de la Loire (D 16), pour franchir l'Indre sur un petit pont de pierre et profiter ainsi de la très belle vue sur le château. En train : comptez 2h30 à 4h30 de Paris, *via* St-Pierre-des-Corps ou Tours (TGV), arrêt gare de Rivarennes puis 7 km en taxi. Rigny-Ussé se trouve sur l'itinéraire La Loire à vélo.

À NE PAS MANQUER

Les tapisseries flamandes de la Grande Galerie, la charpente du donjon, et la chapelle dans le parc.

ORGANISER SON TEMPS

Comptez 1h pour le château et 30mn pour les jardins.

AVEC LES ENFANTS

La salle de jeux du donjon ; le parcours désuet de la Belle au bois dormant sur le chemin de ronde.

★CHÂTEAU

Sur la rive gauche de l'Indre et au bord de la D 7 qui traverse Ussé. ✆ 02 47 95 54 05 - www.chateaudusse.fr - avr.-sept. : 10h-19h ; reste de l'année : 10h-18h - fermé de mi-nov. à mi-fév. - 14 € (-16 ans 4 €).

La **vue★★** sur le château lorsqu'il apparaît tout à coup vaut sans conteste le détour. Il connut trois périodes de construction : 15e, Renaissance et 17e s.

UN SOMMEIL DE PRINCESSE

Séduit par Ussé où il séjourna fréquemment, l'écrivain Charles Perrault (1628-1703) s'est inspiré d'une fable populaire pour composer sa Belle au bois dormant, à laquelle il aurait donné le château pour cadre enchanté.

Château d'Ussé.
A. Chicurel/hemis.fr

★★Extérieur

Si rien ne subsiste de la première forteresse en bois édifiée en l'an 1004 par le chef viking Gelduin Ier, la vocation défensive de ce château des 15e et 16e s. apparaît avec netteté dans le chemin de ronde à mâchicoulis et les tours de tuffeau couvertes de chapiteaux d'ardoise. À l'angle sud-ouest, la plus massive constitue d'ailleurs un puissant donjon.

Quant au **château Renaissance**, il est visible dans les bâtiments d'habitation qui formaient jadis un quadrilatère autour de la cour d'honneur★. Une troisième étape de construction s'ajoute aux précédentes : le **pavillon Vauban**, construit dans un style classique au 17e s.

★Intérieur

Ussé est réputé pour ses expositions de costumes d'époque et d'accessoires de mode qui, chaque année sur un thème différent, sont portés par des mannequins de cire. Ils sont mis en situation dans chacune des salles.

Salle des Gardes – Pièce d'angle couverte d'un plafond en faux marbre peint au 17e s., elle abrite une collection d'armes orientales, surtout indiennes, rapportées au 19e s. par le duc Stanislas de Blacas, ancêtre du propriétaire actuel.

Salon Vauban – Cette ancienne chapelle renferme un très beau mobilier dont un bureau Mazarin du 17e s. marqueté en bois de citronnier et bois de rose, surmonté par le portrait de l'écrivain romantique Chateaubriand (1768-1848).

Grande Galerie – Reliant les ailes est et ouest du château, elle est tendue d'immenses et somptueuses **tapisseries flamandes★** du 18e s. figurant des scènes villageoises d'après le peintre du 17e s., Teniers le Jeune.

Grand escalier – Datant du 17e s., avec sa belle rampe en fer forgé d'inspiration italienne, il mène à la bibliothèque et à la chambre du Roi, au 1er étage.

Chambre du Roi – Comme dans toutes les grandes demeures seigneuriales, l'une des pièces du château était réservée au roi, au cas où ce dernier aurait fait étape à Ussé. Celle-ci, tapissée de soie d'inspiration chinoise du 18e s.,

compte un lit à baldaquin rouge à la polonaise et un grand miroir de Venise du 17e s. Cette chambre n'accueillit néanmoins aucun souverain.
Donjon – Il abrite le **chemin de ronde**, où est évoquée l'histoire de *La Belle au bois dormant* par des personnages de cire, inspirés de Walt Disney; mis en scène et en costumes, ils se succèdent de pièce en pièce, au fil du récit. On peut accéder aux combles et ainsi admirer en entier la superbe **charpente**, aperçue de l'escalier.

JARDINS

Les toits et les clochetons du château se dessinent au travers des branches des cèdres du Liban qui auraient été offerts par Chateaubriand à la comtesse de Duras, très éprise de l'écrivain.
Des jardins en terrasses offrent un beau point de vue sur la vallée où se rejoignent l'Indre et la Loire. Dessinés par Le Nôtre, ils furent dégagés grâce à la destruction de l'aile nord et ont été achevés en 1664, comme l'orangerie. Autour d'un bassin rond central sont symétriquement répartis des massifs de gazon bordés de fleurs et de broderies de buis. Orangers et citronniers, dont certains plantés avant 1789, s'y épanouissent.
★ **Chapelle** – Isolée dans le parc, elle fut construite de 1520 à 1538. Sur la façade, de pur style Renaissance, les initiales C et L, que l'on retrouve ailleurs, constituent un des éléments de la décoration. Ce sont celles des prénoms de Charles d'Espinay, constructeur de la chapelle, et de sa femme, Lucrèce de Pons. Ils avaient acquis la propriété en 1485 à Antoine de Bueil, issu d'une grande famille tourangelle, propriétaire du château depuis le 15e s.
L'intérieur, élancé et lumineux, recèle de belles stalles du 16e s. sculptées de personnages. Dans la chapelle sud, voûtée d'ogives, se trouve une Vierge en faïence émaillée de Luca Della Robbia.
Caves – Derrière la chapelle, trois carrières de tuffeau ont été reconverties en salles d'exposition sur la viticulture locale et l'exploitation du tuffeau.

À proximité Carte de microrégion

Rivarennes B2

À 7 km de Rigny-Ussé, Rivarennes est relié au réseau de train SNCF.
Au bord de l'Indre, Rivarennes a abrité près d'une soixantaine de fours destinés à la fabrication de la fameuse poire tapée.
Poires tapées à l'ancienne – *14 r. de Quinçay - 02 47 95 45 19 - www.poirestapees.com - visite guidée (1h) 10h-12h, 13h30-18h30 - fermé dim. et j. fériés - 3,50 € - dégustation de poires tapées. - l'encadré ci-dessous et « Nos adresses ».* Dans une cave troglodytique dotée de trois fours où l'on « déshydrate » six variétés de poires, dont les williams, colmar et conférence, Christine et Yves Hérin vous

LES POIRES TAPÉES DE RIVARENNES
La méthode est la même que pour les pommes tapées : les fruits sont épluchés entiers, puis déshydratés par un séchage de quatre jours dans un four à pain où elles perdent 70 % de leur volume; on les tape ensuite avec un aplatissoir pour en vider l'air.
Elles se conservent sèches ou en bocaux. Pour servir de garniture à des viandes en sauce ou du gibier, il suffit de les « regonfler » en les trempant dans un bon vin de Chinon, par exemple.

conteront avec passion l'histoire de cette savoureuse spécialité régionale. Pendant la période de production, de septembre à mars, on peut assister à la fabrication, à l'exception du lundi où les producteurs peuvent éplucher jusqu'à 500 kg de poires. Une dégustation, déclinée en plusieurs préparations, clôture agréablement la visite.

NOS ADRESSES À RIGNY-USSÉ

Voir aussi Azay-le-Rideau *(p. 270)* et Chinon *(p. 286)*.

HÉBERGEMENT

PREMIER PRIX

Chambre d'hôte La Petite Prée – *2 impasse de la Petite-Prée - 02 47 95 54 71 - www.lapetitepree.com - wifi - 2 ch. 56/60 € (prix dégressifs).* Ancienne ferme rénovée avec simplicité. Le château d'Ussé est visible du jardin.

Hôtel Le Clos d'Ussé – *7 r. Principale (au pied du château) - 02 47 95 55 47 - www.leclosdusse.fr - wifi - 5 ch. 60/80 € - 8 € - plat du jour 12 € - 17/19 €.* À 30 m du château, une belle demeure en tuffeau qui fait aussi restaurant. Cet hôtel est référencé sur l'itinéraire La Loire à vélo.

À proximité

Chambre d'hôte La Buronnière – *2 rte des Sicots - 37190 Rivarennes - 02 47 95 47 61 - www.chambre-hote-la-buronniere.com - 4 ch. dont 1 suite familiale 110 € pour 6 pers. - 55/70 € - à partir de 4 pers., 23 €- wifi.* Ancienne exploitation viticole, à deux pas du château, dotée de quatre chambres de caractère, associant avec bonheur et originalité une décoration moderne dans une construction ancienne. Cuisine du terroir, parfois à thème, en table d'hôte.

BUDGET MOYEN

Domaine de la Juranvillerie – *15 r. des Fougères - 02 47 95 57 85 - www.lajuranvillerie.com - 1 ch. 80 € ; 3 gîtes (460/640 € la sem. en haute sais.) - 28/35 € - panier pique-nique 22 € - wifi.* En bordure de la forêt de Chinon, cette propriété du 17e s. abrite deux chambres d'hôte et deux gîtes décorés dans un style médiéval. La table d'hôte propose des spécialités à l'avenant et les tenues médiévales adéquates.

ACHATS

Poires tapées à l'ancienne – *4 r. de Quinçay - 37190 Rivarennes - 02 47 95 45 19 - www.poirestapees.com - 10h-12h, 14h-18h - fermé dim. (sf j. fériés et réserv.) - dégustation 3,25 €.*

AGENDA

Rendez-vous aux jardins – *1er w.-end de juin.*

5

Château d'Azay-le-Rideau

★★★

Azay-le-Rideau (37190) – Indre-et-Loire (37)

Le château d'Azay-le-Rideau reflète sa gracieuse silhouette dans les eaux paisibles de l'Indre. On contemple ce joyau de la Renaissance en toute sérénité des rives de son grand parc. Émergeant d'un très impressionnant chantier de restauration, façade restaurée, le château soigne aujourd'hui ses intérieurs. L'heure est à la restitution complète des décors, portée par un souci scrupuleux de respect du moindre détail historique. Et quand la pièce n'existe plus, on réinvente le métier,la technique qui lui donne forme et essence. Azay-le-Rideau n'est plus seulement un château, mais un pôle d'expertise où convergent tous les savoir-faire qui ont pour mission d'entretenir et de faire revivre notre patrimoine.

NOS ADRESSES PAGE 270
Hébergement, restauration, achats, activités, etc.

S'INFORMER

Office de tourisme – *4 r. du Château - ✆ 02 47 45 44 40 - www.azaylerideau-tourisme.com - mai-sept. : 9h30-13h, 14h-18h (19h juil.-août), dim. et j. fériés 10h-13h, 14h-17h (18h juil.-août) ; reste de l'année : tlj sf dim. et certains j. fériés 10h-12h30, 14h30-18h.*

SE REPÉRER

Carte de microrégion B2 (p. 218-219).
À 260 km au sud-ouest de Paris, à mi-chemin entre Tours (25 km au nord-est) et Chinon (21 km au sud-ouest par D 751 qui traverse une très belle forêt). Venant de Chinon, on accède au château en franchissant l'Indre, étroite et ombragée. En train : comptez 2h de Paris, *via* Tours (TGV), puis TER jusqu'à la gare d'Azay située à 2 km du château. Azay-le-Rideau se trouve sur l'itinéraire La Loire à vélo.

À NE PAS MANQUER

L'escalier d'honneur ; les tapisseries ; une balade dans le parc pour voir le château sous tous ses angles.

ORGANISER SON TEMPS

Comptez 1h pour la visite du château, 1h 45avec le parc.

AVEC LES ENFANTS

La visite ludique « Le Génie des eaux » *(juil.-août : lun.-vend. apr.-midi et vac. scolaires)*, le parcours découverte pour enfants ; la vallée troglodytique des Goupillières et les véhicules du musée Maurice-Dufresne.

★★★ CHÂTEAU

R. du Château - ✆ 02 47 45 42 04 - www.azay-le-rideau.fr - juil.-août : 9h30-19h ; avr.-juin et sept. : 9h30-18h ; reste de l'année : 10h-17h15 - fermé 1er janv., 1er Mai, 25 déc. - possibilité de visite guidée (45mn) - 10 € (-26 ans gratuit) - gratuit 1er dim. du mois (nov.-mars).

Bâti en partie sur l'Indre, il se compose d'un très grand corps de logis et d'une aile en équerre. Il domine un miroir d'eau qui imprègne les lieux d'une douce mélancolie. D'une grande richesse, le mobilier se distingue par son exceptionnelle qualité : chaire à dais en chêne (fin 15e s.), lit brodé (fin 17e s.), crédences, cabinets incrustés d'ivoire, portraits de Diane de Poitiers et Marie de Médicis.

Château d'Azay-le-Rideau.
A. Chicurel/hemis.fr

★★ **L'escalier d'honneur** – Il s'agit de la partie la plus remarquable du logis. Alors que Blois est encore doté d'un escalier à vis et en saillie sur la façade, celui d'Azay est droit et dit « rampe sur rampe ». C'est en fait l'un des premiers escaliers droits à l'italienne construit dans le royaume de France, ouvert côté cour par trois étages de baies jumelées formant loggias et couronné d'un fronton richement ouvragé. Une main courante sculptée dans l'épaisseur de la pierre le souligne, lui donnant un effet de perspective et une fonction d'apparat. Derrière sa façade achevée en 1521 (restaurée en 2003) courent, de paliers en paliers, de magnifiques **voûtes plates à caissons** sculptées de médaillons (ils figurent les rois et reines de France, de Louis XI à Henri IV), ponctuées de clés pendantes non moins ouvragées. Les lettres F et C rappellent que le château est placé sous le parrainage de François Ier et de Claude de France, fille de Louis XII et d'Anne de Bretagne, qui ont pour emblèmes respectifs, la salamandre et l'hermine. L'escalier dessert salles d'apparat et appartements privés.

★★ **Combles** – *Au 2e étage*. Restaurés en 2011, ils présentent une exceptionnelle et imposante charpente (1522) en chêne provenant de la forêt royale de Chinon. Caractéristique de la Renaissance par ses chevrons portant ferme ; ce qui signifie que les chevrons – qui font généralement le lien entre la structure de la charpente et la couverture – supportent ici directement la toiture et ne sont stabilisés que par les poutres horizontales et les entraits. Au-dessus du faîte un plancher a été posé pour abriter la colonie de grands murins, une espèce protégée de chauve-souris. Les plus observateurs noteront le lavabo en fonte émaillé du 19e s. encastré dans le mur près de la sortie, relique d'un temps où les combles avaient été aménagés pour les domestiques.

★★ **Chambre Renaissance** – *Au 1er étage*. Initiative unique en France, le Centre des Monuments nationaux, grâce à l'étude de documents anciens, a restitué aux murs de la chambre de Philippa Lesbahy (*l'encadré, page suivante)*, les **nattes de jonc** qui tapissaient les murs au 16e s. et isolaient la pièce des variations thermiques. Le lit à quenouille et sa garniture textile ont également fait l'objet d'un important chantier : reprise de l'ensemble des passementeries à

LE SOUVERAIN ET LE FINANCIER

Entre 1518 et 1527, le contrôleur général des Finances et trésorier de France **Gilles Berthelot** reprend Azay, ruiné pendant la guerre de Cent Ans, et fait construire le ravissant édifice actuel. Son épouse, Philippa Lesbahy, supervise les travaux. Mais l'horizon s'obscurcit pour les financiers lorsque François Ier découvre que des fonds ont manqué à son armée. Bien que l'enquête ait conclu à l'honnêteté du surintendant des Finances, le baron de Semblançay ; celui-ci, à qui le roi est reconnu devoir une somme colossale, est arrêté et injustement pendu au gibet de Montfaucon en 1527. Un sort similaire menace Gilles Berthelot, qui s'enfuit. En 1528, François Ier confisque donc Azay et l'offre à l'un de ses compagnons d'armes des campagnes d'Italie, **Antoine Raffin**. Ses héritiers, qui conservent le château jusqu'au 18e s., le laissent tomber en déshérence. Aussi, lorsqu'en 1791 Charles de Biencourt achète la propriété, se lance-t-il avec passion dans la restauration du « joyau de la Loire », œuvre que ses descendants poursuivront jusqu'au rachat de la propriété par l'État, en 1905, pour 200 000 francs (approximativement 640 000 € actuels).

la main, garniture d'étoffes colorées, ajout d'une cartisane d'or au traversin. Voyez aussi la garde-robe attenante.

Chambre du Roi – Précédée de la classique antichambre, elle conserve un magnifique cabinet du 19e s. en poirier noirci. Sur les tiroirs en os, observez le détail de scènes de torture d'après des gravures de Jacques Callot (17e s.).

★ **Tapisseries** – Un ensemble de tapisseries des 16e et 17e s. regroupe des verdures d'Anvers et Tournai, et des scènes de l'Ancien Testament tissées à Audenarde, ou à Bruxelles comme la suite de l'*Histoire de Psyché*. La tenture de *Renaud et Armide* fut exécutée dans les ateliers du faubourg St-Marcel à Paris d'après des cartons de Simon Vouet. De superbes scènes de chasse du 17e s., très colorées, sont demeurées dans un parfait état de conservation.

Rez-de-chaussée – Il vient d'être entièrement restauré mais dans son état historique du 19e s., c'est-à-dire du temps des marquis de Biencourt, les derniers propriétaires du château. Ce travail de restauration, mais aussi de reconstitution des lieux, a été basé sur un ensemble de documents liés à la famille de Biencourt et conservés aux archives départementales d'Indre-et-Loire. C'est d'après ces notes, par exemple, que les ateliers du Mobilier national ont réalisé les tentures murales imitant le cuir ou ces rideaux en lampas de soie obtenus grâce à une archive de la manufacture de Tassinari et Chatel. Parfois il a fallu partir d'un échantillon. Les ateliers de la Chapelle (spécialisés dans la fabrication et la restauration de boiseries) ont ainsi refait tous les lambris qui habillent les encadrements de porte et les embrasements de fenêtres à partir d'un pièce qui avait été précieusement gardée par le Centre des Monuments Historiques. Quant aux pièces de mobilier (banquette, guéridons, tapis, chaises, chenets…), elles sont présentes grâce à un prêt du Mobilier national. Le salon (rideaux refaits à l'identique), le billard (table, porte-queues, boulier ici restaurés), la

AZAY-LE-BRÛLÉ

Le village tient son nom d'un de ses seigneurs, Ridel ou Rideau d'Azay, armé chevalier par Philippe Auguste et bâtisseur d'un puissant château. En 1418, Charles VII, de passage à Azay, est insulté par la garnison bourguignonne. La répression est immédiate : la place est enlevée et brûlée, le capitaine et ses 350 soldats exécutés. C'est pourquoi, jusqu'au 18e s., le village s'est appelé Azay-le-Brûlé.

bibilothèque, la salle à manger, la cuisine et sa dépense (lieu d'assemblage des mets), tout témoigne avec la plus grande justesse historique de cet art de vivre qui régnait au 19e s. Jusqu'à la batterie de cuisine acquise auprès des descendants de Biencourt. Un ouvrage minutieux qui permet de ressusciter des savoir-faire oubliés.

★ Parc à l'anglaise

S'étendant sur 8 ha autour du château, il fut réalisé à partir de 1810 pour le marquis de Biencourt, après que furent menés de grands travaux de drainage des terres. Orné de deux magnifiques miroirs d'eau, au sud et à l'ouest, il est traversé par de belles allées. Planté de cèdres de l'Atlas, de cyprès chauves, de séquoias et d'arbres aux quarante écus d'Asie, le patrimoine aboré, qui s'est étoffé de plus de 200 arbres en 2014, encadre avec une belle harmonie le château. Quelque 100 000 bulbes ainsi que des rosiers, des agapanthes, des acantes, des hortensias et plusieurs variétés de lavande ont également été plantés. Le parc paysager est désormais prolongé par l'île de la Rémonière, classée Natura 2000 pour son biotope de bord de rivière.

Église St-Symphorien

Cette curieuse église du 11e s., qui communiquait avec le parc du château, fut rebâtie au 12e s. puis agrandie au 16e s. Elle présente, sur sa **façade★** à pignons, des sculptures du Christ et de saints dans des niches datant du premier édifice. Dans la chapelle sud de la seigneurie d'Azay, édifiée en 1603, reposent les membres de la famille de Biencourt, qui fut propriétaire du château au 19e s.

À proximité Carte de microrégion

Château de l'Islette B2 (p. 272)

★ Musée Maurice-Dufresne à Marnay B2

À 6 km au nord-ouest d'Azay-le-Rideau par la D 57, puis la D 120.
17 rte de Marnay - 02 47 45 36 18 - www.musee-dufresne.com - visite guidée sur RV (2h) avr.-août : 9h30-19h ; reste de l'année : 10h-18h - fermé nov.-mars - 11 € (-17 ans 5 €) - 1 € audioguide.

Maréchal-ferrant et compagnon du devoir, **Maurice Dufresne** (1930-2008) a amassé durant 60 ans armes, matériel agricole, industriel et militaire, voitures anciennes, camions, motos, cycles, avions, etc. En 1992, il a aménagé dans un moulin papetier ce musée avec quelque 3 000 engins et objets restaurés dans leurs rutilantes couleurs d'origine. Un bric-à-brac merveilleux, à la limite du surréalisme : véhicules militaires américains, allemands ou français des deux guerres transformés en machines agricoles, roulottes foraines du début du 20e s., première machine de mise en pression de la bière utilisée en France, monoplan Blériot, frère jumeau de celui qui traversa la Manche en 1909... L'occasion de revivre l'Histoire et la passionnante évolution des techniques.

5

Vallée troglodytique des Goupillières B2

À 3 km sur la D 84, route d'Artannes.
02 47 96 60 84 - www.troglodytedesgoupillieres.fr - juil.-août : 10h-19h ; avr.-juin et sept. : 10h-18h ; de déb. oct. à déb. nov. : 11h-17h30 ; reste de l'année : se rens. - 6,50 € (-17 ans 5 €).

Cet étonnant ensemble de fermes troglodytiques révèle le mode de vie des paysans de cette vallée. On découvre étables, puits, fours à pain, silos à grain et souterrains-refuges datant du Moyen Âge, en se promenant parmi les animaux de la ferme, cochons noirs, volailles, chèvres, ânes et chevaux. On peut même déjeuner sur place et gouter les fouées *(Voir « Nos adresses »)*.

L'OSIER AU TEMPS DE BALZAC

L'osier noir, l'osier jaune et la « gravange » verte sont coupés en hiver, bottelés et plongés dans l'eau des « rutouères » d'où ils sont retirés en mai, puis décortiqués et façonnés. Balzac écrivait : « Nous étions allés à Villaines, où se fabriquent les paniers du pays, nous en avons commandé de fort jolis. » Autrefois, cet artisanat se transmettait de père en fils et se pratiquait à domicile dans des ateliers troglodytiques.

Circuit conseillé Carte de microrégion

LES PAYSAGES DE BALZAC B2

Circuit de 26 km tracé en vert sur la carte de microrégion (p. 218) – Comptez 2h. Afin de profiter au mieux des paysages que l'écrivain a décrits avec tant de justesse dans ses romans, quittez Azay au sud par le pont sur l'Indre. De là se dessine à travers les arbres du parc la silhouette blanche du château.
Prenez aussitôt à gauche la D 17, puis à droite la D 57.

Villaines-les-Rochers

Par tradition, le travail de l'osier tient une place essentielle dans les activités de ce village étiré au confluent de deux petites rivières, en bordure de la forêt de Chinon, où des vestiges troglodytiques sont visibles à flanc de coteau. La **coopérative Vannerie de Villaines**, fondée en 1849 par le curé du village, compte aujourd'hui environ 70 vanniers ; elle a créé des ateliers qui accueillent des jeunes et assure une formation professionnelle sur place. Les produits de ce bel artisanat vont du simple panier à la nacelle de montgolfière. *1 r. de la Cheneillère - ✆ 02 47 45 43 03 - www.vannerie.com - ♿ - juil.-août : 9h-19h ; reste de l'année : 9h-12h30, 14h-19h (18h de mi-oct. à mi-mars et fermé w.-end de fin déc. à mi-mars) - fermé 1er janv., 25 déc. - possibilité de visite guidée sur demande (1h).*
Rejoignez la D 17 par la D 217 qui longe la Villaine.

★ Château de Saché (p. 274)

Pont-de-Ruan

À la traversée de l'Indre, deux moulins campent sur des îles arborées : ce site plein de fraîcheur est abondamment décrit dans *Le Lys dans la vallée*.

NOS ADRESSES À AZAY-LE-RIDEAU

HÉBERGEMENT

BUDGET MOYEN

Chambre d'hôte Chez Charita – *2 r. Victor-Hugo - ✆ 06 23 86 23 07 - www.chambresdhoteazaylerideau.com - 2 ch. 89/99 €.* À proximité du château, accueil chaleureux et personnalisé.

Gîte du Château de l'Aulée – *✆ 02 47 45 44 24 - www.laulee.com - P - haute sais. : 1 000 €/sem., basse sais. : 390 € (3 nuits mini) - wifi.* Au cœur d'un domaine entouré de vignes, ce château (1856) possède un gîte de quatre chambres (2e étage) qui portent chacune le nom d'un des cépages cultivés sur la propriété. Après une partie de billard au salon, vous pourrez vous initier à l'œnologie ou déguster quelques productions locales.

Hôtel des Châteaux – *2 rte de Villandry - ✆ 02 47 45 68 00 - www.hoteldeschateaux.com - fermé*

15 déc.-15 janv. - P ♿ - 27 ch. 69/98 € - ☕11 € - ✕ 21/32 € - wifi. Étape idéale sur la route des châteaux avec de coquettes chambres, gaies et colorées. Au restaurant, cuisine traditionnelle mitonnée : noix de joue de bœuf mijotée six heures au coin du feu.

Hôtel de charme Troglododo – *Rte des Granges (suivre panneaux Troglododo) - ✆ 02 47 45 31 25 - www.troglododo.fr - P ♿ - 9 ch. 70/149 € - ☕ 12,50 € (-12 ans 7 €) - wifi.* Cette ancienne ferme troglodytique des 15e et 17e s. vaut vraiment le détour. L'accueil est amical, les chambres, magnifiquement restaurées, sont nichées dans la falaise. Toutes sont décorées avec goût de meubles contemporains chic et il y a même un ascenseur. Jardins et terrasses conviviales offrent une jolie vue sur la vallée de l'Indre. Calme et dépaysement garantis.

POUR SE FAIRE PLAISIR

Hôtel de Biencourt – *7 r. Balzac - ✆ 02 47 45 20 75 - www.hotelbiencourt.com - fermé 15 nov.-25 mars - ♿ - wifi - 17 ch. 72/126 € - ☕ 10,50 €.* Près du château, une maison du 18e s. dont le décor reflète le passé d'école. Meubles rustiques ou Directoire, jardin, petit-déjeuner dans la salle en pierres du Val de Loire ou le patio. Sur le parcours de la Loire à vélo.

Les Ifs – *16 r. Thiers - ✆ 02 47 24 71 51 - www.lesifs.com - 🚭 P - 3 ch. dont 1 suite 90/130 € - table d'hôte 30 € - wifi.* Belle bâtisse du 18e s. sise dans un beau jardin aux ifs centenaires. Chambres sobres avec charpentes et pierres.

RESTAURATION

PREMIER PRIX

Le Troglodyte Gourmand – *Vallée troglodytique des Goupillières - ✆ 02 47 96 60 84 - avr.-sept.- ouvert dès 12h - accès avec entrée du parc.* Produits du terroir, fouées, en-cas salés et sucrés…

Côté Cour – *19 r. Balzac - ✆ 02 47 45 30 36 - www.cotecour-azay.com - fermé mar. soir et merc. - déj. 18,50/23 € - dîner 24/32 €.* À la sortie du château d'Azay, une table coup de cœur qui, plutôt que de jouer la facilité vu l'emplacement idéal, régale ses hôtes avec talent ! Accueil adorable. Enfants bienvenus !

BUDGET MOYEN

L'Aigle d'Or – *10 av. A.-Riché - ✆ 02 47 45 24 58 - www.laigle-dor.fr - fermé dim. soir, mar.-merc. (et lun. soir en hiver) - formule déj. (sf dim. et j. fériés) 21/23 € - 31/49 €.* Excellente cuisine traditionnelle revisitée : civet d'escargots de Moulihèrne au chinon, filet de sandre aux asperges, crème de morilles. Ambiance feutrée dans la salle à manger aux poutres apparentes et compositions florales.

EN SOIRÉE

Les Mystères nocturnes des troglodytes – *Chez la Marie - vallée troglodytique des Goupillières - ✆ 02 47 96 60 84 - www.troglodytedesgoupillieres.fr - 13 juil.-17 août : jeu. 20h, sur réserv. - 23 €.* Soirée théâtralisée avec repas de fouées.

Noël au pays des châteaux – *De déb. déc. à déb. janv. - www.noelaupaysdeschateaux.com.* Des animations de Noël relient cinq grands châteaux de la Loire (Chenonceau, Amboise, Langeais, Azay-le-Rideau et Chinon) dans l'atmosphère festive de l'avent.

Château de l'Islette

Azay-le-Rideau (37190) – Indre-et-Loire (37)

Le château Renaissance de l'Islette fut édifié dit-on par les ouvriers d'Azay-le-Rideau, dont il est le frère jumeau. Au 19e s., la discrétion de ses douves comblées et de ses toitures tronquées séduisit les sculpteurs Camille Claudel et Auguste Rodin, qui installèrent là leur atelier mais aussi leur nid d'amour. Aujourd'hui encore, l'authenticité des salles de ce château familial, ainsi que son joli parc et son moulin font de ce domaine un havre de quiétude et de beauté.

NOS ADRESSES PAGE 270
Hébergement, restauration, achats, activités, etc.

S'INFORMER

Office de tourisme – *4 r. du Château - 37190 Azay-le-Rideau - ✆ 02 47 45 44 40 - www.azaylerideau-tourisme.com - mai-sept. : 9h30-13h, 14h-18h (19h juil.-août), dim. et j. fériés 10h-13h, 14h-17h (18h juil.-août) ; reste de l'année : tlj sf dim. et certains j. fériés 10h-12h30, 14h30-18h.*

SE REPÉRER

Carte de microrégion B2 (p. 218-219) – Entre Tours (25 km au nord-est) et Chinon (21 km au sud-ouest) et à 2 km à l'ouest d'Azay-le-Rideau. En train : comptez au moins 2h de Paris, *via* Tours (TGV), puis TER jusqu'à la gare d'Azay, à 2 km du château.

L'Islette se trouve sur l'itinéraire La Loire à vélo. En venant d'Azay-le-Rideau par la D 57 en direction de Langeais, l'Islette se situe à gauche de la route et le parking à droite.

À NE PAS MANQUER

La grande salle, le grand parc et la promenade en barque sur l'Indre.

ORGANISER SON TEMPS

Comptez 1h pour la visite du château, restez aussi longtemps que vous le souhaitez dans le joli parc.

AVEC LES ENFANTS

Prêt de déguisements de princesses et de chevaliers aux enfants.
Une aire de jeux.

CHÂTEAU

9 rte de Langeais - ✆ 02 47 45 40 10 - www.chateaudelislette.fr - mai-sept. : 10h-19h - possibilité de visite guidée (50mn) - 9 € (-18 ans 5,50 €).

Propriété du bailli de Touraine Jean Pannetier à la fin du 13e s., l'Islette devint le domaine de la famille de Maillé jusqu'à 1650. Le château actuel, achevé vers 1530, fut construit sur un bâtiment du 15e s., dont il a conservé des éléments de brique. Au début du 19e s., les sommets des tours d'angle furent tronqués tandis que le couronnement des lucarnes fut retiré.

Durant les années 1890, le château accueillit les sculpteurs **Camille Claudel** (1864-1943) et **Auguste Rodin** (1840-1917) qui y travaillèrent à certaines de leurs œuvres, dont *La Petite Châtelaine*, l'une des œuvres majeures de Camille Claudel, et la célèbre statue que Rodin fit de Balzac, visible à Paris au musée Rodin et sur le boulevard Raspail.

Le château de l'Islette, côté moulin.
L. Marolleau/age fotostock

Le corps principal de l'édifice est flanqué de deux grosses tours cylindriques et d'une aile en retour d'équerre, tandis qu'une tour polygonale flanque l'angle nord-est. Le couronnement est bordé par un chemin de ronde avec mâchicoulis. En 1769, Beaumarchais qui se trouvait à Rivarennes écrivait à sa femme à propos du château de l'Islette : « À travers les arbres dans le lointain, je vois le cours tortueux de l'Indre et un château antique flanqué de tourelles qui appartient à ma voisine Mme de Roncée. »

Chapelle intérieure – On y accède par le hall d'entrée. Couverte de peintures Renaissance, cette chapelle du 16e s. est dotée d'un plafond en voûte d'ogives orné d'un ciel bleu étoilé à la feuille d'or. En sortant, on traverse la salle des Gardes jusqu'à un large escalier à vis qui conduit au 1er étage.

★ **Grande Salle** – *Premier étage.* Entièrement peinte, elle est longue de 14 m, large de 8 m et haute de 5,50 m. Son plafond, sa cheminée et ses impostes au-dessus des portes sont magnifiquement décorés de peintures du 16e s. De petits tableaux alternent sur les plinthes, dont une bergère avec ses moutons. La frise comporte une série de médaillons, dont une remarquable odalisque. Toutes ces peintures sont dans un état de conservation exceptionnel.

5

Parc et jardins

9 rte de Langeais (D 57) - 37190 Azay-le-Rideau - ✆ 02 47 45 44 40 - www.chateaudelislette.fr - mai-sept. : 10h-19h ; reste de l'année : se rens. - gratuit.

À l'entrée du domaine *(4 ha)*, un pont franchit l'Indre. Le cours sauvage et paisible de cet affluent de la Loire participe à la quiétude du château de l'Islette, dont profitent quelques tables d'une buvette installées sur la berge, à l'entrée du moulin à eau. Les amateurs de tranquillité peuvent gagner une petite île où tables et transats invitent à la lecture et à la rêverie *(location de barques 6 €/30mn - 4 pers. maxi ; prêt de livres).*

Château de Saché

★

Saché (37190) – Indre-et-Loire (37)

Îlot de sérénité, ce petit château du Moyen Âge remanié à la Renaissance fut aménagé en confortable lieu de villégiature au 19e s. Hôte régulier de Saché, Honoré de Balzac en a introduit le souvenir dans ses écrits, notamment dans *Le Lys dans la vallée*. La demeure abrite aujourd'hui un musée consacré au grand écrivain, au milieu d'un beau parc romantique.

NOS ADRESSES PAGE 270
Hébergement, restauration, achats, activités, etc.

S'INFORMER

Office de tourisme – *4 r. du Château - 37190 Azay-le-Rideau - 02 47 45 44 40 - www.azaylerideau-tourisme.com - mai-sept. : 9h30-13h, 14h-18h (19h juil.-août), dim. et j. fériés 10h-13h, 14h-17h (18h juil.-août) ; reste de l'année : tlj sf dim. et certains j. fériés 10h-12h30, 14h30-18h.*

SE REPÉRER

Carte de microrégion B2 (p. 218-219). Entre Tours (25 km au nord-est) et Chinon (27 km au sud-ouest), à 7 km à l'est d'Azay-le-Rideau. Un bus Fil vert dessert le château *(juil.-sept.)*.

À NE PAS MANQUER

Le cabinet des manuscrits, la chambre.

ORGANISER SON TEMPS

Comptez 1h pour la visite du musée-château et 30mn pour le parc.

AVEC LES ENFANTS

Les animations et ateliers.

★ MUSÉE BALZAC - CHÂTEAU DE SACHÉ

R. du Château - 02 47 26 86 50 - www.musee-balzac.fr - juil.-août : 10h-19h ; avr.-juin et sept. : 10h-12h30, 13h30-18h ; reste de l'année : tlj sf mar. 10h-12h30, 13h30-17h - fermé 1er janv., 25 déc. - possibilité de visite guidée (1h) - 6 € (-18 ans 5 €).
Logis Renaissance à l'origine, cette demeure des 16e et 18e s., ceinte d'un beau parc au charme romantique, appartenait au 19e s. à Jean Margonne, ami de Balzac (1799-1850). Acheté en 1926 par Paul Métadier qui consacra sa vie selon ses mots « *à redonner à cette vieille demeure tout l'attrait qu'elle mérite* », la maison ne devint un musée qu'en 1951. À force de donations et d'acquisitions, le lieu revit aujourd'hui au plus proche de ce qu'il fut quand Balzac écrivait ou corrigeait, entre autres, *Les Chouans* (1829), *Contes drolatiques* (1831), *Illusions perdues, Le Lys dans la vallée (1835)*, dont l'action se déroule entre Saché et Pont-de-Ruan, *Le Père Goriot, César Birotteau* (1837), etc.

1er étage – Le vestibule donne accès à deux belles pièces : la **salle à manger** (frise à scènes mythologiques rappelant le décor du salon de la pension Vauquer décrite dans *Le Père Goriot*) et le **grand salon**. Leur nouvel ameublement évoque les règnes de Charles X et Louis-Philippe, sous lesquels Balzac séjournait régulièrement à Saché (1825-1848) et fait écho à l'atmosphère du château de Clochegourde imaginé par Balzac dans *Le Lys dans la vallée* : table de trictrac, métier à broder, rideaux de percale blanche bordés d'un simple galon, cabinet de style Boulle, chaises Louis XIV en bois sculpté, vases en

Château de Saché, musée Balzac.
Ph. Renault / hemis.fr

porcelaine blanche à filets d'or, etc. Autres curiosités, les papiers muraux : reconstitués dans la salle à manger (d'après les panneaux d'origine, à droite du poêle en faïence) et intégralement préservés dans le grand salon. Notez que cet éloquent trompe-l'oeil digne d'un décor de théâtre était propice aux séances de lecture à voix haute auxquelles s'adonnait Balzac ; une façon de passer, comme le fera plus tard Flaubert, ses phrases à l'épreuve du « gueuloir » ; une sonorité harmonieuse attestant ou pas de la justesse de sa prose.
Second étage – Six pièces se succèdent : la **salle du Lys**, où est retracée la vie de l'écrivain (copie du portrait de Balzac par Louis Boulanger) ; la **salle Louis-Lambert** qui montre l'une des premières photographies de l'écrivain, un daguerréotype, le « meilleur portrait de Balzac », dit-on (1842). Aux murs, nombreuses caricatures de la première moitié du 19e s. Très lié à la presse, Balzac en était souvent la cible. La **salle Béatrix**, centrée sur Balzac et la Touraine, où sont exposées les statuettes des personnages de la *Comédie humaine* (œuvres de Pierre de Rippert, sculpteur marseillais). Le **cabinet des Manuscrits** présente de précieux documents originaux, régulièrement renouvelés pour des raisons de conservation, ainsi que des fac-similés. Les manuscrits donnent une idée du processus d'écriture auquel se livrait Balzac avec acharnement. La **chambre** rappelle le quotidien de l'écrivain qui, tel « un moine dans un monastère », travaillait entre douze à seize heures par jour, à grand renfort de café.
Rez-de-chaussée - **Salle Rodin** – Commandée par la Société des gens de lettres, en 1891, l'œuvre de Rodin fera l'objet de très nombreuses études préparatoires dont on peut voir plusieurs plâtres et bronzes. La **salle de l'Imprimerie** du 19e s. évoque le métier que Balzac exerça entre 1826 et 1828 *(ateliers pédagogiques pour les enfants sur réserv.).*

5

Auberge du XIIe siècle.

1 r. du Château - ✆ 02 47 26 88 77 - fermé 6-20 janv., 1er-10 juin, 1er-9 sept., dim. soir, lun., et mar. midi - 25/90 € - réserv. conseillée. Vénérable auberge à colombages où Balzac avait ses habitudes, à deux pas du château. Cadre historique préservé, cuisine empreinte de classicisme. Belle terrasse en été.

Forteresse royale de Chinon

★★

Chinon (37500) – Indre-et-Loire (37)

Impressionnante place forte médiévale campée sur une éminence en surplomb de la Vienne, la forteresse de Chinon fut le théâtre de l'audience historique accordée par Charles VII à Jeanne d'Arc en 1429. Il y a peu de temps encore, ses jolies ruines patinées par le temps racontaient aux rêveurs cette belle histoire. Récemment, les logis royaux, reconstitués, sont sortis des limbes au prix de grands travaux. En contrebas, une authentique cité médiévale étire ses ruelles.

NOS ADRESSES PAGE 286
Hébergement, restauration, achats, activités, etc.

S'INFORMER

Office de tourisme – *1 r. Rabelais - 37500 Chinon - ✆ 02 47 93 17 85 - www.chinon-valdeloire.com - mai-sept. : 10h-13h30, 14h-19h ; reste de l'année : tlj sf dim. et j. fériés 10h-12h30, 14h30-18h - fermé 1er janv., 1er Mai, 1er et 11 Nov., 25 déc.*

Visite guidée – *Juil.-août : tlj sf vend. 14h30-17h50, dép. ttes les 40mn (durée 1h30) ; avr.-juin et sept. : se rens. - 9 € (-6 ans gratuit) - rens. à l'office de tourisme ou sur : www.vpah.culture.fr.* Label Ville d'art et d'histoire. Visites-découverte animées par des guides-conférenciers agréés par le ministère de la Culture et de la Communication.

SE REPÉRER

Carte de microrégion A3 (p. 218-219) - Plan de ville (p. 281). À 280 km au sud-ouest de Paris, 45 km au sud-ouest de Tours et à 33 km à l'est de Saumur. En arrivant de Tours (D 751), vous aurez l'impression d'être écrasé par les murailles du fort du Coudray, à gauche. Mieux vaut aborder Chinon par la rive sud de la Vienne, en venant de L'Île-Bouchard (D 761) : vous découvrirez l'immense ruine dans toute son ampleur, dominant la ville et ses quais. En train : à 2h40/3h de Paris, *via* Tours (TGV), la gare de Chinon est à 2 km du château. Aussi sur l'itinéraire La Loire à vélo.

SE GARER

La ville est impraticable en voiture l'été : stationnez sur les quais ou dans les parkings au-dessus du château. Très pratique, l'ascenseur de la Brèche permet de passer de la ville basse à la ville haute, en arrivant au pied de l'entrée du château.

À NE PAS MANQUER

Depuis le haut des tours, le panorama sur Chinon et sur la rive gauche de la Vienne ; en bas le beau quartier médiéval du Grand-Carroi.

ESCAPE GAME À CHINON

Réussirez-vous à vous échapper de la tour où vous êtes enfermés et à trouver le trésor de Richard Cœur de Lion ? Enigmes à résoudre, codes à déchiffrer… laissez-vous prendre au jeu ! Pour expérimenter ce mode de découverte, on ne peut plus original, du château, il faut avoir au minimum 12 ans et les moins de 16 ans doivent être accompagnés d'un adulte. *(27 €/pers., 23 € réduit - réserv. obligatoire : ✆ 02 47 93 13 45).*

La forteresse royale de Chinon.
P. Ducept/hemis.fr

ORGANISER SON TEMPS
Comptez 1h pour le château, 2h pour la ville, 1 journée pour les alentours.

AVEC LES ENFANTS
Le parcours « Qu'est-ce qu'être archéologue dans une forteresse ? » ; l'escape game *(12 ans mini)* ; les animations de l'écomusée du Véron et les automates du musée du Vin. Une promenade en calèche *(s'adresser à l'office de tourisme)*.

★★ FORTERESSE ROYALE A1

R. du Château - ✆ 02 47 93 13 45 - http://forteressechinon.fr - mai-août : 9h30-19h ; mars-avr. et sept.-oct. : 9h30-18h ; reste de l'année : 9h30-17h - fermé 1er janv., 25 déc. - possibilité de visite guidée (1h) - 8,50 € (-18 ans 6,50 €).

Bâtie sur un éperon dominant la Vienne et la ville de Chinon, cette vaste **forteresse**, qui s'étend sur plus de 500 m de longueur, date pour l'essentiel de l'époque d'**Henri II Plantagenêt** (12e s.), roi d'Angleterre et comte d'Anjou. Chinon est alors l'une des capitales de son empire. L'ensemble était formé de trois enceintes séparées par de profondes douves sèches : le fort St-Georges à l'est, qui marque l'entrée de la forteresse, le fort du Coudray à l'ouest dominé par une puissante tour construite par Philippe Auguste, au centre le château du Milieu qui renferme les logis royaux. Abandonné par la Cour après le 15e s., racheté au 17e s. par le cardinal de Richelieu, le château fut peu à peu démantelé, jusqu'à ce que l'infatigable Prosper Mérimée engage une action de sauvegarde.

De nos jours, les remparts consolidés et remis en valeur ont retrouvé une apparence proche de celle d'origine. En 2003, un grand chantier de restauration a été entrepris (18 millions d'euros sur cinq ans). Les campagnes de fouilles ont mis au jour les traces de l'occupation gauloise et gallo-romaine du site, en particulier le rempart du 5e s. après J.-C. ; les vestiges de nombreux bâtiments disparus, comme le prieuré St-Melaine transformé en salle de jeu de paume, ainsi que le palais du roi Henri II Plantagenêt.

Fort St-Georges – Démantelé à la fin du 18e s., ce palais bâti vers 1160 protégeait le côté vulnérable du château accessible par le plateau. Henri II, régnant alors sur un empire s'étalant de l'Écosse aux Pyrénées, y administrait ses biens continentaux à partir de Chinon. Un bâtiment contemporain, totalement intégré au site, héberge l'accueil de la forteresse, des salles d'exposition temporaires et une boutique plutôt bien documentée sur cette période historique.
Fort du Coudray – Le donjon fut élevé par Philippe Auguste au début du 13e s.; en 1308, Philippe le Bel y fit enfermer des templiers : on distingue encore les graffitis gravés dans la pierre par les prisonniers. On y trouve aussi un pigeonnier, un souterrain, une glacière et un puits d'eau. Notez l'escalier reconstitué à l'identique : seules les dalles de tuffeau suffisamment profondes le soutiennent. Au 1er étage se trouve la porte d'entrée.
Tour du Moulin – Du 12e s., elle marque l'extrémité ouest de la forteresse. Ce fut la première tour circulaire bâtie en Touraine. Cette rotondité constituait l'une des innovations en matière de défense ramenées d'Orient par les croisés : ce mur courbe faisait dévier les boulets qui ricochaient et retombaient parfois sur l'attaquant. En outre, l'absence d'angles morts autorisait une surveillance sur 360° et des tirs tous azimuts.
Château du Milieu – On visite librement les jardins (bancs sonores, dispositifs multimédias) et les tours de l'enceinte, notamment la **tour des Chiens** (13e s.). Des courtines sud, **vue★★** superbe sur les toits d'ardoise du vieux Chinon, la Vienne et sa vallée verdoyante, entrecoupée de peupliers. La haute **tour de l'Horloge** (14e s.) est curieusement plate. Sa cloche, la Marie-Javelle, y sonnerait les heures depuis 1399.
★★ **Logis royaux** – Séquences filmiques et bornes interactives au contenu documentaire font revivre les moments phares de la forteresse et les personnages historiques qui les ont animés. Datant des 14e et 15e s., les logis ont été rebâtis au prix de travaux de grande envergure. Détruits au 19e s., leurs toits pentus d'ardoise pointent fièrement vers le ciel leurs cheminées, leurs épis de faîtage et leurs gargouilles. On traverse quatre salles d'un **parcours-spectacle**. La première de ces mini-fictions documentaires, *Colère et lumière*, évoque une journée de la vie de Foulques IV, comte d'Anjou. La suivante, *À l'aube de la révolte,* souligne l'importance de Chinon au cœur de « l'empire » Plantagenêt. Au premier étage, les deux salles **Jeanne-d'Arc** retracent les grandes étapes de la vie de la sainte, grâce à une muséographie qui s'inspire des grandes

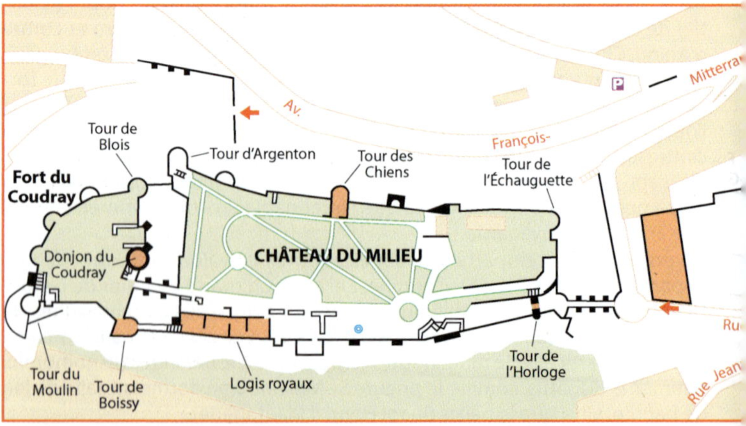

tables de banquet de l'époque. L'imagerie du 19e s. et du début du 20e s. apporte d'intéressantes clefs de lecture sur la Pucelle, dont Richelieu avait déjà fait une figure allégorique au 17e s. Les dernières salles sont consacrées à l'histoire et à l'archéologie. Parmi les objets présentés, tous issus de fouilles récentes, on peut découvrir ce qui composait la tombe d'un guerrier gaulois.

Se promener Plan de ville

★★ CHINON MÉDIÉVAL

Circuit tracé en vert sur le plan de ville (p. 281) – Comptez au moins 45mn. Prévoyez des chaussures confortables pour apprécier le charme des rues pavées.
Jadis entouré de murailles qui lui valaient le nom de « ville-fort », le vieux Chinon serre ses toits pointus et ses ruelles tortueuses entre les quais de la Vienne et l'escarpement du château. Le quartier a conservé de nombreuses maisons médiévales : façades à pans de bois aux encorbellements sculptés, pignons de pierre flanqués de tourelles.
Rejoignez la rue Haute-St-Maurice par le chemin piétonnier qui descend dans les douves (escalier à gauche à la sortie de la forteresse, côté parking), puis l'impasse du Roberdeau.

La rue Haute St-Maurice A1

C'est l'axe principal de la vieille ville, bordé de maisons datées du 15e s. au 17e s. ; il se prolonge par la rue Voltaire.
Au n° 82, l'hôtel de la **Maîtrise des eaux et forêts** : remarquable par la qualité de son décor et l'originalité de sa tourelle, carrée sur rue et ronde sur la cour.
Au n° 81, l'hôtel **Bodard de la Jacopière** remodelé au 16e s., dont la façade sud est visible du quai Charles VII.
Église St-Maurice (12e-16e s.) – *Intérieur accessible lors de visites guidées.* La partie la plus ancienne est le clocher roman. À l'intérieur, voûtes d'ogives très bombées de pur style angevin et clefs historiées sur la nef et dans le chœur ; bas-côté Renaissance.
Palais du Bailliage – *73 r. Haute-St-Maurice.* Occupé par l'hôtellerie Gargantua, il dresse sa façade sud sur la place Henri II Plantagenêt, avec une jolie tourelle en encorbellement et un pignon bordé de choux frisés. En face, l'hôtel Poirier de Beauvais, à la façade Renaissance.
Hôtel du Gouverneur (17e s.) – Au n° 48, le large portail de pierre ouvre sur une cour aux gracieuses arcades d'où part un escalier à double volée.

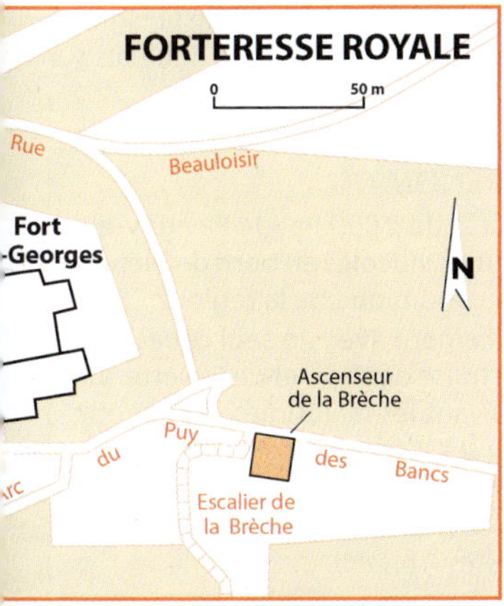

★★ Grand Carroi A1

C'était au Moyen Âge le centre de la ville, au croisement de la rue Haute-St-Maurice et de la rue du Grand-Carroi. Les plus jolies **maisons** du quartier s'y côtoient : une maison à colombages au n° 45, dont le décor sculpté a été martelé à la Révolution ; au n° 44, l'**hôtel des États généraux** (15e-16e s.), beau bâtiment de pierre qui accueille le musée Le Carroi ; au n° 38, la **maison Rouge** (14e s.), plus grande maison à pans de bois de la ville, qui abritait pas moins de trois échoppes au rez-de-chaussée.

Hôtel Torterue-de-Langardière – *3 r. Jeanne-d'Arc.* Élevé au 18e s., il présente une façade classique aux beaux balcons de fer forgé.

Ici s'amorce la rue Jeanne-d'Arc qui monte jusqu'au château.

Une plaque désigne le puits où, selon la tradition, la Pucelle aurait posé le pied pour descendre de cheval à son arrivée à Chinon.

Musée Le Carroi A1

44 r. Haute-St-Maurice - ✆ 02 47 93 18 12 - www.cc-cvl.fr - de déb. mai à mi-sept. : tlj sf mar. 14h30-18h30 ; reste de l'année : vend. et w.-end 14h-18h - fermé de mi-nov. à fin mars - possibilité de visite guidée sur demande - 3 € (-12 ans gratuit) - 4 € billet combiné avec la chapelle Ste-Radegonde ou la galerie de l'Hôtel de ville.

Il occupe l'hôtel des États généraux, où Richard Cœur de Lion, blessé au siège de Châlus, serait venu expirer en 1199, et où se réunirent, en 1428, les états généraux convoqués par Charles VII pour lui donner les moyens de poursuivre la guerre contre les Anglais. Le rez-de-chaussée réserve une place importante aux collections archéologiques et à la statuaire médiévale. Il contient aussi la **chape de St-Mexme★** (12e s.), la plus grande étoffe arabe en soie conservée en Europe. La salle d'honneur du 1er étage recèle un portrait en pied de Rabelais par Delacroix, celle du 2e étage, à la charpente en forme de carène, accueille des expositions temporaires.

Remarquez au no 19 de la **rue Voltaire** une maison à pans de bois du 14e s.

Impasse des Caves-Painctes A1

Cette ruelle ouvre une percée vers le coteau : au fond se trouvent les **caves painctes** où Rabelais, familier des lieux, raconte que Pantagruel but maint verre de vin frais ; leurs peintures ont disparu, mais ces anciennes carrières sont toujours un temple de la Dive Bouteille où se tiennent les intronisations solennelles à la confrérie des « bons entonneurs rabelaisiens ». *✆ 02 47 93 30 44 - www.chinon.com - ♿ - juil.-août : 11h, 15h, 16h30 et 18h - fermé lun. - 3 € (-12 ans gratuit) - avec dégustation.*

Musée animé du Vin et de la Tonnellerie A-B1 M

12 r. Voltaire - ✆ 02 47 93 25 63 - de mi-mars à mi-oct. : 10h-22h - 4,50 € (-12 ans gratuit) - dégustation de chinon à la fin de la visite.

Dans ce musée qui fait aussi office de restaurant, quatorze automates grandeur nature (exécutés en 1979) vous initient aux travaux de la vigne, à la vinification et à la fabrication des barriques, sous l'égide de Rabelais sur lequel les anecdotes sont légion.

LE CHINON, GRAND VIN, GRAND RENOM

L'aire d'appellation chinon s'étend sur près de 2 000 ha (de Savigny-en-Véron à Crouzilles) répartis sur 19 communes viticoles en bord de Vienne. Elles constituent à elles seules le nœud économique de la région.

En rouge, le chinon est produit essentiellement avec un seul cépage : le cabernet franc. Il exprime des arômes de fraise des bois et de violette. Vin de garde, voire de très grande garde, suivant les millésimes, il peut être bu néanmoins dès sa jeunesse, vers Pâques. Les rosés sont élégants, et les blancs se distinguent par leurs arômes floraux.

Un nombre considérable d'exploitations ouvrent leurs caves aux visiteurs, avec vente et dégustation (*« Nos adresses », p. 286*).

281 FORTERESSE ROYALE DE CHINON

SE LOGER
Hôtel Agnès Sorel 1
Hôtel Diderot 10

SE RESTAURER
Les Années Trente 12
Au Chaperon Rouge 6
La Maison Rouge 10
L'Océanic 8
Musée animé du Vin et de la Tonnellerie .... **M**

Rue Jean-Jacques-Rousseau B1

Elle s'inscrit dans le prolongement de la rue Haute-St-Maurice, après avoir traversé la place de l'Hôtel de ville. On y découvre encore quelques façades médiévales, en particulier aux n°s 71 et 73 du carrefour du Puy-des-Bancs. Des expositions temporaires sont régulièrement présentées dans la galerie à l'étage de l'Hôtel de ville.

En haut de la place, accès par un passage voûté à l'ascenseur de la Brèche arrivant au pied de la forteresse. Il fait la liaison entre la ville basse et la ville haute.

Église St-Étienne B1

Un beau portail gothique flamboyant, finement ciselé, porte les armes de son bâtisseur, Philippe de Commines (1480), gouverneur de Chinon. Les vitraux du chœur (19e s.) proviennent de l'atelier Lobin. Ils retracent la vie de saint Étienne et les principaux épisodes de l'histoire de Chinon, dont la scène de la reconnaissance de Charles VII par Jeanne d'Arc.

Collégiale St-Mexme B1

Accessible seult en visite guidée. Cet ancien édifice religieux (10e-11e s.), aujourd'hui transformé en centre culturel, dresse encore sur la place St-Mexme deux tours imposantes. Dans la nef, un petit théâtre en bois accueille des spectacles en saison et, dans le narthex, on découvre des peintures murales médiévales et des vitraux d'Olivier Debré.

Accès à pied (10mn de marche) par le raidillon qui s'amorce au nord-est de l'église St-Mexme et débouche sur le chemin qui surplombe la vallée (accès en voiture par la rue Alfred de Vigny, au-dessus de la chapelle, puis escalier).

À proximité Carte de microrégion

★Candes-St-Martin

À 15 km au nord-ouest de Chinon.

Dominant la Loire et la Vienne en un point où leurs cours majestueux se conjuguent pour former un large estuaire, Candes s'enorgueillit d'une église élégante et trapue, bâtie sur le lieu où mourut saint Martin en 397.

★ **Collégiale** – L'édifice, construit aux 12e et 13e s., fut doté de défenses au 15e s. Sa façade se caractérise par un mélange d'architecture militaire et de décoration raffinée. Voyez les nervures retombant en gerbe sur le pilier central du porche. À l'intérieur, les voûtes angevines reposent sur des piles élancées ; l'ensemble, très lumineux, donne une impression de grande légèreté.

Un petit chemin à droite de l'église *(15mn à pied AR)* conduit au sommet du coteau : le beau **panorama** vous récompensera de cet effort. Une autre promenade consiste à prendre la rue St-Martin, en contrebas de l'église, pour aller sur les berges en suivant les rampes pavées jusqu'à la rue du Bas.

À la sortie de Candes, franchissez à gauche le pont sur la Vienne pour apprécier ce superbe **site★**, au confluent de la Loire et de la Vienne.

Centre nucléaire de production d'électricité de Chinon A2

À 12 km au nord-ouest en direction de Bourgueil.

02 47 98 77 77 - www.edf.fr - 9h-12h, 14h-17h - fermé w.-end et j. fériés - gratuit - carte d'identité en cours de validité obligatoire.

Écomusée du Véron A2

Au nord-ouest de Chinon par la D 218.

80 rte de Candes - 37420 Savigny-en-Véron - 02 47 58 09 05 - http://ecomusee.cc-cvl.fr - - juil.-sept. : 10h-12h30, 14h-18h, w.-end et j. fériés 10h-12h30, 14h-19h ; reste de l'année : 10h-12h30, 14h-18h, w.-end et j. fériés 14h-18h - fermé de déb. nov. à mi-avr. - 4 € (-18 ans 2,50 €).

À l'ouest de Chinon, entre Loire, Vienne et Indre, le Véron est un pays d'eau offrant des paysages ainsi qu'une faune et une flore variés. L'écomusée présente l'histoire de son territoire d'étude : le Val de Vienne, depuis les premières occupations humaines du paléolithique. Viennent ensuite diverses facettes de la vie rurale locale au 19e s. : l'exploitation de la vigne, ses outils et l'élaboration du vin, une exceptionnelle collection de coiffes, l'habitat sujet aux crues, l'élevage des races ovines et de la chèvre poitevine, l'apiculture… avant de partir à la rencontre des différents animaux de la ferme.

Circuit conseillé

★ VALLÉE DE LA VIENNE AB3

Circuit de 65 km tracé en marron sur la carte de microrégion (p. 218-219) – Comptez environ 3h30. Quittez Chinon à l'est par la rue Diderot et la D 21.

La route sinueuse longe sur sa gauche le coteau calcaire et ses vignobles, la Vienne, ses îles et ses haies de peupliers apparaissant parfois, plus bas au sud. Un paysage empreint de charme et de douceur, à découvrir au printemps ou à l'automne en particulier.

Vieux bourg de Cravant B3

À 1 km au nord de Cravant-les-Coteaux - 06 07 04 43 34 - www.cravant-les-coteaux.fr - 9h-19h - 3 € - accès automatisé au monument avec des jetons d'entrée achetables sur place. Prévoir des pièces de 1 ou 2 €, ou des billets de 5, 10 ou 20 €.

L'**église** *(désaffectée)* du vieux bourg offre un rare spécimen d'architecture carolingienne (début 10e s.). Dans la chapelle ajoutée au 15e s., restes d'une fresque naïve représentant ses donateurs, qui seraient Georges de La Trémoille, ministre de Charles VII, Catherine de L'Île-Bouchard, sa femme, et leurs enfants. Petit musée lapidaire.
Suivez la D 21 jusqu'à Panzoult, puis la D 221 vers Crouzilles.

Crouzilles B3

Construite au 12e s., couverte au siècle suivant de voûtes angevines, l'**église** surprend par ses statues insérées dans la construction. Dans l'abside centrale notamment, on reconnaît saint Pierre, saint Jean l'Évangéliste, saint Paul et, dans l'angle sud-est du croisillon droit, le « beau Dieu de Crouzilles ».
Par la D 760 gagnez L'Île-Bouchard.

L'Île-Bouchard B3

L'Île-Bouchard a conservé de son passé fluvial une solide tradition de pêche avec ses barques noires, les plates, amarrées aux berges de la Vienne.
La route passe devant l'église **St-Gilles** (11e-12e s.), dotée de deux portails romans. Du **prieuré St-Léonard** subsiste un chœur roman (11e s.) dont les **chapiteaux historiés★** sont toujours visibles.
De L'Île-Bouchard, sur la rive gauche, prenez la D 18 vers Parçay-sur-Vienne.

Parçay-sur-Vienne B3

L'**église** (12e s.) présente un beau portail roman, aux voussures décorées des visages des « **Barbus de Parçay** », de rinceaux et de palmettes, et encadré de deux arcatures aveugles. Un appareil en « écailles de poisson », très décoratif, surmonte l'ensemble. À l'intérieur, les chapiteaux du chœur sont ornés des animaux fantastiques de l'Apocalypse, grotesques figures vociférantes.
Revenez à L'Île-Bouchard et poursuivez sur la rive gauche par la D 760.

Tavant B3

Coquette **église** romane, à voir surtout pour ses **fresques★** du 12e s. Dans la crypte, les personnages atteignent une puissance d'expression et un réalisme rares. *R. St-Nicolas - ✆ 02 47 58 58 01 - http://tavant.wix.com/eglise - avr.-oct. : tlj sf dim.-lun. 10h-12h30, 14h15-18h ; janv.-mars et nov.-déc. : tlj sf w.-end 10h-12h30, 14h15-18h - fermé 1er janv., 1er Mai, 25 déc. - possibilité de visite guidée (40mn) - 3 € (-14 ans 1 €) visite de la crypte (libre ou guidée).*
Plus loin, sur la gauche, la D 760 longe le **château de Brétignolles** (15e s.), dont on aperçoit la façade juste avant d'arriver à Anché.
2 km environ après Anché, Rivière est indiqué sur la droite.

Rivière A3

À quelques mètres des berges de la Vienne, l'**église** Notre-Dame (11e-12e s.) serait le plus ancien sanctuaire marial de Touraine. Un premier lieu de culte aurait été bâti au 3e s. Saint Martin s'y rendit en pèlerinage, ainsi que Jeanne d'Arc sur le chemin de Chinon. Sous le porche à trois arcades, remarquez à droite une fresque romane illustrant la résurrection de Lazare. À l'intérieur, les fresques néogothiques sont du 19e s. Le plan de l'édifice est inhabituel ; deux escaliers latéraux conduisent au chœur surélevé qui coiffe une crypte à demi enterrée composée de trois petites chapelles abritant la statue de Notre-Dame de Rivière et des gisants de pierre, sépultures des seigneurs de Basché (16e s.).
À la sortie du village, reprenez la D 760 à gauche, puis la D 749 à droite vers Richelieu.

5

NOS ADRESSES À CHINON ET AUX ENVIRONS

HÉBERGEMENT

PREMIER PRIX

À proximité

Maison d'hôte La Milaudière – *5 r. St-Martin - 37500 Ligré - 10 km au sud de Chinon - ✆ 02 47 98 37 53 - www.milaudiere.com - fermé de mi-nov. à déb. avr. - wifi - 7 ch. 58/82 €*. L'accueil charmant, les chambres décorées avec goût et l'agréable salon agrémenté d'un four à pain font de cette ferme du 18e s. une étape de choix. Cuisine à disposition des hôtes et terrasse pour le petit-déjeuner.

BUDGET MOYEN

Hôtel Agnès Sorel – A1 - *4 quai Pasteur - ✆ 02 47 93 04 37 - www.hotel-agnes-sorel.com - wifi - 10 ch. 62/99 € - 8,50 €*. À l'ombre du château médiéval, un hôtel « les pieds dans la Vienne » aux chambres agrémentées d'un décor personnalisé, plus grandes et au calme dans l'annexe dotée d'un patio. Garage à vélos.

Hôtel Diderot – B1 - *4 r. de Buffon - ✆ 02 47 93 18 87 - www.hoteldiderot.com - 8 €/nuit - fermé 12 nov.-3 déc., 21 janv.-3 fév. - wifi - 27 ch. 70/103 € - 9,80 €*. Cette belle demeure des 15e-18e s. propose des chambres d'esprit ancien, régulièrement refaites. Petit-déjeuner façon table d'hôte.

À proximité

Le Clos de la Garde – *4 r. de la Basse-Garde - 37500 Anché - 9 km au sud-est de Chinon - ✆ 02 47 97 47 73 - www.leclosdelagarde.fr - 3ch. dont 2 suites 105 € (95 € à partir de 2 nuitées) - table d'hôte 28 € - wifi*. Une maison à l'entrée d'un jardin arboré. Les chambres d'hôte allient l'authenticité d'un cadre rustique à un grand confort (larges lits, salles d'eau bien équipées). Accueillant et convivial, M. Fritsch, ancien directeur d'hôtel 4 étoiles, concocte des dîners dignes de grandes tables pour un excellent rapport qualité-prix.

RESTAURATION

PREMIER PRIX

La Maison Rouge – A1 - *38 r. Voltaire - ✆ 02 47 98 43 65 - fermé dim. et 5 sem. hiver - 16/25 €*. Dans le quartier médiéval, cette maison à colombages abrite un restaurant où vous pourrez déguster des assiettes rabelaisiennes (assortiment de produits du terroir) et des spécialités végétariennes de plus en plus présentes. Bar à vins proposant sept crus différents au verre. Attention service parfois long…

BUDGET MOYEN

Au Chapeau Rouge – B1 - *49 pl. Gén.-de-Gaulle - ✆ 02 47 98 08 08 - www.auchapeaurouge.fr - fermé Toussaint, 2 sem. fév.-mars, du dim. soir au mar. midi - formule déj. (sf j. fériés et dim. midi) 24 € - menu 29/58 €*. Aux pieds de la forteresse royale, une cuisine fidèle au terroir et aux saisons tenue avec rigueur par un maître restaurateur talentueux. Belle carte des vins. Terrasse en été. Et menu truffe en hiver.

Les Années Trente – A1 - *78 r. Haute-St-Maurice - ✆ 02 47 93 37 18 - www.lesannees30.com - fermé mar.-merc. (sf mar. soir en sais.), 3 sem. juin, 2 sem. fin nov. - formule déj.(sf j. fériés) 20 €, menu 27/48 €*. Décor dans les nuances de gris, tuffeau, bibelots, tableaux et photos des années 1930 font le charme des salles à manger de ce restaurant du vieux Chinon, où trône une jolie cheminée. Cuisine au goût du jour.

L'Océanic – B1 - *13 r. Rabelais - ✆ 02 47 93 44 55 - www.loceanic-chinon.com - ♿ - fermé dim.-lun., 1re quinz. janv., 22 fév.-8 mars et 28 août-6 sept. midi (sf j. fériés) - formule 19 € - 28/42 €.* Bon restaurant gastonomique de poissons. Produits frais associés souvent à des saveurs originales comme ces blancs de seiche à la crème de mangue. Mais la Saint-Jacques, en saison, reste une spécialité de la maison.

BOIRE UN VERRE

La Cave des Silènes – *43 av. François-Mitterrand - ✆ 02 47 93 07 43 - 10h-19h30 (19h en hiver) - fermé mar.* Magnifiquement rénové, ce nouveau bar à vin ouvert dans l'ex-restaurant du château propose principalement les vins du très réputé domaine Charles Joguet. Possibilité d'acheter ou de déguster sur place avec un accompagnement de charcuterie et fromage sur ardoise ou de *bruschettas* chaudes.

ACHATS

Caves Plouzeau – *94 r. Haute-St-Maurice - ✆ 02 47 93 32 11 - www.plouzeau.com - avr.-sept. : 11h-13h, 15h-19h ; reste de l'année : jeu.-vend. 14h-18h, sam. 11h-13h, 14h-18h - fermé 1er Mai.* On peut encore voir deux puits d'extraction des pierres de cette cave (1 500 m^2) creusée au 12e s. sous le château pour servir à sa construction. Dégustation libre d'une sélection de vins de Chinon (chinon Chapelle, 7 000 bouteilles, 2 ha, vignes de 40 ans) issus de raisins de l'agriculture biologique (certification Écocert).

La Cave Monplaisir – *Quai Pasteur - ✆ 02 47 93 20 75 - www.cavemonplaisir.fr - 10h30-12h30, 14h30-18h (14h-19h de mi-juin à mi-sept.)* Cette immense cave (2 500 m^2) appartient à trois viticulteurs de la région. La visite de son dédale de galeries creusées dans le tuffeau et abritant bouteilles, barriques et foudres vous incitera sûrement à vous attarder au comptoir de dégustation pour découvrir les vins de Chinon.

Maisons des Vins et du tourisme – Voir p. 527.

Marché à l'ancienne – *Fin août.* Produits du terroir.

ACTIVITÉS

Dégustation – *Impasse des caves Painctes - ✆ 02 47 93 30 44 - www.entonneurs-rabelaisiens.com - juil.-août - 3 €/pers. - 11h-15h, 16h30-18h.* Plusieurs fois par an *(janv., juin, sept. et déc.)* ont lieu des chapitres d'intronisation des **Bons Entonneurs rabelaisiens** au cours de dîners de gala avec animation. À condition de réserver suffisamment tôt, il est possible de participer à ces réjouissances.

La Chinonaise – *Dép. sur le quai, face à la vieille ville - ✆ 06 76 74 51 14 - www.bateaux-promenades-chinon.com - avr.-nov. : tlj. dép. sur réservation - 11/16,50 € (-12 ans 7/8 €).* Sorties et excursions à bord de bateaux traditionnels en compagnie de mariniers du terroir.

AGENDA

Salon des vins – *En avr.* Pour tout savoir sur les vins de Chinon. *www.chinon.com.*

Chinon en jazz – *Mi-juin. ✆ 02 47 93 04 92 - www.ville-chinon.com.*

Les Jeudis jazz – *Juil.-août.*

Noël au pays des châteaux – *De déb. déc. à déb. janv. - www.noelaupaysdeschateaux.com.* Des animations de Noël relient cinq grands châteaux de la Loire (Chenonceau, Amboise, Langeais, Azay-le-Rideau et Chinon) dans l'atmosphère festive de l'avent.

5

La Devinière

Seuilly (37500) – Indre-et-Loire (37)

Cette demeure nichée au milieu d'un îlot de verdure vit naître et grandir François Rabelais, à la fin du 15e s. L'écrivain prit ce paysage de vignoble pour cadre de sa célèbre guerre picrocholine. Cinq cents ans se sont écoulés et la Devinière, toujours charmante dans son coin de campagne préservé, abrite un musée consacré au père de Gargantua.

NOS ADRESSES PAGE 286
Hébergement, restauration, achats, activités, etc.

S'INFORMER

Office de tourisme – *1 r. Rabelais - 37500 Chinon - ☎ 02 47 93 17 85 - www.chinon-valdeloire.com - mai-sept. : 10h-13h30, 14h-19h ; reste de l'année : tlj sf dim. et j. fériés 10h-12h30, 14h30-18h - fermé 1er janv., 1er Mai, 1er et 11 Nov., 25 déc.*

SE REPÉRER

Carte de microrégion A3 (p. 218-219).
À 50 km de Tours et à 7 km au sud-ouest de Chinon, par D 24, puis à droite 1 km avant Seuilly.

À NE PAS MANQUER

Les caves troglodytiques, la campagne environnante.

ORGANISER SON TEMPS

Comptez 45mn, ou plus si vous voulez profiter du cadre champêtre.

AVEC LES ENFANTS

Le livre géant ; animations le lundi en été et le mercredi pendant les vacances scolaires.

MUSÉE RABELAIS - MAISON DE LA DEVINIÈRE

4 r. de la Devinière - ☎ 02 47 95 91 18 - www.musee-rabelais.fr - juil.-août : 10h-19h ; avr.-juin et sept. : 10h-12h30, 13h30-18h ; reste de l'année : tlj sf mar. 10h-12h30, 13h30-17h - fermé 1er janv., 25 déc. - possibilité de visite guidée (1h) - 5,50 € (-18 ans 4,50 €).

FRANÇOIS RABELAIS, LE BON GÉANT DE LA DEVINIÈRE

Fils d'un avocat de Chinon, François Rabelais naquit à la Devinière dans les années 1490. Après une jeunesse studieuse, il devint moine, se passionna pour le grec et fréquenta les humanistes avant de prendre l'habit de prêtre séculier, puis étudia la médecine à Montpellier. Médecin réputé, il fut protégé par des « grands » comme le cardinal Jean du Bellay, qui lui procura, en 1551, la cure de la paroisse St-Martin à Meudon et son frère, le gouverneur du Piémont. Dès 1532, il écrivit ses premiers romans, à Lyon, d'abord *Pantagruel* puis *Gargantua* en 1534 ; ils furent censurés et condamnés par les théologiens de la Sorbonne. Le *Tiers Livre*, puis le *Quart Livre* prolongèrent les aventures de ses géants. Quant au *Cinquième Livre*, il ne parut qu'après sa mort en 1553 à Paris. Admirateur d'Érasme, maniant la parodie et la satire, ce géant de la littérature laissa une œuvre volontiers gaillarde, privilégiant la farce bouffonne et les registres du comique pour faire entendre sa voix forte, truculente et poétique. La langue française lui en fut reconnaissante, ajoutant à son lexique l'adjectif « rabelaisien ».

La Devinière, maison de François Rabelais.
B. Rieger/hemis.fr

Depuis 1951, cette charmante métairie, entourée de vignes et de champs de blé, abrite un musée littéraire consacré à Rabelais. Des expositions temporaires et des événements (lectures et concerts) autour de l'écrivain et de son œuvre y sont organisés. Rassemblant une riche iconographie, des publications anciennes et des portraits, la muséographie renoue avec l'esprit d'un écrivain dont l'œuvre a profondément marqué la culture, la langue et l'imaginaire des Français. Le **logis Rabelais**, construit au 15e s., comprend la grande salle et la chambre de Rabelais, à l'étage. Cette maison d'enfance lui servit de matrice pour la rédaction de Gargantua.

Pigeonnier – Il présente des collections consacrées au grand homme.

Caves troglodytiques – Creusé par l'homme sur deux niveaux, le « ventre » de La Devinière abrite 500 m² de caves. D'abord carrières d'où la pierre nécessaire à la construction du domaine était extraite, selon l'usage dans la région, elles devinrent ensuite habitation, comptant une cheminée, un four à pain et différents éléments de mobilier aménagés dans la roche. On y découvre un pressoir à lanterne. C'est dans ce cadre étonnant que se déroulent les expositions.

Maison du vigneron – Située à l'étage, elle abrite le **Livre géant★**, une scénographie originale, intégrée dans des panneaux de bois, réalisée par l'écrivain Bernard Noël, le peintre Geneviève Besse et le sculpteur Olivier Seguin.

Vignes de Rabelais – Elles furent plantées en 2004 afin de récréer le paysage originel de ce domaine qui, dans l'œuvre de Rabelais, devint celui de Grandgousier. *La cuvée « Clos de la Devinière » est en vente sur le site.*

Sentier d'interprétation – Il relie La Devinière à l'abbaye de Seuilly *(600 m)* et permet de découvrir les paysages qui servent de cadre aux aventures de Gargantua.

LE LIVRE GÉANT EN CHIFFRES

Il contient 21 pages mesurant chacune 1 m de large sur 1,76 m de haut, pour 1 cm d'épaisseur. Ce livre a été réalisé sur mesure par le Moulin de Pontoise, à Curzon, en Dordogne.

Circuit conseillé Carte de microrégion

★ **AU PAYS DE RABELAIS** A3

Circuit de 25 km, au sud de Chinon, tracé en violet sur la carte de microrégion (p. 218-219). De la Devinière, rejoignez la D 24 puis la D 117 et tournez à droite.
On aperçoit, de l'autre côté de la vallée, le beau **château du Coudray-Montpensier** du 15e s. aux multiples toitures, qui fut restauré par Pierre Latécoère durant les années 1930.

Seuilly-Coteaux

Une **abbaye** se tient au cœur de ce long village-rue bordé d'habitations troglodytiques. C'est ici que fut élevé le jeune Rabelais qui situera là, dans **Gargantua**, le couvent de frère Jean des Entommeures, « bien fendu de gueule, bien avantagé en nez, beau dépêcheur d'heures, beau débrideur de messes, beau décrotteur de vigiles ».
De l'abbaye de Seuilly subsistent quelques bâtiments visibles de l'extérieur : la grange dîmière (12e-13e s.) où est installée aujourd'hui la Maison de pays, la salle capitulaire (11e-12e s.), la salle du pressoir (11e s.) et le chauffoir (15e s.). D'agréables jardins entourent l'ensemble : le jardin de lin, en référence au *Tiers Livre* où Rabelais décrit les techniques liées au traitement du lin, le jardin des quatre humeurs, ou jardin des hellébores (vouées à purger le corps et l'âme), et le jardin des vignes oubliées (cépages anciens). *4 rte de l'Abbaye - ✆ 02 47 95 83 28 - www.chinon-vienne-loire.fr - juil.-août : 10h-13h, 14h30-18h30 ; avr.-juin et sept. : 10h30-12h30, 14h30-18h - fermé lun. - gratuit.*

Lerné

Joli village de tuffeau blond, bâti autour de son église du 12e s. aux voûtes de style angevin, d'où Rabelais fait partir les fouaciers qui vont vendre leurs fouaces à Chinon. Une altercation avec les bergers déclenche la guerre picrocholine entre Picrochole, roi de Lerné, et Grandgousier, père de Gargantua. Aujourd'hui encore, la boulangerie du village produit une savoureuse fouace.
Picroboule, centre historique de la boule de fort – *1 rte de Thizay - ✆ 02 47 95 85 88 - www.cc-cvl.fr - ♿ - visite guidée (30mn) sur RV - horaires, se rens. - fermé 1er janv., 25 déc. - 3 € (-12 ans 1 €) - démonstration et initiation à la boule de fort sur demande.* Avec écrans, bornes sonores et simulateurs, l'histoire et les règles du jeu se dévoilent. Une vitre sans tain permet d'assister aux parties de la société voisine, sans déconcentrer les joueurs.
En direction de Chinon, la D 224 traverse Seuilly-Bourg, en bas du coteau, découvrant le **château de la Roche-Clermault**, pris d'assaut par Picrochole et ses gens dans le livre de Rabelais.

LA BOULE DE FORT

Ce jeu est né en Anjou vers 1650. Les mariniers de la Loire l'auraient inventé pour tuer le temps à bord de leur bateau lorsqu'il était à l'arrêt. Pour compenser les mouvements de roulis et de tangage, la boule de bois (en cormier) aurait été aplatie d'un côté et alourdie de plomb de l'autre ; ferrée sur son diamètre, elle pèse autour de 1,3 kg. Le but du jeu étant de s'approcher le plus possible du « maître », comme à la pétanque. Les terrains mesurent entre 18 et 24 m de long sur 5 à 6 m de largeur. Le jeu compte aujourd'hui entre 45/50 000 pratiquants se disputant quelque 200 compétitions ayant un caractère public.

Le parc et le château du Rivau.
J. C. Muñoz/age fotostock

Jardins et château du Rivau

★

Lémeré (37120) – Indre-et-Loire (37)

Avec son pont-levis, son donjon, ses poivrières et ses mâchicoulis, cette forteresse de la fin du 15e s. a longtemps été négligée. Le temps ayant fait son œuvre, sa silhouette martiale avait laissé place à des ruines romantiques, lorsqu'une restauration longue de vingt ans a ramené à la vie ce château endormi, en révélant son vrai visage : celui d'un château de légende réinventé par l'art contemporain, entouré par un jardin de conte de fées, devenu royaume des enfants.

5

S'INFORMER

Office du tourisme de Richelieu – *Pl. du Marché - 37120 Richelieu - 02 47 58 13 62 - www.tourisme-richelieu.com - juil.-août : 9h30-12h30, 14h-18h30 ; de mi-fév. à fin juin et de déb. sept. à mi-nov. : tlj sf dim. et j. fériés 10h-12h30, 14h-18h ; reste de l'année : tlj sf dim. et j. fériés 10h-12h30, 14h-17h.*

SE REPÉRER

Carte de microrégion B3 (p. 218-219).
À mi-chemin entre Chinon (10 km au nord) et Richelieu (10 km au sud).

À NE PAS MANQUER

Le parc et ses jardins ; les œuvres d'art contemporain du château ; les écuries royales.

ORGANISER SON TEMPS

Comptez 30mn pour la visite du château, 2h avec le parc.

AVEC LES ENFANTS

Les jardins, bien sûr : une découverte ludique de leur univers de contes et légendes accompagnée par le livret offert « Connais-tu les contes de fées ? ».

★ Jardins

Ils mêlent avec fantaisie références savantes, histoire et options résolument modernes, autour du thème des contes de fées. Recréée à partir de documents du 15e s., la partie historique évoque à la fois la fin de l'époque médiévale et le début de la période humaniste par une succession de tableaux (tapis mille-fleurs, jardin secret, verger de paradis… sans oublier le **potager de Gargantua** en hommage à Rabelais).

AGENDA

Joutes équestres *(mi-août)* ; fête de la citrouille *(déb. sept.)* ; festival des plantes d'automne *(fin oct.)*.

Le **jardin d'Aliénor d'Aquitaine** (les Philtres d'amour) met en scène des plantes à effet magique, qu'elles soient douées d'un effet maléfique ou bénéfique.

On se perd ensuite, sans grand risque, sur le **chemin du Petit Poucet**, au milieu des graminées qui montent à 2 m de hauteur. Pour retrouver ensuite la cabane de l'Ogre… jusqu'à la Forêt qui court !

Le jardin de la princesse Raiponce et sa célèbre natte de fleurs mauves, la volière Le Phénix, l'allée des fées et le Bois Amoureux, dernier né des jardins, s'ajoutent aux jardins déjà présents.

Après dix-sept ans de restauration, les écuries royales proposent une scénographie ludique et pédagogique de l'imaginaire lié au cheval aux 15e et 16e s. Ces mêmes écuries procuraient jadis les étalons de guerre de François Ier.

Pour faire une pause et apprécier le calme du lieu, à l'ombre des orangers, face au potager de Gargantua, la Table des Fées vous propose des spécialités élaborées avec les produits du potager. *Avr.-oct. : 12h-14h30 - assiette à partir de 9,50 €. Spécialités du terroir tourangeau, salades fraîches et légumes du jardin. Depuis 2015, Le Rivau propose 2 AOC chinon, rosé et rouge, issus des vignes de Cravant-les-Coteaux.*

Château

9 r. du Château - 37120 Léméré - ✆ 02 47 95 77 47 - www.chateaudurivau.com - ♿ - mai-sept. : 10h-19h ; avr. et oct. : 10h-18h - possibilité de visite guidée (1h) - 10,50 € (enfant 7 €) - 35 € billet famille (2 adultes + 3 enf.).

Fortifié au 15e s. par Pierre de Beauvau, chambellan de Charles VII, le Rivau a fière allure. Douves sèches, pont-levis, donjon, pigeonnier, rien ne manque à ce château, dont les proportions harmonieuses annoncent la Renaissance. Au 17e s., propriété du beau-frère de Richelieu, le château fut l'un des rares dans les parages à échapper aux démantèlements ordonnés par le cardinal. Ce qui ne l'empêcha pas d'être reconverti en remise à grain au 18e s.

Ce n'est qu'au début des années 1990 qu'il est tiré de son long sommeil, lorsque M. et Mme Laigneau achètent le château pour entreprendre sa restauration et redonner au site son panache d'antan.

Intérieur – *(Seules 5 pièces sont ouvertes à la visite).* Autour de monumentales cheminées gothiques, les murs sont enduits de badigeon de chaux, comme au Moyen Âge. La **salle des Dames** est ornée d'une somptueuse tapisserie de Bruxelles. Le plafond de la **salle du Festin** est décoré d'une très belle fresque d'un maître italien ainsi que du *Festin de Balthazar*, œuvre d'un artiste hollandais de la Renaissance.

Art contemporain – Aux collections d'art décoratif se mêlent en outre des œuvres contemporaines qui côtoient avec humour les peintres italiens.

Au long de la visite, on croise Jeff Koons, Bruno Pélassy ou Xue Sun qui réinventent des œuvres classiques. Enfin, la **chambre de Jeanne** est spécifiquement dédiée à Jeanne d'Arc avec des animations sonores.

Richelieu, Musée Municipal, évocation de la Galerie du château de Richelieu.
F. Guiziou/hemis.fr

Richelieu

★

1 941 Richelais – Indre-et-Loire (37)

Lorsque le cardinal de Richelieu obtient de Louis XIII le droit d'ériger une cité à l'emplacement de sa propriété familiale, c'est un chef-d'œuvre de l'urbanisme du 17e s. qui se prépare. Dessiné selon un plan en damier par des architectes de talent, il associe à la ville la construction d'un château, symbole du pouvoir, préfigurant en cela les travaux de Versailles. Après la tourmente révolutionnaire, le château est démantelé. Les murs de la ville et ses prestigieux hôtels particuliers ont heureusement survécu, tel un extraordinaire conservatoire historique situé à l'écart des routes.

NOS ADRESSES PAGE 297
Hébergement, restauration, achats, activités, etc.

S'INFORMER

Office de tourisme – *Pl. du Marché - 37120 Richelieu - ✆ 02 47 58 13 62 - www.tourisme-richelieu.com - juil.-août : 9h30-12h30, 14h-18h30 ; de mi-fév. à fin juin et de déb. sept. à mi-nov. : tlj sf dim. et j. fériés 10h-12h30, 14h-18h ; reste de l'année : tlj sf dim. et j. fériés 10h-12h30, 14h-17h.*

SE REPÉRER

Carte de microrégion B4 (p. 218-219). À 290 km au sud-ouest de Paris, 60 km au sud-ouest de Tours, 20 km au sud de Chinon. En saison, prenez la déviation poids lourds et la promenade sous les platanes avant de pénétrer dans la ville. En train : gare SNCF de Chinon, 2h40/3h de Paris, *via* Tours (TGV), puis taxi.

À NE PAS MANQUER

L'étonnante conception symétrique et l'architecture classique de la ville, la grande halle du 17e s., les allées et canaux dans le parc du château ; les splendides vitraux de la Ste-Chapelle de Champigny-sur-Veude.

ORGANISER SON TEMPS

Comptez 2h pour la visite de la ville et 1h pour le parc du château.

Se promener

Le « bourg clos », voulu par Richelieu à proximité du château, constitue en lui-même un monument exemplaire de style Louis XIII. Vivante illustration des traités d'architecture urbaine du 17e s., la ville matérialise le sens de l'ordre, de l'équilibre mesuré et de la symétrie qui annonce le Grand Siècle. Richelieu fit construire une **cité idéale** – vitrine du pouvoir – selon des règles mathématiques précises et organisée autour de deux places symétriques (en rupture avec la cité idéale de la Renaissance qui s'ordonnait autour d'un centre). Sur un plan rectangulaire (700 m de long sur 500 m de large), elle est entourée de remparts et de douves. Les portes monumentales, à refends, ont conservé leurs pavillons à portail soulignés de bossages, à fronton et hauts toits à la française. Le centre géométrique de Richelieu est le point de vue, situé face à la porte du château et à l'intersection des axes qui passent par la ville et par le château. Le programme architectural constitué par la ville et son château ne se lit malheureusement plus aujourd'hui.

Grande-Rue

Elle étonne par son homogénéité avec ses 28 hôtels, tous identiques. Chaque façade comporte cinq travées verticales de fenêtres sur deux niveaux. Cette rue traverse Richelieu de part en part et son apparat évoque Versailles, en dépit du calme villageois qu'affiche aujourd'hui la petite ville. Remarquez les hôtels Louis XIII à parements de tuffeau clair, parmi lesquels celui du Sénéchal, au n° 17, lequel conserve une cour décorée de bustes d'empereurs romains. Les grands officiers royaux, incités à faire construire un hôtel particulier sur des plans déjà établis, s'exécuteront pour complaire à Richelieu, mais ne viendront pas les habiter. La ville, « franche de taille et de gabelle » connaîtra néanmoins de longues périodes de prospérité, même après la mort du cardinal. En effet, l'exemption fiscale, voulue par Richelieu, attirait artisans et commerçants. Il prendra d'autres mesures pour développer sa ville : transfert du grenier à sel qui se trouvait à Loudun ; installation d'une Académie sur la Place Royale, réservée aux jeunes nobles de la région, et où l'enseignement était dispensé en français.

Espace Richelieu

28 Grande-Rue - ✆ 02 47 98 48 70 - www.ville-richelieu.fr - avr.-sept. : 10h-12h, 14h-18h ; de déb. oct. à mi-nov. : 10h-12h, 14h-17h - possibilité de visite guidée (1h20) - 4 € (-12 ans gratuit) - 6 € billet combiné avec musée municipal.

Situé dans l'un des hôtels particuliers de la Grande-Rue, cet espace est dédié au personnage historique de Richelieu, à la ville, à son architecture et au château aujourd'hui disparu. Sa reconstitution en 3D est présentée par une intéressante vidéo, laquelle propose une **visite virtuelle du château**. Cette visite vous plonge, pendant 20mn, au cœur du 17e s., dans les appartements du cardinal, du roi Louis XIII et de la reine Anne d'Autriche.

Place du Marché

La place, réaménagée en espace piéton, se révèle sous les illuminations à la nuit tombée. Face à l'église Notre-Dame se dressent les **halles**, à la belle charpente de châtaignier du 17e s. couverte d'ardoises *(marché lun. et vend. matin, sf 1er lun. du mois).*

La cité du cardinal

En 1621, lorsque **Armand du Plessis** (1585-1642), évêque de Luçon, rachète Richelieu, fief de ses ancêtres, il n'y a sur les bords du Mâble qu'un village flanqué d'un manoir.

CONSTITUTION D'UN DOMAINE

Devenu cardinal de Richelieu et principal ministre de Louis XIII, l'ambitieux prélat constitue une petite principauté autour de la ville en se faisant céder, bon gré mal gré, des châteaux qu'il s'empresse de démanteler, en tout ou partie, afin d'asseoir son pouvoir. À Bois-le-Vicomte, déjà en sa possession, il ajoute Champigny-sur-Veude, L'Île-Bouchard, Cravant, Crissay, Mirebeau, Faye-la-Vineuse et même Chinon, propriété royale qu'il néglige. Puis c'est au tour de Loudun de voir sa forteresse détruite, tandis qu'Urbain Grandier, ennemi de Richelieu, est accusé de sorcellerie et condamné à périr sur le bûcher.

LE DUCHÉ-PAIRIE

En 1631, Richelieu charge l'architecte Jacques Lemercier d'établir les plans d'un château neuf et d'un bourg clos de murs, construits sous la direction de Pierre et Nicolas Lemercier, frères de Jacques. L'homme fort du régime veut loger sa cour près de son immense château, alors que le roi érige le fief en duché-pairie. La ville qui entoure le château surgit *ex nihilo*, à la façon des cités romaines en terres conquises. Inscrite dans un plan carré modulaire, elle est taillée au cordeau et ses rues rectilignes mènent à de grandes places.

LE CARDINAL COLLECTIONNEUR

Deux vastes cours encadrées de communs précèdent l'édifice en quadrilatère, à pavillons saillants et grande entrée à dôme, défendu par des douves. Richelieu prend soin de remplir son palais d'œuvres d'art en une collection qui comptera parmi les plus prestigieuses d'Europe. La façade du pavillon central est ornée des deux *Esclaves* de Michel-Ange, exécutés en 1513-1515 pour le tombeau du pape Jules II. Les appartements, la galerie, les chapelles sont ornés de peintures de Poussin, Le Lorrain, Philippe de Champaigne, Mantegna, Le Pérugin, Bassano, Caravage, Titien, Jules Romain, Dürer, Rubens, Van Dyck… Les parterres des jardins et les berges du canal sont parsemés d'antiques, tandis que les grottes cachent des pièges hydrauliques, fort appréciés à l'époque ; on y plante les premiers peupliers d'Italie. L'ensemble ainsi formé par la ville, le château et son parc est considéré au 17e s. comme une merveille. Perspicace, La Fontaine, en 1663, note malicieusement : « Les dedans ont quelques défauts,/Le plus grand, c'est qu'ils manquent d'hôtes. »

LES LAMBEAUX DU POUVOIR

Aujourd'hui, il ne reste presque rien de la prestigieuse demeure du cardinal. La dispersion de ces richesses inouïes commence dès 1727 et s'amplifie après la mise sous séquestre du château en 1792. Après la Révolution, ses héritiers le cèdent à un nommé Bontron qui le démolit pour en vendre les matériaux. Quant à la célèbre collection d'œuvres d'art, on peut en découvrir une partie au Louvre – en particulier les *Esclaves* de Michel-Ange et les œuvres du Pérugin –, et dans les musées de Tours et d'Orléans.

Voir Richelieu, La ville et son château *de Marie-Pierre Terrien, Editions Pays et Terroirs Cholet, 2016.*

Église Notre-Dame

Sur la place la plus proche du parc, elle est de style classique, en pierre blonde. Sa façade est creusée de niches abritant les évangélistes, et son chœur est flanqué, disposition rare, de deux tours terminées par des obélisques. À l'intérieur, superbe maître-autel du 18e s.

Hôtel de ville - Musée municipal

1 pl. du Marché - ✆ 02 47 58 10 13 - www.ville-richelieu.fr - avr.-sept. : 10h-12h, 14h-18h ; reste de l'année : tlj sf dim. 10h-12h, 14h-17h - fermé mar. - possibilité de visite guidée (30mn) - 3 € (-12 ans gratuit) - 6 € billet combiné avec l'espace Richelieu.

L'ancien palais de justice abrite un **musée** qui présente documents et œuvres d'art liés au château, au cardinal (objets et tableaux du 17e s., dont six peintures de la galerie des Batailles du château) et à sa famille.

Parc du château

✆ 02 47 58 10 13 - www.parc-richelieu.fr - avr.-sept. : 8h-20h ; reste de l'année : 9h-18h - fermé 1er janv., 25 déc. - gratuit. Aire de pique-nique et de jeux (6-10 ans).

L'immense parc (475 ha) est parcouru d'allées rectilignes, ombragées de marronniers séculaires, de platanes et de peupliers d'Italie. La longue avenue longeant le canal du Mâble vous mène à la roseraie. Des splendeurs d'antan subsistent un pavillon à dôme, qui faisait partie des communs, les canaux, les douves (intactes) et, à l'extrémité des parterres (au sud-est), deux pavillons qui servaient d'orangerie et de caves. Un **musée** (maquettes du château, histoire de Richelieu) a été installé dans l'un des pavillons. La porte d'entrée du château peut encore être discernée sur la D 749 (au sud-ouest).

À proximité Carte de microrégion

★ Sainte-Chapelle de Champigny-sur-Veude B3

À 6 km au nord par la D 749.

2 pl. du Château - ✆ 02 47 95 71 46 - ♿ - juil.-août : 14h-18h ; 15 avr.-1er Mai : 14h-18h ; sept. : tlj sf mar. 14h-18h ; 2 mai-30 juin : jeu.-dim. 14h-18h ; reste de l'année : sur demande préalable - possibilité de visite guidée sur demande (30mn) - 6 € (-16 ans gratuit) - 10 € billet combiné avec le rez-de-chaussée du château.

Dans la vallée de la Veude, Champigny conserve une superbe chapelle collégiale, avec d'admirables vitraux. Exemple de l'art de la Renaissance à son apogée, elle faisait partie d'un château, bâti de 1508 à 1543 par Louis de Bourbon et son fils Louis II, et démoli sur ordre de Richelieu. Il n'en subsiste que les communs, dont l'ampleur et l'élégance laissent imaginer la grandeur du château disparu.

La **Sainte-Chapelle**, ainsi appelée parce qu'elle abritait une parcelle de la Vraie Croix, échappa à la destruction grâce à l'intervention du pape Urbain VIII. Louis Ier de Bourbon, qui avait accompagné Charles VIII à Naples, voulut pour sa chapelle un style de transition gothique-Renaissance. Le péristyle, plus tardif, offre un caractère italien prononcé ; son décor sculpté, d'une grande finesse, est à base d'emblèmes de Louis II de Bourbon, tels que L couronnés, ailes (L), lances brisées, bourdons, fleurs et fruits. Une voûte à caissons couvre le porche. Une belle **porte** en bois du 16e s., dont les panneaux sculptés figurent les vertus cardinales, donne accès à la nef, où l'on remarque, au centre, le priant d'Henri de Bourbon, dernier duc de Montpensier (17e s.), œuvre de Simon Guillain.

Joyaux de la chapelle, les onze baies sont ornées de **vitraux★★** posés au milieu du 16e s. Ces verrières Renaissance, cadeau de mariage de l'évêque de

Langres à sa nièce pour son union avec Louis II de Bourbon (1538), forment de véritables tableaux. Éblouissantes, par l'incomparable chatoiement de leurs couleurs, en particulier les bleus prune à reflets mordorés, elles représentent, en bas, 34 portraits des Bourbon-Montpensier, au centre, la vie de Saint Louis, en haut, des scènes de la Passion.

Faye-la-Vineuse B4

À 7 km au sud par la D 749, puis la D 757.

Sur une butte jadis plantée de vignes, dominant la vallée formée par un affluent de la Veude, Faye était au Moyen Âge une prospère cité de 11 000 habitants, entourée de murailles. Les guerres de Religion ont ruiné la ville.

L'**église** romane St-Georges était à l'origine une collégiale entourée de cloîtres et de bâtiments conventuels. Quoique fortement restaurée, elle présente encore quelques caractéristiques intéressantes : sa haute croisée du transept à coupole sur pendentifs ; les deux passages latéraux qui font communiquer le transept avec la nef, comme dans les églises berrichonnes ; le chœur très élevé à déambulatoire dont les chapiteaux sont sculptés, outre de nombreux feuillages et animaux fantastiques, de scènes de bataille.

La **crypte** (11e s.) est inhabituelle par ses grandes dimensions et sa hauteur sous voûte. Remarquez deux chapiteaux sculptés montrant l'Adoration des Mages et un combat de cavaliers. *Le Bourg - ✆ 02 47 58 13 62 - visite guidée juil.-août : jeu. 15h30 - RV devant la collégiale.*

NOS ADRESSES À RICHELIEU ET ENVIRONS

HÉBERGEMENT/RESTAURATION

PREMIER PRIX

Hôtel Le Puits Doré – *24 pl. du Marché - ✆ 02 47 58 16 02 - www.lepuitsdore.fr - ♿ - 25 ch. dont 1 suite 55/135 € - ☕ 9,80 € - ✕ déj. 14,90 €, 19,90/29,50 € - 1/2 P 31 €, P 43 € - wifi.* Chambres bien décorées (écran plat et Internet), toutes différentes. Au restaurant, carte variée et traditionnelle, évoluant au fil des saisons.

BUDGET MOYEN

Le Ragois – *13 Grande-Rue - ✆ 02 47 81 22 27 - www.leragois.fr - wifi gratuit au rdc - 2 ch. dont 1 suite - 120/130 € ☕.* Au cœur de Richelieu, cet ancien hôtel particulier a conservé le charme des vieilles maisons bourgeoises du 19e s. Chambres d'hôte calmes, confortables, joliment meublées et dotées de belles salles de bains.

PETITE PAUSE

PREMIER PRIX

La Fleur de Lys – *22 Grande Rue - ✆ 02 47 58 28 80 - sais. : tlj sf lun. 10h-19h ; reste de l'année : vend.-dim. 10h-19h.* Tartes salées ou gateaux, servis toute la journée, en terrasse ou dans l'agréable salon, magasin de décoration et d'antiquités.

L'ANJOU CÔTÉ EST

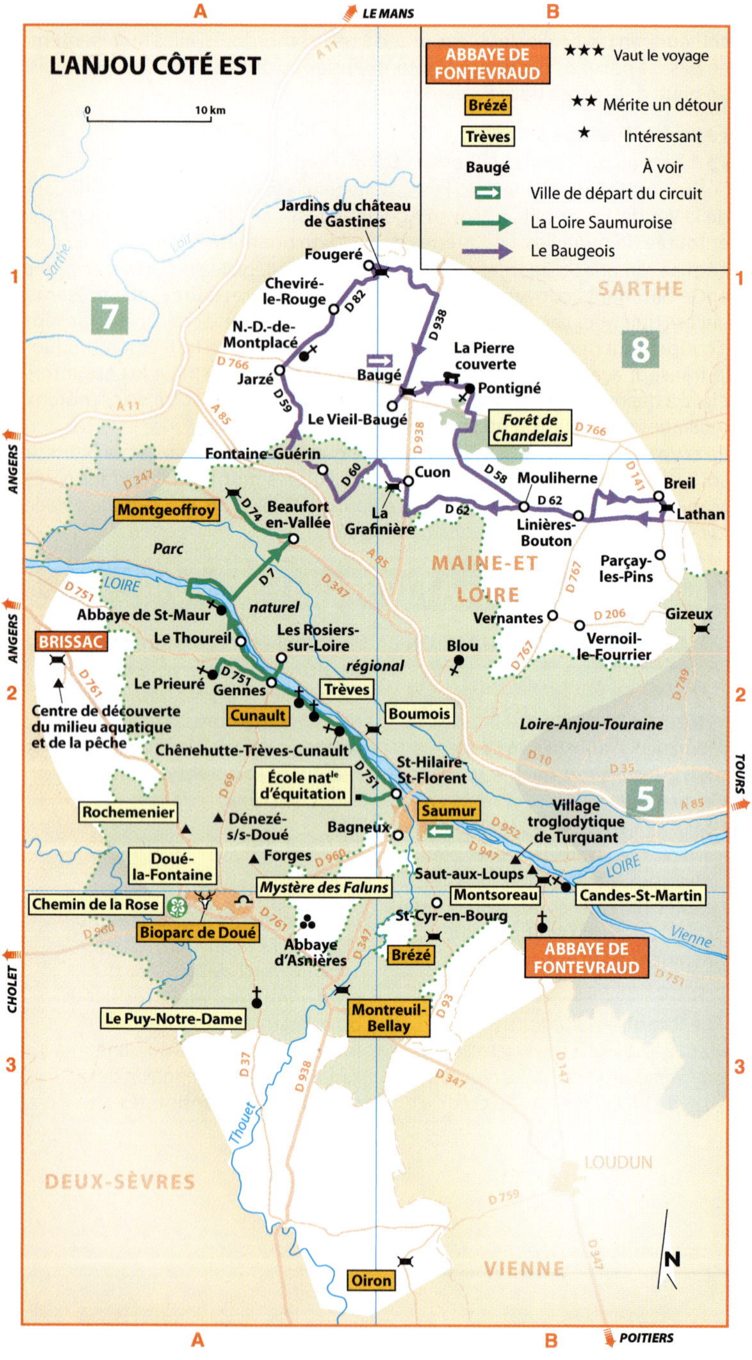

L'Anjou côté est

6

Carte Michelin Départements 317 – Deux-Sèvres (79), Indre-et-Loire (37), Maine-et-Loire (49)

Saumur

★★

27 283 Saumurois – Maine-et-Loire (49)

La « Perle de l'Anjou », le dernier exemple des palais princiers érigés par la dynastie des Valois, retrouve progressivement son éclat. Les campagnes de restaurations se suivent ; à la mesure de l'histoire chaotique que connut le château et qui faillit plus d'une fois l'emporter. Or ce joyau patrimonial n'est pas seulement fait de pierres mais de tout cet imaginaire féérique que surent acheminer jusqu'à nous les frères Limbourg. Quel élève n'a pas croisé l'une des enluminures éclatantes des « Très Riches Heures » du duc Jean de Berry (15e s.) ; ce manuscrit, chef d'oeuvre de l'art gothique, découpe sur un ciel intense les multiples pinacles, clochetons et épis faîtières du château. Mais Saumur, c'est encore la patrie du cheval et ces fameux cavaliers du Cadre noir sanglés dans leurs tuniques noir et or.

NOS ADRESSES PAGE 313
Hébergement, restauration, achats, activités, etc.

S'INFORMER

Office de tourisme – *8 bis quai Carnot - ☎ 02 41 40 20 60 - www.ot-saumur.fr - ♿ - de mi-mai à fin sept. : 9h15-19h ; reste de l'année : 9h15-12h30, 14h-18h, dim. et j. fériés se rens.* Label Ville d'art et d'histoire : découverte du vieux Saumur à pied avec le livret « Saumur, ville close aux portes de l'Anjou » *(gratuit)*. Billetterie à tarifs préférentiels pour visiter 61 sites du Grand Saumur et du Val de Loire. *Rens. sur Internet.*

SE REPÉRER

Carte de microrégion B2 (p. 298) et plan de Saumur (p. 303). À 70 km au sud-ouest de Tours, 65 km d'Angers et 32 km de Chinon. En train : 1h40 de Paris *(TGV)*.

À NE PAS MANQUER

Les manifestations équestres, la découverte à pied de la vieille ville, le château, la coupole de N.-D.-des-Ardilliers, la découverte de la faune et de la flore de Loire en bateau.

ORGANISER SON TEMPS

Comptez 1 journée pour la ville, 1 journée pour les alentours.

AVEC LES ENFANTS

Le musée du Champignon, les monuments du Val de Loire au parc miniature Pierre et Lumière.

Se promener Plan de ville

★ VIEUX QUARTIER

Entre le château et le pont Cessart, les ruelles tortueuses qui sillonnent la vieille ville ont gardé leur tracé moyenâgeux.

La rue St-Jean et ses commerces mènent jusqu'à la **place St-Pierre** où voisinent façades à colombages et maisons du 18e s. aux balcons de fer forgé. Une halle, construite en 1982, s'harmonise avec les maisons alentour.

Saumur, le château, l'église Saint-Pierre et l'hôtel de ville se reflétent dans la Loire.
F. Guiziou/hemis.fr

L'été, les églises St-Pierre, N.-D.-de-Nantilly, N.-D.-des-Ardilliers et la chapelle St-Jean sont ouvertes. Visite libre 8h30-12h, 14h-18h ; visite guidée (gratuite) certains jours de la sem. - parcours-découverte enf. possible à N.-D.-de-Nantilly - se rens. à l'office de tourisme.

Église St-Pierre B2

Pl. St-Pierre.

Édifice gothique Plantagenêt dont la façade écroulée a été rebâtie au 17e s. ; elle a conservé au croisillon droit une porte romane aux belles voussures. À l'intérieur, une riche **tapisserie★** de six pièces (16e s.) illustre dix scènes de la vie de saint Pierre.

★ Hôtel de ville B1

Seule la partie gauche remonte au 16e s. Autrefois baigné par la Loire, le bâtiment faisait partie de l'enceinte de la ville et formait tête de pont, d'où son aspect défensif. Côté cour, l'édifice est finement sculpté, dans un style de transition gothique-Renaissance.

SAUMUR DANS LES TRÈS RICHES HEURES DU DUC DE BERRY

Commencée vers 1411, ce livre d'heures a été commandé par le duc Jean Ier de Berry aux frères Paul, Jean et Herman de Limbourg. Les quatre protagonistes du projet étant emportées par la peste en 1416, le manuscrit est achevé par Jean Colombe pour Charles Ier de Savoie entre 1485 et 1489. Appelé livre d'heures car organisé autour de chaque heure liturgique de la journée, il égrenne sur 206 feuillets les douze mois de l'année, au rythme des saisons et de la vie religieuse. C'est donc un formidable témoignage sur l'activité humaine régie par l'implacable cycle de la nature. Le mois de septembre, période des vendanges, est particulièrement prisé des Saumurois, le château de Saumur en constituant l'arrière plan. Le manuscrit est conservé au musée Condé de Chantilly.

SAUMUR LA PROTESTANTE

À la fin du 16e s. et au 17e s., la ville atteint son apogée. C'est l'un des grands foyers du protestantisme. Henri III la donne comme « place de sûreté » au roi de Navarre. Le futur Henri IV y installe **Philippe Duplessis-Mornay**, grand soldat, fin lettré et fervent réformé. Celui que les catholiques appellent le « Pape des huguenots » fonde ici une académie protestante très réputée. En 1611, une assemblée générale des Églises protestantes s'y réunit afin de renforcer leur organisation à la suite de la mort d'Henri IV et du départ de Sully. En 1623, Louis XIII, inquiet du danger protestant, ordonne de démanteler les murailles de la ville. La révocation de l'édit de Nantes (1685) porte un coup fatal à Saumur : de nombreux habitants s'expatrient, le temple est démoli.

Chapelle St-Jean B1

Rue Corneille.

L'été, les tapisseries de la vie de saint Florent et de saint Florian (16e s.) sont visibles dans cet édifice gothique situé entre l'hôtel de ville et le théâtre.

★ **Église N.-D.-de-Nantilly** B2

R. du Pressoir - ✆ 02 41 51 00 73 - été : 9h-18h ; reste de l'année : 9h-17h.

Bel édifice roman auquel Louis XI, toujours très dévoué à Notre-Dame, ajouta le bas-côté droit ; son oratoire a servi de chapelle baptismale. Dans le même collatéral, sur un pilier à gauche, l'épitaphe qui est inscrite a été composée par le roi René d'Anjou pour sa nourrice Tiphaine. Dans l'absidiole à droite du chœur, belle statue vénérée de N.-D.-de-Nantilly, en bois peint du 12e s. Le buffet d'orgue, soutenu par des atlantes, date de 1690. Vingt et une **tapisseries** (15e-18e s.), issues d'une exceptionnelle collection, objets d'une belle restauration, sont exposées tour à tour pendant l'été et lors des fêtes liturgiques. Parmi elles, neuf tapisseries sur la vie de la Vierge.

Découvrir

★★ **Château** B2

Espl. du Château - ✆ 02 41 40 24 40 - www.ville-saumur.fr - de mi-juin à mi-sept. : 10h-18h30 ; de déb. avr. à mi-juin et de mi-sept. à déb. nov. : tlj sf lun. 10h-13h, 14h-17h30, vac. de Noël : tlj sf lun. 14h-17h30 - visite guidée possible (30mn) - 7 € (-7 ans gratuit).

Place forte de Foulques Nerra, comte d'Anjou (11e s.), résidence de Geoffroy Plantagenêt au 12e s., forteresse voulue par Saint Louis au 13e s., le château trouve la forme que nous lui connaissons au 14e s., sous les **ducs d'Anjou**.

2015 : l'EPI DE FAÎTAGE DE LA TOUR SUD-EST

Pour redonner au château de Saumur la fascinante sihouette qu'il arborait dans les « Très riches Heures du duc de Berry »*(voir encadré précédent)* décision fut prise de lui rendre l'un de ses quatre épis de faîtage. Travail colossal… Pas moins de 20 m² de cuivre, plus d'une tonne et demi de plomb et 15 000 feuilles d'or ont été façonnés pour cet ornement de toiture, de 12,5 mètres de haut, surmonté ici d'une girouette dorée à fleurs de lys. Sept corps de métier, des milliers d'heures de travail ont ainsi été mobilisés, sans oublier les deux grues pour hisser cet épi de 2,5 tonnes au sommet de la tour sud. Au total 125 000 euros dépensés, mais de multiples savoir-faire entretenus ou innovants, repensés, exposés.

Après la mort du dernier duc, le roi René, le « château d'Amour » retourne à la couronne de France (1480). Philippe **Duplessis-Mornay**, ami et mentor d'Henri de Navarre qui lui confie le poste de gouverneur, lui adjoint au 16e s. des fortifications en étoile. Toujours résidence du gouverneur de Saumur sous Louis XIV et Louis XV, il est inscrit en 1797 sur la célèbre liste des châteaux devant être rasés. Finalement il est transformé en prison sous Napoléon Ier (76 cellules), puis en dépôt d'armes et de munitions sous la Restauration, avant d'être classé Monument historique en 1862. Il est acheté par la ville en 1906 pour y installer le musée municipal, aujourd'hui labellisé Musée de France.

Sérieusement endommagé en 1940 par une centaine d'obus, le monument connait, depuis 1997, plusieurs campagnes de restauration : l'aile sud et la tour ouest (1997-2001), la partie nord-ouest du rempart éboulé en 2001 (sa reconstruction a nécessité – sur trois ans – 2 000 t d'acier, 8 000 m² d'échafaudages, 1 300 m³ de pierre de tuffeau et près de 125 000 heures de travail) ; le pont dormant (2010-2011) et l'escalier d'honneur (2011-2012). Depuis l'automne 2013,

SE RESTAURER
Best Western Hôtel Adagio 1
Hôtel du château de Verrières 2
Hôtel Kyriad 7
Hôtel Le Volney 19
Le Londres Hôtel et Appartements 18

SE LOGER
L'Alchimiste 8
Le Bistrot de la Place 12
L'Escargot 3
Le Gambetta 4
Les Ménestrels 6

les travaux portent sur les façades et les couvertures du bâtiment. En parallèle ont commencé, en 2016, les travaux de restauration et de mise en sécurité des remparts; ainsi que quelques travaux d'ornementation *(voir encadré précédent)*.
Terrasse – Servant de cour au château, elle s'ouvre sur un beau **panorama★** embrassant la ville, les vallées de la Loire et du Thouet.
Le château a conservé son allure de forteresse que tempère l'élancement gracieux de ses multiples tours aux toits coniques. Il abrite un **logis** de plaisance, dont les fenêtres s'ornent de balustrades richement sculptées.
Château-musée – Le **1er étage** abrite la riche **collection Arts décoratifs★★**, issue principalement de la donation faite par le comte Charles Lair (1841-1919), aristocrate saumurois qui avait créé un véritable cabinet de curiosités dans son château de Blou. Ce bel ensemble est constitué d'œuvres d'art médiévales et Renaissance – sculptures sur bois et albâtre, **tapisseries**, meubles, peintures, ornements liturgiques – et d'une importante collection de faïences, porcelaines, poteries, grès, biscuits des 17e et 18e s. considérée comme l'une des plus belles de France : assiettes patronymiques, plats, pots-pourris, pique-fleurs, pots, bannettes, vases, terrines… proviennent des plus grands centres faïenciers français (Nevers, Rouen, Moustiers, Marseille, Strasbourg).
Mais, le musée étant encore en travaux, il n'affiche pas, pour l'heure, une muséographie à la hauteur de la qualité des pièces en partie exposées.
L'abbatiale abrite une présentation des grandes étapes de la construction du château ainsi que la section Cheval, qui retrace l'histoire du cheval de selle et de l'équitation à travers les âges et les pays : rares collections de selles, mors, étriers, éperons… et riches harnachements provenant du monde entier.

Musée de la Cavalerie A1

Pl. Charles-de-Foucauld - ✆ 02 41 83 69 23 - www.musee-cavalerie.fr - ♿ - juil.-août : 11h-18h ; juin et sept. : lun.-jeu. 11h-18h, w.-end 14h-18h ; avr.-mai et de déb. oct. à mi-nov. : lun.-jeu. 11h-17h, w.-end 14h-18h - 6 € (-15 ans 4 €).
Situé dans les anciennes écuries restaurées du Cadre noir (édifiées en 1827), ce musée militaire présente ses collections sur plus de 1 400 m², en deux temps : de la naissance de la cavalerie, créée par Charles VII en 1445, au Second Empire avec tableaux, sculptures, armes, casques et costumes; puis du Second Empire jusqu'aux chars d'aujourd'hui. Un espace est dédié à la recherche.
Dans l'entrée, sur le mur qui fait face : la *Bataille de Waterloo* et, derrière le bureau d'accueil à gauche : la *Libération de Strasbourg*.

★★ Musée des Blindés Hors plan par A2

Par le bd Louis-Renault, suivez le fléchage - 1043 rte de Fontevraud - ✆ 02 41 83 69 95 - www.museedesblindes.fr - ♿ - juil.-août : 9h30-18h30 ; vac. de Pâques, mai-juin, sept. et vac. de la Toussaint : 10h-18h ; reste de l'année : 10h-17h, w.-end et j. fériés 11h-18h - fermé 1er janv., 25 déc. - 8,50 € (-16 ans 5,50 €) - 23 € billet famille (2 adultes + 2 enf.).

À BONNE ÉCOLE

À partir du 19e s., d'illustres personnages se sont succédé à Saumur : le **colonel Lhotte**, écuyer en chef du Cadre noir (1864-1870) et père de l'équitation moderne; le maréchal Bugeaud, gouverneur général de l'Algérie (1840-1847) ; **Charles de Foucauld** (1878-1879), qui fut officier de cavalerie avant de se faire ermite en Algérie; le maréchal **Lyautey** et Henry de Bournazel – le « Cavalier rouge » –, qui s'illustrèrent au Maroc; ou encore, le maréchal Philippe Leclerc de Hauteclocque, qui participa à la libération de la France à la tête de la 2e DB sous le nom de Leclerc.

Le musée abrite près de 200 véhicules (chars, engins blindés, pièces d'artillerie) en état de marche (500 sont dans la réserve du musée) provenant de 17 pays différents. Il retrace l'évolution de l'ABC (arme blindée et cavalerie) de 1917 à nos jours. Parmi les plus prestigieux : le St-Chamond, le Schneider et le Renault FT 17. Ce dernier, « le char de la victoire », prit une large part aux derniers combats de la Grande Guerre. Outre des blindés alliés qui débarquèrent le 6 juin 1944 sont présentés des véhicules de la Forpronu (Nations unies), des chars russes (du T 34 au T 72) et une importante collection de maquettes. Certains modèles peuvent être visités.

★ Église N.-D.-des-Ardilliers Hors plan par B2

À la sortie est de la ville sur le quai du Jagueneau, D 947 - Pl. des Ardilliers - 02 41 83 30 31 - 8h30-12h, 14h-18h30 - possibilité de visite guidée sur demande (1h) - parcours-découverte enf. possible à N.-D.-de-Nantilly, se rens. à l'office de tourisme.
La dévotion à N.-D.-des-Ardilliers s'est développée à partir du règne de François Ier, à la suite de la découverte d'une **statue miraculeuse** par un laboureur, au 15e s. Ce bel édifice, agrandi au 17e s., devint alors l'un des sanctuaires de pèlerinage les plus fréquentés de France en accueillant plus de 10 000 pèlerins par an.
Inspirée de l'architecture italienne, la coupole saisit par son élévation (27 m). La statue miraculeuse se trouve à gauche de la nef, dans la chapelle Richelieu.

À proximité Carte de microrégion

Bagneux B2

À 2 km par la sortie sud de Saumur.
Au cœur de la région la plus anciennement habitée d'Anjou, Bagneux englobe un vieux village bâti au bord du Thouet.
Musée du Moteur – *18 r. Alphonse-Caillaud - 02 41 50 26 10 - www.museedumoteur.fr - - de fin avr. à fin sept. : 14h-18h - fermé dim.-lun. et j. fériés - possibilité de visite guidée (1h30) - 6 € (-16 ans 2,50 €).* Cette collection de moteurs est née de la volonté de passionnés de mécanique, pour la plupart anciens élèves de l'École industrielle de Saumur, soucieux de conserver et de restaurer des moteurs anciens et contemporains. Vous pourrez y admirer, notamment, le moteur Viking d'*Ariane IV* ainsi que de nombreux prototypes.
Revenez sur la rue du Pont-Fouchard et prenez un peu plus loin à gauche, après la mairie, la rue du Dolmen (à 4 km).
Grand Dolmen – *56 r. du Dolmen - 02 41 50 23 02 - http://ledolmendebagneux.com - juil.-août : 9h-19h ; reste de l'année : tlj sf merc. 10h-19h - possibilité de visite guidée sur demande (30mn) - 4 € (-16 ans 2 €).* Situé au centre de Bagneux, ce monument mégalithique funéraire, bien antérieur à l'époque gauloise, fut érigé il y a plus de 5 000 ans. C'est l'un des plus remarquables dolmens d'Europe. D'une longueur de plus de 23 m et large de 7 m, cette allée couverte est composée de 16 dalles verticales totalisant environ 500 t et soutenant un toit à 3 m de hauteur. Sur le site sont exposées plusieurs dizaines de pierres des différentes époques préhistoriques.
À proximité, une jolie chapelle abrite une *Vierge à l'Enfant* de Salviati et un groupe sculpté de la Sainte Famille du 15e s., d'origine bourguignonne.
Du grand Dolmen, passez par **St-Cyr-en-Bourg** *(10 km au sud par la D 93)* pour visiter la **cave des vignerons de Saumur** (*« Nos adresses » p. 307*)
Rejoignez le château de Brézé.

★★ Château de Brézé B3

À 4 km plus au sud par la D93 (p. 334).

6

Parc naturel régional Loire-Anjou-Touraine

Les parcs naturels régionaux diffèrent des parcs nationaux par leur conception et leur destination. Ce sont des zones habitées, choisies pour être l'objet d'aménagements et de terrains d'activités propres à développer l'économie (création de coopératives, promotion de l'artisanat), à protéger le patrimoine naturel et culturel (musées, architecture…) et à sensibiliser le public à la nature. Le PNR est géré par un organisme (syndicat mixte, association…) comprenant élus locaux, propriétaires, représentants d'associations, etc. Une **charte** établie avec l'accord des habitants définit ses limites et son programme.

Créé en 1996, le Parc naturel régional Loire-Anjou-Touraine comprend 136 communes des départements d'Indre-et-Loire (région Centre) et Maine-et-Loire (région Pays de la Loire) et s'étend sur 235 000 ha. L'entité géographique s'articule autour de la **Loire** et de ses confluences avec l'Indre, la Vienne et le Thouet. Le patrimoine naturel est donc typique d'un paysage de territoire de confluences : vallées, bocages, bois et l9ndes.

À Montsoreau, la **Maison du Parc** (*p. 325*), qui abrite également l'office de tourisme, se distingue par sa construction écologique labellisée « haute qualité environnementale ». Bâtiment démonstratif, il a reçu le label Tourisme et handicap « Handicap moteur ». Mobilier interactif, scénographie permanente et expositions temporaires, films et ressources documentaires sont proposés.

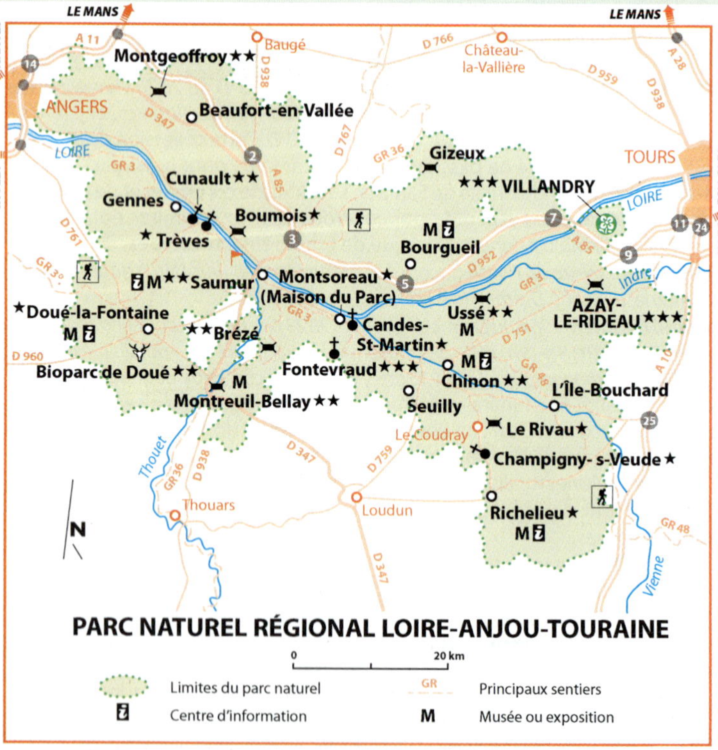

★★★ Abbaye royale de Fontevraud B3
À 10 km par la D162 (p. 318).

★ Montsoreau B2
À 4 km par la D947 (p. 325).

★ Candes-St-Martin B2
À moins de 3 km de Montsoreau en direction de l'est par la D 751, faites une petite incursion dans le département d'Indre-et-Loire. voir p. 284

EN RIVE DROITE DE LA LOIRE

Blou B2
À 16 km au nord de Saumur, par la D 347.
L'**église** romane du 12e s., épaulée de lourds contreforts, garde, au transept nord, des fragments du 11e s. appareillés en losange. Le clocher carré, du 13e s., est encastré sur la croisée du transept. *De Pâques au 1er nov. : 8h-19h - reste de l'année : clé disponible au café en face de l'église tlj sf dim.*

Vernantes B2
À 9 km au nord-est de Blou, par la D 206 ou 21 km de Saumur, par la D 767.
Un beau clocher du 12e s. coiffé d'une flèche de pierre signale l'**église** dont il ne reste que le chœur. La nef, détruite par la foudre au 19e s., a été remplacée par un simple porche.

Vernoil-le-Fourrier B2
À 2,5 km de Vernantes par la D 58.
L'**église** a fière allure avec son clocher massif aux lignes épurées. À droite, en entrant dans la cour, regardez la solide tourelle octogonale et les fenêtres à meneaux de l'ancien logis du prieur.

Parçay-les-Pins B2
À 17 km au nord-est par la D 53.
Le **musée Jules-Desbois** rassemble un bel ensemble des sculptures de l'ami de Rodin. Les œuvres, d'une grande sensualité, comme *Léda et le cygne*, sont bien mises en valeur dans une ancienne demeure agricole. *Pl. Jules-Desbois - ✆ 02 41 82 28 80 - www.musee-julesdesbois.fr - de mi-juin à mi-sept. : 10h30-12h30, 14h30-18h ; vac. scol. : tlj sf lun. 14h30-18h ; reste de l'année : w.-end 14h30-18h - fermé certains j. fériés - 5 € (-18 ans gratuit).*

★Château de Gizeux B2
À 7 km au sud-est par les D 15 et D 86, dans l'Indre-et-Loire (p. 255).

Circuit conseillé Carte de microrégion

LA LOIRE SAUMUROISE AB2

Circuit de 48 km, tracé en vert sur la carte de microrégion (p. 354) – Comptez environ 3h30. Quittez Saumur par la D 751 vers le nord-ouest.

St-Hilaire-St-Florent B2
Le village s'étire sur la rive gauche du Thouet, le long d'un coteau flanqué de nombreuses caves creusées dans le tuffeau. Ces grandes maisons de production de saumur brut contribuent à l'essor et à la notoriété de cette commune depuis le 19e s., sans oublier ses centres équestres, selliers, bottiers, écoles de dressage et l'Institut français du cheval où officie le prestigieux Cadre noir.

Les caves de la maison Bouvet Ladubay.
Ch. Goupi / age fotostock

Caves Bouvet-Ladubay – *1 r. de l'Abbaye - ✆ 02 41 83 83 83 - www.bouvet-ladubay.fr - ♿ - visite guidée (1h) juin-sept. : 9h-19h ; reste de l'année : 9h-12h30, 14h-18h, dim. et j. fériés 10h-12h30, 14h30-18h - fermé 1er janv., 25 déc. - 4 € (-18 ans 2 €) - 8 € (14-18 ans 4 €) visite des caves à vélo, 1h30 sur réserv.* Cette maison fondée en 1851 par Étienne Bouvet, l'un des premiers producteurs de saumur brut, dévoile ici toutes les étapes de l'élaboration de ses vins, de la première fermentation à l'étiquetage des bouteilles. Une **école de dégustation** (sur rendez-vous) est ouverte aux touristes, amateurs ou sommeliers. Depuis 2014, on peut aussi visiter les **caves à vélo** ; pas moins de huit kilomètres de galeries ont en effet été creusés dans le tuffeau. Une **visite patrimoine** (*♿ - durée 1h30 - oct.-mai : sur réserv. - 6 € (-18 ans 3 €).*) révèle 160 ans d'histoire *via* des archives (exceptionnelle collection d'étiquettes), le charmant petit théâtre Bouvet-Ladubay, destiné, à la fin du 19e s., au personnel de l'entreprise, le bureau d'Étienne Bouvet et le **Centre d'art contemporain** (*♿ - exposition estivale juin-sept. - possibilité de visite guidée.*). Ce dernier – visible en dehors de la visite patrimoine selon sa programmation – abrite un hall-librairie et 9 salles d'exposition : sur 800 m², sont présentés des artistes contemporains (Cortot, Erro, Villegle, etc.) en quête de lignes nouvelles dans des domaines aussi divers que l'architecture, la sculpture, la peinture ou… le grand reportage.

Ackerman – *19 r. Léopold-Palustre - ✆ 02 41 53 03 21 - www.ackerman.fr - ♿ - juin-sept. : 9h30-18h30 ; avr.-mai : 9h30-12h30, 14h-18h30, w.-end et j. fériés 10h-12h30, 14h-18h30 ; reste de l'année : se rens. - 5 €.* Fondée en 1811 par Jean-Baptiste Ackerman, cette maison pionnière des vins à fines bulles de Loire (saumur brut et crémant de Loire) en est aujourd'hui l'un des premiers opérateurs. Ses magnifiques galeries troglodytiques sont chaque année investies par les œuvres monumentales d'artistes contemporains, comme cette immense toile de Julien Salaud, à base de fils blancs et de clous, courant sur la pierre de tuffeau. Différents jeux dégustatifs et traditionnels (boule de fort, etc.) jalonnent un parcours qui explicite la méthode traditionnelle champenoise. Dégustation sympathique en fin de visite.

> **RECONNAISSANCE**
> L'équitation de tradition française est inscrite sur la Liste représentative du Patrimoine culturel immatériel de l'humanité depuis 2011, et le Cadre noir de Saumur sur l'Inventaire du Patrimoine culturel immatériel de la France.

Musée du Champignon – *St-Hilaire-St-Florent - ✆ 02 41 50 31 55 - www.musee-du-champignon.com - ♿ - avr.-sept. : 10h-19h ; fév.-mars et de déb. oct. à mi-nov. : 10h-18h - possibilité de visite guidée sur demande (1h) - 9 € (enfant 7 €) - 15 € billet combiné avec Pierre et Lumière.* Avec ses 12 t de champignons récoltés annuellement (champignons de Paris, pleurotes, shitakés, pieds-bleus,…), cette champignonnière présente les diverses méthodes de culture en expliquant comment l'ancienne technique des meules est progressivement remplacée par l'utilisation de caisses de bois, de sacs plastique, de blocs de paille ou de troncs d'arbres. Le Muséum des Champignons sauvages dispose de 500 espèces réparties par famille. Cueillette et dégustation possibles.

Parc miniature Pierre et Lumière – *St-Hilaire-St-Florent - ✆ 02 41 50 70 04 - www.pierre-et-lumiere.com - ♿ - avr.-sept. : 10h-19h ; de mi-fév. à fin mars et de déb. oct. à mi-nov. : 10h-18h - fermé 1er janv., 25 déc. - possibilité de visite guidée sur demande (1h15) - 9 € (-18 ans 7 €) - 15 € billet combiné avec le musée du Champignon.* La pierre de tuffeau a servi à la construction des plus beaux monuments de la région (château de Montsoreau, chapelle de Trèves, cathédrale de Tours…). Hommage lui est rendu dans cette carrière souterraine,par le sculpteur Philippe Cormant, avec ces dizaines de monuments reconstitués à échelle réduite dans leur matériau de construction. La visite culmine avec une superbe composition panoramique de 12 m de long sur 2 m de haut représentant Saumur. Intéressant parcours pédagogique. *À l'issue de la visite les enfants sont invités à tailler une pierre de tuffeau.*

★ Institut français du cheval et de l'équitation - Le Cadre noir de Saumur

Av. de l'École-Nationale-d'Équitation - ✆ 02 41 53 50 60 - www.cadrenoir.fr - visite guidée (1h) avr.-sept. : 10h-16h, fév.-déb. avr. et mi-sept. à mi-nov. : 10h-11h, 14h30-16h - fermé sam. apr.-midi, dim., lun. matin et j. fériés - 8 € (-16 ans 6 €) - 23 € billet combiné avec la présentation publique du Cadre noir - programme disponible sur Internet. Attention il n'est pas garanti de voir les écuyers au travail pendant les visites. Implantée en 1972 sur les plateaux de Terrefort et de Verrie, cette école moderne comporte plusieurs unités comprenant chacune un grenier, où sont stockés grain et fourrage, un manège (7 manèges olympiques) pouvant accueillir 1 200 spectateurs assis, et des écuries modernes pour 500 chevaux, avec selleries, hôpital vétérinaire, 50 km de pistes aménagées… Placé sous la tutelle du ministère de la Jeunesse et des Sports, l'institut est, entre autres, chargé d'assurer le maintien et le rayonnement de l'équitation française. En avril, mai, juin et septembre, la visite « Arts et métiers de l'équitation » permet de rencontrer un palefrenier-soigneur, un maréchal-ferrant et un écuyer du Cadre noir. Fondé à Saumur en 1815, le **Cadre noir** a rejoint l'École nationale d'équitation en 1984. Élément essentiel de l'école, il présente à travers le monde les aspects les plus variés de l'équitation académique lors de **galas** exceptionnels. *Rejoignez la D 751 pour la poursuivre vers le nord-ouest.*

6

Chênehutte-Trèves-Cunault A2

La jolie **église** romane, qui se dresse en bord de route à la sortie nord du bourg de Chênehutte, est dotée d'un beau portail roman aux voussures ciselées.

★ **Église de Trèves** – Blottie au pied d'un donjon du 15e s., cette petite église, autrefois chapelle d'un château fort, mérite l'attention. Sa large nef romane aux murs rythmés de grandes arcades saisit par sa beauté. À l'entrée du chœur, l'arc triomphal a conservé sa poutre de gloire portant un Christ en croix. Notez la vasque de porphyre aux sculptures primitives : à droite le gisant, à gauche le tabernacle, petite tour de pierre finement ajourée de baies flamboyantes.

★★ **Église Notre-Dame de Cunault** – Le monastère de Cunault fut fondé au 4e s. En 847, il accueillit les moines de Noirmoutier chassés par les Normands, lesquels obligèrent la communauté à fuir plus loin, en 862, jusqu'à Tournus. Le calme revenu, le site devint un riche prieuré bénédictin dépendant de l'abbaye de Tournus. Seule l'église des 11e-13e s. nous est parvenue, avec son clocher massif (11e s.) couronné d'une flèche de pierre (15e s.).

Intérieur – L'ampleur et la hauteur des piliers, caractéristiques du style gothique angevin (*p. 470*), sont stupéfiantes. Construite dans la lignée des grandes abbayes bénédictines, l'église de Cunault fut conçue pour s'ouvrir aux foules, attirées le 8 septembre par son pèlerinage à Notre-Dame, autour du chœur où un déambulatoire et des chapelles rayonnantes se prêtaient aux processions. Comme les larges bas-côtés qui encadrent la nef, ce chœur surélevé permettait aux fidèles de voir l'officiant. L'édifice frappe par le dépouillement de ses lignes et par la richesse de ses 223 **chapiteaux** des 11e et 12e s. finement ouvragés. Deux seulement, à l'entrée du chœur, sont à portée de regard sans jumelles : vous y découvrirez, à droite, neuf moines debout, et, à gauche, saint Philibert accueillant un pêcheur. Les autres, haut placés sous les voûtes, ne dévoilent pas à distance leur décor raffiné. Dans les chapelles du déambulatoire, remarquez, en commençant par la gauche, une pietà et un chapier en frêne (16e s.) où étaient rangées les chapes, habits liturgiques à capuchon. Observez, en noyer polychrome du 13e s., la **châsse de saint Maxenceul**, lequel avait évangélisé Cunault au 4e s. Un beau Saint Christophe et quelques fragments subsistent des fresques du 15e s. Dans le clocher, quatre cloches proviennent de la cathédrale de Constantine, en Algérie. Face à l'église se dresse la jolie maison du prieur, datée du 16e s. **La Cave aux Moines** est dôtée d'une belle champignonnière. (*Voir « Nos adresses » p. 313*)

Gennes A2

En bordure de Loire, Gennes s'adosse à un cadre de collines boisées, où les vallons recèlent de nombreux mégalithes dont le **dolmen de la Madeleine** au sud, sur la route de Doué. Par ailleurs, la découverte d'un nymphée, d'un aqueduc, de thermes et d'un amphithéâtre laisse supposer l'existence, à l'époque gallo-romaine, d'un sanctuaire réservé au culte des eaux.

Amphithéâtre – *☎ 02 41 51 81 30 - juin-sept. : 9h-19h - possibilité de visite guidée sur demande (1h) - gratuit.* Probablement édifiés pour les spectacles de l'époque romaine, ses gradins prennent appui sur un coteau. Le grand axe de son arène elliptique mesure 44 m, et un mur de grès, de tuffeau et de brique, doublé d'un couloir de drainage dallé, reste bien apparent. Fouilles archéologiques.

Église St-Eusèbe – *Accès à la cour extérieure uniquement.* Campée en surplomb de la Loire, elle n'a conservé que son transept, sa tour du 12e s. et, au nord, une petite porte du 11e s. La plate-forme de son clocher domine un vaste panorama sur Gennes et le Val de Loire, de la centrale nucléaire d'Avoine jusqu'à Longué

LES CADETS DE SAUMUR

Du 18 au 20 juin 1940, 800 officiers élèves de l'École d'application de cavalerie de Saumur, sous le commandement du général Pichon, résistèrent vaillamment entre Gennes et Montsoreau à l'avance des forces allemandes. Leur courage et leur résistance, malgré leurs piètres moyens, forcèrent l'admiration des adversaires, qui les baptisèrent les « cadets de Saumur », bien que ce terme ne soit pas employé par l'École de cavalerie.

TUFFEAU, BULLES ET CHAMPIGNONS

Au début du 20e s. on dénombrait 42 carrières en activité, les plus importantes étant à Souzay, Turquant et Montsoreau. L'exploitation du tuffeau du Val de Loire avait été quasiment abandonnée vers 1950, jusqu'à ce que les Monuments historiques ne la relancent, en 1964, pour la rénovation de l'abbaye royale de Fontevraud. Depuis, la carrière Lucet située sur les communes de Brézé et de St-Cyr-en-Bourg, à une dizaine de kilomètres au sud de Saumur, alimente en tuffeau, extrait en souterrain, les chantiers de restauration. La grande majorité des carrières ont depuis été reconverties en entrepôts comme à St-Hilaire-St-Florent, car les propriétés du tuffeau (résultat d'une sédimentation crayeuse survenue il y a plus de 90 millions d'années) favorise l'effervescence des vins. Mais pas seulement... Une autre spécialité court sur plus de 600 km de galeries : le champignon de Paris. Avec une production annuelle de l'ordre de 200 000 t par an (la moitié de la production française) la région saumuroise tient le premier rang national.

et Beaufort. Dans l'enclos *(accessible par la cour de l'église)* a été érigé un historial aux « cadets de Saumur », tombés pour la défense de la Loire en juin 1940.

Le Prieuré A2

Sur la D 751, après le lieu-dit Le Sale-Village, prenez une route à gauche.
Dans un hameau groupé autour d'un prieuré, l'**église** des 12e et 13e s. présente une ravissante tour romane carrée et, à l'intérieur, un beau retable du 17e s. en bois polychrome.
En poursuivant la D 751 *(sur 4 km) via* St-Georges-des-Sept-Voies on découvrira de nombreux lavoirs restaurés dans plusieurs hameaux : La Couture, Cumeray, la Genaudière, Fontaine et Vendor.
Revenez à Gennes et traversez la Loire.

Les Rosiers-sur-Loire A2

Dans ce village relié à Gennes par un pont suspendu, l'**église** à clocher Renaissance est l'œuvre de l'architecte angevin Jean de l'Espine. Sa tourelle d'escalier est percée de jolies fenêtres encadrées de pilastres. Sur la place, statue de Jeanne de Laval, seconde femme du roi René d'Anjou.
Des Rosiers-sur-Loire, un détour de 9 km vers l'est mène au château de Boumois.

★ Château de Boumois AB2

✆ 06 09 37 29 48 - de fin juin à déb. sept. : 10h-12h, 14h-18h ; reste de l'année : se rens. - 6 € (-18 ans 3 €) - gratuit RV aux jardins.
À gauche de l'entrée principale s'élève un **colombier** du 17e s., qui a conservé son échelle tournante et ses 1 800 boulins (niches à pigeons).
Au-delà de son appareil féodal peu amène, avec ses douves et ses deux tours massives flanquées de mâchicoulis, le château du début du 16e s. dissimule un délicat **logis seigneurial** de la Renaissance. Le logis est desservi sur la cour intérieure par une tourelle d'escalier. Travaillée de motifs Renaissance très soignés, sa porte conserve une extraordinaire serrure en fer forgé d'origine. La **grande salle** recèle une effigie en marbre de Marguerite de Valois, un portrait en pied d'Élisabeth Ire d'Angleterre et un paravent de Coromandel fabriqué en Inde en 1663.
De retour sur la rive gauche, prenez aussitôt à droite la D 132 qui longe le fleuve.

Le Thoureil A2

Ce tranquille et pimpant village était anciennement un port fluvial très actif d'où étaient exportées les pommes de l'arrière-pays. (*Possibilité de balades en futreau en bois, voir « Nos adresses »*).

Dans l'**église**, de chaque côté du chœur, remarquez les belles châsses en bois de la fin du 16e s., ornées de statuettes de saints bénédictins, dont saint Maur et saint Romain, ou de saints populaires dans la région comme saint Christophe, saint Jean ou saint Éloi.

Abbaye de St-Maur-de-Glanfeuil A2

Face à la Loire, cette ancienne abbaye bénédictine tiendrait son nom d'un ermite angevin qui, au 6e s., fonda un monastère à l'emplacement de la *villa* romaine de Glanfeuil dont le nom signifiait « rive feuillue ».

Traversez la Loire par la D 55. À St-Mathurin, prenez la D 952 à droite, puis la D 7 à gauche.

Beaufort-en-Vallée A2

Beaufort est dominé par les ruines de son **château**, construit au 14e s. par Guillaume Roger, comte de Beaufort et père du pape Grégoire XI. La tour Jeanne-de-Laval fut rebâtie au 15e s. par le roi René. Du sommet de la butte, la **vue** s'étend sur la campagne environnante. Idéalement situé entre Saumur et Angers, à quelques kilomètres de la Loire, Beaufort possédait, aux 18e et 19e s., l'une des plus importantes manufactures de toile à voiles en France.

Église – Son beau clocher, édifié par Jean de l'Espine, fut achevé en 1542. À l'intérieur, remarquez l'autel en bois sculpté (1617), l'*Adoration des bergers* du 17e s. et, sous le grand vitrail du transept, en marbre, l'ancien maître-autel.

Musée Joseph-Denais – *5 pl. Notre-Dame - ✆ 02 41 80 26 87 - www.damm49.fr - ♿ - vac. scol. et de mi-juin à mi-sept. : tlj sf lun. 10h30-12h30, 14h30-18h ; reste de l'année : w.-end et j. fériés 14h30-18h - fermé nov.-avr. - possibilité de visite guidée (1h15) - 5 € (-18 ans gratuit).* Tout récemment rénové, ce très beau cabinet de curiosité du 19e s. a été créé par le journaliste et collectionneur Joseph Denais (1851-1916). Ses 7 000 objets, répartis dans 7 salles, abordent de multiples domaines : archéologie, égyptologie, ethnographie étrangère et locale, beaux-arts et histoire naturelle. Exposition temporaire d'art contemporain.

Suivez la D 347, puis la D 74 à droite.

★★ Château de Montgeoffroy (p. 350).

Beaufort-en-Vallée, ruines du château comtal de Jeanne de Laval et Roger de Beaufort.
Ch. Guy / hemis.fr

NOS ADRESSES À SAUMUR

HÉBERGEMENT

PREMIER PRIX

Flower camping L'Île d'Offard – Hors plan par B1 - *R. de Verden (accès par le centre-ville) - ✆ 02 41 40 30 00 - www.saumur-camping.com - de déb. avr. à mi-oct. - ♿ - réserv. conseillée - 250 empl. 39,10 € - wifi gratuit.* Occupant une grande partie de l'île d'Offard (5 ha), cette grosse structure propose différents types d'hébergements *(78 locations)* : cabanes, mobile home, résidence luxe, etc. *(7 j. mini en haute sais. 65/135 €/nuitée selon hébergement et nombre pers.).* Blocs sanitaires impeccables, terrain verdoyant et bien entretenu. Spa (sauna, hammam, Jacuzzi), piscine, jeux d'enfants…

Hôtel Le Volney – B2 - *1 r. Volney - ✆ 02 41 51 25 41 - www.levolney.com - fermé de fin déc. à déb. janv. - 14 ch. 45/63 € - ☕ 7,50 € - wifi gratuit.* Face à la poste, chambres simples et bien tenues (wc sur le palier pour les moins chères) : une bonne base pour les petits budgets souhaitant découvrir Saumur et sa région. Garage à vélo fermé et gratuit. Kit de réparation avec La Loire à vélo.

Hôtel Alcyon – Hors plan par B1 - *2bis r. de Rouen - ✆ 02 41 67 51 25 - www.alcyon-saumur.com - ♿ - P - 16 ch. 62/71 € - ☕ 8,50 € - soirée étape 75 €/pers., 102 €/2 pers. - wifi gratuit.* À 800 m du centre-ville, sur le bras nord de la Loire, agréable établissement contemporain fraîchement rénové. Copieux petit-déjeuner. Navette pour trajets intra-muros. Location de voitures et vélos.

À St-Hilaire-St-Florent

Village hôtelier Le Bois de Terrefort – Hors plan par A1 - *Av. de l'École-Nationale-d'Équitation - ✆ 02 44 27 67 56 - www.villagehotelier.com - ♿ - P - 14 studios et gîtes 63/121 € (2 nuitées mini) - ☕ sur réserv. 7,50 €.* Aux portes du Cadre noir et à cinq minutes du centre de Saumur, ce village hôtelier, avec piscine extérieure d'été chauffée et bar, dispose de cottages simples et fonctionnels. Le calme de la campagne et la modestie des prix en font une étape idéale pour petits budgets.

Les Terrasses de Saumur – Hors plan par A1 - *Chemin de l'Alat - ✆ 02 41 67 28 48 - www.lesterrassesdesaumur.fr - ♿ - P - fermé vac. Noël - 20 ch. 99/165 € - ☕ 12 € - 6 studios et 6 duplex (105/135 €) - ✕ fermé lun.-mar. midi (sauf groupe) - déj. 21/44 € - 23/44 € - 1/2 P suppl. 45 €/pers. - wifi.* Dominant Saumur et le château, un hôtel aux chambres agréables et bien équipées, parfois avec terrasse. Piscine chauffée *(de mi-avr. au 2 nov.)*, sauna et Spa. Cuisine gastronomique servie dans une salle en rotonde avec vue sur le château.

BUDGET MOYEN

Le Londres Hôtel et Appartements – A2 - *48 r. d'Orléans - ✆ 02 41 51 23 98 - www.lelondres.com - P 6 € - 25 ch. et 2 appart 67/130 € - ☕ 9,50 €.* Un des plus vieux hôtels de la ville qui a connu une véritable cure de jouvence grâce au dynamisme des nouveaux propriétaires. Belles chambres, souvent spacieuses, calmes et lumineuses. Magnifique jardin d'hiver pour le petit déj. Bibliothèque de BD. L'endroit idéal pour les familles. Excellent emplacement en cœur de ville. Garage à vélo gratuit. Promotion sur Internet.

Hôtel Kyriad – B2 - *23 r. Daillé - ✆ 02 41 51 05 78 - www.kyriad-saumur-centre.fr - P 9 €/nuit - 29 ch. 80/130 € - ☕ 10 €.* Situation centrale mais calme assuré. Accueil particulièrement soigné, chambres décorées avec goût *(6 récemment rénovées).* Adresse agréable. Promotion sur Internet.

Best Western Hôtel Adagio – B1 - *94 av. Gén.-de-Gaulle - ✆ 02 41 67 45 30 - www.hoteladagio.com - ♿ - P - 39 ch. 89/111 € - ☕ 12,90 € - wifi gratuit et room-service.* Un bel hôtel à 500 m de la gare. Cinq catégories de chambres, toutes joliment décorées dans un style contemporain et coloré, certaines avec vue sur la Loire. Promotion sur Internet.

Hôtel du Parc – Hors plan par B1 - *169 av. des Fusillés (4 km au nord-est par D 347 - ✆ 02 41 67 17 18 - www.hotelduparc.fr - ♿ - P - 41 ch. 77/83 € - ☕ 10 € - wifi gratuit - rest. 17,50/29 €.* Cet hôtel rénové avec goût et sobriété s'avère une excellente adresse. Duplex famille très agréables. Accueil chaleureux et prestations rigoureuses. Au restaurant, cuisine du terroir sérieuse et goûteuse.

Environs de Gennes

Manoir du Bois Noblet – Hors plan par A1 - *49700 Louerre (9 km au sud-ouest de Gennes) - ✆ 02 41 59 31 31 - www.leboisnoblet.com - P - 4 ch. dont 1 suite 90/140 € ☕ - table d'hôte sur réserv. 40 € bc - wifi gratuit.* À l'orée d'une forêt près d'un village, cette ancienne demeure seigneuriale du 16e s. dispose de chambres au décor raffiné et au grand confort. Le petit-déjeuner, accompagné de délicieuses madeleines maison, est servi face à une cheminée monumentale.

POUR SE FAIRE PLAISIR

Château de Beaulieu – Hors plan par B2 - *98 rte de Montsoreau (en bord de Loire à 2 km du centre, en retrait de la D 947) - ✆ 02 41 50 83 52 - www.chateaudebeaulieu.fr - fermé de mi-nov. à mi-mars - 5 ch. dont 2 suites 120/190 € ☕ - wifi gratuit.* Au calme dans un parc arboré avec piscine chauffée, ce château du 18e s. dispose d'élégantes chambres meublées d'antiquités et dotées de tout le confort. Cadre raffiné, accueil chaleureux et attentionné.

UNE FOLIE

Hôtel du château de Verrières – *53 r. d'Alsace - ✆ 02 41 38 05 15 - www.chateau-verrieres.com - ♿ - P - 10 ch. 190/365 € - ☕ 21 € - wifi.* Un lieu idéal pour un séjour romantique : un bel édifice Napoléon-III, des boiseries aux teintes chaudes, un décor Belle Époque et un grand parc… Accueil amical des châtelains.

RESTAURATION

PREMIER PRIX

St-Hilaire-St-Florent

La Tablée des Fouées – Hors plan par A1 - *29 r. Ackerman - ✆ 02 41 38 62 87 - www.latabledesfouees.fr - avr.-nov. 12h-14h30, 19h-21h30 (22h w-end.) - fermé dim. soir et lun. en nov.-avr. - menu 19,90/24,90 €.* Restaurant troglodytique, près des caves. Spécialités à base de fouées, rillettes, rillauds… sans oublier le P'tit Marcel, camembert au lait cru cuit au four, au layon. Vins locaux, accueil et service très amicaux. L'assurance de passer un très bon moment.

BUDGET MOYEN

L'Alchimiste – A1 - *6 r. de Lorraine - ✆ 02 41 67 65 18 - www.lalchimiste-saumur.fr - fermé 1re sem. de fév., vac. de la Toussaint et dim.-lun. - 22/36 € - formule 19 €.* Les produits frais sont travaillés pour servir une cuisine créative et soignée. À la carte : filet de sandre aux artichauts, carré d'agneau rôti aux fleurs d'hibiscus.

Le Bistrot de la Place – B2 - *16 pl. St-Pierre - ✆ 02 41 51 13 27 - www.bistrotdelaplace-saumur.com - ♿ - 10h-14h30, 18h-22h - fermé dim. - formule 16 €, menu 21,70 €.* Ce bar à vins et bistrot gourmand, situé dans le vieux quartier de Saumur, propose une belle carte de vins de Loire et une cuisine traditionnelle, spécialisée en viandes, avec des frites maison. Mais incite un peu trop à la consommation.

L'Escargot – A2 - *30 r. du Mar.-Leclerc - ✆ 02 41 51 20 88 - fermé 2 sem. fin août, 2 sem. en fév., sam. midi et mar.-merc. - déj. : formule 16 €, menu 20 €; soir menu 32/40 €.* Un joli petit Escargot où prendre le temps de bien manger ! Décor feutré et savoureuse cuisine traditionnelle, élaborée à partir de produits de premier choix. Agréable terrasse.

Les Ménestrels – B2 - *11 r. Raspail - ✆ 02 41 67 71 10 - www.restaurant-les-menestrels.com - fermé dim.-lun. (sf j. fériés) - déj. 19,50/25 € - menu 36 €.* Près du château, une savoureuse cuisine, accompagnée par de beaux vins de Loire, servie dans une ancienne chapelle qui daterait du 14e s.

Candes-St-Martin

Auberge de la Route d'Or – *2 pl. de l'Église - 37500 Candes-St-Martin - ✆ 02 47 95 81 10 - fermé de mi-nov. à fin mar. et lun.-mar. (sf lun. soir et mar. en juil.-août) - formule déj. 18 € - 26/32 €.* Auberge rustique aménagée dans deux maisons anciennes, dont l'une date du 17e s. Salle intime avec cheminée. Cuisine du terroir.

POUR SE FAIRE PLAISIR

Le Gambetta – A1 - *12 r. Gambetta - ✆ 02 41 67 66 66 - www.restaurantlegambetta.com - fermé 1 sem. avr., 2 sem. déb. août, 1 sem. oct., 1 sem. à Noël, dim. soir, lun. et merc. - 12h-14h, 19h15-21h - menu déj. 28 € - menu 36/105 €.* Une maison de pays sise à proximité de l'école de cavalerie. Cuisine gastronomique (1 étoile au Michelin en 2017) très créative menée par un chef audacieux qui joue sur les textures et des associations de saveurs inopinées. comme ce foie gras de canard citronelle, coco et combava.

ACHATS

Produits régionaux

Sébastien Girardeau – *51-53 r. St-Nicolas - ✆ 02 41 51 30 33 - www.girardeau-traiteur.com - 9h30-12h, 15h-19h (19h30 sam.) - fermé lun., j. fériés (sf mat.), 3 sem. fév. et 2 sem. août.* Produits régionaux (spécialiste des pieds de cochon, foie gras, boudin noir, etc.) et quelques bouteilles rares car le maître des lieux s'annonce volontiers « antiquaire en vins ». Accueil sympathique.

La Duchesse Anne – *22 r. Franklin-Roosevelt - ✆ 02 41 51 07 50 - www.laduchesseanne.fr - lun. 14h30-19h (10h en été), mar.-vend. 9h-19h15, sam. 8h30-19h30, dim. 8h30-13h30.* Les créations de ce maître chocolatier s'inspirent souvent de l'histoire de Saumur : le Couscher, praliné aux quatre épices, rend hommage à une figure locale ; le Saumur, les Perles d'Anjou et le Plantagenêt évoquent le passé de l'ensemble du Val de Loire.

Distillerie Combier – *48 r. Beaurepaire - ✆ 02 41 40 23 00 - www.combier.fr - visite guidée (1h) juil.-août : 10h30, 12h, 14h30, 16h et 17h30 ; juin et sept. : 10h30, 14h30 et 16h30 ; avr.-mai et oct. : tlj sf lun. 10h30, 14h30 et 16h30 - boutique, se rens. - fermé lun. de Pâques, 1er Mai - 4 € (-18 ans gratuit) - réserv. conseillée.* La plus ancienne distillerie du Val de Loire (1834) – à l'origine un confiseur – est non seulement toujours en activité mais aussi en cours d'agrandissement. Jolis alambics en cuivre. Liqueurs, absinthes et anisés, sirops et crèmes de fruits restent une référence.

Vin

Maison des vins d'Anjou-Angers-Saumur – *7 quai Carnot - ☏ 02 41 38 45 83 - www.angersloire tourisme.com - 10h30-13h, 15h-19h - fermé dim.-lun., janv., 1er et 8 Mai et 1er nov.* Production régionale : 70 références de vins en AOC. Dégustations commentées, conseils, boutique et bonnes adresses de vignerons.

Les Caves de Louis de Grenelle – *839 r. Marceau - ☏ 02 41 50 23 21 - www.louisdegrenelle.fr - visite guidée (1h) sais. : 9h30-18h30 ; reste de l'année : tlj sf dim. 10h-12h, 13h30-18h - fermé j. fériés - 2,50 € (-16 ans 1,50 €) - avec dégustation commentée.* À douze mètres sous terre, dans une carrière de tuffeau creusée au 15e s. se perpétue un savoir-faire ancestral ; depuis 1859 s'y élaborent selon la méthode traditionnelle crémant de Loire et saumur brut. Quatre millions de bouteilles reposent sur place.

Gratien & Meyer – *Rte de Montsoreau - ☏ 02 41 83 13 32 - www.gratienmeyer.com - boutique avr.-oct. : 9h30-18h ; reste de l'année : tlj sf lun. 10h-17h - visite 10h-11h, 14h-17h - 3 €.* Des kilomètres de galeries creusées dans le tuffeau accueillent l'exposition « Un siècle de fines bulles », présentant les étapes de production du saumur selon la méthode pratiquée au 19e s.

Caves Akerman et Bouvet-Ladubay – *St-Hilaire-St-Florent p. 308.*

La Cave aux Moines – *Préban - 49350 Chênehutte-Trèves-Cunault - ☏ 02 41 67 95 64 - www.cave-aux-moines.com - de mi-juin à mi-sept. : 10h-18h30 ; reste de l'année : horaires du rest. - fermé 25 déc. - 5,50 € (-14 ans 3 €).* Cette galerie (7 km) abrite une champignonnière depuis le début du 20e s., mais aussi une chambre de reproduction d'escargots, un caveau de dégustation de vins, un restaurant troglodytique et une discothèque *(fin de sem.)*. Champignons de Paris, pleurotes, pieds-bleus ou encore shiitakés en vente à la boutique. Dégustation possible au restaurant Les Pieds bleus *(4 formules 20/24,90 €)*.

Domaine de la Petite Chapelle - EARL Dézé Laurent – *4 r. des Vignerons - 49400 Souzay-Champigny - ☏ 02 41 52 41 11 - www.domainepetitechapelle.com - 9h-12h, 14h-18h30 - fermé dim. et j. fériés - visite et dégustation sur RV.* Un domaine de 33 ha au cœur du terroir saumur-champigny, une appellation que l'on doit d'ailleurs au grand-oncle de l'actuel propriétaire. Le vin est ici essentiellement produit à partir des cépages cabernet franc, chenin et chardonnay. Si vous ne deviez en goûter qu'un seul, optez pour la cuvée des Chaneluzes.

ACTIVITÉS

Présentations du Cadre noir – *Avenue de l'École-Nationale-d'Équitation - 49400 St-Hilaire St-Florent - ☏ 02 41 53 50 80 - www.ifce.fr/cadre-noir/- avr.-oct.* Présentation publique de l'Institut français du cheval et de l'équitationø *(p. 309)* dans le Grand Manège. Galas, Musicales, etc. Nombreuses manifestations toute l'année.

Bateaux traditionnels

Pôle nautique de Saumur – *1 r. Éric-Tabarly - ☏ 02 41 51 17 65 - www.polenautiquedesaumur.com - fév.-déc. : mar.-sam. 9h-12h, 13h-17h, dim.-lun. sur réserv.- (été : tlj 9h-19h.* Voile, canoë-kayak…

Croisière « Saumur-Loire » – *6 pl. de l'Arche-Dorée - ☏ 07 61 71*

87 01 - www.croisieressaumurloire.fr - de mi-avr. à mi-oct. Départ quai Lucien-Gautier, devant l'hôtel de ville : croisière-découverte *(50mn, 15 €)* ; dînatoire *(1h45, 38 €)*. Navettes *Coche d'eau* : Saumur-Gennes-Le Thoureil ; Saumur-Montsoreau-Candes-St-Martin.

CPIE Touraine – *37500 Seuilly - ☎ 02 47 95 93 15 - www.cpievaldeloire.org.* Balades en bateaux et animations nature.

Maison de Loire en Anjou – *20 levée Roi-René - ☎ 02 41 57 37 55 - www.maisondeloire-anjou.fr.* Au départ de St-Mathurin-sur-Loire, du Thoureil (rive gauche) ou de La Ménitré (rive droite), croisières commentées. Nombreuses formule (déjeuner, apéro, etc.).

Rêve de Loire et d'ailleurs – *17 quai des Mariniers - 49 350 Le Thoureil - ☎ 07 86 18 52 10 - www.revesdeloire.fr.* Pour observer la faune et la flore à bord d'une toue. Balades de 1h30 à plusieurs jours.

Canoës d'Anjou – *Rte du Thoureil - 49350 Gennes - www.canoes.fr.* Différentes formules circuits et bivouacs, à partir de St-Martin-de-la-Place *(☎ 06 69 41 27 04)* ou de Gennes *(☎ 02 41 38 54 38).*

Parc naturel régional Loire-Anjou-Touraine – *Maison du Parc - 15 av. de la Loire - 49730 Montsoreau - ☎ 02 41 38 38 88 - www.parc-loire-anjou-touraine.fr - ♿ - juil.-août : 9h30-19h (dim. 10h30) ; mai-juin et sept. : 9h30-13h, 14h-18h (dim. 10h30) ; avr. et oct. : tlj sf lun. 9h30-13h, 14h-18h(dim. 10h30) ; reste de l'année, se rens. - fermé 1er janv., 1er et 11 Nov., 25 déc. - possibilité de visite guidée sur demande.* Point de départ de nombreux circuits pédestres, VTT et équestres. Tables de pique-nique.

AGENDA

Concours de voltige international – *Pâques.*

Concours équestre complet international – *Avr.*

Marathon de la Loire – *Mi-avr.* Sur les voies de la « vieille Levée » et les bords du fleuve royal.

Journées nationales du livre et du vin – *www.livreetvin.com - avr. ou mai.* Écrivains, grands vins de Loire, gastronomie, journalistes et personnalités de tous horizons se croisent à Saumur le temps d'un week-end…

Festival international de musiques militaires – *Juin.*

Concours international d'attelage – *Juin.*

Anjou Vélo Vintage – *☎ 02 41 38 60 00 - www.anjou-velo-vintage.com/fr.* Week-end rétro à Saumur : concerts rétro gratuits, parade d'autos et de vélos rétro ; randonnées cyclistes au départ de Saumur *(5 itinéraires de 35 à 130 km)*. Un seul impératif : s'équiper d'une bicyclette d'avant 1987 ; *(possibilité de louer sur place)* Sans oublier le Salon du rétro qui rassemble plus de 70 exposants.

Loire en fête – *Juillet.* Carrousel de Saumur. Tradition équestre.

Les Grandes Tablées du saumur-champigny – *Août.*

Grande Semaine de Saumur – *Sept.* Attelage, dressage, élevage.

Festivini – *www.festivini.com - 1 sem. sept.* Grand rendez-vous autour du vin (vendanges du château, randonnées, dîners et marché bio *(dernier dim.)*.

Ar(t) Cheval – *Nov.* Salon international de Saumur.

Abbaye royale de Fontevraud

★★★

Fontevraud-l'Abbaye (49590) – Maine-et-Loire (49)

L'abbaye royale de Fontevraud est l'une des plus grandes cités monastiques d'Europe. Établi sur près de six hectares, l'ensemble invite à un voyage dans le temps. Ce pur joyau de l'architecture angevine a conservé intactes ses cuisines romanes, avec leurs absidioles et leur toit de pierre en écailles de poisson. Ultime demeure de la dynastie Plantagenêt, elle abrite leurs gisants polychromes sous les coupoles de l'abbatiale aux voûtes aériennes. Dans ce lieu maintes fois malmené par les hommes souffle encore l'esprit d'une femme exceptionnelle : Aliénor d'Aquitaine.

NOS ADRESSES PAGE 323
Hébergement, restauration, achats, activités, etc.

S'INFORMER

Office de tourisme – *Pl. St-Michel - 49590 Fontevraud-l'Abbaye - ✆ 02 41 51 79 45 - www.ot-saumur.fr - juil.-août : 9h30-13h, 14h-18h30, dim. et j. fériés 10h-13h,14h-17h ; reste de l'année : tlj sf lun. 9h30-13h,14h30-18h, dim. et j. fériés 10h30-13h - fermé de déb. oct. au w.-end de Pâques, 1er Mai.*

Visites guidées – *4,50 € (en plus du billet) - déclinée selon 3 formules au choix : guide, audioguide ou jeu de piste sur Ipad.*

SE REPÉRER

Carte de microrégion B3 (p. 298).
À 285 km au sud-ouest de Paris, 60 km de Tours, entre Saumur (15 km au nord-ouest) et Chinon (18 km à l'est). Mieux vaut aborder Fontevraud par la D 147 venant de Loudun (19 km au sud) pour profiter de la vue d'ensemble sur l'abbaye, blottie au creux de son vallon. En train : gare SNCF de Saumur (TGV 1h40 de Paris), puis 20mn par le bus 1 Agglobus (*✆ 02 41 51 11 87*). À vélo : en site propre jusqu'à Dampierre, puis partagé par Montsoreau.

À NE PAS MANQUER

L'architecture de l'église abbatiale, les gisants des Plantagenêts et les cuisines romanes.

ORGANISER SON TEMPS

Comptez 2h30 pour l'ensemble du site.

AVEC LES ENFANTS

Parcours de découverte ludique.

★★★ ABBAYE

49590 Fontevraud-l'Abbaye - ✆ 02 41 51 73 52 - www.fontevraud.fr - avr.-oct. : 9h30-19h ; reste de l'année : 9h30-18h - possibilité de visite guidée (1h) - 11 € (-18 ans 7,50 €) - 4,50 € audioguide.

Parmi les bâtiments qui bordent la cour d'entrée, remarquez sur la gauche la « fannerie », vastes écuries du 18e s., et sur la droite le logis abbatial des 17e et 18e s., décoré de guirlandes et de bas-reliefs. L'entrée se situe dans la caserne des militaires chargés, au 19e s., de garder la prison. Au 1er étage, des expositions temporaires sont consacrées aux artistes en résidence.

★★ Église abbatiale

Divisée au temps du pénitencier en plusieurs étages de dortoirs, la vaste église du 12e s. a retrouvé son ampleur et sa pureté originelles. La façade a subi plusieurs remaniements au fil des siècles. Sa porte romane a été rétablie au début du 20e s. par l'architecte Lucien Magne, disciple de Viollet-le-Duc. Sur la colline en surplomb du chevet de l'église, un module présente **Robert d'Arbrissel**, religieux itinérant, fondateur de l'abbaye et de l'ordre religieux de Fontevraud au début du 12e s.

Longue de 60 m et large de 15 m, la **nef**, dont les chapiteaux délicatement sculptés relèvent des styles angoumois et saintongeais, est coiffée de quatre coupoles à pendentifs sous lesquelles sont étendus quatre **gisants★★** polychromes : celui d'Henri II Plantagenêt (1133-1189), roi d'Angleterre, qui fit de Fontevraud une abbaye royale, celui de son épouse Aliénor d'Aquitaine (vers 1122-1204) et ceux de leur fils Richard Cœur de Lion (1157-1199) et d'Isabelle d'Angoulême (vers 1188-1246), femme de leur autre fils, Jean sans Terre (roi d'Angleterre de 1199 à 1216).

Fontevraud, exemple le plus septentrional de l'architecture angoumoise, témoigne des liens unissant, au 12e s., les possessions aquitaines et angevines à l'empire Plantagenêt. Légèrement antérieurs à la nef, le transept, le **chœur** et, à l'extérieur, le **chevet★★** s'inscrivent dans la grande tradition de l'art roman du 12e s. Ils suivent le modèle des abbayes bénédictines à déambulatoire et chapelles rayonnantes, où l'abondance de la lumière et la multiplication des lignes verticales symbolisaient l'élan vers Dieu. Dans la salle capitulaire, de belles peintures murales du 16e s. illustrent la vie du Christ.

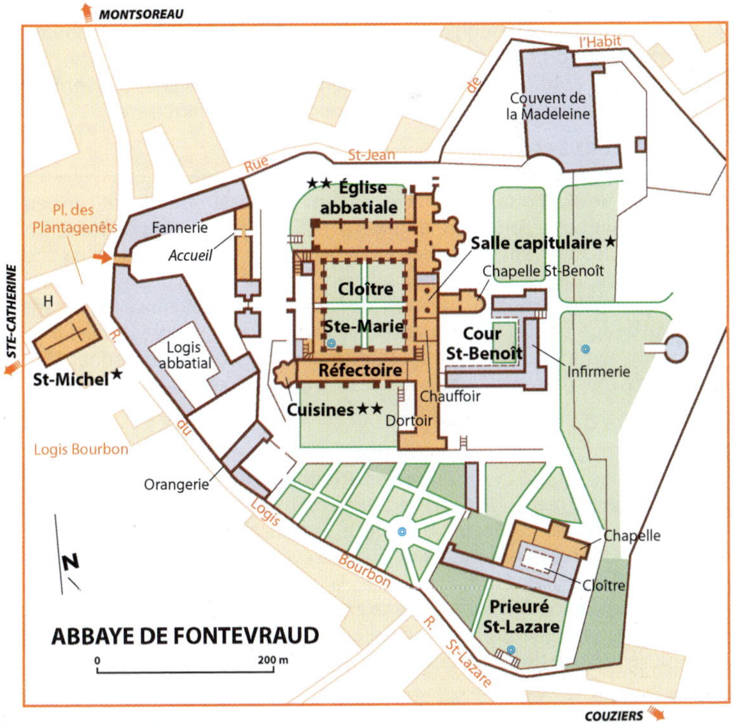

L'esprit de Fontevraud

LA FONDATION (1101)

L'ordre fontevriste est fondé par **Robert d'Arbrissel** (vers 1045-1116) qui, après avoir vécu en ermite dans une forêt de Mayenne, reçoit du pape Urbain II la mission de prêcher dans l'ouest de la France. Il choisit cet endroit pour installer un ensemble monastique atypique. L'abbaye accueille une communauté double de moines et de moniales partageant un même site tout en vivant dans quatre monastères distincts : St-Jean-de-l'Habit regroupera les prêtres et les frères lais, Ste-Marie les contemplatives, Ste-Marie-Madeleine les converses, tandis que St-Lazare abritera les moniales chargées d'encadrer les lépreux. Tous seront placés sous l'autorité d'une abbesse initialement choisie parmi les veuves. Plus tard, celle-ci sera qualifiée de « chef et générale de l'Ordre », prééminence féminine qui persistera jusqu'à la Révolution.

Un ordre aristocratique

Ce nouvel ordre connaît un rapide succès et prend vite un caractère aristocratique. Dirigé par des femmes, le monastère ne reçoit d'ordres que du pape et du roi. Les abbesses, de haute lignée, lui procurent des dons importants et de puissantes protections. Les Plantagenêts comblent l'abbaye de bienfaits et choisissent l'église abbatiale pour lieu de sépulture ; une dizaine d'entre eux y seront inhumés. C'est le refuge des femmes nobles devenues veuves, des filles de sang royal ou de grandes familles qui, de gré ou de force, se retirent du monde. Trente-six abbesses, la moitié de sang royal, dont cinq Bourbons, s'y succèdent de 1115 à 1792 : Renée et Louise de Bourbon (16e s.), Jeanne-Baptiste de Bourbon, fille légitimée d'Henri IV, et **Gabrielle de Rochechouart de Mortemart**, sœur de Mme de Montespan, font de l'abbaye un centre spirituel et culturel. Au 18e s., 75 prieurés et environ 100 domaines relèvent de Fontevraud, qui compte une centaine de religieuses et vingt frères.

LES PLANTAGENÊTS

La présence de leurs gisants au milieu de l'église le dit suffisamment : un lien étroit unit Aliénor d'Aquitaine et d'Henri II Plantagenêt à Fontevraud. Un couple à la vie mouvementée. Née aux environs de 1122, Aliénor est la fille aînée de Guillaume X, duc d'Aquitaine. Lorsqu'elle épouse en premières noces le futur Louis VII, elle unit au royaume de France un territoire plus important que celui de son époux. Après quinze ans de mariage et malgré la naissance de leur deuxième fille, les deux époux se brouillent et obtiennent l'annulation du mariage sous prétexte d'une parenté trop proche (cousinage au 9e degré).

Roi et reine de Fontevraud

Sitôt libre, sitôt convoitée : Aliénor, qui vient d'échapper à une tentative d'enlèvement, épouse en 1152 le futur **Henri II Plantagenêt**, héritier de l'Anjou, de la Normandie, et roi d'Angleterre. Le couple est d'abord heureux ; Aliénor met au monde huit enfants dont le troisième fils sera **Richard Cœur de Lion** (1157) et le dernier **Jean sans Terre** (1166). Chaque événement est célébré par une donation à l'abbaye de Fontevraud. Mais la brouille s'insinue dans le couple. Accusée de complot, Aliénor est même emprisonnée par son époux pendant près de quinze ans. À la mort de ce dernier, en 1189, la reine, libérée par son fils Richard, s'empresse de le faire couronner avant son départ en croisade. En son

Abbaye de Fontevraud.
WiktorD / iStock

absence, elle assume le pouvoir puis se retire à Fontevraud. Elle approche des 80 ans, mais rien ne tempère son énergie. Son dernier acte politique est de partir en Castille, où sa fille Aliénor règne aux côtés d'Alphonse VIII, pour ramener sa petite-fille Blanche et l'unir au futur Louis VIII, dont le fils, **Saint Louis**, réunira l'Aquitaine à la France. Aliénor s'éteint à Poitiers le 31 mars 1204, avant d'être inhumée à Fontevraud.

LES TEMPS MODERNES

Deux siècles après les actes de vandalisme des huguenots en 1562, les révolutionnaires pillèrent entièrement l'abbaye en 1793 puis le monastère des moines devint une carrière de pierre. Aussi Napoléon n'eut-il aucun mal à le transformer en prison, situation qui perdura jusqu'en 1963.

Le temps de la prison

L'écrivain Jean Genet livra une évocation poétique de la Centrale de Fontevraud dans *Le Miracle de la rose* : « De toutes les centrales de France, Fontevraud est la plus troublante. C'est elle qui m'a donné la plus forte impression de détresse et de désolation, et je sais que les détenus qui ont connu d'autres prisons ont éprouvé, à l'entendre nommer même, une émotion, une souffrance, comparables aux miennes. Je ne chercherai pas à démêler l'essence de sa puissance sur nous : qu'elle la tienne de son passé, de ses abbesses filles de France, de son aspect, de ses murs, de son lieu, du passage de bagnards partant pour Cayenne, des détenus plus méchants qu'ailleurs, de son nom [...] ».

Aujourd'hui, le centre culturel de l'Ouest

Rendue au public depuis 1975, l'abbaye est un lieu de résidence pluridisciplinaire pour les créateurs (patrimoine, musique, films d'animation). Le centre gère et anime le monument par des concerts, spectacles, expositions, conférences et séminaires.

L'Abbaye royale de Fontevraud, les cuisines.
S. Lemaire/hemis.fr

Cloître Ste-Marie ou cloître du Grand-Moutier

Ce cloître du couvent des religieuses est couvert de voûtes gothiques présentant des façades Renaissance, à l'exception de la galerie méridionale purement gothique. De la galerie orientale, une porte sculptée au seuil pavé d'armoiries gravées de la famille des Bourbons ouvre sur la **salle capitulaire★** : les peintures murales dues à l'artiste angevin Thomas Pot (16e s.) incluent des portraits de certaines abbesses de Fontevraud (adjonctions tardives pour la plupart).

Chauffoir

La seule pièce de l'abbaye qui fût chauffée était utilisée par les religieuses pour des travaux manuels comme la broderie. Au 20e s., alors que Fontevraud était lieu de réclusion, le chauffoir fut transformé en cuisine.

Cour St-Benoît

Dès l'époque médiévale, elle desservait l'infirmerie. L'aile nord inclut la **chapelle St-Benoît**, édifiée au 12e s. dans le style gothique Plantagenêt.

Réfectoire

Longue de 45 m, cette belle salle aux murs romans est couverte d'une voûte gothique (1515). La table de l'abbesse se trouvait sur une estrade, à l'extrémité orientale du réfectoire. Du haut d'une chaire, une semainière lisait la Bible aux religieuses, qui se devaient de garder un parfait silence.

★★ Cuisines romanes

En cours de restauration ; fermées au public jusqu'en 2019. D'inspiration byzantine par leur plan octogonal, ces cuisines romanes (12e s.) sont assez exceptionnelles en leur état. Célèbres pour leur toiture de pierre taillée en écailles de poisson, ponctuée de nombreuses cheminées, elles ont été aménagées en 1904 lors de leur reconstruction par Lucien Magne.

L'ensemble comporte cinq absidioles (huit à l'origine), chacune abritant un foyer. Le tout est coiffé par la hotte d'une cheminée centrale qui culmine à 28 m. Plus mystérieuse est leur fonction. Comment en effet concevoir des cuisines dans une abbaye bénédictine que rythmaient quotidiennement deux repas d'une extrême frugalité ? La viande était interdite. Quant au pain, peu cher et symbolique de l'eucharistie, on ne trouve nulle trace de four pour le cuire. Les hypothèses admises aujourd'hui font de ces cuisines vraisemblablement des fumoirs ou saloirs… à saumons, la Loire en regorgeant. Ce saloir témoigne par sa beauté et son ampleur de l'importance de l'abbaye (700 personnes) et du grand respect que l'on portait au poisson, symbole chrétien par excellence. En grec, poisson se dit ICHTHYS : acronyme de Jésus (I) Christ (CH) Dieu (TH) fils (Y) Sauveur (S) ; ce cryptograme permettait aux premiers chrétiens d'exprimer leur foi sans risquer les persécutions romaines.

Prieuré St-Lazare

Cet ensemble, qui accueillait jadis les moniales chargées d'encadrer les lépreux, abrite désormais un magnifique complexe gastronomique (*« Nos adresses » ci-dessous*), tandis que le cloître sert de restaurant d'été. Il est possible d'accéder à la chapelle St-Lazare (12e s.) et au bel escalier à vis du 18e s. situé dans l'aile ouest du cloître.

VILLAGE

★ **Église St-Michel** – Agrandie et transformée aux 13e et 15e s., l'église garde de l'édifice du 12e s. une très pure arcade intérieure à colonnettes et une voûte angevine. Elle abrite un ensemble exceptionnel d'**œuvres d'art**★. Le maître-autel, de bois sculpté et doré, fut commandé par l'abbesse Louise de Bourbon-Lavedan en 1621 pour l'église abbatiale. Dans une chapelle latérale, à gauche, se trouvent un crucifix de bois (15e s.), paisible et douloureux, et un expressif *Couronnement d'épines* (fin 16e s.). Le portail s'ouvre sur une belle allée bordée d'arbustes. Sur le côté droit de ce chemin, la **chapelle Ste-Catherine** (13e s.) est surmontée d'une lanterne des morts dans laquelle était autrefois hissée une lampe au crépuscule. Selon la tradition, elle servait à guider l'âme des défunts du cimetière qui entourait alors la chapelle.

NOS ADRESSES À FONTEVRAUD-L'ABBAYE

Voir aussi à Montsoreau *(p. 325)*.

HÉBERGEMENT

BUDGET MOYEN

Chambre d'hôte du domaine de Mestré – *À 1 km au nord de Fontevraud, par la D 947 dir. Montsoreau - ✆ 02 41 51 72 32 - www.domaine-de-mestre.com - fermé en janv. - possibilité de louer hôtel en gîte en fév.-mars, nov.-déc. - 16 ch. 96/126 € - 2 suites - ☕ 12 € - ✕ La Table de Mestrée - www.latabledemestre.com - buffet froid ts les soirs, 19 € - bar à vin de Pâques à la Toussaint*. Des chambres d'hôte *(simple, double ou triple)* confortables, au décor raffiné, aménagées dans une ancienne ferme de l'abbaye royale, au milieu d'un parc planté de cèdres et de tilleuls. Petit-déjeuner copieux.

UNE FOLIE

Hôtel Abbaye royale de Fontevraud – *Dans l'abbaye - ✆ 02 46 46 10 20 - www.fontevraud.fr - ♿ - P - 54 ch. 139/190 € - ☕ 16 €*. Dans le prieuré St-Lazare, les chambres d'une douce sobriété sont au diapason des cellules qui étaient dédiées jadis au repos des religieuses ; design très contemporain pensé avec une belle intelligence pour mettre en valeur le patrimoine local avec souci de développement durable.

RESTAURATION

PREMIER PRIX

L'Abbaye Le Délice – *8 av. des Roches - ✆ 02 41 51 71 04 - ♿ - 🅿 - fermé fév., vac. de Toussaint, mar. soir et merc. - 15/29 €.* On entre en traversant un café pittoresque. Dans la salle à manger au charme suranné, les produits du terroir et les recettes de grand-mère sont à l'honneur. Très belle adresse.

BUDGET MOYEN

La Licorne – *Allée Ste-Catherine - ✆ 02 41 51 72 49 - www.restaurant-gastronomique-licorne.fr - fermé de mi-déc. à mi-janv., dim. soir, merc. soir et lun. (sf de mars à sept.) - 27 €.* Pas de vraie licorne dans cette demeure du 18e s. (tuffeau, poutres) mais la terrasse et le jardin fleuri sont délicieux.

POUR SE FAIRE PLAISIR

Fontevraud brasserie – *Dans l'abbaye.* Entre cuisines romanes et réfectoire, un espace rénové pour une carte originale autour d'un choix de vins.

UNE FOLIE

Fontevraud Le Restaurant – *✆ 02 46 46 10 20 - www.fontevraud.fr - le soir merc.-sam. et dim. midi. - 58/83/93 €.* Lové dans le prieuré Saint-Lazare de l'abbaye, ce restaurant gastronomique affiche un luxe monacal. La cuisine signée Thibaut Ruggeri, Bocuse d'or 2013, est raffinée et délicate.

PETITE PAUSE

La Terrasse gourmande – *Dans l'abbaye - ✆ 02 46 46 10 20 - Pâques-nov. : jeu.-lun. (tlj. en été) - 6/7 €.* Ouvertes sur les jardins, elles proposent boissons et restauration dans une déclinaison de tartes chaudes.

BOIRE UN VERRE

l'Ibar – *Prieuré St-Lazare - ✆ 02 46 46 10 20 - www.fontevraud.fr - 11h-23h - prix d'entrée de l'abbaye.* Petit bijou d'architecture et de technologie (les tablettes tactiles sont incorporées au mobilier) qui permet à chacun de se détendre ou de s'infomer sur l'histoire du lieu, la programmation culturelle, *via* une médiathèque numérique, verre en mains et bulles du Saumurois en ascension.

AGENDA

Événements culturels dans l'abbaye – Concerts, débats, expositions, spectacles tout au long de l'année ; la Cité idéale en juin ; la saison estivale avec installations artistiques - *✆ 02 41 51 73 52 - www.abbayedefontevraud.com.*

Château de Montsoreau

★

Montsoreau (49730) – Maine-et-Loire (49)

Occupant au 15e s. une position stratégique unique, Montsoreau fut l'une des plus puissantes forteresses d'Anjou. La hauteur de ses remparts est vertigineuse. Sa prospérité fut telle qu'à l'ombre de ses murs une petite cité cossue se développa, englobant de magnifiques maisons de tuffeau qui ont bien résisté au temps. Alexandre Dumas s'en inspira pour son roman *La Dame de Monsoreau*. Montsoreau est classée « Petite Cité de caractère » et figure sur la liste des « Plus Beaux Villages de France ».

NOS ADRESSES PAGE 328
Hébergement, restauration, achats, activités, etc.

S'INFORMER

Office de tourisme – *15 av. de la Loire - 49730 Montsoreau - ✆ 02 41 51 70 22 - www.ot-saumur.fr - juil.-août : 9h30-19h, dim. 10h30-19h ; mai-juin et sept. : 9h30-13h, 14h-18h, dim. 10h30-13h, 14h-18h ; avr. et oct. : tlj sf lun. 9h30-13h, 14h-18h, dim. 10h30-13h, 14h-18h ; reste de l'année : se rens. - fermé nov.-fév.*

SE REPÉRER

Carte de microrégion B2 (p. 298).
À 60 km de Tours, 5 km de Fontevraud. En train : gare SNCF de Saumur (*1h40 de Paris en TGV*), puis 20mn par le bus 1 Agglobus (*✆ 02 41 51 11 87*). À vélo : site propre jusqu'à Dampierre puis partagé.

À NE PAS MANQUER

La vue sur la Loire du chemin de ronde, la vieille ville.

ORGANISER SON TEMPS

Comptez 1h30 pour le château, 2h pour la ville et les bords de Loire.

AVEC LES ENFANTS

La champignonnière du Saut-aux-Loups.

Montsoreau B2

Cette petite cité cossue aux maisons de tuffeau doit sa notoriété à son impressionnant château, planté en bordure de Loire.

★ LE CHÂTEAU DE MONTSOREAU

Passage du Marquis-de-Geoffre - ✆ 02 41 67 12 60 - www.chateau-montsoreau.com - de fin avr. au 20 sept. : 10h-19h (fermé mar. en mai-juin) ; mars et 3 sem. oct. : w.-end 12h-18h ; avril : tlj sf mar. 12h-19h ; dernière sem. sept, 21. oct.-5 nov. et 23 déc.-7 jan. : tlj sf mar. 12h-18h - fermé 1er janv., 25-26 déc. - possibilité de visite guidée (1h) - 9,20 € (-15 ans 5,50 €) -25 € billet famille (2 adultes + 2 enf.).

Par bateau : navette entre Saumur et Montsoreau, tous les samedi du 7 mai au 31 août (durée de la traversée : 1h15).

Bâti sur les vestiges du 11e s. du castrum Monte Sorello (mentionné dès 1089 dans certaines archives), le château occupait une position stratégique, militaire et commerciale (octroi) importante sur le fleuve. Mais ce n'est qu'à partir de 1450, suite au mariage de Jeanne Chabot (héritière des lieux) avec Jean II de Chambes – éminent conseiller du roi Charles VII –, que le château allait être reconstruit (5000 m^3 de pierre de tuffeau, 400 quintaux de plomb,

LA DAME DE MONSOREAU

L'héroïne du roman d'Alexandre Dumas, Diane de Méridor, avait pour amant le beau Bussy d'Amboise, lequel fut attiré dans un traquenard et assassiné par le mari au château de la Coutancière (sur la rive sud). Malgré ce drame, la dame n'en vécut pas moins en fort bonne harmonie avec son époux, et ce, durant plus de quarante ans…

92 000 pierres de taille, 1000 arbres coupés pour fabriquer la charpente), magnifié, embelli jusqu'à prendre sa forme actuelle ; un lieu d'influence et de beauté où convergèrent les plus puissants du Royaume : Louis XI en 1471, Anne de Bretagne ou François Ier en 1508.

La prospérité venant, le château s'était transformé en une agréable demeure de plaisance avec l'adjonction d'une tourelle octogonale qui, côté cour, faisait défintivement évoluer le château vers un style Renaissance. Mais l'ensemble périclita brutalement au 17e s., le descendant de Jean II de Chambes, René de Chambes, ayant été condamné pour fausse monnaie et faux sel). Démembré, puis vendu après la Révolution française, le château devenait, sous l'emprise de ses ruines, un objet romantique d'une grande fascination pour nombre d'artistes (Rodin, Turner). La magnifique **vue★★**, qu'y s'offre des remparts (à plus de 35 m de hauteur) sur le cours indompté de la Loire, témoigne encore des attraits du site.

Entièrement restauré jusqu'à ses plafonds, reconstitués en béton et habilement camouflés sous des peintures en trompe l'œil, le château restait cependant totalement évidé et trop peu fréquenté. Une idée germa : celle de convertir ses immenses volumes en cimaises. C'est chose faite depuis 2016 sous la houlette d'un partenariat inédit entre le département du Maine-et-Loire, propriétaire du château, et le collectionneur Philippe Méaille, mécène et garant de la diffusion des œuvres produites par le collectif britannique, américain et australien **Art fut & Language** né à la fin des années 1960.

Chantres de l'art conceptuel, ces artistes théoriciens (Michaël Baldwin, Mel Ramsden et Charles Harrison) questionnent non sans radicalité les statuts respectifs de l'œuvre et de son commentaire. Cette interaction est au cœur de la scénographie. Son intransigeance siéra à ses thuriféraires, moins aux visiteurs qui, par manque de médiation pédagogique, pourraient bien trouver cette dialectique, plus intellectuelle que formelle, beaucoup trop indigeste.

À proximité Carte de microrégion

Champignonnière du Saut-aux-Loups B2

Av. de la Loire (face au pont) - ☏ 02 41 51 70 30 - www.troglo-sautauxloups.com - ♿ - 10h-18h - fermé 13 nov.-24 fév. - 6,50 € (-18 ans 5 €).

Vous pourrez suivre les différents stades de culture du champignon, de la semence de laboratoire à l'assiette. Vous découvrirez certaines variétés, encore peu exploitées en France, telles que le shiitaké, d'origine japonaise, très en vogue dans les grands restaurants et auquel sont prêtées des vertus médicinales. Vous pourrez déguster, en saison, les délicieux « galipettes », ramassés bien mûrs puis cuits dans des fours à pain. La terrasse du restaurant offre une belle vue sur la Loire (*« Nos adresses »*).

Château de Montsoreau au bord de la Loire.
A. Chicurel/hemis.fr

Village troglodytique de Turquant B2

À 3 km à l'ouest de la champignonnière du Saut-aux-Loups par la D 947.

Accroché à son éminence, ce ravissant village, l'un des plus séduisants du Val de Loire occidental, avait remarquablement valorisé ses troglodytes par le biais d'ateliers d'artistes et boutiques artisanales animés *via* un riche programme culturel (expositions, concerts, films en plein air...). Malheureusement ces initiatives sont en déclin, et l'activité du village en pâtit depuis quelques années.

Pour tout apprendre de l'habitat troglodytique, suivez le sentier d'interprétation au départ de la place de l'église *(4 km ; 2h).*

Le Troglo des pommes tapées – *Le Val-Hulin - 11 r. des Ducs-d'Anjou - 02 41 51 48 30 - www.letroglodespommestapees.fr - - de déb. fév. à déb.-nov. : 10h30-18h30 - possibilité de visite guidée (1h) - 6,50 € (-11 ans 4 €).* Cette cavité a d'abord servi de carrière avant que les vignerons n'y stockent leurs vins. Après la disparition des vignes suite au phylloxéra, l'effondrement de l'économie locale poussa les producteurs à cultiver les pommes.

Si déshydrater les fruits était une technique connue de longue date, une méthode bien particulière était utilisée à Turquant pour extraire le jus du fruit. La pomme, chauffée à 60 °C, recevait ensuite 60 coups de marteaux, jusqu'à ne plus contenir une seule goutte de liquide ! Au début du 19e s., pas moins de 200 fours à pommes fonctionnaient à Turquant.

NOS ADRESSES À MONTSOREAU

HÉBERGEMENT

PREMIER PRIX

Camping Isle Verte Montsoreau – *Av. de la Loire - 02 41 38 11 11 - www.campingisleverte.com - fermé 15 oct.-1er avr. - 95 empl. camping 16/29,50 € pour 2 pers. - mobilodge, cabanes et lodge écologique 200/490 € pour 4 pers. selon saison.* Idéalement placé le long de la Loire, ce camping 4 étoiles est une excellente alternative. Bar-restaurant.

BUDGET MOYEN

Hôtel Le Bussy – *4 r. Jehanne-d'Arc - 02 41 51 76 50 - www.hotel-lebussy.fr - fermé de mi-déc. à mi-fév. - P - 12 ch. 80/135 € - 13 € - wifi gratuit.* Maison du 17e s. aux belles chambres calmes et confortables, avec vue sur la Loire ou le château pour les chambres les plus chères. Beau caveau troglodytique pour le petit-déjeuner. Possibilité de louer des vélos directement à l'hôtel.

POUR SE FAIRE PLAISIR

La Marine de Loire – *9, av. de la Loire - 02 41 50 18 21 - www.hotel-lamarinedeloire.com - P - 11 ch., 4 suites 159/259 € - 15 € - room service 35 €.* Au cœur du village en bordure de Loire, impossible de manquer cet hôtel de charme qui combine toutes les commodités d'un bien-être luxueux : spa *(300 m²)*, hammam, soins, etc.

RESTAURATION

PREMIER PRIX

Champignonnière du Saut-aux-Loups B2 – *Av. de la Loire, rte de Saumur (à la sortie de Montsoreau, sur le coteau de la Maumenière) - 02 41 51 70 30 - www.troglo-sautauxloups.com - P - de déb. fév. à déb.-nov. : 12h-15h, et 19h-21h en juil.-août (soir sur réserv.) - 21/23 € - snack « champignonniste » 15h-17h.* Restauration sur place (belle terrasse sur la Loire) et à emporter.

La Dentellière – *15 quai Ph.-de-Commines - 02 41 52 41 68 - - 12h-14h, 19h-20h30 - fermé jeu.*

et vend. midi. - 15/25 €. Au pied du château face à la Loire, salle décorée de dentelles, salades et carte imaginative de crêpes. Excellent accueil.

Le Montsorelli – *5 r. Jehanne-d'Arc - ✆ 02 41 38 18 10 - www.hotel-lebussy.fr - juin-sept. - P - 15/25 €.* Grillades légères servies sur la belle terrasse de l'hôtel Le Bussy avec vue sur le château. Bar cosy, billard.

POUR SE FAIRE PLAISIR

Diane de Méridor – *12 quai Ph.-de-Commines - ✆ 02 41 51 71 76 - www.restaurant-dianedemeridor.com - fermé en janv. et mar.-merc. - ♿ - formule déj. 19 € - 29/95 €.* Cuisine créative raffinée. Service agréable dans une belle maison de tuffeau face à la Loire. Excellente adresse.

Turquant

PREMIER PRIX

Le Bistroglo – *R. du Château-Gaillard - ✆ 02 41 40 22 36 - www.bistroglo.com - ♿ - P - fermé déc.-fév. et lun. sf juil.-août - formule 19/20 €, menu 23/25 €, à la carte 25/26 €.* Au bout du village, un cadre original pour découvrir l'univers troglodytique ainsi que les produits régionaux. Vins et bières du Saumurois accompagnent des snacks bien concoctés et quelques recettes simples (dorade royale grillée à la fleur de sel : 16 €). Concerts et spectacles en saison.

BUDGET MOYEN

Hélianthe – *Ruelle Antoine-Cristal - ✆ 02 41 51 22 28 - www.restaurant-helianthe.fr - ♿ - de déb. avr. à mi-nov. : tlj sf merc. ; reste de l'année : vend. soir-dim. - fermé janv. - 29,50/38,50 €.* Aménagé dans une ancienne maison troglodytique sur deux niveaux, ce restaurant ne se contente pas de jouer sur le seul cachet offert par ce cadre. Le chef Arnaud Montais élabore une cuisine traditionnelle revisitée mettant en avant les trésors de la Loire. Poissons et légumes oubliés sont à l'honneur. En dessert le pain perdu, pommes tapées de Turquant et crème glacée à la vanille est inévitable.

ACTIVITÉS

Bateaux traditionnels

L'Amarante & La Belle Adèle – *Quai Philippe-de-Commines - ✆ 02 47 95 80 85 - www.bateauamarante.com - ♿ - visite guidée sur demande préalable tte l'année (10 pers. mini) - croisières-restaurant seult sur réserv. - fermé 1er janv., 25 déc. - 16 € (-12 ans 11 €).* Balades sur la Loire commentées ou gourmandes à bord d'un authentique bateau ligérien : repas de famille, groupe, ou pour deux (nuit romantique sur l'Amarante en privatisé).

Maison du Parc – *15 av. de la Loire - ✆ 02 41 38 38 88 - www.parc-loire-anjou-touraine.fr.* Informations sur le Parc naturel régional Loire-Anjou-Touraine.

Montgolfières d'Anjou – *✆ 02 41 40 48 04 - www.montgolfieres.fr - à partir de 200 €/pers. (1h de vol).* Prenez votre envol de l'île de Gennes pour assister à des levers ou couchers de soleil féeriques.

AGENDA

Saisons musicales – *Vend. soir de mi-juil. à mi-août.* Concerts classiques au château ou à l'église St-Michel de Montsoreau - *✆ 02 41 51 70 22 - www.ville-montsoreau.fr - 18/23 €.*

Marché dominical – *Dim. mat.* Producteurs locaux, banc d'huîtres et fruits de mer.

Les Puces de Montsoreau – *Quai de la Loire - 2e dim. du mois. ✆ 02 41 51 70 15/70 22 - www.ville-montsoreau.fr.* Très réputées.

Château de Montreuil-Bellay

★★

Montreuil-Bellay (49260) – Maine-et-Loire (49)

Du haut de son éperon rocheux, sur un point stratégique au contact de l'Anjou et du Poitou, Montreuil-Bellay domine un merveilleux paysage sur la rivière Thouet. Si ce bel exemple de grand château médiéval fortifié fut édifié pour la guerre, il fut aussi un agréable lieu de villégiature, conservant le souvenir de la fougueuse duchesse de Longueville. Quant à la ville qui l'entoure, avec ses berges verdoyantes, ses ruelles et ses maisons anciennes, elle a su garder un authentique cachet médiéval.

NOS ADRESSES PAGE 333
Hébergement, restauration, achats, activités, etc.

S'INFORMER

Office de tourisme – *Pl. du Concorde - 49260 Montreuil-Bellay - ☎ 02 41 52 32 39 - www.ot-saumur.fr - juil.-août : 9h30-13h, 14h-18h30, dim. et j. fériés 10h-13h, 14h-17h ; avr.-juin et sept. : tlj sf lun. 9h30-12h30, 14h-18h, dim. et j. fériés 10h-12h30.*

SE REPÉRER

Carte de microrégion A3 (p. 298).
À 80 km au sud-ouest de Tours, 15 km au sud de Saumur par la D 347 et 10 km au sud-est de Doué-la-Fontaine. Par le train : 2h30 de Paris, 1h de Tours, correspondance à Saumur. Le château est au centre du bourg.

À NE PAS MANQUER

La rare barbacane et la cuisine médiévale du château ; l'architecture de la collégiale du Puy-Notre-Dame.

ORGANISER SON TEMPS

Comptez 1h pour le château et 1h pour la ville.

★★ CHÂTEAU

Pl. des Ormeaux - ☎ 02 41 52 33 06 - www.chateau-de-montreuil-bellay.fr - visite guidée (1h) juil.-août : 10h-12h30, 13h30-19h ; reste de l'année : tlj sf mar. 10h30-12h, 14h-18h - fermé nov.-mars - 11 € (-25 ans 7,80 €) - 6,50 € parc seul - dégustation gratuite des vins du château, propriétaire récoltant en AOC Saumur et Crémant de Loire.

Extérieur – Au cœur de la ville, la petite place des Ormeaux *(possibilité de se garer)* mène à une **barbacane.** Ce type d'ouvrage de fortification avancé, très rare aujourd'hui, se trouve à l'extérieur de la fortification. Grâce à lui, une garnison pouvait défendre l'accès du château en répondant aux premiers assauts. Une fois franchie cette première ligne de défense, empruntez le pont qui, enjambant le fossé, permet de passer sous un châtelet pour pénétrer dans l'enceinte du château. Là, l'austérité fait place au spectacle d'une jolie terrasse s'ouvrant sur le panorama d'une belle église, d'un parc à flanc de coteau jusqu'à la rivière et, surtout, des deux gracieux édifices formant le corps du château.

Château neuf – Sur le site d'une tour castrale bâtie au 11e s., cet édifice en tuffeau fut construit au 15e s. au-dessus de magnifiques caves voutées. Sa belle tourelle d'escalier est ornée de fenêtres à meneaux aux fausses balustrades

Château de Montreuil-Bellay.
B. Rieger / hemis.fr

délicatement sculptées. Habité en quasi-permanence depuis sa construction, il recèle de magnifiques salles historiques, comme la chambre de la **duchesse de Longueville** (1619-1679), sœur de Condé et grande instigatrice de la Fronde, exilée par Louis XIV à Montreuil. Le petit salon de musique est doté d'un splendide bureau de l'ébéniste Boulle (1642-1732), en marqueterie de cuivre et d'écailles de tortue. La salle à manger est surmontée de cinq poutres maîtresses habillées de 70 figures symboliques★ sculptées et peintes, représentations grossières d'animaux réels, imaginaires ou à visage humain dont la plupart sont des monstres dévoreurs.

Cuisine médiévale – Conçue à l'origine pour nourrir 300 hommes de garde, elle est dotée d'un fourneau à sept foyers chauffés aux braises, situé au centre d'un plan carré surmonté de voûtes d'ogives. Avec ses cuivres flamboyants, elle fait partie des cuisines remarquables, au même titre que celles de l'abbaye de Fontevraud.

Logis des chanoines – Édifié au 15e s., il possède quatre tourelles d'escalier à toit conique qui desservent quatre logis indépendants, comprenant un cellier, des chambres à l'étage et une étuve qui, à la manière d'un sauna, était réservée à l'hygiène des seigneurs.

Cave voûtée – Son pressoir à vin, où les grappes étaient directement versées de la cour par une trappe, servait encore au début du 20e s. C'est ici qu'en 1904, sous l'égide du propriétaire d'alors, Georges de Grandmaison, fut fondée l'éminente confrérie des **Sacavins**. Lors des grandes assemblées bien arrosées de cette association de joyeux drilles, les novices étaient tenus de prêter serment sous le portrait de Rabelais avant de monter l'escalier à reculons, sans tomber malgré la quantité de vin consommée.

Collégiale Notre-Dame

Ancienne chapelle du château, construite de 1472 à 1484, elle étonne par son architecture rigoureuse et la puissance de ses contreforts. La nef unique est décorée d'une litre funéraire, c'est-à-dire d'un bandeau funèbre noir aux armes seigneuriales. Remarquez, à gauche, l'oratoire privé du seigneur.

FOULQUES NERRA, L'ESSAIMEUR DE FORTERESSES
Vers la fin du 10e s., quelques jours après le sacre du roi de France Hugues Capet, son vassal le comte d'Anjou meurt. Son fils, âgé de 20 ans, Foulques III, dit Foulques Nerra, lui succède. Bientôt ce nouveau comte d'Anjou apparaît comme l'un des plus ardents batailleurs de l'époque médiévale. De son avènement, en 987, à sa mort, en 1040, il ne cesse de guerroyer contre la maison de Blois, les Normands ou les Bretons, tuant au combat le comte de Rennes, Conan Ier. Au cours de ses luttes incessantes, l'infatigable combattant fait édifier un important réseau de forteresses, ou de mottes castrales, le plus souvent en bois, dont ses vassaux sont tenus de parfaire les défenses. Parmi la trentaine qui lui sont attribuées, celle de Montreuil-Bellay fut édifiée en 1025, à l'emplacement du château actuel.

AUTOUR DU CHÂTEAU

En sortant du château, prenez à droite la rue du Marché puis la rue du Tertre.

Les Nobis

Dans la rue qui longe les agréables jardins aménagés sur la rive droite du Thouet, les arbres dissimulent les ruines de l'église St-Pierre, édifiée au 11e s. et incendiée par les huguenots au 16e s. Ne manquez pas son abside romane aux chapiteaux sculptés. À côté subsistent les deux ailes du cloître de l'ancien prieuré du 17e s.
Remontez par l'escalier St-Pierre et poursuivez à droite.

Maison Dovalle

69 r. Dovalle.
Demeure du 16e s. dont la façade a été remaniée au 18e s., elle doit son nom au poète romantique **Charles Dovalle** (1807-1829), mort en duel, dont l'œuvre fut publiée sous le titre *Le Sylphe* et dont seule la préface rédigée par Victor Hugo aurait survécu.
Au bout de la rue Dovalle, à gauche, se dressent les splendides vestiges d'une longue section de **muraille médiévale★**. Par un chemin, on atteint la **porte St-Jean** (15e s.), qui, entre deux tours à bossages, ouvre sur la rue Nationale. Cette voie est fermée à l'autre extrémité par la porte Nouvelle.

À proximité Carte de microrégion

Abbaye d'Asnières A3

▶ A 7,5 km au nord-ouest de Montreuil-Bellay par la D 761 et à droite vers Cizay. 5, imp. Bernard-de-Tiron - 49700 Cizay-La-Madeleine - ✆ 06 18 63 15 15 - www.abbaye-asnieres.com - ♿ - juil.-août : 11h-18h ; juin et sept. : w.-end et j. fériés 11h-18h ; reste de l'année : sur demande préalable - fermé lun.-mar. - possibilité de visite guidée (1h) - 6,50 € (-18 ans 4 €).
Au nord de la forêt de Cizay demeurent les ruines romantiques d'un important **monastère** fondé au 12e s. Le **chœur★** aux voûtes délicatement nervurées offre, avec celui de St-Serge d'Angers, les plus parfaits spécimens de l'art gothique angevin. La chapelle de l'abbé renferme un beau Christ (14e s.).

★ Collégiale du Puy-Notre-Dame A3

▶ À 7 km à l'ouest par la D 77.
Au Moyen Âge, les fidèles venaient de toute la France pour y vénérer une ceinture de la Vierge, rapportée de Jérusalem au 12e s. Cette relique avait

pour vertus, dit-on, de favoriser la naissance d'enfants mâles, d'adoucir les souffrances des femmes enceintes et de faciliter les accouchements. Saint Louis et Louis XI s'y rendirent en pèlerinage. La vaste **collégiale**★ est dotée d'un clocher à flèche de pierre, orné d'une baie moulurée où niche une très belle statue de la **Vierge** (16e s.). Le chœur a conservé ses stalles en chêne massif magnifiquement sculptées (16e s.). Vous pourrez également admirer une *Assomption de la Vierge* peinte par Jean Boucher en 1621.

NOS ADRESSES À MONTREUIL-BELLAY

HÉBERGEMENT

PREMIER PRIX

Camping Les Nobis – *R. Georges-Girouy - sortie nord-ouest, rte d'Angers puis chemin à gauche avant le pont - ✆ 02 41 52 33 66 - www.campinglesnobis.com - de déb. avr. à déb. oct. - ♿ - réserv. conseillée - 123 empl. 24/31 €.* Au pied des remparts du château, ce parc de 3 ha bénéficie d'une situation agréable sur les bords du Thouet. Location de mobile homes, bar, restaurant, piscine, salle de jeux, et nombreuses animations en été.

RESTAURATION

PREMIER PRIX

Hostellerie St-Jean – *432 r. Nationale - ✆ 02 41 52 30 41 - www. hostellerie-saint-jean.com - fermé jeu. soir, dim. soir et lun. - P - formule déj. 14,50 € - 24,50/30,50 €.* Au centre de la cité médiévale avec ses poutres et sa cheminée, ce restaurant dispose d'une grande salle rustique et d'un salon pour les repas de famille. Une terrasse est ouverte dans la cour à la belle saison.

BUDGET MOYEN

La Grange à Dîme – *R. du Château - ✆ 02 41 50 97 24 - http://lagrangeadime.com - juil.-août : soir en sem., midi et soir le w.-end ; reste de l'année : vend. soir, w.-end et j. fériés midi et soir - fermé lun. - réserv. conseillée - menu 25 € (aperitif et café compris).* Coiffée d'une belle charpente en carène de bateau renversé, cette grange à dîme du 15e s. est un cadre de choix pour goûter les fouées, petits pains cuits au feu de bois à garnir soi-même de savoureuses spécialités de la région.

ACHATS

Champignonnière St-Maur - Cave Vivante du Champignon – *1 r. du Château - ✆ 06 81 17 35 74 - www.lechampignon.com - ♿ - avr.-sept. : 10h-12h, 14h-18h - 5,50 € (-16 ans 3,50 €) -* Visite guidée *(1h)* du labyrinthe souterrain d'une ancienne carrière de tuffeau, la douce pierre d'Anjou. Explication des modes de production de champignons. Possibilité d'achat sur place.

Château de Brézé

★★

Brézé (49260) – Maine-et-Loire (49)

De loin, au milieu des vignes, rien ne distingue cet élégant édifice Renaissance de ses voisins. Pourtant, tel un iceberg de pierre, le château de Brézé est doté d'une partie cachée. Sous la roche se dissimule le plus grand domaine souterrain seigneurial d'Europe. Ses douves sèches, profondes de 18 m, sont flanquées d'un redoutable chemin de ronde, invisible et percé de mille trous de visée.

NOS ADRESSES PAGES 328 ET 333
Hébergement, restauration, achats, activités, etc.

S'INFORMER

Office de tourisme du Saumurois – *8 bis quai Carnot - 49400 Saumur - ✆ 02 41 40 20 60 - www.ot-saumur.fr - ♿ - de mi-mai à fin sept. : 9h15-19h ; reste de l'année : 9h15-12h30, 14h-18h, dim. et j. fériés se rens.* Billetterie à tarifs préférentiels pour visiter 61 sites du Grand Saumur et du Val de Loire. *Rens. sur Internet.*

SE REPÉRER

Carte de microrégion B3 (p. 298).
À 70 km à l'ouest de Tours, 10 km au sud de Saumur et 10 km au nord-est de Montreuil-Bellay.
Par le train : 1h40 de Paris par TGV, puis bus ou taxi. Ne ratez pas l'entrée du château, dissimulée dans un renfoncement entre deux murs, au cœur du village.

À NE PAS MANQUER

La ville souterraine cachée sous le château, les appartements de M. de Dreux-Brézé, le colombier.

ORGANISER SON TEMPS

Comptez 2h pour le château, 1h pour la seule visite des souterrains.

AVEC LES ENFANTS

L'ensemble troglodytique.

★ CHÂTEAU

2 r. du Château - ✆ 02 41 51 60 15 - www.chateaudebreze.com - juil.-août : 10h-19h ; avr.-juin et sept. : 10h-18h30 ; reste de l'année : 10h-18h - fermé janv. - possibilité de visite guidée (1h) - 17,50 € (-18 ans gratuit).

Retranché derrière ses douves sèches exceptionnellement profondes, l'élégant château Renaissance, édifié au 11e s., a été reconstruit au 16e s. avant d'être rénové à partir de 1850 dans le style néogothique par René Hodé. Cet architecte angevin (qui a restauré plus de 27 châteaux entre 1840 et 1870) a modifié deux des trois ailes du château, en y créant la grande galerie, la tour carrée et une rotonde à la base de la tour de l'Horloge. Depuis les toits, la vue panoramique permet de discerner les différentes reconstructions, les parties visibles de l'ensemble troglodytique, ainsi que le domaine dont 30 ha sont consacrés à la vigne.

Grande galerie – Aménagée au 19e s., elle recèle un beau mobilier, un décor classé du 19e s. et des tableaux, probablement sauvés pendant la Révolution, qui mettent en scène différents membres de la famille royale, dont Louis XVI, Marie-Antoinette, le dauphin Louis XVII, Louis XVIII et le comte de Chambord.

Château de Brézé.
A. Chicurel/hemis.fr

On observe aussi un tableau, daté de 1850, qui figure les sept frères de la famille Dreux, dont la plupart sont coiffés de chapeaux noirs et portent la fraise, la fameuse collerette blanche à la mode au 16e s.

Chambre de Richelieu – Seule pièce à avoir conservé son aménagement du 16e s., elle comporte un sol couvert de tomettes et une belle cheminée monumentale. Décoré dans le style de la Renaissance tardive, son manteau est incrusté de marbres polychromes formant de larges motifs géométriques ; il surmonte des jambages aux extrémités en griffes de lion.

Appartements de M. de Dreux-Brézé – De styles néogothique et Renaissance, la totalité du mobilier de la chambre et du bureau porte l'estampille du sculpteur angevin Jacques Gronneau (19e s.).

★★ Ensemble troglodytique

Pour la visite de plus de 1 km de souterrains et d'escaliers, une bonne paire de chaussures ainsi qu'un vêtement chaud sont conseillés.

Par une porte discrète donnant sur la cour d'honneur, une galerie creusée au 15e s. s'enfonce dans la roche. Vous voici plongé dans un vaste réseau souterrain empreint d'histoire et de mystère. Sa richesse et sa complexité tiennent à la juxtaposition et au recoupement des roches médiévales, des carrières de pierre creusées pour le château, des caves pour l'exploitation du vignoble et de leurs différentes utilisations au cours des siècles.

★ **Roche de Brézé** – Situé sous le château, cet habitat seigneurial, premier secret dévoilé, est attesté par les textes dès le 9e s. On y pénétrait, à l'origine, par un étroit couloir coudé, bien défendu. Les salles, creusées dans la roche, se développent autour d'un puits de lumière percé d'étroites ouvertures évasées vers l'intérieur, s'ouvrant au-dessus du plafond rocheux. La présence de silos de bonne taille, destinés à conserver les récoltes réservées au seigneur, atteste de la puissance du propriétaire. Depuis ce site, un couloir mène au chemin de ronde souterrain. Percé de meurtrières donnant dans les douves, il a été creusé par Gilles de Maillé-Brézé vers 1448 afin de rendre son château invulnérable. Il débouche dans les fossés par un pont-levis qui enjambe une fosse.

De l'autre côté des fossés, un réseau de **caves** abrite les cinq immenses salles qui furent utilisées par les quelque 500 hommes des troupes royales (*Voir encadré ci-dessous*). Situées à côté du fournil, elles ont été reconverties en celliers et en pressoir.

★ **Fournil souterrain** – Accessible par un étroit escalier aménagé dans la roche, il frappe par ses belles ouvertures mais aussi par l'importance de sa cheminée et de son four à pâtisserie. La chaleur dégagée par les fours de la boulangerie permettait le levage plus rapide et le contrôle de la pâte à pain dans la pièce carrelée au-dessus, ainsi que la culture du ver à soie dans une salle appelée magnanerie. Remarquez les imposantes étagères taillées dans la roche. En face, la chambre du mitron est une niche aménagée en mezzanine dans la paroi.

Pressoir et celliers – La salle du pressoir était à l'usage des seigneurs pour les fameux vins blancs de Brézé : la vendange tombait directement d'un puits, creusé dans le plafond rocheux qui s'ouvrait juste au milieu des vignes. Ensuite, le jus était acheminé dans les cuves par des canaux aménagés à même le sol. Ce dispositif servait encore en 1976. D'autres pièces abritaient les barriques.

Parc

Les 20 ha du parc à l'anglaise se prêtent à la promenade. Vous y découvrirez, notamment, le colombier le plus important d'Anjou.

★ **Colombier** – Édifié en 1550 près de l'entrée du château, il comprend 3 700 boulins, ces niches destinées chacune à un couple de pigeons. Dans l'Ancien Régime, la possession d'un colombier était un privilège accordé proportionnellement au nombre d'arpents de terre possédés par le seigneur.

LA TERRE DE BACCHUS

La légende veut que le site de Brézé ait d'abord été nommé *briseum terra*, soit « terre de Bacchus », en l'honneur de son vignoble, avant de se transformer en Brézay puis Brézé. Selon une autre étymologie, non moins crédible, Brézé découlerait du nom de son ancien propriétaire gaulois, un certain Brizios. Quoi qu'il en soit, datant de ces périodes anciennes, quelques vestiges de structures de pierre sèche demeurent aujourd'hui visibles.

Dès le 12e s., ce fief important donne son nom aux seigneurs fondateurs de la première forteresse, et ce seront leurs successeurs, les Maillé-Brézé, qui construiront le logis Renaissance. En 1615, la terre de Brézé est érigée en marquisat par Louis XIII, afin de récompenser le maréchal Urbain de Maillé-Brézé, grand amiral de France, pour ses bons et loyaux services. La même année, Urbain se marie avec la sœur du futur cardinal de Richelieu et leur fille Claire épousera l'un des plus brillants militaires du 17e s., le Grand Condé. Principal instigateur de la Fronde contre Mazarin, il sera le nouveau maître des lieux. Ironie de l'histoire, les caves de Brézé serviront de refuge à 500 soldats des troupes royales (1653-1654) afin d'empêcher le Grand Condé de reprendre base contre le roi à partir de son château. Domaine qu'il échangera en 1682 contre un autre château en Bretagne, la Galissonnière, propriété de Thomas de Dreux, conseiller au parlement de Paris.

De nos jours, l'illustre famille Dreux-Brézé continue d'habiter le château.

Château d'Oiron

★★

Oiron (79100) – Deux-Sèvres (79)

Édifié aux 16e et 17e s., le magnifique château Renaissance d'Oiron, planté au milieu des cèdres, fut dès son origine voué à l'art et à la culture. Aujourd'hui, il associe avec bonheur l'art ancien et l'art contemporain. Cette fusion révèle avec force l'évolution des démarches artistiques et esthétiques au fil des siècles. Une rencontre insolite et merveilleuse.

NOS ADRESSES PAGE 313, 328 ET 333
Hébergement, restauration, achats, activités, etc.

S'INFORMER

Office de tourisme du Pays thouarsais – *32 pl. St-Médard - 79100 Thouars - ✆ 05 49 66 17 65 - www.tourisme-pays-thouarsais.fr - juil.-août : 9h30-13h, 14h-18h, dim. et j. fériés 15h-18h ; avr.-juin : tlj sf dim. 10h-12h, 14h-18h, sam. 15h-18h ; sept. : tlj sf dim.-lun. 10h-12h, 14h-18h, sam. 15h-18h ; reste de l'année : se rens. - fermé certains j. fériés.*

SE REPÉRER

Carte de microrégion B3 (p. 298).
À 320 km au sud-ouest de Paris, 45 km au sud de Saumur.
En train : gare SNCF de Thouars (2h30 de Paris) puis taxi.

À NE PAS MANQUER

Les collections d'art contemporain, la galerie du 16e s., la collégiale.

ORGANISER SON TEMPS

Comptez au moins 2h.

AVEC LES ENFANTS

Visites et ateliers d'arts plastiques pour les scolaires.

★★ CHÂTEAU

10 r. du Château - ✆ 05 49 96 51 25 - www.oiron.fr - juin-sept. : 10h30-18h30 ; reste de l'année : 10h30-17h30 - fermé 1er janv., 1er Mai, 1er et 11 Nov., 25 déc. - 8 € (-25 ans gratuit) - le « robot de visite » Norio est conçu pour servir d'avatar aux visiteurs n'ayant pas accès aux salles d'exposition situées au 1er étage.

Extérieur

Précédé de deux petits pavillons du 17e s., le château comprend un corps de logis central (17e s.) coiffé d'un toit à la française et flanqué de deux pavillons carrés couronnés d'une balustrade. Une aile du 16e s. et une autre du 17e s., à terrasse, encadrent la cour d'honneur. À gauche, la **galerie à arcades** est surmontée de médaillons de marbre sculptés de profils d'empereurs romains.

LE CHÂTEAU DE L'ART CONTEMPORAIN

Le château d'Oiron accorde une place exceptionnelle à l'**art contemporain**. Les responsables du projet ont en effet donné carte blanche aux artistes en leur offrant un couloir, une salle où concevoir et installer leurs œuvres. Le résultat est unique et multiple à la fois, surprenant et stimulant pour l'esprit. Une foule d'univers, souvent inspirés de l'édifice lui-même, se succèdent, s'interpénètrent et s'entrechoquent pour un résultat fascinant.

Intérieur

De l'époque de la famille Gouffier, Oiron a essentiellement gardé son **cabinet des Muses** *(pavillon du Roi)*, orné d'une Diane chasseresse et de ses nymphes, et sa majestueuse **galerie peinte★★** *(aile Renaissance)*, dont les murs sont animés de remarquables scènes inspirées de la guerre de Troie et de *L'Énéide*. Son plafond Louis XIII, commandé par Louis Gouffier, est composé de 1 670 panneaux- caissons peints de sujets variés : mammifères, oiseaux, armes. Quant au **corps central,** modifié par La Feuillade, qui épousa Charlotte Gouffier en 1667, il compte un admirable escalier Renaissance à noyau central évidé inspiré par celui d'Azay-le-Rideau.

Chambre du Coquatrix (1993) – Sur un autre registre, Joan Fontcuberta révèle la découverte fictive d'un animal fabuleux dans les caves mêmes du château.

Cabinet de curiosités de Claude Gouffier (1995) – Guillaume Bijl rappelle quant à lui la passion du premier propriétaire du château. Ses cabinets renfermaient comme des trésors les fantaisies de la nature auxquelles Thomas Grünfeld (1992) rend hommage dans son **cabinet des Monstres**, assemblage chimérique de têtes et corps dissociés d'animaux naturalisés.

Couloir des Illusions – Felice Varini y projette sur les murs des lignes abstraites qui ne prennent réellement forme que par un savant jeu optique.

Galerie des Chevaux – L'œuvre de l'artiste Georg Ettl, exécutée au fusain broyé sur les vestiges de l'enduit d'origine, évoque les portraits des plus beaux chevaux d'Henri II que Claude Gouffier, grand écuyer royal, avait fait peindre ici.

Salle du Roi, ou salle d'armes – Sous un somptueux plafond polychrome, les douze **Corps en morceaux** de Daniel Spoerri (1993), assemblage d'objets hétéroclites et de membres de mannequins désarticulés, semblent faire écho à la phrase de Virgile : *Hic terminus haeret* (« Ici est la fin »), dont Claude Gouffier avait fait sa devise.

Salle à manger – Le **service de table** (1992-1993) de l'artiste suisse Raoul Marek porte les profils d'habitants d'Oiron conviés chaque 30 juin à un repas au château. Réalisées au Nouveau-Mexique, les **Brûlures solaires** (1992-1993) de Charles Ross associent, à nouveau, optique et poésie.

LA LOIRE AUX ACCENTS ITALIENS

Au 15e s., **Guillaume Gouffier** construit le château d'Oiron. Son fils Artus, gouverneur de François Ier, est nommé Grand Maître et pair de France. Il accompagne Charles VIII et Louis XII en Italie où, découvrant l'art de ce pays, il se constitue une importante collection artistique. À Oiron, au début du 16e s., il entame les travaux de la collégiale et de la galerie basse. L'aîné de ses enfants, Claude, humaniste et grand amateur d'art et de belles lettres, finit d'aménager cette galerie et la collégiale. À l'image des mécènes italiens de la Renaissance, les Gouffier font appel à des artistes talentueux pour créer décors et peintures selon les canons classiques. En 1700, **Mme de Montespan** acquiert le château et y séjourne fréquemment jusqu'à sa mort. Cependant, au début du 19e s. le château perd de sa splendeur. Le préfet Dupin rapporte même « que les peintures de la galerie s'abîment, que l'on entrepose du blé dans les grands appartements et (que) le propriétaire s'est retranché au rez-de-chaussée ». En 1943, Oiron devient propriété de l'État et revient à la vie à la fin des années 1980, quand des artistes contemporains sont invités à composer pour le site une série d'œuvres dans l'esprit des cabinets de curiosités des érudits du 16e s. Cette commande annonce la naissance de la collection **Curios & Mirabilia** et le renouveau d'un monument historique pas comme les autres.

Le château d'Oiron sorti des brumes.
F.-P. Psaltis / Beaumont / Château d'Oiron, Centre des monuments nationaux

Salle des Jacqueries – Les murs sont rythmés par des fourches plantées par Braco Dimitrijevic entre des portraits aristocratiques et des noix de coco.
Salon des Ondes – Il recèle les très originaux **Étuis d'or** (1993) d'Hubert Duprat. L'artiste élève des papillons en aquarium et place or, perles et pierres précieuses à leur portée. Les larves, qui s'enveloppent le corps dans un étui de brindilles, assemblent ainsi de véritables bijoux.
Pas moins de 60 artistes marquent le château d'Oiron de leur présence. À vous de les découvrir tous !

★ Collégiale

Sa façade Renaissance arbore des portes jumelées et un grand arc surmonté d'un fronton aux armes des Gouffier. Dans le transept, examinez les tombeaux de la famille Gouffier, œuvres de l'atelier des Juste, sculpteurs toscans établis à Tours. Dans le croisillon gauche se trouve le gisant de Philippine de Montmorency, deuxième épouse de Guillaume Gouffier, morte en 1516. Non loin a été érigé le mausolée de son fils, l'amiral de Bonnivet, tué à Pavie en 1525.
Dans le croisillon droit sont placés le tombeau d'Artus Gouffier, frère de l'amiral, et celui de son fils Claude. Une peinture du 16e s. d'après Raphaël représente saint Jean-Baptiste. De chaque côté du chœur, les **chapelles seigneuriales** offrent un très beau décor Renaissance. Dans la chapelle nord, vous découvrirez une toile du 18e s., *La Sainte Famille,* et dans la chapelle sud, un portrait de saint Jérôme, du 16e s., ainsi que des clefs de voûte très ouvragées. Remarquez aussi les statues d'apôtres du 16e s. au retable du maître-autel. Sur la paroi droite du chœur figure une belle Résurrection, peinture de l'école maniériste flamande du 16e s., tandis que sur la paroi nord trône le portrait de Claude Gouffier.

1 001 SCÈNES
Le premier dimanche de juin, plus de 1 000 artistes amateurs sont conviés au château pour se produire en musique, danse, théâtre, cirque ou arts de la rue.
✆ 05 49 55 78 28

Doué-la-Fontaine

★

7 518 Douessins – Maine-et-Loire (49)

Il y a 10 millions d'années, le territoire de l'actuelle Doué-la-Fontaine était recouvert à faible profondeur par la mer. Sous l'effet des marées, une dune sous-marine s'est progressivement dressée, agrégeant dans ses sables les restes des différentes espèces animales, halieutiques qui peuplaient cet espace. C'est cette dune fortement stratifiée au fil du temps que l'on appelle « falun ». La tendreté de ce matériau a permis à nos ancêtres de le creuser pour en extraire des sarcophages et des pierres ; le sol, une fois excavé, leur a offert des refuges ou un habitat. La région abriterait d'ailleurs la plus forte densité de population souterraine en France. Le village troglodytique de Rochemenier en est une remarquable illustration.

NOS ADRESSES PAGE 344
Hébergement, restauration, achats, activités, etc.

S'INFORMER

Office de tourisme – *30 pl. des Fontaines - ✆ 02 41 59 20 49 - www.ot-saumur.fr - de déb. mai à mi-sept. : lun.-sam. 9h30-12h30, 14h-18h, dim., 14 Juil. et 15 août 10h-12h30 ; reste de l'année : sem. sf mar. et j. fériés 9h30-12h30, 14h-18h, sam. 9h30-12h30.*

SE REPÉRER

Carte de microrégion A2-3 (p. 298).
À 20 km au sud-ouest de Saumur, 40 km au sud-est d'Angers. En train : gare SNCF d'Angers *(1h40 de Paris)* puis bus ligne 9.

À NE PAS MANQUER

Le bioparc et son site troglodytique exceptionnel, les caves-cathédrales, les chemins de la Rose.

ORGANISER SON TEMPS

Comptez une bonne demi-journée au bioparc et 2 jours pour l'itinéraire.

AVEC LES ENFANTS

Le bioparc, les constructions troglodytiques de Rochemenier et de Forges, le parcours-découverte du musée Aux Anciens Commerces, le Mystère des Faluns.

Se promener

Passer la nuit dans une maison troglodytique fait aussi partie du voyage…

Maisons anciennes

Outre ses maisons troglodytiques *(r. des Perrières et r. d'Anjou)*, Doué possède de vieilles demeures à tourelles et escaliers extérieurs. À la sortie de la ville (est), sur la route de Saumur, un **moulin** à vent est l'ultime survivant de ceux qui, par centaines, couvraient les coteaux de la région.

Musée Aux Anciens Commerces (écuries Foullon)

Écuries Foullon - chemin du Lavoir - ✆ 02 41 52 91 58 - www.anciens-commerces.fr - juil.-août : 10h-13h, 14h-19h, lun. 14h-19h ; mai-juin et sept. : tlj sf lun. 10h-12h, 14h-19h, mars-avr. et oct. : tlj sf lun. 10h-12h, 14h-18h ; reste de

Doué-la-Fontaine, le Bioparc, parc zoologique.
F. Leroy/hemis.fr

l'année : se rens. - fermé janv.-fév. - possibilité de visite guidée (45mn) - 8 € (-16 ans 5,50 €) - livret de visite et animations en sais.

Dans le superbe bâtiment du 18e s. des écuries du baron Foullon, seuls vestiges de son château, deux rues reconstituent la vie commerçante d'autrefois. Une vingtaine de boutiques retracent cent ans d'histoire du négoce de détail de 1850 à 1950 : apothicaire, chapelier, grainetier, droguiste, barbier-perruquier, épicier-mercier ou encore une distillerie d'eau de rose.

À deux pas s'étend la **roseraie Foullon**, un magnifique jardin public qui héberge plus de 400 variétés de rosiers buissons, grimpants, tiges, etc. *(8h30-18h30, 17h hors sais. - gratuit - voir aussi « Nos adresses »).*

Dirigez-vous vers le sud par la rue de la Roseraie puis prenez la route de Cholet.

★ Chemins de la Rose

Parc de Courcilpleu - rte de Cholet - ✆ 02 41 59 95 95 - www.cheminsdelarose.com - de déb. mai à mi-août : 10h30-19h ; de mi-août à mi-sept. : 10h-18h ; de mi-sept à fin nov. et 8 avr.-5 mai : tlj sf merc. 10h-12h30, 14h30-17h, w.-end 10h-13h - 6 mai-18 juil. 7 € ; reste de l'année 5,50 € (-12 ans gratuit) - animations et conférences ; conseils pour votre jardin ; vente (400 m²) ; marché aux plantes d'automne (w.-end 11 Nov.).

4 ha de roseraie naturelle où poussent quelques 10 000 rosiers, issus de plus de 1 300 variétés venant du monde entier, de la rose de Damas, rapportée par les croisés au 13e s., à la York and Lancaster de la reine d'Angleterre.

Revenez vers Doué, jusqu'au bioparc.

PARCOURS DES TROGLODYTES

★★ Bioparc de Doué-la-Fontaine

103 r. de Cholet - ✆ 02 41 59 18 58 - www.bioparc-zoo.fr - juil.-août : 9h-19h30 ; avr.-juin et sept. : 9h-19h ; oct.-nov. : 10h-18h30 ; fév.-mars : 10h-18h -21 € (3-10 ans 16 €).

Ce superbe parc occupe le **site★★** troglodytique exceptionnel d'une ancienne carrière de falun. Avec ses grottes « en cathédrale » et ses fours à chaux, elle fournit un environnement hors du commun à un millier d'animaux vivant en semi-liberté.

Présenter des spécimens emblématiques des milieux sauvages menacés, telle est la philosophie de ce lieu très singulier qui accueille 123 espèces différentes dont 41 sont répertoriées dans la Liste Rouge de l'Union internationale pour la conservation de la Nature (IUCN). Ici l'attention est portée sur des soins adaptés et des enclos favorisant le bien-être animal. Le Bioparc s'efforçant d'aider ces spécimens menacés à se reproduire, pour les réintroduire dans leur milieu d'origine, vous aurez peut-être la chance d'y observer des nouveaux-nés.

Girafes, rhinocéros, tigres ou pandas roux évoluent dans des reconstitutions d'ambiances naturelles de leur pays d'origine entre acacias, bambous, cascades et aplombs rocheux. De nombreux affûts photo permettent d'observer les animaux au plus près mais à distance respectueuse.

Vous pourrez ainsi aller du « canyon aux léopards » à la « crique aux manchots » en passant par le spectaculaire camp aux girafes ou le « sanctuaire des okapis », ouvert en 2013. Dernière création (2017), les fantômes de l'Himalaya. Dans ce nouvel amphithéâtre qui épouse la forme d'une cuvette calcaire en nid d'abeille, des dizaines de vautours ont pris place ; exclusivement des oiseaux blessés recueillis par le personnel, qui les soigne et les entretient jusqu'à une éventuelle réintroduction (quand c'est possible) en milieu naturel. Tous les jours *(16h45)*, on peut ainsi assister à la **curée des vautours** ★, affranchis de tout dressage, le but ultime étant de les rendre à la vie sauvage.

Autres occupants de ce nouveau territoire : les bouquetins markhor, herbivores, et quelques panthères des neiges, carnivores.

Particulièrement spectaculaire avec son filet tendu à 20 m du sol au-dessus d'une carrière de 1 ha, la **grande volière sud-américaine ★★**, où plus de 500 oiseaux répartis en 35 espèces (parmi lesquelles le condor des Andes, l'Amazone à front bleu ou l'ibis à face noire) vont et viennent au-dessus de vos têtes dans une cacophonie de couleurs, avant de fondre sur les pitons rocheux.
Prenez à droite le bd du Dr-Lionet.

Maison carolingienne

Impasse de la Motte (sur la gauche du boulevard). Cette maison forte du 9e s. fut probablement la résidence d'été du fils de Charlemagne, le roi d'Aquitaine Louis le Pieux (778-840). Plus tard, elle fut transformée en donjon. Ses murs imposants se dressent encore aujourd'hui.
Poursuivez-le bd du Dr-Lionet, qui devient bd Savary, jusqu'à la rue de la Croix-Mordret, à gauche.

Troglodytes & Sarcophages

1 r. de la Croix-Mordret - ✆ 02 41 59 27 95 - www.troglo-sarcophages.fr - juil.-août : 10h-12h30, 14h30-19h - 5,40 € (-18 ans 4,70 €) - possibilité visite guidée (1h) avr.-sept. et vac. scol. : tlj sf lun. 15h et 16h ; reste de l'année : sur demande au ✆ 06 77 77 06 94.
De nombreuses fouilles ont mis au jour des sarcophages monolithes mérovingiens des 5e et 6e s. La carrière souterraine de Doué, inscrite à l'Inventaire des Monuments historiques, en aurait produit entre le 5e et 10e s. plus de 35 000. L'occasion de mieux comprendre les arcanes de cette industrie funéraire.
Suivez la rue Victor-Journeau, la rue de l'Église, puis traversez la route de Montreuil.

★Le Mystère des faluns

Les Perrières - 7 r. d'Anjou - ✆ 02 41 59 71 29 - www.les-perrieres.com - ♿ - de mi-juin à mi-sept. : 10h-19h ; de déb. fév. à mi-juin et de mi-sept. à fin nov. : tlj sf lun. 10h-12h30, 14h-18h - fermé 1er janv., 11 Nov., 25 déc. - 7 € (-12 ans 4,50 €) - visite libre (1h) dans des caves où la température est d'environ 12°, prévoir de quoi se couvrir.
Le site des Perrières est constitué de galeries souterraines hautes de 15 à 20 m. La technique utilisée pour creuser ces carrières explique leur forme élancée vers la surface, qui leur a valu leur surnom de cathédrale.
Depuis 2015, la visite a été entièrement revue à travers une scénographie intelligente et sensible (jeux de lumières fluctuantes) mêlant poésie et science pour entrer en résonnance avec la nature et les volumes de ce lieu époustoufflant.
Empruntez la D 214 sur 6 km en direction du nord.

Maisons troglodytiques de Forges A2

✆ 02 41 59 00 32 - mai-sept. : 9h30-18h ; avr. : 9h30-12h, 14h-18h ; reste de l'année : se rens. - 5,50 € (-15 ans 3,50 €).
Ce village troglodytique, occupé par trois familles jusqu'en 1940, démontre la symbiose du monde paysan avec son sol. L'habitat et ses dépendances, creusés sous le niveau du sol autour d'une cour intérieure, s'apparentent aux habitations troglodytiques du Sud tunisien où seules les cheminées sortent de terre et où les fours sont creusés à même la terre réfractaire.
Poursuivez la D 214 vers le nord pour rejoindre la D 177 et prenez-la vers la gauche (nord-ouest) sur 4 km.

Cave aux sculptures de Dénezé-sous-Doué A2

7 r. de la Caverne - ✆ 02 41 59 15 40 - www.deneze-sous-doue.sitew.com - juin-août : 10h30-13h, 14h-18h ; avr.-mai et sept. : 14h-18h ; oct.-nov. : sur RV - fermé mar. - possibilité de visite guidée (45mn) - 4 € (-6 ans 2,50 €).

Difformes et provocants, des personnages sculptés se détachent sur la paroi de tuffeau. Retrouvées par hasard dans les années 1950, alors qu'un curé du 18e s. avait ordonné leur ensevelissement, ces caves semblent dater du 16e s. L'œuvre comprend 234 personnages ou fragments.
Un florilège saisissant de l'art constestaire et satyrique du 16e s. ? Le mystère est entier.
Prenez la D 69 vers Doué, puis tournez à droite (4 km).

★ Village troglodytique de Rochemenier A2

14 r. du Musée - 02 41 59 18 15 - www.troglodyte.fr - Accès partiel - avr.-sept. : 9h30-18h ; reste de l'année : tlj sf lun. et 1er dim. du mois 10h-17h - fermé déc.-janv., 11 Nov. - 6,50 € (-18 ans 4 €) - visite guidée : juil.-août, lun.-vend. 11h et 16h ; reste de l'année, sam.-dim. 15h30 - possibilité de visite autonome avec tablette tactile (location 3,50 €) - interdit aux chiens. Température sous terre 12 °C. Prévoyez un lainage.
Abandonné depuis 1930, le village souterrain de Rochemenier, creusé dans un dépôt de falun, est l'un des sites troglodytiques les plus complets et émouvants du Val de Loire. Ouvert depuis 1967, il ne cesse d'enrichir son parcours. Vous y découvrirez deux fermes, leurs logis et dépendances, qui abritent des centaines d'outils paysans liés à l'histoire des troglodytes, des basses-cours et une chapelle souterraine avec un chœur et une nef aux volumes impressionnants. Mérite un détour.

NOS ADRESSES À DOUÉ ET ENVIRONS

HÉBERGEMENT

PREMIER PRIX

Hôtel La Saulaie – *104 r. des Fougerons - à 2 km par la rte de Montreuil-Bellay - 02 41 59 96 10 - www.hoteldelasaulaie.com - fermé vac. de Noël - - P - 44 ch. 59/105 € - 8,90 € - formule étape - wifi.* Établissement récent aux chambres spacieuses et au décor moderne et coloré. Terrasse et piscine chauffée *(mai-sept.)*.

À Forges

Chambre d'hôte Troglodyte de la Fosse – *7 rte de La Fosse - 49700 Forges - 6 km au nord-est de Doué par la D 213 - 02 41 50 90 09 ou 06 85 65 58 10 - www.chambrehote.com - - P - 5 ch. 76/78 € - table d'hôtes (sur réserv.) 28 €.* Il règne une ambiance artistique dans cette jolie maison : toutes les pièces sont décorées de tableaux, objets et luminaires en verre réalisés par la maîtresse des lieux. Chambres plaisantes. Piscine.

UNE FOLIE

À Rochemenier

Hôtel Rocaminori – *13 r. du Musée - 49700 Louresse-Rochemenier - 02 41 50 03 12 - www.rocaminori-hotel.fr - - P - 12 ch. souterraines ou semi-troglodytiques 110/140 € - 10 € - (02 41 59 34 22 - www.caves-genevraie. fr - menu unique, vin et apéritif compris 25 €) - fermé lun. (juil.-août) et dim. soir-vend. midi (hors sais.).* Cet ensemble troglodytique intelligemment aménagé avec des technologies sophistiquées et écologiques, comme la géothermie, est dépaysant. Au restaurant attenant, découvrez les spécialités locales comme la fouace, cuite sous vos yeux, accompagnée de rillettes.

RESTAURATION

PREMIER PRIX

Auberge de la Rose – *12 pl. de Gennes - 02 41 59 13 65 - www.aubergedelarose.com - fermé vend.*

et dim. soir (hors sais.) - P - *15 ch. 61/78 € -* ☕ *9 € -* ✕ *18/39 €.* Une cuisine traditionnelle simple, savoureuse et légère, servie avec le sourire dans un cadre agréable.

Le Camp des Girafes – *Bioparc - ✆ 02 41 59 18 58 - www.bioparc-zoo.fr - de déb. fév. à mi-nov. - horaires du bioparc -* ♿ *- 17,50/20,90 €.* Barbecue, buffet, snack : diverses formules permettent de jouir de la belle terrasse panoramique surplombant le canyon des girafes et des zèbres de Grévy.

BUDGET MOYEN

Auberge Bienvenue – *104 r. de Cholet - ✆ 02 41 59 22 44 - www.aubergebienvenue.com - fermé dim. soir et lun. (hors sais.), vac. de Noël -* ♿ *-* P *- 11 ch. 63/115 €, 4 suites 125/140 € -* ☕ *11,50 € -* ✕ *17,50/65 € - wifi.* Cet hôtel-restaurant gastronomique sert une cuisine régionale de saison alimentée par les marchés locaux : noisette de porc au miel et cinq épices ; suprême de sandre rôti au four et plancha de poitrine ; feuilleté d'asperges fraîches aux pamplemousses roses.

Le Caveau – *4 bis pl. du Champ-de-Foire - ✆ 02 41 59 98 28 - www.restaurantlecaveau.com -* P *- été : tlj. ; hors sais. : seult w-end et vac. scol. - formule unique 24 € - réserv. conseillée.* Belle salle médiévale creusée dans le falun. On y sert les traditionnelles fouaces et galipettes, gros champignons farcis cuits au four à bois. Une institution touristique.

ACHATS

Terre de rose - Distillerie – *94 bis rte de Cholet - ✆ 02 41 50 98 79 - www.histoirederose.com - juin-août : 9h30-19h ; reste de l'année : 9h30-12h, 14h-18h30 - fermé nov.-mars - 4,90 € (-12 ans 3,20 €).* Distillerie artisanale aménagée dans une maison centenaire. L'eau de rose étant la spécialité de la maison, vous découvrirez au cours de la visite de vieux alambics et un jardin planté de 3 000 rosiers. Petit écomusée de la ferme (animaux en liberté) et boutique de produits à base de rose *(tte l'année).* Musée sur la rose et ensemble troglodyte.

AGENDA

Journées de la rose – *Aux arènes - mi-juil. - www.journeesdelarose.com -* Exposition florale annuelle réputée depuis près de soixante ans. La roche du site troglodytique met en valeur les fleurs. Concours et animations.

Château de Brissac

★★★

Brissac-Quincé (49320) – Maine-et-Loire (49)

Quarante-huit mètres de hauteur font de cet édifice de sept étages le plus haut château de France. Flanqué de deux massives tours médiévales qui cernent une façade d'inspiration baroque riche de frontons et pilastres de styles toscan, dorique, ionique et corinthien, le palais des ducs de Brissac aligne pas moins de deux cents quatre salles sur 8 000 m². Cet enchevêtrement de galeries et de salons, de bibliothèques et de chapelles, de chambres et d'antichambres, dissimule même un théâtre. Véritable ville derrière les murs, son labyrinthe de couloirs dérobés, d'escaliers majestueux et de salles immenses compose un décor somptueux. En sortant, vous serez séduit par son parc paysager bordé d'une forêt et d'un vignoble produisant des vins d'Anjou parmi les plus fameux.

NOS ADRESSES PAGE 349
Hébergement, restauration, achats, activités, etc.

S'INFORMER

Office de tourisme – *8 pl. de la République - 49320 Brissac-Quincé - ✆ 02 41 91 21 50 - www.angersloiretourisme.com - mai-sept. : 10h-12h30, 14h-18h (et dim. juil.-août 10h-13h ; reste de l'année : tlj sf w.-end 13h-17h, jeu. 9h30-13h, 14h-17h - fermé certains j. fériés.*

SE REPÉRER

Carte de microrégion A2 (p. 298).
À 100 km à l'ouest de Tours, 15 km au sud d'Angers. En train : 1h30 de Paris *(TGV)* par Angers puis taxi ou vélo.

À NE PAS MANQUER

Les meubles et tapisseries ; l'escalier Louis XIII ; le théâtre.

ORGANISER SON TEMPS

Comptez 1h30 pour le château *(visite guidée)*, 30mn pour le parc.

AVEC LES ENFANTS

Les animations de Pâques et de Noël.

★★★ CHÂTEAU

✆ 02 41 91 22 21 - www.brissac.net - visite guidée (1h15) - juil.-août : 10h-18h ; avr.-juin et sept.-oct. : tlj sf mar. 10h-12h, 14h-17h ; reste de l'année : se rens. - fermé 1er janv., 25 déc. - 10 € (-16 ans 4,50 €). Café terrasse dans le jardin et possibilité d'acheter du vin dans les caves voûtées du château. Possibilité de chambre d'hôte.

Érigé au 15e s. par Pierre de Brézé, ministre de Charles VII puis de Louis XI, ce château, forteresse à l'origine, est racheté en 1502 au petit-fils de Pierre, Louis de Brézé, par René de Cossé (1460-1540), gouverneur de l'Anjou et premier seigneur de Brissac. Six siècles plus tard, il appartient toujours à la même famille.

★★ Façade

Unique en France, puisque se mêlent dans la façade du levant élevée au début du 17e s. deux tours dissymétriques bâties en schiste au 15e s. Circulaires et massives, cerclées de mâchicoulis et d'un chemin de ronde abrité sous des toits coniques couverts d'ardoise, ces tours médiévales enserrent l'élégante façade de tuffeau blanc de style Louis XIII, aux réminiscences italianisantes. Ce

Le château de Brissac.
J. A. Moreno/age fotostock

spectaculaire **collage** (terme technique) entre deux styles, qui prend le vide pour liant, résulte des aléas de l'histoire. Objet de convoitise entre Ligueurs et Royalistes lors des guerres de religion (il est même assiégé par Henri de Navarre), le château-forteresse est alors en grande partie détruit. Au siècle suivant, **Charles II de Brissac** entend le relever avec l'aide de deux architectes, Dangluze et Corbineau. Plutôt que de le raser, ceux-ci décident de le démanteler au fur et et à mesure de la reconstruction. Mais le duc meurt en 1621. Son fils arrête le faramineux chantier. Reste donc selon les mots du duc de Brissac : « *Un château neuf à demi construit dans un château vieux à demi détruit.* »

Intérieur

Énorme cube aux multiples modules, ce château qui, depuis cinq siècles, n'a jamais cessé d'être habité par la famille des ducs de Brissac, se visite comme une petite ville dont chacun des quartiers est marqué par les empreintes de sa longue histoire.

★ **Salon doré** – Parmi les œuvres que surmonte son magnifique plafond du 17e s., à poutres et caissons sculptés, figure une tapisserie des Gobelins représentant deux épisodes de l'histoire de Don Quichotte.

Salle à manger imposante, qui se distingue par les multiples trophées de chasse de la duchesse d'Uzès, ainsi que par un beau tableau du 18es. Représentant l'ancien château de Bercy à Paris, disparu.

★ **Grande galerie** – Comme la galerie sur le Cher de Chenonceau, ou la galerie des Glaces de Versailles, cette pièce principale du château a été conçue pour les grandes réceptions. Elle est longue de 32 m et les poutres et solives de son **plafond★★**, en chêne et châtaignier, sont richement ornées d'une centaine de petits tableaux évoquant la mythologie, les héros bibliques et des thèmes antiques comme Diane et Actéon, où ce dernier, métamorphosé en cerf, est dévoré par ses chiens de chasse après avoir surpris la déesse au bain. Quant aux murs, ils sont ornés de verdures d'Aubusson du 17e s. et de portraits, dont celui de la quatrième duchesse de Brissac, en figure allégorique des Beaux-Arts.

★★ **Chambre de Louis XIII** – On accède au premier étage par l'**escalier Louis XIII★**. La chambre conserve le souvenir du roi qui, âgé de 19 ans, séjourna ici en août 1620. C'est à Brissac, alors quartier général des armées royales, que fut scellée sa réconciliation avec sa mère, Marie de Médicis, contrainte de négocier après que ses troupes eurent été battues par celles de son fils. Au-dessus de la cheminée, un plat en cuivre porte la représentation du profil de la reine mère vaincue. D'époque Louis XIV, réalisées d'après les tableaux de Charles Lebrun, quatre tapisseries représentent des scènes de l'épopée d'Alexandre le Grand. Quant au mobilier de la pièce, d'époque Louis XIII, il comporte un lit à baldaquin et deux précieux cabinets à secrets Renaissance d'origine génoise.

Galerie des Portraits – Ses murs sont ornés des portraits de plusieurs générations des membres de la famille Cossé-Brissac, dont quatre maréchaux et la célèbre veuve Clicquot qui, au début du 19e s., édifia un empire en exportant son champagne dans le monde entier.

★ **Chambre des Chasses** – Elle abrite une série de tapisseries d'origine flamande inspirées des *Chasses de Maximilien* conservées au Louvre. Ces tapisseries ont appartenu à deux rois de France, Louis XIV puis Louis-Philippe, avant d'être acquises par les Brissac durant le Second Empire.

★★ **Théâtre** – Au 2e étage. Ce lieu attachant, aux somptueuses dorures et draperies rouges, fut inauguré en 1890 par la marquise de Brissac. Née Jeanne Say, héritière de la dynastie des sucres Say, cette femme avait une passion pour l'opéra et une vocation de cantatrice. Malgré son talent, sa position sociale lui interdisait de se produire en public, sauf pour des œuvres de bienfaisance. Elle décida donc de se faire construire son propre théâtre où jusqu'à sa mort, en 1916, elle organisa un festival annuel de renom au cours duquel elle interprétait des œuvres de Wagner, Saint-Saëns ou encore Offenbach. Cet émouvant théâtre, abandonné durant 50 ans, fut restauré à la fin du 20e s.

Chapelle – Elle abrite un **bas-relief★** en marbre de David d'Angers ainsi que des stalles ouvragées, de style Renaissance italienne.

Cuisines du 17e s. – Au sous-sol, elles jouxtent les caves fortifiées du 15e s. ainsi que le cellier. Notez la cheminée monumentale.

★ PARC

Un vaste parc paysager à l'anglaise, allées fleuries et arbres centenaires, s'étend tout autour du château. La promenade donne le recul nécessaire à l'appréciation de l'architecture du château. Un sentier mène aux écuries (1883) restaurées et monte jusqu'à l'étonnant mausolée du 19e s. de la famille Brissac, de style néo-grec, dont les portes ouvrent pour les Journées du patrimoine. Du haut des marches, la vue sur le château et les vignes est superbe.

À proximité Carte de microrégion

Centre de découverte du milieu aquatique et de la pêche A2

Au sud de Brissac-Quincé, par la D 748 (suivez le fléchage) - 02 41 91 24 25 - www.fedepeche49.fr - visite guidée sur RV (2h) tte l'année - fermé w.-end et j. fériés.

Ce centre, situé au bord de l'étang **Montayer**, permet la découverte de la rivière et des actions menées par les pêcheurs pour la préserver. Outre les poissons du bassin de la Loire, vous pourrez observer l'élevage des brochets, de l'écloserie au bassin de grossissement.

Un parcours botanique présente la végétation caractéristique des berges et des zones humides.

NOS ADRESSES PRÈS DE BRISSAC

HÉBERGEMENT

PREMIER PRIX

Chambre d'hôte La Pichonnière – *02 41 91 29 37 - Charcé-St-Ellier-sur-Aubance - www.gite-brissac.com - - - 4 ch. dont 1 suite familiale 55/70 €* . Dans l'enceinte d'une exploitation orientée vers la semence de fleurs, ce site se pare des plus belles couleurs entre mai et août. Outre le superbe gîte, il abrite des chambres dont 2, au rez-de-chaussée, avec accès direct. Une halte sympathique, à deux pas de Brissac et de son célèbre château.

POUR SE FAIRE PLAISR

Loire et Sens – *11 chemin du Bois-Guillou - 49610 Juigné-sur-Loire (8 km au nord par D 748) - 02 41 66 45 54 - www.loireetsens.com - - wifi - 23 ch. 12 suites 124/204 € - gastronomique (déj. mar.-vend. 20,50 €, menu 29/39/49/65 €).* Sis dans un ancien relais de chasse du 17e s. cet ensemble hôtelier conçu avec soin est dédié au bien-être. Piscine, spa, restaurant élégant se répondent dans un bel écrin de verdure marquetté de schiste.

RESTAURATION

PREMIER PRIX

Le Petit Manoir – *12 r. Armand-Brousse - 49610 St-Melaine-sur-A. - 02 41 45 33 32 - lun.-jeu. midi., vend.-sam. midi et soir - fermé j. fériés - - - déj. 12,20/24 €, soir 24 €. - réserv. conseillée.* Au cœur du vignoble de l'Aubance, ce restaurant situé au centre du village bénéficie d'une solide réputation auprès des habitants. Cuisine savoureuse, d'où salle ou terrasse souvent combles à midi. Carte originale (médaillon de lotte au Cointreau *21 €*).

PRENDRE UN VERRE

Le Pavillon des Cèdres – *Parc du Château - 02 41 91 22 21 - www.brissac.net - juil.-août. : 10h-17h ; hors sais. : tlj sf mardi 10h-12h, 14h-17h.* Agréable salon de thé servant gâteaux et pâtisseries maison.

ACHAT

Vignoble Daviau – *Domaine de Bablut - 49320 Brissac-en-Loire - 02 41 91 22 59 - www.bablut.fr - lun.-sam. 9h-12h, 14h-18h30 ; w.-end sur RV.* Vignerons de tradition (16e s.) sur un terroir à la confluence du Bassin parisien et des schistes du Massif Armoricain, les Daviau cultivent de grands nectars. En Anjou blanc, l'Ordovicien (cépage Chenin) est remarquable ; son pendant rouge : Petra Alba (AOP Anjou Villages Brissac) cépage cabernet franc et certification Bio. Environ 12/14 € la bouteille.

AGENDA DU CHÂTEAU

Pâques – 50 000 œufs en chocolat à chercher dans les sous-bois.

Floralies de Brisac – *1re quinz. avr. Dans les galeries du château.* Concours spectaculaire !

La vie en rosé – *11 juin.* Journée dédiée à la gourmandise.

Coupe du roi René – *Mai.* Parc du château, tir à l'arc.

Grand marché animé de Noël – *24e édition en 2018.*

Château de Montgeoffroy

★★

Beaufort-en-Vallée (49630) – Maine-et-Loire (49)

Dans un cadre verdoyant et paisible de 35 ha s'élève une façade blanche sous de hauts toits d'ardoise percés de cheminées en brique rose. Pour accéder à ce bel édifice classique, il faut franchir une grille, remonter une large allée, puis pénétrer enfin dans une cour d'honneur flanquée par deux épaisses tours Renaissance. Modèle de proportion et d'harmonie, chef-d'œuvre de l'architecture française du 18e s., Montgeoffroy a miraculeusement traversé la Révolution et les guerres de Vendée avec son mobilier d'origine. Chaque meuble, chaque toile occupe la place pour laquelle il avait été conçu.

NOS ADRESSES PAGES 313 ET 357
Hébergement, restauration, achats, activités, etc.

S'INFORMER

Office de tourisme du Saumurois – *8 bis quai Carnot - 49400 Saumur - ☎ 02 41 40 20 60 - www.ot-saumur.fr - ♿ - de mi-mai à fin sept. : 9h15-19h ; reste de l'année : 9h15-12h30, 14h-18h, dim. et j. fériés se rens.* Billetterie à tarifs préférentiels pour visiter 61 sites du Grand Saumur et du Val de Loire. *Rens. sur Internet.*

SE REPÉRER

Carte de microrégion A2 (p. 298).
À 280 km au sud-ouest de Paris, 85 km à l'ouest de Tours, 28 km au nord-ouest de Saumur, 28 km à l'est d'Angers. Par le train : gare SNCF d'Angers *(1h30 au dép. de Paris)*, puis taxi.

À NE PAS MANQUER

La salle à manger et la sellerie.

ORGANISER SON TEMPS

Comptez 1h pour la visite guidée et 1h pour le parc et les jardins.

★★ CHÂTEAU

Rte de Seiches - ☎ 02 41 80 60 02 - www.chateaudemontgeoffroy.com - visite guidée (1h) juil.-août : 10h-18h ; de fin mars à fin juin et de déb. sept. à mi-nov. : tlj sf lun.-mar. 10h-12h, 14h-17h - fermé 1er janv., 25-26 déc. - 13 € (-15 ans 5 €) - possibilité de visiter les appartements privés.

Cet élégant château et son harmonieuse façade Louis XV dominent la vallée de l'Authion. À l'origine propriété de Geoffroy de Chateaubriand, l'un des ancêtres de l'écrivain romantique, Montgeoffroy fut reconstruit par l'architecte parisien Jean Benoît Vincent Barré, entre 1772 et 1776, pour le maréchal de Contades, qui commanda l'armée d'Allemagne pendant la guerre de Sept Ans et fut gouverneur d'Alsace pendant 25 ans. Du château antérieur ne furent conservés que les deux tours harmonieusement incorporées dans l'édifice du 18e s. Les tours, les douves au tracé arrondi et l'ancienne chapelle qui date de 1543 sont donc les seuls vestiges du château du 16e s.

Depuis les années 1770, le château de Montgeoffroy est demeuré la propriété de la famille Contades.

Vue aérienne du château de Montgeoffroy.
J.-D. Sudres / hemis.fr

Intérieur – Avec ses enfilades de pièces de part et d'autre des salons centraux, le rez-de-chaussée se conforme à la tradition classique. Le précieux mobilier d'origine, de styles Louis XV et Louis XVI, est pour sa majeure partie estampillé par des maîtres ébénistes comme Gourdin, Roussel ou Durand. Soieries et tissages Jacquard ornent les pièces de réception, tandis que des toiles à motifs d'arabesques habillent la salle à manger et nombre de chambres au premier étage. Vous admirerez tapisseries, étoffes, mobilier et de magnifiques portraits signés Van Loo, Rigaud et Drouais. Dans les cuisines, rutilante collection de 260 pièces de cuivre et d'étain.

Chapelle Ste-Catherine

Avec sa voûte angevine, elle est éclairée par un superbe vitrail du 16e s. représentant des anges musiciens et chanteurs.

Écuries

Elles abritent une collection de voitures hippomobiles et jouxtent une **sellerie** aux murs de sapin de Norvège, où étincelle une collection de selles, d'étriers, de mors, de fouets et de cravaches.

LA COLÈRE DU MARÉCHAL

Durant la seconde moitié du 18e s., Louis Georges Érasme, **marquis de Contades**, eut l'idée de reconstruire le château de Montgeoffroy. Pour entreprendre les travaux, ce maréchal de France, commandant en chef des armées du roi Louis XV, dépensa sans compter la somme de 300 000 livres. Pourtant, le destin fit qu'il n'y séjourna que peu, ses fonctions militaires puis la Révolution s'étant conjuguées pour l'éloigner définitivement de son cher château. Homme de conviction, il refusa d'émigrer et trouva refuge à Livry auprès de sa maîtresse, Hélène Moreau de Séchelles. Il y mourut en 1795 à l'âge de 95 ans, à la suite, dit-on, d'une violente colère contre ses domestiques.

Baugé-en-Anjou

3681 Baugeois – Maine-et-Loire (49)

Aimant chasser dans les forêts avoisinantes, le bon roi René se fit construire à Baugé une demeure dans le goût de la première Renaissance, sur les ruines d'une forteresse. Devenue le siège de juridictions royales au 17e s., la petite cité s'enrichit d'hôtels particuliers et de logis qui lui confèrent aujourd'hui un cachet ancien. Construit à la même époque, l'hôtel-Dieu a conservé son apothicairerie avec ses faïences de Nevers et sa poudre de cloporte…

NOS ADRESSES PAGE 357
Hébergement, restauration, achats, activités, etc.

S'INFORMER

Office de tourisme – *Pl. de l'Europe - ✆ 02 41 89 18 07 - www.tourisme-bauge.com - de mi-juin à mi-sept. : 10h-12h30, 13h30-18h30, vend. 10h-12h30, 14h-18h ; de déb. mai à mi-juin et de mi-sept. à fin oct. : tlj sf dim. 10h-12h30, 13h30-18h, vend. 10h-12h30, 14h-17h30 ; reste de l'année : tlj sf dim. 11h30-12h30, 13h30-18h, vend. 11h30-12h30, 13h30-17h30 - fermé 1er janv., lun. de Pâques, 11 Nov., 25 déc.*

SE REPÉRER

Carte de microrégion B1 (p. 298).
Situé entre La Flèche (18 km au nord), Saumur (40 km au sud) et Angers (42 km au sud-ouest), Baugé est à 68 km à l'est de Tours, à la lisière de la belle forêt de Chandelais, en rive droite du Couasnon. En train : gare SNCF du Mans ou d'Angers et 1h15 de bus.

À NE PAS MANQUER

L'apothicairerie de l'hôtel-Dieu ; la découverte de la croix d'Anjou ; les façades des hôtels particuliers du centre historique.

ORGANISER SON TEMPS

Comptez 2h30 pour la ville, une demi-journée pour les environs.

AVEC LES ENFANTS

Le château, l'apothicairerie et l'exposition « Des soins du corps aux soins de l'âme » à l'hôtel-Dieu.

Château

Pl. de l'Europe - ✆ 02 41 84 00 74 - www.chateau-bauge.com - ♿ - de mi-juin à déb. sept. : 10h-12h30, 13h30-18h ; de déb. avr. à mi-juin et sept. : 14h-18h - fermé dim. et lun. de Pâques - 7,50 € (7-14 ans 3 €) - 12 € billet combiné avec hôtel-Dieu.

LE VOYAGE D'UNE CROIX, DE BYZANCE À BAUGÉ…

La croix à double traverse serait le fruit d'un assemblage de reliques de la Vraie Croix conservées à Byzance au 13e s. Passée de main en main, elle parvient à l'abbaye de la Boissière en Anjou, devenant ainsi la **croix d'Anjou**. Au 15e s., après leur victoire à Nancy, les troupes de René II duc de Lorraine, descendant des ducs d'Anjou, l'adoptent pour emblème. À partir de 1790, cette **croix de Lorraine** est conservée dans la chapelle des Incurables de l'hospice de Baugé. Mais, son histoire ne s'arrête pas là… En 1941, elle devient le symbole des Forces françaises libres, avant de devenir l'emblème des partis gaullistes successifs jusqu'au RPR.

Le château de Baugé.
B. Gardel/hemis.fr

Le roi René dirigea lui-même, à partir de 1455, la construction des tourelles, des lucarnes à gâbles, de l'aile droite de l'oratoire et de l'amusante échauguette de la façade postérieure où les maçons se sont représentés. Une élégante porte en accolade mène à l'**escalier à vis** qui s'enroule sous une magnifique voûte en palmier richement ornée. Remarquez les blasons Anjou-Sicile et les emblèmes, anges, tau (T grec), symboles de la croix du Christ et étoiles qui, dans l'Apocalypse, désignent les bienheureux. Très ludique et pensée pour les enfants, la muséographie fait parler la pierre et revivre le personnage du « bon roi » d'Anjou. Par la magie des images et du son, les combles du château semblent à nouveau habités par leurs anciens hôtes des débuts de la Renaissance. L'art du tournoi et de la fauconnerie, ainsi que la chasse au sanglier sont évoqués dans la grande salle d'honneur et une reconstitution de la chambre du roi René est ouverte à la visite. Le musée renferme de belles collections d'armes, de monnaies anciennes, de faïences et céramiques rares des 15e et 16e s.

Chapelle des Filles-du-Cœur-de-Marie

8 r. de la Girouardière - 02 41 89 75 49 - visite guidée (20mn) 14h30-17h - fermé 1er janv., w.-end Pâques, dim. Pentecôte (et 3 j. av.), Jeu. et Vend. saints, 26 juil., 14-15 sept., 25 et 31 déc. - fermetures exceptionnelles possibles, se rens. - gratuit.

Élément d'un hospice du 18e s., elle abrite la précieuse **croix d'Anjou★★** taillée, selon la tradition, dans le bois de la Vraie Croix. Rapportée de Terre sainte par un croisé en 1241, cette merveille d'orfèvrerie fut enrichie de pierres précieuses et de perles fines à la fin du 14e s. pour Louis Ier duc d'Anjou par l'orfèvre parisien de son frère, le roi Charles V. Détail singulier : elle porte le Christ sur chaque face.

Hôtel-Dieu

Mêmes conditions de visite que le château.

Seule une modeste partie du monumental ensemble se visite. Fondé en 1639 par Marthe de la Beausse, aidée de la princesse Anne de Melun et des sœurs hospitalières de La Flèche, l'hôtel-Dieu contient une **apothicairerie★** intacte depuis sa création en 1675. Soigneusement rangés dans un mobilier Louis XIII en noyer et en chêne, plus de 600 contenants, boîtes peintes, faïences de Nevers, albarelles italo-mauresques du 16e s., abritent encore yeux d'écrevisse, cornes de cerf ou autres poudres de cloporte.

Avant de rejoindre la chapelle de style baroque, ouvrant pendant les offices sur le grand dortoir des malades, traversez celui-ci pour découvrir l'exposition permanente « Des soins du corps aux soins de l'âme ».

Hôtels particuliers

Les hauts portails des hôtels particuliers des 17e et 18e s. émaillent les rues tranquilles du vieux Baugé devenu Beaugé-en Anjou : rues de l'Église, de la Girouardière et surtout place de la Croix-Orée. Partant de la place de l'Europe, devant le château, un circuit pédestre balisé de pupitres explicatifs jalonne la ville.

Église St-Laurent

R. de l'Église.

Fin 16e-début 17e s. Ses orgues de 1644 ont été restaurées en 1975.

Circuit conseillé

LE BAUGEOIS AB1-2

Circuit de 95 km, tracé en violet sur la carte de microrégion (p. 298) – Comptez environ 4h.

Quittez Baugé vers l'est par la D 141 qui suit la vallée du Couasnon.

Pourquoi les clochers du Baugeois voient-ils leur toit se vriller ? Étonnamment, aucune théorie n'imagine que cet élégant mouvement leur ait été imprimé à dessein. Selon les sourciers, les clochers tors suivraient les détours des eaux passant sous l'église. Selon les poètes, ils offriraient toutes leurs faces au vent. Selon les marins, ils seraient le fruit des essais des charpentiers de marine. Selon les menuisiers, le bois, trop vert au moment de la construction, aurait bougé avec le temps. Le débat reste ouvert…

Dolmen de la Pierre couverte B1

À 3,5 km de Baugé. Laissez la voiture sur le bas-côté de la route.

Quelques marches sur la gauche mènent à ce dolmen isolé dans une clairière.

Reprenez la voiture et gagnez Pontigné par la D 141 qui offre de jolies vues à droite sur le Couasnon et le massif forestier de Chandelais.

Pontigné B1

Dédiée à saint Denis représenté au-dessus du portail roman, l'**église** est surmontée d'un clocher en hélice. La nef porte de larges voûtes Plantagenêt ; au transept, notez les chapiteaux romans à feuilles d'eau et têtes de monstres ; la charmante abside centrale est soutenue par un réseau complexe de boudins rayonnants. Dans les absidioles, **les peintures murales★** d'une grande fraîcheur de coloris (13e-14e s.) représentent, au sud, le Christ en majesté entouré du tétramorphe (symboles des quatre évangélistes) avec la Résurrection de Lazare, au nord, la Vierge à l'Enfant entourée de deux anges thuriféraires et des scènes de l'enfance du Christ.

Prenez la route derrière l'église, puis à droite vers la D 766.

Belle vue sur la vallée plantée de vergers.

Sur la D 766, tournez à gauche, puis tout de suite à droite vers Bocé.

★ Forêt de Chandelais B1

Belle forêt domaniale (10 000 ha) de chênes rouvres et de hêtres.
Suivez une allée forestière, puis, au carrefour du Roi-René, prenez à droite vers Bocé. Au carrefour avec la D 58, prenez à gauche.

Mouliherne B2

Bâti sur un roc, Mouliherne domine le vallon verdoyant du Riverolle. Son **église**, ancienne chapelle et seul vestige d'une forteresse des comtes d'Anjou, possède un beau clocher carré du 13e s. avec baies ébrasées et flèche hélicoïdale. Observez d'abord la voûte du chœur, en berceau brisé, puis celle du croisillon sud renforcée par des nervures qui comptent parmi les premiers exemples de croisées d'ogives. À la croisée du transept, elles retombent sur de beaux chapiteaux romans à feuilles d'eau et animaux fantastiques. Les voûtes gothiques (12e-13e s.) de la nef, très larges, ont un profil plus raffiné. Dans le chœur, derrière le maître-autel, remarquez les sarcophages carolingiens (9e et 10e s.) taillés dans la pierre coquillière.

Linières-Bouton B2

Dans ce village tranquille, à l'écart de la route, l'**église** présente un beau **chœur**, d'architecture Plantagenêt. Remarquez le tableau figurant l'Annonciation (1677), la crosse monumentale en bois doré de style baroque et le groupe sculpté de la Sainte Famille, probablement du 17e s.
Prenez la D 767 à gauche, puis une route sur la droite qui mène à Breil.

Breil B2

Dans les bois du Baugeois, Breil offre un excellent prétexte pour se promener. L'**église** est romane à l'extérieur par son abside circulaire et sa nef que surmonte un haut clocher à flèche de pierre. De jolies voûtes Plantagenêt couvrent son chœur.

Parc du château de Lathan B2

02 41 82 64 98 - juil.-août : tlj sf mar. 10h-18h ; avr.-juin et de déb. sept. à la Toussaint : tlj sf lun.-merc. 11h-18h - fermé Vend. saint, dim. de Pâques, dim. de Pentecôte - possibilité de visite guidée sur demande (1h) - 3 € (-11 ans 1 €).
Le parc du 17e s. fait face à l'église. Des charmilles puis un long tapis vert orné d'ifs taillés précèdent une double rangée de tilleuls. Le grand canal, parallèle, ouvre une remarquable perspective, qui se clôt sur une gloriette du 18e s. Ne manquez pas l'île d'Amour et le labyrinthe souterrain.
Prenez la D 62 jusqu'à la D 938, que vous emprunterez à droite.

Cuon B2

Un curieux clocher conique à imbrications coiffe l'église (en face, notez l'enseigne d'une ancienne auberge « *Au Soleil d'Or. On y loge à pied et à cheval* »). En retrait, observez le charmant manoir du 15e s.
Prenez la direction de Chartrené.
Longez le parc du château de la Grafinière et ses belles frondaisons.
Peu après Chartrené, prenez à gauche la D 60. À 4,5 km, suivez à droite la D 211 qui, à travers des bois et des landes, rejoint Fontaine-Guérin.

Fontaine-Guérin A2

L'**église** romane au clocher coiffé d'une flèche d'ardoise hélicoïdale abrite une remarquable voûte de 126 panneaux peints (15e et 16e s.) d'inspiration profane.
Un plan d'eau aménagé pour la baignade et la planche à voile est accessible par la D 211 en direction de St-Georges-du-Bois.
À partir de St-Georges-du-Bois, prenez la D 59 jusqu'à Jarzé.

LA BERGÈRE ET LA VIERGE DE MONTPLACÉ

Au début du 17e s., une bergerie occupait l'ancienne chapelle de Montplacé, où une antique statue de la Vierge semblait y avoir été oubliée. Un jour, alors qu'une bergère rentrait ses moutons, la statue s'illumina. Tout le voisinage accourut et, bientôt, des guérisons furent constatées. Grâce aux offrandes des fidèles, de plus en plus nombreux, une nouvelle chapelle fut édifiée. C'est ainsi que naquit la tradition d'un pèlerinage à Montplacé.

Jarzé A1

Cultures, bois et prairies encadrent Jarzé. Le château, construit en 1500, incendié en 1794, fut restauré au 19e s.

Église – Ancienne collégiale de style flamboyant bâtie sur les restes d'un édifice du 11e s. Dans le chœur, dix stalles canoniales (16e s.) à jouées historiées alignent leurs profils capricieux. Dans la niche d'un pilier à droite dans le sanctuaire, une statuette (fin 15e s.) représenterait saint Cyr, le fils de sainte Juliette de Tarse, qui subit le martyre à l'âge de 3 ans. En robe et en bonnet, l'enfant tient une poire à la main. Il semble cependant plus probable que l'enfant représenté ait été le fils de Jean Bourré, seigneur du lieu, et que son geste rappelle simplement que son père introduisit en Anjou la culture des « poyres de bon chrestien ». Au fond de l'abside, les restes d'une belle **peinture murale** du début du 16e s. représentent une Mise au tombeau à demi effacée.

Chapelle N.-D.-de-Montplacé A1

À 2 km par la D 82 vers La Flèche et le premier chemin à droite.

Isolée sur une butte, la chapelle se repère de loin. Entourée de quelques bâtiments de ferme, très sobre, elle dégage pourtant une réelle noblesse, en particulier lorsqu'on observe le beau portail occidental du 17e s. dédié à la Vierge. L'intérieur est orné de trois grands autels du plus pur style baroque. Une statue miraculeuse *(voir encadré ci-dessus)* se niche dans celui de gauche. Il s'agit d'une belle pietà sculptée dans une bille de noyer, sur laquelle subsistent quelques traces de polychromie. Le long des murs sont accrochés de nombreux ex-voto.

Regagnez la D 82 en direction de La Flèche.

Cheviré-le-Rouge A1

Dressée au cœur du village, l'église St-Médard est dotée d'un clocher du 11e s. La voûte du chœur (12e s.) est un remarquable exemple du style Plantagenêt. Dans le transept, des vitrines présentent vêtements sacerdotaux, de communion et de baptême, échantillons de dentelle et de coiffes. L'été, le clocher abrite une belle exposition de vêtements, ornements liturgiques et pièces d'orfèvrerie *(possibilité de visite guidée, s'adresser à la mairie).*

Continuez sur la D 82 en direction de La Flèche.

Jardins du château de Gastines AB1

Avant d'entrer dans Fougeré, sur la droite. ✆ 01 40 75 47 70 - ♿ - de mi-juil. à fin août : tlj sf mar. 13h-19h - possibilité de visite guidée (30mn) - 6 € (enfant 4 €).

Les jardins réalisés par Louis Benech agrémentent le château des 16e et 18e s. d'une terrasse de buis sur laquelle sont plantés ifs, roses, lavandes et anémones du Japon. De nombreuses essences, notamment bergénias, litrums, ruscus ou saules, ont pris possession d'une douve sèche. Étang et charmantes fontaines, charmilles taillées ou carré de bambous nains se révèlent au fil de la promenade.

Reprenez la D 82 sur la droite pour entrer dans le bourg de Fougeré.

Fougeré A1

C'est à la fougère que la commune doit son nom, mais c'est à son clocher vrillé, légèrement penché, qu'on l'identifie. L'**église St-Étienne** (11e s.) comprend un des plus beaux chevets de l'Anjou et son chœur (13e s.) est de style Plantagenêt. La voûte de la nef en carène de bateau (16e s.) a été repeinte par Grandin de Tours en 1871. Ne manquez pas d'observer les monstres des engoulants (16e s.) et, à l'extérieur *(pl.de la Mairie)*, les graffitis (11e-12e s.).

Quittez Fougeré par la D 138 jusqu'à St-Quentin-lès-Beaurepaire. Prenez à droite la direction de Vaulandry. Au croisement avec la D 938, tournez à droite pour regagner Baugé. En arrivant, prenez la direction Le Vieil-Baugé.

Le Vieil-Baugé B1

Le vieux village coiffe une colline au-dessus de la vallée du Couasnon. L'**église St-Symphorien**, outre son remarquable clocher vrillé (chef-d'œuvre de couverture), conserve une nef en partie du 11e s. et un admirable **chœur★** du 13e s. à voûtes angevines. La façade et le croisillon sud, Renaissance, sont dus à l'architecte angevin Jean de Lespine.

Manoir de Clairefontaine

D 938 (sud de Baugé) - ✆ 06 07 17 46 32 - www.manoirdeclairefontaine.com - seult visite guidée vac.de Pâques et juil.-août : 14h, 15h30 (et 17h juil.-août) ; mai-juin et sept. : tlj sf merc. et sam. 14h30 - fermé sam., certains j. fériés - 7,50 € (-12 ans 1,50 €).

Ce manoir du 15e s., restauré en 2009, abrite un beau mobilier 17e-18e s.

NOS ADRESSES À BAUGÉ

Voir aussi à Saumur et Angers.

HÉBERGEMENT

PREMIER PRIX

Chambre d'hôte Les Bouchets – *Le Vieil-Baugé - 4 km du Vieil-Baugé par D 144, dir. Chartrené et petit chemin à droite - ✆ 02 41 82 34 48 ou 06 71 60 66 05 - www.lesbouchets.com - ⊠ - 3 ch. 70/86 € ☕ - ✕ 29 € bc - wifi gratuit.* Cette maison typiquement baugeoise bien rénovée est d'une tranquillité appréciable. Chambres confortables et salle de séjour agréable avec cheminée. Trois autres chambres dans un gîte sur la propriété. Anciens restaurateurs, les propriétaires mettent leur savoir-faire au service d'une table d'hôte très réputée.

RESTAURATION

BUDGET MOYEN

Relais de Poëllier – *30 r. Saint-Nicolas - ✆ 02 41 82 36 67 - ♿ - fermé merc. - P - formule déj. 13,70 € - 18/25 €.* Tradition culinaire basée sur les produits locaux bien mis en valeur : sandre, foie gras. Cadre simple et coquet. Terrasse en étage.

EN SOIRÉE

Opéra champêtre – *Centre Culturel René d'Anjou - ✆ 02 41 89 75 40 - www.operadebauge.org - de fin juil. à déb. août - 25/65 €.* Œuvres du répertoire classique interprétées dans le cadre de « thé à l'anglaise » ou de pique-niques dans le parc.

6

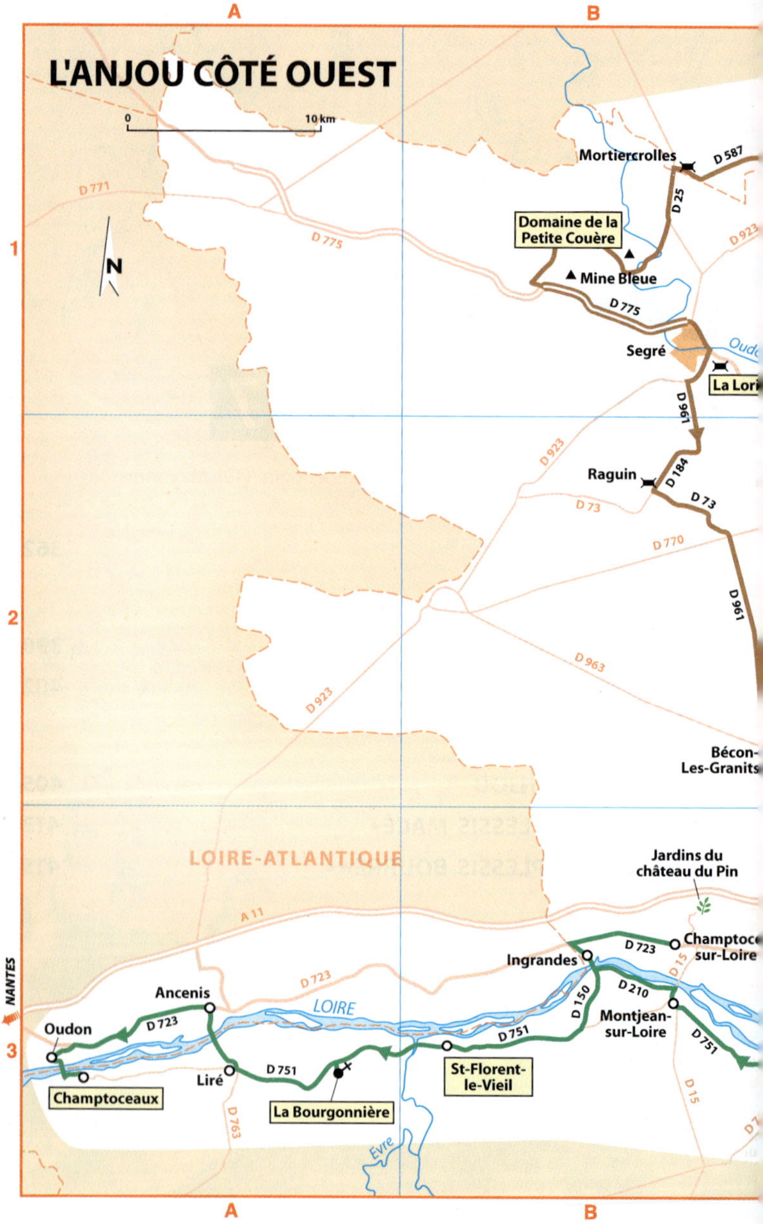
L'ANJOU CÔTÉ OUEST
0
10 km
N
A
B
1
2
3
Mortiercrolles
D 587
D 25
D 771
D 775
D 923
Domaine de la Petite Couère
Mine Bleue
Segré
Oudon
La Lori
D 961
D 923
Raguin
D 184
D 73
D 770
D 963
D 923
Bécon-Les-Granits
LOIRE-ATLANTIQUE
Jardins du château du Pin
A 11
D 723
Champtoce sur-Loire
Ingrandes
D 15
D 210
D 150
Montjean-sur-Loire
D 751
NANTES
Ancenis
LOIRE
Oudon
Champtoceaux
Liré
D 751
La Bourgonnière
St-Florent-le-Vieil
D 763
Evre

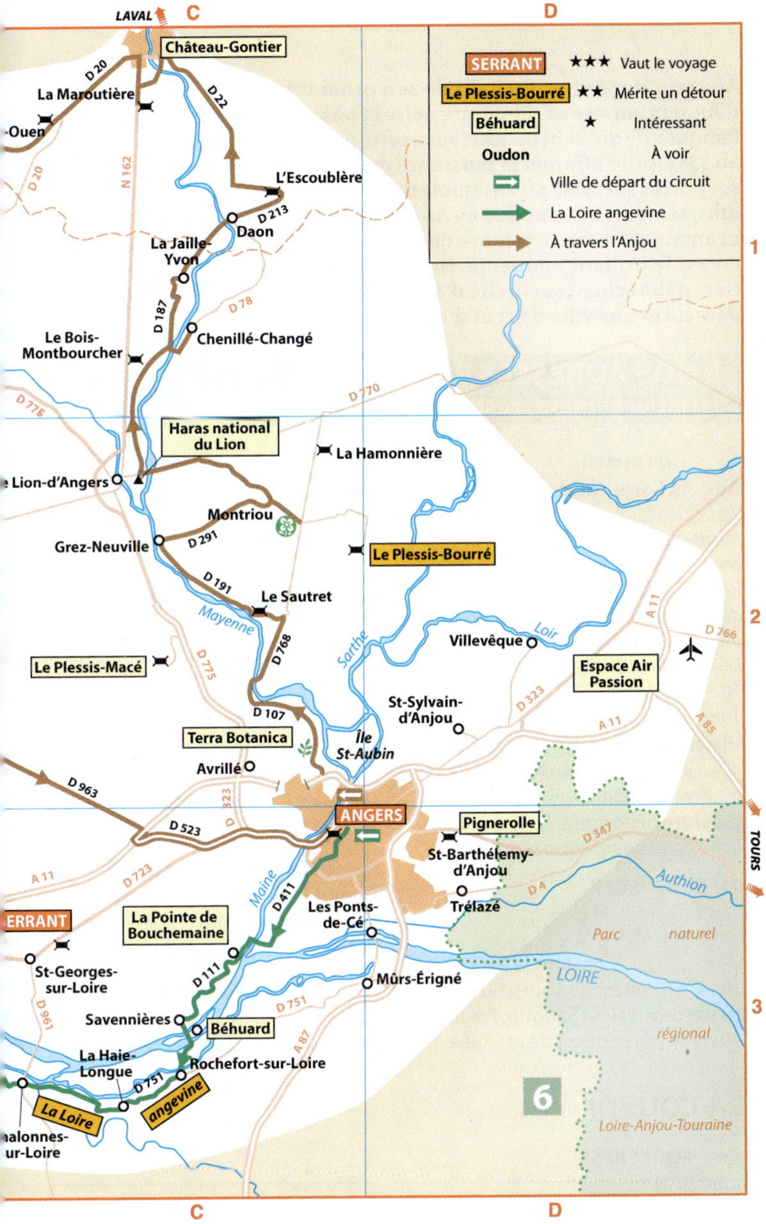

LAVAL
C
D
SERRANT ★★★ Vaut le voyage
Le Plessis-Bourré ★★ Mérite un détour
Béhuard ★ Intéressant
Oudon À voir
Ville de départ du circuit
La Loire angevine
À travers l'Anjou
Château-Gontier
La Maroutière
-Ouen
D 20
D 22
N 162
L'Escoublère
D 213
Daon
La Jaille-Yvon
D 187
D 78
Chenillé-Changé
Le Bois-Montbourcher
D 770
D 775
Haras national du Lion
La Hamonnière
Lion-d'Angers
Montriou
Grez-Neuville
D 291
Le Plessis-Bourré
D 191
Le Sautret
Mayenne
D 768
Sarthe
Loir
Villevêque
A 11
D 766
Espace Air Passion
Le Plessis-Macé
St-Sylvain-d'Anjou
D 323
D 107
A 85
Terra Botanica
Île St-Aubin
Avrillé
D 963
ANGERS
Pignerolle
TOURS
D 523
D 347
A 11
D 723
Maine
St-Barthélemy-d'Anjou
Authion
D 4
ERRANT
D 411
La Pointe de Bouchemaine
Les Ponts-de-Cé
Trélazé
Parc naturel régional Loire-Anjou-Touraine
St-Georges-sur-Loire
D 111
Mûrs-Érigné
LOIRE
D 961
Savennières
D 751
Béhuard
A 87
La Haie-Longue
Rochefort-sur-Loire
La Loire
angevine
6
halonnes-sur-Loire
1
2
3

Angers

★★★

149 017 angevins (agglomération : 217 399) – Maine-et-Loire (49)

Au cœur de la ville, du haut de son promontoire rocheux, le château d'Angers impose sa silhouette noire et pesante. Longue d'un kilomètre, flanquée de dix-sept hautes tours, cette prodigieuse forteresse fut édifiée au 13e s. pour affirmer la puissance militaire du roi Saint Louis. Derrière ses portes se révèle un ensemble d'édifices harmonieux, entourés de jardins, témoins de l'époque où Angers fut la résidence de princes éclairés et amateurs d'art ; la tenture de l'Apocalypse, fleuron de l'art médiéval, en est le brillant emblème. Hors les murs, les rues des anciens quartiers débouchent sur la cité d'aujourd'hui. Belle et dynamique, elle sait demeurer une ville d'art et d'histoire.

NOS ADRESSES PAGE 382
Hébergement, restauration, achats, activités, etc.

S'INFORMER

Angers Loire Tourisme – *7 pl. du Prés.-Kennedy - 02 41 23 50 00 - www.angersloiretourisme.com - de mi-juin à mi-sept. : 9h-19h, lun. 10h-19h, dim. et j. fériés 10h-18h ; de déb. mai à mi-juin et 2e quinz. sept. : 9h-18h30, lun. 10h-18h30, dim. et j. fériés 10h-18h ; reste de l'année : 10h-17h30, mar. 13h30-17h30, dim. 10h-13h - fermé 1er janv., 1er Mai, 25 déc.*

Visites guidées – *« Nos adresses ».*

– Circuit handicaps moteur, mental et auditif pour découvrir le centre historique. *Rens. à Angers Loire Tourisme et sur le site Internet.*

SE REPÉRER

Carte de microrégion CD2-3 (p. 360-361) et plan d'Angers (p. 372-373). À 290 km de Paris, 105 km à l'ouest de Tours, 60 km au nord-ouest de Saumur, Angers ouvre la porte ouest de la vallée des châteaux de la Loire. En train : 1h30 de Paris *(TGV)*, 1h de Tours. À vélo, itinéraire en site propre jusqu'aux abords du château.

SE GARER

En voiture, évitez le cœur de ville (sens-interdit, tram et rues piétonnes), restez sur les boulevards.

À NE PAS MANQUER

L'architecture de la forteresse et la tenture de l'Apocalypse, les anciens quartiers, le musée des Beaux-Arts, la galerie David-d'Angers, le musée Jean-Lurçat.

ORGANISER SON TEMPS

Comptez 3h au château (tenture de l'Apocalypse : visite guidée 1h30), une demi-journée pour la vieille ville.

AVEC LES ENFANTS

Itinéraire Géocaching ; le parc Terra Botanica ; le parc Anjou Aventure.

Découvrir Plan de la ville

★★★ FORTERESSE A1-2

2 prom. du Bout-du-Monde - 02 14 86 48 77 - www.chateau-angers.fr - mai-sept. : 9h30-18h30 ; reste de l'année : 10h-17h30 - fermé 1er janv., 1er Mai, 1er et 11 Nov., 25 déc. - possibilité de visite guidée (1h15) - 9 € (-18 ans gratuit) - 16 € billet combiné avec les musées d'Angers.

Le château d'Angers.
Tuul et Bruno Morandi/hemis.fr

Élevée à partir de 1231 par Blanche de Castille, mère de Saint Louis et régente du royaume, la forteresse d'Angers constitue un magnifique spécimen d'architecture féodale, englobant 25 000 m^2 entre ses remparts, bordés de douves sèches ou surplombant une falaise, qui relient 17 tours. Avant tout forteresse, sa fonction était d'abriter une garnison. Pendant les guerres de Religion, le roi Henri III ordonna la démolition du monument, mais le gouverneur Donadieu de Puycharic imagina un habile subterfuge : il découronna les tours, autrefois coiffées de toits en poivrière, et les aménagea en terrasse. Elles perdirent environ 10 m de hauteur mais, dans le même temps, le gouverneur adapta la forteresse aux évolutions de l'artillerie, en renforçant les murs et en ajoutant des canons. La forteresse devint une enceinte militaire et une prison.

Faites le tour des remparts à partir du pont de la Basse-Chaîne et en remontant le boulevard du Général-de-Gaulle pour mieux en apprécier l'architecture.

Logis royal et chapelle - À l'intérieur de l'enceinte, des bâtiments furent édifiés au 15e s. pour les ducs d'Anjou, princes éclairés qui privilégiaient une vie de cour brillante, influencée par leurs séjours à Naples. Pour bien comprendre l'évolution architecturale du site, commencez votre visite, en passant par le châtelet, par le rez-de-chaussée du **logis royal** qui abrite un ensemble

DES FIANÇAILLES POUR LA PAIX CIVILE

C'est à Angers qu'Henri IV mit fin, en 1598, aux troubles de la Ligue en promettant son fils légitimé César de Bourbon (1594-1665), qu'il avait eu avec Gabrielle d'Estrées, à Françoise de Lorraine (1592-1669). Celle-ci était la fille du duc de Mercœur qui, dirigeant la Sainte Ligue en Bretagne, représentait le dernier soutien des ligueurs ultra-catholiques. La promesse de mariage est signée le 5 avril au château d'Angers : les futurs époux ont alors 3 et 6 ans. Huit jours plus tard, l'édit de Nantes entre en vigueur et les protestants obtiennent ainsi la liberté de culte. Quant aux petits fiancés, ils seront finalement mariés onze ans plus tard et auront trois enfants.

Les comtes d'Anjou

LA PREMIÈRE MAISON D'ANJOU (10e-13e S.)

Avec les comtes Foulques, Angers vécut une période particulièrement brillante. La décadence du pouvoir royal carolingien facilite, dès la fin du 9e s., l'émergence de principautés territoriales indépendantes. La première dynastie angevine apparaît ainsi en 898 avec **Foulques le Roux**, vicomte puis comte d'Angers. Foulques II le Bon agrandit l'héritage en direction du Maine sans se soucier de l'existence du roi de France, le pâle Louis IV d'Outremer.

Aux 11e et 12e s., la dynastie parvient au faîte de sa puissance : une remarquable habileté politique, dépourvue de scrupules et servie par un exceptionnel dynamisme guerrier, ainsi qu'un sens aigu des alliances matrimoniales concourent à cet apogée. **Foulques III Nerra** fut le plus redoutable de cette lignée de puissants féodaux.

Un féodal bâtisseur

Le féroce **Foulques III Nerra** (987-1040) ne cesse de guerroyer pour agrandir son domaine : tour à tour, il obtient la Saintonge, annexe les Mauges, pousse jusqu'à Blois et Châteaudun, s'empare de Langeais, de Tours, intervient en Vendômois, puis prend Saumur et de nombreuses autres places fortes. Ambitieux, cruel, violent, rapace et cupide, Nerra (le Noir, car il avait le teint très brun) est le type même du grand féodal de l'an 1000, avec des retours soudains d'humilité chrétienne et des crises de repentir ; il comble alors de largesses les églises et les abbayes, ou prend le bâton de pèlerin et part pour Jérusalem. Il est également un grand bâtisseur de forteresses, points d'ancrage de ses conquêtes, éparpillées à travers le Val de Loire.

Son fils Geoffroi II (1040-1060) poursuit l'œuvre paternelle en s'assurant du Maine et de la Touraine. Ses neveux se partagent la succession. **Foulques IV le Réchin** (le Chagrin) finit par l'emporter sur Geoffroy III, au prix du recul des possessions angevines : perte de la Saintonge, du Maine et du Gâtinais. En 1092, le roi Philippe Ier séduit sa seconde femme, la jeune et ravissante Bertrade de Montfort, l'enlève et l'épouse. Ce scandale a pour sanction l'excommunication majeure prononcée contre le roi.

Les Angevins s'exportent

Geoffroy IV Martel, tué en 1106, et surtout **Foulques V le Jeune** (1109-1131) redressent la situation. Ce dernier use de la stratégie des alliances matrimoniales en tirant le meilleur parti de la rivalité franco-anglaise. Il récupère le Maine par son mariage en 1109. Il marie plus tard ses deux filles au gré de ses relations avec les rois de France et d'Angleterre. Mais sa plus belle réussite, en 1128, est l'union de son fils Geoffroy avec Mathilde d'Angleterre, fille héritière du roi Henri Ier et veuve de l'empereur germanique Henri V. Ultime consécration : devenu veuf, Foulques épouse en 1129 l'héritière du royaume de Jérusalem, Mélisende, fille de Baudouin II. Il fonde là-bas une nouvelle dynastie angevine et, en fin diplomate, consolide la position des États latins en Palestine.

Geoffroy V (1131-1151) gouverne d'une main de fer le « Grand Anjou » (Anjou, Touraine, Maine) et tente de faire valoir les droits de sa femme sur l'Angleterre (dont le roi est, depuis 1135, Étienne de Blois) et la Normandie qu'il annexe en 1144. Geoffroy V avait pris l'habitude d'orner sa coiffure d'une branche de genêt, d'où son surnom de **Plantagenêt** qui devient le nom de sa dynastie.

Plantagenêts et Capétiens

Fils de Geoffroy V et de Mathilde, **Henri Plantagenêt** épouse en 1152 Aliénor d'Aquitaine, dont le mariage avec le roi de France Louis VII vient d'être annulé. À ses domaines, qui comprennent l'Anjou, le Maine, la Touraine et la Normandie, il ajoute ainsi le Poitou, le Périgord, le Limousin, l'Angoumois, la Saintonge, la Gascogne, la suzeraineté sur l'Auvergne et le comté de Toulouse. En 1153, il contraint Étienne de Blois à le reconnaître comme héritier et lui succède l'année suivante sur le trône d'Angleterre. Sa puissance dépasse désormais celle du Capétien. Henri II réside le plus souvent sur ses terres de France, notamment à Angers.

LES DEUXIÈME ET TROISIÈME MAISONS D'ANJOU (13e-15e S.)

Après le règne de Philippe Auguste et la confiscation de l'Anjou au profit du domaine royal des Capétiens (traité de Chinon, 1214), Blanche de Castille et son fils Louis entreprennent la construction, en 1231, de l'impressionnante forteresse d'Angers. En 1246, Saint Louis donne l'Anjou, avec le Maine, en apanage à son jeune frère Charles. En 1258, le traité de Paris en confirme la possession au roi de France. En 1360, l'Anjou est élevé au titre de duché par Jean le Bon en faveur de son fils Louis. Du 13e au 15e s., des princes capétiens directs, puis des Valois, gouvernent l'Anjou. Aux deux extrémités de cette lignée se détachent les figures hautes en couleur de Charles Ier d'Anjou, frère de Louis IX, et du roi René.

Charles Ier d'Anjou (1227-1285)

Dévot et ambitieux, Charles Ier est, en 1264, appelé par le pape Urbain IV pour combattre Manfred de Hohenstaufen, roi de Naples et de Sicile, en disgrâce auprès du Saint-Siège. Il en profite pour conquérir la Sicile et le royaume de Naples et étendre son influence sur le reste de la péninsule. Grisé d'orgueil, il rêve d'y ajouter la Terre sainte, l'Égypte et Constantinople. Les **Vêpres siciliennes** le rappellent durement à la réalité : le lundi de Pâques 1282, à l'heure des vêpres, les Siciliens massacrent six mille Français, dont la moitié d'Angevins.

Le bon roi René (1409-1480)

Dernier des ducs et roi titulaire de Sicile, René est l'un des esprits les plus complets de son temps. Il maîtrise le latin, le grec, l'italien, l'hébreu et le catalan, joue et compose de la musique, peint, fait des vers, connaît les mathématiques, la géologie et la jurisprudence. Amateur de parfums et de jardins, il introduit l'œillet et la rose de Provins. À 12 ans, il a épousé Isabelle de Lorraine et lui reste tendrement attaché durant les 33 ans de leur union. Après la mort d'Isabelle, il épouse Jeanne de Laval, qui a 21 ans. Ce second mariage est aussi heureux que le premier. Vers la fin de sa vie, il s'accommode de la mainmise de Louis XI sur l'Anjou. Également comte de Provence, c'est avec philosophie qu'il délaisse Angers pour Aix, où il termine ses jours à l'âge de 72 ans.

VERS LE 3e MILLÉNAIRE

Sous les ducs, une université avait été fondée à Angers. En 1364, Charles V lui donna ses lettres de noblesse en créant l'université « Droit, Médecine et Théologie » et, en 1432, au temps du roi René, le pape Eugène IV la reconnut officiellement. Au 21e s., elle compte plus de 30 000 étudiants.

Parallèlement, de nombreuses industries, un tissu diversifié de PME et une forte croissance démographique dynamisent Angers, où de grands projets urbains sont menés.

de maquettes. Remarquez au passage la taille modeste de cet élégant logis. Expositions temporaires dans les salles restaurées des étages. Dans la **chapelle**, vaste et claire, admirez les vantaux gothiques sculptés de la porte, l'oratoire doté d'une cheminée, et, sous une clef de voûte, la représentation de la croix d'Anjou, qui deviendra croix de Lorraine *(l'encadré p. 352)*.

Cachots

De nombreux espaces, de taille et de confort très variés, servirent de lieu d'incarcération. Ainsi, le surintendant des Finances Fouquet séjourna trois mois au château après que Louis XIV l'eut fait arrêter.

Tours, remparts et jardins

À l'angle nord, la plus haute des tours portait autrefois un moulin. De cette **tour du Moulin, vues★** étendues sur la cathédrale et St-Aubin, les rives de la Maine et les murailles de la forteresse. Dans l'enceinte, observez le dessin soigné des jardins suggérant le raffinement de la cour au temps du roi René au 15e s., ainsi que la chapelle et le logis royal. Poursuivez le **tour des remparts** du côté est pour traverser le charmant **jardin médiéval**. Il s'étend sur une des anciennes terrasses d'artillerie, près d'une vigne, comme aimait à en planter le roi René, tandis que les jardins en contrebas abritent bignones, lauriers et roses.

Porte des Champs – À l'angle sud, l'ancienne entrée principale de la forteresse a conservé son système de défense avec ses herses et ses assommoirs. Elle s'ouvre aujourd'hui sur le vide et n'en est que plus impressionnante. À deux pas de là, le bar-restaurant Monument Café offre la possibilité de se désaltérer ou de se restaurer en terrasse tout en restant dans l'enceinte du château.

★★★ La tenture de l'Apocalypse

Au sein de la forteresse, la tapisserie étant conservée à température constante, prévoyez une « petite laine » l'été (voir détails et conditions de visite p. 368 et 362).

Se promener Plan de la ville

★ DANS LA VIEILLE VILLE

Circuit tracé en vert sur le plan de ville (p. 372-373) – Comptez une demi-journée.
Visites guidées – *« Nos adresses ».*
Se promener à travers les rues du vieil Angers, c'est un peu visiter les galeries d'un musée en plein air. La vie et l'animation ne font pas défaut, et vous pourrez, si le cœur vous en dit, pique-niquer au jardin des Plantes.
Partez de l'entrée du château, puis engagez-vous dans la petite rue St-Aignan.

Quartier de la cathédrale AB1-2

Rues étroites et habitations peu élevées rappellent l'ancienneté de ce charmant quartier.

Remarquez l'**hôtel du Croissant** (A1) du 15e s., à fenêtres à meneaux et arcs en accolade, qui abritait le greffier de l'ordre du Croissant, ordre de chevalerie militaire et religieux fondé par le roi René. Sur le blason de la façade figurent les armes de **saint Maurice**, le patron de l'ordre du Croissant, légionnaire chrétien du 4e s., mis à mort parce qu'il refusait de tuer ses coreligionnaires. En face, intéressantes maisons à pans de bois.

Continuez jusqu'à la montée St-Maurice, longue volée d'escaliers qui mène au parvis de la cathédrale.

★ Cathédrale St-Maurice B1-2

4 r. St-Christophe - ✆ 02 41 87 58 45 - - 8h30-19h30 (sf pdt offices) - visite guidée sur demande (1h).

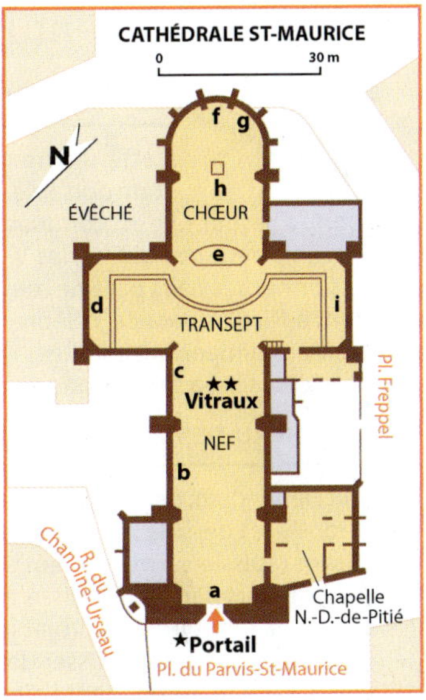

La **façade** de ce bel édifice des 12e et 13e s. est surmontée de trois tours : deux sont coiffées de flèches de 70 m de haut (15e s.) ; celle du milieu fut ajoutée au 16e s., de même que la galerie de huit chevaliers en costume Renaissance figurant saint Maurice et ses compagnons martyrs. Au rez-de-chaussée s'ouvre le **portail★** : mutilé par les protestants et par les révolutionnaires, il a subi aussi les atteintes des chanoines qui, au 18e s., supprimèrent le trumeau et le linteau pour faciliter le passage des processions ; remarquez la finesse des statues, la grâce des plissés : dans les ébrasements et au **tympan★**, Christ en majesté entouré des symboles des évangélistes (traces de polychromie).

Intérieur – Le vaisseau unique est couvert d'une des premières voûtes gothiques nées en Anjou (milieu du 12e s.). D'un type particulier, la clef des ogives est située à plus de 3 m au-dessus des clefs des formerets et des doubleaux, alors que dans les autres voûtes gothiques toutes ces clefs sont sensiblement à la même hauteur. Cette forme bombée a reçu le nom de **voûte angevine**. Celles de St-Maurice couvrent la plus large nef qui ait été élevée à l'époque : 16,38 m, alors que la largeur normale était de 9 à 12 m. Les chapiteaux et les modillons, sculptés de frises végétales, supportent une galerie à rampe de fer forgé. Dans le transept, les voûtes angevines sont d'une époque plus avancée que celles de la nef : les nervures, plus nombreuses, sont aussi plus légères et gracieuses. Des **vitraux★★** illuminent le chœur (13e s.), le transept et la nef. Remarquez les plus anciens (**b**, 12e s.) à gauche en entrant, puis les rosaces de l'Apocalypse (**d**, 1453) et les belles tonalités bleues et rouges des verrières du chœur (**g**, 13e s.). Dans le chœur, des peintures murales du 13e s. et les tombeaux des ducs d'Anjou, dont les fragments de celui du roi René, ont été découverts derrière les stalles. L'ensemble n'est pas accessible mais quelques peintures sont visibles au-dessus des boiseries. Le mobilier est de grande qualité : grandes orgues (**a**) du 18e s. soutenues par des atlantes, chaire monumentale (**c**) du 19e s., maître-autel (**e**) surmonté de colonnes de marbre et d'un baldaquin de bois doré (18e s.), tapisseries (en saison), stalles sculptées du 18e s. (**f**) et statue de sainte Cécile en marbre, par David d'Angers (**h**).

En longeant l'évêché, gagnez la rue de l'Oisellerie.

Aux nos 5 et 7, deux jolies maisons à colombages du 16e s.

Prenez la première rue à droite.

★★ Maison d'Adam B1-2

Demeure du 16e s. à pans de bois, aux poteaux ornés de nombreux personnages sculptés. Elle devrait son nom au pommier qui semble soutenir la tourelle d'angle, encadré, jusqu'à la Révolution, des deux statues d'Adam et d'Ève.

La tenture de l'Apocalypse

GENÈSE D'UNE ŒUVRE EXCEPTIONNELLE

Cette œuvre monumentale – mais conçue pour être transportable – est le plus grand ensemble de tapisseries connu à ce jour. Elle est commandée vers 1375 par le duc Louis Ier d'Anjou (1339-1384), frère du roi Charles V. Grand collectionneur, le duc souhaite impressionner ses pairs par une œuvre hors normes ; il va y parvenir en commandant à Nicolas Bataille, célèbre fournisseur de la Maison de France, une tapisserie aux dimensions inédites : 140 m de long sur 6 m de haut. Sept années seront nécessaires à sa réalisation !

DU CARTON AU TISSAGE

Jean, dit Hennequin, de Bruges, le peintre officiel du roi, est chargé d'exécuter les cartons – les dessins servant de support aux motifs – que devront suivre les artisans tapissiers. Entièrement tissée en laine la tenture est réalisée dans plusieurs ateliers parisiens de lisse sous l'égide de Robert Poisson. Ce maître lissier hors pair répond à ce projet monumental par une pratique artistique de haute volée, le métier à tisser de haute lisse : les fils de chaîne étant tendus verticalement, ils obligent l'ouvrier à suivre son carton placé, non sous le métier comme dans la tapisserie de basse lisse, mais à côté, voire derrière lui, lui imposant de travailler de mémoire et avec imagination ; la pièce est également réalisée sans envers, c'est-à-dire sans fils ni nœuds apparents, en un mot : réversible. Cette prouesse permit aux chercheurs de retrouver sur la face non exposée les teintes végétales (rouge cochenille ou garance, noix de galle pour le noir, gaude pour le jaune, guède pour le bleu, pigments de gaude et de guède mélangés pour le vert) qui coloraient à l'origine les fils de laine. On sait ainsi que si le bleu est si présent dans cette œuvre, c'est parce que le jaune, plus sensible à la lumière, a tout simplement disparu, et que, par soustraction de l'un à l'autre, le vert est devenu bleu.

SENS ET CONTEXTE

La tenture était à l'origine constituée d'un ensemble de six panneaux de dimensions égales. Chacun d'eux comprend un grand personnage, assis sous un dais gothique, le regard tourné vers deux rangées de sept tableaux qui composent un damier aux fonds alternativement rouge ou bleu. Scène après scène, ce « conteur » nous révèle (révélation ou « dévoilement » selon la traduction littérale du mot grec *apocalypsis*) les visions symboliques prophétiques et eschatologiques composant le dernier livre du Nouveau Testament. Elles sont attribuées par l'Église à saint Jean l'Évangéliste qui les aurait écrites à la fin du Ier siècle de notre ère.

Si la toile ne respecte pas toujours l'ordre du texte biblique, tous les grands épisodes sont présents. Mais ils sont surtout signifiants à l'aune du contexte politique de l'époque, pour le moins très agité. Car, entre 1375 et 1382, temps d'exécution de la tapisserie, on est en pleine guerre de Cent Ans (1337-1453) avec son cortège de fléaux, comme la grande peste noire de 1348 dont pourrait bien témoigner la scène de l'Absinthe, nom de l'étoile qui empoisonne la vie sur terre. Autre illustration pouvant être reliée au contexte politique : le siège de la ville du 6e « chapitre ». Parmi les troupes de Satan, le Prince Noir coiffé d'un casque rouge bourguignon et un Sarrasin ! Quant au monstre aux sept têtes de l'Apocalypse, il a un faciès de léopard, l'emblème de l'Angleterre.

Tapisserie de l' Apocalypse.
S. Lemaire/hemis.fr

Notons que si une tapisserie a été préférée à une fresque, c'est probablement parce que sa mobilité plaidait pour une plus grande chance de survie en période de guerre et d'épidémies.

QUELQUES CLEFS DE LECTURE

Parmi les symboles et chiffres les plus présents dans l'œuvre se trouvent les sept et six. Si le premier représente la totalité, en bien ou en mal (les sept pêchés capitaux), il est surtout lié à Dieu comme étant la somme des chiffres qui lui sont associés : 4 (points cardinaux) + 3 (Trinité) = 7 (chiffre divin). N'oublions pas non plus que le texte de saint Jean s'adresse aux 7 Églises d'Orient (Pergame, Thyatire, Sardes, Philadelphie, Laodicée, Éphèse, Smyrne). Tandis que le second chiffre, numériquement inférieur, est indissociable du diable : six, c'est le chiffre de Dieu moins 1, le symbole parfait de l'imperfection… et de la soumission à Dieu.

SON CHEMINEMENT JUSQU'À NOS JOURS

Abritée dans une galerie spécialement conçue pour elle, la tenture a manqué à plusieurs reprises de disparaître. Peu après son exécution elle est tendue dans la cour de l'évêché d'Arles lors du mariage de Louis II d'Anjou avec Yolande d'Aragon. Léguée par le roi René à la cathédrale d'Angers, elle est ensuite exposée lors des fêtes religieuses, avant de sombrer dans l'oubli à la fin du 18e s. Pendant les temps troublés de la Révolution, la décision est prise de découper les panneaux et d'en disperser les morceaux afin de les protéger. Seize scènes disparaissent, d'autres sont retaillées. En 1843, après que l'évêque d'Angers ait acquis une partie de la tapisserie, le chanoine Joubert s'attache à réunir les pièces et à reconstituer leur succession. Leur restauration s'étend de 1843 à 1870. 76 tableaux sont visibles aujourd'hui.

La monographie enfin rééditée : Apocalypse, la tenture de Louis d'Anjou, *sous la direction de Jacques Cailleteau et Francis Muel, Éditions du Patrimoine, 2015.*

Mais il se trouve aussi qu'au 18e s. cette maison fut habitée par un juge du nom de Michel Adam… Elle se déploie sur cinq étages.

Poursuivez par la rue Toussaint.

Au n° 37, le portail classique de l'**ancienne abbaye Toussaint** s'ouvre sur une élégante courette flanquée d'une tourelle sur trompe.

Revenez en arrière et prenez la rue du Musée.

★ Galerie David-d'Angers B2

33 bis r. Toussaint - ✆ 02 41 05 38 90 - www.musees.angers.fr - 10h-18h30 - fermé lun. - possibilité de visite guidée (1h30) - 4 € (-26 ans gratuit) - 15 € billet combiné avec Musées d'Angers et Château d'Angers.

L'église abbatiale Toussaint (13e s.), dont les voûtes angevines effondrées en 1815 ont été remplacées par une vaste verrière à armature métallique, abrite la quasi-totalité des œuvres d'atelier que le sculpteur **David d'Angers** (1788-1856) légua de son vivant à sa ville natale.

La collection présente des statues monumentales (le roi René, Gutenberg, Jean Bart, Larrey), des monuments funéraires (copie du tombeau du général Bonchamps, célèbre général vendéen, qui sauva le père de l'artiste à St-Florent-le-Vieil), un ensemble de bustes (Chateaubriand, Victor Hugo, Balzac) et des médaillons en bronze aux effigies des contemporains de l'artiste. Remarquez aussi, dans un renfoncement vitré, le *Jeune Berger* qui s'intègre parfaitement dans le jardin de la très moderne bibliothèque municipale.

En sortant du musée, à gauche, on peut voir le cloître du 18e s. dont les deux galeries ont été restaurées.

★ Logis Barrault *(abrite le musée des Beaux-Arts)* B2

Donnant sur une charmante placette, cette belle demeure de la fin du 15e s., construite par Olivier Barrault, secrétaire du roi, trésorier des États de Bretagne et maire d'Angers, fut occupée au 17e s. par le séminaire. Celui-ci compta **Talleyrand** parmi ses élèves.

★★ Musée des Beaux-Arts B2

14 r. du Musée - ✆ 02 41 05 38 00 - www.musees.angers.fr - ♿ - 10h-18h - fermé lun., certains j. fériés - possibilité de visite guidée - 6 € (-26 ans gratuit) - 15 € billet combiné avec les musées et le château d'Angers - 6 € avec exposition temporaire - citypass. Plan disponible à l'entrée - boutique et café.

Cinq années de travaux de rénovation et d'extension, achevés en 2004, ont permis de procurer à ses **remarquables collections** l'écrin qu'elles méritaient. On pénétre dans la salle voûtée du logis Barrault – actuel passage des musées –, conçue à l'origine comme une salle d'apparat, devenue aujourd'hui lieu d'information. Bornes interactives et écrans multimédias donnent une première lecture virtuelle du musée. Toujours au **rez-de-chaussée**, le parcours « Histoire d'Angers » évoque l'histoire de la ville depuis le néolithique jusqu'à nos jours à travers une collection d'objets d'art et archéologiques auxquels s'ajoutent des plans, photographies et portraits. Remarquez l'olifant en ivoire de la cathédrale et un fragment du tombeau du roi René, qui laisse imaginer ce qu'il fut avant d'être brisé au temps des guerres de Religion.

Le **parcours Beaux-Arts** commence en fait au **1er étage** par le cabinet d'arts graphiques et 7 peintures magnifiques estampillées MNR (Musées Nationaux Récupération) : des œuvres volées par le régime nazi en quête désormais de leurs propriétaires légitimes. Parmi elles, *La Vierge à l'Enfant Jésus*, une tempera sur bois, originaire de Sienne (seconde moitié du 15e s.) ou cette *Vierge, Saint Jean-Baptiste* attribuée à Botticelli. Dans ce large panorama de l'**art européen** qui s'ouvre avec les primitifs (impressionnant *Jugement dernier* de Segna di Buonaventura) jusqu'à l'Italie du 18e s., observez dans la salle 2 *Le portrait en Europe*, celui de Catherine de Médicis attribué à François Clouet (vers 1565-1570). Le cabinet des Collectionneurs *(salle 3)* présente de remarquables ivoires, dont *L'Attaque du château d'Amour* (1350). En salle 4, consacrée au **Siècle d'or**, l'artiste Jacob Jordaens s'est représenté (autoportrait, 1650) en amateur d'art tenant une statuette de Vénus et Cupidon. Le 17e s. français *(salle 6)* expose notamment une belle composition exécutée en 1663 par Philippe de Champaigne, *L'Enfant Jésus retrouvé dans le Temple* (Jésus, âgé de 12 ans, dialogue avec les docteurs de la Loi) : le bleu (couleur du ciel) fait écho à l'index pointant les cieux (domaine céleste). Dans la salle 7 dédiée à l'Italie (17e-18e s.), ne manquez pas l'énigmatique *Allégorie de la simulation* exécutée par Lorenzo Lippi (1640) et représentée par un masque d'une part et une grenade de l'autre : deux attributs de la simulation (le théâtre) et de la dissimulation (la grenade dont le contenu réserve souvent des surprises). Au **2e étage**, la grande galerie sous verrière est entièrement consacrée à la peinture française du 18e s. : Fragonard, Watteau, Chardin (superbes natures mortes), Houdon, Greuze, Mauzaisse, Guérin, etc. Les toiles du 19e s. *(à partir de la salle 15)* permettent de se familiariser avec des œuvres de peintres angevins comme Lenepveu ou Bodinier attiré lui aussi par la lumière en Italie (*La Demande en mariage)*. Prêtez attention au remarquable *Paolo et Francesca* d'Ingres *(salle 16)*, dont le sujet est emprunté à la *Divine Comédie* de Dante. Salle 17, *Paris, la Seine, l'Estacade*, magnifique paysage dû à Jongkind fait écho, dans une même tonalité tourmentée, au fascinant *Portrait de Mlle Laura Leroux*, exécuté par Jean-Jacques Henner en 1898. Dernier hommage au 19e s. en rez-de-chaussée avec de très grands formats en peinture (Mongez, Appert, Lenepveu ou Gervex) et en sculpture (Gumery, Cavelier, Dumont et Taluet) ; *La Mort de Priam*, œuvre de Guérin, bien qu'inachevée – notez la mise au carreau – impressionne par le rendu des volumes.

Mais avant l'accès à cette galerie, la visite se poursuit au 1er étage avec les **artistes du 20e s.** Certains sont angevins *(salle 19)* comme le trop méconnu Alexis Mérodack-Jeanneau (1873-1919), peintre symboliste qui côtoya Matisse, Marquet, le Douanier Rousseau ; d'autres sont régionaux comme François Morellet (*salle 20)*, natif de Cholet, ou Daniel Tremblay *(salle 21)* né à Ste-Christine (1950-1985). Parmi les autres œuvres exposées ne manquez pas cette magnifique technique mixte (Sans Titre, 1995) de Jean-Pierre Pincemin. Les expositions temporaires sont organisées au niveau -1. De grande qualité, elles méritent qu'on s'y attarde.

Tour St-Aubin B2

Beffroi (12e s.) de l'ancienne abbaye St-Aubin, riche monastère bénédictin fondé au 6e s., où saint Aubin, évêque d'Angers (538-550), fut inhumé.

★ Anciens bâtiments conventuels B2

Pl. Michel-Debré - ✆ 02 41 81 49 49 - www.cg49.fr - 9h-17h - gratuit - sur présentation d'une pièce d'identité.

Les bâtiments de l'abbaye St-Aubin, reconstruits en grande partie aux 17e et 18e s., sont actuellement occupés par l'hôtel du département et la préfecture. À gauche de la cour, et visible au travers de baies vitrées, la **galerie romane★★** du cloître présente des sculptures d'une finesse remarquable. La porte aux voussures sculptées menait à la salle capitulaire, dont les arcatures voisines permettaient aux frères qui n'avaient pas « voix au chapitre » d'assister aux débats depuis la galerie. Décorant la baie géminée, à droite de la porte, une Vierge en majesté est encensée par deux anges ; plus bas, on reconnaît l'épisode des Rois mages : à gauche, Hérode envoie ses soldats

massacrer les enfants innocents, tandis que, à droite, l'étoile guide les Mages. La dernière arcature à droite porte la scène la mieux conservée de l'ensemble : au centre se prépare le combat inégal de David armé de sa fronde contre le géant Goliath en cotte de mailles ; à droite, David vainqueur tranche la tête du vaincu ; à gauche, il présente son trophée au roi Saül. La salle capitulaire abrite une copie de la **porte de bronze du Castel Nuovo** à Naples : la ville fut en effet la capitale du royaume d'Anjou de 1266 à 1460 ; cette porte commémore la défaite des Angevins devant les rois d'Aragon. Un boulet a percé un des panneaux, souvenir d'une bataille navale durant laquelle Charles VIII, qui la rapportait en France comme butin de guerre, fut battu par les Génois.
Prenez la rue St-Martin.

★ Collégiale St-Martin B2

23 r. St-Martin - ✆ 02 41 81 16 00 - www.collegiale-saint-martin.fr - ♿ - juin-sept. : 10h-19h ; reste de l'année : tlj sf lun. 13h-18h - fermé certains j. fériés - possibilité de visite guidée (45mn) - 6 € (-18 ans gratuit) - avec audioguide, 5 € (-18 ans gratuit) - exposition temporaire des J. du patrimoine (sept.) à déb. janv.).

La première église construite ici le fut au 5e s., hors les murs de la cité (la crypte en révèle les fondations). Le transept, la croisée du transept alternant brique et tuffeau, et le tracé de la nef sont un des rares vestiges d'architecture carolingienne en France, d'une exceptionnelle ampleur. Au 11e s., Foulques Nerra fait voûter la croisée du transept et, au siècle suivant, le chœur de style gothique angevin double la longueur de l'édifice. Quarante œuvres religieuses illustrent particulièrement les écoles angevine et mancelle de terre cuite du 17e s. Une exposition permanente relate l'histoire de la collégiale.
Par la rue St-Denis, rejoignez la place du Ralliement.

Place du Ralliement B1

Elle constitue le centre vivant de la ville avec ses commerces, ses terrasses de café et la façade monumentale de son **théâtre★**. Comme souvent les projets d'Haussmann à Paris (Opéra Garnier), ce bâtiment prestigieux fut pensé par l'architecte comme élément structurant du renouvellement urbain qu'allait connaître le quartier. Il fut inauguré en 1871. Sa salle à l'italienne (en fer à cheval) est dominée par une coupole peinte par Jules Eugène Lenepveu, auteur aussi de celle de l'Opéra de Paris (remplacée en 1964 par le plafond de Chagall). Entrez dans le grand Magasin des **Galeries Lafayette** pour admirer son atrium et la verrière de style art-déco.

★ Hôtel Pincé B1

32 bis r. Lenepveu - ✆ 02 41 23 50 00 - www.musees.angers.fr - juin-sept. : 10h-18h ; reste de l'année : 10h-12h, 14h-18h - fermé mar., 1er janv., 1er Mai, 1er et 11 Nov., 25 déc.

Cet hôtel bâti entre 1523 et 1535 pour Jean de Pincé, lieutenant criminel de la sénéchaussée d'Anjou, est un édifice majeur de la première Renaissance en France. La façade de l'aile ouest est célèbre pour sa trompe d'angle conique supportant l'une des deux tourelles. L'hôtel abrite les collections d'antiquité sde **Turpin de Crissé** (1782-1859), peintre natif d'Angers et chambellan de l'impératrice Joséphine. Mais ce n'est qu'en 1889 que l'hôtel se transforma en **musée** après que son dernier propriétaire privé, le peintre angevin Guillaume Bodinier, en ait fait don à la ville. Le fonds, enrichi au fil du temps par d'autres donateurs, se compose d'un leg angevin auquel s'ajoutent des collections venant d'autres horizons : ensemble de céramiques grecques, de bronzes étrusques, de pièces égyptiennes, chinoises et japonaises avec notamment une célèbre série d'estampes d'Hiroshige, *La Route du Tôkaidô* (1833-1834). Reste à découvrir sa nouvelle muséographie…
Dans la rue Lenepveu, prenez la première à gauche, rue de l'Espine.

> **CURNONSKY, PRINCE DES GASTRONOMES**
> De son vrai nom Maurice Edmond Sailland (1872-1956), né à Angers, il se distingue au début du 20e s. par ses chroniques gastronomiques. Sous le nom de Bibendum, il collabore avec André Michelin aux « Lundis de Michelin » de l'*Auto Journal*. Sous son second pseudonyme de Curnonsky, il publie de nombreux articles et livres, et fonde l'Académie des gastronomes. Il reste célèbre pour sa stature (120 kg), son titre de « prince des gastronomes » que lui décernèrent 5 000 experts, gourmets et chefs en 1927, et la stimulation bénéfique qu'il exerça sur la cuisine de terroir française.

Quartier St-Laud B1

La petite rue St-Laud traverse un agréable quartier piéton et commerçant, avec quelques vieilles façades : voir en particulier le n° 21 de la rue St-Laud (15e s.) et le n° 9, rue des Poëliers (16e s.). Continuez par la rue du Pilori ombragée par un grand catalpa, puis prenez à droite la rue Pocquet-de-Livonnières. Au n° 14, remarquez le décor classique de l'**hôtel de Livois** (17e s.) (C1). Observez en face, en dépit de la dégradation du tuffeau, le style romano-byzantin de l'église **N.-D.-des-Victoires** (fin 19e s.) (C1) à laquelle ne manque que le clocher, jamais édifié.

Prenez la rue de l'Aubrière puis le bd Bessoneau vers la droite.

Jardin du Mail C1-2

Bd de la Résistance-et-de-la-Déportation, en face de l'hôtel de ville.

Jardin de style néoclassique. L'imposante fontaine et le grand bassin en composent l'axe central. Vaste aire de jeux, manège et promenade en= poney pour les enfants. Joli fleurissement estival. Après le jardin, le boulevard Foch, très animé, aligne de nombreux cafés.

★ La Maison Bleue

À l'angle du bd Foch et de la rue d'Alsace.

Cet immeuble (1927-1929) qui affiche un exceptionnel décor de mosaiques constitue le plus bel exemple d'architecture Art déco à Angers. Ce parement est l'œuvre du mosaïste d'origine italienne Isidore Odorico (1893-1945). Réalisé en grès cérames, émaux et smaltes (verres fabriqués à partir de sels de cobalt fondus dans de la silice), il décline, sur un immeuble à gradins de 7 étages bâti en béton armé, un subtil dégradé qui devient bleu outremer à hauteur de ciel.

Revenez sur vos pas jusqu'à l'église N.-D.-des-Victoires. Tournez à droite rue J.-Guitton pour découvrir le Muséum, ou traversez en diagonale la place Louis-Imbach, puis empruntez la rue du Commerce. Traversez le boulevard Carnot.

Muséum des sciences naturelles C1

43 r. Jules-Guitton - ✆ 02 41 05 48 50 - www.angers.fr/museum - 10h-18h - fermé lun., certains j. fériés - 4 € (-26 ans gratuit).

Installé en centre-ville dans deux bâtiments historiques de charme, ce musée abrite une multitude de trésors parmi lesquels 700 animaux naturalisés, 50 000 fossiles, 200 000 coquillages et 2 500 oiseaux. Ces précieuses collections témoignent de la diversité des espèces et de l'évolution de la nature.

7

★ Église St-Serge C1

Pl. du Chan.-Bachelot - ✆ 02 41 43 66 76 - ♿ - 8h-20h - visite guidée sur RV (1h).

Elle fut jusqu'en 1802 l'église de l'abbaye bénédictine du même nom, fondée au 7e s. La nef (15e s.) contraste avec le chœur, car ses piliers massifs la font apparaître plus étroite. Remarquablement large, élégant et lumineux, le **chœur★★**

du 13e s. offre un parfait exemple du style angevin à son apogée, avec ses 13 voûtes qui retombent en faisceaux de nervures sur de fines colonnes. De gracieux vitraux (15e s.) au fond en grisaille garnissent ses fenêtres hautes : ils représentent les prophètes, côté nord, et les apôtres, côté sud. Sur le mur du fond du chœur, *sacrarium* – armoire à reliques – de style flamboyant.

Jardin des Plantes C1

Situé sur l'arrière du centre des congrès et face aux anciens bâtiments conventuels (18e s.) de l'abbatiale St-Serge, ce jardin paysager est planté de beaux arbres aux essences rares (notamment, à l'entrée, l'orme de Sibérie de plus de 30 m). Bassin, chèvres et volière distrairont les promeneurs, ainsi que la petite chapelle romane St-Samson, remaniée aux 16e et 17e s.

LA RIVE DROITE DE LA MAINE : LE NORD

★★ Musée Jean-Lurçat et de la Tapisserie contemporaine B2

4 bd Arago - 02 41 24 18 48 - www.musees.angers.fr - - 10h-18h30 - fermé lun., certains j. fériés - possibilité de visite guidée (1h) - 6 € (-26 ans gratuit) - 10 € Pass tapisserie, se rens.

Le musée occupe l'**hôpital St-Jean★**, fondé en 1174 par Étienne de Marçay, sénéchal d'Henri II Plantagenêt. La vaste salle des Malades, remarquable par ses voûtes angevines reposant sur de fines colonnes, conserve, à droite de l'entrée, la **pharmacie★** de l'hôpital (17e s.), dont les boiseries sont garnies de pots et de chevrettes (supports) en faïence. Dans la niche centrale, voyez le somptueux vase à thériaque (contrepoison) en étain, de 1720. Accrochée sur 80 m de long, se déroule la série de tapisseries de Lurçat intitulée **Le Chant du monde★★** (1957-1966). Par la porte du mur ouest, on accède au cloître roman qui s'ouvre sur un jardinet et abrite de nombreux fragments lapidaires. Plus à l'ouest, les **anciens greniers** sont ornés de baies géminées.

La **donation Simone Lurçat** rassemble des peintures, des céramiques et d'autres tapisseries de son époux. Une salle est réservée aux tapisseries de la donation Thomas Gleb. On verra également les œuvres tissées de Grau-Garriga. Le reste du bâtiment est affecté aux expositions temporaires.

★ Terra Botanica Carte de microrégion C2

Rte d'Épinard (D 107) - Tram A, dir. Avrillé-Ardenne - de Paris, accès par l'A 11, sortie 16 dir. Cantenay-Épinard - 02 41 25 00 00 - www.terrabotanica.fr - - juil.-août : 10h-19h ; reste de l'année : 10h-18h, w.-end et j. fériés 10h-19h - fermé oct.-mars. - possibilité de visite guidée (1h30) - 20 € (-17 ans 14 €) - 14 €/pers. billet famille (2 adultes + 2-7 enf.) - tarif réduit en réservant sur Internet.

Premier parc végétal d'Europe avec ses 12 ha de jardins, ses espaces aquatiques, ses serres, Terra Botanica séduit les visiteurs à travers quatre espaces

LE CHANT DU MONDE

Jean Lurçat (1892-1966) découvrit en 1937 la tenture de l'Apocalypse. Profondément marqué par la lisibilité de l'œuvre, il entreprit, vingt ans plus tard, d'en faire une interprétation moderne, mais fidèle aux techniques médiévales : conception monumentale, absence quasi totale de perspective, nombre limité de couleurs, travail à gros points. Cette tenture, tissée sur une décennie environ par des liciers d'Aubusson, illustre en dix compositions symboliques les joies et les angoisses de l'homme face à l'univers. Jean Lurçat est ainsi devenu le grand rénovateur de l'art de la tapisserie.

dédiés à la végétation du monde. Les régionalistes découvriront avec plaisir l'Anjou au cours d'une *Odyssée botanique* bucolique, en barque, alors que les plus aventureux se régaleront avec les *Grandes explorations* qui emmènent sur les traces de *l'Astrolabe* et *la Boussole*, les deux navires de La Pérouse partis en expédition et disparus au cours de leur périple au large des îles Salomon. Dans chaque univers, des attractions, projections, effets spéciaux ou animations interactives rendent la visite dynamique et passionnante, aussi bien pour les grands que pour les petits. Une fois pris par l'ambiance, rien ne vous empêchera de partir en voyage aux *Origines de la vie* : un espace mystérieux évoquant la végétation du Crétacé. Entre fougères arborescentes, séquoias et jets de brume se profilent les silhouettes des grands dinosaures, dont les enfants pourront ensuite mettre au jour les ossements en se glissant dans la peau d'un paléologue en pleine campagne de fouilles ! Entre chaque univers, ne manquez pas d'arpenter les jardins et potagers, où se côtoient plus de 275 000 espèces végétales, que ponctuent des attractions et ateliers ludiques. Parmi les principales animations du site, vous irez, selon vos envies, prendre un peu le frais dans la montgolfière, à 150 m de hauteur, ou embarquer dans une coquille de noix pour une balade dans les cimes, ou encore voyager à travers les climats du globe dans la *serre des extrêmes* pour découvrir ces plantes qui prospèrent dans des conditions semble-t-il impossibles. Une visite forte pour un parc original qui trouve enfin sa voie !

Île St-Aubin Carte de microrégion CD2

Du centre d'Angers, prenez au nord la direction du CHU et suivez les indications. Maison de l'Île : ✆ 02 41 42 79 79 - http://ilesaintaubin.blogspot.com - ♿ - de mi-avr. à mi-nov. (visite libre ou sur RV selon les animations) - se rens.

Aux portes d'Angers, l'île St-Aubin offre un dépaysement total. La très courte traversée en bac et une pause à la guinguette valent déjà le détour. D'une superficie de 600 ha, l'île est un site naturel protégé (classé Natura 2000). Un sentier d'interprétation permet de découvrir les spécificités de cette zone, ainsi que la faune et la flore présentes. Animations pendant la saison estivale.

LA RIVE DROITE DE LA MAINE : LE SUD

★ La Doutre A2

Ce quartier « d'outre »-Maine conserve de vieilles maisons à pans de bois mises en valeur : sur la jolie **place de la Laiterie**, dans la rue Beaurepaire qui relie cette place au pont (en particulier, au n° 67, la demeure datée de 1582 de l'apothicaire Simon Poisson, ornée de statues), et le long de la **rue des Tonneliers**. Voir également l'**église de La Trinité** (12e s.), surmontée d'un clocher du 16e s., et l'**abbaye du Ronceray**. Fondée au 11e s., elle doit son nom à une statue de la Vierge découverte dans les ronces. Les bâtiments actuels datent du 17e s. (ancienne nef romane accessible lors d'expositions temporaires).

Au n° 23 boulevard Descazeaux, ne manquez pas l'**hôtel des Pénitentes**, un élégant corps de logis avec tourelle et lucarnes Renaissance. Refuge, prison et hospice, il tire sa dénomination de la communauté de femmes qui l'a occupé aux 17e et 18e s.

Le Quai-Forum des arts vivants A2

Quartier de la Doutre, face au château situé sur l'autre rive de la Maine - ✆ 02 41 22 20 20 - www.lequai-angers.eu - billetterie 13h-19h, sam. 15h-18h - fermé dim.-lun.

Nouveau pôle culturel de la ville, le Quai est composé de trois structures de création et de diffusion : le **NTA**, Nouveau Théâtre d'Angers, assure une programmation d'art dramatique nationale ; le **CNDC** (Centre national de danse contemporaine, qui a fêté ses 30 ans en 2008) ; et une école supérieure de

danse. **Open-Arts** programme des manifestations touchant le cirque, les arts visuels et de la rue ainsi que les musiques. Pari réussi, il répond au projet unique de regrouper en un seul lieu toutes les formes d'art. Au rez-de-chaussée, le forum présente des expositions temporaires. De la terrasse du toit, la vue panoramique est imprenable sur la forteresse, la ville et la Maine *(ascenseur dim.-jeu. 11h30-22h30, vend.-sam. 11h30-0h - gratuit)*.
Prenez un verre au restaurant Cuba Lodge !

★ Parc Balzac Hors plan dir. A1

Prom. Yolande-d'Aragon - ✆ 02 41 05 40 00 - ♿ - accès libre - passez la Maine au pont de la Basse-Chaîne - parkings Yolande-d'Aragon ou Farcy-Balzac (ombragé).
Bordant le nouveau quartier du Front de Maine, les 50 ha de ce parc font le lien entre le centre-ville tout proche et le parc de loisirs du lac de Maine. De conception moderne, le parc Balzac se décline en territoires différenciés. Le long de la Maine, les **prairies inondables** imitent résolument le Marais poitevin, avec ses haies de saules, de frênes, d'aulnes et de peupliers, ses baudets et ses vaches (ici des Highlands Cattle). L'ensemble est quadrillé de chemins surélevés. Légèrement en retrait quoique toujours inondables, les **espaces thématiques★** laissent un peu plus paraître le travail du jardinier : des vagues successives (le terrain en adopte parfois le mouvement) jouent sur les gammes de graminées, champs fleuris, écorces de couleur, arbres aux oiseaux. Tout au fond, les 120 **jardins familiaux★**, agrémentés de cabanes bleues ou roses, sont le domaine des fleurs et légumes, ponctués de grands rosiers grimpants. Terminez votre visite par la prometteuse **chênaie**, avec son allée de 1 100 chênes hybrides ou originaires d'Amérique, de Chine et d'ailleurs, dont vous observerez la variété dans la forme des feuilles ou des glands.

Parcs St-Nicolas Hors plan par A2

À 2,2 km au nord du parc Balzac via *la rue Montesquieu.*
Bd Lavoisier - ✆ 02 41 05 40 00 - de déb. mai à mi-sept. : 7h30-20h ; de fin mars à fin avr. et 2e quinz. sept. : 8h-19h30 ; reste de l'année : se rens. - entrée libre.
Quatre grands parcs semi-naturels forment une sorte de chapelet le long de l'étang St-Nicolas. Ils alternent de planes allées de promenade, sur les rives, et

ANGERS, VITRINE DE L'HORTICULTURE ANGEVINE

Agrémentée par les grands espaces verts de l'île St-Aubin au nord, les parcs St-Nicolas et du lac de Maine, au sud, Angers affiche le taux record d'un peu plus d'un tiers de sa surface en espaces verts, une proportion comparable (pour une taille moindre, bien sûr) à celle de Londres ! Forte d'une réputation prestigieuse dans le domaine de la production de graines, plantes, arbres et arbustes (*p. 497*), la capitale de l'Anjou affiche une identité originale dans le domaine des espaces verts. Elle a choisi un fleurissement à la fois massif et diversifié : des 400 000 plants annuels produits et mis en place par le service délégué, les « couleurs criardes » sont officiellement exclues, « sauf en automne ». La sélection des plantes à fleurs fait l'objet d'une recherche constante, tandis que, en toute saison, les alignements d'arbres se distinguent par leurs couleurs de feuillage, d'écorce ou de floraison : 188 essences sont recensées, soit presque quatre fois plus qu'à Paris. Le boulevard Foch est au printemps bordé de magnolias à grandes fleurs blanches ; l'été ce sont les fleurs blanches du grand catalpa rue Plantagenêt, le foisonnement du jardin du Mail (40 000 fleurs estivales), les innovations du jardin de l'Arboretum, qui attirent le regard.

une végétation plus sauvage le long de chemins escarpés, dans les anciennes carrières d'ardoise. Cet espace vert singulier couvre 112 ha, en pleine ville. Il abrite aussi une animalerie pour la plus grande joie des enfants.

Parc du lac de Maine Hors plan par A3

à 1,5 km au sud ouest du parc Balzac. Accès par la voie des Berges, dir. Nantes.
Deux cents hectares de bois et de pelouses entourent le lac de Maine. Le parc de loisirs (baignade, planche à voile, canoë, vélo, randonnée, tennis, swing-golf…) attire de nombreux Angevins le week-end.
On peut passer en rive gauche pour le musée du Génie (3,5 km via *la D523).*

À proximité Plan de ville et carte de microrégion

RIVE GAUCHE DE LA MAINE : ITINÉRAIRE SUD

Comptez une quinzaine de kilomètres et une demi-journée, voire une journée, pour découvrir ces différents lieux.

Musée du Génie Hors plan par A3

106 r. Éblé - 02 41 24 83 16 - www.musee-du-genie-angers.fr - - de déb. mars à mi-déc. : 13h30-18h - fermé lun.-mar. - 4 € (-12 ans gratuit).
Ses collections présentent les savoir-faire des sapeurs, de l'Antiquité à nos jours. Gravures, cartes, peintures, maquettes, uniformes, armes instruisent le visiteur le long d'un parcours agrémenté de films et d'écrans interactif.

★ **Parc de l'Arboretum, le jardin des Collections** Hors plan par C3

À 2,5 km par le boulevard Joseph-Bédier.
7 r. du Château-d'Orgemont - 02 41 22 53 00 - - de déb. mai à mi-sept. : 7h30-20h, lun.-mar. et jeu.-vend. 14h-18h ; de mi-fév. à fin mars et oct. : 8h-19h, lun.-mar. et jeu.-vend. 14h-18h ; reste de l'année : 8h-18h, lun.-mar. et jeu.-vend. 14h-18h - gratuit.
Au sud-est du centre-ville, voici le rendez-vous des innovations en matière de jardinage, abrité par les grands et beaux arbres de collection de l'arboretum Gaston-Allard (7 ha ; chênes, conifères et arbustes). Une superbe allée de chênes de diverses variétés mène à la maison du premier concepteur du lieu, le botaniste Gaston Allard (1838-1918).
Depuis quelques années, les 7 500 m^2 aux abords du bâtiment sont consacrés à un choix de plantes vivaces ou annuelles, de bulbes et d'arbustes, parmi lesquels les nouveautés de l'horticulture régionale, associés par couleurs ou textures et renouvelés fréquemment. Le lieu, qui accueille aussi des sculptures contemporaines et de beaux arbustes en pots (cercidiphyllum aux feuilles sentant le caramel en automne, fruits et fleurs des cornus kousa, amélanchiers, arbousiers…), s'avère idéal pour apprécier le port et la robustesse des espèces. Au fond, un petit jardin des sens décline senteurs, touchers, couleurs d'écorces ou de fruits (remarquez le rare mûrier à papier portant des fruits orange l'été) autour d'un bassin rectangulaire planté de nymphéas.

Les Ponts-de-Cé D3 sur carte de microrégion

À 3,5 km au sud du parc par la rue David-d'Angers (6 km au sud d'Angers par D 160), puis la rue Victor-Hugo qui traverse l'Authion et la Loire.
Traversée par le canal de l'Authion et les bras de la Loire, la commune des Ponts-de-Cé (avec ses quatre ponts) aura vu couler maints ruisseaux de sang… Sous Charles IX, un corps de troupes, commandé par Strozzi, veut passer de Vendée en Anjou. Embarrassé par les 800 ribaudes qui accompagnent les soldats, le

rude capitaine les fait jeter à la Loire. En 1562, les huguenots s'emparent du château mais ils en sont chassés, et ceux qui ne sont pas morts au combat sont précipités dans le fleuve. En 1793, de nombreux Vendéens sont fusillés sur l'île qui entoure le château.
De style gothique, ravagée par un incendie en 1973, l'**église St-Aubin** conserve quelques éléments de mobilier intéressants : retables et statues, notamment un beau Christ aux liens. Les vestiges du château, couronnés de mâchicoulis, abritent un charmant petit **musée des Coiffes et des Traditions** – *4 av. Ch.-de-Gaulle - ✆ 02 41 79 75 79 - www.amisdumuseedescoiffes.com - juil.-août : 14h-19h ; avr.-juin et sept. : w.-end et j. fériés 14h-18h ; reste de l'année : se rens - 3,50 € - gratuit « Baillée des Filles » (jeu. de l'Ascension), 1er dim. d'oct. - City Pass.*

Roche de Mûrs à Mûrs-Érigné D3

À 4 km au sud des Ponts-de-Cé (10 km d'Angers par D 160). Prenez la rue Pasteur, la rue Maurice-Berne, puis la route de Nantes, et ensuite la rue de la Roche-de-Mûrs.
Ce promontoire domine le Louet et offre un magnifique **panorama★** sur la vallée de la Loire. Au premier plan, les grandes étendues de prairies inondables du val de Louet, les peupleraies, les serres horticoles, et au loin la silhouette urbaine d'Angers où l'on distingue les flèches de la cathédrale St-Maurice. Ce site, chargé d'histoire, rappelle la perte d'un bataillon républicain au moment de la Révolution. En juillet 1793, à la suite d'affrontements sans relâche, 12 000 insurgés vendéens jettent les soldats dans le vide ! C'est pour ces hommes « morts pour la République » qu'un monument a été érigé à l'occasion du centenaire de la Révolution française.
Une randonnée de 7 km (2h) longe le Louet et mène au village de Mûrs-Érigné (balisage vert). Rens. : ✆ 02 41 05 50 00 (Angers Loire Métropole) - sentiers de l'agglomération dans un livret « Le plaisir en marche » (« Nos adresses » p. 388).

RIVE DROITE DE LA MAINE : ITINÉRAIRE EST

Comptez une soixantaine de kilomètres et une bonne journée pour découvrir ces lieux singuliers.

Carré Cointreau à St-Barthélemy-d'Anjou D3

À 6 km à l'est d'Angers.
2 bd des Bretonnières - ✆ 02 41 31 50 50 - www.cointreau.fr - mai-oct. : horaires, se rens. ; reste de l'année : sur demande préalable - 10/18 € (-12 ans gratuit) en fonction de la formule de dégustation choisie - visite inclue dans le City Pass.
Fondée en 1849 par les frères Cointreau, inventeurs de la liqueur cristalline à saveur d'orange (symbolisée par un Pierrot), cette entreprise angevine, située dans la zone industrielle St-Barthélemy-Croix-Blanche, propose la visite de ses installations en quatre espaces. Celui du « produit » s'ouvre sur le monde des arômes et lève un coin de voile sur les secrets de fabrication, les étapes d'élaboration et les fabuleux alambics ; l'« entreprise » raconte 170 ans de traditions et d'innovations ; le secteur « communication » (dès la fin du 19e s., la maison Cointreau a fait travailler pour sa « réclame » de célèbres affichistes, parmi lesquels Tamagno, Jossot, Ogé, Loupot et Mercier) suit une longue passerelle au-dessus de la chaîne d'embouteillage ; enfin, le moment convivial attendu est celui de la « dégustation », qui est une découverte œnologique car le barman vous fera apprécier des arômes au nez et des saveurs en bouche…

★ Parc et château de Pignerolle D3

À 6 km au sud-est par la D 347.
Dans un grand parc public de plus de 70 ha, ce château, réplique du Petit Trianon de Versailles, fut construit au 18e s. par l'architecte angevin Bardoul

de la Bigottière pour Marcel Avril, écuyer du roi et directeur de l'Académie d'équitation d'Angers. Durant la Seconde Guerre mondiale, il a successivement abrité le gouvernement polonais en exil, le quartier général de l'amiral Doenitz, qui en avait fait son centre de communication radio avec les sous-marins, et, après la Libération, des unités américaines sous les ordres du général Patton (un blockhaus est ouvert à la visite).

Musée de l'Ardoise à Trélazé D3

À 10 km à l'est d'Angers, par la D 4. De Pignerolle (4 km), prenez dir. Beaufort. 32 chemin de la Maraîchère - 02 41 69 04 71 - www.lemuseedelardoise.fr - ♿ - juil.-août : tlj sf lun. 14h30-18h30 ; de mi-fév. à fin juin et sept.-nov. : w.-end et j. fériés 14h30-18h30 ; reste de l'année : 9h-12h, 14h-17h - fermé de fin déc. à mi-janv. - possibilité de visite guidée (2h) - 7,20 € (-18 ans 4,50 €) - démonstration de fente d'ardoise à 16h - City Pass.

L'exploitation des ardoises est connue à Trélazé depuis le début du 12e s. Au temps de la navigation sur la Loire, elles remontaient son cours par bateau pour aller couvrir de leur chape bleutée les églises, châteaux, manoirs ou simples maisons qui bordaient le fleuve et ses alentours. Près d'une carrière désaffectée à ciel ouvert, sur un site de 3 ha (magnifique promenade à faire), le **musée de l'Ardoise** présente des éléments de géologie, les anciennes techniques d'extraction, la vie des ardoisiers, et des procédés d'exploitation plus récents, mais définitivement condamnés en 2015 en raison de leur coût. Les gisements de schiste étant désormais trop profonds (750 m de profondeur), les ardoises sont importées d'Espagne.

Une passionnante démonstration de fente à l'ancienne, effectuée par d'anciens « perreyeux » est ensuite organisée. Ces fendeurs, ou fendeuses, content avec passion l'histoire de leur métier, avec nombre d'anecdotes sur la division sexuelle du travail, sérieusement revue pendant la guerre, et l'évolution des savoir-faire.

Revenez sur Pignerolles, puis vers le nord sur 9 km par bd Chanterie, D 323 et D 117.

St-Sylvain-d'Anjou D2

Une coopération étroite entre archéologues et compagnons charpentiers du devoir a permis la reconstitution précise d'un **château à motte** (*p. 483*) et de sa basse-cour.

Musée-château de Villevêque D2

À 8 km au nord-est de St-Sylvain-d'Anjou par la 912.

44 r. du Gén.-de-Gaulle - 49140 Villevêque - 02 41 76 88 07 - www.musees.angers.fr - ♿ - w.-end 14h-18h - parc : mai-sept. 10h-20h ; reste de l'année 14h-17h30 - fermé 1er janv., 1er Mai, 1er et 11 Nov., 25 déc. - visite guidée possible (1h30) - 4 € (-26 ans 1 €) - 15 € billet combiné avec musées et château d'Angers - parc gratuit.

LE TRAVAIL DE L'ARDOISE

Transformer un bloc de schiste en ardoises nécessite une lecture attentive du fil de la pierre, de son plan de fissibilité (propriétés naturelles idoines à la division du bloc en feuillets minces) et de son plan de quernage (division d'un bloc de schiste avant sa découpe). Suit une série d'opérations : l'alignage (division du bloc dans son épaisseur) ; le boucage (déceler les ruptures naturelles du schiste selon le fil de la pierre) ; la fente : les blocs ainsi obtenus – les repartons – sont fendus selon son sens de fissibilité ; le rondissage – taille du fendis – qui donnera à l'ardoise sa forme définitive.

Exposition d'avions, dans l'Espace Air Passion.
Yves le Mao / Espace Air Passion

Cette ancienne résidence des évêques d'Angers est dotée d'une riche collection d'art (du 12e au 16e s.) provenant d'Europe et d'une bibliothèque d'ouvrages de grande importance. Daniel Duclaux, riche industriel et amateur d'art, a légué l'ensemble à la ville d'Angers. Le parc conclut agréablement la visite.

★ Espace Air Passion D2

À 25 km d'Angers, par l'A 11, sortie n° 12 (Seiches-sur-le-Loir). Angers-Loire-Aéroport - 02 41 33 04 10 - www.musee-aviation-angers.fr - ♿ - juil.-août : tlj sf lun. 10h-12h, 14h-18h, dim. 15h-19h ; de mi-avr. à fin juin et de déb. sept. à mi-oct. : tlj sf lun. 14h-18h, dim. 15h-19h ; reste de l'année. : w.-end et vac. scol. (zone B) : 14h-18h - fermé 1er janv., 1er Mai, 25 déc. - possibilité de visite guidée sur demande (1h30) - 6 € - 15 € billet famille.

Livret pour enfants. Patrie des Gasnier, célèbres pionniers de l'aviation, Angers se devait de faire revivre le patrimoine des ailes anciennes, l'aviation légère et le vol à voile. Dans un espace conçu à cet effet, une cinquantaine d'aéronefs – soit la deuxième collection en France d'avions et de planeurs historiques maintenus en état de vol par des passionnés – sont présentés, dont le biplan de René Gasnier (1908), l'autogire (1930) ou voiture de l'air, le Cri-cri (1970), plus petit bimoteur du monde, et le Starck, ancêtre de l'ULM.

NOS ADRESSES À ANGERS

VISITES

Visites guidées – *02 41 23 50 00 - www.vpah.culture.fr - label Ville d'art et d'histoire.* Toute l'année, visites à thème avec des guides-conférenciers agréés par le ministère de la Culture et de la Communication. L'été, visites-spectacles, balades nocturnes, sorties nature, découvertes gourmandes, végétales ou sportives *(réserv. obligatoire).*
Le circuit « **Angers historique** » peut se faire à pied ou à vélo *(2h)* ; un parcours Confort a également été aménagé pour les personnes à mobilité réduite et les familles munies de poussettes *(cartes disponibles en six langues à Angers Loire Tourisme)* ; le circuit « Bords de Maine » invite à une belle

promenade à vélo, tandis que l'itinéraire « La Loire à vélo » mène aux alentours d'Angers *(40 km)*. Également disponibles sur le site Internet, des visites audioguidées pour lecteurs mp3.

Géocaching – *Sur I-pad ou I-phone*. Itinéraire ludique à découvrir en famille « Sur les pas du roi René ». **Angers, connectez -vous** – *www.angers-connectezvous.fr - sur I-pad ou I-phone*. Plongez en immersion à 360° dans les lieux qui font l'identité d'Angers. Lunettes fournies. *Rens. à l'O.T.*

CityPass – *24h (15 €), 48h (23 €) ou 72h (29 €)*. Accès libre à une vingtaine de sites. Avantages ou réductions sur transports, loisirs, restaurations…

Transports découvertes

Les Petits Trains du Val de Loire – *Dép. pl. Kennedy - juil.-août : 10h-18h30 ; mai-sept. : 10h-17h ; avr. et oct. : w.-end 10h-17h - 6,50 € - durée 40mn*. Visite commentée en petit train.

Tramway – *« Laissez-vous conter Angers au fil du tramway »*, une application à télécharger *(brochure aussi disponible à l'office de tourisme)* pour découvrir 11 itinéraires découvertes tout au long du parcours du tramway.

HÉBERGEMENT

PREMIER PRIX

Camping d'Angers – Hors plan par A2 - *Av. du Lac-de-Maine (accès par pont de la Basse-Chaîne) - ✆ 02 41 73 05 03 - www.campingangers.com - fermé de mi-oct. à fin mars - 142 empl. tentes 14,70/22,10 €*. Spécialisé dans l'écotourisme, le réseau Huttopia a repris cet ancien camping situé au bord du lac. Réaménagement au plus proche de la nature.

Apparthotel – C1 - *20 r. de Rennes - ✆ 02 41 05 15 00 - www.sejours-affaires.com - ♿ - P 6 €/nuit - wifi - 91 studios et appart. 2 pièces 49/123 € - ☕ 8,50 €*. Située entre l'université d'Angers et le Centre des congrès, cette résidence hôtelière est idéale pour les séjours en famille ou prolongés. Locations avec cuisine équipée et possibilité de prestations hôtelières. Internet.

Hostellerie Bon Pasteur – Hors plan par A2 - *18 r. Marie-Euphrasie Pelletier - ✆ 02 41 72 12 80 - www.bonpasteur-hostellerie.org - ♿ - P - 90 ch. 59/113 € (pour 4 pers.) ☕ - ✕ 13,50 € midi, 12,50 € soir - wifi*. À 20 minutes à pied de la gare, cet établissement magnifiquement rénové se love dans le vaste parc arboré de la maison-mère de la congrégation des sœurs de N.-D. de Charité du Bon Pasteur. Un lieu peu connu, propice au calme et à la sérénité, et doté de chambres modernes et confortables parfaitement tenues.

Grand Hôtel de la Gare – B3 - *5 pl. de la Gare - ✆ 02 41 88 40 69 - www.hotel-angers.fr - fermé 26 juil.-18 août et 20 déc.-6 janv. - wifi - 52 ch. 68/86 € - ☕ 9,50 €*. Décor très sobre, bonne isolation phonique et vue sur le jet d'eau, au centre de la place.

Hôtel Le Progrès – B3 - *26 r. Denis-Papin - ✆ 02 41 88 10 14 - www.hotelleprogres.com - fermé 8-24 août et 24 déc.-1er janv. - P 1 €/nuit - wifi - 41 ch. 60/95 € - ☕ 10 €*. À deux pas de la gare, une adresse accueillante, des chambres actuelles, claires et pratiques. Avant de visiter le château, requinquez-vous grâce au copieux buffet du petit-déjeuner servi devant une courette fleurie.

BUDGET MOYEN

Continental Hôtel – C2 - *14 r. Louis-de-Romain - ✆ 02 41 86 94 94 - www.hotellecontinental.com - wifi - 25 ch. 81/86 € - ☕ 9,70 €.* Une situation centrale, des chambres lumineuses et régulièrement entretenues, et une bonne insonorisation font la réputation de cet hôtel aménagé dans un immeuble ancien.

Hôtel du Mail – C2 - *8 r. des Ursules - ✆ 02 41 25 05 25 - www.hoteldumail.fr - ♿ - P 7 €/j - wifi - 25 ch. 79/99 € - ☕ 11 €.* Les murs de cet ancien couvent d'ursulines préservent des bruits du centre-ville tout proche. Chambres personnalisées et assez spacieuses, confort douillet, écran plat ; celles du dernier étage sont mansardées. L'été, petit-déjeuner servi en terrasse sous un tilleul.

Hôtel d'Anjou Best Western – C2 - *1 bd du Mar.-Foch - ✆ 02 41 21 12 11 - www.hoteldanjou.fr - P 12 €/nuit - wifi - 53 ch. 95/115 € - ☕ 15,50 €.* Établissement 4 étoiles de caractère, situé au cœur de la ville dans une maison du 19e s. Bonne prestations. Prix intéressants si l'on réserve longtemps à l'avance. Cuisine traditionnelle et goûteuse au restaurant de l'hôtel La Salamandre *(29/49 €)*.

POUR SE FAIRE PLAISIR

21 Foch – C3 - *21 bd du Mar.-Foch - ✆ 02 41 88 49 42 - www.21foch.fr - ♿ - 12 ch. 85/180 € - ☕ 14 € - wifi gratuit.* Face au passage du tramway, cet ancien hôtel particulier (1850) a pris le virage de la modernité : sous l'impulsion de ses nouveaux propriétaires, il est devenu un établissement ultracontemporain, confortable et décoré avec goût. Sans oublier, bien sûr, la cuisine créative de son restaurant, **Le Favre d'Anne**, étoilé Michelin 2017 *(voir Restauration)*.

Au nord-ouest d'Angers

BUDGET MOYEN

Hôtel Le Cavier – *La Croix-Cadeau - 49240 Avrillé - 8 km au nord-ouest d'Angers par la D 775 - ✆ 02 41 42 30 45 - www.lacroixcadeau.fr - P ♿ - wifi - 48 ch. 73,50/104 € - ☕ 11 € - ✕ 27/60 €.* Identifiable grâce à son beau moulin du 18e s. cet hôtel s'avère une excellente adresse. Les chambres modernes et sobres sont aménagées avec goût dans une construction récente et le petit déjeuner est pantagruélique. Terrasse au bord de la piscine d'été. Jacuzzi extérieur. Quant aux restaurants, l'un gastronomique, Le Cavier, occupe les caves du moulin (délicieux pigeonneau, soufflé au Cointreau…), l'autre est une brasserie traditionnelle, très bien tenue, flanquée d'une terrasse et d'une aire de jeux. Espace idéal pour les familles.

Au nord-est d'Angers

PREMIER PRIX

Chambre d'hôte La Béchalière – *49480 St-Sylvain-d'Anjou - 5 km au nord-est d'Angers par la D 323 - ✆ 02 41 76 72 22 - www.labechaliere.com - 🚭 P - wifi - 5 ch. 52 € ☕.* Proche du centre-ville par le bus, une exploitation agricole, partiellement reconvertie, au cœur d'un espace verdoyant et fleuri. Ses cinq chambres sont aménagées de façon simple et coquette.

UNE FOLIE

Château de Noirieux – C1 - *26 rte du Moulin - 49125 Briollay - 17 km au nord-est d'Angers sur le Loir - ✆ 02 41 42 50 05 - www.chateaudenoirieux.com - P ♿ - wifi - fermé lun.-mar. (oct.-mai) et 3-19 nov. - 19 ch. 185/460 € - ☕ 25 € - ✕ 35 € (déj.)/80-120 €.* Élégant château dominant le Loir, établi dans un parc propice à la promenade. Chambres magnifiquement décorées. Cuisine d'une belle facture (1 étoile Michelin en 2017), appuyée sur la tradition mais nullement figée, sous l'égide de Marco Garfagnini ancien chef au Georges V. Une des plus belles caves du département !

Au sud-est d'Angers

PREMIER PRIX

Gîte de charme La Pointerolle – *Chemin des Landes - 49800 Trélazé - 10 km d'Angers - 06 47 03 38 20 - P - 240 €/sem. - 4 nuits mini en sem. - fermé nov.-fév.* À proximité du château de Pignerolle, un gîte de charme pour deux personnes dans un écrin de verdure. Très belle pièce d'eau, vélos à disposition. Miel de la propriété.

Chambre d'hôte Le Grand Talon – *3 rte des Chapelles - 49800 Andard - 15 km à l'est d'Angers par D 347, dir. Saumur, puis la D 4 ; à 5 km de l'adresse précédente - 02 41 80 42 85 - - 3 ch. 62/75 €* . Élégante demeure du 18e s. tapissée de vigne vierge et précédée d'une plaisante cour carrée. Chambres décorées avec beaucoup de goût et agréables à vivre. Aux beaux jours, petit-déjeuner sous les parasols du joli jardin. Accueil charmant.

Les 3 lieux *10 Port des Noues - 49130 Les Ponts-de-Cé - t 02 14 03 03 53 - 28 ch. 102/288 € -* . 15 €. 1/2 P. En bordure de Loire, cette ancienne usine d'hameçons est devenue un lieu à 3 facettes : la nuit, la table, le bistrot. Les chambres sont modernes et comfortables, la décoration est inspirée des métiers d'art. Bel espace bien-être et une trsè bonne table. Une belle adresse au calme pour découvrir l'Anjou.

RESTAURATION

PREMIER PRIX

Et le temps s'est Art & Thé – C2 - *7 r. Chaperonnière - 02 41 34 06 31 - - fermé dim.-lun. matin - 10h30-19h, 15h-18h30 (lun.) - formule déj. 9,90/14,80 €, à la carte 7,80/8,80 €.* À deux pas de la cathédrale et de la maison d'Adam, cet agréable salon de thé propose d'excellentes salades composées, une restauration légère particulièrement soignée et de savoureux desserts.

Un Ptit Air de Famille – D3 - *12 r. du Quinconce - 09 52 62 90 00 - www.unptitairdefamille.com - mar.-vend. midi et le sam. - soir en sem. sur réserv. (10 pers. mini) - wifi - 11h-14h30/(15h30-18h30 sam.) - 12,20/14,50 €.* Salon de thé, restaurant, atelier, animations, expositions, lieu d'échanges. Idéal pour les enfants qui s'amusent en toute autonomie, reposant pour les parents qui se restaurent en toute tranquillité avec une cuisine maison au diapason des saisons : tartes aux légumes, etc. Apéro-conférence le soir ou soirée jeux en famille.

BUDGET MOYEN

Monument Café – B2 - *Enceinte du château - 02 41 81 06 22 - www.monument-cafe.com - mai-sept. : 9h30-18h15 ; reste de l'année : 10h-17h15 - fermé mar.-merc. et janv. - 12/26 €.* Faites votre choix parmi les nombreuses recettes élaborées avec des produits régionaux. Cuisine fine et fraîcheur garantie dans un cadre élégant ! Le concept se décline aussi à Chambord.

Chez Rémi – C2 - *5 r. des Deux-Haies - 02 41 24 95 44 - fermé de mi-juil. à mi-août, w.-end et lun. - formule 18 €, 31/41 €.* Cuisine traditionnelle (terrine de foie de volaille, pièce du boucher, carré de veau...), tendance bistronomique, servie dans un beau décor, et concoctée à base de produits frais maison. Le tout à deux pas de la place du Ralliement.

La Ferme – B2 - *2 pl. Freppel - ✆ 02 41 87 09 90 - www.restaurant-laferme.com - fermé dim.-lun. et mar.midi - 12h-14h, 19h-22h - déj. : plat du jour 9 €, formule 15 €, menu 19 € - diner, menu 24/29,90 €.* Ce restaurant situé au pied de la cathédrale sert une cuisine de terroir mâtinée parfois d'exotisme, comme ce dos de cabillaud au tandoori. L'une des plus agréables terrasses de la ville.

Le Crêmet d'Anjou – B3 - *21 r. Delaâge - ✆ 02 41 88 38 38 - www.cremetdanjou-restaurant49.com - ♿ - 12h-14h, 19h-22h - fermé w.-end, 1er-8 janv. et de mi-juil. à mi-août - menu déj. 17 €; soir : formule 20 €, menu 27 €.* Du nom d'un fameux dessert local, une enseigne réputée pour la joyeuse ambiance distillée par le patron et ses plats traditionnels, préparés maison, comme la joue de bœuf à l'anjou rouge.

Provence Caffé – C2 - *9 pl. du Ralliement - 1er étage - ✆ 02 41 87 44 15 - www.provence-caffe.com - fermé dim.-lun. - réserv. obligatoire - 12h-14h, 19h-22h - midi 19/23 € - 30/37 €.* Jouxtant l'hôtel St-Julien, un restaurant prisé qui affiche complet midi et soir. Le patron, originaire du Midi, a parfumé sa carte de saveurs méditerranéennes. La salle à manger a elle aussi un air provençal.

Mets et Vins Plaisirs – C1 - *44 bd Ayrault - ✆ 02 41 87 03 35 - fermé w.-end - midi : formule 14 €, menu 18 € - soir, menu 25/65 €.* Hamburger de foie gras ou carpaccio de St-Jacques à l'huile de truffe, servis dans une salle lumineuse meublée design, qui a conservé ses murs de pierre apparente.

Le Poids Gourmand – D1 - *42 av.Besnadière - ✆ 02 41 24 09 25 - fermé w.-end et le soir sf vend. - déj. 147/20 €/28 €.* Ancien caviste, le chef a mis une attention toute particulière dans le choix des vins – de Loire essentiellement – qui accompagnent les plats indexés sur les produits du terroir.

Le Théâtre – C2 - *7 pl. du Ralliement - ✆ 02 41 24 15 15 - www.brasserie-du-theatre.com - 9h-1h - formule déj. 16 € - 25/49,50 €.* Cette brasserie fait face au théâtre. Trois belles salles réparties sur deux niveaux et décorées sur le thème de la comédie : buste de Molière, tons rouges, bibliothèque spécialisée... Cuisine élaborée servie jusqu'à 1h.

La Villa Toussaint – B3 - *43 r. Toussaint - ✆ 02 41 88 15 64 - www.lavillatoussaint.fr - fermé dim.-lun. - 12h-14h, 19h15-22h (22h30 vend.-sam.) - plat du jour 9 €, à la carte 14,50/22,50 €.* Cuisine du monde très japonisante, dans un joli cadre. Belle terrasse en été.

Le Petit Comptoir – C2 - *40 r. David-d'Angers - ✆ 02 41 43 32 00 - fermé dim.-lun. - formule déj. 13,90 €, menu 16,90 € - soir : formule 27/29 €, menu 31 €. Réserv. recommandée.* La façade rouge carmin de ce bistrot angevin dissimule une salle à manger exiguë mais chaleureuse. Ambiance décontractée autour d'une cuisine douée d'une belle inventivité. Excellente table !

Ma Campagne – Hors plan B2 - *14 prom. de Reculée - ✆ 02 41 48 38 06 - www.restaurant-macampagne.fr - fermé dim. soir-mar. - 12h-13h15, 19h-21h - formule 15,50/20 € - 28,50/55,50 €.* Décor champêtre avec vue sur la Maine pour cette ancienne guinguette transformée en halte gastronomique par certains menus. La carte fait une large place aux poissons (sandre, bar, merlu, etc.). Terrasse ombragée.

Le Relais – B3 - *9 r. de la Gare - ✆ 02 41 88 42 51 - www.lerelaisangers.fr - fermé w.-end et j. fériés, 2 sem. en août et de fin déc. à déb. janv. - formule déj. 20 €, menu 27 € - soir à la carte 21/43 €.* Banquettes rouges, boiseries, comptoir en bois et fresques murales sur le thème du vin caractérisent le sobre décor contemporain de ce sympathique restaurant apprécié des gourmets. Appétissante cuisine actuelle et belle sélection de vins de la Loire.

POUR SE FAIRE PLAISIR

Une Île – B3 - *9 r. Max-Richard - ✆ 02 41 19 14 48 - www.une-ile.fr - ♿- fermé 1 sem. en mars, 22 août-5 sept. et dim.-lun. - 12h-13h30, 19h45-21h30 - déj. formule 38 € - menu 55/95 €.* Étoilé Michelin en 2017, le chef Gérard Bossé cultive le goût du produit, attentif aux producteurs locaux. Simplicité, rigueur et respect des saisons gouvernent une cuisine épurée dans sa façon, prolixe dans ses effets ; comme ce filet de canard rôti au vieux banyuls.

Le Favre d'Anne – A2 - *21 bd du Mar.-Foch (hôtel* **21 Foch***) - ✆ 02 41 36 12 12 - ♿ - fermé août, 1 sem. vac. Noël et dim.-mar. - formule déj. 49 € - 55/95 €.* Belle cuisine du marché, privilégiant les produits du terroir, mâtinée d'accents culinaires empruntés aux fourneaux du monde entier.

Au nord-est d'Angers

PREMIER PRIX

L'Arrêt Public – *25 Grande-Rue - 49125 Briollay (15 km au nord-est par D 52) - ✆ 02 41 72 22 57 - www.arret-public.net - ♿ - juil.-août : tlj sf lun. ; reste de l'année : tlj sf lun.-mar., merc. soir, jeu. soir et dim. soir. - P - plat du jour 9 €, formules 11,90/13,90 €, menu 19 € (17 € sam. midi) - dîner-concert, prix unique 25 €.* En bord de Sarthe, ce café-restaurant, esprit guinguette, a été aménagé dans un ancien jeu de boule de fort. Cuisine traditionnelle à base de produits saisonniers comme la fricassée d'anguilles de Loire.

Les Tonnelles du bord du Loir – *13 r. du Port - 49140 Villevêque - ✆ 02 41 32 38 70 - www.lestonnelles.fr - ♿ - P - fermé dim. soir et lun. - menu 13,50 € (sf dim.) ; carte 25/30 €.* Une cuisine fraîche et légère servie avec le sourire dans un restaurant au fil de l'eau, dont la terrasse s'ouvre sur les berges sauvages et tranquilles du Loir. Bon rapport qualité-prix *(juin-août : concert dim. 18h).*

À l'ouest d'Angers

BUDGET MOYEN

L'Hoirie – *R. Henri-Faris - 49070 Beaucouzé (8 km à l'ouest) - ✆ 02 41 72 06 09 - www.ruedesrestos.com - ♿ - fermé dim. soir et lun. - 12h-13h30, 19h-21h30 - P - 28,50/59 €.* Malgré une situation peu avantageuse en bordure de rocade, cette table mérite le détour. Cuisine basée sur des spécialités de poissons selon le marché du jour et servie dans une salle sobrement moderne mais bien isolée de la rue. Terrasse accessible en été.

ACHATS

Parmi les spécialités angevines : le sandre au beurre blanc, le pâté aux prunes, les Quernons d'ardoise, les Rillauds et les 32 AOC qui font du vignoble d'Anjou et de Saumur la palette la plus diversifiée des vignobles de Loire.

Le Carré d'Anjou – *8 pl. de la Gare - ☏ 02 41 19 59 75 - 9h-19h.* Idéale pour le voyageur pressé, cette épicerie fine rassemble toutes les richesses culinaires, gustatives et olfactives produites en Anjou. Quernon d'Ardoise, Combier, Giffard, Lagosta, Les Treilles Gourmandes, les vinaigres d'Anjou, le Crêmet d'Anjou, etc. Près de 40 marques représentées.

Maison des Vins d'Anjou-Angers-Saumur – *5bis pl. Kennedy - ☏ 02 41 17 68 20 - www.valdeloire-france.com - fermé janv. et dim.-lun. - 10h30-13h, 15h-19h.* En face du château, la vitrine des vins de Loire présente plus de 70 références en AOC, parmi lesquelles les 32 appellations recensées au sein des vignobles d'Anjou et de Saumur.

La Maison du Quernon d'ardoise – *22 r. des Lices - ☏ 02 41 87 43 01 - www.quernon.com - 9h-19h15 - fermé dim.-lun. (sf lun. Pâques et Noël).* Les Quernons d'ardoise (labélisés depuis 2015 produits d'Anjou) sont des chocolats bleus, croquants et fondants qui rappellent le quernon, bloc de schiste brut fendu par l'ardoisier angevin. C'est ici que ces douceurs sont nées.

Maison Jouis – *49 r. Jules-Guitton - ☏ 02 41 87 46 79 - www.maisonjouis.fr - 8h-13h30, 15h30-19h30, sam. 8h-19h30 - fermé dim.-lun., dernière sem. juil. et 3 sem. août.* Depuis 1954, c'est la référence en matière de rillettes ou de rillauds (morceaux de poitrine de porc maigre cuits dans la graisse où ils sont confits). Son foie gras est aussi réputé.

Carré et boutique Cointreau – *2 bd Bretonnières - carrefour Molière - 49124 St-Barthélémy-d'Anjou - ☏ 02 41 31 50 50 - www.carre-cointreau.fr - ♿ - 11h-18h - fermé dim.-lun. - 🅿 - visite sur réserv. uniquement - 10/18 €.*

Giffard, espace Menthe-Pastille – *Chemin du Bocage - 49241 Avrillé - ☏ 02 41 18 85 00 - www.giffard.com - ♿ - 14h-18h - fermé w.-end et lun. - 🅿 - sur RV uniquement (1h30, 5,50 €).* Des recherches sur les vertus digestives et rafraîchissantes de la menthe ont conduit, en 1885, Émile Giffard, un pharmacien d'une curiosité insatiable, à mettre au point une liqueur de menthe blanche. Cette visite à la fois historique, culturelle et sensorielle permet de comprendre le procédé de fabrication.

La Maison d'Adam – *1 pl. Ste-Croix - ☏ 02 41 88 06 27 - www.maison-artisans.com - 9h30-19h, lun. 14h-19h - fermé dim.* Derrière la cathédrale, cette grande demeure du 16e s. abrite les plus belles pièces d'artisanat des Pays de la Loire. Plus de 80 créateurs exposent leurs œuvres : sculptures, bois tourné, collection de tapisseries, etc.

ACTIVITÉS

☺ *« Le plaisir en marche »*, ou 31 façons de découvrir la région à pied, à cheval ou à VTT, livret édité par Angers Loire Métropole *(8 € dans les OT ou les librairies - Rens. au ☏ 02 41 05 52 28.*

Navettes fluviales – Durant l'été, au départ d'Angers *(Cale de la Savatte-ponton A)*, 5 destinations *(10 arrêts au choix)* proposées : l'île de Loire, la Sarthe, la Mayenne, Loire et jardin, et l'île Courgain. ☺ On peut embarquer ses vélos dans la navette. Bon moyen pour mixer randonnée vélo, pédestre et fluviale. *Rens. OT ☏ 02 41 23 50 00 ou Maison du port ☏ 02 41 23 50 02.*

Atoue Loire – *32 r. des Carmes - embarquement quai de la Savatte - ☏ 06 85 40 26 23 - www.atoueloire.com - sur réserv. - 10/40 €/pers.* Pour découvrir la richesse du patrimoine angevin à bord d'embarcations traditionnelles (gabare, toue, futreau…) au fil de la Loire, de la Maine, la Mayenne ou de la Sarthe.

La Loire à vélo – *www.loireavelo.fr.* L'une des plus belles véloroutes de France avec plus de 800 km de « croisière en roue libre ». L'Interloire fait voyager votre vélo, gratuitement et sans réservation, d'Orléans au Croisic.

La Vélo Francette – *www.lavelofrancette.com.* Ce nouvel itinéraire cyclable (617 km) relie la Normandie à l'Atlantique. Son tracé, qui n'est jamais très éloigné d'une voie d'eau, est jalonné de guinguettes, de bars à vélo ou d'hébergements atypiques : roulottes hippies, fabrique d'hameçons réhabilitée en hôtel, moulins à eau, maisons éclusières.

Aéro club Angers-Marcé – *Angers Loire Aéroport - 49140 Marcé - ✆ 02 41 33 50 61 - http://aeroclub-angers.fr - dim. apr.-midi ou sur RV - 69 € le baptême de l'air (20mn).* Pour compléter la visite de l'Espace Air Passion, présentez-vous à l'accueil de l'aéroclub, à gauche de la tour de contrôle. École de pilotage, vol d'initiation avion et ulm.

Maison de l'environnement – *Av. du Lac-de-Maine - ✆ 02 41 05 33 60 - www.angers.fr - lun.-vend. 13h30-17h30, dim. 14h-18h (17h30 nov.-mars) - expo et jardin bio.* Installée dans une belle maison du 15e s., elle organise des expositions, des journées de sensibilisation à l'environnement et des stages de découverte.

- Lac de Maine – *www.lacdemaine.fr.* À 5mn du centre-ville, 200 ha de verdure et d'eau pour se baigner et pratiquer tennis, planche à voile, canoë, swing-golf.

Parc Anjou Aventure – *Parc des Sablières - 49000 Écouflant (A 11 sortie 14, suivre Tiercé, puis les flèches) - ✆ 02 41 96 89 68 - www.parcanjouaventure.fr - été : 10h-19h ; 26 mar.-2 nov. : w-end, j. fériés et vac. scol. 14h-18h - réserv. conseillée - 8/22 €.* À 5mn d'Angers, le parc Anjou Aventure propose 9 parcours d'accrobranche.

AGENDA

Festival Premiers Plans – *Janv. - www.premiersplans.org.* Créé en 1989,, il permet à des jeunes réalisateurs de toute l'Europe de présenter leur premier film.

Made in Angers – *Fév.-mars - www.madeinangers.fr.* Un mois de découverte économique. Une centaine d'entreprises angevines ouvrent leurs portes au public.

Festival d'Anjou – *De mi-juin à mi-juil. - ✆ 02 41 88 14 14 - www.festivaldanjou.com.* Deuxième plus grande manifestation théâtrale en France qui se joue à Angers et alentour, en plein air, sur des sites historiques exceptionnels.

Fête du vélo – *Mi-juin - www.fete-du-velo.com.* Le plus grand rassemblement de vélos en Europe avec 140 km réservés aux vélos entre Angers et Saumur.

Tempo'Rives – *Juil.-août - www.angers.fr.* Concerts gratuits se déroulant en bord de Maine face au château d'Angers. Musiques de tous horizons.

La balade du roi René – *Centre ville - sam. de mi-juil. à mi-août - www.labaladeduroirene.fr.* Son et lumière sur l'histoire et le patrimoine de la ville.

Les Accroche-Cœurs – *3 j. sept.* Spectacles de rue, danse, cirque, installations plastiques. Gratuit.

Grand théâtre d'Angers – *www.angers.fr.* Nombreuses expositions tout au long de l'année. Celle de septembre lance la saison culturelle à Angers.

Festival estival de Trélazé – *Juil.-août - www.trelaze.fr.* Concerts gratuits avec des artistes de renommée internationale, tous genres musicaux confondus.

La Loire angevine

★★

Maine-et-Loire (49)

Une fois passé la belle confluence angevine à la jonction de la Maine et de la Loire, parcouru les coteaux viticoles aux crus prestigieux, on découvre les Mauges, un territoire à l'identité plus discrète. Le contraste est en effet saisissant à l'aune d'une mondialisation qui a poussé d'un côté la notoriété du cépage chenin – quelques vins moelleux ont acquis une réputation mondiale –, tandis qu'elle condamnait de l'autre l'industrie de la chaussure ; celle-là même qui, pendant près d'un siècle, avait forgé la mémoire des Mauges, évitant exode et famine le long de ce grand fleuve sauvage étayé de bras morts.

NOS ADRESSES PAGE 398
Hébergement, restauration, achats, activités, etc.

S'INFORMER

Loire Layon Tourisme – *Pl. de l'Hôtel-de-Ville - 49290 Chalonnes-sur-Loire - ☎ 02 41 78 26 21 - www.loire-layon-tourisme.com - juil.-août : 10h-13h, 14h-18h, dim. 10h-13h ; avr.-juin et sept. : tlj sf dim.-lun. 10h-13h, 14h-18h ; reste de l'année : tlj sf lun. et jeu. 9h-13h - fermé 1er janv., 1er Mai, 1er et 11 Nov., 25 déc.*

SE REPÉRER

Carte de microrégion ABC3 (p. 360-361). Entre Angers et Champtoceaux, à 83 km à l'ouest.

À NE PAS MANQUER

La Pointe de Bouchemaine, l'île de Béhuard, la Corniche angevine, le domaine du clos de la Coulée de Serrant, la promenade de Champalud à Champtoceaux.

ORGANISER SON TEMPS

Comptez une journée pour ce circuit de plus de 80 km.

Circuit conseillé Carte de microrégion

Circuit de 83 km tracé en vert sur la carte de microrégion (p. 360-361). D'Angers, quittez la ville par le bd du Bon-Pasteur et prenez à gauche la D 111, vers Bouchemaine.

★ La Pointe de Bouchemaine C3

Banlieue cossue d'Angers, Bouchemaine, et plus particulièrement le village de **La Pointe** ★ à la confluence de la Maine et de la Loire, mérite un détour (voir section Artisanat dans « nos adresses »). Premier poste de péage important après la frontière Anjou-Bretagne à Ingrandes, La Pointe percevait au Moyen Âge de nombreux droits sur les denrées qui remontaient la Loire. Mais c'est surtout après que le commerce du sel fut devenu monopole étatique que La Pointe, située à mi-chemin entre les lieux de production et de consommation du sel, vit se développer une intense activité sur son quai et sur le fleuve. Les gabelous chargés de collecter la gabelle déchargeaient et pesaient à longueur de journée les cargaisons, tout en traquant les faux-sauniers qui

tentaient d'échapper à l'impôt, particulièrement élevé en Anjou (pays de grande gabelle). Jusqu'en 1790, les familles étaient obligées de consommer une quantité annuelle minimale de sel. En témoigne encore aujourd'hui le grenier à sel, transformé en chapelle après 1960.
N'hésitez pas à marcher le long de la rive avant de vous restaurer dans l'un de ses plaisants estaminets, ou de pique-niquer dans le charmant parc du Petit-Serrant.
De La Pointe continuez par la D 111 (env. 7 km).
En chemin n'hésitez pas à vous arrêter au domaine du clos de la **Coulée de Serrant** *(voir encadré ci-dessous, et « Nos adresses », p. 400).*

Savennières C3

L'**église** du village présente un joli chevet roman aux modillons sculptés et un portail sud de la même époque. Remarquez le décor de briques en « arêtes de poisson » qui orne le mur en schiste (10e s.) de la nef. Savennières dont le nom est désormais associé à de subtils vins blancs *(voir encadré ci-dessous)* trouverait son étymologie dans la saponaire, une plante herbacée à fleurs roses qui croît dans les lieux humides au-dessus de la Loire.
De Savennières, vous pouvez vous rendre au **château de Serrant** *(p. 402)*, à une dizaine de kilomètres au nord-ouest, *via* St-Georges-sur-Loire.

St-Georges-sur-Loire

Pl. de l'Hôtel-de-Ville - ☎ 02 41 72 14 80 - www.saint-georges-sur-loire.fr - 9h-18h, sam. 9h-12h - fermé dim. - visite guidée sur demande (1h) - livrets (en français, anglais et espagnol) pour une découverte individuelle de l'abbaye-mairie.
L'**abbaye**, fondée en 1158, fut desservie par des augustins, puis, jusqu'en 1790, par les génovéfains, chanoines réguliers dépendant de l'abbaye Ste-Geneviève à Paris. Dans le bâtiment abbatial (1684), occupé par la mairie, monumental **escalier** à rampe de fer forgé. L'été, la salle capitulaire est affectée à des expositions temporaires.
Toujours de Savennières, vous pouvez aussi opter pour la visite de la charmante île de Béhuard au milieu de la Loire.

★ Béhuard C3

Elle s'est constituée autour d'un rocher où campent sa petite église et son village entièrement restauré. Le long du calvaire, un court chemin mène vers la Loire et une large plage de sable.
Église Notre-Dame – En face du **logis du roi** (15e s.), bâti selon la tradition pour les visites de Louis XI, un petit escalier donne accès à l'église. À l'époque païenne, il existait déjà un sanctuaire dédié à une déesse marine, qui fit place au 5e s. à un oratoire ; on y priait pour les mariniers « au péril de la Loire ».

LES VINS BLANCS DE SAVENNIÈRES

Ce très grand vin blanc sec, issu du cépage chenin, est situé sur la rive droite de la Loire. Son aire d'appellation, ancrée sur les coteaux perpendiculaires de la Loire formidablement bien exposés (sud-sud-ouest), est limitée à trois communes du sud d'Angers (Savennières, Bouchemaine et La Possonnière. Ses parcelles sont perchées sur de véritables éperons rocheux surplombant le fleuve dont les sols peu profonds sont composés de schistes gréseux et de filons volcaniques. Sur cette aire, deux dénominations réputées : Roche-aux-Moines et Coulée-de-Serrant qui est à elle seule une appellation contrôlée, de 7 hectares seulement.
(« Nos adresses » p. 467, « Œnotourisme », p. 34 et www.vinsvaldeloire.fr).

SE PERDRE EN CHENIN

Originaire probablement de l'Anjou, le chenin, appelé aussi pinot de la Loire, est l'un des plus vieux cépages français (6e s. ap. J.-C.), il était d'ailleurs l'un des préférés de Rabelais. Si le chenin permet de produire majoritairement des vins blancs secs sur la rive droite de la Loire, comme les Savennières, il permet aussi d'obtenir sur sa rive gauche des vins moelleux très réputés comme les coteaux-de-l'aubance (d'un petit affluent de la Loire), les coteaux-du-layon (dont le premier cru chaume), le bonnezeaux (aire de Thouarcé), le quarts-de-chaume (aire de Rochefort-sur-Loire), deux communes de la rive droite du Layon, – la rive gauche donnant sur les Mauges –…, autant d'appellations ligériennes prestigieuses.

Au 15e s., Louis XI, sauvé d'un naufrage, fit élever l'église actuelle qui devint un but de pèlerinage populaire à la Vierge, protectrice des voyageurs : n'avait-elle pas connu la fuite en Égypte ? La nef principale est en partie formée par le rocher ; au mur du chœur sont suspendues des chaînes, offertes en ex-voto par un galérien revenu des prisons barbaresques ; les miséricordes des stalles (16e s.) sont malicieusement historiées ; et dans une niche se trouve la statue de N.-D. de Béhuard. Dans la nef latérale, vous verrez un intéressant vitrail (fin 15e s.) où figure une Crucifixion, avec Louis XI à gauche en donateur. En sortant, laissez-vous tenter par une promenade dans le vieux **village★** avec ses maisons des 15e et 16e s.

Passez sur la rive gauche.

Rochefort-sur-Loire C3

Rochefort est situé dans un cadre agreste au bord du Louet, bras de la Loire mais sur sa rive gauche. Plusieurs maisons anciennes, à tourelles ou à échauguettes, se dressent sur la place en contrebas de la D 751. Le village est surtout connu des amateurs pour son célèbre **quarts-de-chaume**, un très grand vin vin blanc parfumé, opulent et suave.

★ Corniche angevine C3

Cette route (D 751) taillée dans la falaise jusqu'à Chalonnes offre, à partir de La Haie-Longue, des vues plongeantes sur toute la largeur du val et sur les petites localités qui bordent la Loire.

La Haie-Longue C3

En arrivant à la Haie-Longue, apparaît dans un virage une chapelle dédiée à **Notre-Dame de Lorette,** sainte patronne des aviateurs. En face se dresse un monument élevé à la mémoire de René Gasnier pionnier de l'aviation.

Vue★ remarquable sur la Loire et ses « boires », nappes paresseusement étalées sous une lumière argentée ; prairies, manoirs à tourelles, arbres et coteaux ponctuent ce paysage empreint d'une douceur musicale.

Chalonnes-sur-Loire C3

Saint Maurille, évêque d'Angers au 5e s., y vit le jour. Du quai sur la Loire, jolie vue sur le fleuve. Le vieux port accueille quelques barques de pêche et bateaux de plaisance.

Après Chalonnes, la D 751 suit le bord du plateau, coupé de petites vallées affluentes.

Montjean-sur-Loire B3

Montjean (prononcez *montejan*) serre ses rues étroites sur un promontoire rocheux qui domine la Loire. De la terrasse proche de l'église, **vue** étendue sur le Val de Loire, le pont suspendu franchissant le fleuve et les nombreux villages aux toits d'ardoise. Le bourg fut autrefois un important port fluvial, comme en témoigne le site dédié à l'histoire de la batellerie de Loire, **Cap Loire** *(20 r. d'Anjou - ✆ 02 41 39 07 10 - www.caploire.fr - ♿ - juil.-août : 10h-18h30 ; avr.-juin et sept.-oct. : tlj sf lun. 10h-18h ; reste de l'année : se rens. - fermé certains j. fériés - possibilité de visite guidée (45mn) - 6 € (-15 ans 4 €) - 15 € billet famille (2 adultes + 2 enf.) - animations tte l'année).* Outre les jardins thématiques présentant la diversité de la végétation ligérienne, le visiteur pourra découvrir la coque en acier entièrement rivetée d'un automoteur, *Le Cap Vert*, un chaland du début du siècle dernier et classé Monument historique.

De Montjean à St-Florent, suivez la D 210.

La **route★**, empruntant la levée de la Loire, dégage des perspectives, au nord, sur le fleuve et, au sud, sur les coteaux du Thau, un de ses anciens affluents. Belle **vue** encore en arrivant sur Ingrandes, campée sur l'autre rive.

Ingrandes B3

Face à la Loire, Ingrandes était aux 17e et 18e s. un port important, dont on appréciera mieux le caractère de la rive sud du fleuve, en voyant l'ensemble des murailles basses qui protègent la ville des crues. Sa situation à la lisière de la Bretagne en faisait aussi un lieu idéal de contrebande du sel : l'Anjou en effet était soumis à la gabelle, impôt sur le sel d'autant plus impopulaire que la salaison était le seul mode de conservation des aliments, tandis que la Bretagne en était exonérée. Son **église** moderne (1956) est illuminée par d'immenses verrières, exécutées par les ateliers Loire d'après Bertrand.

Plage et espace de baignade surveillée en juillet et août, en bord de Loire.

Champtocé-sur-Loire B3

À 6 km à l'est d'Ingrandes, sur la D 723.

Les jardins du château du Pin *(à la sortie de Champtocé, tournez à gauche et suivez le fléchage) – 49123 Champtocé-sur-Loire - ✆ 06 11 68 61 81 - www.jardinsduchateaudupin.com - de déb. mai à mi-oct. : 14h-18h ; dernier w.-end de mai et 2e w.-end d'oct. : 9h-19h - 5 € (-12 ans gratuit) - W.-end en jardin (dernier w.-end de mai et dernier w.-end de sept.).*

Au pied du château (12e-15e s.), les jardins classés s'étagent sur 14 niveaux et 5 ha. En sortant de l'orangerie, on découvre une collection de grands agrumes, d'avocatiers, de bananiers, de daturas et de lauriers-roses en pots. Autour d'un bassin de nymphéas, une ronde d'ifs rend un hommage particulièrement

LA CHAUSSURE DANS LES MAUGES

La première fabrique de chaussures naît à St-Macaire-en-Mauges, inaugurant une nouvelle activité porteuse d'espoirs car la crise du textile et la guerre de 1870 ont poussé nombre de tisserands à l'exode. Les ateliers se multiplient ; l'industrie de la chaussure est en marche. La voie ferrée accompagne son développement : une ligne est ouverte entre Beaupréau et Cholet. L'industrie de la peausserie et de la chaussure recrute en masse piqueurs et coupeurs. Saboteries, maroquineries-bourrelleries, ateliers de chaussures, tournent à plein régime. Chaque village possède son usine, parfois davantage : St-Macaire compte une quarantaine d'usines de chaussures en 1950. Et puis, progressivement, à partir des années 1970 (choc pétrolier), les marchés se délocalisent au Maroc, puis en Asie. Le moins disant social produit à bas coût ; la compétition est inégale. Les industries locales se restructurent, dégraissent, ferment les unes après les autres. Il n'en subsiste aujourd'hui qu'une poignée, comme Pindière France.

sophistiqué à l'art topiaire (taille des végétaux). Des massifs de vivaces, d'iris, de lavande, de roses jaunes entourent les bassins ou cernent les pelouses. Notez aussi l'allée de châtaigniers vieux de 700 ans, le potager aux centaines de dahlias et de roses et l'élégante chapelle du 18e s. avec sa pendule du 16e s. en état de marche.

À la sortie est du village se dressent les ruines du château de **Gilles de Rais** (1404-1440), personnage inquiétant qui aurait inspiré à Charles Perrault son conte *Barbe bleue*.

★St-Florent-le-Vieil B3

4 pl. de la Févriere - St-Laurent-le-Vieil - 49410 Mauges-sur-Loire - 02 41 72 62 32 - www.uneautreloire.fr - mai-août : 10h-12h30, 14h-18h ; reste de l'année : tlj sf w.-end 10h-12h30, 14h-18h - fermé certains j. fériés.

St-Florent et sa colline s'aperçoivent de loin. Du pont sur la Loire, on découvre l'église, émergeant d'une masse de verdure au sommet de son rocher, et les maisons en schiste s'étageant jusqu'aux quais. C'est à St-Florent, le 12 mars 1793, que commença le soulèvement vendéen.

Garez-vous au parking des Côteaux et demandez le circuit pédestre à l'office de tourisme – comptez 1h30 environ.

Démarrer la visite par l'**esplanade du Montglonne** permet de jouir, à partir des remparts, d'une belle **vue** ★ panoramique sur le Val de Loire. Au centre de cette place se dresse la colonne commémorative des guerres de Vendée, élevée en 1823 à l'occasion de la venue de Marie-Thérèse de France (1778-1851), fille aînée de Louis XVI et Marie-Antoinette, duchesse d'Angoulême. La colonne rappelle qu'après la bataille de Cholet l'armée vendéenne passa la Loire à St-Florent le 18 octobre 1795.

★**Église** – L'abbatiale d'un ancien monastère bénédictin qui couronne le mont Glonne présente une façade et une tour classiques (début 18e s.), tout comme les retables conservés dans les chapelles de la nef. A gauche, avant le choeur se trouve le splendide et émouvant, **tombeau de Bonchamps**★★, en marbre blanc (1825), pour lequel **David d'Angers** a représenté le chef vendéen en héros antique pour commémorer sa clémence. En effet, le soulèvement de la Vendée angevine avait pris naissance à St-Florent le 12 mars 1793. Mais, le 18 octobre, les blancs, vaincus devant Cholet, épuisés, refluèrent sur St-Florent. Parmi ces derniers figurait Bonchamps, près d'expirer. Exaspérés par les représailles républicaines de Westermann et de l'armée de Mayence, les royalistes se préparaient à venger leur chef en massacrant leurs prisonniers républicains entassés dans l'église. Prévenu du sort qui attendait les malheureux, Bonchamps, à l'article de la mort, supplia son cousin Autichamps d'obtenir la grâce des prisonniers. Autichamps accourut alors vers l'église et cria : « Grâce

CATHOLIQUES ET OUVRIERS, RÉALITÉS MAUGEOISES

Les Mauvaises Gens (Delcourt, 2005), d'Étienne Davodeau, trace le destin de parents ouvriers (grandissant dans les années 1945-1950, ils travaillent en usine dès l'adolescence) et catholiques, comme l'était traditionnellement, et très profondément, la Vendée. Interpellés par le combat syndical face à la nouvelle réalité socio-économique qui emporte les Mauges (la chaussure industrialise les Mauges), les ouvriers diluent progressivement leur foi dans une intense solidarité ouvrière. Les **Mauges**, dénomination issue, selon la légende, de « mauvaises gens », une contraction, nous dit Étienne Davodeau, produite par des historiens « mal intentionnés » sont au cœur de ce témoignage graphique narré avec sensibilité et subtilité.

LOUIS POIRIER DIT JULIEN GRACQ (1910-2007)

Né et mort à St-Florent-le-Vieil : entre ces deux événements une vie toute entière dédiée à la littérature, sans forfanterie, loin de tous cercles littéraires et parades mondaines. Agrégé d'histoire, Gracq enseigna à Paris, au lycée Claude-Bernard de 1947 à sa retraite en 1970. En parallèle il démarra une activité d'écrivain. Son premier livre, *Au château d'Argol*, salué par André Breton, refusé par Gallimard, fut immédiatement remarqué par un jeune éditeur José Corti au sein duquel il publiera près d'une vingtaine d'ouvrages. Romancier, poète, nouvelliste, dramaturge, essayiste, Gracq laisse une œuvre exigeante, éditée de son vivant – une première – dans le cercle très fermé des auteurs de La Bibliothèque de la Pléiade. Il faut lire ou relire *Les Eaux étroites*, mince volume d'une puissance poétique sans égal, entièrement dédié à L'Èvre, ce « *petit affluent inconnu de la Loire qui débouche dans le fleuve à quinze cents mètres de Saint-Florent* »; découvrir aussi avec bonheur *Le Déjeuner des bords de Loire*, de l'écrivain Philippe Le Guillou qui témoigne avec une belle sensibilité de ses rencontres avec l'écrivain dans le cadre intimiste de St-Florent-le-Vieil.

aux prisonniers, Bonchamps le veut, Bonchamps l'ordonne ! » Et les blancs épargnèrent leurs captifs. Ceux-ci comptaient dans leurs rangs le père du sculpteur David d'Angers qui, en reconnaissance, exécuta l'émouvant monument placé dans l'église. Dans le chœur, côté nord, des vitraux historiques racontent les événements de la guerre de Vendée qui ont marqué ce lieu.

Dans la crypte restaurée au 19e s. sont rassemblés un reliquaire de St-Florent, un dépôt lapidaire et une exposition sur le chef des Vendéens **Jacques Cathelineau,** ainsi que la **Vierge du Bien-Mourir**, statue en pierre polychrome du 15e s.

Redescendez en direction de la Loire par la rue Charles-de-Renéville.

Musée d'Histoire locale et des Guerres de Vendée – *Pl. Jules-Sourice - ☏ 02 41 72 50 03 - juil.-août : 14h30-18h30; mai-juin et de déb. à mi-sept. : w.-end 14h30-18h30; reste de l'année : sur demande préalable - fermé certains j. fériés - possibilité de visite guidée sur demande (1h) - 3 € (-18 ans 2 €).* Aménagé dans la chapelle du Sacré-Cœur (17e s.), il évoque par de multiples témoignages l'histoire mouvementée de St-Florent-le-Vieil : du néolitique jusqu'aux guerres de Vendée, exposant, entre autres, des armes ayant trait au mouvement vendéen et à ses chefs. Parmi les collections d'arts et traditions populaires, une série de costumes (coiffes et « affûtiaux » d'Angevines d'antan).

Arrivé en bordure de Loire, traversez la place Maubert qui fait face au pont.

À l'entrée du quai de la Loire se dresse la **tour de la Gabelle**. L'hôtel de la tour logeait en fait le service des impôts où chaque habitant devait payer la taxe sur le sel (monopole royal depuis le 12e s.), une denrée alors indispensable à la conservation des viandes et poissons. Le sel lui-même était stocké dans un bâtiment situé rue du Grenier-à-Sel.

Maison Julien Gracq – *1-3 r. du Grenier-à-Sel - ☏ 02 41 19 73 55 - www.maisonjuliengracq.fr - ♿ - accès à la chambre des Cartes merc. et vend.-sam. 14h30-17h30 - possibilité de visite guidée (1h) - 4 €.*Ne pensez pas découvrir un espace muséal; Gracq ne l'aurait pas souhaité et ses biens ont été entièrement dispersés après sa mort. Ce lieu est donc plutôt une invite à retrouver l'esprit du grand écrivain (1910-2007), déclinée en trois rendez-vous : Gracq l'écrivain, Gracq le géographe et Gracq l'enseignant. Dans le grenier à sel, on croise, au rez-de-chaussée, la chambre des cartes; un lieu prêt à servir toutes les géographies imaginées par les artistes exposants. Au second étage, la bibliothèque, lieu de consultation et de travail, se mue aussi à l'occasion en espace de débats et de lectures publiques. Parmi les livres accessibles figurent ceux de Gracq, dont certains portent encore les annotations de l'auteur. Attenante au grenier à sel, la maison de l'écrivain, transformée en résidence d'artistes, d'écrivains et de chercheurs : trois appartements sont désormais mis à leur disposition. Si ceux-ci ne sont pas accessibles au public, on découvrira en revanche le salon où Gracq aimait recevoir ses visiteurs.

Prenez la rue du Couvent qui donne sur la rue Cathelineau.

Une plaque signale la maison où mourut le 14 juillet 1793, le généralissime de l'armée vendéenne **Jacques Cathelineau** (1759-1793). À l'emplacement du couvent des Cordelières – qui servait d'hôpital à l'armée vendéenne au moment de la mort de Cathelineau – se trouve désormais la chapelle St-Charles (1858), englobée aujourd'hui dans la cour d'une école. Elle abrite le tombeau de Cathelineau ainsi que celui de son fils.

Après St-Florent-le-Vieil, suivez la D 751 qui serpente parmi les collines.

★ Chapelle de la Bourgonnière A3

Au sud de la D 751, entre Le Marillais et Bouzillé -La Bourgonnière - ✆ 02 40 98 10 18 - visite guidée sur demande préalable - fermé w.-end et j. fériés - 3 €.

Cette belle chapelle seigneuriale, au portail délicatement sculpté (rinceaux et cornes d'abondance), appartenait à un château qui brûla pendant la Révolution. Les tours, tourelles et contreforts qui renforcent l'édifice sont ornés de coquilles, d'initiales LC, et de tau (T grec), emblèmes des Antonins, ordre hospitalier protégé par Charles du Plessis et Louise de Montfaucon, les bâtisseurs du sanctuaire de 1508 à 1523. Les antonins soignaient le mal des ardents, fièvre violente, dite aussi « feu de saint Antoine ». La nef supporte de belles voûtes en étoile, ornementées de blasons et de clefs pendantes. À droite, un rare banc seigneurial orné de grotesques à l'italienne (16e s.) ; au centre, le retable du maître-autel est surmonté d'une remarquable statue de la Vierge, attribuée à Michel Colombe, entre saint Sébastien et saint Antoine ermite. Le **retable★** de gauche, couvert de rinceaux et d'angelots, est dû, comme celui du maître-autel, à un artiste italien. Un admirable Christ en majesté se détache sur un fond peint où figurent les anges portant les instruments de la Passion, ainsi que Charlemagne et Saint Louis, patrons des donateurs.

Saint-Florent-le-Vieil.
Ch. Guy/hemis.fr

JOACHIM DU BELLAY (1522-1560)

Nourri de poésie grecque et latine, ce grand poète du 16e s. veut donner à sa langue maternelle une littérature aussi noble que celle qu'il admire chez les Anciens ; c'est lui qui rédige le manifeste du groupe de la Pléiade, *Défense et Illustration de la langue française*, paru à Paris en 1549. Il le signe d'un « I.D.B.A. », pour Joachim du Bellay Angevin, qui marque son attachement à sa province. En 1553, accompagnant à Rome le cardinal du Bellay, son cousin, il écrit le recueil des *Regrets*, dans lequel un sonnet resté fameux chante son village natal :

[…] *Plus me plaist le séiour qu'ont basty mes ayeux,*
Que des palais romains le front audacieux :
Plus que le marbre dur me plaist l'ardoise fine,
Plus mon Loyre Gaulois, que le Tybre latin,
Plus mon petit Lyré, que le mont Palatin,
Et plus que l'air marin la doulceur Angevine […]

Liré A3

Ce village doit sa célébrité au poète **Joachim du Bellay**, qui naquit à 1,5 km de Liré, au domaine de la Turmelière où ne subsistent que les ruines du château natal.

Musée Joachim-du-Bellay – *1 r. Pierre-de-Ronsard - ✆ 02 40 09 04 13 - www.museejoachimdubellay.com - avr.-août : 10h30-12h30, 14h30-18h, dim. 14h30-18h (avr.-juin 2 derniers dim. du mois seult) ; mars et sept.-oct. : 10h30-12h30, 14h30-17h30 (sept. 17h) ; J. du patrimoine 14h30-18h - fermé sam. et lun., certains j. fériés - visite guidée sur demande - 4,90 € (-18 ans 4 €) - 10,30 € billet famille.* Installé dans un logis du 16e s. au décor moderne, le musée propose un voyage à la rencontre du poète et de son temps.

À l'entrée, petit jardin contemporain d'inspiration Renaissance.

Ancenis A3

Les maisons d'Ancenis, bâties en schiste et couvertes d'ardoise, s'étagent face à la Loire que franchit un pont suspendu, long de 500 m. Les fortifications de la cité et les remparts du château, dont les restes sont encore visibles, en faisaient une « clef de la Bretagne ».

Port très actif dans le trafic des vins – issus des vignes poussant sur les coteaux alentour –, Ancenis fabriquait également des toiles à voile pour la batellerie. Aujourd'hui, la coopérative agricole La Noëlle, aux activités très diversifiées, est l'une des plus importantes coopératives de France. Le groupement de producteurs « Les vignerons de La Noëlle » cultive 350 ha de vignes et produit, entre autres, du coteaux-d'ancenis.

Oudon A3

Un beau **donjon médiéval**, élevé entre 1392 et 1415, domine la localité. Du sommet de la tour, belle vue sur la vallée. *11 r. du Pont-Levis - ✆ 02 40 83 60 00 - www.loire-en-scene.fr - juil.-août : 10h-19h ; avr.-juin et sept.-oct. : 14h-18h, w.-end et j. fériés 10h-12h30, 14h-18h30 - 7,30 € (-15 ans 4,80 €) - 15 € billet combiné avec la croisière en Loire à bord du bateau La Luce - embardère de Champtoceaux.*

★ Champtoceaux A3

Site★ admirable, juché au faîte d'un piton dominant le Val de Loire. Derrière l'église, la **promenade de Champalud★★** offre un balcon panoramique sur la Loire, divisée en bras et en vastes îles sablonneuses ; elle vous permettra également de visiter les ruines de la citadelle démolie en 1420, ainsi qu'un ancien péage fluvial. Les vins blancs locaux ont acquis une réputation justifiée.

Pour poursuivre vers Nantes ou Cholet, vers le magnifique parc oriental de Maulévrier ou le Puy du Fou, voir le Guide Vert Michelin Pays de la Loire.

NOS ADRESSES DANS LA LOIRE ANGEVINE

HÉBERGEMENT

La Pointe de Bouchemaine

PREMIER PRIX

Le Gite de la Pointe – *Pl. Ruzebouc - ✆ 06 77 54 96 30 - https://gite-de-lapointe.tumblr.com - 75/115 € (4 pers.).* Idéalement situé et doté d'une belle terrasse privative de 80 m², ce gîte lumineux et élégant est très bien équipé. Parfait pour une famille ou un groupe *(5 pers.).*

La Possonnière

PREMIER PRIX

Chambre d'hôte La Rousselière – *18 km au sud-ouest d'Angers par la D 111 - ✆ 02 41 39 13 21 - www.anjou-et-loire.com/rousseliere - P - wifi - 5 ch. 65/100 € - 30 €.* Belle demeure du 18e s. et parc de 4 ha avec chapelle du 17e s. et piscine. Chambres raffinées, décorées en fonction du nom qu'elles portent (« Arlequin », « Toscane », etc.) et garnies de meubles anciens. Légumes du potager en saison, volailles de ferme et poissons de Loire à la table d'hôte.

Montjean-sur-Loire

PREMIER PRIX

Au Bout de l'Île – *Longez la Loire sur 1 km jusqu'au pont vert, franchissez-le pour gagner l'île, puis tournez 2 fois à gauche vers l'impasse « la queue de l'île » - ✆ 02 41 39 08 82 - www.auboutdelile.fr - P - 4 ch. 69 € (2 pers.), 85/99 € (3-4 pers.) - 3 yourtes 74/96 € (4 pers) - wifi - table d'hôte sur réserv. 30 €.* Magnifiquement orientée plein sud sur son jardin verdoyant qui domine la Loire, cette petite ferme est idéale pour qui cherche calme et simplicité avec la complicité d'hôtes sensibles et bienveillants. Véronique, Jean-Jacques et Léo vous accueilleront avec une touchante sincérité et n'hésitent jamais à livrer leurs bonnes adresses. Vélos, table de ping-pong, chèvres, les propositions sont nombreuses…
Les produits maison sont un délice.

BUDGET MOYEN

L'Auberge de la Loire – *2 quai des Mariniers - ✆ 02 41 39 80 20 - www.aubergedelaloire.com - ♿ - P gratuit - 13 ch. 80/111 € - 11 € - - formule déj. 15 € - 23/42,50 €.* Cette maison sise en bordure de Loire, tenue par un maître-restaurateur, fait une large place aux poissons. Rigueur et courtoisie sont les maîtres mots pour cette précieuse adresse.

Ingrandes

PREMIER PRIX

Le Lion d'Or – *26 r.du Pont - ✆ 02 41 87 67 21 ou 06 71 09 15 06 - www.leliondor49.fr - ♿ - P gratuit - wifi - 10 ch. 80/111 € - 11 € - - fermé sam. midi et dim.soir - formule déj. en sem. 15 €; menus 21,80/29,80 €.* Cet ancien prieuré du 17e s. a été transformé en hôtel. Situé tout près du fleuve, c'est une halte prisée des cyclistes de la Loire à Vélo. Au restaurant, une cuisine à base de produits régionaux qui met le poisson en vedette. Accueil charmant.

Champtoceaux

PREMIER PRIX

Champalud – *1 pl. du Chan.-Bricard - ✆ 02 40 83 50 09 - www.lechampalud.com - ♿ - 19 ch. 65/80 € - ☕ 8 € - ✕ fermé dim. soir (oct.-mars) - formule 12,50 €, 21,80/29,80 €.* Au cœur du village, face à l'église, petit hôtel bien tenu, mêlant mobilier fonctionnel, poutres apparentes et vieilles pierres. Chambres spacieuses et bien équipées. Côté restaurant, décor rustique et cuisine traditionnelle. Bar-pub.

Chambres d'hôte la Gourdonnière – *16 r. la Gourdonnière - 3 km au sud-ouest de Champtoceaux par la D 553 - ✆ 06 07 03 64 21 - www.lagourdonniere.fr - 2 ch. 70 € ☕ - wifi.* Cette chambre d'hôte occupe un ancien chai du 19e s. transformé en longère. Chambres impeccablement tenues et aménagées avec soin. Petit jardin agréable à l'arrière de la maison.

RESTAURATION

La Pointe de Bouchemaine

PREMIER PRIX

Guinguette les Tourbillons – *Le port - ✆ 02 41 72 66 66 - www.guinguette-les-tourbillons.fr - 8/20 €.* Belles tablées sur le port pour une ambiance conviviale et chaleureuse. On savoure des petites salades, des terrines ou des assiettes d'assortiments de produits du terroir d'excellente facture. Bon marché et populaire.

L'Abri des Bateliers – *7 pl. Ruzebouc - ✆ 02 41 77 17 46 - www.abri-des-bateliers.com - fermé lun.midi et du dim. soir au lun. en juil.-août - déj. : plat du jour 9,90 €, formule 11,80 €, menu 14,80 € - menu soir 23,80 €.* Une belle adresse dans un cadre pittoresque avec vue imprenable sur la Loire. Produits terroirs faits maison : rillauds d'Anjou en croûte de pain, friture de petits poissons, choucroute de l'océan. De l'attente en période d'affluence.

BUDGET MOYEN

Auberge de Chanteclair – *Quai de la Noé - ✆ 02 41 77 16 98 - www.auberge-chanteclair.com - avr.-oct. : mar. soir-dim. midi. ; reste de l'année : mar.-dim. midi, vend.-sam. soir uniquement - 12h-14h, 19h-22h - 19/35 €.* Cuisine régionale, sérieuse et goûteuse à base de produits régionaux (poissons locaux) et frais. Le tout avec une vue magnifique sur la Maine. Excellente adresse.

Le Noé – *Quai de la Noé - ✆ 02 41 77 11 13 - www.le-noe.com - avr.-oct. - fermé lun. - 20/25 €.* Ce bistrot guinguette est souvent bondé. Sa cuisine simple et régionale (salade angevine, rillauds, fritures de Loire, poêlée d'anguilles sauvages) est accompagnée d'un service chaleureux et efficace et agrémentée d'une belle vue sur la Maine. Idéal pour prendre un verre. Concerts certains soirs.

Savennières

PREMIER PRIX

Le Chenin – *3 r. de la Mairie - ✆ 02 41 73 91 96 - www.lechenin.fr - ♿ - 7h30-21h (23h sam.), dim. 10h-18h - menu 18 €.* Pour boire un verre de Savennières autour d'une *bruschetta (9,50 €)*, une des spécialités de ce bistrot, sis face à l'église.

Chalonnes-sur-Loire

PREMIER PRIX

Café Lenin – *La Basse-Île (6 km de Chalonnes par D 961) - ✆ 06 87 08 89 72 - www.lenincafe.com - avr.-oct. : merc.-dim. 11h-20h, sam. 11h-1h et selon événement (voir sur Internet).*

Ce café-guinguette, gîte d'étape pour les cyclistes épuisés, occupe, dans l'île de Chalonnes, une maison rurale typique de l'habitat insulaire. Espace insolite gouverné par une personnalité atypique, Martine Thouet, le bistro héberge une impressionnante collection d'objets, statues, livres et documents originaux portant sur ce révolutionnaire, théoricien politique et homme d'État russe qu'a été Vladimir Ilitch Oulianov, dit Lénine. Ce musée datcha-guinguette mérite le détour.

Café Bondu – *Chemin de l'Asnerie - ✆ 02 41 74 42 12 - fermé lun. - plat 12,50 €.* Un petit café, esprit guinguette, rénové avec panache et flanqué d'une magnifique terrasse en bordure de Loire, à deux pas du pont de Chalonne ; idéal pour lézarder au soleil face à une assiette de charcuterie ou de fromages. Aire de jeux pour les enfants.

La Table du Square – *Domaine St-Pierre - 6,5 km au sud-est de Chalonnes - ✆ 02 41 78 04 21 - www.latabledusquare.com - P - fermé dim. soir et lun. - 15/18 €.* Au cœur du vignoble, offrant de belles vues sur les coteaux alentour, voici une table qui joue la carte saisonnière. Produits frais, recettes bien concoctées, accompagnées des vins du cru. Possibilité de visite des chais.

St-Florent le-Vieil

PREMIER PRIX

Boulangerie Méchinaud – *8 pl. de la Févrière - 49410 St-Florent-le-Vieil - ✆ 02 41 72 55 29 - www.boulangerie-mechinaud.fr - 6h-13h30, 15h-20h, w.-end. 6h-20h (18h dim.) - fermé merc.* Pique-nique du terroir : une initiative originale qui permet de se faire préparer un pique-nique à base de produits locaux réalisés par les artisans des bords de Loire *(réserv. la veille ou mat. av. 10h - 8,50 €).*

PETITE PAUSE

St-Florent-Le-Vieil

Parchemins – *1 r. Charles-de-Renéville - quai des Mariniers - 49410 St-Florent-le-Vieil - ✆ 02 41 42 92 14 - http://librairieparchemins.blogpsot.com - fermé dim.matin et lun. - 9h30-12h, 14h-19h.* Parfaite pour se rafraîchir en été, ou se réchauffer en hiver, cette librairie-goûter accueille bien sûr toutes les œuvres de Julien Gracq.

BOIRE UN VERRE

Savennières

Clos de la Coulée de Serrant – *Château de la Roche-aux-Moines - Lieu dit Coulee de Serrant - ✆ 02 41 72 22 32 - www.coulee-de-serrant.com - 9h-12h, 14h-18h - fermé dim. et j. fériés.* Plantée au 12e s. par les moines cisterciens, la coulée de Serrant est entièrement cultivée en biodynamie (label Demeter) excluant toute utilisation d'engrais chimiques. Maître d'œuvre : Nicolas Joly, une figure locale ! (lire son livre *Le vin, la vigne et la biodynamie*, Éd. Sang de la Terre, 2014). Dégustation et vente directe dans ce magnifique domaine autour de 3 AOC : le Vieux Clos, La Roche aux Moines et la Coulée de Serrant *(23-49 € la bouteille cuvée 2013).*

Vins domaine du Closel – *Château de Vaults - 1 pl. du Mail - ✆ 02 41 72 81 00 - www.savennieres-closel.com - mai-nov. : 10h-19h ; nov.-avr. : lun.-sam. 10h-18h - dégustation et visite gratuites sf été (4 €).*

Visite du domaine, dégustation, découverte de la biodiversité : la géologie, le parc et ses plantes voyageuses, la qualité et la notion de terroir ; en visite libre ou audioguidée pour adultes et enfants *(4 €/pers.)*.

Les Vignes Herbel – *Les Bergères - 49750 St-Lambert-du-Lattay - Val du Layon - ☏ 02 41 80 29 02 - www.lesvignesherbel.com - dégustation tlj. sur RV - 10/26 €.* Vin biologique et naturel depuis 2005, issu d'une surface de 3 ha, « La pointe », un terroir constitué de schiste pourpre et d'argile. Petite production douée d'une très belle éthique ; Étienne Davodeau en témoigne dans *Les ignorants* (Futuropolis, 2011), récit graphique d'une initiation croisée entre un dessinateur de BD et des vignerons.

ACHATS

Au Panier Gourmand – *1 r. du Dr-Sylvestre - 49570 Montjean-sur-Loire - ☏ 06 67 37 71 25 - 10h-12h, 15h-19h - fermé du dim. midi au lun.* Fabrication artisanale de produits locaux : crémerie, conserves (poissons de Loire), miel et biscuits. Idéale avant d'aller pique-niquer au bord de l'eau.

L'Anguille Argentée – *R. de la Repiellerie - 49570 Montjean-sur-Loire - ☏ 02 41 77 96 85 - sept.-mai : sam. 9h-12h.* Pour découvrir un véritable fumoir à poissons. Vente d'anguilles fumées et de poissons de Loire (mulet, alose, lamproie, sandre, brochet, carpe, etc.).

Artisanat

Confluence des Arts – *10 r. du Port-Boulet (pl. Ruzebouc) - 49080 Bouchemaine - ☏ 02 41 22 20 00 - Se rens. sur les horaires.* Parcours artistique *(plan disponible à l'OT)* organisé pour aller à la rencontre d'une dizaine d'artistes et d'artisans répartis dans les rues de la Pointe de Bouchemaine.

ACTIVITÉS

Savennières

Possibilité de s'initier à la boule de fort au cercle de la Concorde *(1 r. de la Motte - ☏ 02 41 72 80 46 - www.savennieres.fr/la-boule-de-fort)*.

Montjean-sur-Loire

Circuits en bord de Loire – Sentier intra-muros Montjean au temps des mariniers *(3,5 km, 2h)* ; deux autres randonnées : Sentier des Fours à chaux *(11,5 km, 4h)* ; Sentier des Fours aux Moulins *(19,5 km, 5h) (Rens. à l'office de tourisme de Montjean-sur L.)*.

St-Florent-Le-Vieil

Vent d'Soulair – *Quai de la Loire - ☏ 06 81 94 13 63 - www.loire-en-bateau.fr - sur réserv. à l'office du tourisme de St-Florent - 16/30 €.* Pour découvrir la Loire en toue *(1h30, 15 €)*, aller au marché d'Ancenis en bateau *(juil.-août : jeu., navette 15 €)* ou pêcher au petit matin…

Champtoceaux/Oudon

Loire en scène – *11 r. du Pont-Levis - 44521 Oudon - ☏ 02 40 83 60 00 - www.loire-en-scene.fr - dép. bateau à Champtoceaux - horaires sur site Internet - château : 7,30 € (-15 ans 4,80 €) - croisière : 11 € (-15 ans 6 €) ; billet combiné croisière/château : 15 € (-15 ans 10 €).* Également expos et animations.

AGENDA

Montjean-sur-Loire

Symposium de sculptures monumentales – *Sur les quais - 3 premières sem. de juil.* Depuis 1997, des artistes viennent chaque été travailler la matière sur les rives de la Loire face au public, qui peut les observer manier la scie à ruban ou à chantourner, la tronçonneuse, la gouge, etc.

Château de Serrant

★★★

St-Georges-sur-Loire (49170) – Maine-et-Loire (49)

Derrière son harmonieuse façade, ce château de la Renaissance possède un très bel ensemble meublé. Rassemblée en près de quatre siècles, une prestigieuse collection de mobilier et d'œuvres d'art orne les grands salons d'apparat. Point d'orgue de cette visite sa gigantesque bibliothèque lambrissée par les reliures de quelque douze mille livres.

NOS ADRESSES PAGE 404
Hébergement, restauration, achats, activités, etc.

S'INFORMER

Office de tourisme d'Angers – *7 pl. du Prés.-Kennedy - ☎ 02 41 23 50 00 - www.angersloiretourisme.com - de mi-juin à mi-sept. : 9h-19h, lun. 10h-19h, dim. et j. fériés 10h-18h ; de déb. mai à mi-juin et 2e quinz. sept. : 9h-18h30, lun. 10h-18h30, dim. et j. fériés 10h-18h ; reste de l'année : 10h-17h30, mar. 13h30-17h30, dim. 10h-13h - fermé 1er janv., 1er Mai, 25 déc.*

SE REPÉRER

Carte de microrégion C3 (p. 360-361). À 20 km à l'ouest d'Angers et 32 km à l'ouest de Brissac, en retrait de la D 723, juste avant St-Georges-sur-Loire. En train : gare d'Angers *(1h30 en TGV de Paris, 1h de Tours)*, puis taxi. Le château est entouré de larges douves en eau.

À NE PAS MANQUER

L'exceptionnelle collection de mobilier, classée Monument historique dans sa totalité pour sa qualité et sa richesse.

ORGANISER SON TEMPS

Comptez 1h pour la visite guidée du château, Une quinzaine de salles est ouverte à la visite.

AVEC LES ENFANTS

Animations et ateliers au château.

★★★ CHÂTEAU

D 723 - ☎ 02 41 39 13 01 - www.chateau-serrant.net - de mars à mi-nov. : 9h45-17h15 (sf lun.-mar. mars-juin et de déb. sept. à mi-nov.) ; reste de l'année : se rens. - fermé 1er janv., 1er et 11 Nov., 25 déc. - 8 € (-15 ans 5 €) ; certaines parties du domaine seult visibles avec guide - possibilité de visite guidée (45mn) : 11 € (-15 ans 6,50 €).

Le premier château, à l'origine une forteresse médiévale, a appartenu à la famille **Serrant**, jusqu'au mariage de Françoise de Serrant avec Jean de Brie au 14e s. Et c'est Charles Péan de Brie qui, à la fin du 16e s., entreprend la construction du château Renaissance *(voir illustration p. 475)*. Il le commande à l'architecte angevin **Jean de l'Espine**, bâtisseur du clocher central de la cathédrale d'Angers, pour édifier un corps de logis autour d'un escalier à double volée contrariée ainsi que deux ailes. Les travaux sont suspendus par manque d'argent.

Racheté en 1636 par Guillaume II de Bautru, la bâtisse connaît une nouvelle phase de construction. La seconde moitié du corps principal, la tour sud, les deux pavillons ainsi que l'aile nord sont bâties. L'aile sud à moitié construite est complétée plus tard par l'entremise de son arrière petite-fille, la Marquise de Vaubrun, née Madeleine de Bautru. C'est elle qui demanda à Jules Hardouin

Le château de Serrant.
A. Chicurel/hemis.fr

Mansard d'édifier dans la seconde moitié de l'aile la **chapelle** funéraire dédiée à son défunt mari (voir plus bas).

★★★ **Appartements** – Desservis par un escalier (construit à partir de 1539) aux voûtes décorées de caissons sculptés, les pièces d'apparat sont ornées de tapisseries des Flandres et de Bruxelles voisinant avec des meubles rares, comme l'incomparable **cabinet d'ébène** et d'ivoire de Pierre Gole (17e s.) à 33 tiroirs situé dans le grand salon. Admirez le mobilier des 17e, 18e et début 19e s., aux prestigieuses signatures de Saunier ou de Saint-Georges, ou encore le mobilier Empire de **Jacob** recouvert de tapisseries de Beauvais, commandé pour la venue de Napoléon Ier et de Joséphine. Les peintures offrent de beaux témoignages des écoles française et italienne et les sculptures d'heureuses surprises, comme le buste de l'impératrice Marie-Louise par **Antonio Canova**, dans la chambre Empire du premier étage.

★★ **Grand salon** – Parmi les œuvres qui se côtoient ici, les deux nymphes en terre cuite, *Dryade* et *Hamadryade*, sont du sculpteur baroque **Antoine Coysevox** (1640-1720).

★★★ **Bibliothèque** – Joyau du château, elle contient quelque douze mille ouvrages datés du 15e s. jusqu'au 19e s. Parmi lesquels se trouvent des gravures de Piranèse, les premières éditions des *Fables* de La Fontaine illustrées par Oudry ou de l'*Encyclopédie* de Diderot et D'Alembert. Afin d'éviter tout démembrement, l'ensemble a été classé archive historique en 2002. Sur certains volumes un sceau représente une croix potencée formée de quatre T, initiales

LE CHÂTEAU DES DUCS DE LA TRÉMOILLE

Après diverses occupations aux 16e et 17e s., la propriété fut acquise au 18e s. par Antoine Walsh, noble irlandais qui suivit Jacques II Stuart en exil en France et devint armateur à Nantes. Une de ses descendantes ayant épousé en 1830 le duc de La Trémoille, le château est entré alors dans le giron de cette grande famille poitevine sans changer de mains depuis.

des principaux fiefs historiques des familles Trémoille, Thouars, Talmont et Tarente, unies par la couronne royale de Naples à laquelle ils prétendaient. Ici, comme dans toutes les pièces, l'heureux mariage de différents éléments de mobilier et d'objets décoratifs témoigne que Serrant est toujours habité et bien vivant.

Parmi les autres pièces singulières la **chambre de la Duchesse** ★★ de Trémoïlle et son **salon d'habillage** situé dans la tour sud. Incroyablement lumineuse et magnifiquement fleurie la pièce offre une belle vue panoramique sur le parc du château.

★ **Cuisines et dépendances** – Ce sens du raffinement est aussi présent dans les **cuisines** du sous-sol où un remarquable ensemble de pièces (plus de 200 ustensiles en cuivre) témoigne de ce que fut l'art de la table dans les grandes maisons ducales. Le **réfectoire** des domestiques et la **lingerie** donnent un aperçu assez vivant sur la façon dont vivait le personnel du château à cette époque.

★★ **Chapelle** – Donnant sur la cour d'honneur, elle fut élevée (28 ans de travaux) par l'architecte Jules Hardouin-Mansart (1646-1708) et s'honore du magnifique **tombeau**★★★ en marbre blanc, dessiné par Lebrun et sculpté par Coysevox et Collignon, du marquis de Vaubrun, tué à la bataille d'Altenheim (1673). Notez les larmes en marbre de la veuve éplorée.

Parc et orangerie – Au 18e s. les jardins à la Française, après le rachat du domaine de la Marquise par les Walsh, sont remplacés par un parc à l'anglaise. L'orangerie, restaurée mais désaffectée, est réservée désormais à l'organisation de réceptions.

NOS ADRESSES AUTOUR DU CHÂTEAU DE SERRANT

St-Georges-sur-Loire

HÉBERGEMENT

UNE FOLIE

Chateau de l'Epinay – *À 6 km du château de Serrant- ✆ 02 41 39 87 05 - www.chateauepinay.com - ♿ - P - 19 ch. 149/310 € - ☕ 20 € - ✕ 12h-14h30 sf lun.-mar. 19h-21h30 sf lun. - 30/40 € à la carte (italienne).* Aménagé dans un élégant manoir des 16-17e s., cet hôtel de luxe aux chambres vastes, chaleureuses et raffinées, est niché dans un écrin de 25 ha entièrement dédiés au bien-être : piscine naturelle, bain à remous, hammam, salle de gym dernier cri ! canoë, tennis, ping-pong, vélos…

RESTAURATION

PREMIER PRIX

La tête noire – *27 r. Nationale (croisement avec rte de Chalonnes) - ✆ 02 41 39 13 12 - www.restaurant-st-georges-loire.fr - ♿ - tlj sf merc. soir et dim. soir - 12 € (menu du jour) 18,50/22 €.* Cuisine traditionnelle – sandre au beurre blanc ou tête de veau sauce gribiche *(13-14 € à la carte)* – servie dans un cadre rétro à l'ambiance « routier », inchangé depuis 40 ans. Et n'oubliez pas l'énigme de cette tête noire que le patron vous révélera avec plaisir.

À travers l'Anjou

Mayenne (53) – Maine-et-Loire (49)

Trop abruptes pour accueillir des maisons, les berges de la vallée de la Mayenne ont conservé leur caractère sauvage. Cette route traverse des villages en haut de coteaux, avec leurs jolies constructions basses de pierre rousse, blotties sous des toits d'ardoise. Vous découvrirez de magnifiques vues sur la rivière et, au hasard de votre parcours, peut-être vous risquerez-vous sur les chemins qui mènent aux rives. Qui sait si un moulin ou quelque château oublié ne vous y attendent pas…

NOS ADRESSES PAGE 411
Hébergement, restauration, achats, activités, etc.

S'INFORMER

Office du tourisme d'Angers Loire Métropole – *7 pl. du Prés.-Kennedy - 49000 Angers - ☏ 02 41 23 50 00 - www.angersloiretourisme.com - de mi-juin à mi-sept. : 9h-19h, lun. 10h-19h, dim. et j. fériés 10h-18h ; de déb. mai à mi-juin et 2e quinz. sept. : 9h-18h30, lun. 10h-18h30, dim. et j. fériés 10h-18h ; reste de l'année : 10h-17h30, mar. 13h30-17h30, dim. 10h-13h - fermé 1er janv., 1er Mai, 25 déc.*

Sud Mayenne Tourisme – *Pôle Culturel des Ursulines - pl. André-Counord - 53200 Château-Gontier - ☏ 02 43 70 42 74 - www.sudmayenne.com - avr.-sept. : 9h30-12h30, 14h-18h, dim. et j. fériés 10h-12h30, 14h-17h30 ; reste de l'année : tlj sf w.-end et j. fériés 9h30-12h30, 14h-18h - fermé 1er janv., 1er et 11 Nov., 25 déc.*

SE REPÉRER

Carte de microrégion C1-2 (p. 360-361). Comptez environ une journée au départ de Château-Gontier, qui se trouve à 51 km au nord d'Angers.

À NE PAS MANQUER

Le Haras national au Lion-d'Angers.

ORGANISER SON TEMPS

Comptez environ une journée.

AVEC LES ENFANTS

Profitez de la rivière au centre Anjou Sport Nature à La Jaille-Yvon.

Circuit conseillé Carte de microrégion

Circuit de 172 km, en boucle au départ d'Angers via *Château-Gontier, tracé en marron sur la carte de microrégion (p. 360-361) – Comptez 2 jours, ou 1 journée pour l'aller seul jusqu'à Château-Gontier. Quittez Angers au nord par la D 107, puis les D 768 et D 191 pour longer la Mayenne.*

Sinueuse, encaissée entre des rives couvertes de forêts, la Mayenne a été canalisée au 19e s. Entre Angers et Laval, elle compte 39 écluses et se prête admirablement à la navigation de plaisance (*« Bateau » p. 517*). La route passe au pied de l'imposant **château du Sautret** bordé de douves sèches.

Continuez sur la D 191 qui domine la rivière, parfois en balcon.

Grez-Neuville C2

Au cœur du bassin de la Maine, ce sympathique village étale ses pentes douces au long de la rivière, où se reflète son clocher d'ardoise ; c'est une base de départ de **croisières fluviales** sur la Mayenne et l'Oudon.

On peut faire un détour vers l'est par la D 291 jusqu'à Sceaux-d'Anjou pour se rendre au château de Montriou (8 km).

Parc du château de Montriou C2

02 41 93 30 11 - www.chateau-de-montriou.com - 20 juil.-31 août : tlj sf lun. 14h-18h et sur RV - 5 € (-12 ans gratuit).

C'était surtout pour son étonnante collection de cucurbitacées (courges, courgettes, citrouilles, gourdes, coloquintes), qui envahissent jusqu'aux pergolas et retombent en spectaculaires stalactites végétales, qu'on entendait parler du château de Montriou (15e et 19e s.). Mais le jardin ne se visite plus. On se rattrapera sur le parc et son séquoia *gigantea* – le plus gros arbre du Maine-et-Loire, avec 9,40 m de circonférence –et sa jolie chapelle (15e s.) construite en l'honneur du Roi René d'Anjou, et classée Monument Historique.En revanche on peut désormais dormir au château (voir carnet pratique)

De Montriou revenir sur Sceaux-d'Anjou puis prendre à droite la D 74 jusqu'au croisement avec la D 770 que vous prendrez sur votre gauche. Traversez la Mayenne. Le haras se trouve sur votre gauche au lieu-dit l'Île Briand.

★ Haras national du Lion

Domaine de l'Isle-Briand (à 1 km à l'est du Lion-d'Angers) - 02 41 95 86 51 - www.harasdulion.com - on peut visiter librement le domaine en suivant l'itinéraire informatif fléché (tous les jours de 10h à 18h - sauf période du Mondial du Lion).

Agréablement situé au bord de l'Oudon, ce centre d'élevage, notamment de chevaux de demi-sang, organise courses et concours hippiques réputés dans tout l'Anjou et le Mondial du Lion, concours complet international d'équitation *(« Nos adresses »).*

En 1974, les Haras nationaux, trop à l'étroit dans le centre-ville d'Angers, furent transférés au domaine de l'Isle-Briand où ils bénéficient d'installations ultramodernes ; quelque 55 chevaux sélectionnés vivent ici. On visite les bâtiments de stockage du foin et de germination de l'avoine, la sellerie, la forge et le manège. Les box sont groupés par catégorie de chevaux : cob normand, trait breton ou percheron, anglo-arabe, pur-sang, selle français, trotteurs et poneys. Les anciens « cracks » y finissent paisiblement leurs jours en reproducteurs. La vie de château !

Le Lion-d'Angers C2

56 r. du Gén.-Leclerc - 49220 Le Lion-d'Angers - 02 41 95 83 19 - www.anjoubleu.com - juil.-août : tlj sf dim.-lun. 9h30-13h, 14h-18h, j. fériés 9h30-13h ; avr.-juin et sept.-oct. : tlj sf dim.-lun. et j. fériés 9h30-13h ; reste de l'année : jeu.-vend. 9h30-13h.

Église St-Martin – *Pl. de l'Église - 02 41 95 83 19 - clé disponible à la mairie.* Beau portail préroman et nef à voûte de bois romane. À l'intérieur, des peintures murales du 16e s. représentent le démon vomissant les péchés capitaux, le Christ en croix et saint Christophe, ainsi qu'un *Ecce homo* en diptyque.

Reprenez la D 770 en sens inverse, puis tournez à gauche, vers le nord, dans la D 187 qui longe la Mayenne.

De la route, on aperçoit à gauche, un peu avant Chambellay, les imposants bâtiments (15e-17e s.) du **château du Bois-Montbourcher**, entouré de bois et de pelouses, en bordure d'un vaste étang.

À Chambellay, empruntez la D 78 qui file sur votre droite, jusqu'à Chenillé-Changé (14 km).

Chenillé-Changé C1

Mairie - 02 41 95 10 24 - www.chenille-change.com - horaires, se rens.

C'est l'un des plus charmants villages du Segréen, avec son **moulin à eau fortifié** datant du début du siècle et toujours en activité : voyez les larges traînées de farine qui recouvrent par endroits ses parois de schiste. Il

produit également de l'électricité depuis 2007. *Le Moulin - ✆ 02 41 95 14 23 - www.domainemoulin.com - avr.-oct. : 14h-17h - 3,90 € (enfant 2 €).*
De vieilles maisons, une église du 11e s. et une **base de tourisme fluvial** avec ses « pénichettes » amarrées le long des rives ombragées attendent paisiblement promeneurs et plaisanciers.
Revenez sur Chambellay, puis prenez à droite la D 187 (7 km).

La Jaille-Yvon C1

Perché sur sa falaise, ce village domine la rivière. Du chevet de l'église, le panorama se développe sur la vallée couverte de cultures et de prairies.
De La Jaille-Yvon, tournez à droite dans la D 213 qui longe la Mayenne pendant 6 km jusqu'à Daon.

Daon C1

Bien placée sur le coteau qui domine la Mayenne, Daon (prononcez « dan »), a vu naître l'abbé Bernier, qui négocia la paix entre chouans et républicains. Le village conserve un manoir du 16e s.
À Daon, prenez à l'est la D 213, puis deux fois à gauche.
Une longue allée de tilleuls et de platanes mène droit au joli **manoir de l'Escoublère** (16e s.) entouré de douves.
Suivez la D 22 en direction de Château-Gontier (14 km), puis la N 162 jusqu'au château de la Maroutière,à 3 km au sud de Château-Gontier.

Château de la Maroutière C1

St-Fort - ✆ 02 43 07 20 44 - horaires, se rens. - visite sur demande préalable.
Doté d'un des derniers champs de courses privés, ce petit château, construit au cours des 13e et 14e s., est situé dans un superbe parc.
Reprenez la N 162, puis tout droit sur l'avenue St-Fort jusqu'au centre (5 km) ; empruntez la Grande-Rue à pied.

★Château-Gontier C1

Excellente base pour suivre la rivière, entre falaises et villages perchés, Château-Gontier se divise en deux quartiers : la ville haute, rive droite, aux rues étroites et accidentées que sépare un vallon emprunté par la Grande-Rue, et le faubourg autour de l'hôpital St-Julien, rive gauche.
L'**église St-Jean-Baptiste★**, dans la ville haute, est une des plus anciennes églises de Mayenne. Construite par les bénédictins de l'abbaye St-Aubin d'Angers, elle frappe par la force et la pureté de son intérieur roman. Dans le transept, fresques du 12e s. Belle crypte à trois nefs. En contrebas de l'église, un point de vue sur la rive opposée s'offre depuis les terrasses établies sur les remparts et plantées de grands ormes. On distingue, autour de la **place St-Just** et le long de la Grande-Rue, quelques jolies maisons des 15e et 16e s. Non loin, le musée d'Art et d'Archéologie est logé dans l'**hôtel Fouquet** (17e s.), à proximité de l'**hôtel Lantivy** qui présente une intéressante façade du 16e s. Rive gauche, au milieu du faubourg, se dressent le **couvent des Ursulines** (17e s.), dédié à l'origine à l'éducation des jeunes filles, et le **manoir de la Touche★** (15e s.), acheté par les ursulines en complément des bâtiments conventuels, ainsi que l'**église de la Trinité**, de style jésuite (17e s.).
Sortez de Château-Gontier par la D 20, au sud-ouest.

Château de St-Ouen C1

Avant d'arriver à **Chemazé**, vous apercevrez à droite cette demeure des 15e et 16e s. avec ses lucarnes à gâbles ciselés et sa grosse tour d'escalier carrée portant un couronnement en diadème.

Empruntez la D 587, puis la D 25 sur votre droite en direction de St-Quentin-les-Anges. Le château est 1 km avant le bourg.

Château de Mortiercrolles B1

Mortiercrolles - ✆ 06 77 61 66 62 - http://mortiercrolles.com - visite guidée (45mn) extérieur 13h30-17h30 - intérieur de l'enceinte, chapelle, pigeonnier, greniers 14h, 15h30 et 16h30 - 6 € (-10 ans gratuit) - 10 € (enf. gratuit) promenade nocturne sam. 20h30.

Bel édifice construit à la fin du 15e s. par Pierre de Rohan, maréchal de Gié. De larges douves entourent l'enceinte à quatre tours d'angle, que commande un remarquable **châtelet★** à chaînages de brique et de tuffeau. Dans la cour à droite, le logis seigneurial est orné de superbes lucarnes à gâbles. Au fond, une élégante chapelle : remarquez la jolie porte latérale Renaissance et la piscine décorée de ravissantes coquilles.

Reprenez la D 25 vers le sud puis la D 271 ; à Nyoiseau, tournez à droite sur la D 71.

★ Domaine de la Petite Couère B1

La Petite-Couère - ✆ 02 41 61 06 31 - www.lapetitecouere.fr - juil.-août : 10h-19h ; avr.-juin : tlj sf lun. 10h-19h ; déb. sept. : w.-end et vac. scol. 10h-19h ; reste de l'année : se rens. - possibilité de visite guidée - 14 € (-11 ans 7 €).

Lieu de détente et de promenade, ce vaste parc de loisirs de 82 ha offre un éventail de distractions intelligemment conçues et pour tous les âges.

Dès l'entrée, un **musée du Tracteur et du Matériel rural** présente plus de quatre-vingts modèles de 1910 à 1950. Exposition d'une quarantaine de voitures anciennes dont un rare phaéton Brasier de 1913 et une Peugeot tonneau de 1901, ainsi qu'une collection de 2600 voitures miniatures !

Au centre du parc est reconstitué un **village du début du 20e s.** : mairie, école, café-épicerie, forge et diverses autres échoppes. Dans un des greniers, une originale collection de machines à laver le linge lessiveuses-essoreuses manuelles, de 1880 à 1950.

Plusieurs sentiers pédestres balisés *(de 1 à 6 km)* sillonnent le domaine. Riche d'une faune de plus de 80 espèces représentées par 600 animaux vivant en semi-liberté, dont des émeus, des baudets du Poitou, des lamas et des cerfs, le parc permet presque toujours leur approche.

Deux petits trains touristiques mènent les visiteurs des nombreuses aires de pique-nique à la gare du village *(casiers prévus pour glacières et paniers).*

Suivez la D 71 puis la D 219 jusqu'à La Gâtelière.

★ Mine-Bleue B1

La Gâtelière - Noyant-la-Gravoyère - ✆ 02 41 94 39 69 - www.laminebleue.com - visite guidée (2h) juil.-août : 10h-18h30 ; avr.-juin et sept.-oct. : w.-end, j. fériés et ponts 10h-18h30 ; vac. de Pâques et vac. de la Toussaint : 14h30 - 15 € (-13 ans 11 €) - attention, température ambiante en fond de mine à 13 °C et parcours de visite comportant des marches (vêtements et chaussures adaptés nécessaires).

Pendant une trentaine d'années, l'or bleu d'Anjou, c'est-à-dire l'ardoise, a été exploité dans la région. La mine bleue, active de 1916 à 1936, a été fermée suite à la crise de 1929. Sur les 26 chambres d'extraction, 5 sont ouvertes à la visite. Après une plongée à 126 m sous terre – à raison de 2,50 m/s grâce à un ascenseur, on prend un petit train minier pour se rendre au cœur de la mine dans les chambres d'exploitation, là où travaillaient les « perreyeux ». Les excavations que l'on visite sont vastes (20 m de large, 10 m de hauteur, 80 m de profondeur) réduisant l'effet de claustrophobie. Au fil des galeries, le guide fait revivre le quotidien des mineurs (journée de 10h, plus 1h30 de

La mine.
La Mine bleue

remontée), leur savoir-faire et les différentes techniques d'extraction, en utilisant le vocabulaire des gars *d'là-bas* (tutoiement de rigueur). Un site patrimonial unique en Europe qui complète parfaitement la visite du musée de Trélazé *(voir p. 381)*.
Rejoignez la D 775 qui mène à Segré.

Segré B1

Pl. du Port - 49500 Segré - 02 41 92 86 83 - www.anjoubleu.com - juil.-août : tlj sf dim.-lun. 9h30-13h, 14h30-18h ; avr.-juin et sept.-oct. : tlj sf dim.-lun. 9h30-13h ; reste de l'année : mar. et merc. 9h30-13h.
Pour contempler à loisir la ville et ses vieux quartiers : le **Vieux Pont** avec son arche en dos d'âne au-dessus de l'Oudon, et l'esplanade devant la chapelle St-Joseph qui ménage de jolies vues sur la vallée.
À la sortie est de Segré, sur la D 775, empruntez à droite la D 863.

★ Château de la Lorie B1

49500 La Chapelle-sur-Oudon - 06 15 28 38 92 - www.chateaudelalorie.fr - ♿ - visite guidée (1h) de déb. juil. à mi-sept. : 10h-12h, 14h30-18h - fermé mar. - 9 € (-18 ans 4,50 €).
Le donjon médiéval, qui autrefois se dressait à La Lorie, aurait été rasé en 1433 par le comte d'Arundel, et il faut attendre 1632 pour que le grand prévôt d'Anjou **René Le Pelletier** décide d'y faire bâtir un château de plan rectangulaire, encadré sur sa face arrière par deux longues ailes. Au fil des siècles, le château s'agrandit, s'adjoignant notamment d'immenses écuries destinées à fournir la Maison royale, et s'embellit en se dotant d'une grande galerie et d'un grand salon somptueusement décorés.
★ **Grand salon de marbre** – Il fut achevé en 1780 sur les dessins de l'architecte Jean-Sébastien Leysner, selon les principes des décors de palais princiers. Couronné par une coupole majestueuse, il a conservé la totalité du mobilier qui, en 1779, avait été commandé pour cette pièce à l'ébéniste Pluvinet à Paris. Quant au sol, il est en incrustation de marbres polychromes.

Grande galerie – Conçue par le marquis de Saint-Genys en 1904, elle abrite de magnifiques objets anciens ainsi que des œuvres d'art du début du 20e s.

★★ **Salle à manger** – Œuvre de l'architecte parisien Camut en 1904, cette pièce en rotonde a été dessinée sur mesure pour y placer de très belles boiseries provenant du château de Vitry-sur-Seine.

★ **Petit salon** – Aménagé dans les années 1750, il est orné de magnifiques boiseries Louis XV sculptées. Très intime, cette pièce, dotée d'un mobilier du 18e s., est éclairée par un beau lustre en porcelaine de Meissen du 19e s.

Chapelle – Une galerie, dont l'accès se fait par le premier étage, permet de contempler son autel en bois.

Champ de courses – L'histoire de ce château est intimement liée à celle de l'élevage des chevaux avec ses grands haras qui, dès 1750, ont fourni la Maison royale. La Lorie possède son propre champ de courses, l'hippodrome de Segré, dont les pistes s'étendent sur plus de 30 ha.

Revenez vers Segré pour prendre à gauche la D 923, puis la D 961et la D 184.

Château de Raguin B2

Sur la commune de Chazé-sur-Argos - ✆ 02 41 61 40 20 - visite guidée (45mn) juil.-août : 14h-18h - 5,50 € (enfant 3 €).

Sur l'emplacement de l'ancien château du 15e s., Guy du Bellay, fils de Pierre du Bellay (cousin du poète), fit construire vers 1600 cet édifice Renaissance. Maréchal des camps et des armées du roi, Pierre du Bellay avait le goût du faste. À l'occasion du mariage de son fils Antoine (1648), il fit lambrisser et peindre murs et plafonds du salon du 1er étage et de la chambre des Amours.

Repartez au sud-est par la D 73 et la D 961.

Bécon-les-Granits B2

Musée du Granit – *22 r. de Candé-La-Gâtelière - ✆ 02 41 94 39 69 - http://museedugranit-becon.jimdo.com - de mi-juil. à fin août : 14h-18h ; reste de l'année : se rens. - 5 € (enfant 3 €) - attention, température ambiante en fond de mine à 13 °C et parcours de visite comportant des marches (vêtements et chaussures adaptés nécessaires).*

Pour comprendre les techniques anciennes et modernes d'extraction, de fente, de taille, de sculpture et de gravure de ce fameux granit qui a marqué la commune (puits, châteaux, ponts, lavoir, etc.) et forgé jusqu'à son nom.

Un circuit pédestre de 6 km permet de découvrir les anciens sites des carrières de Bécon comme cette fameuse carrière de la Roche Bleue d'une profondeur de 50 m environ, exploitée aujourd'hui par le club de plongée Maïtaï *(contact@becon-plongee-maitai.fr).*

Avant de rentrer, vous pouvez faire un détour par le château du Plessis-Macé (p. 413), à 12 km à l'est par la D104, sinon suivez la D 963 jusqu'à Angers. Du Plessis-Macé, Angers est à 13 km par la D 122.

NOS ADRESSES À TRAVERS L'ANJOU

Voir aussi à Angers *(p. 382)*.

HÉBERGEMENT

À proximité d'Angers

POUR SE FAIRE PLAISIR

Château de Montriou – *49460 Feneu (à 12 km au nord d'Angers par D 191, puis 4 km au nord de Feneu dir. Champigné) - 02 41 93 30 11 - www.www.chateau-de-montriou.com - P - 5 ch. 95/130 €* . Récemment aménagées avec soin, toutes les chambres, dotées de meubles de style, ont une vue sur le parc et les jardins. Charme champêtre et sérénité garantis au sein de cette propriété, familiale depuis plus de 300 ans.

Château-Gontier

PREMIER PRIX

Hôtel-Restaurant L'Amphitryon – *2 rue de Daon - 53200 Coudray - 7 km au sud-est de Château-Gontier - 02 43 70 46 46 - www.lamphitryon53.fr - - P - 6 ch. 70/85 € - 9,50 € - wifi - fermé dim. nov.-avr. et du dim. soir au mar. midi le reste de l'année - 32/50 €.* Cette maison du 19e s. à l'agréable atmosphère bourgeoise fait face à l'église du village. Tables joliment dressées, cuisine au goût du jour et produits du terroir. Plaisantes chambres contemporaines.

BUDGET MOYEN

Domaine du Chêne Vert – *Rte de Nantes - 02 43 07 90 48 - www.hotel-chateau-gontier.fr - - P - 5 ch. 95/121 € (88 € soirée étape) - 3 gîtes (se rens.) - 7,50 € - 1 roulotte avec Jaccuzi intérieur privatif (149 €/2 pers.) - wifi.* Accueil charmant dans ce château du 18e s. Une décoration toute en délicatesse dans les chambres. Divers hébergements attenants : en gîte, petit ou grand, ou en roulotte. Parc et piscine sous verrière. Espace bien-être.

POUR SE FAIRE PLAISIR

Parc Hôtel & Spa – *46 av. Joffre - au sud par N 162 - 02 43 07 28 41 - www.parchotel.fr - - P - 20 ch. 85/155 € - 7,50 €.* Maison de maître du 19e s. entourée d'un parc aboré avec un espace détente conséquent : piscine chauffée, jacuzzi, hammam, salle de massage, centre de fitness…

Chenillé-Changé

BUDGET MOYEN

Domaine du Moulin – *02 41 95 10 98 - www.domaine-moulin.fr - P - 9 roulottes (2-5 pers.), 1 roulotte (2-3 pers.), 8 cottages (2, 6, 8 pers.) - 74/96 € (2 pers.) - 13 € - La Table du Meunier (formule déj. 17,40 €, menu 22,90/45,90 €).* Dans un cadre rustique et pittoresque en bordure de la Mayenne, ce domaine fourmille de propositions (hébergements en roulotte, cottage,…) et d'activités : pêche, randonnées pédestres et à vélo, piscine chauffée, espaces bien-être, etc. Sans oublier la croisière fluviale sur *L'Hirondelle*, bateau aux multiples formules *(www.bateau-hirondelle.com)*.

Grez-Neuville

BUDGET MOYEN

Chambre d'hôte Manoir du Bois de Grez – *Rte de Sceaux d'Anjou - 02 41 18 00 09 - www.boisdegrez.com - - 4 ch. 90/110 € - wifi.* Dans les quatre chambres bourgeoises, poutres apparentes et mobilier ancien. Idéal pour les amoureux de vieilles pierres.

POUR SE FAIRE PLAISIR

Côté Rivière – *24 r. des Vignes, 02 41 95 87 19 ou 06 11 15 66 37 - http://cote-riviere.com - 1 ch. 2 lodges 100/150 €* . Nichée dans un bel environnement naturel avec vue sur le petit port de Grez-Neuville, cette maison d'hôte constitue un bel espace de détente et de calme (spa, massages…).

La Jaille-Yvon

BUDGET MOYEN

La Closerie de la Hérissière – *À 1,3 km au sud de La Jaille Yvon, sur la gauche du chemin de la Basse Vallée) - ✆ 02 41 24 79 94 ou 06 85 81 58 07 - www.laherissiere.fr - ♿ - P - wifi - 3 ch. 80/105 € ☕ - 4 gîtes 170/530 € selon la taille.* Tenu par un couple très attentionné, la closerie compose un écrin de nature attachant où rayonnent de belles maisons en pierre aux intérieurs singuliers et soignés.

Le Lion-d'Angers

PREMIER PRIX

Chambre d'hôte Les Travaillères – *À 5 km au nord-ouest du Lion-d'Angers par D 775, sortie La Himbaudière - ✆ 02 41 61 33 56 - www.lestravailleres.com - 💳̸ P - 3 ch. 53 € ☕.* Ancienne ferme en pleine campagne. Chambres, dont deux familiales, aménagées dans un bâtiment indépendant. Salle de séjour avec cheminée et coin bibliothèque. Agréable *mix* de confort et rusticité.

RESTAURATION

Château-Gontier

BUDGET MOYEN

L'Aquarelle – *2 r. Félix-Marchand - 53200 St-Fort (1 km au sud par D 267) - ✆ 02 43 70 15 44 - www.restaurant-laquarelle.com - fermé sam. midi (sf été), dim. soir-lun. - P - formule déj. 14,50 € - menu 24/36/50 €.* Ancré sur les bords de la Mayenne avec une vue panoramique lumineuse, ce restaurant, au décor épuré et moderne, possède une belle carte qui navigue entre tradition (quasi et ris de veau poêlés) et notes originales (crumble d'andouille et foie gras, émulsion roquette. Terrasse et grandes baies vitrées

Chenillé-Changé

BUDGET MOYEN

La Table du Meunier – *Voir* Le Domaine du Moulin (*Hébergement*).

Grez-Neuville

PREMIER PRIX

L'Écluse – *2 quai de l'Hirondelle - ✆ 02 41 27 13 08 - déj. mar.-dim., vend. et sam. soir. menu 15/22 € (2 ou 3 plats).*Ce restaurant-comptoir, situé sur le chemin de halage de la Mayenne, occupe l'ancienne maison éclusière du charmant village de Grez-Neuville. Le cadre ne manque pas de caractère tout comme la cuisine de marché, bien faite et soignée comme ce croustillant de volaille au saumon fumé avec un jus de poivrons doux. La salle est petite. Mieux vaut réserver.

Le Lion d'Angers

PREMIER PRIX

La Salle à Manger – *Domaine de la Vez - rte de Candé - 3 km au sud-ouest du Lion d'Angers par la D 770 - ✆ 02 41 41 99 81 - www.lasalleamanger.fr - fermé soir, sam. et du 1er-17 août - P - formule 14 €, menu 16,50 €.* Installé dans une belle bâtisse du 19e s., entièrement rénovée, ce restaurant bistronomique, pourvu d'une belle terrasse en été, est une adresse singulière. Originalité et créativité indexée sur les saisons à des prix corrects.

AGENDA

Mondial du Lion – *Haras national du Lion-d'Angers - ✆ 02 41 95 86 51 - www.mondialdulion.com - 3e w.-end oct.*

Vue aérienne du château du Plessis-Macé.
Tuul et Bruno Morandi / hemis.fr

Château du Plessis-Macé

★

Le Plessis-Macé (49770) – Maine-et-Loire (49)

Derrière les ruines majestueuses de sa forteresse médiévale où nidifient faucons crécelles, effraies, choucas… se cache un beau logis seigneurial aux contours ciselés par le gothique flamboyant. Ces pierres très attachantes masquent aussi une double vie. Car le château, au-delà de sa propre histoire, bat aujourd'hui au rythme du théâtre. Tout au long de l'année, de multiples spectacles sont donnés dans son enceinte, aussi bien pour les plus grands que pour les plus petits. Cette originalité fait la profonde singularité de Plessis-Macé.

NOS ADRESSES PAGE 411
Hébergement, restauration, achats, activités, etc.

S'INFORMER

Office du tourisme d'Angers – *7 pl. du Prés.-Kennedy - 49000 Angers - 02 41 23 50 00 - www.angersloiretourisme.com - de mi-juin à mi-sept. : 9h-19h, lun. 10h-19h, dim. et j. fériés 10h-18h ; de déb. mai à mi-juin et de mi- à fin sept. : 9h-18h30, lun. 10h-18h30, dim. et j. fériés 10h-18h ; reste de l'année : 10h-17h30, mar. 13h30-17h30, dim. 10h-13h - fermé 1er janv., 1er Mai, 25 déc.*

SE REPÉRER

Carte de microrégion C2 (p. 360-361). À 120 km à l'ouest de Tours, 15 km au nord-ouest d'Angers, non loin de la D 775. En train : gare d'Angers (1h30 en TGV de Paris, 1h de Tours), puis taxi. Le château se cache dans la verdure, un peu à l'écart du village.

À NE PAS MANQUER
La galerie du logis seigneurial, les boiseries gothiques de la chapelle.

ORGANISER SON TEMPS
Comptez 1h pour la visite guidée.

AVEC LES ENFANTS
Le parcours-découverte théâtralisé d'une journée *(rens. au château)*. Et les superbes spectacles qui y sont donnés. Renseignez vous, les chèvres escaladant les parois escarpées des douves sèches

★ CHÂTEAU

2 r. de Bretagne - ✆ 02 41 32 67 93 - www.chateauplessismace.fr - juil.-août : 10h30-18h30 ; avr.-juin et sept.-oct. : merc. et w.-end 13h30-18h - possibilité de visite guidée (50mn) - 8,50 € (-12 ans 4 €) - parcours « Entrez dans la cour des grands » d'une journée (se rens. au château ou sur www.entrezdanslacourdesgrands.com)

Ne manquez-pas de faire à pied le tour du château pour admirer ses tours, le système défensif, et le logis se reflétant dans l'eau des douves.

Un premier château fut bâti au 11e s. par Matthieu Ier du Plessis, fondateur du prieuré voisin. Matthieu pouvait se prononcer Macé, d'où le Plessis-Macé. Au milieu du 15e s., Louis de Beaumont, chambellan du roi Louis XI, reconstruisit le château en lui conservant ses quatre tours rondes qu'il fit coiffer de poivrières. Puis cette demeure devint celle de la famille du Bellay et resta sa propriété durant 168 ans. C'est ici que fut signé le dernier des trois documents unissant la Bretagne et la France en 1532. Des hôtes prestigieux y furent accueillis, dont François Ier, Henri IV et le poète Joachim du Bellay. Ses derniers propriétaires, les Langlois-Berthelot, en firent donation en 1967 au département de Maine-et-Loire. Depuis 2010, la gestion du site a été confiée à l'Établissement Public de Coopération Culturelle (l'EPCC) Anjou Théâtre. Le Plessis-Macé est désormais le haut lieu du Festival d'Anjou *(p. 389)*.

Passé l'imposante masse du donjon en ruine, une vaste cour se profile. Sur le côté droit s'ouvrent les dépendances comprenant des écuries et une salle des Gardes. Sur la gauche se succèdent la chapelle, une tourelle d'escalier et le **logis seigneurial** ★surmonté de gâbles aigus. La **façade** ★ alterne le blanc du tuffeau avec la couleur noire du schiste. Un **balcon suspendu** ★, véritable dentelle de tuffeau - l'un des plus beaux exemples du style gothique flamboyant dans la région - accueillait les dames qui pouvaient ainsi assister aux joutes et aux jongleries. Face au balcon, une loggia était réservée aux serviteurs.

À l'intérieur du **logis seigneurial** *(visite guidée seult)*, on découvre une dizaine de pièces meublées, du 16e au 19e s., avec de belles pièces comme ce **bureau-lutrin** (19e s) sis dans la bibliothèque avec une édition de la description de l'Egypte commandée par Napoléon Ier ; ou ce **pianoforte** de 1770, visible dans le grand salon.

La **chapelle St-Michel**, de style flamboyant est habillée par de rares boiseries gothiques du 15e s. formant une étonnante **tribune en chêne** ★ à deux étages. Le premier était réservé au seigneur et aux écuyers ; le second, aux serviteurs.

PLESSIS-BOURRÉ, MACÉ, LÉS-TOURS, SASNIÈRE...
Du latin *plectere* ou *plectare* (tresser, entrelacer des branches), un plessis servait de clôture, de palissade ; par extension, il désigna un lieu clos, une propriété privée.

Château du Plessis-Bourré

★★

Écuillé (49400) – Maine-et-Loire (49)

Tout à la fois forteresse de la fin du Moyen-âge et résidence d'agrément annonçant la Renaissance, ce remarquable château du 15e s. n'a subi quasiment aucune modification depuis près de 550 ans. Il abrite des chefs-d'œuvre : tapisseries, boiseries, meubles et, surtout, une extraordinaire série de vingt-quatre tableaux ornant un plafond à caissons. Ecrin magique, le château a servi de tournage à de nombreux cinéastes. Jacques Demy, Philippe de Broca, Gérard Krawczyk, Bertrand Tavernier y ont respectivement tourné : *Peau d'Âne, Le Bossu, Fanfan la Tulipe* et *La Princesse de Montpensier.*

NOS ADRESSES PAGE 405
Hébergement, restauration, achats, activités, etc.

S'INFORMER

Office du tourisme d'Angers – *7 pl. du Prés.-Kennedy - 49000 Angers - 02 41 23 50 00 - www.angersloiretourisme.com - de mi-juin à mi-sept. : 9h-19h, lun. 10h-19h, dim. et j. fériés 10h-18h ; de déb. mai à mi-juin et de mi- à fin sept. : 9h-18h30, lun. 10h-18h30, dim. et j. fériés 10h-18h ; reste de l'année : 10h-17h30, mar. 13h30-17h30, dim. 10h-13h - fermé 1er janv., 1er Mai, 25 déc.*

SE REPÉRER

Carte de microrégion C2 (p. 414-415). À 285 km au sud-ouest de Paris, 110 km au nord-est de Tours, 17 km au nord-est d'Angers, le Plessis-Bourré se cache à l'écart des grandes routes mais sa direction est assez bien fléchée dans les alentours. En train : gare d'Angers (1h30 en TGV de Paris, 1h de Tours), puis taxi.

À NE PAS MANQUER

La salle des Gardes et son plafond en bois peint.

ORGANISER SON TEMPS

Comptez 1h *(pour la visite guidée)*, puis 30mn pour les alentours.

★★ CHÂTEAU

Le Plessis-Bourré - 49460 Écuillé - 02 41 32 06 72 - www.plessis-bourre.com - juil.-août : 10h-18h ; avr.-juin et sept. : tlj sf lun. et mar. mat. 10h-18h ; fév.-mars et oct. : tlj sf lun. 14h-18h ; nov. : seult visite guidée à 15h (sur réserv. en sem.) - fermé 1er janv., 1er et 8 Mai - 9,50 € (-15 ans 6 €) - visite guidée (1h) : 11 € (-15 ans 7 €). Nombreuses manifestations organisées chaque année.

Jean Bourré fait l'acquisition du manoir médiéval du Plessis-le-Vent en 1462. Deux ans plus tard il commence les travaux du nouveau domaine auquel il donnera son nom. Ce château, dit de plaisance, est élevé en cinq ans, – un record – décoration comprise. Son style s'affichant comme transition entre, d'une part, son architecture de défense et, d'autre part, l'élégance de ses intérieurs est annonciateur des futurs édifices de la Renaissance.

Extérieur – Protégé par un châtelet à double pont-levis et quatre tours d'angle dont la plus grosse, à mâchicoulis, sert de donjon, le Plessis a conservé de très

LE GRAND ARGENTIER DU ROI DE FRANCE

Né à Château-Gontier en 1424, **Jean Bourré** entra vers 1442 au service du dauphin Louis, fils de Charles VII, pour ne plus le quitter. Bien lui en a pris : après le sacre de Louis XI en 1461, il fut promu secrétaire des Finances, trésorier de France, capitaine du château de Langeais et gouverneur du dauphin Charles VIII à Amboise. Inlassable bâtisseur, Bourré fit édifier plusieurs châteaux, dont **Langeais**, **Jarzé** et **Vaux**. Il s'éteignait en 1506 à l'âge de 83 ans après avoir servi trois rois.

larges douves franchies par un pont de 43 m de long. À la base de l'enceinte, une plate-forme de 3 m de large permettait le tir à boulets rasants. À gauche du châtelet pointe le fin clocher de la chapelle. Passé la voûte d'entrée, la forteresse se métamorphose en demeure de plaisance avec sa cour spacieuse, ses ailes basses, son promenoir à arcades, ses tourelles d'escalier, ses grandes salles éclairées par de hautes fenêtres à meneaux.

Rez-de-chaussée – À l'intérieur, l'une des **salles de réception** possède une superbe serrure aux armes de France. Ces pièces sont richement meublées en style Louis XIV et Louis XV. Leurs fenêtres donnent sur un paysage de bois et de prairies. Dans l'aile en retour, la **salle du Parlement**, avec ses dalles du 15e s., sous ses voûtes ogivales prismatiques, présente sur le mur le plus froid et humide du château une **cheminée monumentale★★**. Notez un joli banc-caquetoir (de caqueter, parler à tort et à travers). Par un escalier à vis décoré de petites sculptures d'inspiration alchimique (singes), on accède à la salle la plus emblématique du château.

Salle des Gardes – Elle est surmontée d'un **plafond★★★** en bois peint à la fin du 15e s. Toutes de rouges, de bleus et d'ors cuivrés, ses peintures sont d'une qualité picturale et d'une fraîcheur exceptionnelles du fait qu'elles ont été dissimulées à partir du 18e s., sous un faux plafond, et redécouvertes seulement en 1952. Pourquoi ? Rejet d'images trop crues ? ou de l'alchimie balayée par les grandes découvertes scientifiques ? Ou mesure conservatoire par crainte des sacages révolutionnaires ? Nul ne le sait.

Ce décor se compose de 24 tableaux d'un auteur anonyme. Six grands caissons comportent chacun quatre hexagones. Seize de ces tableaux symbolisent l'alchimie traditionnelle : le Quaternaire des éléments (le feu, l'air, l'eau, la terre) et ses principes seconds qui forment la grande trinité alchimique (le mercure, le soufre et le sel). Le postulat de base étant l'unité absolue de la

LES ALCHIMISTES ET LA VIE DE CHÂTEAU

Selon le cliché hérité du 19e s., les alchimistes du Moyen Âge et de la Renaissance auraient été des magiciens maudits doués d'une langue hermétique. Pourtant, loin de tout rêve démoniaque, vouloir transformer des métaux en argent ou en or et élaborer un élixir de longue vie furent des idées jaillies de brillants esprits, souvent de véritables savants animés par la perspective de comprendre la matière et de la transformer, au prix de laborieuses expérimentations. Ces alchimistes ont ouvert la voie à la chimie et, loin d'être des sorciers, ils n'étaient que rarement persécutés. Nombre d'entre eux appréciaient les honneurs et la bonne société. En témoigne, à la fin de la Renaissance, leur présence au sein des cours savantes des Médicis, de la reine Christine de Suède ou d'Henri IV… sans oublier le Plessis-Bourré.

Château du Plessis-Bourré.
Ph. Craven / LatitudeStock Images /age fotostock

matière, mais sujette à des combinaisons variables jusqu'au Grand-Œuvre : la transmutation des corps et des métaux en or, l'élément le plus évolué. Les huit autres peintures figurent des scènes proverbiales, des conseils que les alchimistes doivent suivre dans leur quête. Parmi ceux-ci, *L'Ourse et les deux singes* où l'ourse figure l'étoile polaire sur laquelle l'alchimiste règle sa route. N'oublions pas que le singe – symbole de reconnaissance des alchimistes – est omiprésent dans le château (sur la porte de la salle du Parlement, sous la rosace des bâtisseurs et les armoiries royales). Quant au *Phénix renaissant de ses cendres*, il pourrait représenter la pierre philosophale. Des scènes singulières montrent une femme urinant debout (Fontaine indécente, symbole de l'élixir de longue vie ?) ou cousant le croupion d'une volaille. Des strophes poétiques accompagnent le réalisme cru de ces scènes.
Chapelle Ste-Anne – Une belle collection d'art sacré de Haute Époque y est exposée. Cette chapelle permet d'accéder à la cour d'honneur avant de faire une agréable promenade dans le parc.

À proximité Carte de microrégion

Manoir de la Hamonnière C2

À 9 km au nord par Écuillé - 49330 Champigné - ✆ 02 41 42 01 38 - visite guidée sur RV (30mn) - 2 €.
Cette gentilhommière, bâtie entre 1420 et 1575, reflète l'évolution des styles de la Renaissance. En façade sur cour, à droite, un sobre corps de logis avec sa tourelle d'escalier et, à gauche, une partie Henri III : notez la travée de fenêtres encadrée de pilastres aux chapiteaux déclinant les ordres. À l'arrière, un donjon de plaisance, probablement ultime adjonction du 16e s., flanqué d'une tourelle d'escalier, tranche par ses fenêtres en plein cintre.

La vallée du Loir 8

Cartes Michelin Départements 310, 311 et 318 – Eure-et-Loir (28), Loir-et-Cher (41) et Sarthe (72)

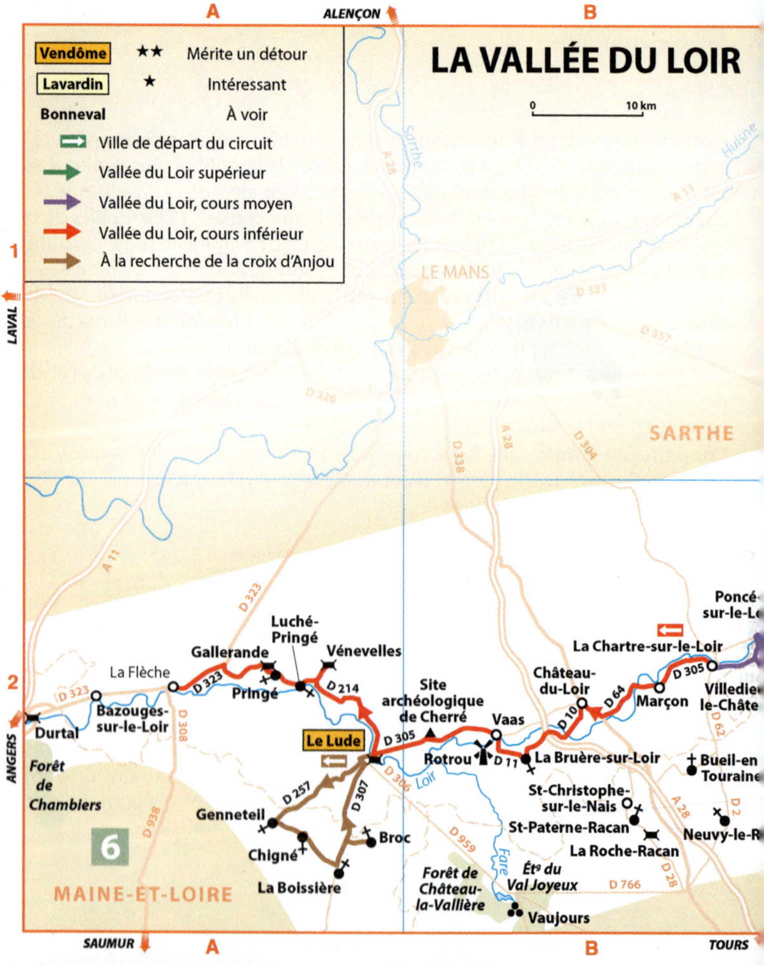

À l'ouest de Vendôme :

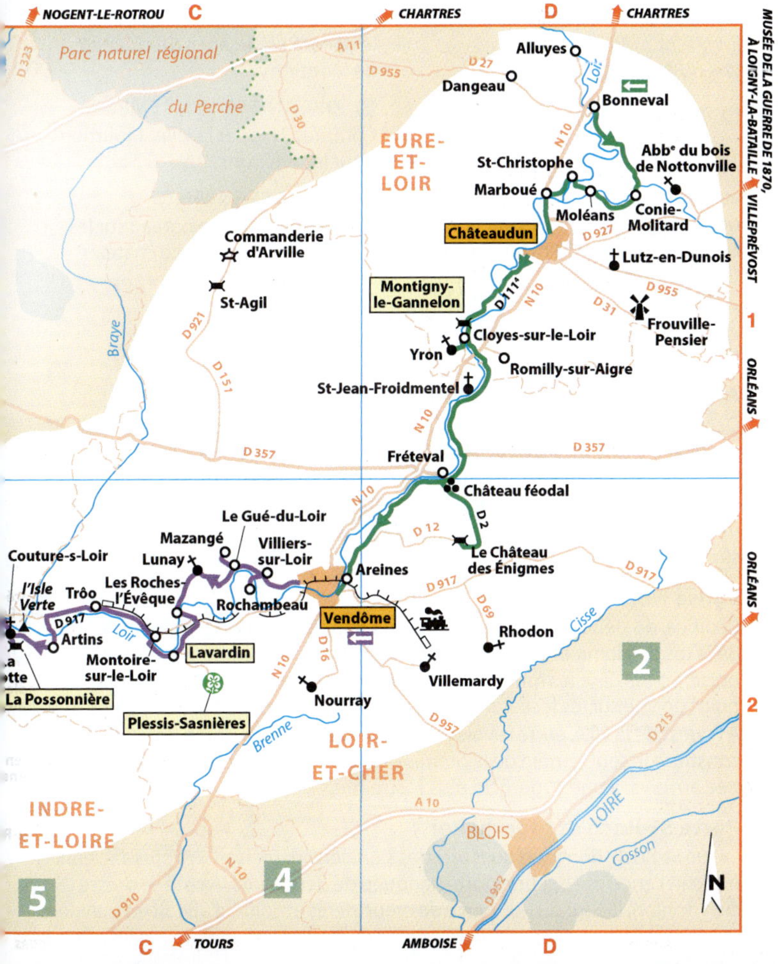

Bonneval

4637 Bonnevalais – Eure-et-Loir (28) – Loir-et-Cher (41)

Campé sur la rive gauche du Loir au cœur de la Beauce, le village de Bonneval s'est développé au Moyen Âge autour de l'abbaye bénédictine de St-Florentin. À l'écart des sentiers battus, il a préservé son identité à l'ombre de ses murailles entourées par un réseau de fossés encore en eau, qui lui valent le surnom de « petite Venise de Beauce ».

NOS ADRESSES PAGE 424
Hébergement, restauration, achats, activités, etc.

S'INFORMER

Bonneval Découvertes – *Square Westerham - ✆ 06 22 91 63 82 - www.bonnevalaufilduloir.com - juin.-sept. : 14h-18h ; avr.-mai : w.-end et j. fériés 14h-18h.*

SE REPÉRER

Carte de microrégion D1 (p. 418-419). Sur la N 10 à 120 km au sud-ouest de Paris, 110 km au nord-est de Tours, 58 km au nord-ouest d'Orléans, 15 km au nord de Châteaudun. En train : gare SNCF à 500 m du centre-ville (1h10 de Paris, 1h de Tours).

À NE PAS MANQUER

Les rives de la vallée du Loir ; le décor Renaissance du château de Montigny.

ORGANISER SON TEMPS

Comptez 1h pour la ville, 1 journée pour les environs.

AVEC LES ENFANTS

Une promenade en bateau sur les canaux de Bonneval. Le château des Énigmes à Fréteval.

Se promener

Ancienne abbaye de St-Florentin

Occupés par un centre hospitalier, les bâtiments comptent d'intéressants vestiges, dont une **porte fortifiée★** du 13e s. Quant au logis abbatial, élevé par René d'Illiers, évêque de Chartres à la fin du 15e s., c'est une jolie construction à damiers, flanquée de deux tours à mâchicoulis et surmontée de lucarnes. À l'entrée de la rue des Fossés-St-Jacques, une jolie vue s'offre sur le plan d'eau.

Église Notre-Dame

L'édifice, du début du 13e s., est construit dans le pur style gothique chartrain. Belle rosace dominant le chevet plat, élégant triforium courant autour de la nef, boiseries derrière les fonts baptismaux et Christ du 17e s. Du pont voisin, beau point de vue sur les fossés bordés de lavoirs et les restes des tours d'enceinte. À l'ouest de la ville, entre la voie ferrée et la déviation, la **porte Boisville** (13e s.) constitue le seul témoin de la première enceinte bâtie autour de la cité, ramenée au 15e s. à une superficie plus restreinte.

Porte St-Roch et tour du Roi

La rue St-Roch, dont quelques arcades signalent les maisons les plus anciennes, franchit l'enceinte par une porte flanquée de deux tours. À côté se dresse l'ancien donjon, la tour du Roi, percé de meurtrières et coiffé d'un toit en poivrière.

Montigny-le-Gannelon, le château, la façade ouest.
N. Thibaut / Photononstop

À proximité Carte de microrégion

Alluyes D1

À 7 km au nord-ouest par la D 144.

Du **château** du 13e s. ne subsistent aujourd'hui que la grosse tour ronde du donjon et une porte fortifiée donnant sur les douves.

Sur la rive gauche de la rivière se dresse une **église** des 15e et 16e s. À l'intérieur, sur le mur gauche de la nef, deux peintures murales gothiques évoquent saint Christophe et le *Dict des Trois Morts et des Trois Vifs*. La Vierge ouvrante du 16e s., à gauche dans la nef, porte en son sein une figuration de la Trinité et à sa base les armes de Florimond Robertet.

Dangeau D1

À 9 km à l'ouest par la D 27.

Sur la place, anciennes maisons en brique et à pans de bois du 15e s.

L'**église St-Pierre** a été édifiée au début du 12e s. par les moines de Marmoutier, dans un style roman très pur, avec des contreforts et des encadrements en pierre ferrugineuse, appelée ici « grison ». Remarquez les voussures du portail sud, décorées d'arabesques et de figures symboliques étranges : le signe de la croix apparaît entre un soleil et une lune à faces humaines, l'Avarice est figurée

DES FOURCHES PEU SPIRITUELLES

Les moines avaient l'art de choisir leur lieu de retraite, mais ici c'est un seigneur du nom de Bonneval qui créa le monastère. Les bénédictins se virent accorder par les rois de France de nombreux privilèges dont certains étaient loin de se limiter au pouvoir spirituel. Ils détenaient par exemple le droit de haute justice, ce qui les autorisait à élever des fourches patibulaires, c'est-à-dire des gibets formés de plusieurs piliers de bois ou de pierre pour y pendre les condamnés à mort.

par un démon tenant une bourse et la Luxure par une femme. Couverte d'un berceau en bois, la nef repose sur des piliers archaïques. Dans les collatéraux, plusieurs statues, dont deux équestres, sont représentatives de l'art religieux populaire du 15e au 17e s. Dans la chapelle se trouvent les fonts baptismaux; triptyque en marbre de la Passion et de la Résurrection (1536).

Circuit conseillé Carte de microrégion

★ VALLÉE DU LOIR SUPÉRIEUR CD1-2

Circuit de 77 km tracé en vert sur la carte de microrégion (p. 418-419) – Comptez une journée. Quittez Bonneval par le sud.

Nonchalant, sinueux et capricieux, le Loir vagabonde de l'Île-de-France à l'Anjou. Jadis navigable à partir de Château-du-Loir, la rivière n'est plus fréquentée que par les barques des pêcheurs qui apprécient ses eaux poissonneuses, bordées de prairies, de peupliers frémissants et de saules argentés.

En arrivant à **Conie**, on franchit la rivière du même nom sous les ombrages, puis on traverse le village de **Moléans**, dominé par son château du 17e s.

Vue reposante sur les eaux calmes du Loir près du joli village de **St-Christophe**, d'où la D 361 mène à Marboué.

Marboué D1

Vous trouverez dans cette antique localité gallo-romaine un haut clocher-porche du 15e s., terminé par une flèche à crochets, et une petite plage.

★★ Château de Châteaudun D1 (*p. 425*)

★ Montigny-le-Gannelon D1

Au loin se dresse la forteresse dominant la vallée du Loir : le nom de Montigny vient en effet de « Mons-Igny », ou « mont du Feu », celui-ci ayant servi à émettre des signaux. Quant au nom de Gannelon, même s'il évoque le traître qui livra Roland à ses ennemis, il désigne un personnage bien plus recommandable : l'abbé de St-Avit à Châteaudun, qui hérita de la forteresse au 11e s. L'**église**, dédiée à saint Gilles et au St-Sauveur, abrite la châsse de sainte Félicité.

★ **Domaine de Montigny-le-Gannelon** – *1 av. du Marquis-de-Lévis - ✆ 02 37 98 30 03 - www.domainedemontigny.com - mai : w.-end et j. fériés ; juin-sept. : horaires, se rens. ; reste de l'année : sur demande préalable au ✆ 06 03 96 29 08 - 8 € (enfant 4 €).*

Une enceinte percée de cinq portes donnait accès à ce château, dont le parc mène à la façade ouest, toute de brique et de pierre. La tour des Dames et la tour de l'Horloge sont les seuls vestiges de la demeure Renaissance reconstruite de 1475 à 1495 pour Jacques de Renty. Laissant à gauche le grand escalier Renaissance orné des portraits des maréchaux de Lévis, on pénètre dans le cloître gothique décoré d'une belle collection d'assiettes en faïence italienne du 16e s. Dans le Grand Salon, un portrait de Gilles de Montmorency-Laval, sire de Rais, qui aurait inspiré à Charles Perrault son terrible *Barbe bleue*.

Dissimulé par les frondaisons, le manège, coiffé d'une armature ouvragée en fer contemporaine de la tour Eiffel, abrite aujourd'hui des instruments aratoires anciens, des voitures hippomobiles et quelques animaux naturalisés.

Cloyes-sur-le-Loir D1

Baignée par le Loir, Cloyes, à la lisière de la Beauce, fut jadis fortifiée. Étape sur la route de St-Jacques-de-Compostelle, cette petite ville recèle de belles maisons anciennes ainsi qu'une église surmontée d'un clocher du 15e s.

En 1883, **Zola** s'installa à Cloyes pour étudier les mœurs beauceronnes avant d'écrire *La Terre*, un roman d'une sombre âpreté, dont l'action se déroule à Cloyes et à **Romilly-sur-Aigre**.

Chapelle d'Yron D1

À 1 km au sud-ouest de Cloyes par la D 35, en direction de Vendôme, puis à droite la D 8[1] ; entrez dans le jardin de l'hospice.

La chapelle, d'époque romane, est ornée de belles **peintures murales** aux dominantes chaleureuses d'ocre jaune et rouge. Datées du 12e s., elles illustrent des épisodes du Nouveau Testament. Dans l'abside se trouvent des représentations des apôtres et un Christ en majesté du 14e s., aux traits délicats.

Revenez à Cloyes et gagnez la D 8[1] vers Bouche-d'Aigre. La D 145[7] suit le Loir et traverse St-Claude, dont l'église pointe sur la colline.

St-Jean-Froidmentel D1

D'abord une halte pour l'église et son joli portail gothico-Renaissance, puis revenez sur la rive gauche du Loir, qu'une haie de peupliers sépare de la route. Entre Morée et Fréteval, des cabanes de pêcheurs alternent avec des maisons plus coquettes où sont amarrés des bateaux à fond plat.

Fréteval D1

En bordure du Loir, ce village ne manque pas d'attirer les pêcheurs. Juché sur un éperon, son **château féodal** *(15mn à pied AR)*, dont le donjon est aujourd'hui en ruine, commandait jadis le passage.

Quittez la D 357 pour un détour vers le sud par la D 2, puis la D 12, à droite, jusqu'au château de Rocheux.

Le Château des Énigmes D1

Château de Rocheux - 41160 Fréteval - ✆ 02 54 77 24 84 - www.chateau-enigmes.com - tlj, de Pâques à la Toussaint : 10h-18h (19h juil.-août) - 14 € (4-12 ans 11 €). Aires de pique-nique ombragées dans le parc.

Ce château – l'une des dix seigneuries de la baronnie de Fréteval à ses origines (13e s.) –, fut, au 17e s., propriété de Marc-Hyacinthe de Rosmadec, vice-roi des Indes et gouverneur des Isles et terres fermes de l'Amérique. Après de multiples métamorphoses, il s'achemine aux 18e et 19e s. vers la forme actuelle qu'on lui connaît : un grand château de belle facture classique animé de quelques accents baroques de villa italienne.

Après la faillite de ce qui était devenue une hostellerie flanquée d'un studio d'enregistrement, le domaine est racheté aux enchères en 1998, pour renaître en parc de loisir sur le mode d'un jeu de piste à partir de 2014.

Composé de 21 énigmes, le parcours permet d'arpenter le parc et les dépendances, la courette et les plus belles salles du château de Rocheux. Les questions portent sur l'histoire de la propriété et, à travers elle, interroge l'histoire de France, entre autre. Pédagogique et ludique le circuit captive enfants et adolescents pendant près de 3h.

Rejoignez Fréteval et continuez de longer le Loir en rive gauche. À hauteur de Pezou, tournez à gauche sur la D 34, puis à droite dans la route de la Vallée-du-Loir.

Bientôt la route s'écarte de la rivière, révélant une suite de maisons cossues et de petites églises.

Areines C2

32 r. de la Vallée-du-Loir - 41100 Areines - horaires, se rens.

Village de la plaine du Loir, Areines était un bourg important à l'époque romaine.

Sur la sobre façade de l'**église** (12e s.), Vierge du 14e s. La nef date du 11e s. et l'abside du siècle suivant. À l'intérieur, bel ensemble de **fresques** (12e s.) aux tonalités pleines de fraîcheur et au dessin gracieux. Le symbole des quatre évangélistes, le tétramorphe, encadre un Christ en majesté : remarquez le lion de saint Marc stylisé à la manière byzantine ; au-dessous, les apôtres portent des auréoles d'un beau bleu céleste, caractéristique de la région. Dans la baie centrale se dressent les saints guerriers, nimbés, et, sous la voûte du chœur, l'Agneau adoré par les anges. Sur les côtés, on observe une Annonciation et une Visitation d'un style élégant ainsi qu'une Nativité, légèrement effacée. Les fresques des parois du chœur paraissent plus récentes, avec un Mariage de la Vierge, à droite.

NOS ADRESSES À BONNEVAL

HÉBERGEMENT

À proximité

PREMIER PRIX

Chambre d'hôte La Chesnaye – *2 hameau La Chesnaye - 28160 Dangeau (10,5 km à l'ouest de Bonneval par la D 27 et la D 367) - 02 37 96 72 09 - http://lachesnayedangeau.free.fr -* P *- 3 ch. 60 € - chèques vacances et animaux acceptés.* Une ferme complètement rénovée, entourée d'un agréable jardin arboré, agrémenté d'un petit plan d'eau et équipé de jeux pour les enfants. Les chambres sont confortables, calmes et bien aménagées. La grange abrite un salon-cheminée et une bibliothèque. Accueil des plus charmants.

BUDGET MOYEN

Hostellerie du Bois Guibert – *15 hameau de Guibert (2 km au sud-ouest de Bonneval) - 02 37 47 22 33 - www.bois-guibert.com -* P *- wifi - 12 ch. 71/145 € - 12 €.* Au cœur d'un parc ravissant, une gentilhommière du 18e s. d'une élégante simplicité ; chambres spacieuses et modernes dans l'annexe. Plateaux-repas sur réservation.

RESTAURATION

BUDGET MOYEN

Auberge de la Herse – *2 pl. Leroux - 02 37 47 21 01 - www.aubergelaherse.com -* P *- fermé lun. - déj. : formule 12 €, menu 14,50 € - 23,50/42,50 €.* Cette auberge est appréciée dans la région pour sa cuisine traditionnelle évoluant au fil des saisons. Plusieurs salles à manger, dont une très spacieuse et les autres plus intimes. Décor associant des couleurs ensoleillées au mobilier campagnard.

ACTIVITÉS

Bateaux Ruban Bleu – *La Capitainerie - 06 22 91 63 82 - www.ville-bonneval.eu - juin-sept. : 14h-18h. - avr.-mai. : seult w.-end et j. fériés 14h-18h - 16/26 €.* Visite de Bonneval au fil de l'eau, à bord d'un petit bateau électrique *(4-5 passagers)*. En naviguant sur les canaux, vous découvrirez sous un angle différent les principaux monuments et sites de la ville.

Château de Châteaudun

★★

Châteaudun (28200) – Eure-et-Loir (28)

À la croisée des routes entre Beauce et Perche, la haute forteresse de Châteaudun, fichée sur son éperon rocheux, dresse son donjon du 12e s. à l'aplomb du Loir. Ce « premier » château de la Loire, pour qui arrive de Paris, conjugue la majesté des places fortes médiévales au luxe des demeures seigneuriales de la première Renaissance. Une belle entrée en matière, qui se marie harmonieusement avec le jardin médicinal et le dédale de ruelles médiévales descendant vers les berges de la rivière.

NOS ADRESSES PAGE 432
Hébergement, restauration, achats, activités, etc.

S'INFORMER

Office de tourisme – *1 r. de Luynes - ✆ 02 37 45 22 46 - www.tourisme-chateaudun.fr - 9h-12h30, 14h-18h et dim. et j. fériés (sf avr.-juin et sept.-oct.) 9h30-12h30 ; reste de l'année : tlj sf dim. et j. fériés 9h-12h, 14h-18h.*

Nocturnes – *Juil. 21h, août 20h30 - 3,50 € (-18 ans 1,50 €) - sur réserv. à l'office de tourisme.* Visites animées de la ville.

SE REPÉRER

Carte de microrégion D1 (p. 418-419) et plan de Châteaudun (p. 429).

À 130 km au sud-ouest de Paris par la N 10, 52 km au nord-ouest d'Orléans, 40 km au nord-est de Vendôme.
En train : gare SNCF de Châteaudun (1h20 de Paris).

À NE PAS MANQUER

Le donjon ; les statues du 15e s. et les escaliers du château ; en ville, l'église de la Madeleine et la collection ornithologique du musée des Beaux-Arts et d'Histoire naturelle.

ORGANISER SON TEMPS

L'été, réservez votre dîner médiéval au château. Comptez 1h pour le château, 2h pour la ville, 1h pour les alentours.

AVEC LES ENFANTS

Les parcours-découvertes du château ; les grottes du Foulon ; le moulin de Frouville-Pensier ; la Commanderie d'Arville ; une balade à cheval ou en canoë.

★★ CHÂTEAU A1

Pl. Jean-Dunois - ✆ 02 37 94 02 90 - www.chateaudun.monuments-nationaux.fr - juil.-août : 10h-13h, 14h-18h15 ; mai-juin : 10h-13h, 14h-18h ; reste de l'année : 10h-12h30, 14h-17h30 - fermé 1er janv., 1er Mai, 25 déc. - possibilité de visite guidée sur demande (1h) - 6 € (-18 ans gratuit)..

Donjon – Haut de 31 m, hors toiture, il date du 12e s. C'est l'un des premiers donjons ronds, mais aussi l'un des plus imposants et des mieux conservés. Les murs arrondis offrant moins de prise aux projectiles, ce type de tour et de donjon a progressivement remplacé les tours carrées, tombées en désuétude.

Sous-sols – Sous l'aile de Dunois *(entrée au pied de l'escalier gothique)*, deux belles salles contiguës et voûtées en croisées d'ogives servaient de cuisines ; elles possèdent chacune une double cheminée sur toute la largeur de la pièce.

Le château de Jean de Dunois

Propriété des comtes de Blois dès le 10e s., Châteaudun fut vendu en 1392 à Louis d'Orléans, frère de Charles VI, puis, par succession, échut au poète Charles d'Orléans. Celui-ci l'offrit à son demi-frère Jean, dont sont issus les Orléans-Longueville, possesseurs du comté jusqu'à la fin du 17e s.

LE BÂTARD D'ORLÉANS (1402-1468)

Le beau Dunois, fidèle compagnon de Jeanne d'Arc, était le fils naturel de Louis Ier d'Orléans et de Mariette d'Enghien. Élevé par Valentine Visconti, femme légitime de Louis d'Orléans, qui l'aimait autant que ses propres enfants, Dunois combattit les Anglais dès l'âge de 15 ans ; et cela, durant des décennies. En 1429, il anime la défense d'Orléans et délivre Montargis. Il participe à tous les épisodes de la grande épopée de Jeanne d'Arc : Jargeau, Beaugency, Reims et Paris. Comblé d'honneurs à la fin de sa vie, il se retire en 1457 à Châteaudun, où il reçoit le poète François Villon. Dunois repose dans la basilique N.-D.-de-Cléry. Lettré et cultivé, il était, dit le chroniqueur Jean Cartier, « un des plus beaux parleurs qui fust de la langue de France ».

LES TROIS ESCALIERS

Ils marquent l'évolution des styles du château. Construit en 1460, le plus ancien s'inscrit dans la tourelle qui jouxte la chapelle et permet l'accès aux différents étages de l'aile Dunois. Dix ans plus tard, la construction du deuxième constitue une innovation. Situé à l'angle de l'aile Dunois et de celle de Longueville, ce superbe **escalier gothique flamboyant** se trouve à la fois encastré dans l'œuvre et ouvert sur l'extérieur par de larges baies au niveau des paliers. Véritable dentelle de pierre, il se termine en fleur de lys et constitue une habile transition entre l'escalier de l'aile Dunois et l'**escalier Renaissance** situé à l'extrémité est du bâtiment. Entrepris dès 1510, celui-ci s'apparente au deuxième escalier et compte en outre une abondance de motifs inspirés de la Renaissance italienne. Il préfigure l'escalier de François Ier au château de Blois.

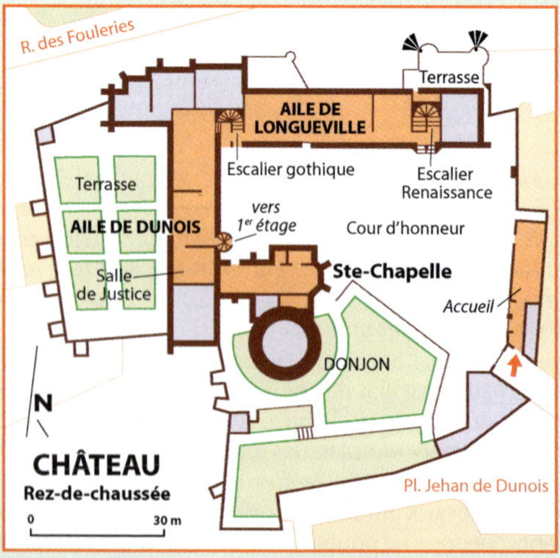

Château de Châteaudun, ailes Longueville et Dunois.
A. J. Cassaigne / Photononstop

Au nord, de petites pièces jadis occupées par des gardes communiquent avec des cachots exigus, parfois voûtés d'ogives.

Sainte-Chapelle – Cette construction gracieuse, élevée au 15e s. pour le comte Jean de Dunois, possède un clocher carré et deux oratoires flanquant la nef et le chœur, ainsi qu'une abside à trois pans. La chapelle haute, couverte d'un lambris en berceau brisé, était réservée aux serviteurs. La chapelle basse est voûtée en croisées d'ogives. Dans l'oratoire sud, la peinture murale du début du 16e s., représentant le Jugement dernier, met en scène Jean de Dunois. Un bel ensemble de quinze **statues★★** polychromes offre un remarquable exemple de la sculpture des ateliers de la Loire à la fin du 15e s. On remarque en particulier : sainte Marie l'Égyptienne, sainte Radegonde et son sceptre, sainte Apolline et les tenailles qui lui arrachèrent les dents, sainte Barbe et sa tour, sainte Catherine tenant la roue et l'épée de son martyre et sainte Marthe foulant des pieds le dragon.

Aile de Dunois – Bâtie à l'ouest vers 1460, elle révèle par son aménagement le besoin de confort qui succéda aux troubles de la guerre de Cent Ans. On y accède par la tour d'escalier saillante et à larges paliers qui jouxte la chapelle. Les vastes salles de séjour sont couvertes de grosses solives apparentes et tendues de tapisseries. Au 1er étage, une magnifique suite de tentures du 16e s. provenant des ateliers de Bruxelles relate la vie de Moïse. La salle de Justice, où siégeaient le seigneur et son tribunal, fut revêtue au 17e s. de boiseries et peinte aux armes de Louis XIV à l'occasion du passage du Roi-Soleil à Châteaudun. Elle servit aussi de tribunal révolutionnaire en 1793.

Aile de Longueville – Parachevant l'œuvre de son père, François Ier de Longueville éleva au nord, à l'angle des deux ailes, un très bel **escalier gothique flamboyant★**. François II de Longueville puis son frère le cardinal d'Orléans poursuivirent, dans les années 1510-1520, la construction de cette aile droite dite de Longueville sans toutefois parvenir à l'achever. Au sommet des murs, une corniche à l'italienne soutient une balustrade flamboyante. L'**escalier Renaissance★** est l'un des premiers à intégrer des motifs d'origine

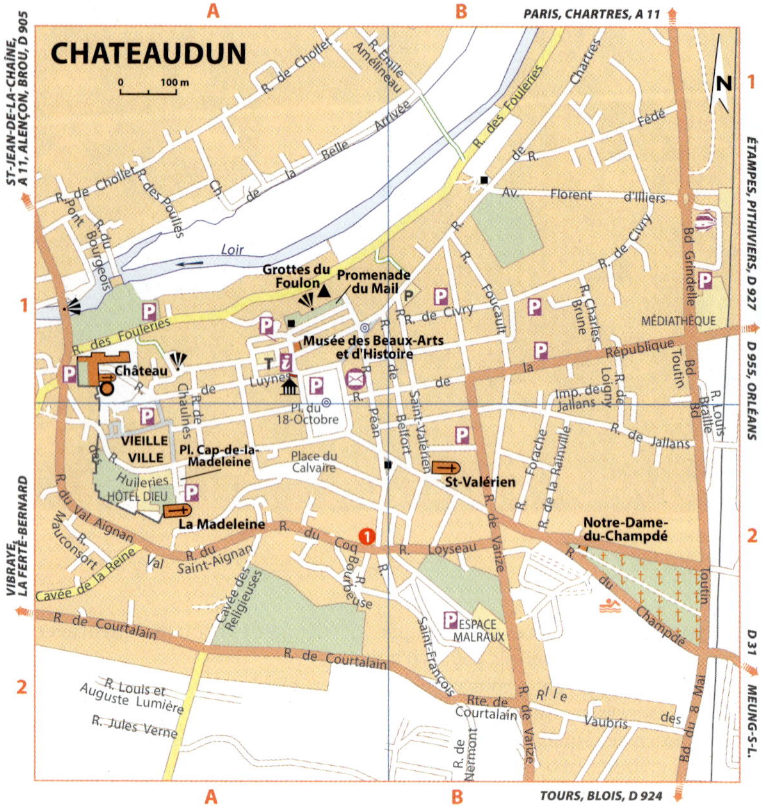

SE RESTAURER
Aux Trois Pastoureaux 1

italienne. Les pièces du rez-de-chaussée et la galerie Renaissance sont ornées de tapisseries de Paris et d'Amiens (17e s.). Dans la grande salle du 1er étage, coffres sculptés du 16e s. et, en vis-à-vis, monumentales cheminées de styles gothique et Renaissance.

Jardin médiéval – Au pied du donjon, il comprend des carrés de plantes médicinales, utilitaires et alimentaires, cultivées au Moyen Âge. Roses et lys, traditionnellement attribués à la Vierge, poussent dans le jardin de Marie.

★ Vieille ville A2

Au pied de la forteresse, la rue du Château, bordée de maisons à encorbellement, aboutit à une charmante placette où l'on remarque deux façades anciennes avec pilastres, poutres et médaillons sculptés. Elle se poursuit par la rue de la Cuirasserie, avec son bel hôtel à tourelle d'angle du 16e s., qui débouche **place Cap-de-la-Madeleine**. À droite, l'hôtel-Dieu, bâti en 1092, fut complètement remanié en 1762. À gauche, le palais de justice occupe l'ancienne abbaye des Augustins, de facture classique. Au 17e s., l'un de ses abbés fut à l'origine de la fondation, au Québec, de la ville de Cap-de-la-Madeleine.

★ **Église de la Madeleine** – Adossée aux remparts, elle présente sur sa façade nord une série de pignons pointus, disposition fréquente dans la région.

Construite au 12e s. sur un plan ambitieux, elle ne put être achevée, faute de fonds. Au flanc sud, donnant sur le ravin, s'ouvre un portail roman aux voussures sculptées de figures humaines et d'animaux fantastiques.

Descendez la rue des Huileries jusqu'à la rue de la Porte-d'Abas où, à gauche, près des ruines d'une porte romaine, s'élève la loge aux Portiers, du 16e s., ornée d'une statue de la Vierge. Revenez par la rue St-Lubin bordée de belles maisons bourgeoises au nº 2 et au nº 12. De retour devant le château, passez sous le porche au début de la rue de Luynes, engagez-vous dans l'impasse du cloître St-Roch, puis prenez à droite l'étroite et sinueuse venelle des Ribaudes qui débouche sur une petite place au bord du plateau : vous y découvrirez une jolie **vue** sur le Loir et sa vallée. À droite sur la place, remarquez le beau logis du 15e s. à porte flamboyante et fenêtres à meneaux.

Par la rue Dodun, revenez vers le château.

LA VILLE DES ALEXANDRINS

À Châteaudun naquit au 12e s. Lambert le Tort, l'un des auteurs du *Roman d'Alexandre*, poème héroïque de 22 000 vers inspiré de la légende d'Alexandre le Grand et fort apprécié au Moyen Âge. Ses vers de 12 pieds reçurent par la suite le qualificatif d'alexandrins, si chers à nos poètes, de Corneille à Victor Hugo…

À voir aussi Plan de la ville

Musée des Beaux-Arts et d'Histoire naturelle A1

3 r. Toufaire - ✆ 02 37 45 55 36 - http://ville-chateaudun.com - juil.-août : 9h30-12h, 13h30-18h ; reste de l'année : tlj sf mar. 9h-12h, 13h30-17h, w.-end 14h-17h - 4,20 € (-18 ans gratuit) - 2,50 € pass découverte.

★ **Collection ornithologique** – Réputée depuis le 19e s., elle se compose de 2 500 espèces d'oiseaux naturalisés du monde entier.

Archéologie égyptienne – Vaste ensemble d'objets funéraires provenant de tombes royales de l'époque dynastique (4000-3100 av. J.-C.) et de l'époque thinite (3100-2700 av. J.-C.) découverts à Abydos ; collection de **momies** (d'enfants, de mains, de rapaces ou de crocodiles) et sarcophages datant de l'époque romaine. Également **salles d'arts décoratifs** (Europe et Extrême-Orient).

Église St-Valérien B2

Cet édifice du 12e s. est dominé par un haut clocher carré avec flèche de pierre à crochets du 15e s. Sur le flanc sud, voyez le beau portail roman polylobé.

Chapelle Notre-Dame-du-Champdé B2

De cette chapelle de cimetière, détruite à la fin du 19e s., subsiste une façade flamboyante, au décor finement ciselé. Une délicate balustrade, soutenue par des consoles sculptées, court à la base du pignon où se tient la Vierge, patronne de l'édifice.

Grottes du Foulon A1

35 r. des Fouleries - ✆ 02 37 45 19 60 - www.grottesdufoulon.sitew.com - visite guidée (1h) juil.-août : 10h-17h, lun. 14h-17h ; de mi-avr. à fin juin : tlj sf mar.-merc. 14h-16h ; reste de l'année : se rens. - 8,50 € (-10 ans 5 €).

Bordant la rue, les grottes du Foulon (1 ha) doivent leur nom à l'activité des fouleurs, qui assuraient autrefois le traitement des peaux. Creusées dans une couche de craie datée de 85 millions d'années, elles présentent des voûtes tapissées de concrétions de silex, parfois transformées en géodes de

LE PHÉNIX DU LOIR

Le 18 octobre 1870, les Prussiens attaquent Châteaudun avec 24 canons et 12 000 hommes. Près de 300 gardes nationaux dunois et 600 francs-tireurs se retranchent derrière des barricades et résistent toute la journée, malgré un bombardement intense ; écrasés par le nombre, ils battent en retraite. Les Allemands mettent alors le feu, réduisant en cendres 263 maisons. La devise *Extincta revivisco* (« Éteinte, je renais ») est depuis lors celle de la ville.

calcédoine ou de quartz sous l'effet de la cristallisation. Elles furent occupées dès le néolithique et, au Moyen Âge, elles fournirent les matériaux nécessaires à la construction du donjon du château.

Église St-Jean-de-la-Chaîne Hors plan par A1

Sortez au nord-ouest de la ville.

Sur la rive droite du Loir, dans le faubourg St-Jean, un portail à accolades du début du 16e s. ouvre sur l'ancien cimetière où se dresse l'église St-Jean du 15e s.

Promenade du Mail A1

Le long du promontoire qui domine la vallée, elle a été agrandie et aménagée en jardin public. La **vue★** s'étend sur les deux bras du Loir, le faubourg St-Jean et les coteaux du Perche.

À proximité Carte de microrégion

Lutz-en-Dunois D1

À 7 km à l'est, par la D 955.

Charmante **église** romane à clocher bas et toit en bâtière. À l'intérieur, ne manquez pas les **peintures murales** du 13e s. aux chaudes tonalités ocre rouge et jaune. Apôtres et saints évêques voisinent avec l'Entrée du Christ à Jérusalem, la Mise au tombeau, la Résurrection du Christ et la Descente aux limbes.

Abbaye du bois de Nottonville D1

À 18 km à l'est, par la D 927 jusqu'à Varize, puis suivez le fléchage.

02 37 96 91 64 - visite guidée sur RV (45mn) juil.-août : 14h30-18h30 ; mai-juin et de déb. sept. à mi-oct. : w.-end et j. fériés 14h30-18h30 - 3 € (enfant 2 €).

Ce prieuré des 11e et 15e s. dépend des moines bénédictins de Marmoutier. À voir en particulier : la porte fortifiée, le colombier et la grange à charpente carénée.

Moulin de Frouville-Pensier D1

À 10 km au sud-est. Prenez la D 31 en direction d'Ozoir-le-Breuil, puis sur la gauche la D 144 vers St-Cloud-en-Dunois.

02 37 98 70 31 - http://moulin.frouville.free.fr - visite guidée (1h) de mi-mars à fin sept. : w.-end et j. fériés 14h30-18h30 - 2,50 € (-16 ans gratuit).

Parmi les moulins à vent de la Beauce, c'est le seul en pierre à avoir survécu. Son origine remonte à 1274 mais, à la suite d'un incendie, il fut reconstruit en 1826. On peut le voir fonctionner et admirer ses meules impressionnantes (1,30 et 1,90 m de diamètre), l'envergure de ses ailes (21 m) et sa toiture tournant à l'aide d'une queue gouvernail.

Musée de la Guerre de 1870, à Loigny-la-Bataille Hors plan

34 km à l'est par la D 927, dir. Janville, Pithiviers : à la sortie d'Orgères-en-Beauce, prenez à droite la petite D 39 ; entrez par l'église-mémorial.

Pl. du 2-Décembre-1870 - 02 37 99 74 96 - www.memorialdeloignylabataille.fr - ♿ - juin-août : tlj sf lun. horaires se rens. ; avr.-oct. : dim. apr.-midi - fermé

*j. fériés - 5,50 € (-18 ans 2,50 €).*Le 2 décembre 1870, 9 000 hommes périrent à Loigny au cours d'une bataille qui vit la défaite de l'armée de la Loire face à l'armée allemande. D'où ce musée et sa collection d'objets, d'armes et d'uniformes de la guerre de 1870. Les tombeaux des généraux de Charette et de Sonis se trouvent dans une chapelle néoromane attenante tandis que les restes de soldats, 1 200 Français et une soixantaine de Prussiens, sont rassemblés dans un ossuaire.

Château de Villeprévost Hors plan

À 34 km à l'est par la D 927, dir. Janville, Pithiviers ; env. 3 km après Orgères-en-Beauce, prenez à droite la petite D 118 via *Tanon.*

Tillay-le-Péneux - 4 lieu-dit Villeprévost - ✆ 02 37 99 45 17 - de déb. juil. à mi-août : 13h-19h ; reste de l'année : sur RV - fermé certains j. fériés - possibilité de visite guidée (1h) - 5 € (-12 ans gratuit).

Entourée d'un parc à la française dessiné par un élève de Le Nôtre, cette gentilhommière des 17e et 18e s. appartenait à Armand François Fougeron, conseiller du roi et juge de paix d'Orgères. Grâce à son intervention fut arrêtée la redoutable bande des « chauffeurs d'Orgères », plus de 300 malfaiteurs qui terrorisaient la région en brûlant les pieds de leurs victimes ! Leur interrogatoire eut lieu dans le salon du château. Le beau colombier du 16e s. contient les terribles masques mortuaires des condamnés.

Commanderie d'Arville C1

À 30 km à l'ouest de Châteaudun, par D 927, dir. Courtalain, puis D 87, dir. La Fontenelle et D 23, dir. Arville).

Rte des Templiers - Arville - ✆ 02 54 80 75 41 - www.commanderie-arville.com - avr.-août : 10h-18h30 ; reste de l'année : 10h-12h30, 13h30-17h30 - fermé déc.-janv. - visite guidée sur demande (2h) - 5 € bâtiments et jardin, 8 € avec le Centre d'histoire des ordres de la chevalerie, + 2 € audioguide - jeux, ateliers enf. et hébergement.

Construite en **roussard**, la commanderie fut créée par les templiers, auxquels succédèrent les chevaliers de St-Jean-de-Jérusalem.

L'OR ET LE FEU

L'ordre militaire et religieux des **Templiers** fut fondé en 1119 au temple de Jérusalem. Ses membres, vêtus d'un manteau blanc à croix rouge, assuraient la sécurité des routes et la protection des pèlerins. À cet effet, ils édifièrent, au 13e s., sur les principaux itinéraires des commanderies fortifiées faisant office de banques. Les chevaliers et (riches) pèlerins partant en croisade laissaient de l'argent dans une maison du Temple et, sur reçu, touchaient l'équivalent (ou presque) à leur arrivée en Terre sainte. Mais le voyage comportait quelques risques, et tous ne parvenaient pas à bon port… Amenés à prêter aux papes, aux rois et aux princes, les templiers acquirent une richesse et une influence considérables. Au début du 14e s., l'ordre compte 15 000 chevaliers et 9 000 commanderies. Il a sa juridiction particulière, ne paie pas d'impôts et relève de la seule autorité du pape. Mais cette richesse et cette indépendance lui créent de nombreux ennemis. En 1307, **Philippe le Bel** obtient du pape que les templiers soient traduits devant des tribunaux spéciaux ; il fait arrêter, le même jour, tous les membres de l'ordre. Le grand maître Jacques de Molay et 140 dignitaires sont emprisonnés à Chinon puis à Paris. À la suite d'un procès où ils sont accusés d'avoir renié le Christ en crachant sur la Croix lors des cérémonies d'initiation, 54 d'entre eux, dont Jacques de Molay, sont brûlés vifs.

Chapelle du 12e s. – Le clocher-pignon jouxte une tour en silex intégrée aux murailles. Notez les deux tourelles en brique, à curieux toits de lattes de châtaignier en forme d'éteignoir, de la porte (fin 15e s.). Également une belle grange dîmière, un four à pain et un pigeonnier.
Centre d'histoire des ordres de la chevalerie – Il évoque l'épopée des croisades en images, sons et même odeurs (badiane, anis…) : le monde des croisés, d'Arville à Jérusalem en passant par Gênes. Dans le petit jardin médiéval aux quatre carrés évoquant les quatre éléments, sont cultivés plantes médicinales, potagères, des champs et utilitaires. Quelques haies champêtres composent un chemin botanique le long de la rivière.

Château de St-Agil C1

À St-Agil, 3 km au sud d'Arville par la D 921.
Ne se visite pas.
Cet intéressant manoir du 13e s., entouré de douves, fut en partie remanié en 1720. Son joli pavillon d'entrée (16e s.) est encadré de tours dont l'appareil de brique rouge et noire dessine un réseau de losanges. Des mâchicoulis supportent un chemin de ronde et des toits en poivrière, alors que le corps central est surmonté d'une lucarne à médaillon (Antoine de La Vove, seigneur du lieu).
Tracé par J. Hardouin-Mansart, le **parc** fut transformé à l'anglaise en 1872. Il a gardé ses vieux tilleuls, plantés en 1720. Remarquez la belle glacière du 16e s..

NOS ADRESSES À CHÂTEAUDUN

RESTAURATION

BUDGET MOYEN

Aux Trois Pastoureaux – A2 - *31 r. André-Gillet - 02 37 45 74 40 - www.aux-trois-pastoureaux.fr - fermé dim.-mar. midi - formule déj. 22 € - 29/65 €.* Le chef est soucieux des associations d'ingrédients, des cuissons et des assaisonnements. Recettes savoureuses et carte traditionnelle, menu médiéval, choix de vins au verre.

ACTIVITÉS

Centre équestre Dunois – *Chemin de St-Martin - 02 37 66 00 00 - 9h-12h, 14h-18h - fermé dim.* Cours d'équitation.
Club Canoë-Kayak Dunois – *4 r. des Fouleries - 02 37 45 53 36/06 - http://perso.wanadoo.fr/ckd - juil.-août ; reste de l'année : sur RV - 7/36 €.* Découverte de la vallée du Loir en canoë ou kayak. Circuits commençant notamment à St-Christophe, transport assuré jusqu'au point de départ. La descente de la rivière, calme, est agréable pour les plus jeunes.
Commanderie d'Arville – Nombreuses animations toute l'année.

AGENDA

Marché médiéval – *Dim. de Pentecôte, commanderie d'Arville - 10h-18h30 - 02 54 80 75 41 - www.commanderie-arville.com.* Ambiance médiévale, artisanat d'art, animations (combats à l'épée, jongleurs, cracheurs de feu, danseurs) et produits du terroir.
Fête médiévale – *Mi-juil. - commanderie d'Arville.*

Vendôme ★★ et la vallée du Loir★

16920 Vendômois – Loir-et-Cher (41)

Enserrée entre deux bras du Loir, traversée de canaux dont l'eau circule sans hâte sous de multiples ponts, Vendôme se distingue par son charme et sa tranquillité. Ville de pierre blanche, à visiter de préférence sous le soleil, Ville d'art et d'histoire aussi, elle conserve quelques maisons à pans de bois et des bâtiments du 13e au 15e s. : la porte d'Eau, la tour de l'Islette et l'abbaye de la Trinité à la façade de dentelle finement sculptée, parfait exemple du gothique flamboyant. À partir de Vendôme, aujourd'hui à 45mn de Paris, on peut descendre la vallée du Loir, terre du poète Ronsard, et apprécier la douceur de ses paysages qui ne manquent pas d'attraits : petites églises aux fresques romanes, forteresses et châteaux isolés, maisons troglodytiques et vin gris du Vendômois.

NOS ADRESSES PAGE 445
Hébergement, restauration, achats, activités, etc.

S'INFORMER

Office de tourisme – *47-49 r. de la Poterie - ✆ 02 54 77 05 07 - www.vendome-tourisme.fr - juil.-août : 9h30-12h30, 14h-18h, dim. et j. fériés 10h30-13h ; mars-juin et sept.-oct. : tlj sf dim. 9h30-12h30, 14h-18h ; reste de l'année : tlj sf dim. et jeu. 10h-12h30, 14h-17h - fermé 1er janv., 1er Mai, 1er et 11 Nov., 25 déc.*

Visites guidées – *4,75 € (11-20 ans 2,20 €) - label Ville d'art et d'histoire.* Visites-découverte animées par des guides-conférenciers agréés par le ministère de la Culture et de la Communication.

Promenade aux flambeaux – *✆ 02 54 77 05 07 - visite guidée sur demande préalable (1h30) 2e quinz. juil. : merc. 22h ; 1re quinz. août : merc. 21h30 - 5,60 €.* Visite nocturne aux flambeaux au cœur de Vendôme *(1h30, dép. devant l'office de tourisme).*

SE REPÉRER

Carte de microrégion C2 (p. 418-419), carte de la vallée du Loir (p. 440-441), plan de Vendôme (page suivante) – À 175 km au sud-ouest de Paris, 30 km au nord-ouest de Blois, 56 km au nord-est de Tours, 40 km au sud-ouest de Châteaudun. En train : gare SNCF de Vendôme (45mn de Paris en TGV).

À NE PAS MANQUER

La façade et les stalles de l'abbaye de la Trinité ; les fresques de la salle capitulaire. *Louis Lambert* de Balzac.

ORGANISER SON TEMPS

Comptez 2h pour une visite commentée de l'abbaye et du clocher, 2h pour une visite guidée de la ville.

AVEC LES ENFANTS

Le livret-jeu avec son sac d'enquêteur **Touche pas au Trésor** *(2h, 5 €)* ; les fiches Randoland *(jeux de pistes sur randonnées - www.val-de-loire-41.com/decouvertes-ludiques/)* ; **Guideez**, **GuidiGO**, **Baludik**, applications interactives à télécharger sur tablette ou smartphone pour une découverte ludo-éducative de la ville, des circuits nature ou de l'œuvre de Balzac ; le petit **train touristique** de Thoré-la-Rochette.

SE LOGER
Hôtel Le St-Georges 10
Hôtel Le Vendôme 13

SE RESTAURER
Auberge de la Madeleine .. 1
Le Moulin du Loir 2
Pertica 8

Se promener Plan de ville

Si vous êtes en voiture, garez-vous à l'extérieur de la vieille ville, sur le parking de la place de la Liberté. Découvrez à pied les secrets du vieux Vendôme, ses jardins, ses ponts et ses fameuses portes.

Jardin public B1-2

Baigné par le Loir, il offre une vue générale sur Vendôme, la Trinité et la **porte d'Eau**, ou arche des Grands-Prés, des 13e et 14e s.
De la place de la Liberté, on découvre la porte d'Eau sous un autre angle ainsi que la **tour de l'Islette**, du 13e s. Ces ouvrages forment avec la porte St-Georges les seuls vestiges des anciens remparts.

Parc Ronsard A1

Espace vert ombragé, il relie l'hôtel de ville à l'hôtel du Saillant (fin 15e s.) et à la bibliothèque municipale. L'hôtel de ville n'est autre que l'ancien **collège des Oratoriens** – devenu lycée Ronsard en 1930 – fondé en 1623 par le duc César de Vendôme et où Balzac fut élève. Un bras du Loir traverse le parc. Sur l'une de ses rives, vous observerez un **lavoir du 16e s.** à deux étages.

Chapelle St-Jacques B1

Halte depuis le 12e s. sur le chemin de St-Jacques-de-Compostelle, cette chapelle gothique flamboyante fut reconstruite au 15e s. et rattachée au 16e s. au collège des Oratoriens. Désaffectée à la Révolution, elle est transformée en magasin militaire, puis en salle de spectacle, avant de retrouver sa vocation originelle en 1826. À nouveau sécularisée, elle est devenue lieu d'exposition.

Église de la Madeleine A1

Cette église datant de 1474 possède un élégant clocher surmonté d'une flèche à crochets.

Place St-Martin B2

Jusqu'au 19e s. s'y dressait l'église St-Martin, bâtie aux 15e et 16e s. Finalement démolie, l'église a vu son clocher transformé en beffroi. Son carillon évoque cette fameuse comptine du 15e s. (chanson politique à ses origines) qui égrenait quelques unes des dernières possessions du Dauphin Charles VII dépouillé par les Anglais suite au Traité de Troye (1420) « *Mes amis, que reste-t-il ? À ce Dauphin si gentil ? Orléans, Beaugency, Notre-Dame-de-Cléry et Vendôme ! Vendôme !* » Jeanne d'Arc entrera ensuite en scène…

Une maison à pans de bois du 16e s., dite du « Grand St-Martin », est ornée d'écussons armoriés et de statuettes. Vous remarquerez aussi la statue du maréchal de **Rochambeau**, qui commanda les troupes royales lors de la guerre d'Amérique. Place de la République, entrez dans un magasin de vêtements *(Mim)* pour admirer une porte Renaissance, vestige d'une ancienne rue.

Porte St-Georges A2

Elle protégeait l'entrée de la ville sur le Loir. Le gros œuvre de ses tours remonte au 14e s. Côté pont, elle arbore des mâchicoulis et un décor sculpté de dauphins et de médaillons Renaissance, ajouté au début du 16e s. par Marie de Luxembourg, duchesse de Vendôme.

Château A2

Accès en voiture par le faubourg St-Lubin et Le Temple.

✆ 02 54 77 05 07 - www.vendome-tourisme.fr - juin-sept. : 9h-22h ; mars-mai : 9h-20h ; reste de l'année : 9h-17h - possibilité de visite guidée sur demande (1h30) - gratuit - accès par les terrasses - visite libre du parc.

BALZAC COLLÉGIEN

Le collège des Oratoriens enregistrait, le 22 juin 1807, l'entrée d'un enfant de 8 ans, Honoré de Balzac. Celui-ci se montra un élève distrait et indiscipliné. Les collégiens étaient soumis à une règle très dure que Balzac a évoquée dans son roman *Louis Lambert* (1832) : « Une fois entrés, les élèves ne partent du collège qu'à la fin de leurs études… La classique férule de cuir y jouait encore avec horreur son terrible rôle… Les lettres aux parents étaient obligatoires à certains jours, aussi bien que la confession. » Des *pensum* qu'on recopait dans les culottes de bois – surnom donné aux lits fermés des dortoirs. Honoré était peu doué pour la draisienne, ancêtre du vélo, et subissait les railleries de ses condisciples. Il se faisait constamment mettre au cachot pour pouvoir y lire en paix. Ce régime mina sa santé et ses parents le rappelèrent à Tours. À son retour, sa grand-mère déclara, consternée : « Voilà comment le collège nous renvoie les jolis enfants que nous lui donnons. »

Les larmes de la Trinité

Vendôme prend de l'importance avec les comtes Bouchard puis avec le fils de Foulques Nerra, Geoffroy II d'Anjou, dit Geoffroy Martel, qui fonde l'**abbaye de la Trinité** au 11e s. En 1371, la maison de Bourbon hérite de Vendôme et François Ier l'érige en duché en 1515. En 1589, la ville subit un sac mémorable, dont seule l'église de la Trinité réchappe.

SAINTE LARME DE VENDÔME !

Par une nuit d'été, **Geoffroy Martel**, ayant vu en songe, à Vendôme, la chute de trois lances de feu dans une fontaine, décide d'y fonder un monastère dédié, le 31 mai 1040, à la Sainte Trinité. Desservie par les bénédictins, l'abbaye connaît une extension considérable et devient l'une des plus puissantes de France. La pourpre cardinalice est même attachée à la charge d'abbé, que détint à la fin du 11e s. le prélat Geoffroy de Vendôme, théologien et acteur important de son temps, ami du pape Urbain II.

La Trinité devint l'objet d'un pèlerinage à la Sainte Larme, celle que le Christ aurait versée sur le tombeau de Lazare et que Geoffroy Martel aurait rapportée de Constantinople. C'est pourquoi les chevaliers vendômois prirent l'habitude de se rallier aux cris de « Sainte Larme de Vendôme ! » ou de « Vendredi de Lazare ! », tandis que les fidèles venaient invoquer la relique pour les maladies des yeux.

En dépit des saccages de la Révolution qui dépossédèrent Vendôme d'une partie de ses objets religieux en 1793, la ville peut encore se targuer de conserver un beau patrimoine architectural.

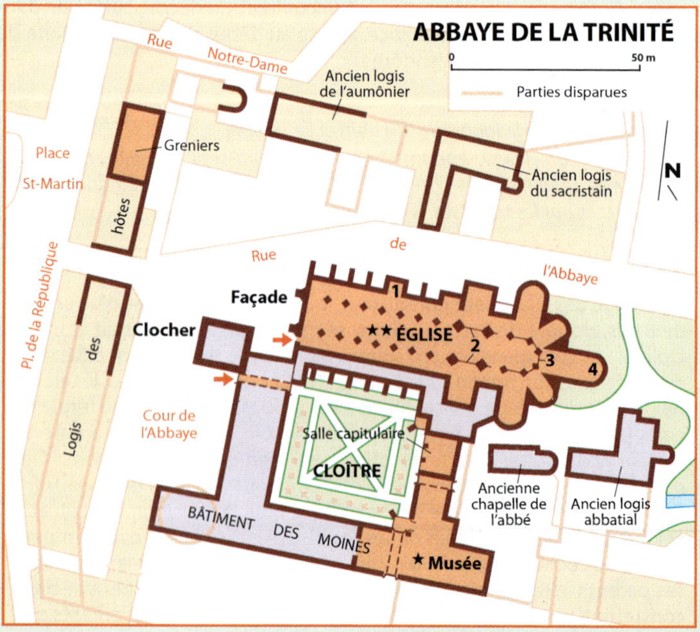

Vendôme, vue sur la ville et l'abbaye.
H. Lenain/hemis.fr

Plantées au sommet du relief qui domine le Loir, ses ruines conservent une enceinte de terre et des remparts jalonnés de tours rondes à mâchicoulis des 13e et 14e s. Sur la face est, la grosse tour de Poitiers a été reconstruite au 15e s. La porte de Beauce, du début du 17e s., mène à l'intérieur, dans un vaste jardin, aux vestiges de la collégiale St-Georges fondée par Agnès de Bourgogne. Antoine de Bourbon et Jeanne d'Albret, parents d'Henri IV, y furent inhumés.

Promenade de la Montagne

Des terrasses, **vues★** panoramiques sur la vallée du Loir et sur Vendôme.

Découvrir

★ ANCIENNE ABBAYE DE LA TRINITÉ

On pénètre dans l'enceinte par la rue de l'Abbaye.

★★ **Église abbatiale** – Remarquable réalisation de l'art gothique flamboyant. Avant d'entrer, observer dans la rue de l'Abbaye les baies romanes des greniers de l'abbaye, intégrées dans les habitations actuelles : dès le 14e s., les moines avaient autorisé les commerçants à y adosser leurs boutiques.

Extérieur – À droite, isolé, s'élève l'harmonieux **clocher** du 12e s., haut de 80 m. Notez les dimensions croissantes des baies et des arcatures ; le passage du plan carré à l'octogonal se fait par l'intermédiaire de clochetons d'angle ajourés. À la base des corniches grimacent des masques et des animaux. L'étonnante **façade flamboyante** que l'on a parfois attribuée à Jean de Beauce, auteur du clocher neuf de la cathédrale de Chartres, fouillée et ajourée comme une dentelle, contraste avec la sobre tour romane.

Intérieur – La nef, commencée au milieu du 14e s., n'a été achevée qu'au début du 16e s. Le transept, seul vestige du 11e s., précède le chœur doublé d'un déambulatoire ouvert sur cinq chapelles rayonnantes. Dans la chapelle

BABEUF GUILLOTINÉ À VENDÔME

Plus connu sous le nom de Gracchus Babeuf (Gracchus du nom des deux frères romains qui avait fait voter en 133 av. J.-C. une loi agraire pour plus de justice sociale), François Noël Babeuf (1760-1797) fustige avec une vive lucidité, héritée des idées communisantes de Rousseau, les contradictions sur lesquelles se fonde la Révolution Française. Avec virulence, il stimule l'ire du peuple, défend ses opinions dans le *Journal de la Liberté* ou *Le Tribun du Peuple*, réclame l'égalité, non en droit mais de fait : « *pour rétablir le peuple dans l'exercice de tous ses droits... Les biens doivent être mis en commun ; la terre n'est à personne, les fruits sont à tous* ». Cette thèse « *d'égalité des jouissances* » dérange mais le comité insurrectionnel (conjuration des Égaux) qui s'en nourrit, inquiète. Le Directoire va y mettre un terme. Le 10 mai 1796, Gracchus et la plupart des conjurés sont arrêtés. Transférés à Vendôme, à l'abri de l'effervescence révolutionnaire parisienne, Babeuf et Darthé (autre co-accusé) sont rapidement jugés par la Haute Cour de justice. Ils sont guillotinés derrière l'abbaye le 27 mai 1797.

des fonts baptismaux **(1)**, une belle cuve Renaissance en marbre blanc repose sur un pied sculpté provenant des jardins du château de Blois.

Contrairement à la nef, où les retombées des grandes arcades ont perdu leurs chapiteaux, la croisée du transept, plus ancienne, a gardé ses supports primitifs surmontés de statues polychromes du 13e s. Les voûtes du transept aux jolies clefs historiées ont été refaites au 13e s., en style angevin. Vous remarquerez aussi les statues de saint Jean-Baptiste (14e s.) et de la Vierge (16e s.).

Chœur – Datant du 14e s. et éclairé par des vitraux de même époque, il est garni de belles **stalles★ (2)** de la fin du 15e s. ; les miséricordes s'agrémentent de scènes naïves racontant la vie de tous les jours à travers les métiers et les signes du zodiaque. En faisant le tour du chœur, on longe la clôture **(3)**, de la première Renaissance. À gauche du maître-autel, le soubassement orné de larmes du monument de la **Ste-Larme** ; par son guichet, un religieux faisait vénérer la précieuse relique (*p. 436*). Vitraux des 14e et 16e s., très restaurés, dans les chapelles du pourtour : remarquez en particulier le *Repas chez Simon*, réalisé d'après une gravure allemande, dans la 1re chapelle à gauche de la chapelle axiale. Cette dernière abrite le fameux **vitrail★** datant de 1140 appelé *Majesté Notre-Dame* **(4)**. Il s'agit du plus

PEINTURES ROMANES EN VENDÔMOIS

Au 11e s., le développement de la féodalité dans le Vendômois s'accompagne de la construction de châteaux et d'un essor religieux. On bâtit des églises, bientôt ornées de fresques, destinées à instruire les fidèles et à diffuser la foi. Quoique abîmées par le temps, parfois très fragmentaires, ces peintures sont des exemples intéressants de l'art du Moyen Âge : composition élaborée, visages expressifs, traits précis, imaginaire empreint du « merveilleux chrétien ». À voir absolument : l'église de St-Genest, dans le joli village de Lavardin, la chapelle St-Gilles, à Montoire-sur-le-Loire, et St-Jacques-des-Guérets à Trôo. Si vous avez un peu de temps, visitez aussi Notre-Dame à Areines et St-Hilaire à Villiers-sur-Loir *(informations sur le circuit des églises à l'OT de Vendôme et sur www.vendome-tourisme.fr).*

VENDOME, VILLE JARDIN
Depuis le 17e s. la ville conserve un patrimoine vert assez exceptionnel dont l'une des manifestations les plus remarquables sont ces fresques florales renouvelées au fil des saisons près du square Belot, en bord du Loir et dans le jardin de la bibliothèque. Pas moins d'une quarantaine de jardiniers oeuvrent à la tâche et ce sans pesticides depuis 2009.

ancien vitrail où apparaît Marie en tant que Vierge mère ; il est antérieur à celui de Notre-Dame de Chartres.
Bâtiments conventuels – Du cloître du 16e s. seule subsiste intacte la galerie qui borde l'église *(R. de l'Abbaye - ✆ 02 54 77 05 07 - www.vendome-tourisme.fr - 9h-17h - fermé 1er janv., 1er Mai, 25 déc. - gratuit - RV à l'office de tourisme - salle capitulaire accès par la cour du cloître (ouv. aux horaires du musée).* Dans la **salle capitulaire** du 14e s. *(accès par la cour du cloître - horaires du musée)* ont été mises au jour des **peintures murales★** du 12e s. relatant des épisodes de la vie du Christ, dont la *Pêche miraculeuse*.
À l'extérieur, un beau bâtiment, perpendiculaire à la salle capitulaire, a été élevé par les bénédictins de 1732 à 1742. Sur sa façade monumentale, remarquez les frontons qui portent les fleurs de lys royales, la devise « *Pax* » et l'emblème de l'Agneau de l'ordre de St-Benoît.

★ Musée

Cours du Cloître - ✆ 02 54 89 44 50 - avr.-oct. : 10h-12h, 14h-18h ; reste de l'année : tlj sf dim. 10h-12h, 13h30-17h30 - fermé mar., 1er janv., 1er Mai, 25 déc. - gratuit.
Il occupe le bâtiment des moines de la Trinité, desservi par un majestueux escalier. Le rez-de-chaussée est consacré à la **peinture murale★** dans le Val de Loire et à **l'art religieux★**. Il renferme les vestiges du mausolée de Marie de Luxembourg et de François de Bourbon-Vendôme (16e s.), quelques fragments des gisants de Catherine et Jean VII de Bourbon. Un Centre d'interprétation de l'architecture et du patrimoine y a été récemment installé. L'équipement multimédia permet de comprendre l'évolution de la ville et de voir une restitution 3D de l'église St-Martin et de l'abbaye de la Trinité.

Circuits conseillés Carte de la vallée du Loir

★ VALLÉE DU LOIR, COURS MOYEN

Circuit de 78 km, de Vendôme à La Chartre, tracé en violet sur la carte de la vallée du Loir (p. 440-441) – Comptez une journée.

Villiers-sur-Loir

Juché au-dessus de la côte vineuse, en face du château de Rochambeau. Ne manquez pas son église : très jolies **peintures murales** (16e s.) avec, sur le mur gauche de la nef, un immense Saint Christophe portant l'Enfant Jésus et le *Dict des Trois Morts et des Trois Vifs*. Stalles du 15e s.
Prenez vers Thoré-la-Rochette (voir « Nos adresses » pour le train touristique) et tournez à gauche tout de suite après le pont sur le Loir.

Rochambeau

La route traverse longuement ce village original, à demi troglodytique, aligné au pied de la falaise jusqu'au château où naquit le maréchal de Rochambeau.
Revenez sur la rive droite et prenez à gauche la D 5.

Le Gué-du-Loir

Site verdoyant, où le Loir et son affluent, le Boulon, ont créé de grasses prairies et des îles cernées de roseaux, de saules, d'aulnes et de peupliers. À l'entrée de la D 5 vers Savigny, on longe le mur d'enceinte du manoir de **Bonaventure**. Selon la tradition, c'est ici que fut composée la fameuse chanson du régiment des Gardes-Françaises *La Bonne Aventure ô Gué*. Plus tard, la propriété appartint à la famille d'Alfred de Musset. Le manoir ayant été vendu, le jeune Alfred venait passer ses vacances non loin, au château de Cogners, chez son parrain Louis de Musset.

Suivez la D 5 vers Savigny, puis prenez la C 13 à droite, à un calvaire.

Par un vallon boisé, on atteint le joli village de **Mazangé**, groupé autour de son église au portail gothique.

Revenez au Gué-du-Loir, empruntez à droite la D 24 vers Montoire, puis, encore à droite, la D 82 vers Lunay.

Lunay

La vaste **église** St-Martin, flamboyante, s'ouvre par un joli portail finement ouvragé, à décor de lierre, de pampres et de niches à dais, où s'abrite une charmante Vierge à l'Enfant.

Les Roches-l'Évêque

Le village s'étire entre le Loir et la falaise. Les habitations troglodytiques des Roches-l'Évêque sont bien connues dans la région : fleuries de lilas et de glycines, elles dissimulent leurs poulaillers, hangars ou remises à bois.

Suivez la route fléchée qui traverse le Loir et obliquez vers Lavardin.

★ Lavardin (p. 447)

Gagnez Montoire par l'agréable petite route qui longe la rive gauche du Loir.

Montoire-sur-le-Loir (p. 450)

Suivez la rive droite du Loir par la D 917.

La silhouette de Trôo, dominée par son église, se détache au loin.

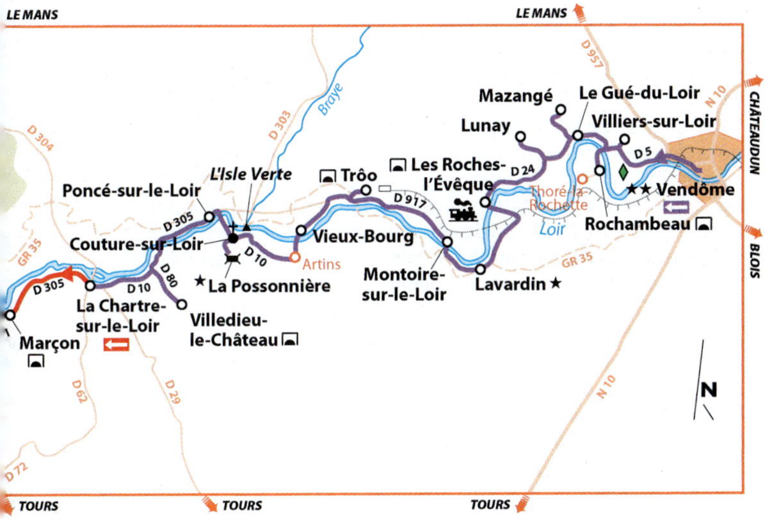

Trôo (p. 453)

À Sougé, prenez à gauche la route touristique fléchée vers Artins.

Vieux-Bourg d'Artins

Baigné par le Loir, le village recèle une **église** aux murs romans percés de baies flamboyantes et d'un portail en tiers-point.

Après Artins, de la D 10, prenez à droite la route de l'Isle-Verte ; 100 m plus loin, prenez à gauche la route verdoyante qui passe devant le château du Pin.

Du pont situé en face du château, on aperçoit en amont **l'Isle Verte**, au confluent du Loir et de la Braye, « là où Braye s'amie, d'une eau non endormie, murmure à l'environ de son giron », écrivit Ronsard qui désirait être enterré ici.

Couture-sur-Loir

Dans l'**église**, chœur gothique à voûtes angevines. La chapelle du Rosaire, à droite, est garnie de boiseries du 17e s. Au bas de la nef, gisants des parents de Ronsard, dont on remarque les détails des costumes.

Par la D 57, gagnez le manoir de la Possonnière.

LE PRINCE DES POÈTES

En 1524, **Pierre de Ronsard**, fils de Louis, naît à la Possonnière. Promis à un brillant avenir dans la carrière des armes ou de la diplomatie, il devient à 12 ans page à la cour de François Ier. Mais à 15 ans, une maladie le laisse à demi sourd. Il se tourne alors vers la poésie et l'étude des auteurs anciens. Il excelle dans les sonnets où il chante la beauté de Cassandre Salviati, puis de Marie. Chef de file de la Pléiade, il devient en 1558 poète officiel. Mais torturé par la goutte, il se retire dans ses prieurés de Ste-Madeleine-de-Croixval *(6 km au sud-est de la Possonnière)* et de St-Cosme-lès-Tours, où il s'éteint en 1585. Bon nombre de sonnets des *Amours* de Ronsard furent mis en musique du vivant même du poète, notamment par **Clément Janequin** et surtout **Anthoine de Bertrand**.

★ Manoir de la Possonnière

✆ 02 54 72 40 05 - www.ccvlb.fr - de mi-juin à mi-sept. : 10h-18h ; reste de l'année : jeu.-dim. 14h-18h - fermé nov.-mars - possibilité de visite guidée (1h30) - 5,50 € (-15 ans gratuit).

Lorsque Louis de Ronsard, guerrier lettré et père de Pierre, futur grand poète de la Pléiade, revint d'Italie au début du 16e s., il entreprit de faire reconstruire sa gentilhommière à la mode italienne : ce fut la Possonnière, caractérisée par la profusion de devises gravées sur ses murs. La Possonnière, du mot *posson* (poinçon, mesure de capacité), a parfois été altérée en Poissonnière sous l'influence du blason de la famille, d'azur à trois rosses d'argent (petits gardons du Loir), représenté au sommet de la tourelle.

Le manoir s'adosse au coteau où vient mourir le bois de Gâtine. Sur la façade antérieure, des fenêtres à meneaux, de style Louis XII, persistent au rez-de-chaussée, tandis qu'à l'étage les baies affirment un style Renaissance. Faisant saillie sur la façade postérieure, une gracieuse tourelle d'escalier est ornée d'un élégant portail à fronton timbré d'un buste.

Au pied de la demeure, un joli **jardin de roses** anciennes et modernes – dont la pâle rose-chou nommée « Pierre de Ronsard » –, ainsi qu'un potager offrent un beau point de vue sur la vallée.

Revenez à Couture et laissez la route fléchée pour continuer à suivre la D 57, qui franchit le Loir au pied du coteau boisé que couronne le château de La Flotte.

Poncé-sur-le-Loir

On visite à Poncé le château Renaissance, classé Monument historique.

Château – *8 r. des Coteaux - ✆ 02 43 44 24 02 - www.chateaudeponce.com - ♿ - de mi-juil. à fin août : jeu.-dim. 10h-12h, 14h30-18h30 ; de mi-avr. à mi-juil. et sept. : w.-end 10h-12h, 14h30-18h30 - fermé j. fériés, oct.-avr. - possibilité de visite guidée sur demande (1h30) - 6,50 € (-12 ans gratuit) - 4 € exposition d'art contemporain dans les dépendances du château (mai-sept.).* Il comportait à l'origine deux pavillons encadrant la tour centrale réservée à l'escalier ; un des pavillons disparut au 18e s. et fut remplacé par une aile plus modeste. L'élévation est rythmée de vigoureuses corniches et de baies à pilastres ioniques. La

Poncé-sur-le-Loir, le château.
Ch. Guy/hemis.fr

UN GRIS TRÈS GRISANT

L'AOC Coteaux du Vendomois a fêté en 2011 ses dix ans. Ses principaux cépages sont le pineau d'Aunis (du village d'Aunis près de Saumur) et le cabernet franc pour les rouges ; le chenin pour les blancs. Le plus original d'entre eux est le vin gris obtenu du pineau d'Aunis par foulage et pressurage direct (sans macération). Le jus tenu à l'écart de la peau du raisin prend donc lors de sa fermentation un teint pâle un peu rosé, au goût légèrement poivré et minéral. **Maison du vin et des produits du terroir vendômois** – *Ancienne Gare - 41100 Thoré-la-Rochette - 02 54 72 73 97 - juil.-août : mar.-sam. 14h-18h30, dim. 9h-18h30 - de fin mars à juin et de sept. à mi-oct. : w.-end et j. fériés 14h-18h30.*

façade postérieure est bordée par une élégante galerie à l'italienne formant terrasse à sa partie supérieure.

★★ **Escalier Renaissance** – C'est l'un des plus remarquables qui soient en France. À l'origine, il était précédé sur les jardins par une loggia dont des éléments sont encore visibles. Ses six volées droites sont couvertes de somptueuses voûtes à caissons en pierre blanche, sculptées avec une finesse, une fantaisie et une science des perspectives rarement atteintes.

Plus de 160 motifs, réalistes, allégoriques ou mythologiques, les décorent.

Les **jardins**, qui ont reçu le label Jardin remarquable, présentent un tracé symétrique parfait et, au-delà des parterres, la charmille abrite des salles de verdure, un labyrinthe et une longue allée voûtée ; un mail de tilleuls court sur la terrasse dominant l'ensemble.

Le **colombier** a conservé ses 1 800 niches et ses échelles tournantes. Dans les communs, élégant bâtiment du 18e s., sont organisées des expositions d'art contemporain.

À Ruillé, prenez à gauche la D 80 qui traverse le Loir.

La route pittoresque, surtout à partir de Tréhet, longe un coteau abondamment percé de caves.

Villedieu-le-Château

Situé au creux d'un vallon dont les flancs sont percées d'habitations troglodytiques, ce village invite à la promenade : partez à la découverte de ses maisons aux jardins fleuris, de ses vestiges de remparts et du clocher ruiné du prieuré St-Jean.

Revenez à Tréhet, où l'on retrouve la route fléchée, à gauche sur la D 10.

La Chartre-sur-le-Loir

À proximité de la forêt de Bercé, les vignobles de Jasnières donnent un vin blanc vieillissant très bien.

★ VALLÉE DU LOIR, COURS INFÉRIEUR

Circuit de 75 km, de La Chartre à La Flèche, tracé en rouge sur la carte de la vallée du Loir (p. 440-441) – Comptez une journée. Quittez La Chartre vers l'ouest (D 305).

De jolis paysages paisibles se succèdent entre La Chartre et **Marçon**, ville réputée pour ses vins.

À Marçon, prenez à droite la D 61, qui coupe la plaine du Loir et traverse la rivière au pied du coteau sur lequel se découpe la chapelle de Ste-Cécile. Suivez à gauche la D 64 qui longe le relief percé d'habitations troglodytiques.

Château-du-Loir

Sous le donjon, seul vestige dans le jardin public du château féodal qui donna son nom à la ville, subsistent d'anciennes prisons où passèrent de nombreux prisonniers en route vers le bagne de Cayenne par les ports de Nantes ou de La Rochelle. L'**église St-Guingalois** conserve, au fond du chœur, une monumentale pietà du 17e s. en terre cuite et, dans le transept gauche, deux panneaux sur bois de l'école maniériste flamande : la *Nativité* (15e s.) et la *Résurrection* (fin 15e s.). Crypte romane sous le chœur ; au **presbytère**, beau *Christ aux outrages*, en bois, du 16e s.

Quittez Château-du-Loir par la D 10 vers Château-la-Vallière. Après le pont de Nogent, tournez tout de suite à droite dans le C 2.

La Bruère-sur-Loir

Dans la nef de l'**église**, statues populaires de saints reconnaissables à leurs attributs ; gracieuses voûtes Renaissance et vitraux du 16e s.

Quittez La Bruère par la D 11 vers Vaas et prenez à droite la D 30.

Vaas

Aux abords de ce village, le Loir est bordé de maisons, de jardinets, d'églises et de lavoirs. Avant d'arriver au pont, ne manquez pas à gauche le **moulin à blé de Rotrou** - *Le Moulin de Rotrou - ✆ 02 43 79 36 81 - http://lemoulinderotrou.over-blog.com - juil.-août : 14h30-17h30 ; du dim. de Pâques à fin juin et sept.-oct. : dim. et j. fériés 14h30-17h30 ; reste de l'année : se rens. - possibilité de visite guidée (1h30) - 5 € (-6 ans gratuit) - accès libre au jardin.* Prairies, pépinières, bois de résineux, fourrés d'ajoncs ou de genêts se succèdent.

Suivez la D 305, puis tournez à droite au site archéologique.

Site archéologique de Cherré

Ce complexe gallo-romain des 1er et 2e s. de notre ère s'étend sur 20 ha. Il semble avoir été un important sanctuaire rural, lieu de rencontres saisonnières, commerciales et religieuses, bien avant la conquête romaine. Les fouilles entreprises en 1977 ont mis au jour un théâtre antique, deux temples, des thermes romains, un forum et un aqueduc.

Par la rive droite du Loir, abordez Le Lude.

★★ Château du Lude *(p. 457)*

Après le Lude, prenez la D 307 vers Pontvallain, puis empruntez la 1re route à gauche en direction de Mansigné.

Un joli point de vue se dégage sur la vallée, peu avant le château de la Grifferie.

Prenez à gauche la D 214 vers Luché-Pringé. Après le pont sur l'Aune, quittez un instant la route fléchée pour prendre à droite la D 13.

Manoir de Vénevelles

Ne se visite pas.

Au creux d'un vallon paisible, une demeure (15e-17e s.) entourée de larges douves.

Luché-Pringé

L'**église** (13e-16e s.) présente de l'extérieur un aspect curieux et original, avec ses nombreux pignons aux rampants ornés de choux frisés, et ses petits personnages musiciens assis au rebord du toit, de part et d'autre de la façade. Au-dessus du portail d'entrée : saint Martin à cheval. En entrant, à droite, remarquable pietà du début du 16e s., groupe sculpté en noyer. Devant l'église, gracieux prieuré (13e-15e s.) à tourelle octogonale. Avec son chevet plat et ses voûtes angevines supportées par de hautes et fines colonnes, le large chœur du 13e s. s'inscrit dans la pure tradition du style Plantagenêt.

Pringé

La façade de la petite **église** est percée d'un portail roman à voussures. À l'intérieur, voyez les peintures murales du 16e s. figurant saint Hubert, saint Georges et saint Christophe.

Château de Gallerande

Ne se visite pas.

La D 13 longe les douves qui cernent son parc romantique, où cèdres, tilleuls et chênes délimitent de vastes pelouses. On peut monter à pied jusqu'à la grille de la cour, d'où l'on a une belle vue sur un curieux donjon octogonal et sur la façade nord-est, flanquée de tours rondes à mâchicoulis.

NOS ADRESSES À VENDÔME ET ENVIRONS

HÉBERGEMENT

PREMIER PRIX

Chambre d'hôte Ferme de Crislaine – *41100 Azé - ✆ 02 54 72 14 09 -www.crislaine.com - [non-fumeurs] [P] - wifi - 3 ch. 55 € [petit-déj. inclus].* Séjourner dans cette ferme d'élevage laitier est une excellente façon de découvrir l'agriculture biologique. Si vous ne connaissez pas la région, vos hôtes vous dispenseront de judicieux conseils. Étape idéale pour familles et randonneurs *(ch. 4 pers.).* Coin cuisine, barbecue, vélos et piscine.

Chambre d'hôte La Borde – *La Borde - 41160 Danzé - ✆ 02 54 80 68 42 - www.la-borde.com - [non-fumeurs] [P] - 5 ch. 54/72 € [petit-déj. inclus].* Un manoir rebâti à la fin du 19e s. au milieu d'un parc de 10 ha, avec une rivière qui se faufile entre les arbres. Décoration simple et bon confort dans chacune des trois chambres (dont 2 rénovées) et des deux suites. Ceux qui sont sensibles au bruit léger du train au loin pourront se replier au bord de la piscine chauffée. Les animaux ne sont pas acceptés.

BUDGET MOYEN

Hôtel Le St-Georges – A1 - *14 r. Poterie - ✆ 02 54 67 42 10 - www.hotel-saint-georges-vendome.com - ♿ - 27 ch. 84/120 € - wifi - 1/2 P 95 €/pers., 175 € (2 pers.) - [petit-déj.] 10 €.* Cet immeuble du centre-ville, en angle de rue, cache un hôtel bien dans l'air du temps. Chambres fonctionnelles de style actuel, baignoire balnéo pour certaines. Au restaurant, décor ethnique et cuisine aux saveurs des quatre continents. Bar *lounge* africain.

Hôtel Le Vendôme – B1 - *15 fg Chartrain - ✆ 02 54 77 02 88 - www.hotelvendomefrance.com - [P] ♿ - wifi - 35 ch. 115/140 € (jusqu'à -30 % via internet selon affluence) - [petit-déj.] 15 €.* Entièrement rénové, l'hôtel impressionne par ses prestations : amples salles aux allures de cabinet de curiosités, chambres chaleureuses et confortables ; petit déjeuner buffet pantagruélique digne d'un empereur. Une belle adresse à deux pas de la vieille ville.

RESTAURATION

PREMIER PRIX

Le Moulin du Loir – B1 - *21-23 r. du Change - ✆ 02 54 67 13 51 - www.le-moulin-du-loir.com - ♿ - fermé merc.soir - plat du jour 9,50 € - 16/33 €.* Dans la vieille ville et installé dans un ancien moulin à farine, M. Dias propose une cuisine française traditionnelle et goûteuse. Agréable terrasse aux beaux jours.

BUDGET MOYEN

Auberge de la Madeleine – A1 - *6 pl. de la Madeleine - ✆ 02 54 77 20 79 - fermé lun. - 17,50/35 € - 8 ch. 45/60 € - ☕ 7 €.* Auberge régionale dotée d'une agréable terrasse bordant le Loir. Salle à manger sur deux niveaux. Petites chambres sobres et néorustiques.

Pertica – B2 - *15 pl. de la République - ✆ 02 54 23 73 02 - www.restaurantpertica.com - fermé dim.-lun., et mer. midi - menu 32/70 €.* Le chef propose trois menus « mystère »… On se laisse porter! Fruits et légumes du Perche agrémentent ses créations. Bonne cuisine traditionnelle, avec des touches asiatiques, qui joue sur les textures et les saveurs.

La Vallée – *34 r. Barré-de-St-Venant - 41100 St-Ouen - ✆ 02 54 77 29 93 - www.restaurant-la-vallee.com - fermé dim. soir, lun.-mar. (sf j. fériés) - P ♿ - 12h-13h45, 19h-20h45 - formule déj. 22,90 € - 31/41,50 €.* Accueillante maisonnette à l'abri des regards et du bruit. Couleurs ensoleillées et poutres dans la coquette salle à manger. Carte traditionnelle et beau plateau de fromages.

ACHATS

Cave coopérative du Vendômois – *60 av. du Petit-Thouars - 41100 Villiers-sur-Loir - ✆ 02 54 72 90 69 - www.caveduvendomois.com - mar.-jeudi. 9h-12h, 14h-18h. ven.-sam. - 9h-12h, 14h-19h. dim. 1er mai-31 août : 10h-12h, 15h30-18h.* À 6 km de Vendôme, vous y trouverez le fameux pineau d'Aunis, ainsi que l'AOC coteaux-du-vendômois.

ACTIVITÉ

Le train touristique de Thoré-la-Rochette– Gare de Thoré-la-Rochette - *✆ 02 54 77 05 07 - www.ttvl.fr - 9 juil.-24 août : jeu. mat., dép. 9h30 ; 18 juil.-8 août : mar. mat., dép. 9h30 ; de fin mai à fin sept. : w.-end et j. fériés, dép. à 14h25 - durée 2h45, 12 € A/R.* Découverte de la vallée du Loir entre Thoré-la-Rochette et Troo, à bord d'un autorail des années 1950. Seulement 80 places. Prudent de réserver à l'avance!

AGENDA

Festival international de guitare – *Juil.*

Les Promenades photographiques – *De mi-juin à mi-sept.* Dans les rues, les jardins et de nombreux sites d'exposition.

Concerts gratuits – *Juil.-août.* En différents points de la ville.

Epos, festival des histoires – *✆ 02 54 72 26 76 - début juil.* Salon du livre de contes et des conteurs.

Les Rockomotives – *www.rockomotives.com - fin oct.* Année après année, les grands noms du rock s'invitent à Vendôme.

Les ruines du château médiéval de Lavardin.
Ph. Body / hemis.fr

Lavardin

★

740 Lavardinois – Loir-et-Cher (41)

Le château de Lavardin occupe un promontoire rocheux au-dessus du village et du Loir que franchit un pont gothique. Principale place forte des comtes de Vendôme au Moyen Âge, cette forteresse joua dès le 12e s. un rôle important en raison de sa position stratégique entre les domaines de la France capétienne et ceux des rois angevins. En 1589, les troupes de la Ligue s'en emparèrent et elle fut assiégée l'année suivante par le prince de Conti, commandant la troupe d'Henri IV. La forteresse dut se rendre et le roi la fit démanteler. De nos jours, loin des tumultes de l'histoire, le bourg fleuri s'alanguit autour de ses ruines et Lavardin est répertorié au classement des « Plus Beaux Villages de France ».

NOS ADRESSES PAGE 449
Hébergement, restauration, achats, activités, etc.

S'INFORMER

Office de tourisme –
16 pl. Clemenceau - 41800 Montoire-sur-le-Loir - 02 54 85 23 30 - www.otsi-montoire.fr - de mai à mi-août : 9h30-12h, 14h-18h, dim. (sf mai-juin) et j. fériés 10h-12h ; reste de l'année : tlj sf dim. 9h-12h, 14h30-17h - fermé lun.

SE REPÉRER

Carte de microrégion C2 (p. 418-419). Sur la rive gauche du Loir. À 200 km au sud-est de Paris, 23 km au sud-ouest de Vendôme (gare SNCF la plus proche, par D 917 ou N 10 et D 108) et à 2,5 km de Montoire-sur-le-Loir.

À NE PAS MANQUER
L'église St-Genest et ses peintures murales.

ORGANISER SON TEMPS
Comptez 1h30 ou plus pour la ville et ses alentours.

Se promener Plan de ville

★ Église St-Genest

Cet édifice de style roman primitif est précédé d'un clocher-porche carré. Dans les murs ont été remployés des bas-reliefs ; ceux de l'abside représentent les signes du zodiaque.

Intérieur – Les trois vaisseaux de l'église sont séparés par des piles carrées à impostes délicatement sculptées au début du 12e s. En passant sous l'arc triomphal, on accède au chœur terminé par une abside en cul-de-four : de curieux piliers romans, vestiges probables d'un édifice antérieur, portent des chapiteaux inachevés, sur lesquels figurent des animaux fantastiques. Dans le bas-côté nord, ravissantes colonnettes romanes, torsadées.

Les nombreuses **peintures murales★** ont été exécutées du 12e au 16e s. Stylisées et majestueuses, les plus anciennes montrent le Baptême du Christ et l'Arbre de Jessé. Bien conservées, celles du chœur et de l'abside présentent des scènes de la Passion à droite et le Lavement des pieds à gauche, encadrant un Christ en majesté escorté des symboles évangéliques. Dans l'absidiole de droite, un saint Christophe et un savoureux Jugement dernier du 15e s. où sont décrits le paradis et l'enfer. Sur les piliers de la nef et des bas-côtés figurent des effigies du 16e s. de saints vénérés dans la région. Remarquez le martyre de sainte Marguerite sur le mur du bas-côté droit, la crucifixion de saint Pierre sur un pilier du côté gauche de la nef, ainsi que la messe de saint Grégoire.

Château

Grand'Rue - ✆ 06 81 86 12 80 - www.lavardin.net - de déb. juin à mi-sept. : tlj sf lun. 11h-12h, 14h-18h ; mai : w.-end et j. fériés 11h-12h, 15h-18h - possibilité de visite guidée sur demande (45mn) - 4 € (-14 ans 1,50 €).

Par la Grand Rue, qui longe le front sud du château, empruntez la passerelle du châtelet. Bien que très endommagées, les ruines impressionnantes du château donnent encore une bonne idée des trois enceintes successives, du châtelet (12e-15e s.) et du donjon rectangulaire du 11e s. de 26 m de haut,

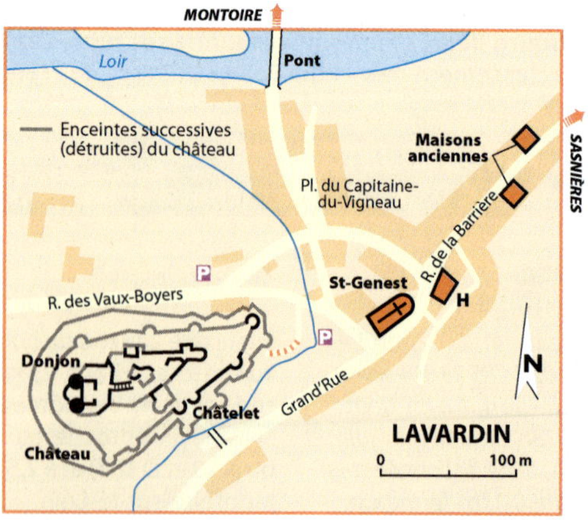

renforcé au siècle suivant de tours d'égale hauteur. La dernière enceinte, la chemise, est la mieux conservée. Quant au second et au troisième paliers du promontoire, creusés d'un réseau de galeries et d'escaliers souterrains, ils permettent de circuler dans le château et d'atteindre le donjon et son fossé. À l'ouest subsistent également des défenses avancées et, vraisemblablement, des vestiges de la motte castrale protégeant le logis des premiers seigneurs au 11e s. Les fouilles semblent d'ailleurs indiquer que cette partie du site aurait pu avoir été occupée durant la protohistoire, voire à l'époque néolithique.

Maisons anciennes

Dans le village, vous découvrirez une habitation du 15e s. avec ses pans de bois, puis la maison Renaissance, dite de Florent Tissard (valet de François Ier), avec un oratoire en encorbellement, des lucarnes à meneaux et pilastres, et une loggia sur cour.

Dans la **mairie**, deux belles salles du 11e s. avec des voûtes du 15e s., dont celle du rez-de-chaussée sert de salle d'exposition. *2 imp. St-Genest - ✆ 02 54 85 07 74 - www.lavardin.net - mar. 8h30-12h, merc. 16h-19h, vend. 14h-17h - fermé j. fériés.*

Depuis le **pont** du 13e s., jolie perspective sur les rives verdoyantes du Loir.

Ne quittez pas le village sans jeter un coup d'œil sur les habitations troglodytiques ; on y accède par un chemin, derrière l'église, qui grimpe à mi-coteau.

À proximité Carte de microrégion

Belle vue sur le château depuis la petite route de St-Arnoult.

★ Jardin du Plessis-Sasnières C2

À 6 km au sud-est par la D 108. À 15 km de Vendôme.

Le Château - ✆ 02 54 82 92 34 - www.jardin-plessis-sasnieres.fr - avr.-oct. : 10h-18h - fermé mar.-merc. - 8 € (-18 ans gratuit). Restaurant (voir « Nos adresses »).

Surtout, arrêtez-vous pour visiter ce jardin à l'anglaise, imaginé avec l'œil et le cœur. Planté à partir de 1975, il a ouvert ses portes au public en 1996 et depuis ne cesse de s'embellir. Arbres et arbustes sculptent le paysage par leurs lignes végétales pleines d'esprit et de surprises, autour d'un étang creusé au pied d'un coteau. Dans le potager dessiné en U, les allées de gazon serpentent entre des bordures aménagées avec une rare science des couleurs et des essences. Au centre, deux larges allées s'abritent sous des tonnelles où croissent en espalier diverses variétés de pommiers, qui affichent leurs floraisons blanches au printemps et de belles couleurs fruitées quand avance l'été.

NOS ADRESSES AU PLESSIS-SASNIÈRES

RESTAURATION

Le Plesssis Restaurant – *41310 Sasnières - ✆ 02 57 54 61 10 - www.leplessisrestaurant.fr - ♿ - lun. et jeu.-dim. - P - 12h30-14h, 19h30-20h45 - déj. 13 € - (18/23 €.)* Dans une belle et vaste salle lumineuse, magnifiquement rénovée, cuisine de saison simple et traditionnelle concoctée – si possible – à partir des fruits et légumes du potager. Tourte végétarienne, tartare de boeuf, etc.

AGENDA

Marché aux plantes et produits du terroir – *Mi-mai.*

Cinéma en plein air – *Déb. août.*

Fête de la soupe – *Déb. nov.* Très populaire et conviviale.

L'ENTREVUE DE MONTOIRE

Au cours de la Seconde Guerre mondiale, après qu'en mai-juin 1940 les armées nazies eurent mené une invasion foudroyante des Pays-Bas, du Luxembourg et de la Belgique, Paris fut occupé au mois de juin par l'armée allemande. Mi-octobre 1940, des convois de soldats allemands font irruption dans la région et des batteries anti-aériennes se postent sur les collines. Des patrouilles perquisitionnent chez les Montoiriens, l'électricité et le téléphone sont coupés, des cheminots allemands remplacent les employés de la SNCF, les habitants des maisons bordant la voie ferrée reçoivent l'ordre de fermer leurs volets et de ne plus sortir. Une escadrille de Messerschmitt effraie le bétail dans les champs, deux trains blindés hérissés de canons sillonnent la ligne de Vendôme à Tours, Bordeaux, Hendaye. Le 22 octobre, Hitler rencontre Pierre Laval en gare de Montoire d'où, en cas d'alerte, son train peut gagner le tunnel tout proche de St-Rimay. Le surlendemain, le 24 octobre, se tient la fameuse entrevue entre le Führer et le maréchal Pétain, au cours de laquelle le mot allemand *Zusammenarbeit*, c'est-à-dire « travail en commun », est prononcé. Il fut traduit par le mot « collaboration », un terme de sinistre mémoire.

Musikenfête

Espace de l'Europe - ✆ 02 54 85 28 95 - www.musikenfete.fr - mars-sept. : 10h-12h, 14h-18h ; reste de l'année : 14h-18h - fermé lun., janv.-fév., 24-25 déc. - possibilité de visite guidée (1h30) - 7 € (-13 ans 5 €).

Ce bâtiment du 15e s. abrite un musée-spectacle des musiques traditionnelles. On y découvre des instruments utilisés par des peuples vivant aux quatre coins du monde, souvent acquis auprès d'ensembles ayant participé aux festivals de Montoire. À la boutique : CD et cassettes, livres et artisanat, ou encore instruments de musique. Chaque nouveau mois donne lieu, en fin d'après-midi, à des animations musicales thématiques.

NOS ADRESSES À MONTOIRE-SUR-LE-LOIR

Voir aussi Trôo *(p. 454)*.

HÉBERGEMENT

BUDGET MOYEN

Chambre d'hôte La Cave Margot – *Lieu dit - 41360 Lunay (panneaux à partir du village) - ✆ 02 54 72 09 53 - www.lacavemargot.com - fermé en hiver (dates sur le site) - P - 3 ch. dont 2 suites familiales 80/110 € ☕ - wifi - table d'hôte 15/24 €/pers.* Nathalie et Nicolas Leal ont transformé une belle maison du 19e s., y ont installé de grandes baies vitrées qui donnent sur le jardin, entouré d'arbres et de fleurs. Chambres confortables, modernes et chaleureuses. Petit déjeuner au salon, une grande pièce claire avec cheminée. Idéal en famille (le couple a 3 enfants et la maison est pleine de jeux), ou pour se poser à la campagne et découvrir la région. Nicolas saura vous conseiller et vous guider. Accueil charmant.

AGENDA

Festival international de folklore – *✆ 02 54 85 35 16 - www.festival-montoire.com - 8 j. autour du 15 août - programme et réserv. (conseillée) sur le site Internet.* Couleurs et exotisme envahissent la rue (danse et musique).

Trôo

328 Trôiens – Loir-et-Cher (41)

Un livre d'images vieux de neuf siècles vous attend sur les murs de la ravissante église St-Jacques-des-Guérets. Profitez-en pour découvrir Trôo, cité paisible formée de deux bourgs : le premier s'étend le long de la rivière Loir et de la D 917, tandis que le vieux bourg, fortifié, se dresse en haut d'un promontoire. Entre les deux se déploie un enchevêtrement de maisons troglodytiques cachées derrière leurs jardins en étages.

NOS ADRESSES PAGE 454
Hébergement, restauration, achats, activités, etc.

S'INFORMER

Office de tourisme – *39 r. Auguste-Arnault - ✆ 02 54 72 87 50 - http:// https://trootourisme.jimdo.com - avr.-oct. : 10h-12h, 14h-18h ; reste de l'année : 10h-12h, 14h-17h45, mar. 9h-12h30, 14h-16h30 - fermé lun., 1er janv., 1er et 11 Nov., 25-26 déc. - visite guidée possible, se rens.*

SE REPÉRER

Carte de microrégion C2 (p. 418-419). À 205 km au sud-est de Paris, 50 km au nord-ouest de Blois, Trôo n'est qu'à 26 km de Vendôme et à 7 km de Lavardin, à l'extrémité ouest du Loir-et-Cher, au bord de la D 917. La gare SNCF la plus proche est à Vendôme.

Visiter

Parking en bas du village pour les marcheurs ; possibilité de monter en voiture jusqu'à la collégiale, près du chevet de laquelle grimpe un chemin vers la butte.

Église St-Jacques-des-Guérets

Au bord du Loir, sur la rive gauche.

Elle était desservie par les augustins de l'abbaye St-Georges, à St-Martin-des-Bois, au sud-ouest de Trôo.

★ **Peintures murales** – Exécutées de 1130 à 1170, encore sous l'influence de l'art byzantin, elles ont conservé une grande fraîcheur de coloris. Les plus belles sont dans l'**abside** : à gauche, la Crucifixion, où des personnages à mi-corps figurent le Soleil et la Lune, et la Résurrection des morts ; à droite, le Christ en majesté, au milieu des symboles évangéliques, et la Cène. Les images de saint Augustin et de saint Georges garnissent les ébrasements de la baie centrale. Sur la paroi droite de l'abside, on identifie le martyre de saint Jacques, décapité par Hérode, et, au-dessus, le paradis : les élus sont nichés comme des pigeons dans les alvéoles.

Sur le **mur sud** de la nef qui fait suite, on voit en haut le miracle de saint Nicolas : le saint lance trois pièces d'or à trois jeunes filles que leur père allait prostituer ; en bas, la résurrection de Lazare. Plus loin, vaste et très belle Descente du Christ aux limbes : Jésus délivre Adam et Ève.

Le mur gauche de l'église porte des peintures d'époques diverses, dont une Nativité et le Massacre des Innocents.

À voir également, deux statues en bois polychrome du 16e s. : à gauche, dans une niche, saint Jacques dont le socle porte un écusson aux armes de Savoie, et dans le chœur, à gauche, saint Pierre.

★ Butte

Du sommet de ce promontoire, **panorama** dominant le cours sinueux du Loir et sa vallée. On aperçoit, en face de Trôo, la petite église St-Jacques-des-Guérets.

Ancienne collégiale St-Martin

Fondée en 1050 et remaniée un siècle plus tard, elle est dominée par une remarquable tour carrée, percée de baies aux ébrasements garnis de colonnettes, caractéristiques du style angevin. À l'intérieur : voûtes bombées, chapiteaux romans historiés, stalles et table de communion du 15e s. Statue en bois de saint Mammès (16e s.), invoqué pour les maux de ventre.

Grand Puits

Profond de 45 m, nommé le « Puits qui parle », en raison de son excellent écho.

Maladrerie Ste-Catherine

Située sur la D 917, à l'est de la ville, elle présente des arcatures romanes du 12e s. Elle servait d'asile aux pèlerins malades se rendant à St-Martin de Tours et St-Jacques-de-Compostelle. Une léproserie existait hors les murs, à l'ouest de Trôo.

Grotte pétrifiante

39 r. Auguste-Arnault - ✆ 02 54 72 87 50 - http://trootourisme.jimdo.com - avr.-oct. : 10h-12h, 14h-18h - fermé lun. - 1 € (-10 ans gratuit).

La grotte ruisselle abondamment, formant stalactites et objets pétrifiés.

NOS ADRESSES À TRÔO ET SES ENVIRONS

HÉBERGEMENT

BUDGET MOYEN

3 Collines – *La Béchoterie - 41800 Couture-sur-Loir - ✆ 06 07 28 66 63 - www.3collines.com -* P *- wifi - 2 ch. 105 €* ☕. En plein pays de Ronsard, dans la campagne, une décoratrice et un photographe, excellents connaisseurs de la région, ont construit deux cabanes d'hôte, tout près de leur jolie maison fleurie. Le matin, on vous apporte un panier pour un petit-déjeuner tranquille dans votre cabane. Atmosphère reposante et chaleureuse. Excellente table d'hôte avec les produits bio du jardin.

POUR SE FAIRE PLAISIR

Château de la Voûte – *✆ 02 54 72 52 52 - www.chateaudelavoute.com -* P *- wifi - 5 ch. 115/135 €* ☕. Belle demeure 18e s., piscine et chambres d'hôte confortables, meublées d'antiquités.

RESTAURATION

BUDGET MOYEN

Le Manoir de St-Quentin – *Entre Montoire et Trôo - bourg de St-Quentin - 41800 Montoire-sur-le-Loir - ✆ 02 54 77 54 96 - www.lemanoirdesaintquentin.com - - jeu.-sam. soirs seult, dim. midi - 36 €.* Dans une maison de famille en tuffeau blanc, derrière l'église, le chef Faï propose une cuisine raffinée, riche de multiples saveurs. De petites entrées pour commencer (quenelle de fenouil parfumée, fond d'artichaut farci au guacamole), puis une viande ou un poisson (filet de bœuf sauce au foie gras ou dos de cabillaud avec sauce aux crevettes parfumées au safran, par exemple) et glaces maisons pour terminer.

Saint-Paterne-Racan

1676 St-Paternois – Indre-et-Loire (37)

Séduit par ce lieu enchanteur, l'académicien Honorat de Bueil, marquis de Racan, poète et ami de Malherbe, choisit St-Paterne pour y faire édifier un château. On ne s'étonnera donc pas de trouver tant de poésie à ce village, où les eaux de l'Escotais, claires et limpides, caressent les branches des saules pleureurs en murmurant les souvenirs d'antan aux lavoirs qui bordent son cours.

NOS ADRESSES PAGE 456
Hébergement, restauration, achats, activités, etc.

S'INFORMER

Office de tourisme – *Pl. d'Armes - 37330 Château-la-Vallière - ✆ 02 47 24 14 31 - www.tourainenature.com - juil.-août: 10h-13h - fermé dim. et j. fériés.*

SE REPÉRER

Carte de microrégion B2 (p. 418-419). À 230 km de Paris. Sur les rives de l'Escotais. En train : gare SNCF de St-Paterne (2h de Paris *via* Le Mans, Tours ou St-Pierre-des-Corps).

Visiter

Église paroissiale

Intéressantes œuvres d'art provenant en partie de l'abbaye voisine de la Clarté-Dieu. Parmi celles-ci se trouve, à gauche du maître-autel, un groupe en terre cuite du 16e s. représentant une Adoration des Mages, qui compte une ravissante **Vierge à l'Enfant★**. Dans la nef, remarquez les statues polychromes des docteurs de l'Église Ambroise, Augustin, Jérôme et Grégoire, datant du 18e s. Dans la chapelle sud, un retable de la même époque, *La Vierge du Rosaire*, accompagne une *Sainte Anne et la Vierge* en terre cuite (16e s.).

Abbaye de la Clarté-Dieu

À 1,5 km au nord-ouest du village.

✆ 02 47 29 39 91 - www.abbaye-clartedieu.fr - juil.-août : 15h-18h ; reste de l'année : sur RV - fermé w.-end - visite guidée possible sur demande (1h) - 6 € (-12 ans gratuit).

Fondée en 1239, démantelée à la Révolution, cette abbaye cistercienne en tuffeau se niche sur un coteau. Son pavillon des convers est doté d'une belle charpente dont les bois sont d'origine, de même que le bel escalier de pierre. Chaque année, début juillet, elle accueille un festival de musique classique.

Château de la Roche-Racan B2

À 2 km au sud-est par D 28.

✆ 02 47 29 20 02 - visite guidée (45mn) de déb. juil. à mi-août : 9h30-12h30, 14h30-17h30 ; reste de l'année : se rens. - 6 € (-12 ans gratuit)..

Assis sur la roche, il commandait le rustique vallon de l'Escotais où vécut Honorat de Bueil, seigneur de **Racan** (1589-1670). Poète et écrivain, maître de Boileau et ami de Malherbe, il fut l'un des quarante premiers académiciens nommés en 1634 à la fondation de l'Académie française par Richelieu. Issu d'une famille de la noblesse tourangelle, il fit construire cette demeure vers 1635 par Jacques Gabriel, maître maçon à St-Paterne et membre d'une longue dynastie d'architectes. L'édifice comprenait un corps de logis flanqué de deux pavillons dont un seul subsiste aujourd'hui. Celui-ci est surmonté de frontons, de tourelles d'angle et de décors de cariatides. De longues terrasses à balustres, portées par des arcades à mascarons, surplombent la rivière.

Bueil-en-Touraine B2

À 8 km au nord-est par la D 72 et la D 5.

Dominant la vallée du Long, ce bourg fut le berceau des Bueil, qui donnèrent à la France un amiral, deux maréchaux et le seigneur de **Racan**. Sur la colline se dessine un édifice constitué par la juxtaposition de l'église St-Pierre-aux-Liens (à gauche) et de la collégiale Sts-Innocents-St-Michel, fondée à la fin du 14e s.

Église St-Pierre-aux-Liens – Elle s'appuie sur une grosse tour carrée inachevée ; un escalier conduit au portail. À gauche, de remarquables fonts baptismaux Renaissance (1521) sont surmontés d'un couvercle en bois, sculpté avec art. Au fond, sur le mur est, voyez les fresques du début du 16e s. et les statues restaurées. Pour clôturer les travaux de restauration de l'église, une **création contemporaine** de quatre luminaires suspendus, *Les Lumières de Bueil* (verre thermoformé et acier patiné, 2008), représentant quatre ailes d'ange, a été réalisée par Natacha Mondon et Éric Pierre.

Collégiale Sts-Innocents-St-Michel – *Accès par une porte dans le mur est.* Sa construction fut ordonnée par la famille Bueil qui souhaitait fixer sa sépulture. Dans des enfeus reposent les gisants des seigneurs et dames de Bueil, dont la première épouse de Jean V de Bueil, coiffée d'un hennin et vêtue d'une cotte armoriée.

St-Christophe-sur-le-Nais B2

À 2,5 km au nord par la D 6.

L'**église** comprend deux édifices : la chapelle d'un prieuré (11e-14e s.) et l'église paroissiale avec clocher et nef (16e s.). Au seuil de celle-ci, un gigantesque saint Christophe accueille le visiteur. Remarquez dans une niche, à droite, le buste-reliquaire du saint et, à gauche du chœur, la statue d'une Vierge à l'Enfant du 14e s.

Forêt de Château-la-Vallière B2

À 17 km au sud-ouest.

Au 17e s., le château de Vaujours se trouvait dans l'agglomération de Châteaux-en-Anjou, ainsi nommée jusqu'à ce que, en 1667, Louis XIV l'érige en duché et l'offre à **Louise de La Vallière**, son ancienne maîtresse, qui donnera son nom à la ville. Aujourd'hui, autour de Château-la-Vallière, s'étendent de vastes bois de pins et de chênes, coupés de landes et couvrant près de 3 000 ha.

NOS ADRESSES VERS SAINT-PATERNE-RACAN

HÉBERGEMENT

POUR SE FAIRE PLAISIR

Chambre d'hôte Domaine de la Bergerie – *D 959 - 37330 Braye-sur-Maulne - ☎ 02 47 24 90 88 - www.domaine-bergerie.fr - wifi - 5 ch. 90/210 € - 35 €.* Au beau milieu d'une propriété de 70 ha entre étangs et verdure, un château du 19e s. doté d'une piscine couverte, pour un séjour inoubliable. Chambres romantiques et champêtres ou gîtes ruraux indépendants. Accueil chaleureux dans le vaste salon autour d'un bon verre. Table d'hôte, préparée avec les produits du potager où l'on cultive les légumes anciens. Terrasse en été d'où la vue sur le parc est superbe.

Château du Lude.
J. Frumm / hemis.fr

Château du Lude

★★

Le Lude (72800) – Sarthe (72)

Forteresse du 13e s. maintes fois réaménagée, l'imposant château du Lude surprend par la juxtaposition de ses styles. Alors que les lucarnes ouvragées des tours médiévales ont abandonné tout air martial, une façade Renaissance élevée dans le goût italien voisine avec une cour d'honneur très Grand Siècle. Le temps de contourner le château, les médaillons à l'antique laissent la place au goût Louis XVI. Les beaux jardins remaniés au 19e s. s'ajoutent au plaisir de la contemplation.

NOS ADRESSES PAGE 461
Hébergement, restauration, achats, activités, etc.

S'INFORMER

Office de tourisme – *Pl. François-de-Nicolaÿ - 72800 Le Lude - ✆ 02 43 38 16 60 - www.vallee-du-loir.com - juil.-août : 10h-13h, 14h-18h, dim. et j. fériés 10h-13h, 14h-16h ; avr.-juin et sept. : tlj sf dim. 10h-12h30, 14h-18h - fermé lun.-mar.*

SE REPÉRER

Carte de microrégion A2 (p. 418-419).
À 250 km au sud-ouest de Paris, 50 km au nord de Tours et 30 km à l'ouest de St-Paterne-Racan. En train : gare d'Aubigné-Ragan à 15 km (1h40 de Paris *via* Le Mans-TGV).

À NE PAS MANQUER

Les animations du château.

ORGANISER SON TEMPS

Comptez 2h pour le château et son parc, une demi-journée pour les environs.

AVEC LES ENFANTS

Ateliers du Week-End des jardiniers.

★★CHÂTEAU

☏ 02 43 94 60 09 - www.lelude.com - visite guidée (1h) juin-août : 10h-12h30, 14h-18h ; avr.-mai et sept. : tlj sf merc. 10h-12h30, 14h-18h - fermé Vend. saint, 11 Nov., 25-26 déc. - 8,50 € (-15 ans 4,50 €) - 6 € (enf. 3 €) jardin seul.

Passé le portail d'entrée s'ouvre une cour en U, aménagée au début du 17e s., fermée par un portique à trois arcades de la fin du 18e s.

Façades – À droite, du côté du parc, se dresse la construction François Ier aux tours rondes encore médiévales, comme à Chambord, mais d'esprit Renaissance par ses baies encadrées de pilastres, ses lucarnes surmontées de frontons, ses médaillons et son abondant décor sculpté. À l'inverse, côté Loir, la façade Louis XVI, en tuffeau, affiche des lignes classiques, sobres, équilibrées, animées par l'avant-corps central coiffé d'un fronton.

Enfin, l'aile nord *(visible de la rue du Pont)*, la plus ancienne, date du début du 16e s. Elle fut remaniée au 19e s. pour ajouter des balcons de pierre et la statue équestre de Jean de Daillon.

Intérieur – L'aile Louis-XII recèle une bibliothèque de quelque 4000 ouvrages, dont les plus anciens remontent au 16e s. Après la salle des fêtes restaurée dans le style des 15e et 16e s., la visite se poursuit par le beau salon ovale de style Louis XVI, à boiseries et glaces d'angle, et la chambre à coucher du 18e s. Le **cabinet de peintures** est un exemple unique de *studiolo* à l'italienne dans un château français. Il est décoré de peintures murales des ateliers du Primatice (15e s.), représentant des scènes de la Bible et des *Triomphes* de Pétrarque, le tout sous un plafond somptueusement décoré dans le style grotesque italien. Dans l'aile François-Ier, voyez la petite bibliothèque ornée d'une tapisserie des Gobelins du 17e s. et la salle à manger aux profondes embrasures révélant l'épaisseur des murs de la **forteresse** ; la vaste cheminée porte la salamandre et l'hermine, et les murs s'ornent de trois tapisseries des Flandres, dont une rare verdure au perroquet rouge.

Dans l'ancienne forteresse, sous le parterre de l'éperon, le souterrain et la salle des gardes du 13e s. sont accessibles de l'extérieur.

Jardins – Créés au 17e s., ils ont été transformés à la fin du 19e s. par le paysagiste Édouard André qui élabora le parc à l'anglaise et éloigna le potager du château. L'**éperon**, situé devant la façade Louis XVI, a été redessiné en 1997. Il propose un labyrinthe de buis et une roseraie agrémentée de vivaces contenant, notamment, des rosiers chinois, des hybrides de moschata et des roses-thé. Les murs des anciennes fortifications y sont remplacés par des

MILLE ANS D'HISTOIRE

À la forteresse des comtes d'Anjou du 11e s. succéda aux 13e et 14e s. un château fort qui résista à plusieurs assauts des Anglais avant d'être pris en 1425, puis reconquis deux ans plus tard par Ambroise de Loré, Beaumanoir et Gilles de Rais. En 1457, le château est acquis par Jean de Daillon, ami d'enfance de Louis XI. Son fils fait bâtir le bâtiment actuel sur les fondations de l'ancienne forteresse : le plan reste carré, de grosses tours cantonnent les angles, mais les baies largement ouvertes et la décoration raffinée en font une demeure de plaisance au goût du jour.

Remanié à la Renaissance par Jean Gendrot, maître d'œuvre du roi René, puis au 18e s., il resta dès lors entre les mains d'une même famille jusqu'à aujourd'hui, la plus belle partie de son mobilier survivant même à la Révolution. Quelques hôtes prestigieux y séjournèrent : Henri IV, Louis XIII, Madame de Sévigné…

haies d'ifs. Le **jardin bas**, qui s'étend le long de la rivière sur plus de 200 m, est une composition à la française, ponctuée de grands bassins. Les ifs sont ordonnés en topiaire sur des parterres de verdure. Des arbustes à floraison parfumée et de grands rosiers s'abritent au pied du mur de soutènement de la terrasse. Le **jardin de la Source** rassemble ses buissons et vivaces autour d'un kiosque d'inspiration chinoise. Enfouie sous une grotte, la source rejoint le Loir près de l'ancien embarcadère.

Le **parc** invite à la promenade sous les hêtres pourpres. Un chemin conduit au château d'eau qui assurait l'irrigation des jardins par l'eau pompée dans le Loir.

Quant au **potager**, centenaire, on l'aperçoit derrière des grilles *(il est accessible lors du Week-End des jardiniers et un week-end par mois en été).*

À voir aussi

Maison des architectes

3 r. du Marché-au-Fil, près de l'entrée du château (ne se visite pas).

Construite au 16e s. par les architectes du château, elle présente les ornements de la seconde Renaissance : fenêtres à meneaux, pilastres à chapiteaux corinthiens décorés de cercles et de losanges, frise soulignant l'étage.

À proximité Carte de microrégion

Bazouges-sur-le-Loir A2

À 27 km vers l'ouest par D 306, puis la D 323 après La Flèche.

Du pont, **vue★** charmante sur la rivière et ses lavoirs, le château et son moulin, l'église, sa tour isolée sur la place, et sur les jardins montant vers les toits de Bazouges. La porte marinière rappelle l'époque où l'on naviguait sur le Loir.

Château – *39 r. du Château - ☏ 02 43 45 32 62 - de mi-juil. à fin août : 15h-18h - fermé lun., 1er janv., 11 Nov., 25 déc. - 6 € (enf. 4 €).* Le château de Bazouges et son moulin seigneurial furent édifiés au bord du Loir aux 15e et 16e s. par la famille de Champagne. Deux grosses tours ovales à mâchicoulis et toits en poivrière encadrent l'entrée. L'une d'elle abrite la chapelle (15e s.) à l'élégante voûte angevine avec ses statues de sainte Barbe et de saint Jean. À voir aussi, la salle des Gardes et son imposante cheminée de pierre, les salons du 18e s. et le parc à la française, entouré d'eau, planté d'ifs et de cyprès.

Église – Une solide tour surmonte la croisée du transept du 12e s. Sur la voûte de la nef en bardeaux de chêne, peinte au 16e s., les douze apôtres et douze anges sont séparés par des arbres portant chacun un verset du Credo.

Durtal A2

À 32 km vers l'ouest par D 306, puis la D 323 après La Flèche.

Au pied d'un château, Durtal mérite une halte pour le charme des rives du Loir bordées de moulins.

La proximité de la **forêt de Chambiers**, au sud, couvrant 1 300 ha, permet d'agréables promenades pédestres à travers chênes et pins. De la « Table au roy » rayonnent de larges allées. Aux alentours, les vergers de pommiers et de poiriers sont nombreux.

Château – *15 pl. des Terrasses - ☏ 02 41 69 92 60 - www.chateau-durtal.com - visite guidée (1h) juin-sept. : tlj sf mar. 10h30-12h30, 14h30-17h30 ; du w.-end de Pâques à fin juin et de déb. sept. à la Toussaint : w.-end et j. fériés 10h30-12h30, 14h30-16h30 - 7,50 € (-15 ans 4,50 €).* Bon rempart stratégique entre l'Anjou et le Maine, le promontoire rocheux de Durtal fut choisi dès 1040 par le comte Foulques Nerra pour jeter les fondations du château. « Ung fort beau chasteau sur le Loir, et autant seigneurial que tout aultre sçauroit estre en France », écrira au 16e s. **François de Scépeaux**, maréchal de Vieilleville (1509-1571), gouverneur et maréchal de France de François Ier. Il invitera à Durtal Henri II, Charles IX et Catherine de Médicis.

Les tours rondes à mâchicoulis et toits en poivrière ainsi que le donjon à six étages datent des 15e et 16e s., tandis que les autres bâtiments et le grand pavillon relèvent du style Louis XIII. Du chemin de ronde s'offre une vue sur la **vallée du Loir** et la forêt de Chambiers. Ornée de peintures, la galerie Renaissance domine la rivière.

Quant au pavillon Schomberg avec bandeaux, cordons et pierres d'angle en bossages vermiculés, il est de style préclassique. Comme la plupart des châteaux de cette époque, celui de Durtal compte aussi une salle des gardes, des cuisines et des cachots.

Porte Verron – Reste de l'ancienne enceinte du château, cette porte du 15e s. est flanquée de tourelles.

Vue du Vieux Pont – Vue sur le Loir, ses moulins, les toits pointus de la ville, et sur une tour d'enceinte, plus en amont. En examinant le château depuis ce pont, vous distinguerez aisément ses deux époques de construction.

Circuit conseillé Carte de microrégion

À LA RECHERCHE DE LA CROIX D'ANJOU A2

Circuit de 28 km tracé en marron sur la carte de microrégion (p. 418-419) – Comptez environ 1h30. Quittez Le Lude vers le sud par la D 257.

Genneteil A2

L'**église** romane, au clocher à tourelle d'escalier du 13e s., s'ouvre par un beau portail du 11e s. aux voussures sculptées des signes du zodiaque et de visages humains. Dans la chapelle, au fond à gauche, fresques romanes (12e s.). Sur la voûte, procession de Vierges sages et de Vierges folles tournées vers la Vierge à l'Enfant, Présentation au Temple et médaillon avec le Christ bénissant.

Poursuivez vers l'est par la D 138 jusqu'à Chigné.

Chigné A2

Église fortifiée, édifiée du 12e au 15e s., flanquée d'une tour ronde. Remarquez, au-dessus du portail, la ligne de modillons sculptés et les sculptures primitives engagées dans la construction, aujourd'hui très altérées.

Prenez par les Quatre-Chemins vers La Boissière.

La Boissière A2

Abbaye de la Boissière – *02 41 89 55 52 - horaires, se rens. - possibilité de visite guidée sur demande - gratuit.* Elle a abrité à partir de 1456 la précieuse **croix d'Anjou**, jusqu'en 1790, date à laquelle elle fut transférée à Baugé (*p. 352*). Les bâtiments abbatiaux ont été transformés en château au 18e s. et l'église du 12e s. fut réduite à un chœur renfermant des gisants gothiques et un retable.

Chapelle de la Vraie-Croix – Édifiée au 13e s. sur le chemin de Dénezé, elle présente trois travées de voûtes bombées à l'angevine.

Revenez vers Le Lude par la D 767 ; à la Croix-Beauchêne, prenez la D 138 à droite.

Broc A2

La jolie **église** de Broc signale le village par son clocher roman trapu. À l'intérieur, au fond d'une large nef voûtée d'ogives à liernes et tiercerons, l'abside romane a conservé des restes de fresques du 13e s. : Christ en majesté, Annonciation et Vierge en majesté. Sur le mur de la nef, très beau Christ en croix, en bois sculpté, d'époque Louis XIII.

Revenez au Lude par la Croix-Beauchêne et, à droite, la D 307.

NOS ADRESSES AU LUDE ET SES ENVIRONS

HÉBERGEMENT/RESTAURATION

PREMIER PRIX

La Renaissance – *2 av. de la Libération - ✆ 02 43 94 63 10 - www.renaissancelelude.com - fermé vac. de fév., 3e sem. août, vac. scol. Toussaint, dim. soir et lun. - P ♿ - wifi gratuit - ✕ 13/42 € - 8 ch. 60/95 € - ☕ 9 € - 1/2 P 64 €/pers.* Tout près du château, cet hôtel-restaurant utilise des produits sarthois et angevins, mais aussi le serpolet, la cardamome, la mangue… Un restaurant traditionnel, mais à la page, avec une cuisine qui explore de nouveaux mariages de saveurs.

À proximité

Chambre d'hôte Le Clos de Launay – *Rte de Tours - 37330 Souvigné - ✆ 02 47 24 58 91 - www.chambres-touraine.fr - P - wifi - 5 ch. 60 € ☕.* Rien ne pourrait troubler la quiétude de cette belle maison de construction récente, isolée dans une propriété de 7 ha. Un ensemble confortable et cossu avec à l'étage des chambres (dont une suite familiale et une aménagée pour personnes à mobilité réduite), un salon de détente avec fauteuils et canapés. Jolies promenades autour de l'étang poissonneux.

BUDGET MOYEN

Auberge du Port des Roches – *Port des Roches - 72800 Luché-Pringé - 10 km au nord-ouest du Lude, par D 54 - ✆ 02 43 45 44 48 - fermé vac. scol., dim. soir, mar. midi et lun. - P - wifi gratuit - 30/59 € - 11 ch. 66/80 € - ☕ 8 € - 1/2 P 68/75 €/pers.* Jardin-terrasse au fil de l'eau, plaisante salle à manger et chambres fraîches et colorées participent à l'agrément du séjour. Cuisine traditionnelle soignée servie en terrasse l'été.

BOIRE UN VERRE

A comme… Bonheur – *4 r. d'Orée - ✆ 02 43 94 76 24 - fermé dim.-mar. - 10h-19h.* À deux pas du château, ce magasin de décoration propose une belle carte de thés et de cafés servis au jardin à prix raisonnable.

AGENDA

Les Fêtes du Lude – *Hôtel de ville - de mi-juil. à mi-août.* Salon d'arts plastiques.

Journées musicales gourmandes – *1 w.-end/mois en été.* Découverte du château et de ses jardins avec récitals de musique dans les salons. Dans la cuisine, préparation de confitures à l'ancienne avec fruits, fleurs et légumes du potager, qui se visite à cette occasion.

Week-End des jardiniers – *1er w.-end de juin.* Fête des plantes, ateliers de jardinage, expositions - *8 € (-18 ans gratuit).*

COMPRENDRE LES CHÂTEAUX DE LA LOIRE

Le château de Chenonceau.
B. Jannsen/age fotostock

Une vallée pour un âge d'or

De Sully-sur-Loire à Chalonnes-sur-Loire, depuis novembre 2000 le Val de Loire est inscrit comme paysage culturel vivant au Patrimoine mondial de l'Unesco. Haut lieu d'art et d'histoire, il est la preuve d'un échange permanent et fécond entre l'homme et le fleuve.

Les châteaux de la Loire sont répartis dans la portion du Val de Loire qui s'étend sur près de 300 km entre le Loiret et l'Anjou et traverse deux régions : le Centre et les Pays de la Loire. Cette portion de territoire tournée vers son fleuve et ses affluents a joué dans l'histoire de la France un rôle historique, lequel explique en partie l'épanouissement architectural qui fait aujourd'hui sa notoriété.

Prémices à l'avènement d'un fleuve historique

L'évocation des châteaux de la Loire appelle des images de splendeur architecturale. L'élégance de Chambord, Chenonceau, Blois ou Azay-le-Rideau conduit le visiteur, un peu comme dans un rêve, à emboîter le pas des courtisans qui suivaient François Ier, rival de Charles Quint, dans ses longues parties de chasse, dans sa conquête des artistes, dans son goût pour les festins et les fêtes royales, intermèdes réparateurs après les rudes campagnes d'Italie.

Toutefois, il ne faut pas oublier que les particularités du relief et la douceur du climat ont toujours favorisé l'architecture tout au long du Val de Loire, de Sully-sur-Loire jusqu'à Nantes. Avant de se couvrir de luxueux châteaux de plaisance bâtis par les rois de France et leurs courtisans, la région comptait nombre de donjons et forteresses réputés imprenables, dont Angers et Chinon fournissent les plus beaux exemples. Mais rares sont ceux qui ont gardé intacte leur architecture d'origine : du Moyen Âge au 19e s., la variété des styles est donc infinie… Les charmes de la région et le rayonnement de ses châteaux ont attiré des familles aisées qui y ont fait construire de vastes demeures aux 18e et 19e s. Parmi celles ouvertes au public, certaines s'apparentent à de véritables châteaux et peuvent être visitées comme tels, tandis que d'autres ont été aménagées en hôtels de prestige, ainsi le château de Colliers près de Chambord ou le château des Briottières à Champigné.

AUX SOURCES DE LA RENAISSANCE FRANÇAISE

Lorsque, en 1470, à la naissance de son fils – le futur Charles VIII – le roi **Louis XI** décide que son éducation se fera à **Amboise** et non à Paris, il ne se doute pas qu'il pose la première pierre symbolique de ce qui deviendra l'un des plus prestigieux élans architecturaux de l'histoire de France. **Charles VIII** accède au trône de France en 1483. Dix ans plus tard, il installe la Cour à Amboise, qu'il agrandit et embellit afin que la demeure royale puisse correspondre aux exigences de la vie de cour. L'impulsion était donnée : le Val de Loire se met tout entier au diapason de la Cour. Charles VIII, Louis XII puis François Ier s'y établissent. La découverte progressive de l'**art italien**, ainsi que la tentation du prestige qui rejaillit sur les **souverains mécènes**, vont constituer le fil conducteur des ensembles rénovés et des constructions nouvelles.

Le style français

En effet, si la plupart du temps les aménagements intérieurs relèvent d'artistes italiens ou fortement influencés par ceux-ci, il faut reconnaître que le style architectural, quant à lui, demeure bien **français**. Comme le dit l'historien André Chastel : « La phase de construction qui va de la fin du 15e s. à la mésaventure de Pavie (1525) est une des plus allègres, des plus inventives et agréables de tout l'art français. Aussi ne lui rend-on pas justice en se bornant à interroger la dose d'italianisme, de toute façon assez faible, qu'elle peut porter. » De fait, il faut souligner le caractère unique et reconnaissable au premier coup d'œil des châteaux « Renaissance » du royaume, tels Blois, Amboise ou Chenonceau.

Châteaux privés

Impressionnés, voire éblouis, par les réalisations royales, les **grands financiers** vont, à leur tour, entamer d'audacieux chantiers et permettre aux architectes de donner toute la mesure de leur génie inventif. C'est ainsi que le secrétaire des Finances Florimond Robertet construit l'**hôtel d'Alluye** à Blois, le général des Finances de Normandie Thomas Bohier, le château de **Chenonceau**, et le président de la Chambre des comptes de Paris Gilles Berthelot, celui d'**Azay-le-Rideau**.

La Renaissance en France

Avant les guerres d'Italie, des artistes italiens avaient déjà été appelés à la cour d'Anjou et de France. La Renaissance n'a donc pas surgi d'un coup à la suite des expéditions transalpines. Cependant, l'arrivée d'artistes amenés de Naples par Charles VIII, fin 1495, renouvelle l'art local. Utilisé couramment aujourd'hui pour désigner une période précise de l'histoire culturelle européenne (15e-16e s.), le terme de **Renaissance** a été employé pour la première fois par le peintre italien **Giorgio Vasari** (1511-1574) lorsqu'il publia sa *Vie des plus excellents peintres, sculpteurs et architectes*. Il s'en sert à plusieurs reprises pour décrire le renouveau des arts en Italie. Les circonstances propres à l'histoire de France retardèrent l'éclosion du mouvement de l'autre côté des Alpes, ce qui n'empêcha pas le mot français de « renaissance » de s'imposer de façon universelle pour désigner cette période de l'histoire européenne.

Au 15e s., après les ravages de la guerre de Cent Ans et les grandes épidémies, de peste en particulier, la France commence à se refaire une santé, et ce dans tous les sens du terme. Grâce à de meilleures récoltes, la mortalité recule et le pays bénéficie d'un bel essor démographique. Le royaume connaît un **renouveau économique**, qu'accompagnent le défrichement des terres et l'urbanisation croissante. L'effervescence de la pensée et

truculence. On lui doit les premiers écrits français en prose. Très attaché à son pays natal, il en fait le théâtre de la « guerre picrocholine ». **François Villon** (1431-1463 ?) occupe une place à part : franc-tireur, il n'appartient à aucun courant, c'est le Rimbaud du 15ᵉ s.

Une nouvelle école de peinture

Conscient du retard considérable de la peinture française par rapport à la peinture italienne, François Iᵉʳ n'aura de cesse de faire pénétrer les œuvres des artistes transalpins dans son royaume. C'est ainsi qu'il fonde l'**école de Fontainebleau** avec l'appui de nombreux artistes italiens, tel Rosso Fiorentino (1494-1540), qui favorise l'émergence d'une peinture française représentée par Jean Goujon et Antoine Caron. Le monarque fera surtout venir à Amboise **Léonard de Vinci** (1452-1519) en 1516, afin que ses talents profitent à la cour.
L'art du portrait va s'imposer avec le Flamand **Jean Clouet** (v. 1486-1540), attaché à Louis XII et à François Iᵉʳ, et son fils **François Clouet** (v. 1520-1572), né à Tours, qui s'illustrent comme portraitistes des Valois.

La musique polyphonique

Les 15ᵉ et 16ᵉ s. voient la création musicale vivre une importante étape de son histoire avec l'arrivée d'un âge d'or, celui de la **polyphonie** vocale. Pour la première fois, les compositeurs maîtrisent suffisamment le matériau musical pour superposer plusieurs lignes mélodiques de façon complexe. Le genre nouveau de la messe polyphonique atteint son apogée avec **Guillaume Dufay** (1400-1474) et surtout **Josquin des Prés** (v. 1440-1521) qui, après s'être formé en Italie, enchante la Cour de Louis XII par son inspiration mélodique.

LES GRANDES DÉCOUVERTES

L'homme de la Renaissance s'affranchit de l'imaginaire religieux du Moyen Âge et se tourne vers les sciences : pédagogie, géographie, navigation, astronomie, médecine, architecture, agriculture, etc.
Ce foisonnement d'idées neuves est constamment stimulé par les découvertes qui en résultent, le développement de l'artisanat, l'émergence d'une industrie textile, etc. Et grâce à l'urbanisation, cette vitalité s'étend à une société élargie.

L'esprit de la révolution copernicienne

Avec la publication de son ouvrage *Des révolutions des sphères célestes* en 1543, Nicolas Copernic expose sa théorie de l'**héliocentrisme**. La terre n'est plus au centre du monde (géocentrisme) mais elle gravite, comme les autres planètes, autour du soleil. Cet événement capital, s'il se heurte aux résistances de l'Église, place l'homme face à la connaissance et le met en demeure d'acquérir un esprit scientifique. Galilée d'abord, puis Spinoza et Descartes en seront les héritiers directs.
L'anatomie fait de timides débuts et les premières analyses d'**Ambroise Paré** (1510-1590) révolutionnent l'approche du corps humain : « Je le pansai, Dieu le guérit », ainsi émergent les prémices de la chirurgie moderne. D'un point de vue médical, le corps n'est plus tabou, on peut l'opérer sans crainte de voir s'échapper une âme !
Mais l'événement emblématique du renouveau et qui demeure dans toutes les mémoires, c'est bien la découverte de l'Amérique en 1492 par **Christophe Colomb**. La révélation d'un « Nouveau Monde » au-delà de l'Océan est stupéfiante. La mer n'est pas l'infini… Un nouvel espace géographique s'ouvre !

Architecture

Témoins de la geste princière, les murs des châteaux de la Loire racontent des pans entiers de l'histoire de France. D'abord sévères donjons, ils ont été un terrain d'expérience sans précédent pour les artistes de la Renaissance, appelés par des rois et des mécènes désireux d'afficher leur puissance. Embellie par les peintures murales, le vitrail et la tapisserie, l'architecture évolue vers des formes plus séduisantes, avant d'être freinée dans son essor par le départ de la Cour au 16e s. Les châteaux de la Loire ne cesseront cependant de naître et d'évoluer, constituant un répertoire de formes unique au monde. Mais ils ne doivent pas nous faire oublier qu'ils ont été précédés d'une riche tradition architecturale.

Richesses patrimoniales

Vestiges carolingiens

Il reste peu de vestiges antérieurs à la période romane, mais non des moindres. L'église de **Germigny-des-Prés**, l'une des plus anciennes de France, est un magnifique sanctuaire carolingien, doté d'un plan en croix grecque et d'une voûte ornée d'une splendide mosaïque. Après les invasions normandes (9e s.), le Val de Loire entre dans une phase de construction intense, alliée à une grande ferveur religieuse. Du 10e s., la **collégiale St-Martin d'Angers** garde les piliers bicolores de la croisée, le transept et les proportions de la nef.

L'ART ROMAN (11e-12e s.)

Terre de contacts, le Val de Loire est marqué par des influences venues d'Aquitaine, du Poitou, de Bourgogne et du Berry. Néanmoins, les clochers de Touraine présentent une architecture propre, avec une base flanquée de clochetons et prolongée d'une flèche. Celui de l'abbatiale de **Cunault** en est un exemple ; la nef, avec ses vastes bas-côtés, évoque l'architecture du Poitou.

La basilique bénédictine de **St-Benoît-sur-Loire** présente un plan à déambulatoire avec chapelles rayonnantes, mais se distingue par la présence d'une sorte de second transept formé par deux chapelles. L'étagement de son chevet révèle une influence bourguignonne *(Voir illustration p. 472)*.

Les files de coupoles sur pendentifs qui coiffent la vaste nef unique de l'**abbatiale de Fontevraud** sont à rapprocher de celles d'Aquitaine.

Autres témoignages remarquables des 11e-12e s. : les sanctuaires qui jalonnent la vallée du Cher (St-Aignan, Selles) et les édifices de la région de Baugé et de Saumur.

L'architecture romane peut offrir une belle place aux **fresques**, puis aux **peintures murales** : les parois intérieures ne sont pas encore évidées par les grandes ouvertures gothiques. La douceur du climat les ayant préservées, elles sont particulièrement nombreuses et de belle qualité. Ainsi, de splendides œuvres instruisent les fidèles le long de la vallée du Loir (chapelle St-Gilles à Montoire), du Cher (St-Aignan) et de la Vienne (crypte de l'église de Tavant) ; de même, le cloître St-Aubin d'Angers et, dans le Baugeois, l'église de Pontigné. Les figures à l'ocre rouge, se détachant sur des fonds clairs (la barbe et les yeux, exécutés à la détrempe, moins durable, ont, eux, souvent disparu), sont relevées de touches de noir, de vert et de ce bleu céleste caractéristique de la région.

DU STYLE ANGEVIN AU GOTHIQUE (12e-15e S.)

Le **style Plantagenêt**, dit aussi **angevin**, tient son nom d'Henri II Plantagenêt. Il se caractérise par des voûtes ogivales bombées, des chapiteaux richement sculptés et de vastes baies en plein cintre. Il atteint son apogée au début du 13e s. et s'éteint avant la fin du siècle. Beaux exemples à Angers : cathédrale, nef unique de St-Serge *(Voir illustration ci-contre)* et salle de l'hôpital St-Jean (musée Jean-Lurçat).

L'architecture **gothique flamboyante** orne les façades de la Trinité de Vendôme et de St-Gatien de Tours *(Voir illustration p. 475)*, de N.-D.-de-Cléry et de la Sainte-Chapelle de Châteaudun.

Il faut attendre le 15e s. et la fin de la guerre de Cent Ans pour retrouver des **peintures murales**. Miroir des souffrances endurées (entre 1348 et 1350, la peste a emporté près de 40 % de la population), un sujet récurrent s'ajoute aux scènes traditionnelles : le *Dict des Trois Morts et des Trois Vifs*, où trois chasseurs rencontrent trois squelettes, illustrant la vanité et la brièveté de l'existence humaine (église de Villiers-sur-Loir).

L'élégance des châteaux bâtis au 14e s. pour les **ducs d'Anjou** (Saumur, Baugé) imprègne ceux qui se multiplient au siècle suivant (château de Moulin à Lassay), mais aussi les manoirs (Clos-Lucé à Amboise) et les hôtels urbains à tourelle d'escalier en saillie et hautes lucarnes.

LA RENAISSANCE

Au 16e s., les peintures se font plus rares sur les murs des églises, mais un bel exemple subsiste dans la salle capitulaire de l'abbaye de **Fontevraud**.

Les façades des églises Renaissance s'inspirent de modèles italiens : arcs en anse de panier ou en plein cintre, niches abritant des statues. Les églises de Montrésor (1519-1541), les chapelles d'Ussé (1520-1538) et de Champigny-sur-Veude (entre 1508 et 1543) en sont des exemples significatifs.

La Renaissance est également prodigue en **hôtels de ville** (Orléans, Beaugency, Loches, Saumur) et en hôtels particuliers construits pour des bourgeois enrichis dans le négoce et la finance : hôtel Toutin à Orléans, hôtel Goüin à Tours, hôtel Pincé à Angers…

Mais cette période s'exprime pour l'essentiel à travers la restauration, la construction et la décoration des châteaux *(p. 483)*.

L'ÉPOQUE CLASSIQUE (17e ET 18e S.)

Le **classicisme** est caractérisé par un rigoureux équilibre des formes, sensible dans l'aile Gaston-d'Orléans du château de Blois (1635-1638), chef-d'œuvre de François Mansart.

L'architecture religieuse classique aspire à la majesté : à Saumur, N.-D.-des-Ardilliers porte une vaste coupole ; à Blois, les ordres superposés de St-Vincent sont marqués par des volutes. Le 18e s. fait surtout œuvre d'urbanisme : de longues perspectives sont tracées à Orléans et à Tours.

ABC d'architecture

Les dessins présentés dans les planches qui suivent offrent un aperçu visuel de l'histoire de l'architecture dans la région et de ses particularités. Les définitions des termes d'art permettent de se familiariser avec un vocabulaire spécifique et de profiter au mieux des visites des monuments religieux, militaires ou civils.

Architecture religieuse

ST-AIGNAN – Coupe longitudinale de la Collégiale (11e-12e s.), transept et chœur

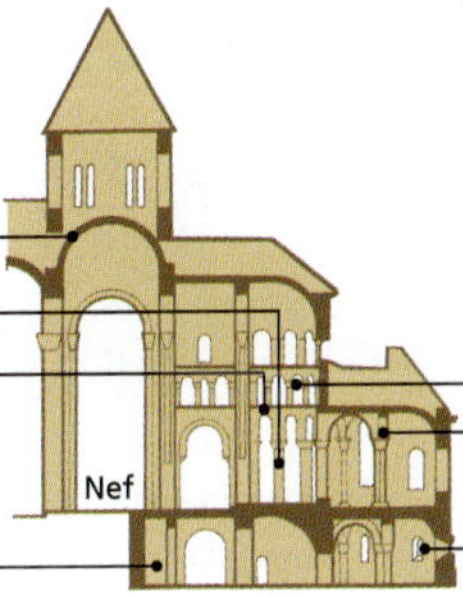

ANGERS – Voûtes de l'église St-Serge (début du 13e s.)

À la fin du 12e s., les voûtes angevines s'allègent ; les nervures plus nombreuses et plus gracieuses retombent sur de sveltes colonnes rondes. Au début du 13e s. s'élèvent des vaisseaux dont les hautes voûtes à liernes s'ornent d'élégantes sculptures.

R. Corbel/MICHELIN

COMPRENDRE LES CHÂTEAUX DE LA LOIRE

ST-BENOÎT-SUR-LOIRE – Basilique Ste-Marie (11e-12e s.)

Église romane. Plan à double transept, rare en France ; le petit transept, ou faux transept, se déploie de part et d'autre du chœur.

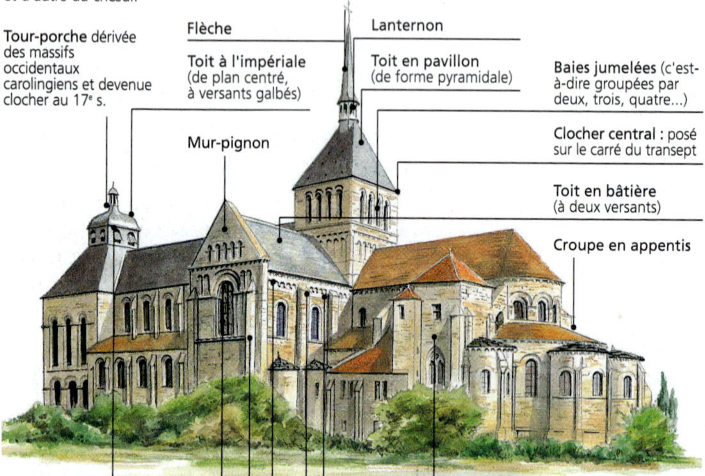

ANGERS – Chaire à prêcher de la cathédrale St-Maurice (19e s.)

Cette œuvre (1855) de l'abbé René Choyer est un pastiche de l'art gothique du 13e s. ; l'ensemble de la chaire résume toute la connaissance de l'architecture et de la sculpture médiévales.

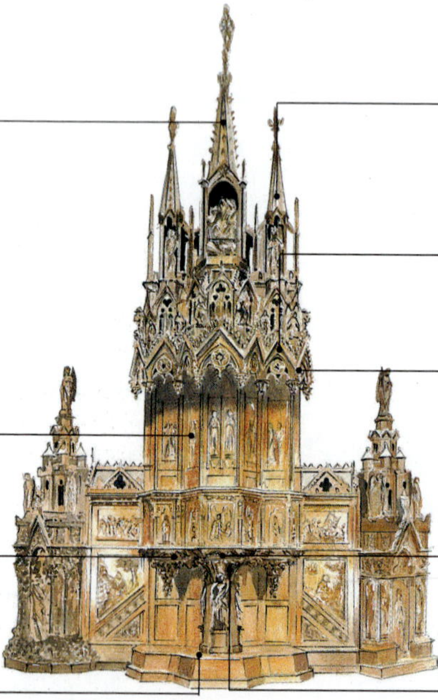

R. Corbel/MICHELIN

ARCHITECTURE

SERRANT – Château (16e-17e s.)

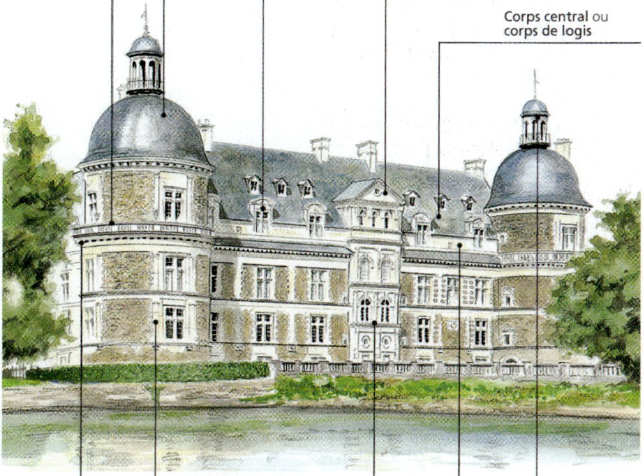

VILLANDRY – Architecture des jardins d'Amour (style Renaissance)

R. Corbel/MICHELIN

Architecture militaire

LOCHES – Porte des Cordeliers (11e et 13e s.)

Architecture civile

BLOIS – Château, escalier François-Ier (16e s.)

R. Corbel/MICHELIN

ARCHITECTURE

TOURS – Façade de la cathédrale St-Gatien (13e au 16e s.)

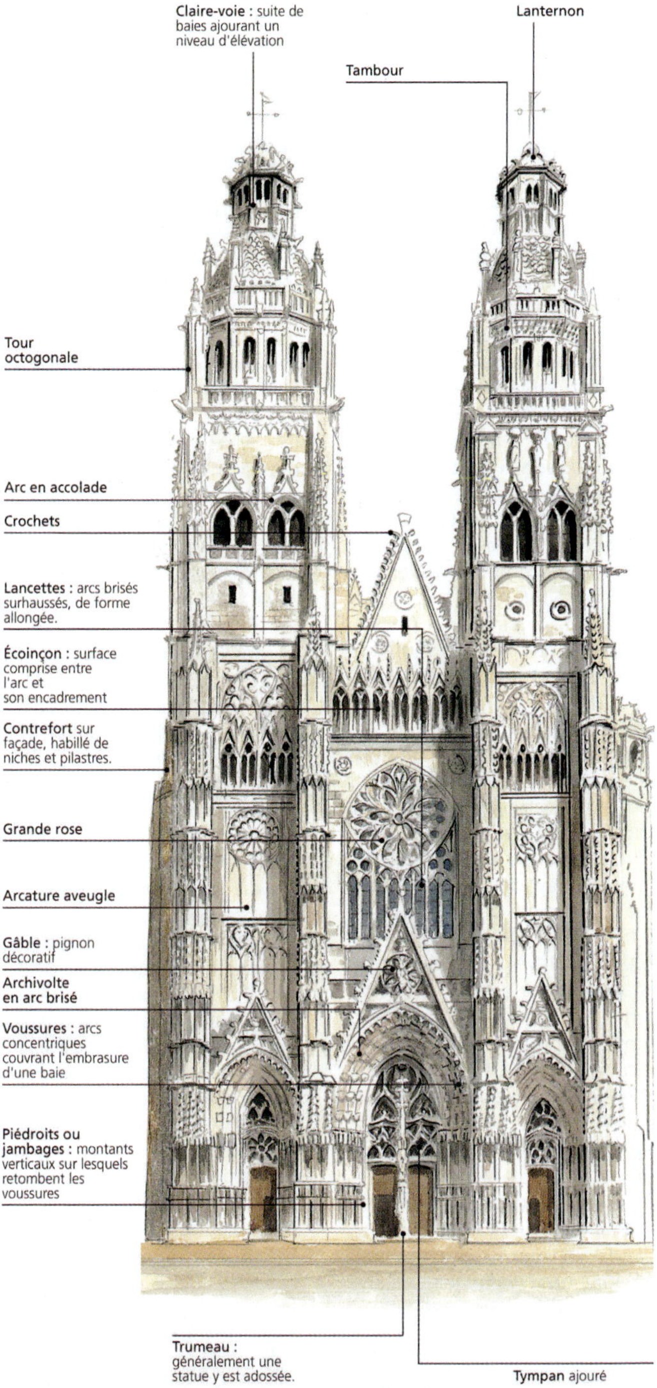

R. Corbel/MICHELIN

LE 19e ET LE 20e S.

Au 19e s., le graveur-sculpteur **David d'Angers** (1788-1856) accède à la notoriété grâce à ses centaines de médaillons, qui font découvrir les profils des personnalités de son temps, et à ses statues, comme le tombeau de Bonchamps (1825) dans l'église de St-Florent-le-Vieil.
Au 19e s., l'architecture se libère du carcan classique et s'inspire de toutes les époques : néoclassique pour les mairies et écoles, néogothique ou néobyzantine pour les églises (St-Martin de Tours) mais aussi pour les châteaux.
Au 20e s., un rénovateur de la tapisserie, **Jean Lurçat**, relève la tradition avec son œuvre monumentale *Le Chant du monde* (1957-1966). Dans le même temps, un regain d'intérêt se manifeste pour le vitrail : figuratifs ou abstraits, des panneaux sortent des ateliers des peintres verriers, dont Max Ingrand (cathédrale et église St-Julien de Tours, chapelles des châteaux d'Amboise et de Blois). Cousin du vitrail, le **gemmail** superpose des fragments de verre coloré sans nervure de plomb. Le procédé, initié par le peintre Jean Crotti et le physicien Emmanuel Malherbe Navarre, deviendra un art à part entière dans les mains du frère de ce dernier, **Roger Malherbe Navarre** (1908-2006), installé à Tours.
Parmi les édifices du 20e s., il faut mentionner le Centre international de congrès Vinci de Tours (1991-1993) réalisé par **Jean Nouvel**. La bibliothèque universitaire des sciences du campus Orléans-La Source, œuvre des architectes **Florence Lipsky** et **Pascal Rollet**, fut élue meilleur bâtiment 2005. Ville des rencontres internationales d'architecture, **ArchiLab**, Orléans est un acteur important des recherches dans ce domaine en France. Le Fonds régional d'art contemporain de la région Centre a ouvert ses portes en 2013 dans un nouveau bâtiment aux formes novatrices, dans la ville d'Orléans.

Architecture rurale

LES MOULINS

Comment imaginer l'Anjou et le Val de Loire sans moulins ? L'important réseau hydraulique a donné très tôt naissance à de nombreux **moulins à eau** de tous types. Par ailleurs, les vents de sud-ouest à nord-ouest qui balaient la province une grande partie de l'année ont favorisé l'installation d'une multitude de **moulins à vent** qui font aujourd'hui partie du paysage. Certaines installations sont parfois ouvertes aux visites. Les moulins à vent sont répartis en trois types principaux.
Le moulin **cavier**, le plus caractéristique de l'Anjou, est composé d'une tour habituellement cylindrique se terminant en cône, qui supporte une cabine en bois, ou « hucherolle ». Dans les moulins semi-troglodytiques, la cave et la salle des meules sont en partie creusées dans le calcaire. Les caves servaient d'entrepôt (grain, farine), de magasin (pièces de rechange) et, parfois, d'écurie et de remise.
Le moulin **pivot** (parfois dit « moulin de plaine » ou « chandelier ») est constitué d'une grande cage en bois supportant à la fois les ailes, les meules et tout le mécanisme. Le bois, matière première de cette construction, est l'une des causes de la rapide disparition de ce type de moulin, dont l'axe se détériore facilement faute d'entretien.
Le moulin **tour** reste le plus répandu et le mieux conservé jusqu'à nos jours. Le toit conique, à calotte tournante, reçoit les ailes.

Art des jardins

D'abord utile, le jardin médiéval évolue à la Renaissance vers un palais de plein air, un lieu de fête et de réception, à l'instar du château auquel il sert d'écrin. Entre le modèle princier et les initiatives privées, le Val de Loire, pays fleuri, cultive toujours les traditions et les tendances : jardins médiévaux, inspirés de la Renaissance italienne, à la française, à l'anglaise ou contemporains se succèdent comme autant de sources de plaisirs raffinés ou de pieuse méditation.

C'est dans le « jardin de la France » que naît le jardin à la française, lui-même importé d'Italie par les rois de France désireux de créer à côté de leurs châteaux de pierre des palais de verdure. Sur le modèle des princes, les bourgeois créent à leur tour leurs enclos de végétation, ancrant le long de la Loire une tradition dont les jardins d'aujourd'hui sont les dignes héritiers. Ajoutons à ce goût l'appel du large porté par ce grand fleuve ouvert sur l'Océan. Et ce sont toutes les plantes exotiques, cèdres, marronniers, tulipiers, séquoias,... qui sont installés en cortège dans le grand corridor du Val de Loire.

Jardins clos du Moyen Âge

« J'ai un jardin rempli de plantes parfumées où fleurissent la rose, la violette, le thym et le crocus, le lys, le narcisse, le serpolet, le romarin, le jaune souci, le daphné et l'anis. D'autres fleurs s'y épanouissent à leur tour de sorte qu'à Bourgueil le printemps est éternel... », écrit, en l'an 1100, l'historien et poète Baudry de Bourgueil à propos de son abbaye. Les sources en Val de Loire ne nous permettent pas de remonter au-delà du Moyen Âge, mais les abbayes de Bourgueil, Marmoutier ou Cormery possèdent un jardin. Traditionnellement, ces jardins monastiques sont divisés en parcelles carrées ou rectangulaires comprenant le potager *(hortulus)*, le verger *(pomarius)*, le jardin médicinal *(herbularius)*, et le cloître pour la méditation. S'y ajoute vers la fin du Moyen Âge un jardin clos *(hortus conclusus)*, image de la Vierge. Les fleurs – aux vertus symboliques – servent à fleurir les lieux saints. Les nobles possèdent aussi des jardins d'agrément, clôturés et divisés selon les mêmes principes, auxquels s'ajoutent de vastes parcs, avec bois et étangs.

Les méthodes de culture utilisent le plessis (tressage du bois surélevant, drainant et réchauffant le sol), la taille, le tressage des végétaux vivants. Les jardins comptent des banquettes de verdure où s'asseoir, des tonnelles, des prairies fleuries.

Quelques créations contemporaines permettent d'imaginer ces lieux.

Le jardin en terrasses du **château de Blois** a été aménagé par Gilles Clément en un jardin de fleurs royales (lys, iris et hémérocalles) et un jardin de simples (plantes aromatiques et médicinales).

À **St-Cosme**, où Ronsard fut prieur, la rose est omniprésente : huit espaces y déclinent l'art du jardinage, du Moyen Âge à la Renaissance.

Château de Villandry, les jardins.
P. Escudero / hemis.fr

Renaissance et perspective

Avec la Renaissance, les jardins s'imprègnent d'influences italiennes grâce d'abord aux récits admiratifs de voyageurs, puis à la traduction d'ouvrages. Au 15e s., les « carreaux » fleuris, installés par le **roi René** dans ses manoirs d'Anjou et par **Louis XI** au Plessis-lès-Tours, présentent des berceaux de feuillage et des fontaines à la rencontre des allées, qui dispensent une douce fraîcheur au promeneur, distrait en outre par des animaux élevés en liberté ou gardés dans des ménageries et des volières. Charles VIII, enthousiasmé par les jardins qu'il découvre lors de sa campagne en Italie (1495), fait venir le jardinier napolitain **Pacello da Mercogliano**, qui aménage les jardins d'Amboise, puis ceux de Blois, plus grands et plus modernes. Entre 1553 et 1557, **Diane de Poitiers** fait planter les premiers jardins de Chenonceau (11 000 jours de travail, 7 000 tombereaux de terre), qui mélangent arbres fruitiers, légumes et fleurs. Si les techniques (tressage, taille) et la division des espaces restent les mêmes qu'au Moyen Âge, le dessin sur le plan s'ordonne et s'imprègne peu à peu de symétrie. Plus vaste que les jardins clos, les jardins de la Renaissance s'articulent autour d'un axe principal incluant les bâtiments. Les jardins s'affirment en effet comme un prolongement de l'architecture des châteaux, dans une mise en scène toute théâtrale recelant des statues antiques. L'eau, qui s'anime de canaux, jets, bassins, miroirs et cascades (à partir du 16e s.) devient un élément central. Dans le même temps, l'art se veut plus proche de la nature et les jardins intègrent progressivement l'idée de perspective : même s'ils restent composés d'espaces clos, ils peuvent s'étager à flanc de coteau et ouvrir par quelques percées sur le paysage alentour. Les espèces cultivées restent les ifs, les buis et les charmes, qui se prêtent à la taille sculpturale des jardiniers. S'y ajoutent des plantes nouvelles : un des premiers bigaradiers (oranges amères) français est offert en cadeau de mariage à Louis XII ; la

tulipe venue de Turquie éblouit les Flandres pour provoquer, un siècle plus tard, un fantastique mouvement de spéculation financière. Ces plantes exotiques alignées dans les parterres sont des objets d'admiration, au même titre que les statues et les bassins.
Au château d'Angers, l'actuel petit jardin méditerranéen rappelle ce goût des **plantes exotiques**, tandis que les jardins de Chenonceau, de Villandry, de Chamerolles et ceux en terrasses de Valmer évoquent les jardins Renaissance.

Labyrinthe végétal

Généralement tracé par des ifs, il apparaît dans les jardins à la Renaissance. Si au 16e s. il s'élève au niveau du genou, il se fait beaucoup plus haut à partir du 17e s., cachant dans ses méandres des jeux galants, une grotte... On en trouve dans de nombreux jardins : Villandry, Chenonceau, Chamerolles, etc.

CRÉATIONS CONTEMPORAINES

Le **Festival international des jardins** de **Chaumont-sur-Loire** est une manifestation des plus innovantes dans ce domaine. Chaumont-sur-Loire, Centre d'arts et de nature, accueille depuis 1992 tous les ans de nouveaux jardiniers, paysagistes, artistes plasticiens ou scénographes, qui renouvellent l'art des jardins. Le festival attire quelque 350 000 visiteurs chaque année. Associé à des œuvres d'art et à divers événements, il fait de Chaumont un lieu de création contemporaine unique où se croisent la création, le patrimoine et la nature. En Val de Loire, le jardin du 20e s. s'est surtout tourné vers les **reconstitutions** historiques, dont **Villandry** est le précurseur (1906).
Les **collections** de plantes tiennent également une part majeure, avec celles, notamment, de l'arboretum des Prés-des-Culands à Meung-sur-Loire (houx, érables, hémérocalles), de celui des Grandes-Bruyères à Ingrannes (roses à parfum, magnolias, cornouillers de Chine et d'Amérique), ou encore du parc floral de la Source à Orléans.
Le paysagiste Gilles Clément (jardins du château de Blois et de Beauregard) met en avant une autre tendance contemporaine, sorte de prolongation très radicale du tournant pris au 18e s. par les parcs à l'anglaise. Ce principe, baptisé par lui-même « jardin en mouvement », prône une intervention minimale dans le jardin : les plantes meurent et se ressèment naturellement, le jardinier n'intervient que pour les contrôler ou favoriser leur croissance.

PLANTES VOYAGEUSES ET JARDINS BOTANIQUES

Très tôt, les plantes font l'objet d'expéditions et d'échanges : dès le 15e s. av. J.-C., une reine égyptienne fait venir des arbres à encens de Somalie ; plus tard, un roi assyrien s'enorgueillit d'avoir rapporté de ses conquêtes cèdres, chênes, buis et arbres fruitiers. Le lys de la Madone a tant voyagé avant l'Empire grec qu'on ne sait plus d'où il vient. Au Moyen Âge, les monastères échangent plantes (la giroflée, l'ancolie, la pensée gagnent l'Angleterre) et connaissances. L'invention de l'imprimerie rend les savoirs plus accessibles et accroît la tendance. Du 16e au 20e s., les plantes circulent du Bassin méditerranéen vers l'Amérique du Nord, l'Amérique du Sud puis l'Extrême-Orient. Le mouvement, qui passe par les expéditions scientifiques, débouche sur les premiers jardins botaniques en Europe. Pionnier en France, celui de Montpellier naît à la fin du 16e s., suivi par celui de Paris. À Angers, les professeurs de la faculté de médecine en créent un vers 1740. Il est réaménagé en 1905 dans un style anglais, puis agrandi en 1967.

La vallée des rois

Les châteaux sont le fait des princes. Mais qui sont-ils ? Très tôt, le Val de Loire devient l'enjeu de conflits serrés entre le roi de France et les puissantes maisons de Blois et d'Anjou, dont est issu Henri II Plantagenêt, appelé à régner en Angleterre au 12e s. Dès lors, la rivalité entre insulaires et continentaux ne cessera d'enfler, contraignant le roi de France à trouver refuge sur les bords de la Loire au 15e s. La Cour et les courtisans s'installent pour des séjours plus ou moins longs et la fonction des châteaux évolue vers la villégiature. De plus en plus luxueux, ils brillent au rythme des fastes du pouvoir, et si certains restent étroitement associés à l'histoire d'une famille, d'autres passent de main en main, cadeaux de favorites ou lieux d'exil…

Repères chronologiques

LES ORIGINES

- **Milieu du 9e s.** – Les Normands remontent le fleuve. La féodalité émerge.

LE TEMPS DES PRINCIPAUTÉS

- **987-1040** – Rivalités entre seigneurs. Premières fortifications et donjons pour protéger les places.
- **12e s.** – Apogée des comtes d'Anjou (*p. 364*) avec Henri II Plantagenêt, roi d'Angleterre (**1154**) et son épouse Aliénor d'Aquitaine. Les Capétiens luttent contre leurs puissants voisins pour faire valoir leurs droits de suzerains.
- **1226-1270** – Saint Louis laisse le Maine et l'Anjou à son frère Charles.

GUERRE DE CENT ANS (1337-1453)

- **1328** – La mort sans héritier de Charles IV, dernier fils de Philippe IV le Bel, ouvre à Édouard III, roi d'Angleterre, petit-fils de Philippe le Bel par sa mère, la possibilité de revendiquer le trône de France.
- **1409** – Naissance à Angers du dernier duc d'Anjou, le « bon roi René », artiste et mécène.
- **1415** – Victoire des Anglais contre les Français à Azincourt.
- **1427** – Le roi Charles VII, chassé par les Bourguignons, se réfugie à Chinon, place forte (*p. 282*).
- **1429** – Les Anglais, maîtres de la moitié du pays, assiègent Orléans. Armée par Charles VII, Jeanne d'Arc entre dans Orléans et délivre la ville (*p. 32*). L'ennemi est battu à Patay le 18 juin.
- **1461-1483** – Règne de Louis XI qui renforce le pouvoir royal au détriment des grands féodaux ; il vit entre Loches, Amboise et Tours et meurt à Plessis-lès-Tours.
- **1470** – Premiers ateliers de tissage de la soie à Tours.
- **1477** – L'université d'Orléans attire les humanistes. Première imprimerie ligérienne à Angers.

MUNIFICENCE ROYALE ET TROUBLES RELIGIEUX (16e S.)

- **1491** – Mariage de Charles VIII et Anne de Bretagne à Langeais (*p. 250*). Le roi installe la Cour à Amboise (*p. 156*). La Touraine est

Généalogie des rois de France (13e – 17e s.)

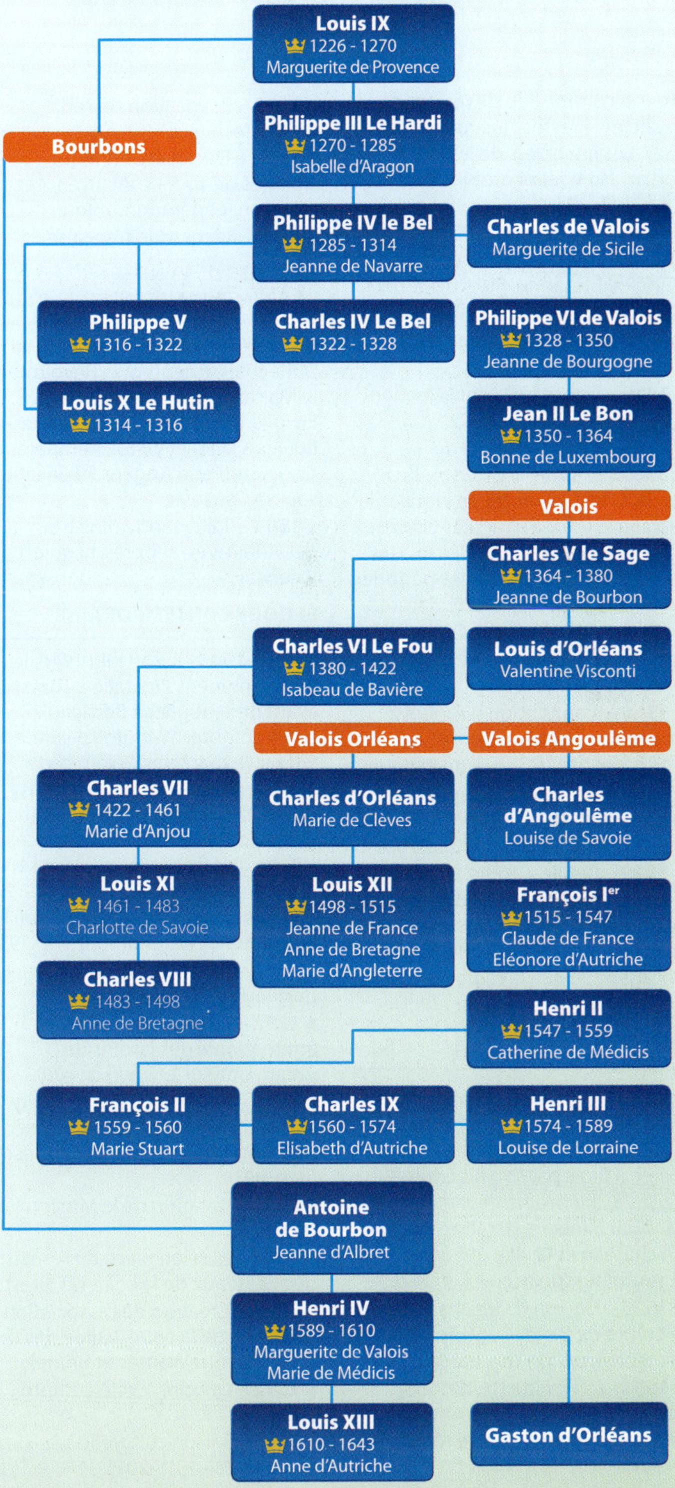

choisie comme lieu de résidence royale et le restera jusqu'en 1527. Les financiers de la Cour construisent leurs propres châteaux (*p. 187 et 268*).

• **1498** – Après le décès accidentel de Charles VIII, Louis XII épouse Anne de Bretagne. Blois devient la capitale politique du royaume.

• **1515-1547** – Règne de François Ier. Campagnes d'Italie.

• **1519** – Début de la construction de Chambord (*p. 95*).

• **1525-1527** – Captivité de François Ier après le désastre de Pavie. Lorsqu'il rentre en France, il installe la Cour à Paris. Les châteaux de la Loire deviennent dès lors un lieu de refuge pendant les périodes troubles, d'exil ou de villégiature.

• **1528-1533** – Calvin à Orléans. Une partie de l'élite française adhère au protestantisme.

• **1560** – Conjuration d'Amboise, noyée dans le sang (*p. 487*).

• **1562-1598** – Guerres de Religion.

• **1588** – En lutte contre la Ligue, Henri III fait assassiner son chef, le duc de Guise, à Blois (*p. 78*).

• **1589** – Replié à Tours, Henri III s'allie à Henri de Navarre et marche sur Paris, quand il est assassiné à son tour (2 août 1589). Henri IV met dix ans à pacifier la région.

RETOUR AU CALME SOUS LES BOURBONS (17e-18e S.)

• **1598** – Signature de l'édit de Nantes.

• **1619** – Marie de Médicis est exilée à Blois par son fils Louis XIII (*p. 78*). Richelieu, devenu cardinal ministre, se fait construire un château et la ville qui porte aujourd'hui son nom (*p. 293*).

• **1626** – Gaston d'Orléans reçoit le comté de Blois et entreprend la reconstruction du château.

• **1651** –La Fronde (1648-1653) oblige Mazarin, Anne d'Autriche et le jeune Louis XIV à se réfugier à Gien.

• **1685** – Révocation de l'édit de Nantes.

• **18e s.** – Déclin économique (soieries de Tours concurrencées par Lyon) et démographique.

• **1789** - Révolution française.

GUERRES DE VENDÉE ET PREMIER EMPIRE (1789-1815)

• **1793** – Alors que la Touraine et l'Orléanais acceptent la Révolution, le Maine et l'Anjou la rejettent. En juin, les armées « vendéennes », fidèles à la foi et au roi, s'emparent de Saumur et d'Angers. Pacification sous le Consulat.

• **1803** – Talleyrand, ministre des Affaires étrangères, acquiert Valençay.

ÉPOQUE CONTEMPORAINE

• **1939-1945** – Le 10 juin 1940, le gouvernement s'installe à Tours, avant de se replier à Bordeaux. Le 24 octobre, à Montoire-sur-le-Loir, le maréchal Pétain cède aux exigences d'Hitler. La ligne de démarcation longe le Cher (la galerie du château de Chenonceau sert de lieu de passage) et passe entre Tours et Loches.

Années 1950 – Premiers spectacles son et lumière à Chambord en 1952.

• **1963** – Première centrale nucléaire française à Avoine.

• **1992** – Lancement du Festival international des jardins de Chaumont-sur-Loire (*p. 170*).

• **2000** – Le Val de Loire (de Sully à Chalonnes-sur-Loire) est classé au Patrimoine mondial de l'Unesco (*p. 493*).

• **2002** – Création de la Mission Val de Loire.

• **2007** – Mise en place du réseau des Châteaux de la Loire (21 sites).

• **2008** – Création de l'association Châteaux de la Loire, Vallée des Rois (71 sites entre Nantes et Briare).

• **2012** – La Loire à Vélo compte 800 km.

• **2015** – Saison culturelle François Ier – 1515-2015.

Du repli défensif à la vie de cour

À l'époque mérovingienne, les forteresses rurales résultent souvent de la mise en défense de **villae gallo-romaines** ou de la réoccupation de sites en hauteur (Loches, Chinon). Ce type de construction subsiste sous les Carolingiens, mais la menace normande entraîne une vague de fortification.

LE CHÂTEAU REFUGE

Le **château à motte** (10e s.) est une tour de bois de plan quadrangulaire bâtie au sommet d'une levée de terre, entourée d'une palissade et précédée d'un fossé. Le seigneur, sa famille, le chapelain et quelques gardes habitent la tour. Dans les maisons de la basse-cour (délimitée par un fossé et par une levée de terre surmontée d'une palissade) vivent la garnison, les artisans, les valets ; étables, écuries, granges, fours et parfois un oratoire viennent s'y ajouter. La reconstitution de **St-Sylvain-d'Anjou** permet de se faire une excellente idée de ce qu'étaient ces premiers châteaux.

Le 11e s. voit apparaître les premiers châteaux en maçonnerie. Les **donjons** de Loches *(Voir illustration p. 474)*, Langeais, Montbazon, Chinon (Coudray), Beaugency en sont de remarquables spécimens.

La rivalité des comtes de Blois et d'Anjou provoque la multiplication de constructions de donjons en pierre dans la région. Le comte d'Anjou, Foulques Nerra, en est un grand bâtisseur. Le donjon du **12e s.** domine une basse-cour protégée par une enceinte extérieure en pierre, progressivement flanquée de tours et de tourelles.

Châteaux forts

Au **13e s.**, sous l'influence des croisades et du perfectionnement des techniques d'attaque, d'importantes innovations apparaissent. Le château se rétrécit et multiplie les organes défensifs en s'efforçant de supprimer les angles morts. L'enceinte se hérisse de tours, et le donjon est étroitement incorporé à l'ensemble. Donjons et tours adoptent un **plan circulaire**. La base des murs s'élargit ; la profondeur et la largeur des fossés augmentent ; les dispositifs de tir s'améliorent : archères d'un type nouveau, mâchicoulis en pierre, plates-formes, bretèches, etc.

Les églises et les monastères, les villes et certains villages n'échappent pas au mouvement général de fortification, surtout pendant la guerre de Cent Ans.

Sur le plan militaire, le 14e s. apporte des améliorations de détail : le donjon s'engage dans la masse des bâtiments ; parfois il disparaît, l'ensemble se réduisant alors à un grand corps de **logis rectangulaire** défendu par de grosses tours d'angle. L'entrée, ouverte entre deux tours semi-circulaires, est protégée par un ouvrage avancé (barbacane) ou par un châtelet autonome. Les courtines se haussent désormais jusqu'à la hauteur des tours.

Au **15e s.**, un toit pointu, en **poivrière**, coiffe le dernier étage. Vers le milieu du siècle, l'artillerie royale devient la première du monde. Aucune forteresse ne résiste à la bombarde et l'architecture militaire subit une complète transformation : les tours deviennent des **bastions bas** et très épais, les courtines s'abaissent et s'élargissent jusqu'à 12 m d'épaisseur. La région présente un cas assez exceptionnel avec le **château de Brézé**. Un remarquable ensemble troglodytique, protégé par de profondes douves sèches, est créé au 15e s. pour accueillir une garnison de 500 hommes. Il est utilisé par les troupes du Grand Condé.

DE LA FORTERESSE AU PALAIS

Au **16e s.**, les préoccupations esthétiques et de bien-être atténuent l'aspect militaire des châteaux. Fossés, donjons, tourelles ne sont conservés qu'à des fins de prestige. Le toit très aigu, hérissé de cheminées sculptées, couvre des combles spacieux, éclairés par de **hautes lucarnes** monumentales. Alors qu'auparavant on réduisait les ouvertures, points vulnérables par excellence, les fenêtres se font désormais larges et sont encadrées de pilastres.

L'**escalier monumental** à rampes droites, voûté en caissons et axé au centre de la façade, se substitue à la tourelle d'un escalier à vis masqué. Les artistes italiens en créent de nouveaux modèles (Blois, *voir illustration p. 474)*, à vis superposées (Chambord), à volées droites et plafonds à caissons (Chenonceau, Azay-le-Rideau, Poncé). Dans la vaste cour d'honneur, la **galerie** – nouveauté venue d'Italie à la fin du 15e s. – apporte une touche d'élégance. Seule construction traditionnelle, la chapelle continue à utiliser la voûte d'ogives et le décor flamboyant. L'apport italien apparaît surtout en ornementation de faible relief.

Plutôt que de modifier en profondeur l'architecture d'un château existant, on fait souvent le choix de lui juxtaposer des ailes aux façades très différentes. C'est le cas en particulier au Lude et à **Blois**, dont la façade extérieure de l'aile François Ier, élevée par Dominique de Cortone (1470-1549), dit le **Boccador** (Bouche d'Or), cherche à imiter la « travée rythmique » (alternance de baies, de niches et de pilastres) inventée par l'architecte italien Bramante. À Chambord et au Lude, le décor s'épure sous l'impulsion de maîtres locaux, tel **Pierre Trinqueau**.

Les rigueurs du classicisme

Après le départ de la Cour pour l'Île-de-France, de hauts personnages continuent d'élever de beaux édifices en Val de Loire, comme le château de Brissac (ajouts du 17e s. sur une forteresse médiévale), marqué par l'alternance des matériaux, ou la ville et le château de Richelieu (détruit), qui annoncent Versailles. Les artistes viennent désormais de Paris. **Cheverny** est l'exemple même de la belle demeure classique, d'une **symétrie rigoureuse** et d'un aspect extérieur sévère.

L'ère du « néo »

Le 19e s. est une période propice à la construction de châteaux tant dans les Pays de la Loire qu'en Sologne : les classes dirigeantes s'y font bâtir ou rebâtir châteaux et manoirs, autour desquels elles viennent chasser. Néo-Renaissance, néogothique, néoclassique ou totales réinterprétations sont les styles adoptés pour ces milliers de constructions, au confort plus adapté à la vie moderne, ce qui explique que beaucoup restent habitées aujourd'hui.

La vie de château

Le « beau 16e siècle » a donné naissance à la vie de château, au sens où l'on entend l'expression aujourd'hui. Au-delà des champs de bataille, c'est dans le cadre de leurs demeures que se jaugeait la puissance des monarques.

La vie de cour dans les châteaux de la Loire présente des aspects contrastés. Un indéniable raffinement aristocratique en matière de goût côtoie un notable relâchement des mœurs en matière galante. Isolée des centres urbains, la Cour aimait à se livrer à une vie de plaisirs, si raffinés soient-ils. Outre la pratique de la conversation et des intrigues galantes, les puissants satisfaisaient leur goût

L'escalier extérieur du château de Blois.
pedrosala/iStock

pour les arts en invitant des artistes auprès d'eux, et s'adonnaient aux exercices physiques, que ce soit lors de somptueuses fêtes, qui leur donnaient l'occasion de déployer les fastes dignes de leur rang, ou lors des tournois, joutes, jeux et journées de chasse.

FAY CE QUE VOUDRAS

C'est pourquoi, lorsque sous la plume de Rabelais, Gargantua fait construire pour son ami frère Jean des Entommeures l'**abbaye de Thélème**, son architecture ressemble à celles de Chambord et du château de Madrid (aujourd'hui détruite, la résidence parisienne de François Ier était située dans le bois de Boulogne). Prenant le contrepied des monastères fréquentés par Rabelais, Gargantua propose pour seule règle : « Fay ce que voudras », car « gens liberes, bien nez, bien instruits conversans en compagnies honestes ont par nature un instinct et aiguillon qui toujours les poulse à faictz vertueux ». En bon humaniste, Rabelais insiste sur le rôle de l'**éducation**, sur le sens de l'honneur et du devoir pour construire toute bonne société. Ces idées circulaient bien entendu dans les cours et autres sociétés choisies, où l'on se plaisait à s'entourer de lettrés et d'artistes, telles les cours de Charles d'Orléans à Blois autour de 1450 ou celle de François Ier dans la première moitié du 16e s. Mais elles furent loin d'être toutes des abbayes de Thélème et les murs des châteaux de la Loire ne connurent pas que « faictz vertueux ».

LA COUR RÉGLÉE

C'est aussi au 16e s. que se met en place à la cour des Valois l'**étiquette**, qui règle désormais les détails, petits et grands, des journées autour du roi. Henri III établit à Blois le premier code d'étiquette, introduisant le titre « Sa Majesté ». La reine mère et la reine sont entourées d'une centaine de dames d'honneur. Deux cents gentilshommes, plus d'un millier d'archers et de suisses sont présents pour le roi. Une multitude de serviteurs s'affairent. Princes de sang et grands seigneurs ont leur

Le château musée de Gien.
Département du Loiret – D. Chauveau

« maison ». Quinze mille personnes environ gravitent autour du roi. Les déplacements de la Cour nécessitent 12 000 chevaux ! Or, au 16e s., seules 25 villes dépassent 10 000 habitants…

FÊTES ET CHASSES

Dans la réalité, personne n'est dupe ; en témoignent les écrits de **Mme de Lafayette**, au début de *La Princesse de Clèves*, pour avoir une idée de la légèreté de cette vie de cour : « C'étaient tous les jours des parties de chasse et de paume, des ballets, des courses de bagues, ou de semblables divertissements. » La Cour s'adonnait effectivement avec passion aux plaisirs de la **chasse** *(p. 97)*, dans les forêts giboyeuses qui entouraient les châteaux ; et l'on peut ajouter à la liste un goût particulier pour les fêtes carnavalesques ainsi que pour les tournois et les joutes (ce fut au cours de l'une d'elle qu'Henri II perdit la vie).
Une telle effervescence festive ne va pas sans l'apparition de nouvelles **modes vestimentaires** ainsi que d'ornements tels que ceintures, bijoux, colliers ou broches. Là encore, Rabelais décrit cette tendance avec sa verve coutumière : « Les robbes selon la saison, de toille à frizure d'argent, de satin rouge couvert de canetille d'or, de tafetas blanc, bleu, noir, tanné, sarge de soye, velours, drap d'argent, toille d'argent, or traict, velours ou satin porfilé d'or en diverses portraictures. » Enfin, les courtisans avaient un irrésistible penchant pour la vie galante… celle-ci pouvant même déboucher sur une certaine frivolité, voire une franche dépravation. Personne mieux que **Brantôme** n'a brossé la légèreté des comportements à la Cour. Dans *Les Vies des dames galantes*, il introduit ainsi François Ier : « Aussitôt qu'il avait dîné il s'en allait dans la chambre de la reyne, sa femme qu'il aimait fort, et là trouvant une trouppe de déesses humaines, les unes plus belles que les autres, chaque seigneur et gentilhomme entretenait celle qu'il aimait le mieux. »
Quelques siècles plus tard, l'écrivain autrichien **Stéphane Zweig**, auteur de plusieurs biographies rigoureusement documentées, plongera dans le 16e s. avec *Marie Stuart*. Il saura trouver le style qui convient pour décrire avec élégance

les habitudes de l'époque : « Le besoin de jouissances sensuelles et spirituelles de la Renaissance, la recherche de la joie dans l'art venu d'Italie ont pénétré victorieusement en France… La présence de jolies femmes aux parures splendides, les œuvres de poètes et de peintres donnent à cette cour somptueuse une couleur et un air d'allégresse uniques. »

Rois et reines en leurs domaines

C'est à **Charles d'Orléans** que revient le mérite d'entreprendre la première restauration d'envergure au château de Blois. En 1440, à son retour d'Angleterre où il était resté prisonnier depuis la défaite d'Azincourt en 1415, le prince poète se retire sur ses terres, entouré de ses proches et d'une cour de qualité.

Son exemple est suivi à Amboise par **Charles VIII**, qui entame des travaux en 1492 et fait des achats considérables pour meubler la résidence royale, en particulier en Italie, où il était parti guerroyer.

Quelques années plus tard, **Louis XII** accède au trône. En digne fils de Charles d'Orléans, le « Père du peuple » choisit Blois comme résidence royale et capitale politique du royaume.

Son gendre, **François I**er, affectionne l'itinérance au cours de ses longues parties de chasse, mais il privilégie comme port d'attache Amboise et surtout Blois, auquel il adjoint une aile somptueuse. Le roi fait de la Cour une école d'élégance, de culture et de goût, s'entourant de savants lettrés, de poètes et d'artistes, tel Léonard de Vinci qu'il appelle à Amboise.

Quant à **Chambord**, commencé en 1519 et achevé en 1546, le souverain n'a guère l'occasion d'en profiter : il n'y passe que 72 jours et meurt peu après l'achèvement de ses appartements. Néanmoins, il put y recevoir son illustre rival, l'empereur Charles Quint, dans un décor évocateur de la puissance du roi de France. Chambord ne fut pas construit en vain…

Le Val de Loire délaissé

Sous Henri II et ses fils, Blois reste le siège de la Cour, hors du Louvre. La conjuration d'Amboise *(voir encadré ci-dessous)* et sa terrible répression (1560) ternissent l'attrait du château, qui ne connaîtra plus les fastes royaux. De même, l'assassinat des Guise (1588) jette un voile sur Blois, qu'Henri III délaisse pour Tours. C'est avec **Henri III** (1574-1589) que s'établit à Blois le premier code d'étiquette.

Les débuts du règne d'**Henri IV** (1589-1610) sont difficiles : n'ayant pu prendre Paris, il s'installe à

LA CONJURATION D'AMBOISE

En mars 1560, une partie de la noblesse, ralliée au protestantisme, décide de préparer un coup d'État. Le but est de s'emparer du jeune François II réfugié au château d'Amboise, l'édifice étant considéré comme le mieux à même de le protéger. Les conjurés espèrent ainsi le soustraire à l'influence des Guise, puissante famille alliée au parti catholique et, sur le plan politique, fervents défenseurs de l'Église de Rome. La conjuration est un échec, les Guise ayant été prévenus. Certains des conjurés sont pendus aux remparts du château pendant que d'autres sont exécutés ou massacrés. Le bilan définitif est d'environ 1 500 morts.

Cet événement annonce les guerres de Religion qui secoueront ensuite le royaume de France pendant près de quarante ans.

Tours. Mais le 22 mars 1594, il rentre triomphalement à Paris, désormais capitale incontestée du royaume. Le rôle politique du Val de Loire s'achève.

Châteaux de dames

Ces préséances royales ne doivent pas faire oublier que la grâce de ces demeures Renaissance s'avère souvent l'œuvre de femmes ou de leur aura. À la Cour, leur rôle politique devient primordial et elles contribuent au rayonnement artistique du pays.

Les favorites – Née en Touraine, **Agnès Sorel** (v. 1420-1450) est la première favorite en titre dans l'histoire de France. Elle exerce pendant cinq ans une forte emprise sur Charles VII, jusqu'en politique; elle le guérit de ses dépressions, lui donne quatre filles, l'entoure de conseillers de valeur qui contribuent à la relève du pays. Mais elle scandalise par ses tenues et son goût du luxe, et, malgré une réelle charité, est détestée, surtout du fils de sa rivale, le futur Louis XI. En 1449, lasse des vexations, elle abandonne Chinon et la Cour pour Loches. Enceinte, elle rejoint Charles VII qui guerroie en Normandie. Prise d'un « flux de ventre » à Jumièges le 9 février, elle meurt quelques jours plus tard dans de terribles souffrances. Son corps repose à Loches.

Un siècle plus tard, la belle **Diane de Poitiers** (1499-1566) reçoit le château de Chenonceau d'Henri II. Elle charge Philibert Delorme de bâtir un pont qui relie le château à l'autre rive du Cher. Jusqu'à son extrême vieillesse, elle garde une vigueur de corps et d'esprit qui émerveille ses contemporains. Prenant des décisions d'État, elle négocie avec les protestants, distribue magistratures et dignités, et se charge de l'éducation des enfants royaux, à la grande humiliation de Catherine de Médicis. Il n'est guère d'artistes qui ne nous en aient laissé un portrait.

Les régentes et les reines

Avant de mourir, Louis XI confie à sa fille, fine politique, la régence du royaume : **Anne de Beaujeu** (1461-1522), ou « Madame la Grande », gouverne d'une main ferme. Elle fait agrandir le château de Gien et le pare d'un bel appareil de briques polychromes en losanges.

Catherine de Médicis hante la Cour pendant cinquante-cinq ans, sous cinq rois. Éclipsée un temps par Diane de Poitiers, elle se venge en 1559 en lui imposant Chaumont en échange de Chenonceau.

Elle fait édifier par Philibert Delorme la galerie à deux étages surplombant le Cher et donne des fêtes somptueuses. Régente à l'avènement de Charles IX, elle tente de maintenir l'autorité royale dans le difficile contexte des guerres de Religion, louvoyant entre Guise et Bourbons, usant de diplomatie, de manœuvres matrimoniales et d'intrigues familiales.

Les riches châtelaines

Elles s'illustrent à l'écart de la Cour. Sous François Ier, **Philippa Lesbahy** et **Catherine Briçonnet**, épouses de financiers, supervisent chacune les travaux de deux des plus gracieux châteaux de la Loire : Azay-le-Rideau et Chenonceau.

Ce dernier reste voué aux femmes : **Louise de Lorraine**, la « Reine Blanche », s'y retire après la mort d'Henri III; **Mme Dupin** y accueille, de 1733 à 1799, les philosophes des Lumières. **Mme Pelouze** le restaure à la fin du 19e s. Chaumont-sur-Loire est acheté en 1875 par **Melle Say**, fille de riches industriels. Devenue princesse de Broglie, elle redonne vie au château.

Villandry renaît grâce à la passion de Joachim Carvallo (1869-1936) et **Anne Coleman**, sa riche épouse américaine.

The Print Collector/Heritage Image/age fotostock

Agnès Sorel.

De Agostini/G. Dagl/De Agostini Editore/age fotostock

Diane de Poitiers.

A. Calvino/age fotostock

Catherine de Medicis.

Le fleuve Loire

Le Val de Loire symbolise pour beaucoup la douceur de vivre, la grâce paisible… L'altitude n'y excède jamais les 200 m, mais la Loire et ses affluents ont dessiné des reliefs en creux qui présentent une belle diversité. Le fleuve se fraye, entre plaines fertiles, vignobles, forêts, étangs et landes, un chemin vieux de plusieurs millions d'années.

Le plus long fleuve de France – 1 020 km – naît au pied du mont Gerbier-de-Jonc, dans le Vivarais. Ses longues perspectives et ses courbes harmonieuses rehaussent les paysages. Le Bassin ligérien couvre un cinquième du territoire français. Après avoir reçu son premier gros affluent, l'Allier, à la hauteur de Nevers, la Loire atteint son point le plus septentrional à Orléans et repart vers le sud-ouest de son cours langoureux jusqu'à Tours. Là, son débit double encore par l'apport des eaux du Cher, de l'Indre et de la Vienne. Le fleuve prend alors des allures maritimes qui firent dire à Hervé Bazin qu'elle vit « dans l'obéissance de la mer », jusqu'à son estuaire.

Un fleuve ancestral

Encastré entre les formations anciennes de l'ère primaire (-540 à -250 millions d'années) – Morvan, Massif armoricain et Massif central –, le Val de Loire occupe le sud du Bassin parisien. Pendant l'ère secondaire (de -250 à -65 millions d'années), la mer recouvre à plusieurs reprises la région. Elle dépose sur le socle rocheux une couverture de sédiments marins : d'abord le **tuffeau** du turonien, craie tendre que l'on retrouve aux flancs des coteaux, puis le calcaire des **gâtines** (« terre gaste » : peu fertile), parsemées de plaques de sable et d'argile imperméables portant des landes et des forêts.

LE TUFFEAU

C'est une roche sédimentaire marine constituée de restes d'organismes, de particules fossiles et de roches. Tassement, pression et érosion ont cimenté et transformé les sédiments en roche. Le tuffeau exploité (ou blanc) se présente en bancs réguliers pouvant atteindre 40 m d'épaisseur.

Durant l'ère tertiaire (de 65 à 1,75 million d'années), époque des grands plissements, la mer commence à se retirer. De grands lacs d'eau douce se forment, où s'accumulent d'autres couches calcaires : ce sont les **champagnes**, ou **champeignes**. Ces vastes plaines découvertes et peu fertiles présentent un soubassement affleurant de calcaire ou de craie. Des fleuves torrentiels descendent du Massif central, surélevé par le plissement alpin, et étalent des nappes argilo-sableuses qui donneront naissance à la **Sologne** et à la forêt d'Orléans. En Sologne, ces dépôts de sable peuvent atteindre une épaisseur de 60 m. Dans la seconde moitié de l'ère tertiaire, un affaissement de la partie ouest du pays détourne les cours d'eau qui se dirigeaient vers le nord, ce qui explique le coude que fait la Loire à Orléans. Dans le même temps, il amène la **mer des Faluns** (sédiments riches en coquillages – faluns) jusqu'aux environs de Blois. Les « falunières » se trouvent en lisière du plateau de Ste-Maure et des collines bordant la Loire au nord. Enfin, la mer évacue définitivement la région, laissant un relief en creux. Les alluvions du fleuve et de ses affluents forment les **varennes**, terres légères formées d'un sable gras d'une grande fertilité.

MÉFIONS-NOUS DE L'EAU QUI DORT…

Attention aux tourbillons, sables mouvants, siphons : ne plaisantez pas avec les **dangers** de la Loire. Limitez vos baignades aux plages sécurisées !

Le dernier fleuve sauvage…

Un mythe ? Oui et non… En effet, contrairement à tous les autres fleuves d'Europe occidentale, le cours de la Loire reste libre ; ce qui permet, tout au long de l'axe ligérien, la permanence d'une grande variété de milieux semi-humides, en voie de disparition sur notre planète, et une diversité remarquable d'espèces animales et végétales. Cependant, la Loire est capricieuce. En été, c'est un véritable **fleuve de sable**. Quelques filets d'eau striés de luisettes (osier garni de petites feuilles d'un vert pâle argenté) serpentent au milieu des grèves. Bancs de sable, graviers et sables blonds composent au milieu du frémissement aquatique une mosaïque vivante propre au territoire ligérien. Surviennent les grosses pluies d'automne et, à la fin de l'hiver, la fonte des neiges : la Loire est alors en **crue** et il lui arrive de crever les digues, appelées **levées** (ou turcies), ou d'emporter un pont, tel le pont de pierre à Tours en 1978 (reconstruit en 1980). Bien des murs de villages portent les dates des grandes inondations : 1846, 1856, 1866, 1910. Maintes fois préconisée, la régulation par **barrage** s'est heurtée aux associations écologistes, soucieuses de préserver le caractère sauvage de la Loire.
Pourtant, un barrage de régulation a été construit en 1982 à Villerest, près de Roanne, complété ensuite par un autre sur l'Allier, affluent de la Loire, à Naussac, en Lozère. Ils comptent parmi les 23 barrages greffés sur la Loire et ses affluents,

lesquels ont été installés depuis les années 1920 à des fins essentiellement hydroélectriques. Sans oublier que les eaux de la Loire servent aussi au refroidissement de quatre **centrales nucléaires** ; une utilisation qui contribue à alimenter le débat sur la régulation du fleuve, car les réacteurs ne peuvent pas vivre sans eau…

Des oiseaux en pagaille

La Loire a la particularité de développer sur certaines de ses grèves, en été, une ambiance climatique proche des fleuves africains. Ce phénomène, connu sous le nom de **topoclimat**, favorise la croissance de nombreuses plantes adaptées aux milieux intertropicaux. En débordant de son lit, en inondant les prairies, en remplissant d'eau les fossés, puis en se retirant, asséchant ainsi les gravières et les bancs de sable, la Loire cisèle aussi des abris naturels où de nombreuses espèces végétales et animales, dont une **avifaune** variée, trouvent un biotope idéal. Plus de 120 espèces d'oiseaux vivent, nidifient ou migrent chaque année sur le fleuve.

Les îles et gravières

Au milieu du chenal, les îles, longs bancs de sable et hautes herbes, offrent des dortoirs tranquilles protégés des intrus par une barrière d'eau, aux héron cendré, grèbe huppé, grand cormoran ou martin-pêcheur. La reproduction de ces oiseaux est liée au régime irrégulier du fleuve, qui, par ses crues, maintient un réseau important de grèves dégagées, propices à la nidification. Les îles de **Parnay**, en aval de Montsoreau, et de **Sandillon**, à 15 km en amont d'Orléans, hébergent de mars à juin des couples de mouettes, des goélands et des **sternes pierregarins**, sorte de mouette d'eau douce. La sterne, bonne fille, accepte de partager ses graviers avec le petit gravelot.

Les boires

De part et d'autre du lit du fleuve, elles forment un réseau de fossés remplis d'eau stagnante qui communiquent avec le fleuve au moment des crues. Certains oiseaux, comme le **butor étoilé**, la **poule d'eau** ou la **sarcelle d'été** apprécient ces lieux discrets où viennent frayer les gardons, les tanches et les perches.

Plaines, marais et étangs

Tantôt pâturages, tantôt terres inondées, les plaines alluviales hébergent des oiseaux migrateurs. Parmi eux, le **balbuzard pêcheur**, qui avait quasiment disparu de France dans les années 1940, voit maintenant sa population augmenter ; c'est un spectacle unique de le voir plonger, serres en avant après un vol d'observation stationnaire, et capturer des poissons de 30 à 40 cm. Le **râle d'eau** aime la végétation haute des roselières et des joncs.

Aujourd'hui paysage culturel

Châteaux de la Loire, et pourtant… Chenonceau enjambe le Cher, Azay-le-Rideau flirte avec l'Indre, Chambord est marié avec le Cosson, Chinon regarde la Vienne… À les observer de près, ces châteaux, qui entraînent dans leur sillage demeures médiévales, abbayes, cathédrales, maisons troglodytiques ou humbles chaumières, ont pour point commun un territoire, la Loire et ses affluents, un climat réputé pour sa douceur, et des paysages où la nature et l'homme ont travaillé main dans la main depuis des millénaires. Un héritage riche en défis pour les deux régions qui se partagent ce patrimoine.

Une responsabilité patrimoniale

Indissociables les uns des autres, les cours d'eau et leurs rives, le patrimoine bâti, les habitants et leurs activités, la nature domestiquée ou sauvage ont entretenu un dialogue constant, dont les fruits ont valu à la région d'être classée à l'Unesco en 2000 au titre de **paysage culturel vivant**.

LE FLEUVE ET L'HOMME

Fleuve libre, car non canalisé, la Loire évolue néanmoins au sein d'un espace construit. Sa réputation de « dernier fleuve sauvage d'Europe » est donc en partie erronée. Le paysage ligérien et ses composantes culturelles résultent d'une longue suite d'interactions associant l'activité des hommes et la présence dynamique du fleuve.

Dans une région peuplée et développée, les paysages agraires et le patrimoine bâti ont été lentement façonnés sans affecter la qualité du milieu naturel.

Premier « aménagement du territoire », la **voie romaine** suivait la ligne de crête rive droite, à l'abri des crues. Plus tard, l'implantation des **abbayes bénédictines** structura le Val de Loire, qui fut un centre actif pour la culture et la spiritualité. Dès le 9ᵉ s., la construction des **levées** garantit la vitalité économique

QUELS CRITÈRES POUR LE PATRIMOINE MONDIAL ?

Le Val de Loire a été inscrit pour les critères suivants :

Un **patrimoine architectural remarquable**, comptant des villes historiques, Blois, Chinon, Orléans, Saumur, Tours, etc., mais plus particulièrement des châteaux de renommée mondiale, comme Chambord.

Un paysage culturel exceptionnel le long d'un grand fleuve. Le Val de Loire témoigne d'un échange d'influences de valeurs humaines et du développement harmonieux d'**interactions** entre les hommes et leur environnement sur deux mille ans d'histoire.

Un paysage et plus particulièrement des monuments culturels qui illustrent à un degré exceptionnel les **idéaux** de la Renaissance et du Siècle des lumières sur la pensée et la création de l'Europe occidentale.

de la navigation et la stabilité de l'activité agricole, sans toutefois résoudre le problème des crues dévastatrices. En dépit des caprices du fleuve, le commerce et le **trafic fluvial** atteignirent un tel niveau aux 16e et 17e s. que la Loire devint la première voie de communication du royaume *(p. 258)*. Après l'arrivée du chemin de fer au 19e s., le Val de Loire connut au 20e s. une forme d'abandon doublée d'une tentation strictement utilitariste, puis une prise de conscience à l'origine d'une nouvelle relation avec le fleuve.

UN DÉBAT NÉCESSAIRE

Comme tous les grands fleuves du monde, la Loire fait l'objet d'un débat constant entre les acteurs qui la côtoient. À partir de l'époque carolingienne, la construction des **levées** *(p. 491)* qui la bordent et tentent de la canaliser n'est-elle pas l'expression d'un débat entre les occupants des rives partisans d'une exploitation traditionnelle du milieu naturel (chasse, pêche, cueillette, pastoralisme), nullement gênés par les crues du fleuve, et les tenants d'une exploitation agricole et horticole des rives ligériennes (propriétaires terriens, bourgeois, marchands), lesquels pouvaient légitimement prôner l'endiguement des eaux capricieuses, censé protéger les cultures et faciliter le transport des hommes et des biens par navigation fluviale. Les acteurs ont évolué, les débats ont changé de nature, mais ils demeurent et nourrissent les décisions autour d'un patrimoine dans lequel l'homme puise ses ressources tout en veillant à ne pas l'épuiser.

La nature impactée

Améliorer le tourisme et l'activité économique suppose de nouvelles voies d'accès. La **LGV Paris-Clermont** est à l'étude, mais ne devrait pas voir le jour avant 2030. Prévue pour désenclaver l'Auvergne et le centre du pays, cette ligne de TGV n'en traversera pas moins le Val de Loire, posant les questions positives (gare TGV à Orléans) et négatives (impact écologique).

Du côté industriel et énergétique, les quatre **centrales nucléaires** installées sur le cours du fleuve supposent une régulation de son débit, laquelle limiterait également les risques de crues centennales et les catastrophes qui s'ensuivent (inondations, effondrement de ponts, etc.).

Les matières organiques d'origine domestique et l'azote d'origine agricole déversés dans le fleuve provoquent un phénomène d'**eutrophisation** (augmentation de la température et manque d'oxygène), qui peut donner à la Loire une couleur verte et provoquer des vagues de mortalité chez les poissons.

QUELQUES CHIFFRES

Sur 280 km de long, de Sully-sur-Loire dans le Loiret à Chalonnes-sur-Loire en Anjou, le Val de Loire traverse 2 régions (Centre-Val de Loire et Pays de la Loire), 4 départements (Loiret, Loir-et-Cher, Indre-et-Loire, Maine-et-Loire), 11 pays et 1 Parc naturel régional (PNR Loire-Anjou-Touraine). Accueillant une population de plus d'un million d'habitants, il englobe 6 agglomérations (Orléans, Blois, Tours, Chinon, Saumur, Angers) et 160 communes. Stimulé par la proximité de Paris au nord et de Nantes à l'ouest, le Val de Loire bénéficie d'un accroissement régulier de sa **population**, dont la densité oscille entre 30 et 110 habitants au km² (moyenne nationale 112).

Château de Chenonceau, cycliste sur la rive gauche.
M. Dozier / hemis.fr

L'utile et l'agréable
Les mouvements **écologistes** sont actifs et leurs arguments sont parfois entendus lors des prises de décisions (annulation de projets de barrage). L'**agriculture biologique** se développe et les vignerons ne sont pas en reste *(p. 524)*.

Un tourisme actif

Les deux régions, Centre-Val de Loire et Pays de la Loire, se sont associées pour promouvoir leur patrimoine d'exception, à la fois par la qualité de l'information et des visites mais aussi en améliorant l'accès aux sites, en particulier à vélo, avec le programme **La Loire à vélo** *(p. 522)*. Le tourisme est un acteur économique majeur du Val de Loire. Les ressources qu'il engendre participent à la conservation des sites et constituent un bassin d'emplois non négligeable pour les régions.
L'hôtellerie traditionnelle, les chambres d'hôte, les gîtes ruraux et les villages de vacances sont particulièrement présents en région Centre-Val de Loire. Fréquentés par une clientèle en majorité étrangère, les campings sont surtout implantés dans les Pays de la Loire, en particulier ceux de luxe (2e rang national pour les 4 étoiles).
Le **tourisme vert** et l'intérêt pour les jardins ne cessent de croître, alimentés par une clientèle adepte du vélo (60 % en 2010). L'offre exceptionnelle d'activités culturelles compense utilement les aléas de la météorologie.
Les **spectacles**, manifestations et festivals quadruplent leurs emplois pendant la saison (essentiellement l'été) alors que ceux-ci doublent pour le personnel des sites touristiques. Le Val de Loire possède une richesse unique en demeures seigneuriales, dont certaines sont encore habitées.
Ce **patrimoine** revit grâce à des expositions à thème, des évocations de personnages historiques ou légendaires qui culminent dans les spectacles son et lumière, dont celui du château de Chambord fut le précurseur, et les illuminations

des parcs et jardins (Villandry, Chenonceau).
Enfin, le **tourisme d'affaires** se développe : congrès, foires, séminaires attirent une clientèle qui vient s'ajouter au tourisme de loisir.

Un pôle économique régional

L'ARTISANAT ET LA PIERRE

Surtout implanté en milieu rural, l'artisanat de la région Centre-Val de Loire se caractérise par l'importance des activités du bâtiment (quatre entreprises sur dix). Les pays urbains, comme les agglomérations, développent des activités essentiellement tournées vers les services.
Exploité dès le 8e s., le schiste de Trélazé, « or noir » de l'Anjou, affleure dans le bassin d'Angers, notamment dans la ville de Trélazé. Il était extrait jusqu'à 480 m de profondeur et au long de plus de 300 km de galeries. De plus en plus réduite, la production s'est axée petit à petit sur les **ardoises** de couverture haut de gamme. Mais l'épuisement du gisement exploitable a eu raison de la dernière mine : la filiale du groupe Imerys, les Ardoisières d'Angers, qui employaient, en 2013, 153 personnes et produisaient 3 500 t d'ardoise Angers-Trélazé®, a fermé en mars 2014. Cette entreprise insolite travaillait avec environ une soixantaine de mineurs de fond, les derniers de France à descendre sous terre.
L'**osier** est cultivé et travaillé dans le village troglodytique de Villaines-les-Rochers depuis plusieurs siècles. Avec ses 50 vanniers (un tiers de la profession nationale), il constitue le plus grand groupement de France. Sa coopérative de **vannerie** réalise plus de la moitié de la production française.

Entreprise de faïence de premier plan en France, fondée en 1821 par l'Anglais Thomas Hall, la **Faïencerie de Gien** emploie 160 personnes.
Au milieu du 19e s., l'ingénieur Jean-Félix Bapterosses créa la manufacture de Briare, destinée à la fabrication de boutons et de perles, puis vouée à la production de la fameuse mosaïque, ou **émaux**, qui fait toujours la réputation de l'entreprise les Émaux de Briare.

L'INDUSTRIE DÉCENTRALISÉE

La région Centre-Val de Loire est la première de l'Union européenne en matière de décentralisation industrielle. Les industries non polluantes de haute technologie (recherche, électronique, pharmacie, cosmétique, mode…) et l'essor des industries de transformation des produits agricoles et laitiers ont permis de dynamiser de petites villes et des zones rurales. Mis à part Châteaudun, Pithiviers et Vendôme, les principaux centres se trouvent le long de la Loire.
Depuis juillet 2005, le Val de Loire est devenu le cœur d'un pôle de compétitivité sciences de la beauté et du bien-être, la **Cosmetic Valley**, dont l'épicentre est l'Eure-et-Loir et le Loiret (Procter & Gamble à Blois, Sanofi à Tours, Shiseido et Sephora à Orléans, etc.).
Les **secteurs traditionnels** industriels les plus importants de la région Centre-Val de Loire sont les équipements mécaniques, la métallurgie (Trigano Jardin), le secteur chimie-caoutchouc-plastique (avec un autre pôle de compétitivité, Elastopôle) et l'agroalimentaire.
Le Centre est la **2e région énergétique** française grâce aux quatre centrales nucléaires de production d'électricité sur la Loire (Avoine-Chinon, Belleville-sur-Loire, Dampierre-en-Burly et St-Laurent-des-Eaux). EDF fait partie

des principaux employeurs du Val de Loire.
Situé au premier rang national pour la fabrication de chaussures avec des marques telles que Éram, le Maine-et-Loire s'est taillé une réputation internationale dans les secteurs du **textile** et de la **maroquinerie** (Longchamp).
Très présentes vers Tours, imprimeries et maisons d'édition placent la région Centre au 3e rang national pour les **arts graphiques** (Maury Imprimeur, Institut géographique national ou *La Nouvelle République*).
Fort d'une longue tradition, le secteur tertiaire des **banques**, assurances, retraites connaît un développement constant. L'activité de congrès de Tours et d'Orléans, la décentralisation d'organismes financiers, de services de santé, de grandes écoles et d'universités (à Orléans, Tours et Angers) sont des facteurs d'attraction.

DIVERSITÉ AGRICOLE

Les Pays de la Loire se situent au 2e rang national pour la production agricole. Quant à la région Centre, près de 70 000 actifs travaillent dans la sphère agricole et agroalimentaire, soit 7 % de l'emploi régional.

Graines, bulbes et plants

S'il est un secteur typique de la région, c'est bien l'**horticulture**. Le Maine-et-Loire est le premier département **horticole** de France et la première zone semencière d'Europe. Quatre mille cinq cents agriculteurs-multiplicateurs produisent des graines et des plants sur plus de 22 000 ha. Sur cette impulsion s'est ouvert en 2010 **Terra Botanica** (*p. 376*), un parc de rencontres interactives avec l'univers du végétal.
Depuis 2008, **Végépolys**, qui englobe le centre de physiologie végétale d'Angers, s'affirme comme pôle de compétitivité à vocation mondiale en mettant en réseau entreprises et organismes de recherche et de formation de toutes les filières du végétal spécialisé : 4 000 entreprises, 350 chercheurs, 2 500 étudiants, de nombreux fleurons du secteur, tels l'Institut national d'horticulture, l'Institut national de la recherche agronomique (Inra), l'Office européen des variétés végétales…
La tradition horticole régionale issue des introductions de fleurs par le roi René d'Anjou (15e s.) a généré de grands noms : le semencier Louis de Vilmorin, le pépiniériste André Leroy, le spécialiste des bulbes Ernest Turc.
Les différentes espèces profitent de **terrains et microclimats variés**. Les roseraies d'Orléans-la-Source, d'Olivet et de Doué-la-Fontaine sont célèbres. Tulipes, glaïeuls et lys sont sélectionnés dans les sols sableux du Blésois, vers Soings-en-Sologne ; les plantes médicinales croissent dans la région de Chemillé et les pépinières sur les alluvions de la Loire.

FRUITS DE LA CÉLÉBRITÉ

Le Florentin Francesco Florio, auteur de l'expression « jardin de la France », affirmait que les **poires bons-chrétiens**, issues d'un pied que saint François de Paule planta dans le verger du roi Louis XI au Plessis-lès-Tours, donnaient « une idée de la bonté des fruits du paradis ». Les **prunes reines-claudes** doivent leur nom à Claude de France, épouse de François Ier ; **« Messieurs les melons »** sont introduits dans le Val de Loire par Pacello da Mercogliano. Bien plus tard, quand la France ne se connaît plus de roi, les **poires doyenné-du-comice** sont obtenues à Angers.

LES RAISINS DE LA RAISON

Le « bio » ne date pas d'hier. En 1924, le philosophe autrichien Rudolf Steiner pose les bases de l'**agriculture biologique dynamique** ou biodynamique. Celle-ci se fonde sur le respect de la terre par l'exploitation des seuls moyens naturels (biologie) selon un calendrier annuel précis (dynamique) et par un travail modéré du sol. Les règles de la biodynamie et de l'agriculture biologique – laquelle revendique plus ou moins les mêmes critères – sont appliquées dans le domaine viticole. Aussi les vignes sont-elles travaillées dans le respect des sols, sans désherbant, pesticides, engrais ou autre produit de synthèse. Sans apport exogène, les levures indigènes opèrent leurs transformations successives, la vinification est longue et calme, le soufre est proscrit ou presque. Il faut trois ans à un viticulteur pour engager sa vigne en biologique et aucun vin ne peut être commercialisé avec la mention « issu de raisins de l'agriculture biologique » sans avoir obtenu la certification d'un organisme agréé dont le nom doit figurer sur la bouteille. Bien inspirés et de plus en plus nombreux, des **vignerons du Val de Loire** tentent avec leurs vins naturels d'approcher au plus près la saveur des raisins et de puiser leur caractère unique dans leurs terroirs respectifs.

Le marché aux fleurs du boulevard Béranger, à Tours, est le deuxième de France après celui de Nice. Nombre de manifestations prennent les jardins pour thème, notamment à Chaumont-sur-Loire, Orléans, au Lude et à Villandry.

Vergers et maraîchage

Le sol alluvionnaire et le climat tempéré font du Val de Loire une terre d'élection pour l'arboriculture et le maraîchage. Les légumes sont principalement cultivés dans la vallée Angers-Saumur et l'Orléanais, où les cultures sous serres sont nombreuses (concombres...). Celles de plein champ – asperges de Sologne près de Vineuil, Contres et Romorantin, pommes de terre de Saumur, haricots verts de Touraine, oignons et échalotes d'Anjou et du Loiret, artichauts d'Angers –, mûres 15 jours avant la région parisienne, sont expédiées en grande quantité vers les halles de Rungis.

Pour la transformation des **légumes**, 5e rang du secteur agroalimentaire, retenons, entre autres, les entreprises Fruidor-les Crudettes (salades et légumes en sachet, Loiret) et Gillet-Contres (conserves de légumes haut de gamme, Loir-et-Cher).

Les carrières de tuffeau près de Montrichard, Montoire, Montsoreau, Tours et dans le Saumurois abritent plus de 60 % de la production française de **champignons de couche**, dits « de Paris » (cultivés dans les caves de la capitale sous Napoléon Ier).

Les **pommes** composent, avec les poires et le cassis, l'essentiel des fruits récoltés. Un tiers des pommes du Val de Loire est produit dans la région Centre, qui développe une « production fruitière intégrée », respectant l'environnement. Un souci de préservation perceptible aussi dans l'essor de l'agriculture biologique : la ferme de Ste-Marthe, en Sologne, a été un précurseur.

Le secteur des **boissons** (6e place) s'affirme dans la vinification, la champagnisation (vins effervescents), les eaux de table, les sirops, les spiritueux. Cointreau est l'entreprise la plus réputée de ce domaine, tandis que les vignerons sont de plus en plus nombreux à se tourner vers les vins naturels.

Champs de blé.
S. Rabouan/hemis.fr

Le grenier à blé de la France

Il vous arrivera de traverser des cultures qui s'étendent à perte de vue : blé, orge, colza, tournesol, maïs, pois protéagineux, betterave à sucre. Les secteurs de la meunerie, malterie, fabrication d'aliments pour animaux, boulangerie et pâtisserie industrielle, biscotterie, biscuiterie, fabrication de pâtes alimentaires occupent le plus grand nombre de salariés agricoles (Brioches Pasquier dans le Maine-et-Loire). Le secteur du sucre tient la 4e place dans l'agroalimentaire régional ; les entreprises du secteur chocolaterie et confiserie y sont aussi présentes avec le chocolat Poulain (Blois), sous le pavilon de Carambar & CO.

Un élevage de qualité

Les bêtes de boucherie, majoritairement de race charolaise, et les bovins laitiers vivent sur les herbages la plus grande partie de l'année. L'aire du mouton couvre les plateaux calcaires du haut Maine. La production avicole se caractérise par la présence de nombreux **labels** (volailles fermières de Loué élevées en liberté, poulet de Touraine), géline de Touraine et une grande diversité du poulet ordinaire à l'ensemble des espèces de gibier à plumes.

De nombreux **haras** continuent l'élevage de chevaux de sang, de course et de trait, le Haras national du Lion d'Angers étant sans nul doute le plus prestigieux d'entre eux. L'Anjou reste une terre de savoir-faire en matière d'équitation, ce qui lui procure un apport économique non négligeable : plus de 20 compétitions nationales et internationales sont organisées sur ses treize champs de course et 1 000 éleveurs y travaillent. Célèbre pour son école nationale d'équitation et le prestigieux **Cadre noir**, Saumur est également réputée bien au-delà de nos frontières pour ses bottiers et ses selliers.

Enfin, le **poney** est à l'honneur chaque année à Lamotte-Beuvron, lors du grand rassemblement équestre du Generali Open de France.

ORGANISER SON VOYAGE

Survol en mongolfière, au-dessus de la Loire.
B. Barbier/hemis.fr

Châteaux et jardins

Attention, certains châteaux ne sont ouverts que quelques semaines par an (mai-sept. ou l'été) ; avant de vous déplacer, consultez les conditions de visite dans les chapitres correspondants de la partie « Découvrir ».

CHÂTEAUX ET JARDINS		Microrégion (département et ville proche)	Style dominant	Intérieur
Amboise	★★	**4** (37 Tours)	Renaissance	Meublé
Angers	★★★	**7** (49)	Forteresse médiévale	Tenture de l'Apocalypse
Azay-le-Ferron	★	**4** (36 Châteauroux)	Renaissance	Meublé
Azay-le-Rideau	★★★	**5** (37 Chinon)	Renaissance	Meublé
Beaugency	-	**2** (45 Orléans)	Médiéval Renaissance	Meublé
Beauregard	★	**2** (41 Blois)	Renaissance	Meublé Galerie des Illustres
Blois	★★★	**2** (41)	Gothique, Renaissance et classique	Meublé Musée des Beaux-Arts
Bouges	★	**3** (36 Romorantin)	Classique 18e s..	Meublé
La Bourdaisière	-	**4** (37 Tours)	Renaissance	Jardin uniquement
Brézé	★★	**6** (49 Saumur)	Renaissance	Meublé
Brissac	★★★	**6** (49 Angers)	Baroque 17e s..	Meublé
La Bussière	★	**1** (45 Montargis)	Classique 17e s..	Meublé Musée de la Pêche en eau douce
Candé	★	**5** (37 Tours)	Renaissance, néogothique 19e s..	Meublé Orgue Skinner

Jardin	Avec des enfants	Sons et lumière Festivals	À proximité
Jardin à la française	Parcours dans le château	La prophétie d'Amboise Noël au pays des châteaux Festivals de musique classique et Renaissance	Grand aquarium de Touraine Parc des Mini-Châteaux
Jardin médiéval Nombreux parcs et jardins★ dans la ville	Parcours dans le château et au musée des Beaux-Arts – Activités du lac de Maine	Festival Premiers Plans (cinéma) Festival d'Anjou (théâtre)	Musée des Beaux-Arts★★ – Musée Jean-Lurçat et de la Tapisserie contemporaine★★
Jardin à la française Parc paysager	Animations	-	Valençay★★★
Parc à l'anglaise	Parcours enfant et « Le Génie des eaux » (visites ludiques)	Noël au pays des châteaux	Jardins de la Chatonnière★ Vallée troglodytique des Goupillières
-	Animations	-	Meung-sur-Loire★
Jardin contemporain	Jeux de piste dans le parc avec Messire Hibou	-	Promenade dans le vieux Blois★
Jardin des simples et des fleurs royales – Jardins de l'Évêché	Maison de la magie Robert-Houdin Un tour de la ville en calèche	Son et lumière au château	Promenade dans le vieux Blois★
Jardin à la française Parc à l'anglaise	-	-	Mennetou-sur-Cher
Potager★ Conservatoire de la tomate	-	-	Circuit de la vallée du Cher (voir Chenonceau)
Parc à l'anglaise	Ensemble troglodytique de la forteresse médiévale souterraine	-	Abbaye d'Asnières
Parc à l'anglaise	Parcours-découverte – Un goûter au pavillon des Cèdres	Festival international de la création florale	Centre de découverte du milieu aquatique et de la pêche – La Loire angevine
Jardin potager Parc à l'anglaise	Circuit des cabanes et jeux		Rogny-les-Sept-Écluses★
Parc, verger et potager		Floralies du Val de l'Indre	Grottes pétrifiantes à Savonnières

CHÂTEAUX ET JARDINS		Microrégion (département et ville proche)	Style dominant	Intérieur
Chambord	★★★	**2** (41 Blois)	Renaissance	Meublé Escalier à double révolution★★★
Chamerolles	★	**1** (45 Pithiviers)	Renaissance	Promenade des Parfums (musée de la Parfumerie)
Champchevrier	★	**5** (37 Tours)	Renaissance	Meublé Tapisseries des *Amours des dieux* (17e s.)
Chanteloup	★	**4** (37 Amboise)	Détruit	Expositions temporaires
Châteaudun	★★	**8** (28)	Forteresse médiévale	Tapisseries 16e et 17e s. Statues polychromes dans la Sainte-Chapelle
Château-Gaillard	★	**4** (37 Amboise)	Renaissance	Jardin Meublé
Chaumont-sur-Loire	★★★	**4** (41 Blois)	Renaissance	Meublé
Chémery	-	**3** (41 Romorantin)	Pré-Renaissance	Meublé
Chenonceau	★★★	**4** (37 Tours)	Renaissance	Meublé Art floral
Cheverny	★★★	**2** (41 Blois)	Classique 17e s..	Meublé
Chinon	★★	**5** (37)	Forteresse médiévale	Salles Jeanne-d'Arc
Clos-Lucé	★★	**4** (37 Amboise)	Demeure médiévale	Meublé (maison de Léonard de Vinci)
La Devinière	-	**5** (37 Chinon)	Demeure médiévale	Musée Rabelais
La Ferté-St-Aubin	★	**3** (45 Orléans)	Classique	Meublé

Jardin	Avec des enfants	Sons et lumière Festivals	À proximité
Forêt de Chambord (observation des animaux)	Spectacles équestres « Les Nuits du brame »	Festival de musique – Grand concert de trompes	
Jardin★ à la française	Promenade en forêt d'Orléans	-	Châteauneuf-sur-Loire Château de Bellegarde★
-	-	-	La Grange de Meslay★
Parc et pagode★ (se visite)	Jeux de plein air à l'ancienne – Barques	-	Jardins de Valmer★
Jardin médiéval	Parcours-découverte du château Descente du Loir en canoë	-	Promenade dans la vieille ville★
Carrés Pacelliens★ Grands parterres royaux		-	Clos Lucé
Festival international des jardins★★★ Parc paysager★	Promenade dans les chambres de verdure – Cuisines du château	Art contemporain Illuminations château et parc	Promenade-découverte sur la Loire – Montrichard★
-	-	-	Étangs et marais solognots★
Jardins★★ à la française Labyrinthe Potager	Labyrinthe Parc aux ânes	Promenade nocturne illuminée Noël au pays des châteaux	Conservatoire de la tomate au potager★ du château de la Bourdaisière
Jardin contemporain Potage, parc	« Les secrets de Moulinsart » Le repas des chiens de meute	Jazzin'Cheverny	Château de Beauregard★
Panorama sur Chinon depuis la forteresse	Parcours « Qu'est-ce qu'être archéologue ? »	Chinon en jazz Noël au pays des châteaux	Vieux Chinon★★ La Devinière, maison de Rabelais (Seuilly)
Parc Leonardo-da-Vinci★ Halle Eiffel	Machines géantes de Léonard	Festivals de musique classique et Renaissance (Amboise)	Château d'Amboise★★
-	Le livre géant Les Lundis en herbe	-	Circuit Au pays de Rabelais★
Parc	Musée des Jouets anciens	Fête des plantes – Generali Open de France (poney) à Lamotte-Beuvron	Domaine du Ciran

CHÂTEAUX ET JARDINS		Microrégion (département et ville proche)	Style dominant	Intérieur
Fontevraud (abbaye royale)	★★★	**6** (49 Saumur)	Roman, gothique, Renaissance	Gisants des Plantagenêts Cuisines romanes
Fougères-sur-Bièvre	★	**2** (41 Blois)	Pré-Renaissance	-
Gien	★	**1** (45 Montargis)	Pré-Renaissance	Musée de la Chasse, Histoire, Nature en Val de Loire★★
Gizeux	★	**5** (37 Chinon)	Renaissance	Meublé Galerie des Châteaux★
Le Grand-Pressigny	★	**4** (37 Loches)	Forteresse médiévale Ajouts Renaissance	Musée de la Préhistoire★
Ingrannes Arboretum des Grandes Bruyères	★	**1** (45 Pithiviers)	Jardin uniquement	-
L'Islette	-	**5** (37 Chinon)	Renaissance	-
Langeais	★★	**5** (37 Chinon)	Forteresse médiévale	Meublé Grande salle des Preux
Loches	★★	**4** (37)	Forteresse médiévale	Meublé
La Lorie	★	**7** (49 Angers)	Classique 17e s..	Meublé
Le Lude	★★	**8** (72 La Flèche)	Renaissance Classique	Meublé
Meung-sur-Loire	★	**2** (45 Orléans)	Forteresse médiévale	Meublé
Montgeoffroy	★★	**6** (49 Angers)	Classique 18e s..	Meublé

Jardin	Avec des enfants	Sons et lumière Festivals	À proximité
-	Parcours ludique	-	Église St-Michel★ (village) Château de Montsoreau★
Jardin médiéval	Jeu de piste	Festival de musique classique à l'église St-Pierre de Pontlevoy	
-	Musée du Cirque et de l'Illusion (Dampierre)	-	Musée de la Faïencerie Pont-Canal★★ de Briare
Parc	Animations et ateliers	-	Langeais★★
Nymphée	Jeu-livret « Petit Silex » Ateliers-découverte	-	Château d'Azay-le-Ferron★
Jardin à la française Parc★ à l'anglaise (roses, bruyères, etc.)	Baignade et pêche à l'étang de la Vallée (Châteauneuf-sur-Loire)	-	Étang de la Vallée★
Parc	Déguisements Promenades en barque	-	Musée Maurice-Dufresne★ (Marnay)
Parc de l'An mil	Jeux en bois Cabane dans l'arbre Visite ludique	Noël au pays des châteaux	Château de Champchevrier★ Bourgueil
Jardin médiéval	Visite ludique	L'Épopée médiévale	Village-jardin de Chédigny – Circuit des moulins de l'Indre★
Jardin à la française Parc	Jeux pour enfants dans le jardin	-	Domaine de la Petite Couère★
Jardin à la française Parc à l'anglaise Potager	Ateliers de jardinage	Week-end des jardiniers Journées musicales gourmandes	Château de Durtal St-Paterne-Racan
-	Visite ludique	-	Collégiale St-Liphard★ Arboretum des Prés-des-Culands Basilique de Cléry-St-André★
-	Une promenade en forêt de Chandelais★	Présentations du Cadre noir (Saumur) Opéra de Baugé	Beaufort-en-Vallée Jardins du château de Gastines Forêt de Chandelais★

CHÂTEAUX ET JARDINS		Microrégion (département et ville proche)	Style dominant	Intérieur
Montpoupon	★	**4** (37 Loches)	Forteresse médiévale	Meublé Musée du Veneur
Montrésor	★	**4** (37 Loches)	Renaissance	Meublé★
Montreuil-Bellay	★★	**6** (49 Saumur)	Forteresse médiévale	Meublé
Montsoreau	★	**6** (49 Saumur)	Forteresse médiévale	
Le Moulin	★	**3** (41 Romorantin)	Forteresse médiévale	Meublé
Oiron	★★	**6** (79 entre Saumur et Poitiers)	Renaissance	Environnement créé par des artistes contemporains
Le Plessis-Bourré	★★	**7** (49 Angers)	Pré-Renaissance	Meublé Plafond à caissons de la salle des Gardes
Le Plessis-Macé	★	**7** (49 Angers)	Gothique flamboyant	Boiseries gothiques de la chapelle St-Michel
Le Plessis-Sasnières	★	**8** (41 Vendôme)	Jardin uniquement	-
Poncé-sur-le-Loir	-	**8** (41 Vendôme)	Renaissance	Escalier Renaissance★★
Le Rivau	★	**5** (37 Chinon)	Forteresse médiévale Renaissance	-
Saché	★	**5** (37 Tours)	Demeure 16ᵉ-18ᵉ s..	Meublé Musée Balzac
St-Brisson-sur-Loire		**1** (41 Gien)	Renaissance	Meublé
St-Cosme (prieuré)	★★	**5** (37 Tours)	Maison 14ᵉ s..	Meublé (maison de Ronsard)

Jardin	Avec des enfants	Sons et lumière Festivals	À proximité
-	ZooParc de Beauval	-	St-Aignan★ et son château – ZooParc de Beauval★★★
-	Lac de Chemillé	-	Descente de croix★★ de Jean Fouquet à Nouans-les-Fontaines
-	-	-	Le Puy-Notre-Dame Abbaye de Fontevraud★★★
-	Parcours ludique et concours	-	Château de Gizeux Abbaye de Fontevraud★★★
Jardin à la française	-	-	Mennetou-sur-Cher Château de Chémery
-	-		Doué-la-Fontaine★, village troglodytique et zoo – Montriou
	Une visite au haras		Haras national du Lion de l'Isle-Briand★
	Les cucurbitacées de Montriou	Festival d'Anjou (théâtre)	Parc et jardin du château de Montriou Terra Botanica★
Jardin★ à l'anglaise			Vendôme★★ Lavardin★ et son château Village troglodytique de Trôo
Parterre à la française Jardin à l'italienne Colombier	-	-	La Possonnière★ Jardins du Plessis-Sasnières★
Jardins★ médiévaux recomposés sur le thème des contes de fées	« Connais-tu les contes de fées ? » (livret-visite des jardins)	Fête de la citrouille Joutes équestres	Jardin d'Elsie Richelieu★ Champigny-sur-Veude★
Parc	Ateliers pédagogiques		
	Visites costumées Musée du Cirque et de l'Illusion (Dampierre)		Gien★
Jardin contemporain (rosiers, pivoines, iris), potager		Scénoféerie de Semblançay Festival de la grange de Meslay	Le vieux Tours★★ La Grange de Meslay★ – Vouvray

CHÂTEAUX ET JARDINS		Microrégion (département et ville proche)	Style dominant	Intérieur
Saumur	★★	**6** (49)	Forteresse médiévale	Musée des Arts décoratifs Musée de la Cavalerie
Serrant	★★★	**7** (49 Angers)	Renaissance	Meublé
La Source (parc floral)	★★	**1** (45 Orléans)	Jardin uniquement	-
Sully-sur-Loire	★	**1** (45 Gien)	Forteresse médiévale	Meublé Tapisseries de Psyché★
Talcy	★	**2** (41 Blois)	Demeure fortifiée 16e s..	Meublé
Troussay	-	**2** (41 Blois)	Gothique et Renaissance	Meublé
Ussé	★	**5** (37 Chinon)	Forteresse médiévale Ajouts Renaissance	Meublé
Valençay	★★★	**3** (36 Romorantin)	Renaissance	Meublé Mobilier Empire
Valmer	★	**4** (37 Tours)	Détruit	-
Villandry	★★★	**5** (37 Tours)	Renaissance	Meublé
Villesavin	★	**2** (41 Blois)	Renaissance	Meublé Musée du Mariage★

Jardin	Avec des enfants	Sons et lumière Festivals	À proximité
	Parc miniature Pierre et Lumière (St-Hilaire-St-Florent)	Présentations du Cadre noir	Musée des Blindés★★ Candes-St-Martin★ Château de Boumois★
Jardin	Animations, jeux et ateliers		Jardins du château du Pin Chapelle de la Bourgonnière★ Champtoceaux★
Jardin★★ contemporain et parc à l'anglaise (iris★ et clématites en mai)	Serre aux papillons		La cathédrale★★ et le musée des Beaux-Arts★★ à Orléans★ Jardins de Roquelin
	Petit train à Briare-le-Canal	Festival de musique de Sully et du Loiret	Basilique de St-Benoît★★ Église de Germigny-des-Prés★ – Pont-canal★★ de Briare
Jardin potager et verger-conservatoire	Visite ludique		Cité historique de Beaugency★
Parc et potager			Château de Cheverny★★★
Jardin à la française	Parcours de la Belle au bois dormant		Chinon★★ Jardin d'Elsie
Jardin à la française	Activités ludiques dans le parc	Soirées aux chandelles Festival Talleyrand	Château de Selles-sur-Cher
Jardins★ à l'italienne Potager-conservatoire★★			Grand aquarium de Touraine (voir Amboise)
Jardins★★★ à la française Potager	Visite ludique Labyrinthe	La Nuit des mille feux	Grottes pétrifiantes (Savonnières)
Parc et potager	Élevage de chevaux et d'ânes Rallye du fantôme		Château de Cheverny★★★

Avant de partir

Météo

Climat océanique en Anjou, jusqu'à semi-continental en région Centre. Le ciel ne s'obscurcit jamais bien longtemps, car le vent de nord-ouest chasse les nuages. Averses régulières et franches (650 à 700 mm par an).

Adresses utiles

LES INSTITUTIONS

Mission Val de Loire – Créée par les conseils régionaux du Centre et des Pays de la Loire, la Mission Val de Loire gère le site inscrit sur la liste du Patrimoine mondial. www.valdeloire.org.

Comité des grands sites patrimoniaux du Val de Loire

Châteaux de la Loire – Regroupe les vingt plus grands châteaux et monuments du Val de Loire. www. loire-chateaux.org.

Châteaux de la Loire, vallée des Rois – Association qui regroupe 66 sites de Briare à Nantes. www.leschateauxdelaloire.org.

Comités régionaux de tourisme

Société publique régionale des Pays de la Loire (Loire-Atlantique, Maine-et-Loire, Vendée) – 1 pl. de la Galarne - BP 80221 - 44202 Nantes Cedex 2 - ✆ 02 40 89 89 89 - www.enpaysdelaloire.com.

Centre-Val de Loire (Cher, Eure-et-Loir, Indre, Indre-et- Loire, Loir-et-Cher, Loiret) – 37 av. de Paris - 45000 Orléans - ✆ 02 38 79 95 00 - www.visaloire.com.

Comités départementaux de tourisme

Eure-et-Loir – 10 r. du Dr-Maunoury - BP 67 - 28002 Chartres Cedex - ✆ 02 37 84 01 00 - www.tourisme28.com - réservation d'hébergements (Gîtes de France et Clévacances).

Loiret – 8 r. d'Escures - 45000 Orléans - ✆ 02 38 78 04 04 - www.tourismeloiret.com.

Anjou (Maine-et-Loire) – Pl. du Prés.-Kennedy - BP 32147 - 49021 Angers Cedex 02 - ✆ 02 41 23 51 51 - www.anjou-tourisme.com.

Agences du tourisme

Indre – Agence de développement touristique - Centre Colbert - 1 pl. Eugène-Rolland - BP 141 - 36003 Châteauroux Cedex - ✆ 02 54 07 36 36 - www.berrylindre.com.

Touraine (Indre-et-Loire) – Agence Départementale du tourisme - 30 r. de la Préfecture - BP 3217 - 37032 Tours Cedex - ✆ 02 47 31 47 48 - www.touraineloirevalley.com.

Loir-et-Cher – Agence de développement touristique - 5 r. de la Voûte-du-Château - CS 4323 - 41043 Blois Cedex - ✆ 02 54 57 00 41 - www.cœur-val-de-loire.com.

Offices de tourisme

Vous trouverez les adresses des offices de tourisme au fil des rubriques « S'informer » de la partie « Découvrir les châteaux de la Loire ».

TOURISME DES PERSONNES HANDICAPÉES

Le symbole ♿ signale les sites accessibles aux personnes à **mobilité réduite**.

Accessibilité des infrastructures touristiques

Sites labellisés **Tourisme et Handicap** : www.franceguide.com rubrique « Voyageurs », puis « Tourisme et Handicap ».

Association Tourisme et Handicaps – 43 r. Marx-Dormoy - 75018 Paris - ✆ 01 44 11 10 41 - www.tourisme-handicaps.org.

Accessibilité des transports

Train – Un guide gratuit *Mobilité réduite* est disponible dans les gares et boutiques SNCF.

SNCF Accès Plus – ✆ 0 890 640 650 (0,11 €/mn) - 7h-22h - www.accessibilite.sncf.fr. Service gratuit facilitant le voyage des personnes handicapées, disponible sur réservation 48h avant le départ dans 350 gares de France.

Avion – Air France propose le service d'**assistance Saphir** – ✆ 0 820 01 24 24 - www.airfrance.fr.

Se loger

Vous trouverez notre sélection d'hébergements au fil des rubriques « Nos adresses à… » de la partie « Découvrir les châteaux de la Loire ».

– Les comités départementaux de tourisme et certains offices de tourisme proposent un service de réservation en ligne, mais aussi parfois des formules thématiques de courts séjours et des offres promotionnelles.

NOTRE SÉLECTION

Les établissements sont classés par catégories de prix. Les tarifs communiqués, prix minimum et maximum pour une chambre double, sont ceux pratiqués en haute saison.

À consulter aussi : **Le Guide Michelin France** et **Le Guide Camping Michelin France**.

HÉBERGEMENT RURAL

Maison des Gîtes de France et du Tourisme vert – 56 r. St-Lazare - 75439 Paris Cedex 09 - ✆ 01 49 70 75 75 - www.gites-de-france.com.

« Au pays des caves demeurantes… » – Habitations troglodytiques en Anjou, Touraine et Vendômois. Demeures creusées dans le tuffeau ou les faluns, et réaménagées pour l'hébergement et la restauration. Nombreuses caves à vin, hôtels, gîtes d'étape (troglo-gîtes) et restaurants.

Relais des gîtes du Maine-et-Loire – 23 r. d'Anjou - BP 52425 - 49024 Angers Cedex 02 - ✆ 02 41 88 00 00 - www.gites-de-france-anjou.com.

Pour les randonneurs

www.gites-refuges.com

HÉBERGEMENT EN CHÂTEAUX

À l'est d'Orléans

Château de Montliard – 5 rte de Nesploy - 45340 Montliard - ✆ 02 38 33 71 40 (Mme Galizia) - 4 ch. - www.chateau-de-montliard.com.

NOS CATÉGORIES DE PRIX

	Hébergement	Restauration
Premier prix	jusqu'à 80 €	jusqu'à 20 €
Budget moyen	de 80 € à 120 €	de 20 € à 40 €
Pour se faire plaisir	de 120 € à 160 €	de 40 € à 60 €
Une folie	plus de 160 €	plus de 60 €

Château de la Ferté-St-Aubin – 45240 La Ferté-St-Aubin - ✆ 02 38 76 52 72 - Catherine et Jacques Guyot - 3 ch., 1 suite et 2 maisons d'hôte - fermé du 11 Nov. aux vac. de fév. - www.chateau-ferte-st-aubin.com.

Environs de Vendôme

Château de la Voûte – 17 r. Auguste-Arnault - 41800 Trôo - ✆ 02 54 72 52 52 - M. Baron - 5 ch. et 2 suites - fermé de mi-déc. à fin janv. - www.chateaudela voute.com.

Environs de Chambord

Château de Colliers – 41500 Muides-sur-Loire - ✆ 02 54 87 50 75 - Marie-France et Christian de Gélis - 4 ch. et 1 suite - www.chateau-colliers.com.

Environs d'Amboise

Château de Nazelles – 16 r. Tue-la-Soif - 37530 Nazelles-Négron - ✆ 02 47 30 53 79 - M. et Mme Fructus - 5 ch. - www.chateau-nazelles.com.

Environs de Tours

Château de Jallanges – 37210 Vouvray - ✆ 02 47 52 06 66 - Chantal et Stéphane Ferry-Balin - 5 ch. et 2 appart. (à la sem.) - www.jallanges.com.

Château du Vau – 37510 Ballan-Miré - ✆ 02 47 67 84 04 - M. Clément - 5 ch. et cabanes dans les arbres - www.chateau- du-vau.com.

Château de la Bourdaisière – 25 r. de la Bourdaisière - 37270 Montlouis-sur-Loire - ✆ 02 47 45 16 31 - Louis Albert de Broglie - 26 ch. et 3 appart. - www.chateaulabourdaisiere.com.

Château de Gizeux – 37340 Gizeux - ✆ 02 45 96 45 18 - Géraud et Stéphanie de Laffon - 5 ch. - www.chateaudegizeux.com.

Château de la Volonière – 49 r. Principale - 72340 Poncé-sur-Loire - ✆ 02 43 79 68 16 - Claude Becquelin - 4 ch., 1 suite et 2 appart. - http://chateaudelavoloniere.free.fr/La_Voloniere/Accueil.html.

À Saumur

Château de Verrières – 53 r. d'Alsace - 49400 Saumur - ✆ 02 41 38 05 15 - Yolaine de Valbray-Auger - 10 ch. - www.chateau-verrieres.com.

Environs d'Angers

Château de Brissac – 49320 Brissac-Quincé - ✆ 02 41 91 22 21 - M. et Mme Charles-André de Brissac - 2 ch. et 2 suites - avr.-oct. - www.chateau-brissac.fr.

Château des Briottières – 49330 Champigné - ✆ 02 41 42 00 02 - Hedwige et François de Valbray - 10 ch. et 6 ch. dans l'orangerie - www.briottieres.com.

Château de la Montchevalleraie – 49500 Aviré - ✆ 02 41 61 32 24 - Christian Boulmant-Nomballais - 2 ch. dont 1 suite - mai-sept. - www.chateaulamont chevalleraie.com.

Château de la Morinière – 49600 Andrezé - ✆ 02 41 75 40 30 - Pascal Pringarbe - 5 ch. et 1 suite - www.chateau-de-la-moriniere.com.

Château de Mirvault – 53200 Château-Gontier - ✆ 02 43 07 10 82 - Brigitte et François d'Ambrières - 2 ch. - www.chateaudemirvault.fr.

Se restaurer

Vous trouverez notre sélection de restaurants au fil des rubriques « Nos adresses à… » de la partie « Découvrir les châteaux de la Loire », classés par catégories de prix sur la base mini/maxi de la haute saison.

Le guide MICHELIN

A dévorer d'urgence

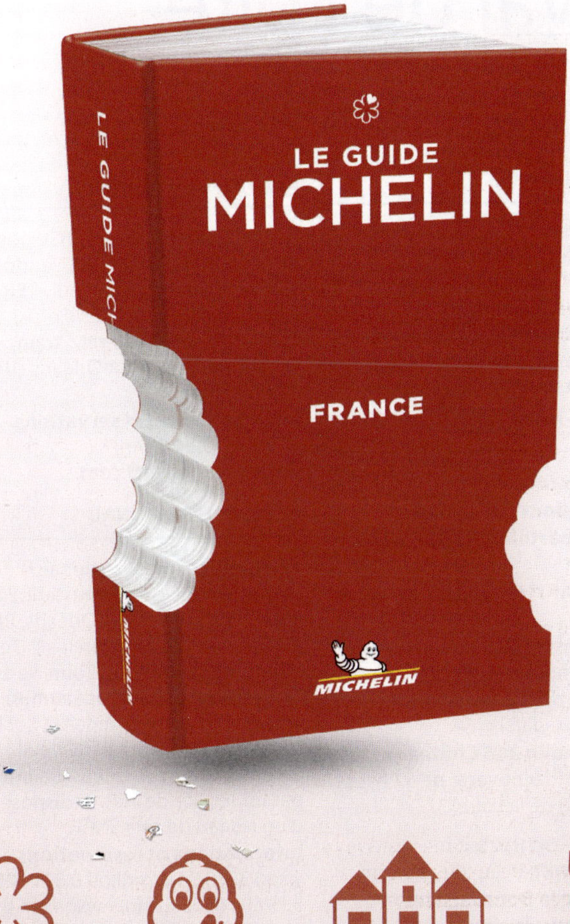

Plus de 8000 adresses dans toute la France.
Disponible dans toutes les bonnes librairies.

MICHELIN

Venir dans le Val de Loire

Par la route

LES GRANDS AXES

L'autoroute A 10 (l'Aquitaine) dessert Orléans, Blois et Tours (en 2h20). Au départ de Paris, l'A 10 puis l'A 11 (l'Océane), permettent de rejoindre Angers en à peine plus de 3h. L'A 85 relie Angers et Vierzon *via* Tours (Tours-Angers en 1h20).

LES CARTES MICHELIN

Carte de France 721
Cartes Régions 517 et **518**
Cartes Départements 311, 317 et **318**
Carte Zoom 116 (Val de Loire et ses châteaux)
Carte Michelin 726 (grands circuits, temps de parcours, circuits de dégagement, prévisions de circulation, radars)
Carte Michelin 266 Châteaux de la Loire (découverte de 57 hauts lieux le long de la Loire)

LES INFORMATIONS SUR INTERNET

Calcul d'itinéraires sur ViaMichelin **www.viamichelin.fr**.

En train

LES GRANDES LIGNES

De Paris-Montparnasse, TGV pour Angers (1h46), Tours (1h), Vendôme (42mn) et Saumur (TGV puis TER à partir de St-Pierre-des-Corps, 1h47). De Paris-Austerlitz, train Corail intercités pour Orléans (1h05) et Blois (1h35).
Informations et réservations – ✆ 36 35 (0,34 €/mn) - www.voyages-sncf.com.

LE RÉSEAU RÉGIONAL

TER (trains express régionaux) et cars SNCF. De Paris-Austerlitz à Tours, la ligne dessert Orléans, Blois et Amboise (Corail intercités). Des TER rayonnent depuis Tours vers Angers (*via* Langeais et Saumur), Chinon (*via* Azay-le-Rideau), Loches (car TER) et Vendôme (TGV ou TER)… Angers est reliée à Saumur par un service de TER, et dispose d'un réseau de cars SNCF.
Informations et réservations – ✆ 36 35 (0,34 €/mn) ou 0 891 705 555/805 (0,23 €/mn) - www.ter-sncf.com/centre ou www.ter-sncf.com/pays_de_la_loire.

DISTANCES NATIONALES EN KM	Bordeaux	Lille	Lyon	Marseille	Paris	Strasbourg
Angers	384	513	607	907	297	775
Blois	416	401	421	750	185	638
Orléans	467	349	465	759	133	586
Saumur	352	538	529	859	322	773
Tours	354	456	470	800	240	693

Sur place de A à Z

EN L'AIR

Si la météo l'autorise, on peut survoler en ULM, planeur, hélicoptère, monomoteur à ailes hautes, voire en montgolfière, Chinon, Chambord, Chenonceau, Azay-le-Rideau au départ de Tours-St-Symphorien, et Amboise, Cheverny et Beaugency au départ de Blois-Le Breuil ou Orléans.

Ballons et montgolfières

Au plaisir de découvrir d'en haut – et sans bruit de moteur ! – la vallée de la Loire s'ajoute le charme suranné des voyages en ballon. Le décollage a lieu en général au petit matin ou en fin d'après-midi, début de soirée l'été. Les vols proprement dits durent de 1h à 1h30, mais il faut pratiquement tripler ce temps pour tenir compte de la préparation du vol, des aléas du vent, du temps de rapatriement par le véhicule qui suit en permanence la progression de l'engin. Suivant les prestations, un vol coûte entre 150 et 250 €/pers.

Aérocom – 36 rte de Chouzy - 41150 Onzain - ✆ 02 54 33 55 00 - www.aerocom.fr - vols (2 à 12 pl.) sur demande à partir d'Amboise, Blois, Chaumont-sur-Loire, Chenonceaux.

Touraine – Chenonceaux, Montrichard.

Loiret – Comité départemental de tourisme.

BATEAU

Comité départemental de tourisme - tourisme fluvial Pays-de-la-Loire – 1 pl. du Prés.-Kennedy - 49100 Angers - ✆ 02 41 23 51 51.
Sur place, adressez-vous directement aux loueurs pour obtenir des informations.

Tourisme fluvial

La navigation en **bateau habitable** se pratique sur : la **Loire**, 84 km d'Angers à Nantes ; la **Maine**, 8 km ; ainsi que sur le **Cher** canalisé et sur le canal de Berry.
Le tableau *(ci-dessous)* indique quelques possibilités de location de bateaux habitables – à piloter sans permis – pour découvrir à son rythme, en une ou plusieurs journées, l'Anjou au fil de ses rivières. Sur la Maine, l'Oudon et la Vienne, des minicroisières sont organisées à bord de « vieux gréements » : fûtreau, chaland, gabare, caravelle ou toue.
Il est possible de naviguer toute l'année. Toutefois, avant de choisir son itinéraire et la période de navigation, il est indispensable de se renseigner sur les « écourues » *(voir page suivante)*, sur les écluses (elles peuvent être fermées à certaines heures), de savoir que la vitesse de croisière est de 6 à 8 km/h et, enfin, d'être averti

BASES DE DÉPART	RIVIÈRES, CANAUX	COMPAGNIES DE NAVIGATION
Châtillon-sur-Loire	Canal latéral à la Loire	Le Boat – Le Grand Bassin - BP 1201 - 11492 Castelnaudary Cedex - ✆ 04 68 94 42 80 - www.leboat.fr - pour naviguer du côté de Briare - location de bateaux sans permis (de 2 à 12 pers.)
Angers, Chenillé-Changé	Maine Oudon	Maine-Anjou Rivières – Le Moulin - 49220 Chenillé-Changé - ✆ 02 41 95 10 83 - www.maine-anjou-rivieres.com.

que la navigation de nuit est interdite.

Lors des **écourues**, périodes pendant lesquelles le niveau d'eau des rivières est abaissé afin de permettre les travaux nécessaires à leur entretien, les sections des rivières ou canaux concernés sont fermées à la navigation. Ces travaux ont généralement lieu à l'arrière-saison *(15 sept.-30 oct.)*. Sur le bassin de la Maine, les écourues, ou « chômages », ont lieu de façon alternative ; les bateaux de plaisance doivent alors changer pendant quelque temps de port d'attache ; les sociétés situées sur la rivière en chômage exploitent sur une autre rivière pendant cette période.

Bateaux-mouches

De mi-avril à mi-octobre, promenades à heures fixes.

Briare *(p. 69)* – Croisière sur le canal avec les Bateaux touristiques - www.les-bateaux-touristiques-briare.com.

Chisseaux – Croisière commentée avec passage sous la galerie du châteaude **Chenonceau** *(p. 190)* - www.labelandre.com.

Canal d'Orléans – Croisière (2h30) à bord du bateau-promenade l'*Oussance* - www.oussance.net.

Coches de plaisance sur le Cher

Location de bateaux sans permis, à la journée, la semaine, le week-end, etc. Circuit libre ; bateaux habitables équipés 4 ou 6 pers.

De **Noyers-sur-Cher** à Selles-sur-Cher, sur le canal de Berry - 02 54 71 77 23 (OT de St-Aignan).

À CHEVAL

Célèbre pour ses haras et son École nationale d'équitation à St-Hilaire-St-Florent, près de Saumur, la région offre de nombreux centres équestres ouverts aux amateurs. Certains font gîte d'étape pour les randonneurs à cheval. Des topoguides de randonnée équestre indiquent parcours et gîtes d'étape.

Les offices de tourisme fournissent également tout renseignement sur les centres équestres de la région.

Fédération française d'équitation - Comité national de tourisme équestre – Parc équestre fédéral - 41600 Lamotte-Beuvron - 02 54 94 46 80 - www.ffe.com.

La brochure annuelle, *Cheval nature, l'officiel du tourisme équestre*, répertorie les adresses d'équitation de loisir et les hébergements accueillant cavaliers et chevaux.

Comité régional de tourisme équestre Centre-Val de Loire (Cher, Indre, Indre-et-Loire, Loir-et-Cher et Loiret) – 1240 r. de la Bergeresse - 45160 Olivet - 02 38 64 09 23 - mar.-sam. 9h-11h.

Comité régional de tourisme équestre des Pays de la Loire (Maine-et-Loire) – Les Vaux-du-Puits - 72150 St-Pierre-du-Lorouër - 06 40 96 01 68 - www.crte-paysdelaloire.com.

EN FAMILLE

Ce pictogramme signale les parcs, musées et attractions pouvant intéresser les enfants.

Villes et Pays d'art et d'histoire

Réseau proposant des visites-découverte et des ateliers du patrimoine aux enfants le mercredi, le samedi et pendant les vacances scolaires : livrets-jeux et outils pédagogiques pour une initiation à l'histoire et à l'architecture, participation active à la découverte de la ville. En atelier, utilisation de supports multiples (maquettes, gravures, vidéos) et contact avec des intervenants de tous horizons : architectes, tailleurs de pierre, conteurs, comédiens, etc.

Activités également proposées pendant la visite des adultes – en juillet-août : « L'été des 6-12 ans ».

LE CARNET - *Le guide de toutes vos envies*

Michelin crée « Le Carnet » une série de guides qui vous offre un autre regard sur la France et l'Europe. Leurs pages vous font découvrir ou re-découvrir des lieux de culture, de terroir, de spectacles et d'activités sportives. Vous bénéficiez aussi des conseils avisés de personnalités locales : ostréiculteurs, écrivains, vignerons, surfeurs...
Autant d'invitations à vivre vos vacances au rythme de vos envies.

MICHELIN

Angers, Blois, Chinon, Loches, Saumur, Tours, la vallée du Loir et Vendôme.

« Les P'tits Curieux »

En Val de Loire, ce site propose des idées de sortie en famille, activités et hébergements. www.les-ptits-curieux.com.

Pass des châteaux de la Loire

Une tarification avantageuse pour visiter plusieurs des 19 grands sites de la région. Différentes formules sont proposées selon la durée de votre séjour et le nombre de châteaux que vous souhaitez visiter. Renseignements dans les offices de tourisme et sur www.valdeloire.org.

JARDINS ET PARCS

p. 477 et tableau p. 502.

Label « Jardin remarquable » – Depuis 2003, ce label est attribué chaque année par le ministère de la Culture. www.parcsetjardins.fr.

RANDONNÉES PÉDESTRES

De nombreux sentiers de grande randonnée sillonnent la région :
le **GR 3** longe la vallée de la Loire, parcourt les forêts d'Orléans, de Russy et de Chinon ;
le **GR 3c** traverse la Sologne, de Gien à Mont-près-Chambord ;
le **GR 31** relie Mont-près-Chambord, en bordure de la forêt de Boulogne, à Souesmes, à travers la Sologne ;
le **GR 32** traverse la forêt d'Orléans ;
le **GR 335** « de la Loire au Loir » relie Vouvray à Lavardin ;
le **GR 35** suit la vallée du Loir ;
le **GR 46** suit la vallée de l'Indre.

Fédération française de la randonnée pédestre – 64 r. du Dessous-des-Berges - 75013 Paris - ✆ 01 44 89 93 90 - www.ffrandonnee.fr.

Centre d'information *(même adresse)* - ✆ 01 44 89 93 93. Tracé détaillé des GR, GRP et PR et conseils utiles.

Parmi les titres de la collection « Les sentiers de promenade et randonnée » : *Les Châteaux de la Loire à pied, Les Pays de la Loire à pied, De l'Anjou au Pays nantais à pied, La Touraine à pied, La Vallée du Loir à pied, Centre-Val de Loire.*

Comité de Touraine pour la randonnée pédestre – Office du tourisme de Tours - 78 r. Bernard-Palissy - 37000 Tours - ✆ 02 47 70 37 35 *(programme des randonnées).*

Val de Loire – www.randonnee-en-val-de-loire.com.

ROUTES HISTORIQUES

Cartes – Carte Michelin thématique n° 266 « Châteaux de la Loire ».

Routes François Ier en Val de Loire – 250 bd Raspail - 75014 Paris - ✆ 01 43 29 48 44 - www.routesfrancois1.com. Le parcours rappelle les séjours que firent François Ier et sa cour dans le Val de Loire.

Routes de Jeanne d'Arc – Dans le présent guide sont concernées les villes de Beaugency, Chinon, Chécy, Gien, Loches, Meung-sur-Loire et Orléans.

SOUVENIRS

Que rapporter ?

Boissons – De St-Barthélemy-d'Anjou, il faut rapporter la fameuse bouteille carrée de **Cointreau**, une liqueur à l'orange. Base de cocktails, d'apéritifs ou de préparations pâtissières savoureuses, elle se déguste aussi en digestif (en dry).

Charcuteries – Le « rille » signifiait morceau de porc au 16e s. Cuits longuement, les **rillons** sont dits parfois « grillons ». Hachés finement, remis au feu et doucement mijotés, ils deviennent **rillettes** ; après mise en pots, la graisse remontée en surface se fige, assurant une longue conservation. Il existe aussi de savoureuses rillettes d'oie. Les **rillauds**

d'Anjou, morceaux de poitrine, cuisent durant des heures dans un bouillon de légumes parfumé d'herbes aromatiques. En Orléanais, les **andouillettes de Jargeau** se dégustent avec une purée d'oseille.

Fromages – Parmi l'incroyable variété de formes et de couleurs, vous choisirez le sainte-maure-de-touraine, les valençays ou les selles-sur-cher.

Si votre coffre n'affiche pas 50 °C, les fromages de chèvre supporteront le voyage!

Douceurs – Les douceurs les plus réputées sont les petits **pruneaux** de Tours. Fourrés ou farcis avec des abricots, ils enchantent les palais tourangeaux depuis la fin du 19e s. Les « vrais » sont fourrés d'un mélange de pulpe d'abricot et de pomme et flambés au rhum. Ne quittez pas la ville sans avoir goûté au **nougat de Tours**, pâte sablée garnie d'une marmelade d'abricot et de fruits confits, sous une macaronade moelleuse.

Le **muscadin** de Langeais est un bigarreau macéré dans du kirsch, enrobé de pâte de marron confit et baigné dans du chocolat noir.

À Orléans depuis le 15e s. : le **cotignac**, gelée de coing délicieuse et… astringente, dit-on. Achetez-le dans sa petite boîte ronde en épicéa.

La **livre tournois** de Tours est une magnifique pièce en chocolat noir à 65 % de cacao pur, non garnie à l'intérieur.

Les **moinillons**, en forme de petits moines, sont des bonbons de sucre, cuits, aromatisés et colorés selon cinq variétés de parfum. Vous pourrez les trouver (au milieu de bien d'autres produits d'origine monastique) dans la boutique de la communauté bénédictine de St-Benoît-sur-Loire.

À Blois, ville natale de Poulain, le créateur du **chocolat** du même nom, on ne résiste pas au plaisir d'acheter quelques tablettes.

Les **quernons d'ardoise**, fabriqués à Angers, sont des plaquettes de nougatine présentées sous une couverture de chocolat bleu.

Grand vinaigre – Après de longs séjours sur les quais de Loire, les vins arrivaient souvent à Orléans atteints de piqûre acétique. Mis pendant trois semaines en « vaisseaux » (fûts de 220 l), les vins de Chinon ou de Bourgueil vieillissaient ensuite six mois dans des foudres de chêne. Le vinaigre de la maison Martin Pouret (Orléans) est encore fabriqué « à l'ancienne ».

Pour la maison

Artisanat – Quelques créations sont de réputation internationale. La plus connue est la **faïence de Gien**, qui se décline sous toutes les formes : vaisselle individuelle (assiette, tasse, sous-tasse) ou collective (soucoupe, plat, soupière), objets décoratifs ou utilitaires. À Villaines-les-Rochers, les **vanniers** maintiennent la tradition de la fabrication des paniers en osier. Un objet en vannerie de Villaines est beau, pratique et résistant : une bonne idée de souvenir ou de cadeau!

VINS

Des coteaux-du-giennois (à l'est) aux coteaux-d'ancenis (à l'ouest), plus de 80 AOC!

« Œnotourisme » *(p. 524)*.

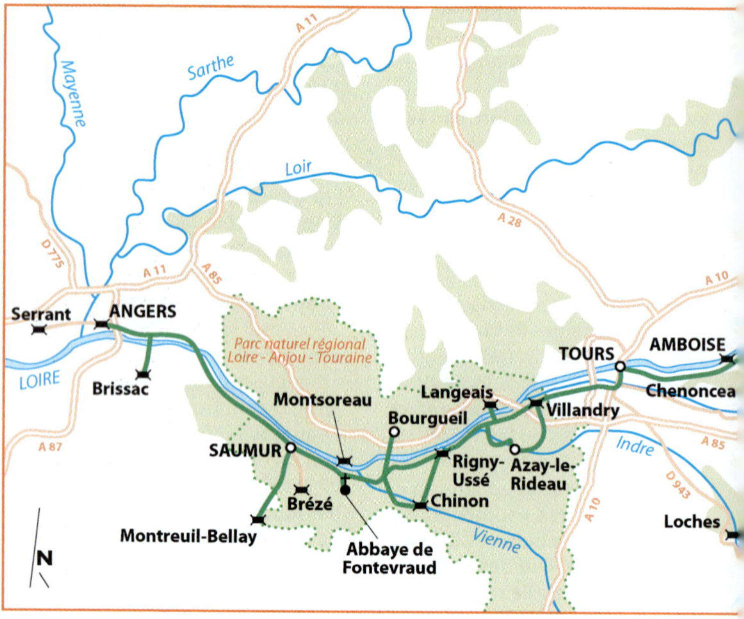

La Loire à vélo

En 1995, deux régions (Centre et Pays de la Loire), six départements et six villes unissent leurs efforts afin d'aménager et de signaliser l'itinéraire **La Loire à vélo**. Couvrant **800 km** de Cuffy (Cher) à St-Brévin-les Pins (Loire-Atlantique), l'itinéraire de La Loire à vélo longe le fleuve sur environ deux tiers de ses axes. Il est inscrit sur la liste du **Patrimoine mondial de l'Unesco**. www.loireavelo.fr

DE L'ATLANTIQUE À LA MER NOIRE

La Loire à vélo constitue la section ouest d'**Eurovélo 6**, la grande transversale cyclable européenne, qui draine chaque année davantage de pistes collatérales, comme « Les châteaux à vélo » près de Blois et Chambord, « L'Indre à vélo », etc.

HALTES ET INFORMATIONS

Sur le trajet, une vingtaine de gares SNCF sont accessibles aux vélos et des **aires d'arrêt** sont prévues pour accueillir les cyclotouristes avec de nombreuses haltes pour s'informer. De mi-juin à fin août, le Train Vélo Loire embarque sans réservation les vélos tout au long de la ligne de l'Interloire, d'Orléans jusqu'au Croisic (voir détails et horaires sur site Internet).
Plaquette de présentation : *La Loire à vélo, un parcours unique*, édité par CRT Centre-Val de Loire et Agence régionale -Pays de la Loire - édition 2012 *(téléchargeable sur le site Internet)*. Voir aussi les **nombreux topoguides** très pratiques qui reprennent différents tronçons du parcours.

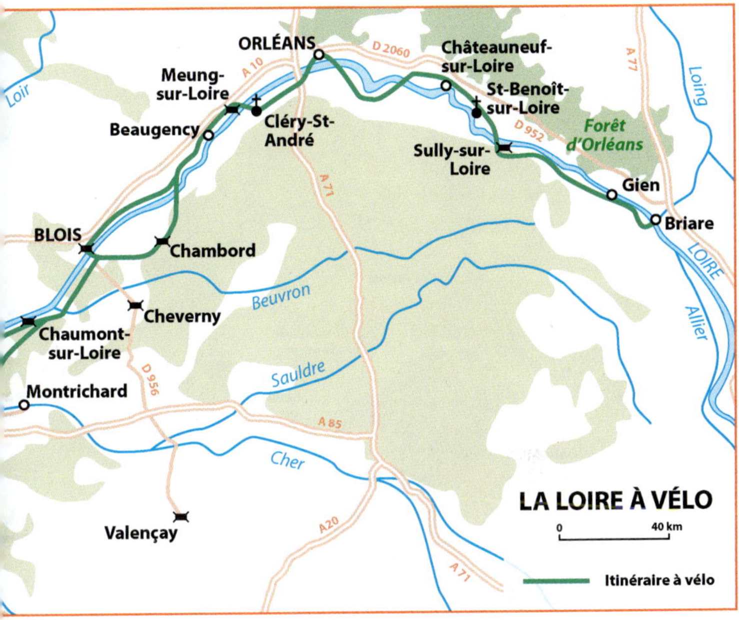

ACCESSIBLE À TOUS

La majeure partie des étapes recommandées ne dépasse pas 40 km, une distance « tout public » qui correspond à 4 heures maximum de vélo par jour, **fractionnables à volonté**. En outre, une bonne part de l'itinéraire s'effectue sur des voies vertes, des routes à faible circulation et des bandes cyclables, sécurisées et balisées.

ADRESSES UTILES

Deux **sites Internet** proposent cartes, descriptions, informations pratiques et adresses des **hébergements Loire à vélo** qui jalonnent l'itinéraire : www.loireavelo.fr - www.eurovelo6.org.

Détours de Loire – Réseau de vente et de **location de vélos** qui possède 20 relais entre Nevers et St-Nazaire et propose un service intégral, avec rapatriement des bagages, réparation des vélos, informations, etc. www.detoursdeloire.fr.

Loire Vélo Nature – Location de vélos sur l'itinéraire de La Loire à vélo avec livraison, rapatriement, suivi de bagages, informations, etc. www.loirevelonature.com.

Vert-Event – Loueur et réparateur « Loire à vélo », également certifié « Loueur recommandé SNCF ». www.location-velo.fr.

SNCF – Formules train + vélo, et adresses de location de vélos. www.velo.sncf.com.

De façon générale, les **offices de tourisme** renseignent sur les véloroutes, les voies vertes et proposent parfois d'autres itinéraires ou sites : www.chateauxavelo.com - www.anjou-velo.com.

VOIES VERTES

Il existe plusieurs voies vertes dans la région, strictement interdites aux engins motorisés. Renseignements sur le site de l'Af3v : www.af3v.org.

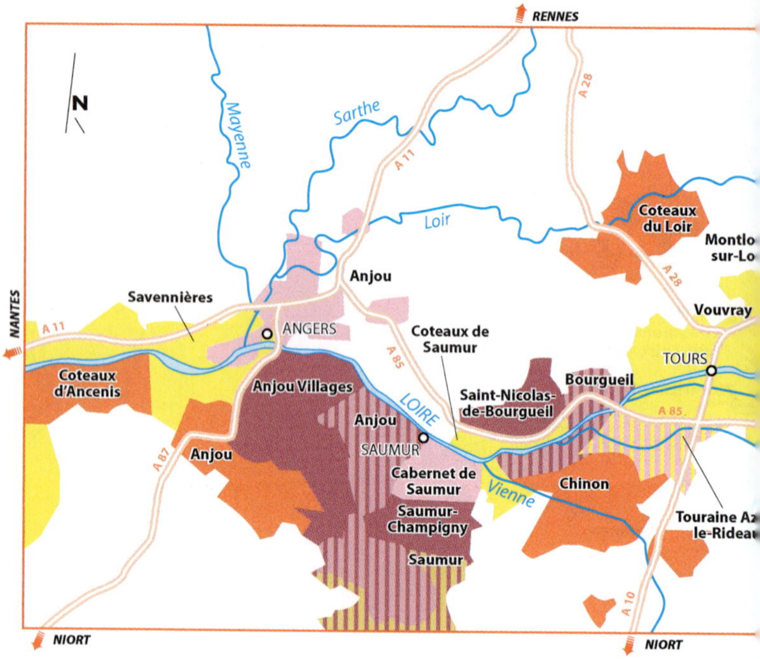

Œnotourisme

Les vins de Loire en chiffres

La vallée de la Loire est la troisième grande région viticole française d'appellation. Ses 43 000 ha répartis sur 5 départements produisent en moyenne chaque année 2 millions d'hl qui se répartissent ainsi : 36 % de blancs, 29 % de rosés, 20 % de rouges et 15 % de fines bulles. Le Val de Loire est le premier producteur de vin blanc d'appellation, la première région AOC de vin de fines bulles (hors Champagne) et le 2e producteur de vins rosés d'appellation. Chaque année 270 millions de bouteilles sont vendues, une sur six étant exportée.

La région compte 4 000 vignerons 190 maisons de négoces et 15 caves coopératives.

Vins du Val de Loire – Sur les 85 appellations et dénominations composant la mosaïque des vins de Loire, de Nantes à Sancerre, 50 appellations et dénominations du Nantais, de l'Anjou, du Saumurois et de la Touraine sont réunies sous la bannière des Vins du Val de Loire (source Vins de Loire). Elles sont adhérentes à l'Interprofession des Vins de Loire. **InterLoire** est née de la volonté des vignerons et négociants pour défendre et développer leurs appellations. www.vinsvaldeloire.fr.

Vins du Centre-Loire – 35 autres appellations sont présentes sur

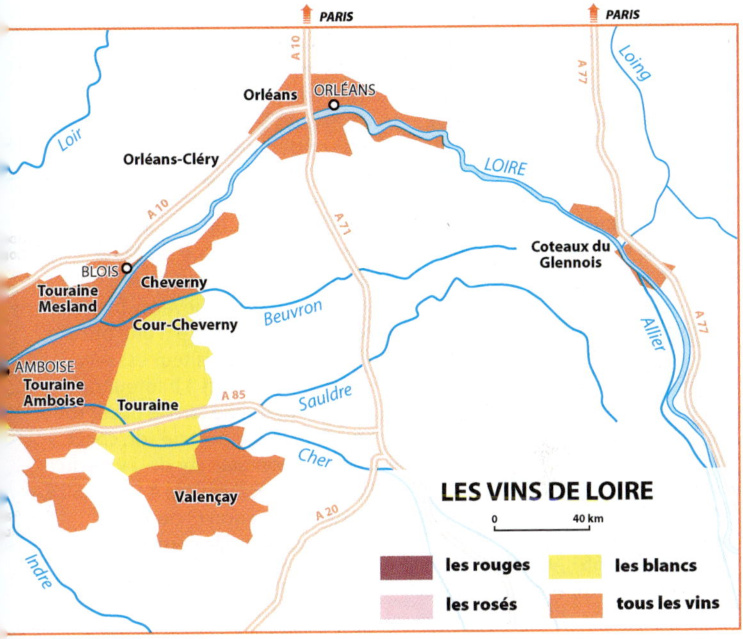

le vignoble de Loire, de Nantes à Sancerre. Ces appellations dépendent de l'interprofession des vins du Centre-Loire *(www.vins-centre-loire.com)*. Elle regroupe les vins de Sancerre, de Pouilly-Fumé, Menetou-salon, Quincy, Reuilly, Coteaux du Giennois et Châteaumeillant (échappant en partie à la zone géographique traitée dans ce guide).

Appellations indépendantes – D'autres ont choisi de rester indépendantes : Fiefs-vendéens, Bourgueil, Coteaux-du-vendômois, Cheverny et Cour-cheverny, Valençay.

Originalité des vins de Loire

La plupart des vins de Loire sont issus d'un cépage unique : melon de Bourgogne en Nantais, chenin (appelé aussi pineau de la Loire), cabernet et gamay en Anjou, saumur et touraine, sauvignon et pinot noir en Touraine et dans le Centre, grolleau, pinot meunier, pineau d'Aunis, romorantin mais aussi le très peu connu fié gris. Ce cépage loué autrefois par Rabelais, abandonné à cause de son faible rendement, est réintroduit aujourd'hui par quelques vignerons passionnés comme Xavier Frissant *(www.xavierfrissant.com)* lequel produit un sauvignon blanc remarquable.

330 CAVES LABELLISÉES

Afin que les touristes bénéficient d'une prestation de qualité dans les domaines vinicoles, une **charte touristique du vignoble de Loire** a été créée par InterLoire avec les institutions du tourisme et du vignoble. Celle-ci engage tous les signataires à respecter une dizaine de critères précis : horaires d'ouverture réguliers en semaine et le week-end, dégustation commentée gratuite (pour les individuels) dans un lieu aménagé, vente à l'unité, affichage des tarifs, etc. Au total **330 cavistes** ont souscrit à cette charte de qualité. Le guide *Invitation dans le vignoble de Loire* et la carte *Sur la route des vins de Loire* répertorient ces adresses *(diffusion gratuite dans les offices de tourisme locaux et les maisons de vins)*.Téléchargeables aussi sur : *www.vinsvaldeloire.fr.*

Maisons des vins de Loire

Voir aussi « Nos adresses » pour chaque ville ou région concernée.

La Loire autour de Blois

Maison du vin de Loir-et-Cher – 11 pl. du Château - Blois - 02 54 74 76 66 - juin-sept. : lun.-vend. 9h-12h, 14h-18h, w.-end 12h-18h ; oct.-mai, lun.-vend. 9h-12h,14h-17h - fermé 1er janv., 1er et 11 Nov. et 25 déc. Créée par la Fédération des syndicats viticoles du Loir-et-Cher, cette maison est une étape idéale pour découvrir les vins de la région. Les crus vendus ici bénéficient des appellations d'origine contrôlée coteaux-du-vendômois, crémant de Loire, touraine-mesland, touraine, cheverny, cour-cheverny, valençay, ou de la dénomination « vins de pays de Val de Loire », de moindre notoriété.

Cave des producteurs de vouvray – La Vallée Coquette - Vouvray - 02 47 52 75 03 - www.cavedevouvray.com - du 15 mai au 15 sept. : 9h-19h ; du 15 sept. au 15 mai : 9h30-12h30, 14h-19h - fermé 1er janv. et 25 déc. On découvre dans ces caves viticoles taillées dans le tuffeau toutes les étapes de l'élaboration du vouvray, effervescent ou tranquille. Dégustation et vente des vins d'une trentaine de producteurs. Également vente d'articles de cave et de produits locaux.

Becs à dégustation automatique - Maison des vins de Cheverny – 1 av. du Château - Cheverny - 02 54 79 25 16 - de Pâques à la Toussaint - www. maisondesvinsdecheverny.fr. Unique en Europe, ce concept permet aux visiteurs de découvrir dans un espace dédié à la dégustation une centaine de chevernys rouges, blancs ou rosés et de cour-cheverny blancs. Muni d'un verre doté d'une puce électronique, le visiteur est servi automatiquement à hauteur de 3 cl, par le simple fait de poser son verre sur le support de son choix. Dégustation gratuite de 4 vins du jour. Vins découvertes 4 € ou 6,50 € le kit dégustation (3 ou 7 vins, le kit comprend le verre, le carnet, le crayon et le vin).

La Touraine

Maison des vins de Loire de Tours – 25 r. du Grand-Marché - 37000 Tours - 02 47 60 55 21 - www.vinsvaldeloire.fr - juin-sept. : mar.-vend. 10h-13h, 15h-19h30, sam. 10h-19h30 ; oct.-mai : mar.-sam. 10h30-13h, 15h-19h. Pour mieux comprendre et apprécier les vins ligériens, la Maison des vins de Loire propose différentes formules de dégustation : de 4 à 6 vins pour la formule Découverte (4 € ou 5 € par pers. sans réserv.), jusqu'à la formule Rencontre vigneronne *(1 sam. mat./mois : 11h30-12h30 - 10 €/pers. - réserv. obligatoire)*. Un professionnel parle de son appellation, de son terroir et de ses vins… avec dégustation *(rens. mdesvins-tours@vinsdeloire.fr)*.

VitiLoire, la fête des vins du Val de Loire – www.vitiloire. tours.fr. Depuis près de quinze ans, les vignerons du Val de Loire (130 aujourd'hui) présentent la diversité des vins de Loire (70 AOC) en plein cœur de la ville de Tours. Pour déguster, il suffit d'acheter un verre de dégustation avant

UN GRAND CRU POUR LE VAL DE LOIRE

Parmi les nombreux blancs moelleux produits dans la région, certains sont d'exception. Le premier d'entre eux – également premier grand cru de Loire (équivalent d'un sauterne) – est l'AOC quarts-de-chaume, grand cru situé sur la rive droite du Layon autour de Rochefort-sur-Loire, dans le Maine-et-Loire. D'une superficie d'environ 50 hectares, cette aire correspond traditionnellement au meilleur quart de la récolte du terroir de Chaume. Vient ensuite l'AOC coteaux du Layon-chaume, classé premier cru. Autres AOC prestigieux : bonnezeaux, coteaux-de-l'aubance, coteaux-du-layon… (*p. 392*)

de déambuler entre les stands des vignerons. De nombreuses animations, conférences et initiations à la dégustation sont prévues. Restauration au village gourmand - accès libre. Salon annuel dernier w.-end de mai.

La Touraine côté ouest

Maison des vins de Bourgueil Jean-Carmet – 18 pl. de l'Église - Bourgueil - ✆ 02 47 97 92 20 - www.vinbourgueil.com - juil.-août : tlj sf dim.-lun. 14h-17h. mar.-sam. 10h-19h ; 12 nov.-31 mars : lun. 14h-17h, mar.-jeu. 10h-12h, vend.-sam. 10h-12h, 14h-18h ; avr.-juin, sept.-10 nov. : lun. 14h-17h, mar.-sam. 10h-12h30, 14h30-18h30 - fermé fin d'année. Cette demeure du 15e s., dans le centre historique, a appartenu à l'acteur Jean Carmet (1920-1994), natif de Bourgueil. La Maison des vins de Bourgueil représente plus d'une centaine de producteurs de l'AOC bourgueil (84 cuvées proposées à la vente en libre-service dans des casiers - vente à l'unité). L'AOC couvre les communes de Restigné, Benais, Ingrandes-de-Touraine, St-Patrice, Chouzé-sur-Loire, La Chapelle-sur-Loire et Bourgueil. Toute l'année, dégustation d'une sélection de vins proposée par quatre vignerons chaque semaine.

Maison des vins et du tourisme – 14 r. du 8-Mai-1945 - Beaumont-en-Véron *(près de Chinon)* - ✆ 02 47 58 86 17 - www.lamaisondesvinsduveron.com - avr.-sept. : 10h30-13h, 14h-19h ; oct.-mars : 11h-13h, 16h-18h - fermé dim., lun. et j. fériés. Pour découvrir les chinons de 25 vignerons du célèbre terroir du Véron.

L'Anjou côté est

Maison des vins de Loire de Saumur – 7 quai Carnot - Saumur - ✆ 02 41 38 45 83 - www.vinsvaldeloire.fr - mai-sept. : tlj sf lun. mat. 9h30-13h, 14h-19h, dim. 10h30-13h ; avr. : mar.-sam. 10h-13h, 14h30-18h30 ; oct.-mars : mar.-vend. 10h30-12h30, 15h-18h, sam. 10h30-12h30, 14h30-18h30 - fermé de mi-janv. à mi-fév., 1er et 8 Mai et 1er nov. Pour découvrir les vins d'Anjou, de Saumur, de Touraine et du Pays nantais : AOC, terroirs, route touristique, caves, etc.

L'Anjou côté ouest

Maison des vins de Loire d'Angers – 5bis pl. Kennedy - Angers *(près du château)* - ✆ 02 41 88 81 13 - www.vinsvaldeloire.fr - avr.-sept. : tlj sf dim. et lun. mat. 10h-13h, 14h30-19h ; oct.-mars : tlj sf dim. et lun. 10h30-12h30, 15h-18h, sam. 14h30-18h30 - fermé de mi-janv. à mi-fév., 1er et 8 Mai et 1er nov. Cette maison au cadre lumineux présente une large sélection de vins (plus de 70 références) du Pays nantais à la Touraine. Pour commencer idéalement la route touristique du vignoble de l'Anjou.

Mémo

Agenda

Certaines manifestations sont détaillées dans « Nos adresses à… » dans la partie « Découvrir la région ».

JANVIER

Angers – Festival Premiers Plans : premiers films de cinéastes européens. 02 41 88 92 94 - www.premiersplans.org.

AVRIL

Saumur – Concours international de voltige. 02 41 53 50 50 - www.cadrenoir.fr.

St-Benoît-sur-Loire – Grande vigile pascale. Sam. saint 22h - 02 38 35 72 43.

Onzain – Salon des vins (15 j. apr. Pâques). 02 54 51 20 40.

MAI

Orléans – Fêtes de Jeanne d'Arc (de fin avril au 8 mai). 02 38 24 05 05 - www.tourisme-orleans.com - www.fetesjeannedarc.com.

DE MI-MAI À MI-OCTOBRE

Chaumont-sur-Loire – Festival international des jardins. 02 54 20 99 22 - www.domaine-chaumont.fr.

PENTECÔTE

Tours – Florilège vocal de Tours. Rencontres nationales et concours international de chant choral. 02 47 21 65 26 - www.florilegevocal.com.

Châteauneuf-sur-Loire – Fête des rhododendrons au parc du château. 02 38 58 44 79 - w.-end.

JUIN

Saumur – Le Cadre noir, Printemps des écuyers (1er w.-end). 02 41 53 50 81 - www.cadrenoir.fr.

Loches – Loches en jazz (2e w.-end). 02 47 38 29 34.

Sully-sur-Loire – Festival de musique de Sully et du Loiret (fin mai-déb. juin). 02 38 25 43 43 - www.festival-sully.com.

JUIN-JUILLET

Cheverny – Festival Jazzin'Cheverny (fin juin). www.jazzin-cheverny.com

Tours – Fêtes musicales en Touraine; Festival de la grange de Meslay. 02 47 21 65 08.

Orléans – Festival de jazz. 02 38 24 05 05 - www.tourisme-orleans.com.

Lamotte-Beuvron – Game Fair : Journées nationales de la chasse et de la pêche (3e w.-end). 02 54 90 41 41 - www.gamefair.fr.
– Generali Open de France : championnats de France de poney. opendefrance.ffe.com.

Anjou – Festival d'Anjou (de mi-juin à déb. juil.) : théâtre en plein air dans des sites historiques du département. 02 41 88 14 14 - www.festivaldanjou.com.

JUILLET

Chambord – Festival de musique classique et contemporaine dans la cour du château. 02 54 50 50 40/41/42 - www.chambord.org.

Doué-la-Fontaine – Journées de la rose et concours d'art floral dans les arènes troglodytiques (4 j. autour du 14). 02 41 59 20 49.

Réservez votre restaurant sur
restaurant.michelin.fr :

- Plus de 8400 restaurants en France
- Une sélection pour tous les budgets

Ou téléchargez gratuitement l'application
MICHELIN Restaurants

DISPONIBLE SUR Google play
Disponible dans l'App Store

MICHELIN

Touraine – Jour de Loire : à La Ville-aux-Dames et d'Amboise à Candes-St-Martin, rendez-vous festifs et animations en bord de Loire.
La Ménitré – Assemblée des coiffes et costumes anciens de la région (4e dim.). ✆ 02 41 45 63 63 (mairie).
Rogny-les-Sept-Écluses – Grand spectacle pyrotechnique (dernier sam.). ✆ 03 86 74 54 93.
Saumur – Carrousel de Saumur : festival des arts équestres. ✆ 02 41 40 20 60 (OT).
Saumur – Concours complet international (fin du mois). ✆ 02 41 53 50 81 (billetterie) - www.cadrenoir.fr.

JUIL.-AOÛT

Festival de Pontlevoy – Musique classique à l'église St-Pierre de Pontlevoy. ✆ 02 54 71 60 77 - www.pontlevoyfestival.com.

AOÛT

Loches – « L'Épopée médiévale », animations, spectacles (autour du 15 août - sous réserv.). ✆ 02 47 91 82 82 (OT).
Molineuf – Grande brocante (le 15). ✆ 02 54 70 05 23 (mairie).
Bourgueil – Foire aux vins (le 15). ✆ 02 47 97 91 39.

SEPTEMBRE

Angers – Festival « Les Accroche-cœurs » : fête et spectacles de rue. ✆ 02 41 23 50 00 (OT).
Orléans – Festival de Loire (années impaires) : rassemblement de vieux gréements et animations sur les quais autour de la marine de Loire. ✆ 02 38 24 05 05 (OT) - www.festivaldeloire.com.
Varrains – Fête des ifs (2e w.-end). ✆ 02 41 52 97 41.
Château du Rivau – Fête de la citrouille et de la vigne (dim., mi-sept.). ✆ 02 47 95 77 47 - www.chateaudurivau.com.
Chambord – « Les Nuits du brame » (de mi-sept. à mi-oct., période du brame du cerf). ✆ 02 54 50 40 00.

OCTOBRE

Saumur – Musicales du Cadre noir. ✆ 02 41 53 50 81/50 60 - www.cadrenoir.fr.
Lion-d'Angers – « Mondial du Lion ». Haras national de l'Isle-Briand : concours international d'équitation (av.-dernier w.-end). ✆ 02 41 95 86 51 - www.mondialdulion.com.
St-Aignan – Foire. ✆ 02 38 24 05 05.
Blois – Les rendez-vous de l'histoire www.rdv-histoire.com

NOVEMBRE

Montrichard – Rendez-vous du touraine primeur (3e w.-end). ✆ 02 54 32 05 10.
Tours – « Les Soirées d'automne » des Fêtes musicales en Touraine (classique). ✆ 02 47 21 65 08 - www.fetesmusicales.com.

DÉCEMBRE

St-Benoît-sur-Loire – Messe de Noël (le 24 à 23h). ✆ 02 38 35 72 43 - www.abbaye-fleury.com.
Chenonceau, **Amboise**, **Langeais**, **Azay-le-Rideau** et **Chinon** – Noël au pays des châteaux (de déb. déc. à déb. janv.) Des animations de Noël relient cinq grands châteaux dans l'atmosphère festive de l'avent.

Bibliographie

OUVRAGES GÉNÉRAUX

Châteaux d'Indre-et-Loire, L. Vieira, A. de Montigny, Patrimoines et médias, 2011.
Hymne à la Loire : au pays des châteaux, C. Hel, J. Asklund, CPE, 2005.
La Vallée de la Loire photographiée du ciel, F. Gardeur et E. Durel, éd. Geste, 2011.
Les Châteaux de la Loire à pied : plus de 40 jours de randonnée, Fédération française de la randonnée, Paris, 2008.
Les Châteaux du Val de Loire, J.-M. Pérouse de Montclos, Paris, Place des Victoires, 2000.
La Loire, mémoire d'un fleuve, J.-M. Couderc, Tours, La Nouvelle République, coll. Les Patrimoines, 2011.

ART ET ARCHITECTURE

Guide du patrimoine de la région Centre, J.-M. Pérouse de Montclos, Paris, Hachette, 1992.
Carnet de Loire, P. Laurendeau, aquarelles de P. Proust, Le Polygraphe, 2003.
La Route des châteaux de la Loire : la vallée des reines, F. Collombet, Huitième jour, 2011.
Apocalypse, la tenture de Louis d'Anjou, sous la direction de J. Cailleteau et F. Muel, Éditions du Patrimoine, 2015.
Le Château d'Amboise, J.-P. Babelon, Arles, Actes Sud, 2004.
Loges de vigne en Val de Loire, M. Sigrist, éd. Geste, 2008.
Ouvrages de la Direction du patrimoine et du Centre des monuments nationaux : librairie du Patrimoine, 62 r. St-Antoine, 75004 Paris, ✆ 01 44 61 21 75 ou sur : editions.monuments-nationaux.fr.
Service départemental de l'Architecture et du Patrimoine, 1 r. Stanislas-Baudry, 44000 Nantes, ✆ 02 40 20 29 00.

HISTOIRE – BIOGRAPHIES – TRADITIONS

La France de la Renaissance, A. Jouanna, Paris, Perrin, 2009.
Aliénor d'Aquitaine, R. Pernoud, Paris, Albin Michel, 1978.
Contes et légendes de Touraine : histoires merveilleuses, R. Vivier, J.-M. Rougé, E. Millet, éd. Royer, 1993.
Contes et légendes des châteaux de la Loire, N. Lazzarini, Ouest-France, 2011.
J'ai nom Jeanne la Pucelle, R. Pernoud, Paris, Gallimard, 1994.
Guide secret du Val de Loire, Ph. et C. Nédélec, Ouest-France, 2011.
La Vie de saint Martin, évêque de Tours, P. de Périgueux, Clermont-Ferrand, Paleo, 2008.
Le Château de Blois en dates et en chiffres, P.-G. Girault, éd. Jean-Paul Gisserot, 2008.
Le Château de Chambord, L. Forlivesi, éd. du Patrimoine, 2014.
Le Château royal de Blois, P.-G. Girault, éd. Jean-Paul Gisserot, 2009.
Le Pays d'Azay-le-Rideau, C. Bulot et J. Carrique, éd. A. Sutton, 2005 et Tome 2, S. Brosseau et J. Carrique, 2010.
Les Dames de Chenonceau, C. Gil, Paris, Pygmalion, 2003.
Les Troglodytes en Val de Loire, M. Nagels, H. Hughes, Ouest-France, coll. « Itinéraires de découvertes », 2009.
Orléans, une ville, une histoire (vol. 1 et 2), J. Debal, Orléans, X-Nova, 1998.
Petit Dictionnaire du parler de Touraine, J.-M. Rougé, CLD, 2005.

LITTÉRATURE – ROMANS

Les Amours, P. de Ronsard.
Les Regrets, J. du Bellay.
Les Dames galantes, P. de Brantôme.

La Princesse de Clèves, La Princesse de Montpensier, Mme de La Fayette.

Eugénie Grandet, Le Curé de Tours, Le Lys dans la vallée, L'Illustre Gaudissart, H. de Balzac.

Légendes de Touraine : au cœur des cendres, V. Moisson, A. Sutton, 2010.

Les Meilleures Nouvelles des Pays de la Loire, auteurs des 19e et 20e s., récits historiques, romantiques ou réalistes, Nantes, Siloë, 1997.

Poètes de la Loire : anthologie, J. et C.-J. Launay, La Table Ronde, 2001.

Voyage en Val de Loire, éditions Pimientos, 2008. Anthologie de récits de voyage d'écrivains français du 19e s.

JEUNESSE

À la rencontre de François Ier, E. de Villèle, E. Vidard, N. Lescaille, La Petite Boîte, 2010.

Les Châteaux de la Loire, S. Boccador, Paris, Fleurus, 2010.

Les Trésors du Val de Loire : le jeu des sept familles, La Petite Boîte, 2011.

Salamandra et Léonard dans les châteaux de la Loire, F. Vigneron et R. Roux, Ouest-France, 2003.

FAUNE ET JARDINS

Atlas de la flore remarquable du Val de Loire entre le bec d'Allier et le bec de Vienne, L. Boudin, J. Cordier, J. Moret, Muséum national d'histoire naturelle, Paris, 2007.

Chenonceau, des jardins de la Renaissance, S. Lesot, H. Gaud, éd. Gaud, 2005.

Guide des traces d'animaux, Preben Bang, Delachaux et Niestlé, 2009.

Jardins des bords de Loire, L. Deschamps, A. Marroussy, Ouest-France, 2005.

Jardins et contes de fées au château du Rivau, B. Boudassou, éd. Gaud, 2008.

Les Ailes de la Loire, O. Simon, Biotope, 2011.

Les Jardins du Val de Loire, M.-F. Valéry, Garden Art Press, 2009.

GASTRONOMIE – VIN

Cuisine et Val de Loire, B. Grellier, CLD, 1996.

Cuisine traditionnelle de Touraine, M. Chevalier, éd. Geste, 2009.

La Cuisine des châteaux de la Loire, G. et B. du Pontavice, Ouest-France, 2008.

Le Chemin des vignes : vallée de la Loire, Le Rouge & le Blanc, F. Morel, éd. Sang de la terre, 2010.

Recettes d'un potager insolite en Touraine, A. de Saint-Venant et N. Caplain, éd. Hugues de Chivré, 2010.

Touraine : de vignes en caves, J.-L. Péchinot, éd. SEPP, 2004.

Vins du Val de Loire : Sancerre, Pouilly-Fumé, Chinon, Bourgueil, Saumur, Coteaux-du-Layon, Muscadet, éd. Sic, 2011.

MAGAZINES ET PÉRIODIQUES

303, arts, recherches et créations, revue trimestrielle des Pays de la Loire, Nantes, www.revue303.com, numéro spécial consacré à la Loire, janvier 2003.

La Loire et ses terroirs – 37 r. du Cas-Rouge - 45800 Combleux - ✆ 02 38 55 02 23 - www.loire-et-terroirs.fr/magazine_cours.html.

La Loire.
H. Tardy / hemis.fr

MICHELIN INNOVE SANS CESSE POUR UNE MEILLEURE MOBILITÉ PLUS SÛRE, PLUS ÉCONOME, PLUS PROPRE ET PLUS CONNECTÉE.

Les pneus s'usent plus vite sur les petits trajets en ville...

VRAI !

La fréquence des freinages et des accélérations en ville use davantage vos pneus ! Dans les embouteillages, armez-vous de patience et conduisez en douceur.

La pression des pneus agit uniquement sur la sécurité...

FAUX !

Au-delà de la tenue de route et de la consommation de carburant, une sous pression de 0,5 Bar diminue de 8 000 km la durée de vie de vos pneus. Pensez à vérifier la pression environ une fois par mois, surtout avant un départ en vacances ou un long trajet.

Si vous êtes confrontés à des **conditions hivernales occasionnelles**, allant de la pluie soudaine, aux chutes de neige ou au verglas, vous pouvez opter pour **un seul type de pneu.**
?
VRAI !
Le pneu révolutionnaire ***MICHELIN CrossClimate*** vous garantit mobilité et praticité quels que soient les aléas climatiques. C'est le tout premier pneu été avec une certification hiver !

*Équiper ma voiture avec **2 pneus hiver** me garantit une sécurité maximum...*

?

FAUX !

En hiver, en dessous de 7°C notamment, pour une meilleure tenue de route, vos quatre pneus doivent être identiques et changés en même temps.

2 PNEUS HIVER SEULEMENT = la tenue de route de votre véhicule n'est pas optimale.

4 PNEUS HIVER = c'est le choix d'une **meilleure sécurité** dans les virages, en descente et en cas de freinage.

Si vous êtes régulièrement confrontés à la pluie, à la neige ou au verglas, optez pour un pneu de la gamme ***MICHELIN Alpin***. Cette gamme vous offre confort et précision de conduite pour affronter les obstacles de l'hiver.

MICHELIN

MICHELIN S'ENGAGE

MICHELIN EST LE **N°1 MONDIAL DES PNEUS ÉCONOMES EN ÉNERGIE** POUR LES VÉHICULES LÉGERS.

POUR **SENSIBILISER LES PLUS JEUNES À LA SÉCURITÉ ROUTIÈRE,** MÊME EN DEUX-ROUES : DES ACTIONS DE TERRAIN ONT ÉTÉ ORGANISÉES DANS **16 PAYS** EN 2015.

QUIZZ

1 POURQUOI BIBENDUM, LE BONHOMME MICHELIN, EST BLANC ALORS QUE LE PNEU EST NOIR ?

Le personnage de Bibendum a été imaginé à partir d'une pile de pneus, en 1898, à une époque où le pneu était fabriqué avec du caoutchouc naturel, du coton et du soufre et où il est donc de couleur claire. Ce n'est qu'après la Première guerre mondiale que sa composition se complexifie et qu'apparaît le noir de carbone. Mais Bibendum, lui, restera blanc !

2 SAVEZ-VOUS DEPUIS QUAND LE GUIDE MICHELIN ACCOMPAGNE LES VOYAGEURS ?

Depuis 1900, il était dit alors que cet ouvrage paraissait avec le siècle, et qu'il durerait autant que lui. Et il fait encore référence aujourd'hui, avec de nouvelles éditions et la sélection sur le site MICHELIN Restaurants dans quelques pays.

3 DE QUAND DATE « BIB GOURMAND » DANS LE GUIDE MICHELIN ?

Cette appellation apparaît en 1997 mais dès 1954 le Guide MICHELIN signale les « repas soignés à prix modérés ». Aujourd'hui, on le retrouve sur le site et dans l'application mobile MICHELIN Restaurants.

MICHELIN

Si vous voulez en savoir plus sur Michelin en vous amusant, visitez l'Aventure Michelin et sa boutique à Clermont-Ferrand, France :
www.laventuremichelin.com

MICHELIN
Une meilleure façon d'avancer

INDEX GÉNÉRAL

Orléans : villes, curiosités et régions touristiques.
Aliénor d'Aquitaine : noms historiques ou termes faisant l'objet d'une explication.
Les sites isolés (châteaux, abbayes, grottes…) sont répertoriés à leur propre nom.
Nous indiquons par son numéro, entre parenthèses, le département auquel appartient chaque ville ou site. Pour rappel :
28 : Eure-et-Loir
37 : Indre-et-Loire
41 : Loir-et-Cher
45 : Loiret
49 : Maine-et-Loire
53 : Mayenne

A

B

C

N

O

P

Q

R

S

T

U

V

X-Y-Z

CARTES ET PLANS

CARTE GÉNÉRALE

Premier rabat de couverture

CARTES DES RÉGIONS

PLANS DE VILLE

PLANS DE MONUMENTS

CARTES THÉMATIQUES

CARTE DES ITINÉRAIRES

CARTE DES CHÂTEAUX

Rabat de 4e de couverture

LÉGENDE DES CARTES ET PLANS

Curiosités et repères

- Itinéraire décrit, départ de la visite
- Église
- Mosquée
- Synagogue
- Monastère - Phare
- Fontaine
- Point de vue
- Château - Ruine ou site archéologique
- Barrage - Grotte
- Monument mégalithique
- Tour génoise - Moulin
- Temple - Vestiges gréco-romains
- Temple : bouddhique - hindou
- Autre lieu d'intérêt, sommet
- Distillerie
- Palais, villa, habitation
- Cimetière : chrétien - musulman - israélite
- Oliveraie - Orangeraie
- Mangrove
- Auberge de jeunesse
- Gravure rupestre
- Pierre runique
- Église en bois
- Église en bois debout
- Parc ou réserve national
- Bastide

Sports et loisirs

- Piscine : de plein air - couverte
- Plage - Stade
- Port de plaisance - Voile
- Plongée - Surf
- Refuge - Promenade à pied
- Randonnée équestre
- Golf - Base de loisirs
- Parc d'attractions
- Parc animalier, zoo
- Parc floral, arboretum
- Parc ornithologique, réserve d'oiseaux
- Planche à voile, kitesurf
- Pêche en mer ou sportive
- Canyoning, rafting
- Aire de camping - Auberge
- Arènes
- Base de loisirs, base nautique ou canoë-kayak
- Canoë-kayak
- Promenade en bateau

Informations pratiques

- Information touristique
- Parking - Parking - relais
- Gare : ferroviaire - routière
- Voie ferrée
- 1 Ligne de tramway
- Départ de fiacre
- M Métro - RER
- Station de métro (Calgary, ...) (Montréal)
- Téléphérique, télécabine
- Funiculaire, voie à crémaillère
- Chemin de fer touristique
- Transport de voitures et passagers
- Transport de passagers
- File d'attente
- Observatoire
- D Station-service - Magasin
- Poste - Téléphone
- Internet
- H H Hôtel de ville
- B Banque, bureau de change
- J J POL Palais de justice - Police
- GNR Gendarmerie
- T T M Théâtre - Musée
- U U Université
- Musée de plein air
- Hôpital
- Marché couvert
- Aéroport
- Parador, Pousada (Établissement hôtelier géré par l'État)
- A Chambre d'agriculture
- D Conseil provincial
- G Gouvernement du district, Délégation du Gouvernement Police cantonale
- L Gouvernement provincial (Landhaus)
- P Chef-lieu de province
- Station thermale
- Source thermale

Axes routiers, voirie

- Autoroute ou assimilée
- 1 1 Échangeur : complet - partiel
- Route
- Rue piétonne
- Escalier - Sentier, piste

Topographie, limites

- Volcan actif - Récif corallien
- Marais - Désert
- Frontière - Parc naturel

Comprendre les symboles utilisés dans le guide

LES ÉTOILES

★★★ Vaut le voyage **★★ Mérite un détour** **★ Intéressant**

HÔTELS ET RESTAURANTS

9 ch.	Nombre de chambres		Wi-Fi
7,5 €	Prix du petit-déjeuner en sus		Piscine
50 €	Prix de la chambre double, petit-déjeuner compris	CC	Paiement par cartes de crédit
bc	Menu boisson comprise		Carte de crédit non acceptée
	Air conditionné dans les chambres	P	Parking réservé à la clientèle
	Restaurant dans l'hôtel	Tram	Station de tramway la plus proche
	Établissement servant de l'alcool (à l'étranger)	M	Station de métro la plus proche

SYMBOLES DANS LE TEXTE

	À faire en famille	i	Organisme de tourisme
	Pour approfondir		Astuce, conseil
	Promenade à pied		Adresse coup de cœur
	Randonnée à vélo	A2 B	Repère sur le plan
	Facilité d'accès pour les handicapés		

NOTE AU LECTEUR

Michelin a apporté le plus grand soin à la rédaction de ce guide et à sa vérification. Toutefois, les informations pratiques (formalités administratives, prix, adresses, numéros de téléphone, adresses Internet, etc.) doivent être considérées comme des indications du fait de l'évolution constante de ces données.

Il n'est pas totalement exclu que certaines d'entre elles ne soient plus, à la date de parution du guide, tout à fait exactes ou exhaustives. N'hésitez pas à nous signaler toute omission ou inexactitude que vous pourriez constater, ainsi qu'à nous faire part de vos avis et suggestions sur les adresses contenues dans ce guide.

Avant d'entamer toute démarche, formalités administratives ou douanières notamment, vous êtes invité à vous renseigner auprès des organismes officiels. Ces informations ne sauraient, de ce fait, engager notre responsabilité.

Collection sous la direction de Philippe Orain

Responsable d'édition et rédacteur en chef du guide : Françoise Rault

Secrétaire d'édition : Catherine Girard

Rédaction : Philippe Pataud Célérier, Geneviève Clastres, Lionel Crooson, Cécile Bouché-Gall, Anne Duquénoy, Isabelle Gaudino, Christine Gelot-Bray, Thierry Guidet, Sybille d'Oiron, Christian Rault, Delphine Storelli, Amaury de Valroger

Remerciements : Les agences départementales du tourisme, les comités départementaux du tourisme et les offices de tourisme d'Anjou avec Hélène Ramsamy, du Loiret avec Pierre-Elise Dumuis, du Loir-et-Cher avec Lygie Rothon, de la Touraine avec Samuel Buchwalder. Isabelle Bardiau, Armelle Bastart, Isabelle Bonamy, Alain Lecomte, Claire Portier, Marie-Eve Schaeffer, Marie-Pierre Terrien, Jean-François Thull.

Ont contribué à ce guide : Iulia Nedelcu, Karina-Andreea Gruia, Evelyne Girard, Thierry Lemasson (**Cartographie**), Véronique Aissani, Carole Diascorn (**Couverture**), Maria Gaspar (**Iconographie**), Bénédicte Lathes, Isabelle Foucault, Marion Desvignes-Canonne, Estelle Sauvignier, Victorien Dussart (**Données objectives**), Bogdan Gheorghiu, Cristian Catona, Hervé Dubois, Pascal Grougon (**Prépresse**), Dominique Auclair (**Pilotage**), Léonie Pinaudeau (**Assistante d'édition**)

Plans de ville : © MICHELIN et © 2006-2016 TomTom. All rights reserved.

Conception graphique

Christelle Le Déan, Sandro Borel (maquette intérieure)
Laurent Muller (couverture)

Régie publicitaire et partenariats

business-solutions@tp.michelin.com
Le contenu des pages de publicité insérées dans ce guide n'engage que la responsabilité des annonceurs.

Contacts

Michelin
Guides Touristiques
27 cours de l'Ile Seguin, 92100 Boulogne Billancourt
Service consommateurs : tourisme@tp.michelin.com

Parution 2018

Michelin Travel Partner
Société par actions simplifiée au capital de 11 288 880 EUR
27 Cours de l'Ile Seguin -
92100 Boulogne Billancourt (France)
R.C.S. Nanterre 433 677 721

Toute reproduction, même partielle et quel qu'en soit le support, est interdite sans autorisation préalable de l'éditeur.

© 2018 Michelin Travel Partner – tous droits réservés
Dépôt légal : 01-2018– ISSN 0293-9436
Compograveur : Nord Compo, Villeneuve-d'Ascq
Imprimeur : Lego Print, Lavis (Italie)
Imprimé en Italie : 01-2018

Usine certifiée 14001
Sur du papier issu de forêts gérées durablement (100 % P PEFC)